사회·문화편
전시체제기 여론통제(3)
결과와 사회현상

사회·문화편

일제침탈사
자료총서 59

전시체제기 여론통제(3)
– 결과와 사회현상

동북아역사재단 일제침탈사 편찬위원회 기획
변은진 · 장순순 **편역**

동북아역사재단
NORTHEAST ASIAN HISTORY FOUNDATION

발간사

　일본이 한국을 침탈한 지 100년이 지나고 한국이 일본의 지배로부터 벗어난 지 70년이 넘었건만, 식민 지배에 대한 청산은 이루어지지 못하고 있다. 일본의 독도영유권 주장은 도를 넘어섰다. 일본은 일본군'위안부', 강제동원 등 인적 수탈의 강제성도 인정하지 않고 있다. 일본군'위안부'와 강제동원의 피해를 해결하는 방안을 놓고 한일 간의 갈등은 최고조에 이르고 있다. 역사문제를 벗어나 무역분쟁, 안보위기 등 현실문제가 위기국면을 맞고 있다.

　한일 간의 갈등은 식민 지배의 역사를 어떻게 볼 것인가 하는 역사인식에서 기인한다. 역사는 현재와 과거의 대화이며 이를 기반으로 미래로 나아갈 수 있다. 과거 침략의 역사를 미화하면서 평화로운 미래를 말하는 것은 불가능하다. 식민 지배와 전쟁발발의 책임을 인정하지 않고 반성하지 않으면 다시 군국주의가 부활할 수 있고 전쟁이 일어날 위험성도 배제할 수 없다. 미래지향적 한일관계를 형성하고 나아가 동아시아의 평화와 번영의 기틀을 조성하기 위해 일본은 식민 지배의 책임을 인정하고 그 청산을 위해 노력해야 할 것이다.

　식민 지배의 역사를 청산하기 위해서는 식민 지배는 어떻게 이루어졌는지 그 실상을 명확하게 규명하는 일이 긴요하다. 그동안 일본제국주의에 맞서 조국의 독립을 위해 헌신한 독립운동가들의 활동을 찾아내고 역사적으로 평가하는 일에는 상당한 성과를 거두었다. 반면 일제 식민침탈의 구체적인 실상을 규명하는 일에는 충분한 노력을 기울이지 못했다. 제국주의가 식민지를 침탈했다는 것은 너무나 당연한 사실로 여겨졌기 때문에, 굳이 식민 지배에서 비롯된 수탈과 억압, 인권유린을 낱낱이 확인할 필요가 없었는지도 모른다. 그러는 사이 일본은 식민 지배가 오히려 한국에 은혜를 베푼 것이라고 미화하고, 참혹한 인권유린을 부인하는 역사부정의 인식을 보이는 데까지 이르고 있다. 일제의 통치와 침탈, 그리고 그 피해를 종합적으로 조사하고 편찬할 필요성이 여기에 있다.

　일제침탈사를 체계적으로 정리하는 일은 개인이 감당하기 어렵다. 이에 우리 재단은 한국학계의 힘을 모아 일제침탈사 편찬위원회를 꾸렸다. 편찬위원회가 중심이 되어 일제의 식민지 침탈사를 정치·경제·사회·문화 모든 방면에 걸쳐 체계적으로 집대성하기로 했다. 일제 식민침탈의 실체를 파악하기 위해 2020년부터 세 가지 방면으로 사업을 추진하고 있다. 하나는 일제침탈의 실상을 구체적이고 생생한 자료를 통해서 제공하는 일로서 〈일제침탈사 자료총서〉로 편찬한다. 다른 하나는 이들 자료들을 바탕으로 연구한 결과물을 〈일제침탈사 연구총서〉로 간행한다. 그리고 연구의 결과를 대중들이 이해하기 쉽게 〈일제침탈사 교양총서〉를 바로알기 시리즈로 간행한다. 자료총서 100권, 연구총서 50권, 교양총서 70권을 기본 목표로 삼아 진행하고 있다.

〈일제침탈사 자료총서〉에서는 정치·경제·사회·문화 모든 방면에 걸쳐 침탈의 역사를 자료적 차원에서 종합했다. 침략과 수탈의 역사를 또렷하게 직시할 수 있도록 생생한 자료를 제공하는데 목표를 두었다. 그동안 관련 자료집도 여러 방면에서 편찬되었지만 원자료를 그대로 간행한 경우가 많았다. 이번에 발간되는 자료총서는 해당 주제에 대한 침탈의 실상을 체계적으로 이해할 수 있는 구성방식을 취했으며, 지배자의 언어로 기록되어 있는 자료들을 독자들이 쉽게 읽을 수 있도록 모두 번역했다. 자료총서를 통해 일제 식민 지배의 실체와 침탈의 실상을 있는 그대로 이해할 수 있게 되기를 기대한다.

2024년
동북아역사재단 이사장

| 편찬사

    1945년 한국이 일제 지배로부터 해방된 지 79년의 세월이 지났다. 그럼에도 불구하고 일본 사회 일각에서는 여전히 일제의 한국 지배를 합리화하고 미화하는 주장이 나오고 있으며, 최근에는 한국 사회 일각에서도 일제 지배를 왜곡하고 옹호하는 주장이 나오고 있다. 이는 한국과 일본 사회, 한일 관계와 동아시아 국제관계의 미래를 위해서도 결코 바람직하지 않은 일이다.

    이에 동북아역사재단은 일제의 한국 침략과 식민 지배에 대한 학계의 연구 성과를 총정리한 〈일제침탈사 연구총서〉를 발간하기로 하였다. 이에 따라 2019년 9월 학계의 전문가를 중심으로 편찬위원회를 구성하였으며, 편찬위원회는 학계의 연구 성과를 토대로 정치·경제·사회·문화 부문에서 일제의 침탈이 어떻게 이루어졌는지 정리하여 연구총서 50권을 발간하기로 하였다.

    주지하듯이 1905년 일제는 러일전쟁에서 승리한 뒤, 한국에 군대를 주둔시키면서 한국의 외교권을 빼앗고 통감부를 두어 내정에 간섭하였다. 1910년 일제는 군사력으로 한국 정부를 강압하여 마침내 한국을 강제 병합하였다. 이후 35년간 한국은 일제의 식민 통치를 받았다.

    일제는 한국의 영토와 주권을 침탈하였을 뿐만 아니라, 군사력과 경찰력으로 한국을 지배하면서, 정치·경제·사회·문화의 모든 부문에서 한국인의 권리와 자유, 기회와 이익을 박탈하거나 제한하였다. 정치적으로는 군사력과 경찰력, 각종 악법을 동원하여 독립운동을 탄압하고, 한국인의 정치활동을 억압하고 참정권을 박탈하였으며, 집회와 결사의 자유를 억압하였다. 경제적으로는 일본자본이 경제의 주도권을 장악하고, 일본인 위주의 경제정책을 수행했으며, 식량과 공업원료, 지하자원 등을 헐값으로 빼앗아 갔고, 농민과 노동자 등 대다수 한국인의 경제생활을 어렵게 하였다. 사회적으로는 한국인들을 차별적으로 대우하고, 한국인의 교육의 기회를 제한하고, 한국인으로서의 정체성을 박탈하여 결국은 일본의 2등 국민으로 만들고자 하였다. 문화적으로는 표현과 창작의 자유, 종교와 사상의 자유를 억압하고,

한글 대신 일본어를 주로 가르치고, 언론과 대중문화를 통제하였다. 중일전쟁, 아시아태평양전쟁을 도발한 뒤에는 인적·물적 자원을 전쟁에 강제동원하고, 많은 이들을 전장에 징집하여 생명까지 희생시켰다.

〈일제침탈사 연구총서〉는 침탈, 억압, 차별, 동화, 수탈, 통제, 동원 등의 단어로 요약되는 일제의 침략과 식민 지배의 실상과 그 기제를 명확히 밝히고자 하였다. 이를 통해 일제의 강제 병합을 정당화하거나 식민 지배를 미화하는 논리들을 비판 극복하고, 더 나아가 일제 식민 지배의 특성이 무엇이었는지, 식민 통치의 부정적 유산이 해방 이후에 어떤 영향을 미쳤는지를 밝히고자 하였다.

편찬위원회는 연구총서와 함께 침탈사와 관련된 중요한 주제들에 관하여 각종 법령과 신문·잡지 기사 등 자료들을 정리하여 〈일제침탈사 자료총서〉도 발간하기로 하였다. 아울러 일반인과 학생들이 보다 쉽게 읽을 수 있는 〈일제침탈사 교양총서〉를 바로알기 시리즈로 발간하기로 하였다.

일제의 한국 침략과 식민 지배의 역사는 광복 후 서둘러 정리해냈어야 했지만, 학계의 연구가 미흡하여 엄두를 내기 어려웠다. 이제 학계의 연구가 어느 정도 축적되어 광복 80주년을 맞기 전에 이와 같은 작업을 할 수 있게 된 것을 다행으로 생각한다. 한일 양국 국민이 과거사에 대한 올바른 역사인식을 갖고 성찰을 통해 미래를 향해 함께 나아갈 수 있기를 기대하면서 삼가 이 책들을 펴낸다.

2024년
동북아역사재단 일제침탈사 편찬위원회

차례

발간사 ·············· 4
편찬사 ·············· 6
편역자 서문 ·············· 13

I 유언비어 관련 신문 기사

<해제> ·············· 22

<자료 1> 사설 및 논설 ·············· 24

<자료 2> 검거에서 재판까지 ·············· 63

<자료 3> 당국의 단속과 대책 ·············· 109

<자료 4> 각종 사회현상 ·············· 144

II 일제 당국의 유언비어 조사

<해제> ·············· 164

<자료 5> 조언비어(造言飛語)의 죄에 관한 조사(1938.3) ·············· 167

<자료 6> 조언비어죄(造言飛語罪)에 관한 조사(1939.12) ·············· 202

<자료 7> 한해에 대한 유언비어 상황(1940.9) ·············· 218

<자료 8> 시국 관계 불온언론사범(不穩言論事犯)(1944.3) ············ 227

<자료 9> 징병검사장에서 반도인(半島人) 장정(壯丁)의 ············ 236
조언비어(전주 검사정 보고)(1944.8)

<자료 10> 적측(敵側) 모략 방송 도청(盜聽)에 기초한 ············ 238
조언비어(함흥 검사정 보고)(1944.8)

<자료 11> 기타큐슈지구 공습에 관한 조언비어 ············ 242
[후쿠오카(福岡) 검사정 통보](1944.8)

<자료 12> 「적기(敵機) 내습(來襲)에 따른 민정(民情) 일편(一片)」 중 ············ 245
유언비어 부분(1944.9)

III 일제 당국의 '불온 낙서' 등 기타 조사

<해제> ············ 252

<자료 13> 낙서와 삐라에 관한 조사(1938.7) ············ 255

<자료 14> 지나사변에 종군한 조선인(鮮人)의 불온 언동과 통신 등에 ············ 269
관한 조사(1938.9)

<자료 15> 불온 낙서 및 삐라에 관한 조사(1940.9) ············ 275

<자료 16> 「1940년(昭和 15) 전반기 조선 사상운동 개황」 중 관련 조사 ············ 295
(1940.8)

Ⅳ 불안한 민심과 여론 동향

<해제> 302

<자료 17> 지나사변(支那事變)에 따른 치안 상황(1938) 306

<자료 18> 현재 시국하에서 일반 범죄 상황(1938.7) 314

<자료 19> 지나사변 후 기독교도의 동정(動靜)과 그 범죄에 관한 조사 319
(1938.9)

<자료 20> 한해(旱害)에 따른 민심의 상황과 대책(1939.8) 345

<자료 21> 시국에 대한 외국인의 언동(1939.9) 360

<자료 22> 지방의회에서 의원의 요주의(要注意) 내지 368
특수언동(特殊言動) 조사(1940.3~4)

<자료 23> 구주(歐洲) 전국(戰局)에 대한 민심의 동향(1940.7) 390

<자료 24> 하계휴가(夏季休暇) 귀성(歸省) 학생의 언동(1940.8) 395

<자료 25> 임시육군특별지원병(臨時陸軍特別支援兵)의 403
동향 일반(1944.3)

<자료 26> 국민징용령(國民徵用令) 위반 사건(1944.3) 416

<자료 27> 「반도 동포에게 고함」이라는 제목의 격문 우송 418
(경성 검사정 보고)(1944.5)

<자료 28> 「적기(敵機) 내습(來襲)에 따른 민정(民情) 일편(一片)」 중 ············ 423
'민심의 동향'(1944.9)

<자료 29> 전국(戰局)과 민심의 취약면(脆弱面)(1944.10) ············ 429

<자료 30> 특수사건(1937~1942) ············ 439

V 유언비어 관련 기타 참고자료

<해제> ············ 558

<자료 31> 사법경찰관(司法警察官) 교양자료-조언비어죄(造言飛語罪)에 ············ 561
대하여(연도 불명)

<자료 32> 정감록(1940.6) ············ 569

<자료 33> 『전시하 집회와 단체 등에 대하여: 「조선임시보안령」 속성 ············ 579
이해』 중 유언비어 해설(1942)

<자료 34> 「육·해군형법」·「조선임시보안령」 위반 사건(1945.3) ············ 583

자료목록 ············ 585
참고문헌 ············ 587
찾아보기 ············ 588

일러두기

1. 일제침탈사 자료총서는 가급적 일반 시민들이 읽고 이해할 수 있는 현대적인 문장과 내용으로 구성했다. 다만 최대한 원문에 충실한 방향으로 번역함을 원칙으로 했다. 기본적으로는 오늘날의 현대어와 현대문으로 표기했으나, 이해를 돕기 위해 필자가 일본어 가나 혹은 알파벳 문자로 표기한 경우, 강조를 표시한 경우 등은 모두 그대로 번역하고 각주로 뜻을 밝혔다.
2. 인명 및 지명 등 고유명사는 처음 등장할 때 원어를 병기하고 이후에는 한글만 표기했다. 한글 표기는 국립국어원 외래어표기법에 따랐다. 일본 인명이나 지명 등 고유명사는 현지어로(고유명사 뒤에 붙은 보통명사는 독음 표기), 중국 인명이나 지명 등 고유명사는 한글 독음을 원칙으로 했다.
3. 연도는 서력 표기를 원칙으로 하고 관련 연호는 병기했다. 날짜는 원문 그대로 하고 음력과 양력 여부를 알 수 있는 경우에만 '(음)', 또는 '(양)'으로 기재했다.
4. 숫자는 천 단위까지 아라비아 숫자로 표기하고 만 단위 이상은 '만' 자를 넣어 표기했다. 도표 안의 숫자는 가급적 그대로 표기했다.
5. 국한문혼용체와 같이 탈초만으로 문장을 이해하기 힘든 경우 가급적 현대어에 가깝게 윤문했다. 단 풀어 쓰기 어려운 낱말이나 문구는 원문을 병기하거나 편역자 주를 이용했다.
6. 용어 및 한자 표기에 있어서 조선 또는 한국은 시기에 관계없이 원문에 나온 대로 표기했다. 또한 일본해(日本海), 지나(支那), 만주사변(滿洲事變), 대동아전쟁(大東亞戰爭) 등 역사적으로 부적절한 용어도 일단 원문을 준용했다. 일본식 간자(簡字)는 가급적 정자(正字)로 바꾸어 표기했다.
7. 낱말이나 문구에 대한 설명이 필요한 경우, 또는 편찬사업의 취지에 따라 자료 해설이 필요한 경우 편역자 주를 적극 활용했다. 동일한 용어 설명의 경우, 각 장을 기준으로 제일 처음에만 넣었다.
8. 원 자료에 수록된 표는 가급적 그대로 수록하되, 지면상 수정이 필요할 경우 가로쓰기로 수정했다.
9. 판독이 불가한 글자의 경우 ■로 표기했다. 그 밖의 부호, 예컨대 -, ○, ×, □ 등은 원문에 있는 그대로 살려두었다. 번역문에서 간혹 원문에 문단이 나뉘어져 있는데 붙여 쓴 경우 슬래시(/)로 표기했다.
10. 본문의 사진 설명, 강조 표시 등도 모두 원자료 있는 그대로 번역 표기한 것이다.

편역자 서문

이 책은『전시체제기 여론통제』제3권으로, 전시체제기 일제 당국의 여론통제가 결과적으로 실제 사회현상에서는 어떻게 드러나고 있었는지를 살펴볼 수 있는 자료를 수록하였다. 이를 체계적으로 파악할 수 있는 자료로는 당시 일제 관헌이 조선인의 치안 상황과 민심, 여론을 조사한 자료들과 당대 신문자료이다. 이 책은 이 자료들을 번역해 수록함으로써, 전시체제기에 일제가 식민지 조선 사회 내 여론을 자신들의 침략전쟁과 내선일체(內鮮一體), 즉 전시 총동원과 민족 말살의 방향으로 조성하기 위해 강력히 통제했음에도 불구하고, 실제 현실에서는 이를 균열시키고 파괴하는 층위들이 광범위하게 나타났음을 보여주고자 했다. 이 책은 다음과 같이 크게 다섯 부분으로 구성하고, 당대 신문자료와 그 밖의 22개 종류의 자료를 번역해 수록하였다.

  Ⅰ. 유언비어 관련 신문 기사
  Ⅱ. 일제 당국의 유언비어 조사
  Ⅲ. 일제 당국의 '불온 낙서' 등 기타 조사
  Ⅳ. 불안한 민심과 여론 동향
  Ⅴ. 유언비어 관련 기타 참고자료

Ⅰ장(유언비어 관련 신문 기사)은《조선일보》,《동아일보》,《매일신보》중심으로 조사한 유언비어 관련 기사를 1) 사설 및 논설, 2) 검거에서 재판까지, 3) 당국의 단속과 대책, 4) 각종 사회현상이라는 4개 절로 나누어 연도순으로 수록하였다. Ⅱ장(일제 당국의 유언비어 조사)과 Ⅲ장(일제 당국의 '불온 낙서' 등 기타 조사)은 전시체제기에 일제 당국의 강력한 여론통제정책에도 불구하고 그들의 의도와 목표에 반하는 사회현상이 광범위하게 나타났는데, 이를 살펴볼 수 있는 가장 대표적인 매개체로서 '유언비어'와 '불온'한 낙서나 투서 등에 대한 당국의 조사

자료를 수록하였다. Ⅳ장(불안한 민심과 여론 동향)은 유언비어 등과도 관련되기는 하나, 이보다 더 광범위하게 각종 사안 등에 대해 민심과 치안 상황을 조사한 자료들을 수록함으로써 당시의 불안정한 민심과 여론 동향을 좀 더 밀도 깊게 파악하고자 한 것이다. Ⅴ장(유언비어 관련 기타 참고자료)은 지금까지 『전시체제기 여론통제』 총 3권을 기획하면서 미처 수록하지 못했던, 특히 당시의 유언비어라는 사회현상을 이해하기 위해 반드시 필요하다고 판단되는 몇 가지 참고자료를 번역해 수록하였다.

각 장의 설정 배경과 내용, 자료별 수록 이유 등에 대해서는 장별 해제에서 자세히 설명하기로 하고, 여기서는 전시체제기에 여론통제의 결과와 사회현상에 대해 먼저 간략히 살펴보고자 한다. 1930년대 이후 제국주의 일본이 만주 침략을 거쳐 중국대륙, 나아가 아시아·태평양 지역으로 전쟁을 확대해 가는 과정에서 가장 긴요했던 것은 식민지민을 포함한 전체 '국민'의 정신 재무장이었다. 이는 전쟁이 장기화하고 세계대전으로 확대되어 가면서 일본의 군사력과 경제력만으로는 당면한 전쟁을 감당하기 어려워지면서 더욱 강조되었다. 절대적으로 부족한 전력(戰力)의 강화를 위해서는 전체 '국민'의 참전 의지와 전승(戰勝) 의지를 높이는 것이 절실했기 때문이다. 따라서 일제는 전통적인 일본의 군국주의와 천황제 파시즘에 기반을 둔 철저한 '황국신민화'를 통해 식민지민을 사상·의식적 면에서 먼저 총동원하고 이를 바탕으로 물적·인적인 면에서 총동원을 추진하려 했다. 이에 전쟁 시작 초기부터 인간 그 자체와 인간 생활 전체를 지배하고 통제하는 '총력전(체제)'이라는 개념을 주창했고, '무력전' 못지않게 '사상전·선전전·문화전·생활전' 등을 강조했다.[1] 이에 대해서는 『전시체제기 여론통제』 시리즈의 (1), (2)을 통해 이미 살펴본 바 있다.[2]

그런데 일제의 강압적인 여론통제와 선전이 행해졌다고 해서 이 시기 조선인 전체가 일제가 원하는 대로 '황국신민'으로 '동화'되어 간 것은 아니었다. 전시체제기를 살았던 당시의 조선 민중이 단순히 일방적으로 그 구조를 받아들여 '황국신민화'되거나 파쇼적 인간형으로 만들어졌다고 볼 수는 없다. 당시 일제가 주창했던 '동화'의 본질은 법적·행정적·제도적

---

[1] 변은진, 2013, 『파시즘적 근대체험과 조선민중의 현실인식』, 선인, 25쪽.
[2] 변은진, 장순순 편역, 2021, 『전시체제기 여론통제(1)-기본 구상과 방향』(일제침탈사 자료총서 57), 동북아역사재단; 변은진, 장순순 편역, 2022, 『전시체제기 여론통제(2)-관련기구와 조사』(일제침탈사 자료총서 58), 동북아역사재단.

차원에서 '일본 국민'으로 동화하는 것을 문화적·관습적·사상적 차원에서까지 '일본 민족'으로 동화하는 것을 목표로 한 것으로 이해된다.[3] 하지만 일본 국민과는 다른 역사적 조건과 생활 환경, 문화적·심리적 상태를 지니고 있는 조선인이 쉽게 일본인에 동화하여 '성전(聖戰)·승전(勝戰)' 의식을 갖기는 매우 어려웠다. 이는 국외에서 적극적으로 항일독립운동을 펼쳤던 사람들 외에 일반 민중들 속에서도 이러한 구조에 직·간접적으로 저항했던 흔적이 여러 곳에서 보인다. 설령 직접적으로 저항하지 않았다 해도 보통의 조선 민중이 내면에서까지 그 구조를 받아들여 체화(體化)해 갔는지는 의문이다. 이러한 내용을 파악하기 위해 바로 이 책이 기획되고 번역되었다.

대다수 조선인은 겉으로는 순응할 수밖에 없었지만, 속마음에는 당시 일제의 정책에 대한 반항 심리와 민족 감정에 기초한 저항 의식이 자리 잡고 있었다. 이러한 감정과 심리를 대변해 주는 것이 바로 명확한 근거 없이 입에서 입으로 돌던 유언비어나 풍문, 불만을 겉으로 드러내어 비난 혹은 비판한 사람들, 또 그러한 저항 행위로 인해 일제 당국에 검거되었던 수많은 평범한 사람들이었다.[4] 평범한 민중들은 주로 일제 당국이 '불온언동'이라는 틀로 파악한 이러한 행위들로써 자신들의 감정과 여론의 경향을 드러냈다. 이는 전시체제기 일제 측의 무리한 여론통제정책의 결과물이라고 할 수 있는데, 그 실상과 내용은 여론통제의 본래 목적과는 완전히 상반되는 것이었다.

당시 민중층의 '불온언동'은 크게 보면 '말을 통해' 퍼지는 것과 '글을 통해' 퍼지는 것으로 구분할 수 있다. 전자는 '불온'하고 '불경'한 내용의 조언비어(造言飛語)나 군사기밀 누설 등을 말하는데, 당시 만연해 있던 전시유언비어(戰時流言蜚語)로 통칭할 수 있다.[5] 후자는 '불온·불경'한 내용의 낙서, 삐라, '행운의 편지' 등을 들 수 있다. 이 행위들 가운데 삐라 살포는 주로 상대적으로 '선진적' 의식을 지닌 소규모 비밀결사나 기성의 운동집단이 관여하여 이

---

[3] 이에 대한 자세한 내용은 강만길 외, 2004, 『일본과 서구의 식민통치 비교』, 선인, 188~192쪽 참조.
[4] 변은진, 2013, 위의 책, 25~26쪽.
[5] 엄밀히 말해서 조언비어(造言飛語)와 유언비어(流言蜚語)는 그 의미가 비슷하면서도 약간 다른데, 이 시기 일제 당국은 강도가 더 센 조언비어라는 말을 많이 사용했으며 양자에 대한 법의 적용도 다소 달리했다(자세한 내용은 본서 5장-1절 자료 참조). 하지만 이 책의 장과 절의 구성에서는 편의상 조언비어, 유언비어, 군기누설 등 민중들의 일상적 '불온언동'을 모두 '유언비어'라 통칭했으며, 각각의 수록 자료들에서는 원문 그대로 사용했음을 밝혀둔다.

루어진 것으로 볼 수도 있다. 반면 유언비어 유포나 낙서행위 등은 대체로 평범한 민중들이 자신의 감정이나 심리적 상태에 기초해 다소 우발적으로 표출한 것들이 주를 이루었다. 이 책에 수록한 자료들이 보여주는 '불온언동'의 대표적인 행위를 유언비어, '불온 낙서', '불온' 삐라·격문과 투서의 순으로 정리해 보면 다음과 같다.⁶

첫째, 일제말 전국적으로 가장 만연해 있던 조선 민중의 저항 형태 중 하나는 '전시유언비어'로 통칭할 수 있는 '불온언동', 즉 '불온'하고 '불경'한 내용의 조언비어였다. '조언(造言)'이란 거짓으로 어떤 사실을 만들어 내는 것, '비어(飛語)'란 상호 간에 전파되는 것을 말한다.⁷ 전시하에서는 특히 '군사에 관한' 내지 '시국에 관한' 유언비어가 많아서, 중요한 사회문제가 되었다. 이 시기 조선 민중의 유언비어는 실제 전황(戰況)과 이에 따른 일제 당국의 구체적인 정책 변화 등과 밀접한 관계를 지니고 있었고, 여러 지역과 계층, 연령층에 퍼져있었다. 유언비어는 그 성격상 개개인의 이해관계나 신세 한탄에서부터 독립과 건국에 대한 희망까지 매우 다양한 내용으로 표출되었는데, 시간이 갈수록 전쟁에 대한 단순한 공포와 위기의식에서 일본의 패전, 즉 일제 패망과 조선 독립에의 희망을 반영하는 쪽으로 흘러갔다. 유언비어가 갖는 여러 한계에도 불구하고, '식민지+전시+파시즘'이라는 제한된 시공간 속에서 유언비어는 민중들 간에 공통의 언로(言路)를 확보하여 조선인 내부의 결속을 강화하고 민족의식을 고무시키는 역할을 했다. 그런데 당시 확산한 유언비어 현상에서 가장 중요한 점은, 이것이 당면 전쟁 국면에 대한 위기의식의 표출에만 머무는 것이 아니라, 일제 패망과 조선 독립이라는 또 다른 국면에 대한 간절한 희망을 표출하는 담론이었다는 점이다.

둘째, '전시유언비어'와 더불어 이 시기 '불온 낙서' 역시 조선 민중의 민족적 인식과 저항의식을 보여주는 좋은 창구 가운데 하나다. 식민지배하에서 세계대전이라는 역사적 상황을 경험하는 가운데 나타난 낙서행위의 증가 현상은, 개인의 사소한 감정과 그 표현이 전쟁의 반인륜성이나 근대의 민족과 국가에 대한 통찰이라는 거대 담론과 어떠한 관계성을 갖는지 이해할 수 있는 단초를 제공한다. '불온 낙서' 현상은 전쟁과 사회의 변화가 개개인의 실생활에 반영되면서 느껴지는 여러 심리적 상태가 사회적으로 표출된 형태 중 하나다. 이 시

---

6 아래의 서술은 변은진, 2013, 위의 책 4장 소결 중 336~338쪽을 정리한 것이다.
7 《京城日報》, 1937.9.10. 노무라(野村) 대구헌병대장의 언급 중에서.

기 '불온 낙서' 현상은 전쟁이 확대되고 장기화되어 갈수록 양적·질적으로 심화해 갔는데, 특히 1941년 들어서부터 격증했고 발견 지역도 전국적으로 확대되었다. '불온 낙서' 행위는 대체로 글을 쓸 줄 알아야 한다는 특성상 주로 10대 중반부터 20대 중반 사이의 청소년층과 청년층, 특히 중등학교 학생과 노동자에 의해 많이 이루어졌다. 이들은 낙서라는 행위를 통해 일제 패망과 조선 독립에 대한 희구, 내선일체론 반박과 조선 민족의 각성 촉구, 일본 '천황'과 이완용(李完用) 등에 대한 비난과 공격, 전쟁과 자본주의에 대한 회의, 인생과 청춘에 대한 방황, 노동자로서의 자각과 권리 요구, 공산주의 사회에 대한 희구 등 여러 가지 생각과 감정을 표현했다. 식민지배와 전쟁을 동시에 경험하면서 청소년기를 보내는 세대가 자신의 잠재적 불만과 소신을 자연스럽게 표현하면서 더 나은 방향으로 승화시킬 길이 막혀 있는 현실에서 '불온 낙서' 행위는 이들이 일상을 부정하고 극복하려는 돌파구의 하나로 기능했다.

 셋째, 일제의 엄혹한 감시와 탄압에도 불구하고 전시체제기에는 당면한 전쟁의 진실을 알리고 희망적인 미래를 추구하는 내용의 삐라나 격문이 종종 살포되었고, 투서나 편지 형식을 띤 유포 사건은 매우 자주 발생했다. '불온'한 삐라나 격문의 유포는 그 내용의 심각성 여부를 떠나 행위 자체만으로도 일제 당국이 원하는 여론의 안정화에 심각한 위협을 줄 수 있는 요소였고, 따라서 '가장 불온한 불온문서'로 취급되었다. 그리고 그 작성자나 유포자, '배후'의 조직은 당시 일제의 총력전 체제를 균열시키고 와해로 이끌 수 있는 대상으로 취급되었다. 삐라나 격문은 비교적 높은 수준의 저항 의지를 표현하거나 소규모 비밀결사가 개입되어 있는 경우도 있었던 것으로 보인다. '불온'한 투서나 편지는 삐라나 격문 배포가 쉽지 않은 조건에서 자신의 주장을 알리고 일반 사회의 여론을 환기시키기 위해 당시 널리 이용되던 방법이었다. 투서나 편지는 주로 조선총독부, 각국 영사관, 상공회의소, 일본 경시청, 신문사 등 특정한 기관이나 조선군사령관, 경무국장, 경찰서장, 동리 구장(區長) 등 특정한 개인을 겨냥해서 하는 경우가 대부분이었다. 여기에는 경고성·협박성 내용의 편지를 통해 자신의 뜻을 알리고 그들에게 일격을 가하겠다는 의미도 있었다. 또한 징병제나 '국어 상용' 등 일제의 정책에 대한 반대운동을 전국적으로 일으키기 위한 일차적인 수단으로 '편지 발송'의 방식을 취한 경우에서 알 수 있듯이, 이를 통해 자신들의 취지를 선전하여 여론을 고무시키겠다는 의지가 포함되기도 했다.

일제의 침략전쟁과 식민지 조선에서 전시체제가 강화되어 갈수록 일제 당국은 이상과 같은 '불온언동'을 "인심(人心)에 불안 동요를 생기게 하고 적개심을 저해하며 총후(銃後)의 결속을 이완시키는 등 총후의 치안에 중대한 지장을 미치는 범죄"라고 규정하고, 「형법·육군형법·해군형법·국방보안법·조선임시보안령·경찰처벌규칙」 등 여러 법령의 해당 조항에 규정된 바에 따라 강력히 처벌하도록 했다. 그 내용은 이 책에 수록된 자료들을 통해 확인할 수 있다.

여론통제정책을 비롯한 전시체제기 일제의 정책들이 노렸던 것은 조선인의 국체(國體) 관념, '천황'에 대한 충성, 국가를 위한 개인의 희생 강요 등이었다. 이는 일본의 전통적인 도덕·윤리를 체감하고 공통의 '근대화' 경험을 지니고 있던 자국민에게는 가능할지 몰라도, 식민지 조선 민중에게는 불가능한 일이었다. 강한 저항 속에서 유지되어 온 몇십 년간의 식민통치만으로는 조선인이 동화되기 어려운 요소들이 있었다. 일본인과 달리 조선인에게는 오랜 기간 나름대로 형성해 온 전통적인 도덕 윤리와 생활 방식, 또 개항 이후 '근대화' 과정에서의 다른 경험이 존재하고 있었다. 따라서 일제 측의 논리는 실제 생활 속에서 각종 민족적 차별이 느껴지는 허울뿐인 내선일체로 비춰질 수밖에 없었고, 여러 형태의 저항을 동반했다. 즉 조선인의 의식은 나름대로 공유해 온 역사적·문화적 전통에 바탕을 두고 있어서 불과 몇십 년간의 식민통치를 통해 근원적으로 바뀔 수 있는 여지는 거의 없었다.

오랫동안 단일한 국가를 유지하면서 근대국가로의 전환을 모색한 경험을 지닌 조선인의 입장에서 볼 때, 일본으로의 동화라는 것은 자신들의 전통과 역사, 미래를 총체적으로 '부정'하는 것으로 비춰질 수밖에 없었다. 적극적으로 '친일화'한 몇몇 사람과 현상적으로 '순응'하는 수많은 대중이 존재한다고 해서, 당시 조선 민중 일반이 일제가 목표로 한 '황국신민', 즉 '완전한 일본 국민'이 되는 것은 불가능했다. 특히 개인적·집단적 희생만을 강요하고 아무런 대가나 보답이 주어지지 않는 식민지의 전시파시즘하에서는, 다수가 '잠재적 침묵자'로 존재할 수는 있어도 '진정한 동조자나 협력자'가 될 수는 없었다. 바꿔 말하면 '잠재적 침묵자'는 경우에 따라 '저항의 주체'가 될 가능성도 있음을 의미한다. 적어도 식민지 조선의 상황만을 놓고 보면, 일제의 침략전쟁과 강력한 여론통제를 통한 '황민화' 정책은 무모한 것이었다.

당시의 일제 측 역시 이러한 상황을 잘 알고 있었다. 그래서 패전 이후 일본은 식민통치에 대한 자체 평가와 반성에서 결국 종합적으로는 조선인에 대한 황민화정책은 '실패'했다고 평가할 수밖에 없었다. 동화주의에 기반을 둔 이러한 정책의 실패를 '선의(善意)의 악정(惡政)'이라고 묘사하기도 했지만,[8] '선의'라는 것은 일본의 입장에서 나온 발상이며, 조선인의 입장에서 본다면 결국 '악정'이 가져다 준 현실적 고통과 조선의 상대적 낙후성으로 받아들여지는 것은 지극히 당연했다.[9] 이 책은 일제가 강력한 여론통제라는 황민화정책을 통해 노렸던 것과 실제로 조선인 사회에서 나타난 현상, 즉 그 결과 및 한계를 분명히 함으로써 일제의 식민 지배와 통치정책이 지니고 있는 허(虛)와 실(實)을 분명히 하고자 했다.

편역자를 대표하여
변은진

---

[8] 外務省 調査局, 1946, 『朝鮮統治の性格と實績 - 反省と反批判』, 13쪽.
[9] 이상의 내용은 변은진, 2013, 위의 책, 101~102쪽.

유언비어 관련 신문 기사

해제

　제1장은 일제 당국의 강력한 여론통제에도 불구하고 전시체제기에 지속적으로 확산된 '전시유언비어(戰時流言蜚語)'에 대한 당대 신문 기사를 모아 수록하였다. 당시 일제 당국은 유언비어보다는 더 강한 의미를 담은 조언비어(造言飛語)라는 용어를 많이 사용하였지만, 여기서는 편의상 유언비어로 통칭하고자 한다. 조사 대상으로 삼은 신문은 중일전쟁이 일어난 1937년 7월부터 한글 신문이 폐간된 1940년 8월까지의 《조선일보(朝鮮日報)》와 《동아일보(東亞日報)》, 그리고 조선총독부의 기관지로서 1945년까지 발간된 《매일신보(每日申報, 每日新報)》[1] 등 3종이다. 조사는 주로 온라인 검색 시스템을 활용하였으며, '유언비어'와 '조언비어'라는 두 개의 키워드를 중심으로 하였다. 이와 같이 조사한 기사들을 그 성격별로 분류하여 다음과 같이 총 4개의 절을 구성하였으며, 각 절 내에서는 시기순으로 기사를 배치하였다.

　1. 사설 및 논설
　2. 검거에서 재판까지
　3. 당국의 단속과 대책
　4. 각종 사회현상

　제목에서 알 수 있듯이, 1절은 유언비어와 관련된 신문의 사설과 논설 또는 설명문 성격의 글들, 2절은 일제 당국이 유언비어 관련으로 검거, 송치하여 재판받기까지의 상황과 관련된 기사들, 3절은 시간이 갈수록 늘어가는 유언비어에 대한 일제 당국의 단속 상황과 그 대책 등의 공표와 관련된 기사들, 4절은 이상의 기사 외에 전시체제기의 유언비어 관계 각

---

[1] 일제는 1938년 4월 29일 《京城日報》와 분리하여 종래 경성일보사에서 발행되던 《每日申報》를 《每日新報》로 개칭했다. 관련 기구를 확충하고 지면을 쇄신하여 "시국하 조선인의 지도·계몽에 노력"한다는 취지에서였다(朝鮮總督府, 1940, 『施政30年史』, 497~498쪽).

종 사회현상과 관련된 기사들을 모았다.

　신문 기사들을 통해 살펴보면, 일제 당국의 강력한 통제와 단속에도 불구하고 당면한 전쟁 상황 등을 둘러싼 조선인의 유언비어는 시간이 갈수록 늘어갔다. 1937년 7월 중일전쟁이 일어난 후 2개월 동안 이른바 '조언비어범(造言蜚語犯)'으로 검거된 자만도 120명에 달했다.[2]

　그리고 실제로 중일전쟁 이후에는 유언비어 유포자들도 대부분 실형을 언도받았는데, 이는 유언비어자에 대해 「육·해군형법」을 적용하면서 더욱 강화되었다. 신문 기사들을 보면, 예컨대 '조언비어죄'에서 「육군형법」 위반으로 실형을 언도받은 최초의 사례는 1937년 9월 2일 공주지방법원 대전지청에서 황쇠불이(黃釗佛伊, 경북 의성, 39세)에게 내린 징역 1년형이었음을 알 수 있다.[3] 이처럼 신문 기사들을 통해 유언비어를 둘러싼 당대 식민지 조선 사회의 일반적인 분위기를 쉽게 파악할 수 있을 것이다.

　한글 신문에 수록된 기사의 현대어 윤문은 가급적 당시 기사의 원문을 그대로 준용함을 원칙으로 했다. 문맥상 또는 가독상 큰 문제가 아니라면 원문의 용어 표현 등을 그대로 따랐다는 의미이다. 예컨대 원문에 한자가 병기되어 있으면 필요시 윤문에서도 병기하고, 원문에는 한자가 병기되어 있지 않지만 가독상 필요할 경우는 각주에 표기하는 방식으로, 또 '취체(取締)'나 '단속'이라는 용어도 원문에 표기된 대로 두는 방식으로 처리했다. 아울러 현재 윤문된 기사 내용 속의 한자, 강조 표시, 줄임 표시 등도 모두 원문대로임을 밝혀둔다.

2　《每日申報》, 1937.9.6.
3　《朝鮮日報》, 1937.9.4;《東亞日報》, 1937.9.4;《每日新報》 1937.9.4. 황쇠불이의 경우, 각 신문의 기사마다 이름이 다르게 표기되어 있다.《조선일보》와 『사상휘보(思想彙報)』(「支那事變關係犯罪調」 및 「造言飛語の罪に關する調査」, 『思想彙報』 14, 1938.3)에는 황쇠불이(黃釗佛伊)로 기재되어 있지만,《동아일보》에는 황검불이(黃劍佛伊)로,《매일신보》에는 황금불이(黃金佛伊, 9.4)와 황검불이(黃劍佛伊, 9.6)로 되어 있다. 또 佛을 不로 기록한 곳도 있다. 이처럼 동일인임에도 당시 자료에는 황쇠불이, 황검불이, 황금불이 등 다양하게 기록되어 있다. 수형인명부 등 공문서에 주로 '황쇠불이'로 되어 있으므로 이를 따랐다.

<자료 1>

사설 및 논설

유언비어(流言蜚語)

《매일신보》 1937. 7. 15. 2면

1.

　인지(人智)가 미개하고 문화가 저비(低卑)한 사회일수록 유언비어가 성행한다. 대개 유언비어는 근거 없는 허언(虛言)을 유포하고 출처 없는 망어(罔語)[4]를 전파하는 것이어서, 인지가 미개하여 사리의 판별력을 결여하므로 황당무계(荒唐無稽)한 망어를 꾸며서 만들어내고 또 이를 무조건 신뢰하여 타인에게 전파하며, 문화가 낮고 비속하여 각종 보도의 정확을 기하지 못하므로 실허(實虛)와 진가(眞假)가 혼동되고 와전(訛傳)과 오전(誤傳)이 많이 나오는 것이다. 이러하므로 유언비어가 교차하고 성행함은 사회 전체를 위하여 무엇보다 수치스럽고 비애한 것이오, 또 좋아하여 이에 부화뇌동함은 무지와 야만을 자백하고 또 이에 자처(自處)하려는 것일 것이다. 그뿐만 아니라 유언비어가 불러일으키는 필연적 결과는 위험 그뿐이오, 불행 그뿐일 것이다. 허무맹랑을 근거로 하는 바이라. 이에 심한 위험이 어디에나 있으며 또 황당무계를 출발점으로 하는 바이다. 소기(所期)의 결과를 기대할 만하게 될 바일 것이다.

2.

　사적(史跡)에 비춘다고 할지라도 유언비어가 분분함에는 반드시 국가와 사회를 비경(悲

4　망어(妄語)의 오기로 보이는데, 원문대로 두었다.

境)에 몰아넣고, 또 국가나 사회가 비운(悲運)에 빠지려 함에는 반드시 유언비어의 분분함으로써 조짐을 보이게 된다. 이러하므로 사회의 교란을 의도하고 인류의 복지를 저주하는 요물(妖物)은 반드시 유언비어를 꾸며서 만들어내고 전파함에 빠진다. 그리하여 건전한 사회에서는 이를 돌파하고 묵살하여 화(禍)가 미치는 것을 면하게 하는 것이다. 불건전한 사회, 또 망조(亡兆)가 든 사회에서는 마침내 이에 농락당하고 기만하게 되어 심대한 불행과 위험에 직면함을 면하지 못하게 된다. 솔직히 고백하면 우리는 너무나 유언비어의 신자(信者)라. 인문(人文)의 미개에 기초함인지, 비운의 사연(斯然)에 연유함인지, 일반은 너무나 좋아하여 유언비어를 전파하고 또 이에 흥미를 갖는 나쁜 버릇(惡癖)이 존재한다. 다소 현대적 문화에 진보된 점은 존재한다고 할지라도 반만년 문화를 자랑(矜伐)하는 우리요, 또 사실이 허무맹랑하고 황당무계한 유언비어에 기망(欺妄)될 만치 무지몽매한 우리는 아니다. 그러함에도 불구하고 유언비어라면 무엇보다 환영하고 무엇보다 흥미를 재촉함은 도대체 어디에 까닭을 둔 바이냐.

3.

유언비어의 분분함으로 인하여 얼마나 심대한 희생이 속출하고 얼마나 각종 비극이 빈발하였나 하는 사실은 반드시 필자의 걱정 근심을 들지 않는다고 할지라도 일반의 기억이나 경험이 가장 명료히 증좌(證左)하는 바일 것이다. 1918~1919년(大正 7·8)경의 사태를 상기하여라. 당시 유언비어는 얼마나 극도로 분분하였고, 또 이로 인하여 세계에 웃음거리가 되는 동시에, 얼마나 막대한 불행과 희생이 속출하였던 것을, 그리하여 최근 천하의 이목을 용동(聳動)[5]하게 한 저 백백교(白白敎) 사건[6]과 같은 것도 그 본질을 파고들면 유언비어를 온상으로 배양되고 만들어진 것이라 하여도 옳다 할 것이다. 유언비어의 참혹함(慘毒)이야 얼마

---

5 용동(聳動): 몸을 솟구쳐 뛰듯이 움직이거나 움직이게 함.
6 백백교(白白敎) 사건: 1928년부터 1937년까지 백백교 교주 전용해(全龍海)와 그의 제자 문봉조(文奉朝) 등이 10년 동안 전국 곳곳에서 80여 회에 걸쳐 300여 명의 남녀노소 신도들을 살육했다는 사건. 1935년 7월 강원도 금화 사건이 들춰지고 1937년 2월 21일 전용해가 자살함으로써 세상에 전모가 드러났다. 백백교 사건에 대한 보도는 당시 일제 당국에 의해 상당 부분 조작되고 부풀려졌다고도 한다. 총독부는 이 사건을 계기로 전국에 신종교 탄압을 본격화하면서, 특히 민족적인 종교단체를 해체시키는 구실로 삼았다.

나 공포스럽고 전율할 일이며, 또 그것이 우리에게 뒤엉켜있는 바가 어찌 이다지 집요한 바이냐. 목하 시국은 정말로 비상(非常)을 고하게 된 바여서 유언비어를 만들어내고 유포하는 요물 괴배(怪輩)로서는 마치 도깨비(魍魎)가 야음(夜陰)을 맞이한 바와 같은 것일 것이며, 또 일반으로서도 비상시 기분에 흥분된 만치 쉽게 움직여서 여기에 빠지기 용이하게 되는 바일 것이다. 전감(前鑑)[7]의 소소(昭昭)[8]함에 주의하여, 또 우리의 면목과 명예와 안녕을 위하여 일대 경계(警戒)를 요해야 할 바가 아닐 것인가.

유언비어에 대하여

《조선일보》 1937. 7. 16. 조간 1면

1.

비상시(非常時)에 처하여 가장 무서운 것은 유언비어다. 그것이 한 사회에 끼치는 해독은 크고 막대한 바가 있다. 이런 의미로 보아 최근 북지사건(北支事件)이 재악화하자 당국이 빨리 그 취체(取締)[9]를 엄히 할 방침을 취한 것은 부득이한 처치라 할 것이다. 유언비어란 무엇이냐 하면, 민심을 공포 또는 격앙시킬 종류의 완전히 사실이 아닌 허언(虛言), 또는 사실이 약간 있는 말이라도 침소봉대(針小棒大)한 과장적 전언(傳言)의 유포를 지칭하는 것이다. 민중은 사실이 아닌 공포에 망동(妄動)을 개시하고 과장으로 인한 격앙에 폭동을 감행하여 적게는 그 개인의 일신일가(一身一家)를 망치며, 크게는 사회국가의 안녕질서를 파괴 문란하기에 이르는 수도 있으니, 이 얼마나 큰 해독이며, 이 얼마나 심한 죄악이냐?

2.

유언비어는 말하자면 정신적·사회적 전염병이다. 그것이 한 사람으로부터 타인에게 옮아가는 현상은 마치 저 콜레라, 페스트가 최초의 1인으로부터 점차 전염되어 가는 것과 흡

---

7 전감(前鑑): 거울로 삼을 만한 지난날의 경험이나 사실. 앞의 일을 거울삼아 비쳐 보는 일.
8 소소(昭昭): 사리가 밝고 뚜렷한 모양.
9 취체(取締): 법령, 규칙, 명령 등을 지키도록 통제하고 단속함.

사하다. 그렇다고 양자(兩者)가 꼭 같은 것은 아니니, 1) 콜레라, 페스트는 육체상의 전염병인 데 대하여 유언비어는 정신적이며, 2) 전자(前者)는 개인적 성질이 많은 데 대하여 후자(後者)는 사회적 성질이 많으며, 3) 전자의 제거에는 의약을 요하는 데 대하여 후자의 제거에는 발근적(拔根的) 단속과 각 개인의 자각으로 족하다. 이와 같은 세 가지 점은 양자가 상이한 점이다. 게다가 양자 간에 또 하나 크게 다른 것이 있으니, 즉 유언비어는 그 전염이 저 육체적 전염병에 비하여 비상(非常)한 정도로 신속하고 또 광범위한 것이다. 예로부터 '발 없는 말이 천 리를 간다(言無足而至千里)'는 속담이 있거니와, 말이 한 사람의 입으로부터 나와서 그다음 사람의 귀를 통하여 유포되는 속도와 범위는 여간한 병균(病菌)의 이동력을 가지고는 그 10,000분의 1도 당치 못할 만치 현격한 차가 있는 것이다.

3.

다음으로 유언비어는 그 원인 또는 출처를 고구(考究)할 때 거기에는 처음부터 사회와 국가를 교란시키려는 고의(故意) 또는 악의(惡意)의 것도 있는 반면에 하등 악의가 없이 말한 데 불과하다는 정도의 당사자 과실 또는 무의식의 것도 있으며, 또 한편으로는 처음에는 그런 뜻이 아니던 말이 이구전구(以口傳口) 되는 동안에 와전되는 것도 있다. 그러나 그 민심을 공포시키고 격앙시키는 결과에 있어서는 고의·과실(過失), 의식적·무의식적, 실전(實傳)·와전을 가릴 것이 없이 똑같다. 상세히 말하면, 고의라고 하여 민심을 공포시키는 정도가 더 큰 것도 아니요, 과실이라고 하여 민심을 격앙시키는 힘이 보다 약한 것도 아니다. 그러므로 한 나라의 시정자(施政者)로 앉아서 그 해독을 미연에 방지할 목적으로 취체를 개시할 때에는 과실, 무의식적 또는 와전임을 헤아리지 않는 것도 혹은 부득이한 처치일 것이다.

4.

물론 체질이 원래 연약한 사람은 몸 안의(內體的) 전염병에 걸리기 쉽듯이, 무론(無論)하고 암미(暗昧)한 사람은 유어비어에 침염(浸染) 되기가 쉬운 것이다. 그러나 콜레라, 페스트는 원래 나쁜 병(惡注)이기 때문에 건장한 사람으로도 걸리는 비율이 많듯이, 초비상시의 유언비어는 ■■■■한 사람으로도 침염 되기가 쉽다는 점도 특히 일반의 주의를 요하는 점이다. 왜 그런가 하면 군자(君子)는 가기이방(可欺以方)[10]으로 아무리 총명하고 아무리 유희(有戱)한 사람이라도 거짓말이라고 생각할 수 없는 종류의 유언비어는 얼마든지 있기 때문이다. 이를 역사상의 기록에서 볼지라도 "우물에 독약을 던진다" 또는 "모처에서 다수의 사상자(死傷者)가 나왔다"라고 하면 아무리 유식한 사람들도 믿었고, 아무리 총명한 사람들도 믿었던 전감(前鑑)이 소소(昭昭)하다. 그러면 발본색원적(拔本塞源的) 유언비어의 대책은 무엇이겠느냐 하면, 당국의 취체는 부득이하나, 1) 정상적인 보도에 대하여 보도 자유를 확장할 것, 2) 일반 민중 측에서는 확인 없는 전언(傳言)에는 도무지 귀를 기울이지 않도록 자각하는 동시에 추측 또는 상상에 기인한 발설은 일체 입 밖으로 내지 아니하도록 각자 주의할 것이라는 두 가지가 더 있을 것이다.

시국(時局)과 그 인식

《조선일보》1937. 7. 22. 조간 1면

1.

북지사변은 지난 20일부터 드디어 중대화 되었다. 이때는 정말로 우리가 종래보다 한층 더 인식을 새로이 하여 선처(善處)할 시기(時機)[11]이다. 그럼에도 불구하고 항간에는 일종의 당국의 취체의 손까지는 미치지 못할 정도의 유언비어적 심리가 유행하여, 한편으로 과도한 공포증(恐怖症)에 걸리는 사람이 생겨나는 동시에, 다른 한편으로는 공포를 지나서 자포자기(自暴自棄)에 빠지는 사람이 생겨난다는 말을 듣는 바, 이것이 사실이라고 하면 이것은 국가 전체로 보아, 또한 사회 전체로 보아 실로 한심하기 짝이 없는 중대 문제라고 할 것이다.

2.

물론 이 시기(時機)가 중대하다는 것은 사실이나, 그러나 그렇다고 하여 아직도 우리가 공

---

10 가기이방(可欺以方): 그럴듯한 말로 남을 속일 수 있음.
11 시기(時機): 적당한 때나 기회.

포증을 일으켜야만 할 정도에는 이르지 아니하였고, 또한 장래에도 그러한 시기가 오고야 말리라는 과학적 이유는 없다. 천년을 살겠다는 희망을 가지고 내일 죽을 것처럼 일하라는 고언(古言)도 있거니와, 사람의 생활철학은 마땅히 이러할 것임에도 불구하고, 눈앞에 아무 사실이 없는데도 불구하고 스스로 마음에 환상을 그려가지고 그 환상이 명하는 바에 의하여 백해무일리(百害無一利)한 공포증을 일으킨다는 것은 그 개인은 물론 한 나라, 한 사회의 유지 발전을 위해서도 크게 한심한 문제라고 할 수밖에 없다.

3.

더구나 단순한 공포의 정도를 지나서 자포자기적 행동에까지 흐른다면 이것은 여간 한심하다는 말만 가지고는 표현할 수 없는 정도의 중대 문제라고 할 수밖에 없다. 물론 수백 년을 두고 조선사람은 제 손으로 전쟁을 해 보지 못하였기 때문으로 전시(戰時)에 처하는 각오와 훈련을 갖지 못한 것도 사실이다. 저 한국시대(韓國時代)에 일청(日淸)·일러(日露)의 양역(兩役)[12]을 당해 보았으나, 이것은 조선인의 자의에 의한 전쟁이 아니었기 때문에 조선사람은 양역에서 전시에 처하는 각오와 훈련을 갖지 못하고 다만 공포의 쓰라린 경험만을 맛보았던 것도 사실이다. 그러나 그때와 지금은 우리의 지식 정도와 문화의 레벨이 다르고, 또한 전쟁의 양식(樣式)이 다르다는 한 가지 점에 특히 유의하여 우리는 시국에 처하는 도리에 있어서 전혀 유감이 없도록 해야 할 것이다.

4.

또한 이것을 한번 뒤집어 생각해 본다면, 금일은 전쟁의 양식이 다른 까닭으로 세속에서 이른바 피란(避亂)이라는 것이 사실에서는 불가능하게 된 것이다. 시골서 짐을 싸 보았댔자 갈 데가 없는 것이오, 서울서 짐을 싸 보았댔자 갈 데가 없는 것이다. 이것을 보면 설사 최악의 경우에 도달하는 날이 만일에라도 있다고 할지라도, 우리는 다만 최대각오와 협력일치로써 이 일(事)에 당할 길(路)이 있을 뿐이오, 공포 또는 이것을 지나서의 자포자기는 최대금물(最大禁物)이라는 한 가지 점에 특히 유의해야 할 것이다.

---

[12] 1894년 청일전쟁과 1904년 러일전쟁.

> 유언비어의 사회적 영향
> 평양 예금 회수 소동은 그 일례
>
> 《동아일보》 1937. 7. 27. 조간 3면

1.

　이 비상시국을 당하여 우리의 사회적·경제적 생활이 자중하여야 하겠다는 것은 누누이 본란(本欄)에서 논평한 바이다. 그런데 최근 항간에서는 각종의 유언(流言)이 꾸며서 만들어지고 각색의 비어(蜚語)가 전파되어 민심은 자못 불안정 상태에 빠져있는 듯한 느낌을 주고 있다. 혹은 과도한 공포증에 걸려 당장 자기 신변에 미루어 헤아릴 수 없는 위험이 가해질 것 같이, 자기 재산에 불의의 손실이 당해질 것 같이 생각하여 전율하는 자도 있으며, 혹은 한 걸음 더 나아가서 이 비상시국에서 은둔하려고 황망(慌忙)하는 자도 있으며, 심지어는 자포자기하는 자까지도 있다. 문화 정도가 저열한 사회에서라면 볼 수 있음직도 한 일이라 하겠지마는, 남에게 못지않은 사물의 판단력을 가지고 있는 우리 사회에서, 따라서 질서도 있고 훈련도 있는 그리고 자중할 줄 아는 우리 사회에서 이 무슨 비애이며 수치이냐. 그 개인이 허무맹랑한 유언비어에 미혹됨으로써 그 사회에 미치는 전염병적 독해가 심상치 않음을 생각할 때에 실로 유감스러움을 금하기 어렵다.

2.

　그 일례로 우리는 최근 평양에서 일어난 저금·예금 회수 소동을 들 수 있다. 다시 말하면 화류가(花柳街)에서 "저금과 예금은 전부 군사비로 징발된다"라는 풍설이 유포되자 이것이 진원이 되어 너도나도 할 것 없이 앞다투어 우편국·금융조합·은행으로 몰려들어 저금 또는 예금을 추심(推尋)하노라고 소동을 일으켰기 때문에, 각 관계 당사자들의 비명은 물론이거니와 경찰서원까지 제일선에 나서서 그 방지에 부심하였다 한다. 이것은 전쟁에 대한 경험이 없는 탓에서, 전쟁만 일어나면 곧 민간재산을 정부에서 몰수하는 것 같이 생각하는 일종의 공포증의 표현이라고 하겠는데, 결코 사리를 정상적으로 판단하는 자는 하지 않을 낭패(狼狽)다. 전쟁이 발발하거나 오래 계속되어 한 나라의 경제계에 중대한 변동이 야기될 때

정부가 모라토리엄[13]을 법령으로 발포한 전례(前例)는 허다하다. 그러나 적어도 그 나라의 질서가 조금이라도 유지되고 있는 이상, 민간저축을 무조건 징발하는 것과 같은 근대국가는 없을 것이다. 그렇거늘 이번 북중사변에서 상상도 되지 않는 최악의 경우를 두려워하여 저금·예금의 회수 소동을 일으킴이야 어찌 우부우부(愚夫愚婦)[14]의 경거망동이 아니리오.

3.
그 유언비어의 출처는 아직 불명하므로 당국에서는 지금 엄탐(嚴探) 중이라 한다. 대개 이와 같이 황당무계한 유언비어가 주출되고 유포되는 경로는 세 가지가 있을 것이다. 혹은 사회의 안녕질서를 교란할 의도에서, 혹은 말을 참지 못하는 나쁜 버릇(惡癖)이 있는 자의 자가도취에서, 혹은 혹세무민(惑世誣民)으로 직업을 도득(圖得)[15]하려는 자의 행위에서라는 세 가지 경로를 밟아온 것이어서, 이 모두가 가증(可憎)하지 않음이 없는 터이니, 당국은 모름지기 그 병균의 출처를 충분히 구명(究明)하여 철저히 박멸하지 않으면 아니 될 것이거니와, 저 사실 무근한 망어(罔語)[16]에 귀를 기울여서 자기 판단력을 현란하게 하여 드디어 그에 뇌동부화(雷同附和)하고 마는 그 사람인들 어찌 현명하다 할 수 있으리오. 그 결과는 자기 안전을 도모하는 도리가 못 될뿐더러 도리어 자기의 어리석음을 고백하는 것이 되고, 한 걸음 나아가서는 사회 전반에 해독을 미치고 마나니, 이 점을 충분히 인식하기 위하여 자기반성이 있지 않으면 아니 될 것이다. 이리하여 비상시국을 당해서라도 우리는 우리의 질서 있고 훈련 있는, 그리고 절도 있는 생활을 보전(保全)하여야 할 것이다.

---

13 모라토리엄(moratorium): 전쟁, 지진, 경제공황, 화폐개혁 등과 같이 한 나라 전체나 어느 특정 지역에 긴급사태가 발생한 경우 국가권력의 발동에 의하여 일정 기간 금전 채무의 이행을 연장시키는 일. 지급연기. 지급유예.
14 우부우부(愚夫愚婦): 『서경(書經)』에 나오는 말로서, 어리석은 남녀, 평범한 백성, 즉 일반적인 국민을 가리키는 말이다.
15 도득(圖得): 꾀하여 얻음. 혹은 얻으려고 꾀함.
16 망어(妄語)의 오기로 보이는데, 원문대로 두었다.

> 말을 삼가라
> 자칫하면 금고(禁錮) 3년
>
> 《동아일보》 1937. 8. 8. 조간 3면

1.

　말이란 것은 마땅히 하여야 할 경우에는 비록 부과(斧銊)가 앞에 있고 정확(鼎钁)이 뒤에 있을지라도[17] 과감하게 입을 여는 것이 의(義)와 용(勇)을 가진 자가 당연히 할 바이지마는, 그렇지 않은 경우, 예를 들면 말할 필요가 없거나 또는 말해서는 안 될 때에는 입을 성문(城門)과 같이 굳게 닫아두는 것이 수신상(修身上)·처세상(處世上) 좋은 일이다. 일시적인 무료(無聊)를 깨기 위하여서나 남의 호기심 끓에 흥미를 가져서나 타고난 다언벽(多言癖)을 못이겨서나 식둑식둑 사실을 과장, 위조, 날조 또는 왜곡하여 부질없이 사방에 전파시키는 따위는 일시적인 시간 보내기나 흥을 돋우는 일에 그치고 말면 그만이지만, 흔히는 삼전시호인개신(三傳市虎人皆信)[18]이라는 격으로 드디어 한 개의 허구를 사실화하는 결과를 낳아서, 세상의 도의와 사람의 마음(世道人心)에 불시의 파문을 일으키고 의외의 영향을 미치게 하는 동시에 조언(造言)의 장본인에게 화(禍)를 가져오는 수 있나니, 말을 어찌 삼가지 아니하랴. 입은 화의 문(門)이라 한 것은 이런 의미에서 지언(至言)[19]이다. 그리고 이 격언은 반드시 비상시국을 기다려서만 지언이 되는 것이 아니오, 어느 시대 어떤 시국에서든지 지언이지만, 더욱이 비상시국에 처하여서는 활용 사례를 많이 보게 되느니 만치 더욱 명패(銘佩)[20]를 요하는 지언이다.

2.

　전시(戰時)나 사변(事變)에 처하여서는 인심의 동요가 평상시(平日)에 배사(倍蓰)[21]하느니 만

17　부과(斧銊, 斧鍋)는 도끼와 노구솥, 정확(鼎钁)은 솥과 괭이. 중죄인을 삶기 위해 사용한 솥으로서 '극형'을 의미한다.
18　삼전시호인개시(三傳市虎人皆信): 시장에 호랑이가 나왔다고 세 사람이 말하면 모든 사람이 믿게 된다는 고사. 『韓非子』에 나오는 말로서, 없는 일도 여러 사람이 말하면 사실이 된다는 뜻이다.
19　지언(至言): 지극히 옳고 중요한 말.
20　명패(銘佩): 고마움을 마음속 깊이 새겨서 간직함.
21　배사(倍蓰): 倍는 2배, 蓰는 5배를 말하는 것으로서, 갑절 이상 댓 곱절 가량을 의미한다.

치 유언비어가 성행하고 또 이 유언비어가 인심을 동요시킴에 따라서 평상시에 배사하게 된다. 이리하여 각자 경계하지 아니하면 유언비어는 그야말로 흐르는 듯 나는 듯이 전파 또 전파되어가는 것이다. 그러므로 우리는 북지사변 발발 이래로 각자의 자중과 유언비어의 경계에 대하여 누차 언급한 것이다. 그럼에도 불구하고 근거 없는 풍설이 가끔 항간을 돌고 몰상식한 언동이 더러 우중(愚衆)에게 보인다. 이리하여 최근에 와서는 당국이 유언비어 취체망(取締網)의 강화를 위하여 「육군형법」을 발동시킬 것을 발표하였다. 「육군형법」 제99조에 "전시 또는 사변에 이르러 군사(軍事)에 관한 조언비어(造言蜚語)를 하는 자는 3년 이하의 금고(禁錮)에 처함"이라는 것이 있다. 금후 유언비어를 남조(濫造)[22]하는 자는 이 조문을 적용하여 처형하겠다는 것이다. 그 조언비어가 직접 군사에 관한 것이 아니라 할지라도 이번 사변에 관련된 것인 한에서는 다소의 경중은 있을망정 이에 준하여 처벌될 것만은 명백한 일이다.

3.

그러므로 다른 때에도 말은 언제나 삼가야 할 것이지만 오늘날과 같은 전시체제 하에서는 더욱 삼가야 할 것이니, 보지 않은 일이거든 말하지 말고 비록 들은 말이라도 잊은 체 못 들은 체하여 입 밖에 내지 말 것이다. 말이 한번 입 밖에 나면 사마(駟馬)[23]도 따르지 못하는 법이라서 나중에 도로 수습하려 하여도 안 되는 것이니, 애초부터 언동에 각별히 주의할 것이다. 자칫하면 금고 3년이다. 어찌 삼가지 아니하랴. 무슨 마땅히 할 말을 과감히 하고서 받는 고초 같으면 그것은 예기한 것이니 화라고 할 것이 없겠지만, 그런 것 저런 것도 아니고 그저 부질없이 열은 입 때문에 3년 금고의 형을 받는다면, 그처럼 어리석은 일이 없고 그처럼 싱거운 일이 없을 것이 아닌가. 세인(世人)은 그 수형(受刑)을 동정하기는커녕 도리어 한바탕 웃음거리로 삼을 것이다. 이 얼마나 수신상·처세상 졸렬한 짓이냐. 이 비상시국에 처하여서는 각자가 이 점에 유의하고 맹성(猛省)하여야 하겠다. 끝으로 다시 되풀이한다. 자칫하면 금고 3년이다.

---

22 남조(濫造): 품질 등을 생각하지 않고 마구 만들어 냄.
23 사마(駟馬): 한 대의 수레를 메고 끄는 네 필의 말 또는 그렇게 된 마차. 『논어』에 사마가 혀를 미치지 못한다는, 즉 소문은 삽시간에 퍼진다는 말이다.

> 조언비어의 엄중 취체
> 육형(陸刑) 제99조의 발동
>
> 《조선일보》 1937. 8. 9. 석간 1면

1.

　북지사변(北支事變) 발발 이래로 당국이 최대관심을 가지고 그 예방 및 단속에 노력해 온 것은 유언비어다. 우리는 일찍이 본란(本欄)을 통하여 수차 논한 바 있거니와, 유언비어는 일종의 정신상의 전염병이다. 그 병원(病源)[24]은 혹은 일부러 국가사회의 안녕질서를 문란하려는 자의 작의적(作意的) 데마[25]도 있을 것이며, 혹은 호기적(好奇的) 설명욕(說明慾)에 끌려서 무심코 방설(放說)한 데 불과한 부작의적(不作意的) 데마도 있을 것이나, 병원이 어떤 종류임을 막론하고 그 결과가 일반민심을 불안과 공포로 유도하여 1) 피염(被染)된 각 개인의 사생활을 혼란으로 유도(誘致)하며, 이에 따라서 2) 국가사회의 안녕질서를 문란하게 한다는 한 가지 점에 있어서는 공통된 바가 있다. 국가를 하나의 생리적 유기체에 비해 말한다면 유언비어는 그 생리적 유기체를 내부로부터 썩어 문드러지게 하는 악성 박테리아에 비할 수가 있다. 그러기에 국가는 그 미연 방지 및 단속에 전력을 다하는 것이다.

2.

　유언비어는 그 자의(字意)에 표현된 바와 같이 전시 또는 대사변을 끼고 일어나는 사실무근(事實無根)의 논리적 허설(虛說)이다. 논리적 허설이기 때문에 최초의 발언자는 허설로 말면서 유포하지만 두 번째 사람부터는 근거 있는 실설(實說)로 확신하고 불안을 느끼거나 공포를 느끼며 망동을 개시하게 되는 것이다. 또한 그 논리는 전시 또는 사변을 끼고 나오는 논리이기 때문에 한 마디의 설명을 요하지 않고도 만인(萬人)이면 만인이 다 믿을 수 있도록 되어 있다는 데 유언비어의 특징이 있는 것이다. 유언비어에는 이러한 특징이 있기 때문에 한 나라 한 사회의 문화 정도의 고저(高低) 여하에도 불구하고 어느 사회에서나 유언비어는

24　병원(病源): 병의 근본 원인. 병의 원인이 되는 세균이나 바이러스.
25　데마: 데마고기(demagogy)의 줄임말. 선동적인 악선전이나 헛소문.

같은 정도로 유포될 수 있는 것이며, 또한 한 사회 내에서는 무식한 계급에만 유포되는 것이 아니라 유식한 계급에도 유포될 수 있는 것이다. 그뿐 아니라 유식 계급에 드는 사람일수록 유언비어에 한층 더 걸릴 소질을 풍부히 가졌다고 할 것이다. 그러므로 만약 어떤 사람이 있어서, 나는 지식계급이니까 유언비어의 단속에 걸리지 않으려니 하고 믿는다고 하면 그는 어리석은 자라고 할 것이다.

3.

하여간 유언비어는 이렇듯 막대한 사회적·국가적 해독이 따르는 것이므로 당국은 극히 그 취체를 엄히 하는바, 최근 조선헌병대사령부(朝鮮憲兵隊司令部)에서는 종래보다 그 취체 방침을 한층 더 엄혹하게 하여 취체에 걸리는 자만 있으면 이제부터는 「육군형법」 제99조를 발동시켜 단호한 처벌을 하겠다는 취지를 발표했다. 해당 조문은 "전시 또는 사변에 이르러 군사(軍事)에 관하여 조언비어를 한 자는 3년 이하의 금고에 처함"이라는 내용을 가진 것으로서, 말 한마디가 빗나가면 금고 3년이라는 가볍지 않은 형벌이 돌아올 것을 각오해야 한다. 그리고 지금은 초비상시인 동시에 전시이므로 정치·재정·경제 어느 것에 관한 말이라도 다 군사와 긴밀한 관계를 가지고 있는 것이기 때문에, 발언자 자신은 군사에 관한 것이 아닌 줄 생각하고 발언한 말도 이 조문의 이른바 "군사에 관하여"에 저촉되기 쉽다는 한 가지 점은 특히 주의할 바이다.

과학만필(科學漫筆) 3
유언비어 [고공(高工)[26] 교수 안동혁(安東赫)[27]

《조선일보》 1938. 9. 22. 석간 5면

유언비어는 집단생활에 부수된 무서운, 그러나 비상(非常)히 매력이 있는 일종의 전염병

---

26 관립전문학교인 경성고등공업학교(1922년 경성공업전문학교의 개칭).
27 안동혁(安東赫, 1906~2004): 응용화학자. 1926년 경성고등공업학교 응용화학과, 1929년 일본 규슈제국대학(九州帝國大學) 응용화학과를 졸업했다. 조선으로 돌아와 모교인 경성공업전문학교 교수 및 교장을 역

이다. 세균학(細菌學)이 진보하여서 천연두나 호열자(虎列刺)가 문명으로부터 격리된 줄로 안심하고 있으면 유행성 뇌척수재(腦脊髓災)라든가 기타 근원을 알 수 없는 신병(新病)이 출현한다. 어느 곳 온상(溫床) 속에서 배양되었는지 장질부사(腸窒扶斯)가 별안간에 만연하고 나병(癩)과 결핵이 집요하게 쫓아다닌다.

그리고 그 병상(病狀)이야말로 실로 천태만상(千態萬相)이다. 담소(談笑)와 열수(熱睡)[28] 중에 백옥루(白玉樓)[29]로 인도(引導)하는 선도식(仙道式)도 있으며, 만신창이(滿身瘡痍)가 되고서도 그 창인(鎗刃)[30]을 거두지 않는 패도식(覇道式)도 있고, 정정당당히 침입하였다가 기일(期日)에는 정확히 퇴진하는 왕도류(王道流)가 있는가 하면, 거취부정(去就不定)의 재채기 한 번에 자태를 감추는 도가자류(道家者流)[31]도 있으며, 그 밖에 윤회(輪廻)를 설법(說法)하는 석씨파(釋氏派) 혹은 속죄(贖罪)를 강론하는 목사임(牧師任) 등 실로 형형색색이다.

유언비어도 요즘과 같이 인지(人智)가 고도로 발달된 명랑한 세계에는 없어졌을 물건이나, 그러나 좀처럼 간단히 절멸하는 것이 아닌 모양이다. 시대가 변하면 변하는 대로 어느 구석에선지 교묘하게 변장하고서 태연자약(泰然自若)하게 민첩히 그 여자의 팬들 사이로 뛰어다닌다.

상식과 과학의 면사포 속에 요안(妖顔)을 숨기고 선동과 엽기의 교직(交織)[32]을 몸에 감은 허언의 여신(女神)과 공(工), 그 여자를 둘러싼 무수한 에코들은 공상의 세계야말로 그들의 고향이요, 또 맹렬한 회향병자(懷鄕病者)[33]일 터임에도 불구하고 현실의 세계에서 유쾌한 듯하게 생활하고 있으니 이상한 일이다.

조선 상점(上占)의 요언(謠言) 중에서 최대급(超弩級)은 백제의 서동(薯童)[34]이 제작한 그것

임했으며, 1933년 중앙공업연구소에 재직했다. 1945년 8·15 이후 상공부 장관(1953), 한양대학교 공과대학 교수(1958), 한국과학기술단체총연합회 명예회장(1966), 한국화학회관 이사장(1971), 한국과학기술진흥재단 이사(1972), 대한민국학술원 원로회원(1981) 등을 지냈다. 대한민국 정부로부터 국민훈장 무궁화장을 받았으며, 주요 저서로는 『화학공업개론』, 『자연과학개론』 등이 있다.

28 열수(熱睡): 깊은 잠. 숙면에 빠짐.
29 백옥루(白玉樓): 옥황상제의 궁전. 문인(文人)이나 묵객(墨客)이 죽은 뒤에 간다는 천상의 누각. 문인이나 묵객의 죽음을 뜻하기도 함.
30 창인(鎗刃): 창과 칼날.
31 도가자류(道家者流): 도교(道敎)를 믿고 이를 닦는 사람의 부류.
32 교직(交織): 두 가지 이상의 실로 섞어 짬. 또는 섞어 짠 직물.
33 회향병(懷鄕病): 향수병. 고향을 그리워해 생기는 병.
34 서동(薯童): 백제 제30대 왕으로「서동요」를 지은 무왕의 아명.

일 것이다. 감서(甘薯)[35]캐는 총각인 그는 담대하게도 신라 진평왕녀(眞平王女) 선화공주(善花公主)에게 연애를 걸기 위해 동경성(東京城)에 잠입하여 아이들에게 자제(自製)한 감서를 주면서 꼬여서,

    선화공주 님은
    다른 사람은 싫다 하고
    저녁마다 남모르게
    서동방(薯童房)을 사모하네

라는 신가요(新歌謠)를 가르쳐서 유행시켰다. 이 허무맹랑한 서 총각의 간계로 인하여 무구(無垢)[36]의 처녀 선화공주는 왕궁에서 축출당하여 서동과 같이 유적(流謫)[37]의 벌을 입었고, 서 서방은 소기의 목적을 달성하였을 뿐만 아니라 후일 백제에 귀환하여 부인의 원조로 왕위를 계승하게 되었다고 하니, 참으로 기꺼운 이야기로, 유언비어도 이만큼 성공한다고 하면, 말라리아균을 이식하여 임질(淋疾)을 뿌리부터 치료하는 것보다 더욱 효과적일 것이다. 역성혁명(易姓革命)은 유언·만어사상(流言蠻語史上)의 부광대(富鑛帶)[38]이다. 사회불안이 유언비어를 발생시키는 것인지 또는 역으로 유언비어가 사회불안을 빚어내는지 그 진가(眞假)를 단정하기 어려우나, 하여간에 정치적 목적을 위하여 교묘히 제조된 유언비어는 상대방에 대하여는 참으로 가공할 세균학적 전술이다. 혁명과 내란의 예비공작으로서의 유언비어는 역사상 도처에 그 노두(露頭)[39]가 산재하여 있음을 볼 수 있다. 고려 말기의 왕통(王統)에 관한 추설(醜說), 금철(金鐵)을 소진하는 괴수(怪獸) 살이(殺爾)와 담(談) 등은 그 성공한 자일 것이며, 홍경래(洪景來)의 선인화생설(仙人化生說)이나 정여립(鄭汝立)의 천명비기론(天命秘記

---

35 감서(甘薯): 고구마. 메꽃과의 여러해살이 풀인데, 한방에서 쇠약해진 것을 보양하고 기력을 늘리며 비위(脾胃)를 튼튼하게 하고 신음(腎陰)을 굳게 하는 효능이 있는 약재임.
36 무구(無垢): 때가 묻지 않고 맑고 깨끗함. 순박함.
37 유적(流謫): 죄인을 섬으로 귀양 보내고 그곳에 있게 하던 형벌의 한 종류. 유형(流刑).
38 부광대(富鑛帶): 광맥이 풍부한 지대.
39 노두(露頭): 광맥, 암석이나 지층, 석탄층 따위가 지표에 드러난 부분. 광석을 찾는 데에 중요한 실마리가 된다.

論)은 실패자(失敗者)의 좋은 예일 것이다. 그리고 실패한 유언비어는 그 비어 제조공장의 내막까지가 폭로되고 마는 것은 당연한 해결이나, 또한 가소로운 일이다.

 이조(李朝) 중엽 이래 최근까지의 대표적인 유언비어는 필자가 지적할 것도 없이 정도령(鄭道令) 등극설(登極說)이다. 그 요지는 이조의 쇠퇴(式微) 후 역성혁명이 발생하여 신통력을 소지한 괴(怪) 총각 정 도령이 신왕(新王)으로 계림(鷄林)에 군림하고 계룡산(鷄龍山)에 전도(奠都)한다는 것이다. 이 괴설의 출처는 명확하지 않으나 여말(麗末) 또는 선조(宣祖) 동서분당(東西分黨) 때에 세력을 잃은 사람의 날조로 추측된다. 수백 년간 수천의 기괴하고 황당한 유언비어가 이 정 도령을 중심으로 일대 소용돌이(渦卷)를 형성하였고, 온갖 종류의 사기(詐欺), 편재(騙財), 간음(姦淫), 살육(殺戮), 골계(滑稽)[40], 반란(反亂)이 이 정도령의 명의로 실행되었다. 최근 당국의 철퇴 하에 분쇄된 백백교(白白敎), 보천교(普天敎), 청림교(靑林敎), 기타 유사종교(類似宗敎) 단체의 대부분은 다 정 도령의 화신으로서, 우부우부(愚婦愚夫)를 광편(誑騙)[41]하여 그 피해는 보통의 비도(匪徒)에 비할 바 아니었다. 해산명령과 검거는 일반 사회의 환호를 받았고, 각 신문지는 추격을 시도하여 다년 역내(域內)의 인민을 괴롭게 하던 백일(白日)의 마귀 정 도령이 완전히 사멸하게 되었음은 실로 근래의 통쾌한 일이다. 끝으로 오늘날과 같은 전시는 유언비어의 최호적기이다. 사변 이래 별별 허설과 낭설이 때때로 떠돌고, 상식을 소지한 인사도 간혹 미망(迷妄)에 끌리는 때가 있는 모양이다. 조선은 정 도령의 사망으로 유언비어의 면역이 되어도 좋은 만치 신음하였다. 비상시일수록 냉정과 이지(理智)의 항마검(降魔劍)[42]으로 제2, 제3의 정 도령을 박멸할 것이다.

---

40 골계(滑稽): 말이 매끄럽고 익살스러워 웃음을 자아내는 일. 익살을 부리는 가운데 어떤 교훈을 주는 일.
41 광편(誑騙): 거짓말로 기만하고 속임.
42 항마검(降魔劍): 악마를 물리쳐 항복시키는 부동명왕(不動明王)의 칼.

> 유언비어와 스파이
> 주부는 말을 삼가라
>
> 《매일신보》 1941. 12. 23, 4면

이 복잡미묘한 전시에 있어 유언(流言)에 흔들리며 비어(飛語)를 내는 것 같은 일은 적군의 대포와 비행기에 지나지 않는 손해를 주는 것이므로 절대로 주의하지 않으면 안 됩니다.

[유언]⁴³이 나온 곳을 깊이 찾아 들어간즉, 여행하는 사람, 행상인에게서 나온 뉴스도 있고, 전차와 버스, 자동차 속에서 들었다는 것이 대부분입니다.

대개는 여행하는 사람에게 무슨 새로운 것이나 알까, 혹은 무슨 새로운 이야기나 들을까 하여 그들에게 너무 친근히 굴고 호기심으로 대하는 까닭이 많습니다. 따라서 여행하는 사람은 호기심을 가지고 오는 사람에게 무엇이나 이야기해 주어야 하겠으므로 있는 소리 없는 소리 지껄인 결과는 큰 해를 입는 일이 많게 됩니다.

또 [편지] 같은 것을 쓸 때 여행 갔다 온 사람은 다소 과장해 쓰는 일이 있는데, 이것이 유언이 되어 해독을 끼치는 일도 많습니다.

그런데 유언에는 무의식적으로 만들어진 유언과 의식적으로 만들어진 유언의 두 가지가 있는데, 후자는 소위 제5열(第五列)⁴⁴이 하는 일로서 이들은 사회·사상·경제 등 각 방면에 걸쳐 유언을 내는 만큼 그 해는 [실로] 크게 되는 때가 많습니다. 따라서 잘 아는 척하고 떠드는 것이 모르는 가운데 스파이의 이용이 되는 수가 많습니다.

전시하의 주부는 아무 소리에나, 또는 아무 소리도 하지 말고 그저 절로 우리나라와 우리 황군을 믿을 것입니다. 또 부득이 말을 할 때에는 이 말이 나라에나 황군에게 아무런 영향이 없는가를 먼저 생각하고 말을 할 것입니다. 그리고 들은 말은 우리나라나 황군에게 좋은 일이면 관계없으나 조금이라도 불리한 소리이거든 전하지 말 것입니다. 또 우리나라에나 [황군]에게 불리한 소리를 하거든 그는 곧 의심나는 자이니까 유의해볼 것은 물론이고, 심한 자는 관헌에게 통지할 것입니다.

---

43 이 부분은 원문의 강조 형태 그대로 옮긴 것이다. 이하 동일.
44 제5열: 제5부대라고도 하며, 적측 내부에 잠입해서 모략 공작하는 간첩 등을 가리킴.

> 정전(征戰)을 뒤에서 지키는 맹서(7)
> 정부를 신뢰
> 유언비어에 들지 말자
> 천성활란(天城活蘭)[45]
>
> 《매일신보》1941. 12. 27, 2면

우리나라는 지나사변을 완수하기 위하여 자그마치 5년이라는 햇수를 거듭해 왔습니다. 그동안 우리나라가 들인 돈과 노력은 말할 것도 없이 막대한 것이었습니다. 여기에다 겹쳐서 지난 8일에 미국과 영국과 〔전쟁을〕 시작한 것입니다. 여러분은 세계에서도 강국이라고 불려온 미국이나 영국과 싸운다는 뉴스를 들었을 때 얼마나 긴장하셨는지요. (중략) 그러면 〔총후의〕[46] 우리는 무슨 무기를 가질 것입니까. 첫째, 우리는 한 사람도 놀고먹는 사람 없이 어떠한 방식으로든지 일을 하여야겠습니다. 일하는 무기가 필요합니다. 자기 집을 위해서도 물론 누구나 서로 의뢰하지 말고 일을 해야겠지만, 우리는 나라를 위해서 더욱 일을 하지 않으면 안 되실 것입니다.

둘째는 절약하셔야 합니다. (중략) 셋째는 저축이라는 큰 무기입니다. (중략) 넷째는 유언비어에 사로잡히지 마셔야겠습니다. 이것은 적군의 폭탄보다도, 소이탄보다도 무서운 것입니다. 유언비어를 배격하고 정부를 절대 신뢰할 것입니다.

위에서 말한 바와 같은 우리 여성의 힘으로 총후에 튼튼한 진을 쳐놓는다면 최후의 승리는 우리 것이라 확실히 믿을 수 있는 것입니다.

---

45 김활란(金活蘭, 1899~1970)의 창씨명으로서 종교적 색채를 띤 성씨이다. '아마기 가쓰란'으로 읽힌다. 1941년 창씨개명 했으며, 적극적으로 일제의 전시 정책과 민족 말살, 조선인 총동원에 앞장섰다. 이러한 일제 협력적인 활동은 「일제강점하 반민족행위 진상규명에 관한 특별법」에 의거하여 2009년 친일반민족행위로 규정되어 보고서에 상세히 기록되었다(대통령소속 친일반민족행위진상규명위원회, 2009, 『친일반민족행위진상규명보고서』 IV-4, 734~789쪽).

46 총후(銃後): 전쟁터에서 후방 또는 후방의 국민.

> 전시범죄는 국적(國賊) 행위
> 신법령(新法令)으로 엄벌지난밤, 마스나가(增永)[47]
> 고등법원 검사장 방송
>
> 《매일신보》 1941. 12. 27, 2면

전시하 총후 치안 확보를 위하여 조선에도 지난 25일부 관보로 공포, 실시하게 된 「전시범죄 처벌 특례에 관한 건」에 대하여 마스나가 고등법원 검사장은 지난 26일 오후 7시 30분 라디오를 통하여 그 운영방침을 설명하여, 총후 국민의 자각과 긴장을 요청함과 함께 총후 결속을 교란하는 비국민적 범죄에 대하여는 단호한 엄벌로 처단할 것을 다음과 같이 말하였다. (사진은 방송하는 마스나가 검사장)

대동아전쟁이 일어난 후 10수 일을 지내지 않고 미·영의 세력은 지나 대륙으로부터 구축되었고, 다시 태평양상의 그들의 거점도 바야흐로 복멸되려 하고 있다. (중략)

(중략)

유래 범죄의 발생은 평상시에도 현저히 민심을 동요시키며 사회의 불안을 야기하여 치안 문란의 원천이 되는 것인데, 특히 금일과 같이 전시 초비상 시국에 당면한 이때에 총후 치안 확보의 견지에서 보더라도 무엇보다도 먼저 이러한 온갖 범죄의 절멸을 꾀함이 가장 절실히 요구되는 바이다.

앞서 말한 바와 같이 군기의 누설, 유언비어, 암거래 등과 같은 것은 그 자체가 직접으로 전쟁 목적 수행에 지장을 빚어내는 범죄이므로 원래 이의 예방진압의 필요는 두말할 것조차 없는 일이다. 더욱이 이러하지 않은 일반 범죄라 할지라도 그 발생이 적어도 민심에 불안 동요를 생기게 하여 치안 문란의 결과를 가져오게 하는 것과 같음은 모두 절멸을 기하여서 치안을 확보하는 것이 각하의 최대 급무이다. 이 요망에 응하여 입안된 것이 오늘 공포 시행

---

47 마스나가 쇼이치(增永正一, 1882~1944): 일본의 재판관, 검사. 1920년 조선총독부재판소로 전근했다. 1934년 조선총독부 법무국장을 거쳐 1937년 고등법원 검사장에 취임하였다.

된 「조선에서의 전시범죄 처벌에 관한 특례의 건」이라는 제령이다. 본령의 내용에 대한 자세한 설명은 생략하나, 요컨대 전시에 당하여 등화관제 중 또는 적습의 위험이 <u>있을 경우</u>,[48] 혹은 인심에 동요를 일으키게 할 상태, 즉 공습으로 인하여 피난할 때의 혼란 상태 등을 타서 절도와 강도를 행하거나 혹은 부녀자에 대하여 비열한 소위를 하는 자에게는 사형 또는 무기징역 등 종래보다 비상히 중한 형을 과할 수 있게 한 것이 그 주안점이다. (중략)

다음으로 이 제령과 함께 오늘 공포, 실시된 「조선임시보안령」은 주로 언론, 출판, 집회, 결사, 다중(多衆) 운동 등에 관한 종래의 행정적 취체 법규를 시국에 대응시키고자 정비 강화한 것인데, 특히 그 주의를 환기하고자 하는 것은 제20조와 제21조에서 시국에 관한 조언비어를 한 자와 시국에 관하여 인심을 혹란하게 할 사항을 넓힌 자에 관한 강력한 벌칙을 신설한 것이다. 적이 무력전에 희망을 잃어버렸을 때 선전 모략에 의하여 우리 후방을 <u>교란하고</u> 사상적으로나 경제적으로 우리를 내부로부터 붕괴하여 최후의 승리를 획득하고자 필사의 공작을 전개할 것은 명백한 사실이다. 유언비어의 취체는 참으로 오늘날의 급한 임무이다. 그런데 종래의 법규를 가지고는 규정의 범위가 좁고 해로운 일체의 불온언동을 철저하게 예방 진압하기가 불가능하였던 것이다. 이것이 본령에서 이번에 새로이 벌칙을 세운 주요한 이유이다. 취체의 분야가 비상히 광범위하게 되고, 적어도 시국에 관한 것인 한 군사에 관한 것 이외의 뿌리도 잎새도 없는 유언 부설은 물론, 가령 사실이라고 하여도 그것이 인심을 혹란하게 할 사항이라면 모두 처벌의 대상이 되는 것이다. 유언비어는 지금까지도 엄중 처벌하는 방침으로 대하여 왔는데, 이번부터는 한층 더 그 방침을 <u>철저히 하여</u> 그러한 불온 언동을 반도로부터 일소할 결의이므로, 여러분은 무적 황군과 당국의 시책에 절대 신뢰하고 시국에 관한 언동에 대하여는 더욱 조심하여 적의 선전 모략에 <u>빠지지</u> 말도록 희망하는 바이다. (후략)

---

[48] 이 부분은 원문의 강조이다. 이하 동일.

> 준법강조주간(遵法强調週間)[49]을 앞두고 법령 해설
>
> 유언비어를 삼가라
>
> 우리는 총후사상전사(銃後思想戰士)
>
> 후지키(藤木)[50]검사 담(談)
>
> 《매일신보》1942. 11. 6. 2면

국내에 철석의 단결을 혼란하게 하는 갖가지 유언비어를 취체하는 「조선임시보안령(朝鮮臨時保安令)」, 「육·해군형법(陸海軍刑法)」, 「국방보안법(國防保安法)」 등 여러 법령을 경성지방법원 사상경제계 검사 후지키 다쓰로(藤木龍郎) 씨는 아래와 같이 말하였다.

이달 11일 우리 애국반원[51]은 '말을 삼가고 데마에 속지 말자'라는 실천 사항을 지키기로 되어 있다. 사람이 생각한 바를 말로 하고 또 글로 쓰는 것은 만물의 영장인 소유의 하나이어서, 이러한 능력이 있으므로 하여 인류의 빛나는 문화 활동이 행하여지는 것인데, 그 반면에는 말과 글이 도리어 화를 사회·국가에 끼치는 수가 있다. 우리 헌법에는 "일본 신민은 법률의 범위 안에서 언론·저작·간행(印行)의 자유를 가짐"이라는 명문이 있다. 이것은 황국의 진보와 발전에 기여하는 한도 내의 언론과 저작은 자유라는 것이고, 황국의 진전을 방해하는 것 같은 언론과 저작은 법령에 의하여 금지되어 있음을 밝힌 것이어서, 말을 삼가지 않으면 안 된다는 것은 이러한 황국의 진전을 방해하는 것과 같은 것이다.

◇ … ◇

우리나라는 1937년(昭和 12)부터 미국과 영국의 주구적 역할을 하는 지나의 장개석(蔣介

---

49 준법강조주간은 1942년 11월 6일부터 시작되었다.
50 후지키 다쓰로(藤木龍郎): 1939년 대구지방법원에서 사법관시보로 시작하여 1941년 동 지방법원 검사를 거쳐 1943년 경성지방법원 검사로 재직하였다.
51 애국반(愛國班): 전시체제기에 조선인의 생활을 감시·통제하기 위해 만들어진 최하부 단위의 주민조직. 1938년 7월 7일 국민정신총동원조선연맹이 조직되면서 각 정·동·리 부락연맹과 관공서·학교·은행·기타 단체들로 결성된 각종 연맹 산하에 10호 단위로 만들어졌다. 1940년 10월 국민정신총동원조선연맹이 국민총력조선연맹으로 개편된 뒤 더욱 확대되어, 그해 12월에는 전국적으로 약 38만여 개에 달하였다. 애국반은 신사참배, 창씨개명, 일본어 보급 등 황민화 정책에서부터 근로봉사, 저금, 각종 공출과 인적 동원 등을 위한 말단 조직으로 기능하였다.

石) 정권과 전단을 벌렸고, 또 작년 12월에는 드디어 그 본거인 미·영에 선전하기에 이르렀다. 이 싸움은 건국 3천 년 국체의 정화가 찬란하게 빛나는 우리 제국이 팔굉위우[52]의 큰 이상의 실현을 위하여 오랫동안 노력해 온 것이 미·영의 불법한 조전[53]에 의하여 수포에 돌아가려 할 때, 할 수 없이 결연히 일어서 모든 장해를 깨쳐 없애기 위하여 싸우는 고금의 미증유한 대전쟁이어서, 이 목적 완수를 위하여 사변 전부터 준비해 온 국가의 여러 정책은 순차로 실현, 강화되어가고 있다.

◇ … ◇

그리고 이전 정책은 보충 수단으로는 할 수 없고 종전의 그것과는 퍽 다르며 국민에게는 날로 새로울 것뿐인 것이다. 이리하여 군사에 있어서는 전선에서 용맹과 강한 황군의 전투가 전개되고, 정치·경제 등에 있어서는 신체제로의 여러 가지 개혁이 계속하여 실현되어가고 있다. 원래 우리에게는 무엇인가 새로운 것을 알려 하는 욕망이 있고, 또 이것을 다른 사람에게 전하여보고 싶은 욕망이 있다. 그리하여 이러한 호기심이 새로운 발명과 발견의 원동력이 되어 인류의 문화 발전에 기여하는 바가 큰 것은 물론이나, 만일 이러한 욕망이 무질서하게 충족되어갈 때는 큰 폐해가 생기는 것도 또한 명확할 일이다. 전시 상태에 들어가자 우리의 생활 주위에는 날로 새로운 것이 변하여오고, 특히 군사에 있어서는 물론 정치·경제 등에 있어서도 비밀에 속한 것이 많은 것은 당연한 일이다. 여기에서 무슨 변한 것이 알고 싶어진다. 그리하여 안 것은 다른 사람에게 말하여 뽐내고 싶은 욕망이 많이 생긴다.

그런데 만일 이 욕망에 끌리어 국민이 각각 마음대로 진실 아닌 것을 진실과 같이 전하고 비밀의 사실을 말하게 되면 어떻게 될까. 국가가 전쟁 목적 완수를 위하여 실시하고 또 실시하려 하는 여러 가지 방책은 국민에게 철저하게 되지 않을 뿐 아니라 도리어 방해가 되고 마는 것이다.

◇ … ◇

현재의 전쟁이 단지 무력에 대한 무력전쟁이 아니라 국가의 총력을 들어서, 즉 경제나 사

---

52 팔굉위우(八紘爲宇)는 흔히 '팔굉일우(八紘一宇)'라고 쓰는데, '천하를 한 집처럼 삼는 것', '전 세계를 한 집으로 삼는 것'을 뜻하는 어구이다. 『일본서기(日本書紀)』의 "八紘(あめのした)を掩(おお)ひて宇(いえ)にせむ"에서 비롯되었다.
53 조전(助戰)을 뜻하는 것으로 보이는데, 싸움을 돕는다는 뜻이다.

상 등 일체의 분야에서 국민 전체가 통틀어 하나의 탄환이 되어 싸워나가지 않으면 안 되는 것은 새삼스럽게 말할 것도 없다. 즉 병사만의 싸움이 아니라 국민 전체의 싸움이다. 만일 국민 전체의 사기가 적어지는 것 같은 일이 있다면, 그것은 전쟁에 진 것과 똑같다. 총후에 있는 국민이 말을 삼가지 않고 데마에 속아서 국가의 정책에 관하여 헛된 말을 함부로 하게 되면, 패전의 중요한 원인이 되는 것을 알아야 할 것이다.

적은 무력에서 완강하게 대항하여올 뿐 아니라 경제·사상에서도 온갖 수단을 다하려 하고 있다. 맹방 독일의 히틀러는 "우리의 전략은 내부로부터 적을 격파하고 적의 손으로 적을 이길 것이다. 심리상의 혼란과 감정상의 모순과 공포, 이러한 것이야말로 우리가 쓸 무기이다"라고 외치고 있는데, 지금 싸움은 단지 무력전만이 아니라 경제전·사상전으로 싸우고 있는 것이다. 총후 국민의 그릇된 언론과 저작이 만일 적국에 이익을 가져오게 하여서는, 사태는 중대하다고 생각지 않을 수 없다.

종래 우리나라에서는 전시에 있어서 군사에 관한 조언비어를 취체하는 것은 「육·해군형법」에 규정되어 있었는데, 작년 3월에는 형법 중에서 인심을 혼돈시키고 경제상의 혼란을 위반하는 허위의 사항을 유포한 자에 대한 법칙이 가해졌고, 또 외국과 통하거나 혹은 외국에 이익을 줄 목적으로 치안을 해치는 사항을 유포하는 것 같은 비국민적 행위를 한 사람에게는 엄중한 제재를 하기로 하여 「국방보안법」의 1항목으로 제정되었다.

그리고 다시 작년 12월에는 「조선임시보안령」이 정해져서, 내지와 똑같이 시국에 관하여 조언비어를 하거나 또는 인심을 소란하게 하는 사항을 유포한 사람을 처벌하기로 하였다. 이와 같이 국내에서의 언론 통제는 순차로 강화되어왔다. 즉 황국이 군사·정치·외교·재정·금융·경제·사회·치안 등 모든 방면에서 직면하는 내외의 정세에 관하여, 사실 아닌 것 또는 사실인지 사실 아닌지 모르는 것, 또 사실이라 하여도 다른 사람의 마음을 어지럽게 하고 총후의 질서를 문란하게 하는 것을 자기가 함부로 만들어내어 말하였거나 다른 사람에게서 듣고 이것을 또 다른 사람에게 전하는 것은 모두 법조에 의하여 7년, 5년, 3년, 2년, 1년 이하 징역 혹은 금고 또는 상당한 벌금에 처하게 하였다.

1940년 5월 10일 수백 대의 독일 비행기가 네덜란드 상공에서 날아와 파라슈트 부대[54]가 내려 비행장을 점령하였다. 병정이 하늘에서 떨어진다고, 네덜란드 국내에는 대공황이 일어나 인심의 동요는 대단하였다. 거기에 "독일의 낙하산 병은 네덜란드 정규병의 복장을 하고 있다."는 데마가 전하여 더욱더 혼란에 빠져, 독일 병정인 줄 알고 쏘아보니 참말로 네덜란드 병정이었다는 사건까지 일어났다는 것이다. 이것은 한 예이지만, 국내의 정치·경제·치안에 관하여 이러한 데마가 돌지 않으리라고 누가 보증할 것인가. 그러나 최후의 보증은 국민의 정신력이다. 황국신민으로서 필승의 신념을 가지고 있기만 하면 유언비어를 말할 이가 없고 데마에 속을 이가 없다.

◇ … ◇

우리 조선에서도 정치·경제 등에 이러한 방책이 채택되어 우리의 일상생활에 새로운 것이 일어나고 있다. 그것은 확실히 종전의 생활과는 다르고, 또 어느 것이나 자유에 대한 제한인 것 같이 느끼게 된다. 그러나 현재의 여러 정책은 단지 일당 일파가 하는 것이 아니라 위로 천황폐하의 뜻을 받든 것이고, 또한 관민 일체가 되어 모든 지식과 경험을 통해 보익하여 받든 것이다.

우리 국민이 이에 대하여 무엇이라고 말할 개재가 아니다. 단지 신문, 라디오, 애국반의 여러 행사를 통하여 설명되는 여러 가지 정책의 취지를 잘 이해하여 이것을 실행하고 또 다른 사람에게 그 실천을 권하는 것이 현재 우리 총후 국민에 부과된 책무이다. 철의의 마음을 가지고 이 책임을 다하는 것만이 데마에 속지 않고 적에게 넘어가지 않는 단 한 가지의 방법이다. (사진은 후지키 검사)

---

54 낙하산 부대(parachute troops).

준법강조운동(遵法强調運動) 실천 좌담회[55]
유언비어를 삼가라
③ 총후의 영향에 인식이 아직 부족

《매일신보》1942. 11. 8. 3면

출석자 성명(氏名) [무순(無順)]

▶ 법무국 형사과장 구로세 쇼자부로(黑瀨正三郎)

▶ 경성지방법원 검사 이토 기요시(伊藤淸)

▶ 경무국 보안과 사무관 하라구치 미쓰기(原口貢)

▶ 경기도 경제경찰과장 하타 규베(畑久兵衛)

▶ 식산국 물자조정과 이사관 사카요리 모리노스케(坂寄守之助)

▶ 경성부 총력계장 오노데라 요시오(小野寺芳雄)

▶ 총력연맹 선전과장 니시야마 지카라(西山力)

▶ 성대(城大) 법문학부 교수 니시하라 간이치(西原寬一)

▶ 화신백화점 영업과장 박병교(朴炳敎)[56]

▶ 남대문 과자상가 점주(店主) 조성룡(曺成龍)

▶ 경성가정여숙장(京城家政女塾長) 황신덕(黃信德)[57]

---

55 매일신보사가 주최한 이 좌담회는 준법강조주간을 앞두고 10월 31일 오후 3시 반부터 부민관 담화실에서 각계 인사들을 초대하여 개최되었다. 편집국장 정인익(鄭寅翼)의 사회 아래 약 3시간 정도 진행되었다(《매일신보》1942.11.6).

56 박병교(朴炳敎): 화신백화점 사장 박흥식(朴興植)의 조카로서, 1946년 12월 화신무역주식회사를 설립하고 사장에 취임하였다.

57 황신덕(黃信德, 1898~1983):《중외일보》,《신가정》,《동아일보》등의 기자로 활동하다가, 1940년 10월 의친왕의 아들 이우(李鍝)가 희사한 2만 원으로 경성가정여숙(京城家庭女塾)을 설립하고 교장에 취임했다. 조선임전보국단 부인대 지도위원, 국민총력연맹 후생부 후생위원 등을 역임하면서 일제의 침략전쟁에 협력하는 다수의 글을 《매일신보》등에 실었으며, 각종 시국강연회에 연사로 참여하였다. 1943년에는 근로정신대 지원을 권유하는 강연 등을 하면서 제자인 경성가정여숙 학생들을 여자근로정신대로 차출하여 일본 군수공장으로 보냈다. 1945년 1월 경성가정여숙을 중앙여자상과학교로 인가받고 교장에 취임했으며, 이후 1961년까지 그 후신인 중앙여자중고등학교 교장으로 재임하였다(한국학중앙연구원,『한국민족문화대백과사전』황신덕 항목).

▶ 숙명여자전문 교수 풍천숙재(豊川淑宰)[58]

본사 측: 금천(金川, 매일신보사 사장),[59] 가타오카(片岡, 전무),[60] 정(鄭, 편집국장),[61] 홍(洪, 사회부장)[62]

◇ 일시(時日): 10월 31일 오후 3시 반
◇ 장소: 부민관(府民館) 중강당

정(鄭) 편집국장: 유언비어에 관해서 하라구치 사무관이 이야기하여 주십시오.

하라구치(原口): 보통 세상에서 말하는 유언비어는 어떠한 것인가. 어째서 유언비어는 이러한 시국하에 국민으로서 말해서는 안 되는가. 먼저 구로세 형사과장으로부터도 이야기하셨지만, 결국 준법이라는 것을 극히 상식적으로 생각하면 법의 명령에 복종하기만 하면 된다는 소극적인 생각이 되지 않겠습니까. 준법은 먼저 말씀과 같이 보다 더 적극적인 것입니다. 특

---

[58] 임숙재(任淑宰, 1891~1961): 창씨명 풍천숙재(豊川淑宰). 1939년 4월부터 숙명여자전문학교 교수로 재직한 이래 국민정신총동원조선연맹 부인부 지도위원, 대일본부인회 조선본부 이사 등으로 활동하면서 일제 정책에 협력하였다. 부인시국대강연회, 조선임전보국단 등이 주최하는 다수의 강연회에 연사로 참여하였고, 다수의 기고 활동을 했다. 이러한 일제 협력적인 활동은 「일제강점하 반민족행위 진상규명에 관한 특별법」에 의거하여 친일반민족행위로 규정되어 보고서에 상세히 기록되었다(대통령소속 친일반민족행위진상규명위원회, 2009, 『친일반민족행위진상규명보고서』 Ⅳ-15, 110~135쪽). 숙명여자대학교 초대 총장을 지냈다.

[59] 이성근(李聖根, 1887~?): 창씨명 금천성(金川聖). 매일신보사 사장, 조선신문회 부회장 등을 역임한 언론인이자 관료이다. 한말에 황해도 순검으로서 의병을 토벌했으며, 일제강점 이후 경부(警部), 경시(警視) 등 경찰관료로 재직하다가 함경북도 참여관, 내무부장 등 고등관으로 근무했다. 1941년 6월 매일신문사 사장에 취임했으며, 흥아보국단, 임전대책협의회, 조선임전보국단, 국민총력조선연맹, 대화동맹, 대의당 등 여러 친일단체에서 간부로 활동하였다. 이러한 일제 협력적인 활동은 「일제강점하 반민족행위 진상규명에 관한 특별법」에 의거하여 친일반민족행위로 규정되어 보고서에 상세히 기록되었다(『친일반민족행위진상규명보고서』 Ⅳ-13, 333~357쪽).

[60] 가타오카 마고구로(片岡孫九郎): 평안남도경찰부 경무과장을 거쳐 매일신보사 전무로 재직했다.

[61] 정인익(鄭寅翼, 1902~1955): 1924년 《조선일보》 사회부 기자로 시작하여 《중외일보》 사회부장을 거쳐 《매일신보》 사회부장(1930~1937)을 지냈다. 이후 《매일신보》 사업부장(1938), 도쿄지국장(1939~1940)을 거쳐 《매일신보》 편집국장(1941~1945)을 지냈다. 국민총력조선연맹 참사, 조선언론보국회 사무국장 등 친일단체에서 간부로 활동하였다. 이러한 일제 협력적인 활동은 「일제강점하 반민족행위 진상규명에 관한 특별법」에 의거하여 친일반민족행위로 규정됨으로써 보고서에 상세히 기록되었다(『친일반민족행위진상규명보고서』 Ⅳ-16, 156~220쪽).

[62] 홍종인(洪鍾仁, 1903~1998): 《시대일보》, 《중외일보》 등의 기자로 활동한 언론인이자 《조선일보》, 《동아일보》, 《개벽》, 《삼천리》 등 여러 신문과 잡지에 음악평론과 연주평을 남긴 예술인이다. 1940년 10월 매일신보사에 입사하여 사회부장, 정치부장, 체육부장 등을 지냈으며, 국민총력조선연맹 참사로 활동하였다. 8·15 이후 조선일보사 회장, 신문편집인협회 운영위원장 등을 역임했다.

히 현재와 같이 큰 전쟁을 하고 있는 비상시국에서는 우리 국민의 애국심이라든가 사회인으로서의 책임감이라는 점에서 마땅히 법률이 명령하는 바에 적극적으로 따라간다는 마음이 끓어오르지 않으면 안 된다고 생각하는 것입니다. 특히 유언비어 같은 문제는 더욱 그렇습니다. 이즈음에는 방첩주간이라든가 준법운동 같은 여러 가지 행사로 민중도 유언비어에 대하여 상당히 인식하게 된 듯합니다. 이것은 대단히 기쁜 일인데, 여하튼 국운을 결정하는 전쟁이라는 것을 명심하고 다시 엄숙한 기분으로 냉정히 생각하면 국민의 유언비어가 어째서 나쁜가, 또 어떻게 폐해를 가져오는가 하는 것에 대한 인식이 아직도 부족하다고 말할 수 있습니다. 우리의 입장에서뿐 아니라 모든 사람이 그렇게 생각하지 않으면 안 될 것입니다. 무슨 까닭으로 유언비어를 우리는 그렇게 중대시하게 생각하고 있는가를 간단히 말하겠습니다. 대체로 인간의 기분이라든지 또는 심리 상태로 미루어보아 비밀에 대하여서는 비상한 흥미를 가지고 있습니다. 실례를 들면, 신문지에 당당하게 보도되어있는 것을 이야기하여도 "그까짓 것이 무엇이 재미있나." 하지만, 만약 "이것은 사실인즉, 모 방면에서 들은 것인데, 이런 것은 절대 비밀로서 누구에게든지 말하지 말게. 자네에게만 이야기하는 것이니" 하고 말하면, 비상한 흥미를 느끼며 그것을 들으려고 한 바, 더욱이 전쟁 중에는 그와 같은 심리 상태가 한층 심하게 되므로 유언비어가 전시하에서는 사회의 이면에서 날아다니게 될 염려가 있습니다.

　다음 유언비어는, 이를테면 눈으로 뭉쳐 만드는 사람처럼 점점 커지는 성질을 가졌습니다. 처음에는 약간 의심스럽던 것도 전파되면 확실한 것이 됩니다. 또 처음에는 극히 단순한 것이었던 것도 점점 복잡해집니다. 또는 처음에는 하잘 것 없이 가벼운 것도 나중에는 점점 중대한 내용이 되어 버립니다. 이와 같이 유언비어는 점점 커지는 성질을 가지는 것입니다. 다음 유언비어는 비상한 전파성을 가져 사람에서 사람으로 빨리 전하게 되는 것입니다. 더욱이 유언은 국가에 반항한다든가 또는 취체 당국에 반항한다든가 하는, 깊은 근거는 없더라도 국민의 부주의에서 나온 것이 상당히 많습니다. 이러한 성질에서 이것쯤이야 별로 나쁘지 않겠지 하고 무책임하게 그 이야기를 전파시키는 성질을 가지고 있습니다. 유언 자체가 이와 같은 성질을 가지고 있습니다. 무엇인지 모르게 되풀이하는 것이지만, 지금은 나라를 들어 전쟁하는 중이므로 경제생활도 물론 어느 정도 통제를 받게 되고 생활도 조금 곤란해지며, 혹은 노무자로서 징용도 받게 될 터이고 많은 병대도 필요합니다. 혹은 벼의 공출도 여러 가지 노력을 하지 않으면 안 되므로 어떤 의미로서는 국민은 상당한 희생과 인내가 필요하다고 하겠습니다. 이러한 때에 있어서 엉터리 없는 유언이 귀에 들어오면 이 유언은 더욱 근거가 깊은 것 같이 되고 전파성이 빠른 것이 되어서 총후 국민의 지기(志氣)를 저상(沮喪)[63]하게 합니다. 이러한 일이 되는 것입니다. 국민의 지기가 저상하면 한 걸음 더 나아가서는 군대의 지기에도 영향을 끼치게 됩니다. 따라서 조그만 유언도 그 결과를 생각하면 매우 무서운 것입니다. 그러면 이러한 유언비어에 대하여 우리 취체 당국에 있는 자는 물론 일반 국민은 어떠한 태도를 가져야 되겠습니까. 하여간 근본적 문제는 국민 각인이 국가를 위하여 성심성의를 다할 기분을 가져야 할 것입니다. 이와 함께 주의해 주어야 할 것은, 평소에 실제 유언의 실례를 보면, 불 안 땐 곳에서 연기가 오를 리 없다는 격으로, 유언의 뒤의 자취를 더듬어보면 무엇인지 문제가 있고 다소의 사실이 있어서 여기에 터무니없는 것이 붙어서 이곳저곳에 유언이 생기게 됩니다. 이것은 부정할 수 없는 사실입니다. 가령 요즘 도쿄(東京)에 공습이 있었다든가, 혹은 조선에 징병제도가 실시된다든가, 혹은 청년 체력검사 혹은 「금속회수령」의 발포 또는 「청년연성령」 혹은 솔로몬 해전이 있었습니다. 이와 같이 조금 큰 문제가 생기게 되면 그 뒤에는 반드시 어떤 종류의 유언이 생깁니다. 따라서 우리로서는 이와 같은 문제가 있을 때는, 여하간 유언이 한 가지도 없도록 각기 조치에 노력하고 있는데, 무엇보다도 유언은 사회의 이면에서 날아다니는 것이므로 취체 관헌으로만은 이것을 막을 수 없습니다. 첫째는 국민의 자각, 둘째는 일반 대중이 경계하는 태도가 필요한데, 특히 이러한 중대 문제가 일어났을 때에는 더 한층 언동을 근신하지 않으면 안 됩니다. 그리고 우리도 유언비어가 어떠한 정도로 증가하고 감소하였는가를 보고 있는데, 지금과 같은 상황으로는 우리가 생각하고 있느니보다도 매우 적습니다. 이것은 내가 이 자리에서 단언합니다. 이것만으로는 조선 내의 국민이 여러 가지 불평을 가지고 있으면서 여하간 국가를 위하여 어떤 정도의 고통을 참겠다는 각오가 상당히 있는, 한 개의 반영이라고 생각합니다. 아까도 말씀하였지만, 금후 미·영을 때려 부수기 위하여는, 전쟁도 장기화할 것이므로 여러 가지 고통도 증가하는 의미에서 국민 각자가 한층 더 긴장하여 무책임한 언동을 함으로 인해 전혀 알지 못하고 국민의 사기를 저상하고 단결을 깨트려 총후전에 지는 일이 없도록 각기 노력하여주심을 바라는 바입니다. (계속)

---

63 저상(沮喪): 기운을 잃거나 잃게 함.

> 준법강조운동(遵法强調運動) 실천 좌담회
> 지도층은 시범(示範)하라
> ④ 유언(流言)보다도 조언(造言)의 폐가 더 크다
>
> 《매일신보》 1942. 11. 9. 3면

    정(鄭) 편집국장: 지금 하라구치(原口) 사무관은 결국은 국민의 자각으로써 치안을 확보해 나가지 않으면 안 된다고 말씀하셨는데, 이 같은 내용을 일반 민중에게 철저히 알리자면 애국반의 조직을 동원하여 철저히 보급시키는 것이 가장 좋은 수단일 것이라고 생각합니다. 이러한 지도를 하는 데는 애국반을 통하여 어떻게 해나갔으면 좋을는지 오노데라(小野寺) 씨께서 말씀해 주십시오.

    오노데라(小野寺) 씨: 사무관으로부터 유언비어에 대하여 자세한 말씀이 계셨는데, 유언비어에 관하여 우선 생각해야 할 것은 조언(造言)입니다. 우리 부민 중에 누구든지 조언하는 사람이 있는 것입니다. 소문을 듣는 데서도 물론 유언이 생기는 것이지만 보는 데서도 유언은 생겨나는 것이라고 생각합니다. 최근 여러 가지 문화물 가운데는 ○○으로 떼어놓은 곳이 많습니다. 여기서 책을 읽는 사람은 일종의 추리로써 ○○에는 이런 글자가 들어가는 것이라고 생각하게 되는 일도 많을 줄로 압니다. 이 같은 사례가 거리에는 비일비재하므로 민중을 지도하여 나가는 데는 그 계급을 나누어 생각하게 되는 것입니다. 애국반을 통한다고는 하지만, 지도적 지위에 서 있는 사람과 지도받는 입장에 서 있는 사람도 있는 것입니다. 특히 조언을 하고 있는 것은 지도자 계급을 비교하여 본다면, 차라리 지도 계급에 많다고 생각됩니다. 그래서 지도 계급은 조언을 하지 말고 분명히 결정된 일을 분명하게 전달해야만 할 것입니다. 하라구치 사무관도 말씀했지만, "이것은 비밀이지만 당신에게만 이야기한다"라는 등의 일을 절대로 삼가야만 할 것입니다. 일반 부민은 그 지도자들로부터 들은 말은 이것을 절대로 신뢰할 수 있도록 하여야만 할 것입니다. 이에 대하여 방첩(防諜)이며 그 밖의 여러 가지 주간을 통하여 경성부로서는 한 달에 세 번씩 「애국반 회보(回報)」를 내고 있는데, 이 회보를 이용하여 혹은 애국반의 실천 사항 등을 철저히 알리도록 힘쓰고 있습니다. 하여간 유언비어에 속하는 것은 일체로 말하지 말아야만 할 것입니다. 지도자 계급은 조언을 해서는 안 될 것입니다. 지도자에 의하여 지도받은 사람들은 그 내용을 그대로 믿어주면 될 것입니다. 이렇게 지도만 하여 나간다면 잘못은 없어지리라고 믿는 바입니다. 이것은 단순한 한 가지 예에 지나지 않지만, 작년 8월 방공연습을 하였을 때 "이것 큰일 났다. 언제 적기가 날아올지도 모른다"라는 유언이 돌아다닌 일이 있었습니다. 그 원인은 훈련지도 관계자들이 실지 훈련에 당하여 그들이 대수롭게 생각하지 않고 "적기가 언제 공습해 오더라도 걱정 없을 만큼 하기 위하여 연습한다"라는 말이 곡해된 결과 유언으로 된 것입니다.

하라구치(原口) 사무관: 지금 말씀하신 내용은 극히 동감입니다. 지금까지는 지도 방면에 대하여는 별로 말씀하지 않았는데 이 방면에 대하여 우리의 책임은 크고, 따라서 좀 더 연구해 나가야만 할 것이라고 생각합니다. 지금도 말씀하셨지만, 지도자 계급에서 좀 더 유언비어를 하지 않도록 한층 신중한 태도로 나가야만 할 것입니다. 하여간 지도자 계급에 있는 사람의 태도가 아직도 충분하다고 볼 수 없습니다. 혹은 우리 자신도 반성해야만 할 것이라고 생각합니다. 이러한 의미에서 너무 까다로운 지도를 해서는 안 될 것이므로 애국반을 통하여 실례를 들어 좀 더 구체적으로 지도해 가지고 간부에게 익찬[64]하도록 하는 것이 유효적절한 일이라고 생각합니다.

정(鄭) 편집국장: 연맹의 지도자로서는 어떻게 생각하십니까.

니시야마(西山) 씨: 지도자 계급으로서는 비상히 어려운 문제지만, 어떻게 생각한다면 극히 간단한 일이라고 생각합니다. 왜 그러냐고 하면 국민이 대동아전쟁의 진의에, 좀 더 깊게 말하면 국체의 본의에 투철한 것이 만 가지의 근원일 것이라고 생각합니다. 이렇게만 된다면 법령을 준수하는 것도 곧 될 것입니다. 즉 통제 법령의 한 가지 한 가지가 진정으로 대조(大詔)[65]와 같이 생각될 것입니다. 결국은 대동아전쟁의 진의에 투철한 것이 선결 조건으로서 이것만 투철하게 된다면 필승할 신념이 끓어오를 것이요, 여기서 왕성한 생활과 싸우는 국민정신이 생길 것입니다. 실제로는 매우 어려운 문제이기는 하지만, 지도의 근본은 실로 여기에 있을 것이요, 이렇게 해야만, 우리 전부가 그 진의에 투철해야만 할 것입니다. 또 이것은 다른 문제이지만, 결국은 지도자들은 혹은 정치적이더라도 사회적 환경을 유언비어가

---

64 익찬(翼贊): 임금의 정치를 잘 도와서 보좌함.
65 대조(大詔): 천황이 국민에게 알리는 조칙, 조서.

생기지 않을 만한 상태에 두도록 하는 것, 즉 배급 문제로 말하더라도 항상 취체 당국에 문제가 있는 것이 아니오, 요는 배급을 맡아보는 여러 사람이 이러한 문제를 생각하는 것이 필요하다고 믿습니다. 그리고 동시에 이 같은 취지의 계발선전에 힘쓰면서 지도해 나가야만 할 것입니다. 또 그 지도라는 것은 자신이 솔선하여 이에 임한다는 큰 목표를 가지고 나가지 않으면 안 될 것입니다. 결국은 전에도 말했습니다만, 전체적으로 보아 무슨 일이 있던지 지식계급이라고 할는지, 지도층에 있는 여러분이 의외로 황당스러운 유언을 퍼뜨리고 있는 것입니다. 이 점을 시급히 고쳐나가야만 할 것입니다.

하라구치(原口) 사무관: 결국은 유언이라는 것이 얼마나 무서운 것인가 하는 소이를 철저히 인식하지 못한 때문이라고 생각합니다. 구로세(黑瀨) 형사과장도 말씀하셨지만, 유언에는 모략(謀略)의 성질이 있는 것입니다. 적성국가의 모략이 있다는 것을 깨닫고 총후의 교란을 방지한다는 데 국민 전부가 철저히 반성하고 힘써야 할 것입니다. 유언에 끌려 들어가는 것은 참으로 무서운 것입니다. 국내에서 적국인이 유언을 통하여 전쟁에 손을 뻗치고 있다는 절실한 기분으로 언동을 삼가야만 할 것입니다.

준법강조운동(遵法强調運動) 실천 좌담회(5)
줄지 않는 경제사범(經濟事犯)
사실이라도 말하는 것은 유언비어

《매일신보》 1942. 11. 10, 3면

정(鄭) 편집국장: 그러면 취체 처단에 대하여 이토(伊藤) 검사께서 말씀해 주십시오.

이토(伊藤) 검사: 여러분이 말씀하신 바와 같이 유언비어는 사회적인 매균(霉菌)[66] 으로서의 존재일 것입니다. 이런 것은 한 가지도 남기지 말고 전부 적발하여 처단해야만 할 것입니다. 유언비어라는 것은 다시 말씀할 것도 없이 사상모략, 경제모략의 근본이 되는 중대한 범죄이므로 검찰 당국으로서는 이 유언비어의 처단에 임해서는 극히 중한 형벌로써 처단하고

---

66 매균(霉菌): 곰팡이.

있는 것입니다. 그러면 구체적으로는 어떻게 처단해 나가는가 하면, 여러 가지로 우선 그 원인을 규명해 보아야만 하지만, 우리의 눈으로 보면 조언비어에는 반도인 측이 좀 더 철저히 시국을 인식해야만 할 점이 많다고 생각합니다. 즉 전쟁에 대한 근거도 없는 불온당한 억측을 하는 등 부정한 생각으로 전쟁을 희망적으로 비판하는 일이 적지 않은 것입니다. 미국과 영국의 전력을 과대하게 평가하고, 또는 역선전하는 조언비어를 하고, 혹은 민족적인 편협에서 반국가적인 언동을 하는 자도 없지 않습니다. 또 최근 식량 사정을 중심으로 하여 여러 가지 악질의 선전을 하는 것입니다. 그 밖에 여러 가지 정치적인 유언도 있다고 생각하는데, 결국은 철저히 시국을 인식하지 못하고 또 세계 대세를 인식하지 못하는 조언비어가 대단히 많다고 생각하는 바입니다.

비교적 가벼운 사례를 말씀드리면, 어떤 잡화행상이 아무리 준비해도 미·영 등 큰 나라에 일본과 같은 작은 나라가 이길 수는 없다는 유언을 퍼뜨린 자가 있었습니다. 이에 대하여 징역 10개월의 처단을 했습니다. 또 작년 말 농촌의 애국반장이 "일본은 지금 대동아전쟁에서 미국의 다수 함선을 격침시키고 있지만, 군인이 부족하므로 이를 보충하고자 도에서 계원이 출장하여 16세 이상 35세 이하의 반도인 청장년을 강제적으로 모집해 군대에 보내기로 하였다"라고 말하였습니다. 이에 대하여 금고 10개월에 처단했습니다. 또 양말 한 켤레의 비밀 거래에 벌금 20원에 처단한 일이 있었는데, 이에 대해 당국은 인민으로부터 1전이라도 더 징수하여 이것을 전쟁하는 데 쓰는 것이다, 전쟁이 길어지면 우리의 소유물은 전부 징수된다고 허무맹랑한 말을 한 자가 있었는데, 이 자에게는 징역 8개월의 처단을 내렸습니다. 실례로는 대개 이런 것입니다.

하타(畑) 경제경찰과장(經警課長): 경제에 대한 유언이 대단히 많은 것 같습니다. 최근에 처벌받은 사례가 있습니까.

이토(伊藤) 검사: 이러한 일이 한 가지 있습니다. 경성에 사는 사람이 함남에 사는 사람에게 50원인가 100원인가를 꿔주었습니다. 경성에 사는 자는 돈을 받는 수단으로서, 요즘 경성에는 매우 쌀이 딸리고 있는데 쌀을 구하여야겠으니까 속히 돈을 돌려달라고 하였던 것입니다. 여기에 대해서는 역시 6개월에 처단하였습니다. 여기서 한마디 말씀드리고 싶은 것은 유언비어의 죄 가운데서 가령 그것이 사실이라고 하여도 인심을 어지럽히는 언동에 대하여는 금지되어 있으므로, 다만 사실이니까 무엇이든지 말하여도 좋다고는 할 수 없는 것입니다. 그러한 말을 하는 그 자체가 근본이 사실이라 하여도 인심을 어지럽히는 결과가 되는 것은, 말하자면 그러한 가운데 들어가는 것입니다. 그러므로 이 점에 대하여도 일반 민중은 잘 알아두어야 할 것입니다.

정(鄭) 편집국장: 다음에는 비밀 거래의 최근의 경향에 대하여 말씀하여 주십시오.

> 객설을 맙시다
> 유언비어의 출처
>
> 《매일신보》 1943. 12. 26. 4면

전쟁이 더욱 치열해감에 따라 스파이의 암중 활약도 또한 맹렬하게 되는 것은 당연합니다. "벽에 귀가 있다", "낮일은 새가 보고 밤일은 쥐가 듣는다"라는 격으로 적의 첩보망은 우리도 모르는 동안에 어떠한 교묘한 방법으로 늘리고 있는지 모릅니다. 심상하게 대수롭지 않게 지껄인 말이 우리 군의 중대한 기밀이 새어 나가게 되는 결과가 된다면 큰일입니다. 특히 군수공장에서 일하는 징용공(徵用工), 그 외의 공원이며 그 가족들은 특히 기밀에 속한 일을 하고 있으니까 스파이의 눈은 그 방면으로 한층 불을 밝히고 있습니다. 말 한마디 행동 한 가지에도 주의하지 않으면 안 되겠습니다.

당국의 조사에 의하면, 종래로 비밀이 새어 나가는 장소는 애국반 상회라든지 방공연습이 단연 많고, 그다음으로 영화관·음식점·기차·전차 같은 사람이 많이 모인 장소라고 합니다. 유언비어가 도는 것도 역시 이런 장소에서라고 합니다.

그래서 지방에 따라서는 공원과 일반 시민의 혼합 상회를 금하고 있는 형편인즉, 남이 모르는 것을 잘 아는 체 귀둥대둥[67] 지껄일 일이 아닙니다.

한 개비의 성냥불로 수백 정보나 되는 산림에 큰불이 생기듯이, 아는 체 지껄이는 조그마한 말이 모르는 동안에 꼬리가 달리고 날개가 돋치고 해서 악질의 유언비어가 되어 적국의 선전자료가 되는 것입니다.

---

67 귀둥대둥: 말이나 행동 따위를 되는대로 아무렇게나 하는 모양. 원문은 "뒤둥대둥"으로 오기되어 있음.

그런데 이렇게 기밀을 알고 있는 사람이 그것을 입 밖에 내는 것은 물론 안 되지만, 듣는 편도 좋지 않습니다. 듣고 캐게 되는 것입니다. 나라의 기밀에 관한 것을 아는 사람이 있는 가정에서는 온 가족이 모여 즐겁게 세상 이야기를 하고 놀 때라도, 일에 관한 것은 아무리 재미있을 듯하더라도 들려준다든지 하지 않도록 충분히 주의하십시오.

> [가정(家庭)]
> 필승 신념을 굳게 우선 부수자, '유언비어'
> 경성(京城) 정서장(町署長)
> 세이쥬 나라데(星出壽雄)[68] 씨 담(談)
>
> 《매일신보》 1944. 5. 17. 4면

이달 애국반 실천 사항의 하나가 방첩이다.

방첩은 적의 모략선전에 걸리지 않는 것인데, 결국 유언비어를 하지도 말고 귀담아 듣지도 않는 것이다.

당국의 근본방침과 계획에 대해서 국민 된 의무를 잊어버리고 근거 없는 말에 이끌려 이상한 데마를 퍼뜨린다든지, 그리고 전국(戰局)에 대해서도 대국적인 관점을 떠나서 일부분에서 싸움한 결과를 보고 이른 판단을 내리고 전의를 죽이는 결과를 맺게 하는 것 같은 언어 행동을 하는 것은 전부 적의 모략선전에 걸린 것이다. 이런 것은 다 어디서 나왔는가 하면 적성국가로부터 나온 것이고, 또는 국내의 너절한 사람의 입에서 나오는 경우가 많은 것이다.

유언비어를 생각 없이 말한 결과는 총후의 통치상 방해가 크며, 또 전국에 대해서는 비관적인 공기를 자아내서 싸움하기 싫어하는 사상에 물들게 되어서 우리나라가 반드시 이긴다

---

[68] 세이쥬 나라데(星出壽雄): 경성제국대학 출신으로 1937년 졸업한 후 경기도경찰부 경제경찰과 경시(警視, 1939), 조선총독부 경무국 사무관(1940~1943) 등 1945년 일제 패망 때까지 경찰관료로 근무했다. 경무국 사무관으로서 '국민연극'이라는 기치 아래 주로 연극 통제를 담당했다. 1940년대에 연극을 비롯한 전시 문화 통제와 관련된 다수의 글을 발표했다. 그의 "글은 반드시 지켜야 할 창작지침서와 같다"고 한다(윤일수, 2008, 「박영호의 국민연극 연구」, 『韓民族語文學』 52, 401쪽). 1941년 3월 조선인의 황국신민화를 위해 직접 현대극장을 만들기도 했다.

는 필승의 신념이 박약하게 된다. 그러한 결과 민심을 불안하게 하여 생산력 증강에 나쁜 영향을 미치게 되는 것이다.

유언비어가 흔하다는 것, 그것부터가 적의 모략에 넘어가는 것이다. 여러분은 이러한 점을 잘 생각해서 충분히 자각하는 동시에, 필승 신념을 굳게 가지고 유언비어를 들으려고 하지도 말고, 물론 하지도 말고, 한 걸음 나가서 유언비어를 정신없이 하는 사람을 제재하여야 할 것이다.

조금만 전국이 불리하면 곧 우리나라가 질 것이라고 간단하게 추측하는 사람이 있는데, 싸우는 곳에서 전부 이길 수는 없는 것이다. 그러나 대세로 보아서 우리나라는 반드시 이기고 말 것이다. 하루라도 빨리 적을 물리치고 대동아에 사는 여러 민족이 평화스럽게 살게 하기 위하여 총후의 우리는 한 대라도 많이 비행기를 전선으로 전선으로 보내는 일밖에 없는 것이다.

여성은 남성보다도 보고 듣는 점이 적어서 시야가 좁다. 조금이나 색다른 이야기를 들으면 곧 지껄이는 일이 많다. 소중한 자제를 양육하는 어머니가 쓸데없는 말을 일삼는 데서야 장래의 건전한 국민을 길러낼 수 있을 것이냐 말이다.

여성은 좀 더 시야를 넓히기에 힘쓰고 가정의 주부로서 훌륭한 어머니로서 총후의 생활을 철저히 하고 한결같이 전쟁 완수를 위하여 매진하기 바란다.

[가정(家庭)]
'아는 체'가 큰 탈
유언비어는 이적 행위
경성 종로서(鐘路署) 고등주임(高等主任)
에가시라 고마키(江頭駒喜)[69] 씨 담(談)

《매일신보》 1944. 7. 23. 4면

---

[69] 에가시라 고마키(江頭駒喜): 조선총독부 경찰관료. 경성 동대문경찰서, 용산경찰서 등에서 경부보(警部補, 1934~1940)로 근무했으며, 1940년대 들어 경기도 용인경찰서 경부(警部), 인천서 경무주임(1942.12) 등을 지냈다. 8·15 당시도 경기도경찰부 고등계 경부(40세)로 재직했는데, 공금을 횡령하여 일본으로 도주하려다가 종로서원에게 발각되어 송치되었다(「전 京畿道特高 주임 江頭 등 탈주 중 피착」, 《自由新聞》

전시하에서 무엇보다도 우리가 아는 체하는 것은 금물입니다. 유언(流言)보다도 조언(造言)을 먼저 조심해야 할 것입니다. 조언은 말을 만들어내는 것인데, 무식한 사람들보다 유식 계급에서 많이 나오는 경향이 많습니다. 조그마한 사건의 실마리와 어떤 부면의 나쁜 면만 보고 과장해서 이야기하는 것도 옳지 않은 일이요, 그리고 터무니없는 말을 잡아 늘려서 선전하는 것은 언어도단의 일입니다. 긴급하고 중대해진 시국에 직면하여서 말 한마디라도 신중히 하지 않으면 안 될 것입니다.

우리가 시국에 관해서 의식하면서 너만 알라고 속삭이는 비밀스러운 말이라든지 또는 의식하지 않고 해버리는 말이 다 조언 아니면 유언이 되는데, 이 조언과 유언은 전부 일상생활에 불평불만을 품은 데서 나오는 것이라고 생각합니다. 일상생활에 불평불만을 갖는다는 것은 벌써 이적행위(利敵行爲)로서 적을 이롭게 하는 행동이요, 적을 기쁘게 하는 행동입니다.

맹방 독일 국민은 어느 나라 민족보다도 따지고 캐기로 유명한 민족입니다. 그러나 그들은 국가를 절대적으로 신뢰하며 잠자코 아무 소리 없이 국가의 명령을 따라갈 뿐이라 하였습니다. 베를린이 몇 차례고 크게 대폭격을 받아도 그들은 하등 정신적 동요를 받지 않는, 곧은 신념하에 국가를 위하여 협력하고 있다는 것입니다.

우리에게도 이러한 신념이 필요합니다. 정부를 절대적으로 믿고 각각 자기의 맡은 일을 위하여 최선을 다하기 바랍니다.

전쟁은 제일선 사이판 도에서만 하고 있는 것이 아닙니다. 제일선 황군만이 적 미·영을 격멸하고자 싸우는 것이 아닙니다. 총후 국민도 일선 장병 못지않게 생산 부문에서 전력 증강을 위하여 싸우고 있는 것입니다.

1억 국민이 총력을 들어 전쟁 완수에 매진하고 있는데, 한 사람이라도 전쟁 목적에 저해가 되는 말을 만들어낸다든지 또는 근거 없는 말을 아는 체하고 퍼뜨릴 수 있겠습니까.

발 없는 말이 천 리를 가고, 낮말은 새가 듣고 밤말은 쥐가 듣는다는 속어는 모두 말을 삼가게 하기 위한 말입니다.

특히 전시하에는 말을 신중히 해서, 알면 아는 대로 모르면 모르는 대로, 다만 당국을 절대적으로 신뢰하고 전력 증강을 위하는 생활을 하기 바랍니다.

1945.11.8;「江頭駒喜 不日 송국」,《自由新聞》1945.12.11).

> 무력(武力)보다 모략(謀略)으로 적은 조선을 노린다
> 첫째, 마음을 무장하라
> 가와에(川江)[70] 중좌(中佐)
>
> 《매일신보》 1945. 5. 3, 2면[71]

(상략)

- 유언비어를 조심하라 -

다음은 유언인데, 이것은 속삭이는 전술이라고도 말하는 것과 같이 방송, 삐라와 달리 그 출처를 모르는 점에 묘미가 있고 위험성도 있다. 여러분이 악의 없이 말하는 것이 적의 선전을 중개하는 결과를 초래하는 것이다. 따라서 금 후 만일 당국 발표 이외의 소문을 들었을 때는 '아! 적의 유언이로구나. 그 꾀에 넘어갈 줄 아느냐'라고 완전히 묵살해 버리는 것이 상책이나, 이것만으로 만족되지 않는 분은 그것이 정말인가 거짓말인가를 주저할 것 없이 헌병대나 경찰에 물어보는 것이 좋다고 생각한다.

이상 간단하나마 서두에서 말한 바와 같이 적은 조선을 사상적으로 미약하다고 판단하고 사상모략이 가장 효과적이라고 생각하여 조선의 교통선, 공장, 도시 등을 철과 화약과 소이제(燒夷劑)로 공격하기 전 한 걸음 앞서 사상폭탄으로 우리의 마음을 공격하고 있는 것이다. 적이 노리고 있는 것을 적중케 하고 안 하고와 적의 모략에 빠지고 안 빠지고는 오로지 우리들의 마음의 무장 여하에 있다. 앞으로 조선에 대해서 실제로 공습이 시작되면 적의 모략은 한층 맹렬해질 것이다. 그러한 경우에도 우리의 마음을 단단히 먹고 있으면 결코 무서워할 것이 못 된다.

(하략)

---

70 가와에 마사토시(川江正敏): 1939년 4월 21일 일본 육군헌병학교 갑종(甲種) 3기 수석 졸업. 조선헌병대사령부 중좌. 가와에 마사토시(川江正敏): 1939년 4월 21일 일본 육군헌병학교 갑종(甲種) 3기 수석 졸업. 조선헌병대사령부 중좌.

71 이 글은 1945년 5월 2일 오후 7시 가와에 중좌가 경성중앙방송국을 통해 방송한 내용이다. 이 가운데 유언비어 관련 부분만 수록한다.

> 유언(流言)은 불안 동요로
> 민중에 절대 신뢰감 주라
> 사상전(思想戰) 편 ④
>
> 《매일신보》1945. 5. 26. 2면[72]

물결 같은 유언비어

유언비어란 말은 글■ 자체가 가리키는 대로 물결 혹은 벌레처럼 확고한 근거도 없이 이곳저곳으로 함부로 떠돌아다니는 뜬소문을 말함이다. 예를 들면 신문 보도가 사회에서 공공연하게 시인하는 정상적인 소문인 데 대하여, 유언비어는 사회에서 공공연하게 시인하지 않고 사람과 사람 사이에 은밀히 떠돌아다니는 극히 소박하고 원시적인 소문이다.

그러나 우리는 이렇게 유언비어의 정의라고도 할 만한 것을 생각하여 볼 때, 예상외로 이 극히 소박하고 원시적인 소문 가운데는 결코 경솔히 취급할 수 없는 어떤 저항력을 느끼는 것이다. 그것은 원체 유언비어라는 것이 밑도 끝도 없이 함부로 떠돌아다니는 것이기 때문에 정체와 발전과정을 파악하기가 극히 힘이 들 뿐 아니라 만일 이 뜬소문 가운데 어느 정도의 진실성이 곁들이기만 하면 실로 놀라울 만치 무서운 힘을 발하여 결국은 눈 깜짝할 동안에 한 나라를 망쳐버리는 결과까지 이끌어 오는 때문이다.

유언은 왜 생기는가

그러면 유언비어란 도대체 어떠한 원인으로 생겨나는가.

그 발생 근원을 잠깐 캐어 보기로 하자. 짐승은 숲속에 깃들이고 물고기는 물속에서 생명을 누리듯이 사람도 반드시 어떠한 환경이 갖추어져야만 비로소 건전한 생활을 누릴 수 있다. 만일 어떤 재난이나 혹은 뜻밖의 변을 당하여 이 환경이 한번 허물어지게 되면 온갖 건전치 못한 편상은 마치 인간 생활의 부작용처럼 헤아릴 수 없이 무수히 일어나는 것이니, 예를 들어 어떤 뜻밖의 사건으로 말미암아 지금까지 전해지던 사회에서 공공연하게 시인하는

---

[72] 이 글은 사상전(思想戰)에 관한 네 번째 연재물로서, 사상모략과 유언비어에 대해 경성제국대학 법문학부에서 정치학 강좌를 맡았던 도자와 데쓰히코(戶澤鐵彦, 1893~1980) 교수의 이야기를 게재한 것이다.

정상적인 보도가 끊어지거나 또는 격심하게 제한이 되면 사람들은 갑자기 어두운 불안 속에 빠져서 하루아침에 마음의 평온을 잃어버리어, 현재 몸을 두고 있는 환경에 대하여 가장 진실한 인식을 가지려고 허둥대는 나머지 결국은 보통 때 같으면 웃음없이는 듣지 못할 이야기도 그럴듯하게 신용을 하여 터무니없는 유언비어를 퍼뜨리게 되는 것이다.

방지의 대책은 무엇

그러면 유언비어란 대개 어떠한 종류의 것이 떠돌게 되는가. 유언비어란 어느 때고 민중을 토대로 하여 생겨나는 것이기 때문에, 또 어느 때고 사회 전체의 흥미와 이해관계에 대한 것이 대부분이다.

그래서 처음으로 들은 사람이 자랑이나 하듯이 아는 사람에게 귓속으로 은근히 이야기한 말은 뿔이 솟고 날개가 뻗치어 실로 놀라운 속도로 널리 퍼져나가는 것이다. 이상으로 나는 이른바 유언비어의 성격을 대강 이야기하였거니와, 그러면 유언비어란 도대체 어떠한 방법으로 막아낼 것인가. 물론 뜬소문을 방비하는 데는 국민의 끊임없는 투지와 조국애로써 어느 때든지 똑바로 필승의 길을 달려가는 것이 가장 필요하겠지만, 위에서도 말한 바와 같이 어느 면으로 보면 유언비어란 자연스레 발생하는 것이기 때문에 누구보다도 위정자가 끊임없는 노력과 지혜와 애정으로써 민심을 파악하여 항상 그 근원 문제를 해결하여야 할 줄 안다.

민중에 불안 없도록

즉 바꾸어 말하면 뜬소문은 도대체 어떤 사정으로 생겨났으며, 사회에 가장 적합한 생활을 하여 나가려고 끊임없는 노력을 하고 있는 민중의 당연한 요구와는 어느 정도로 밀접한 관계를 가지고 있느냐 하는 것을 연구 조사하여, 될 수 있는 대로 이를 미연에 방지하자는 말이다.

그렇게 하는 한 가지 방법으로서 위정자는 내외 정세에 따라 보도를 제한하거나 혹은 한동안씩 차단시켜 버리지 않을 수 없는 경우도 있겠지만, 될 수 있는 대로 보도가 충분히 시행되도록 노력하여 민중에게 유언비어의 근원이 되는 불만을 품지 않도록 해 주어야 할 것이다.

그리고 유언비어 가운데도 가장 두려운 것은 적이 어떤 모략, 꼬인 수단으로 국민 사이에 퍼뜨리는 소문이다.

종류를 들면, 군관과 국민 사이에 이간을 붙이는 것과 국민의 전의를 저상시키려는 것 등 여러 가지가 있겠지만, 이 또한 위정자가 끊임없는 노력과 지혜와 애정으로써 항상 먼 장래를 바라보며 충분히 민심을 조사 연구하여, 사정이 허락하는 한도로 국민 생활의 안정을 꾀하고 절대로 불공평한 일이 없도록 하여, 무엇보다도 민중의 굳은 신뢰를 얻는 것이 필요할 줄 안다.

국민도 국가만 신뢰

따라서 국민은 국가의 실력을 바르게 인식하여 어떤 일이 있더라도 군이나 정부 당국을 의심하는 일 없이 맡겨진 바 책무 달성에만 정진하면 적이 아무리 노회한 모략을 쓰더라도 결코 넘어가는 일이 없을 것이다. (사진은 도자와 교수) (끝)

<자료 2>

검거에서 재판까지

유언비어 취체(取締)
범행자 검속(檢束)

《동아일보》1937. 7. 17. 조간 2면

【신의주(新義州)】북중사변(北中事變) 돌발 이후 쓸데없는 유언비어를 하다가 잡힌 사람이 잇다. 평북도경찰부에서는 유언비어를 엄중히 단속하고 있었던 바, 지난 14일에 북진서(北鎭署) 관내에 모종의 데마가 돌고 있어 이에 그 범인을 체포, 목하 엄중 취조 중이라 한다.

평양의 유언비어 취체
검거자 30여 명

《조선일보》1937. 7. 21. 석간 8면

【평양(平壤)】북지사변 이후 평양서에서는 서원 총동원으로 유언비어를 취체 중인데, 19일까지 민심을 혼미하게 하는 유언비어 행동자 30여 명을 검거해 취조 중이다.

이번 검거된 자들 가운데에는 전쟁에 조선사람들도 징병에 소집이 되었다고 서둘며 돌아다니든가, 저금을 모조리 찾아 전쟁 때문에 몇 날 살지도 못할 터인데 마음껏 질탕 호유[73]나 하다가 죽는다고 떠들며 돌아다니든 자 등 별별 자가 많이 있다 한다.

---

73 호유(豪遊): 호화롭게 놂.

남원(南原) 유언비어 취체

《동아일보》 1937. 7. 23. 조간 4면

【남원(南原)】 남원경찰서에서도 요새 비상시국에서 유언비어가 성행함을 엄중히 취체하고자 비상히 활동하던 바, 지난번에 상점 점원 등 3~4인을 허무맹랑하고 엉터리없는 말들을 하여 인치해 취조 중인데, 일반은 가장 신중히 언행을 가짐이 긴요하다고 한다.

2명 구류(拘留) 처분

《매일신보》 1937. 8. 1. 3면

별항과 같이 유언비어에 대한 취체와 이에 미혹되지 않도록 일반민심을 단속하도록 경기도에서는 부내 5서와 수원·개성·인천 등지의 고등계 주임 등을 소집하고 특별한 주의를 주게 되었거니와, 수일 전에 부내 서대문서(西大門署)와 경기도 내 연천서(漣川署)에서 각각 한 명씩의 유언비어를 방송하는 자를 검거하여 취조하였는데, 시국에 대한 하등의 근거 없는 것을 말하여 각각 29일의 구류 처분을 하기로 하였다고 한다.

유언비어 위반
대전서 5명 피검

《동아일보》 1937. 8. 4. 조간 4면

【대전(大田)】 일지사변(日支事變)이 돌발한 후 사변 경계에 불면 불휴하고 있다는데, 그중에는 유언비어로 지난 2일까지 남자 2명, 여자 3명이 피검되었다 하며, 국방금 헌납도 매일 답지하여 대덕군 유천면(柳川面) 갈전리(葛田里) 정홍섭(鄭弘燮) 씨의 1백 원을 위시하여 723원 68전에 달하였다 한다.

주의! 유언비어
해주서 또 1명 피검

《동아일보》 1937. 8. 10. 조간 5면

【해주(海州)】 지금 해주경찰서에서는 시국에 관한 유언비어의 취체를 엄중히 하고 있는 중 지난 7일에 해주읍 동애리(東艾里) 이성문(李星文, 25)이라는 자가 근거 없는 말을 하다가 또 해주서원에게 검거되어 엄중한 취조를 받고 있다.

유언비어 취체
해주서(海州署)에서 엄중

《매일신보》 1937. 8. 11. 4면

【해주(海州)】 해주읍 동애리 노동자 이성문(李星文, 25)[74]은 유언비어의 취체로 해주서에 인치되어 구류 20일의 처분을 받았다 한다.

유언비어 첫 송국자(送局者)

《조선일보》 1937. 8. 11. 석간 2면

부내 청엽정(靑葉町) 2정목 71번지 사는 전남 출생인 모 용달사(用達社) 사원 최대식(崔大植, 24)은 얼마 전에 유언비어를 전파한 혐의로 용산 헌병분대에 붙잡혀서 취조를 받고 있던 중 10일 오전에 드디어 경성검사국으로 넘어갔다. 그는 그의 친구에게 놀러 가서 북지사변에 관련하여 엉터리없는 말을 지어 전파한 것이 탄로되었기 때문에 붙잡힌 것이라 한다.

---

74 원문에는 52세로 되어 있는데, 바로 위의 《동아일보》 기사에 25세로 되어 있어서 수정했다. 《경성일보》 기사(1937.8.10)에도 '청년'으로 기재되어 있다.

유언비어의 전파자
용산(龍山) 헌병대에서 검거 송국

《동아일보》 1937. 8. 11. 석간 2면

유언비어의 전파자로 송국된 자가 있다.

전남 출생으로 부내 청엽정 2정목 71번지 용달사원(用達社員) 최대식(崔大植, 24)은 얼마 전에 각지로 돌아다니며, 군대에서 장의(葬儀) 인부를 다량으로 모집하는데 군대에서 선금 150원씩을 지불한다는 엉터리없는 유언을 퍼뜨린 사실을 용산 헌병분대에서 탐지한 바 되어 10여 일 전에 체포되었다.

그리하여 그동안 엄중한 취조를 받아오던 중 취조도 일단락을 지었으므로 10일 일건서류[75]와 함께 경성지방법원 검사국에 송치하였다 한다.

악질 조언자(造言者) 검거
일반도 계심(戒心)이 필요

《조선일보》 1937. 8. 12. 조간 2면

북지사변 홍교(虹橋) 사건[76]이 연달아 일어나서 지나 측의 도전적 태도가 점점 더 노골화하게 되어 참으로 거국일치를 요하는 때를 맞아 최근 여러 가지의 유언비어와 악질의 언동이 점차 증가하여오는 경향이 있으므로 경성 헌병대에서는 철저하게 이를 단속할 의향으로 예의 조사를 하고 있던 바, 시내 명치정(明治町)의 모 씨에 대하여 매우 나쁜 데마가 행하여져서 그 데마의 출처를 추궁한 결과, 시내 길야정(吉野町) 55번지 모 회사 사원 산강정부(山

---

75 일건서류(一件書類): 하나의 소송 사건에 관한 모든 서류. 각종 조서, 판결서, 소송 관계인이 제출한 서류 따위를 묶어서 편철한 것이다.
76 홍교(虹橋) 사건: 1937년 8월 9일 일본제국 해군 특별육전대 중위 오야마 이사오(大山勇夫)가 중국 상해(上海)의 홍교 공항에 난입하려고 행패를 부리다가 사살된 사건. '오야마 사건'으로 불리기도 하는 이 사건으로 인해, 8월 14일과 15일, 장치중(張治中) 부대가 일본군에 대한 공격을 감행하여 제2차 상해사변이 본격화되었고, 중국은 화북과 화중에서 일본군과 전면전을 벌이게 되었다.

岡正夫, 28)를 검거 취조한 바, 모두 이 사람의 소위인 것이 판명되었다. 이리하여 일건서류와 함께 11일 검사국으로 구속 송국하였는데, 헌병대에서는 금후도 국가 비상시에 이러한 조언비어의 근절을 기하려고 더욱 조사를 엄밀히 하고 있다. 이 조언비어는 「육군형법」 제99조에 의하여 3년 이하의 금고형에 해당하므로 일반가정에서도 충분히 언동에 삼가하여야 한다.

유언비어 하다가
모 산업조합(産組) 서기 피검

《조선일보》1937. 8. 14. 조간 3면

【김해(金海)】북지사변이 날로 심각하여 가는 이때 무근한 말을 전하는 자는 엄중히 취체한다는 것은 본지에 누보한 바이나, 김해군 내 유림역(楡林驛) 앞 모 산업조합 회계서기인 윤창수(尹昌守, 30, 가명)는 비상시국에 관하여 무근한 말을 하다가 경관에게 발각되어 8일에 김해경찰서에 검속 유치 중이라 한다.

유언비어 주출자(做出者)[77] 8명을 단호 처분
지금 취조 중에 있는 자도 2명(兩名)
사변 후 경기 관내서

《조선일보》1937. 8. 17. 석간 2면

북지사변이 점점 더 확대되어가는 비상한 때를 맞아 총후의 국민으로서 그 임무에 더욱 충실함은 물론이거니와 평소에 유언비어에 대하여도 조심을 해야 한다 함은 여러 번 본지에도 보도한 바였는데, 그래도 간간이 조심을 못 하는 어리석은 사람들이 많아 여지껏 경기

---

[77] '주출(做出)' 혹은 '주작(做作)'이라는 말은 없는 사실을 꾸며서 만드는 것을 뜻한다.

도 안에서만 벌써 9명이 유언비어로 경찰에 붙잡히게 되고, 그중 8명이 처벌을 받게 되었다. 그중에는 심지어 만주국 관리까지 끼어 있어 일반의 큰 경계 거리가 되고 있는데, 금후로 시국에 대한 여러 가지 유언에 대하여는 모두들 절대로 조심하여 입을 떼지 않도록 주의하여야 할 것이다. 이에 대하여 16일 경기도 경찰부장은 다음과 같은 담화를 발표하였다.

▶ 강화군(江華郡) 선원면(仙源面), 농업, 김현수(金賢洙, 26)　　　　구류 10일
▶ 개성부(開城府) 지정(池町), 무직(無職), 김석근(金潟根, 25)　　　　구류 25일
▶ 개성부 만월정(滿月町), 무직, 양형식(梁瀅植, 27)　　　　　　　　　구류 10일
▶ 연천군(漣川郡) 군내면(郡內面), 만주국 관리, 이재도(李載都, 23)　　구류 25일
▶ 경성부(京城府) 행촌정(杏村町), 신문팔이(新聞賣子), 오문환(吳文煥, 23)　구류 29일
▶ 경성부 도화정(桃花町), 직공(職工), 진효관(陳孝寬, 30)　　　　　　구류 29일
▶ 수원읍(水原邑) 지야정(池野町), 무직, 강달원(姜達遠, 38)　　　　　구류 25일
▶ 경성부 강기정(岡崎町), 재목점원(材木店員), 장봉규(張鳳奎, 29)　　구류 29일
▶ 지금 취조 중 내지인(內地人)[78] 1명, 조선인 1명

유언비어에 대하여

고(高)[79] 경찰부장 담(談)

　시국에 관한 유언비어가 경기도 내 각지에 빈발하는 정상에 있음은 심히 유감으로 생각하는 바다. 그리고 그 해악이 미치는 영향이 또한 심대한 것에 비추어 본 도경찰부에서는 사변 발생 이래 사법당국과 헌병대 당국과 협력해 각 경찰서를 독려하여 예의 취체를 엄중히 하고 있던 중, 지금까지 본 도내 각서에서 검거해 처벌한 자가 별항과 같다. 또 금후 계속하여 엄중 취체를 단행하고 그 정이 무거운 자는 「육군형법」의 조언비어(造言飛語) 또는 기타

---

[78] '내지인(內地人)'은 일본인을 말한다. 당시 일제는 행정법상으로 일본 본토를 '내지', 그 외의 식민지 지역 등을 '외지(外地)'로 구분하여 사용하였으며, 이에 준하여 '내지인', '외지인'이라고 불렀다. 이는 공식적·법적으로는 서양의 '식민지'와는 다름을 표방하면서 내적으로 차별을 둔 것이었다.

[79] 고 야스히코(高安彦, 1896~1977): 조선총독부 관료. 1922년 조선으로 건너와 조선총독부 경시(警視), 전라북도 경찰부장, 평양북도 경찰부장, 경기도 경찰부장, 평안북도지사, 평안남도지사, 경기도지사 등을 역임하였다. 일본으로 건너간 뒤에는 야마구치시장(1944) 등을 역임하였다.

의 범죄로서 단호한 처분을 할 방침이므로, 도민 각위는 각각 유의하여 있다고는 생각하나 금후 한층 더 이런 불상 사범을 일으키지 않도록 서로 조심하여 총후 국민의 의무로서 그 절멸을 기하는 것은 시국이 더욱 중대한 때에 간절히 바라마지 않는 바이다.

유언비어 단속(團束)
하동서(河東署) 3명 검거

《동아일보》 1937. 8. 20. 조간 4면

【하동(河東)】 북지사변이 발발한 이 비상시에 하동서에서도 유언비어를 단속하는 바, 정덕로(鄭德老), 이병식(李丙植)을 검거하여 구류 처분을 내리고, 또한 이길순(李吉順)을 검거하여 검사국으로 송치하였는데, 일반은 유언비어를 특히 삼가기를 바란다고 한다.

삼가라! 유언비어
각서(各署)에서 엄중 취체

《동아일보》 1937. 8. 22. 조간 4면

대구(大邱)

공직자(公職者) 모는 최근 모종의 회합 장소에서 대중을 앞에 두고 시국에 관하여 인식 부족의 언사를 했다는 혐의로 벌써부터 3~4차나 경찰서에 출두하여 엄중한 취조를 받는 중인 바, 사정에 의하여서는 신체구속까지도 하지 않을지 모른다고 하며, 귀결은 일반의 주목을 이끌고 있다고 한다. 그리고 전번 부회(府會) 간담회 석상에서는 일본 내지인 의원이 또한 인식 부족의 실언을 하여 한동안 세간의 문젯거리가 되었었는데, 이들 실언 문제가 공직자 사이에 많음은 크게 유감 되는 것이라 하여 일반의 여론이 자자하다고 한다.

(중략)

예산(禮山)

북지사변이 일어나서 지나 측의 도전적 태도가 점점 노골화하게 되어 참으로 거국일치를 요할 때를 맞아 최근 여러 가지의 유언비어와 악질의 언동이 점차 증가하여 오는 경향이 있으므로 예산경찰서와 재향군인회에서는 철저하게 이를 취체하고 있다는데, 벌써 검거된 사람도 있거니와 금후도 국가 비상시에 이러한 조언비어의 근절을 기하려고 더욱 조사를 엄밀히 하고 있다. 이 조언비어는 「육군형법」에 의하여 3년 이하의 금고형에 해당하므로 일반 가정에서도 충분히 언동에 삼가하여야 하겠다.

유언·조어자(流言造語者)에 25일 구류 처분

《조선일보》 1938. 8. 27. 석간 8면

【선천(宣川)】일지사변(日支事變)이 전면적으로 악화됨에 따라 일만 민중을 미혹하게 하는 유언비어가 성행되며 선천서에서는 이 방면에 특별히 주력하여 취체하여 오던 바, 근일에는 각 은행·금융조합의 예금은 전부 군사비(軍事費)에 충당한다는 풍설이 돌아, 지난 24일에는 수천 원의 예금고를 가진 일반 예금자가 금융조합에 쇄도하여 대혼잡을 이루었다는데, 이에 놀란 신천서에서는 아연 긴장 활동하여 선천읍 거주 김응록(金應錄)을 인치해 취조 중 데마의 장본인으로 판명되어 25일 ■■■ 즉결 구류 처분을 당하였다는데, 먼저 그 발단의 내용을 들으면 범인은 어떤 과부에게 수십 원의 금전 차용을 요구하였던 바, 예금은 있어도 현금은 없다고 사절을 당함에 이 같은 무근의 풍설을 풍긴 것이라는 바, 선천서에서는 시국에 대한 유언비어에 대하여는 엄벌의 처분을 할 방침이라고 한다.

유언비어 취체
최초의 공판

《조선일보》 1937. 8. 31. 조간 2면

【대구(大邱)】 이번 사변 발생 이래 당국에서는 민심을 교란하는 유언비어를 극력 미연에 방지하여 왔었으나 드디어 경북도 내 경산군(慶山郡)과 대구부(大邱府) 내 두 곳에서 유언비어에 대한 위령(違令) 사건이 발생하여 대구서에서는 즉시 이를 검거하여 지난 17일 송국하였던 바, 대구지방법원 검사국에서는 최초의 사건인 만치 이를 중대시하고 신중히 취조한 결과 죄상이 명백해졌으므로 위령죄로 기소하여 공판에 회부하여, 오는 30일 오전에 에토(江藤)[80] 재판장, 마에노(前野)[81] 검사 열석으로 제1회 공판이 열리게 된다 한다. 출정할 피고는,

▶ 대구부 봉산정(鳳山町) 160, 고물상(古物商), 윤봉조(尹奉祚, 30)
▶ 경산군 와촌면(瓦村面) 동강동(東江洞), 농업, 조구승(曹昫承, 44)

유언비어 주출자 금고 10개월 구형
「육군형법」 99조에 의준(依準)
사변 시국범죄의 최초 단죄

《조선일보》 1937. 9. 1. 석간 2면

【대구(大邱)】 30일 오전 11시부터 대구지방법원 제4호 법정에서 피고

---

80 에토 이츠오(江藤逸夫): 1926~1929년 경성지방법원과 경성복심법원, 1930~1932년 대구복심법원, 1933~1934년 광주지방법원, 1935~1940년 대구복심법원, 1941~1942년 함흥지방법원, 1943년 신의주지방법원 판사를 지냈다(『조선총독부직원록』, 국사편찬위원회 한국사데이터베이스).
81 마에노 시게나리(前野重成): 1927년부터 1943년까지 평남지방법원 진남포지청 검사를 시작으로, 광주지방법원, 경성복심법원, 경성지방법원, 부산지방법원, 공주지방법원, 대구지방법원, 평양복심법원검사국 검사를 지냈다. 1937년에는 대구지방법원의 검사로 재직하였다(『조선총독부직원록』, 국사편찬위원회 한국사데이터베이스).

▶ 대구부 봉산정 160번지, 고물상, 윤봉조(尹奉祚, 30)
▶ 경산군 와촌면 동강동 185, 농업, 조구승(曹昫承, 44)

등에 대한 시국 관계 조언비어(造言飛語) 주출에 관한 사건으로 에토 재판장 주심, 마에노 검사 관여 아래 공판이 개정되었는데, 재판장으로부터 피고에 대한 심리가 시작되었는 바, 피고 중 윤봉조는 완전히 사실을 부인하였다.

그리고 재판장의 사실 심리가 끝난 다음 마에노 검사로부터 피고 2명에게 금고(禁錮)의 구형이 있었는데, 윤봉조 10개월, 조구승 6개월씩「육군형법」99조에 의하여 각각 논고가 있었으며, 판결 언도는 다음 달 2일로 정하고 오후 2시 반에 폐정되었다.

> 조언비어 한 "황(黃) 불이(佛伊)"
> 징역 1년 판결
> 허튼수작 조심하라!
>
> 《조선일보》 1937. 9. 4. 석간 2면

공주지방법원 대전지청에서는 경상북도 의성군(義城郡)에 본적을 두고 일정한 주소가 없이 되는 대로 행상하면서 돌아다니는 황쇠불이(黃釗佛伊, 39)에게 유언비어죄로 2일 징역 1년의 판결을 언도하였다. 피고는 이번 지나사변에 관하여 황군에 불리한 유언비어를 조작하여 각지로 전파하고 돌아다니다가 대전경찰서에 검거되어 그와 같은 판결을 받은 것인데, 이것이 지나사변 발발 이후 처음의 판결이다.

> 조언비어범(造言飛語犯)에 1년 징역 언도
> 의성(義城) 출생 황금불이(黃金佛伊)[82]란 사람
> 대전지청(大田支廳)에서 판결
>
> 《매일신보》 1937. 9. 4. 2면

시국의 긴박한 틈을 타서 사회에 불안을 일으키게 하는 조언비어에 대하여서는 당국에서 엄중 취체를 하고 있는데, 경북 의성군 출생, 주소 부정 황금불이(39)를 조언비어의 혐의로 검거해 「육군형법」 발동으로 송국하여 공주지방법원 대전지청에 취조 중이던 바, 2일 징역 1년의 판결 언도가 있었다.

> 사변 관계 조언비어범 검거 총수 120명
> 사변 발생 후 두 달 동안 통계
> 취체진(取締陣)을 한층 강화
>
> 《매일신보》 1937. 9. 6. 2면

지나사변이 일어난 후 경무국에서는 엉터리없는 소리를 퍼뜨리고 다니는, 즉 유언비어에 대하여 전 조선 경찰관을 총동원을 시켜 엄중한 취체를 하고 있는 중인데, 사변 이래 전 조선 각 도에서 검거한 총수는 3일까지 120명의 많은 수에 달하였다. 그중에서 죄상이 극히 악성인 것은 경북 의성군 출생으로 일정한 주소 없는 황검불이(黃劍佛伊, 34)로 지난번 공주지방법원 대전지청에서 징역 1년의 언도를 받고 복역 중인 바, 경무 당국에서는 검찰진을 더욱 강화하여 이런 종류의 유언비어를 엄중히 취체할 것인즉, 일반은 주의치 않으면 안 될 것이다.

---

82 같은 날짜의 《동아일보》 기사와 《매일신보》(1937.9.6) 기사에는 황검불이(黃劍佛伊)로 기재되어 있으며, 『사상휘보』에는 황쇠불이(黃釗佛伊)로 기재되어 있다(「支那事變關係犯罪調」 및 「造言飛語の罪に關する調査」, 『思想彙報』 14, 1938.3). 모두 동일인인데 당시 자료에는 황쇠불이, 황검불이, 황금불이(黃金佛伊) 등 다양하게 기록되어 있다. 황쇠불이가 맞는 것으로 보이지만, 원문대로 두었다.

> 조언비어 취체
> 함흥서 2명 검거
>
> 《매일신보》 1937. 9. 9. 2면

【함흥(咸興)】 시국은 점차 중대화하여 가는 이때 국민은 한가지로 시국을 철저히 인식하여 일사보국의 충성을 다하여야 할 터인데, 왕왕 조언비어를 항간에 유포하여 세인을 놀라게 하는 무지몽매한 자가 생기어, 다음은 그 취체에 머리를 앓고 있거니와, 함흥에 있어서 처음의 희생자가 두 사람이나 생겼다. 함흥부(咸興府) 군영통(軍營通) 2정목 19번지 천리교(天理敎) 포교사(布敎師) 정천심조(淀川甚助, 44)와 부내 본정 3정목 이태형(李泰亨, 29)을 허무맹랑한 조언비어를 유포한 혐의로 헌병대에서 검거하였다.

> 대전서(大田署) 유언 취체에 검거 22건!
> 함부로 입을 놀리지 말라
>
> 《조선일보》 1937. 9. 12. 조간 4면

【대전(大田)】 북지사변이 발생한 이후 유언비어로 지난 10일까지 대전 헌병대와 경찰서에 검거된 건수를 보건대, 송국되어 10개월 징역에 처한 사건이 1건이오, 즉결로 구류에 처한 것이 4건이며, 나머지 17건은 훈계방면으로, 합계 22건의 다수에 달한다는 바, 이와 같은 비상시에 일반은 극히 신중한 태도를 취하기 바란다고 한다.

> 처벌 6, 설유(說諭)[83] 59
> 검거 취조만 10건
> 강원도에 유언비어 111건
>
> 《조선일보》 1937. 9. 14. 석간 7면

【춘천(春川)】지나사변이 점점 확대됨에 따라 일반은 더욱 긴장하여 있는 이때 근거도 없는 유언비어를 유포시켜 일반민심을 흉흉하게 하는 자가 각지에서 속출하는 바, 강원도경찰부에서는 사건 발생 당시부터 이 점에 대하여 만전을 기하도록 노력 중인데, 지난 11일 현재로 도내 각서에서 유언비어 관계로 처분된 사건이 다음과 같다고 한다.

▶ 처벌 6건
▶ 검거 취조 10건
▶ 설유 59건
▶ 기타 출처 불명 수사 중 36건
▶ 합계 111건

앞으로 시국의 전개에 따라 더욱 엄중히 취체할 모양이니, 일반은 언사(言辭)에 대하여 극히 주의할 필요가 있다고 한다.

> 원산(元山) 유언비어 청년
> 취조 결과 공판 회부
>
> 《동아일보》 1937. 9. 23. 조간 5면

【원산(元山)】부내 중리(中里) 1동 주순덕(朱淳德. 20)은 지난 8월 10일 및 동 18일 2회로 원

83　설유(說諭): 말로 잘 타이름. 설득, 회유.

산권번(元山券番) 기생들을 상대로 조언비어한 것을 원산헌병분대(元憲)에서 탐지하고 엄중 취조한 결과, 「육군형법」에 위반된 점이 있어 원산 검사국에 일건서류와 함께 송치한 바, 드디어 공판에 회부되었다.

화교(華僑) 조언비어범 두 명은 마침내 송국
초산서(楚山署)의 최조 끝나

《매일신보》 1937. 9. 24. 2면

【평양(平壤)】【22일 평양헌병대 발표】중화민국 모평현(牟平縣) 남찰촌(南察村)에 본적을 둔 평북 초산군(楚山郡) 초산면 성서동(城西洞) 171, 잡화상 왕자근(王子芹, 24)과 우영진(于永津, 29)은 그 지역 화교들 사이에서 두텁게 신임을 받는 유력자들로서, 지난 8월 15일부터 수차례에 걸쳐 라디오로 들어오는 본국 정부의 허구 선전을 그대로 믿고 일본 군사가 전선에서 승리를 얻는다는 것은 모두 거짓말이오, 사실은 지나군이 ×××× 지도 비행 ×××을 가하고 있다는 엉터리없는 조언비언로 거류 지나인들을 선동하고 있던 사실이 헌병분대원에게 탐문되어, 범행에 대한 취조도 일단락을 마치고 신의주검사국으로 송치되었다.

조언비어 화가(畵家)
인천(仁川)서 공판 회부

《매일신보》 1937. 10. 7. 4면

【인천(仁川)】 본적은 우쓰노미야시(宇都宮市) 하나와다정(塙田町) 149번지에 두고 인천부(仁川府) 욱정(旭町) 동향여관(東鄕旅館)에 투숙하던 화가 니시키 쥰세이(錦純正, 51)[84] 는 비상

---

84 자신이 중국 대련(大連)의 한 여관에서 우연히 간호부 600명을 모집한다는 이야기를 듣고, 3년간의 전쟁으로 일본군 사상자가 많고 재정적으로 파탄에 이르렀다는 내용으로 조언비어를 했다고 한다(「取締狀況」, 1937.9.29, 『治安狀況(昭和12年) 第26報~第43報』, 경성지방법원 검사국 문서). 본명은 긴이치(錦一)인

시국에서 온당치 아니한 조언비어를 하였다는 혐의로 인천경찰서에 검거된 이래 엄중 취조를 받은 결과 「육군형법」 위반 죄명으로 인천검사국에 송치되었었는데, 오구니(大國) 검사는 지난 30일에 공판에 회부하여 공판기일은 이번 달 중순경으로 되리라 한다.

조언비어 혐의 개량서당(改良書堂) 교사

《매일신보》 1937. 10. 14. 4면

【목포(木浦)】 지난 11일 목포재판 공소 판정에서 「보안법」 위반 및 「육군법」 위반죄로 인한 유언비어로 6개월 징역을 구형받은 영광군(靈光郡) 염산면(鹽山面) 개량서당 교사 김용근(金容根, 21)이란 청년은 북지사변 당시 그 서당의 아이들에게 유언비어를 하였던 것이라는데, 언도는 14일 동 법정에서 개정하리라 한다.

조언비어범(造言蜚語犯)에 8개월 역(役) 구형

《매일신보》 1937. 10. 15. 4면

【부산(釜山)】 지난 9월 13일 부내 초장정(草場町) 대정공원에서 남부민정(南富民町) 박봉주(朴奉周) 외 수명을 모아놓고 시국에 관한 불온한[85] 조언비어를 한 부내 초장정 1정목 주조업자 박근배(朴根培, 53)에 관한 「육군형법」 위반 사건 공판은 12일 오후 2시부터 부산지방법원에서 시오다(鹽田) 판사 관여하에 개정되었는데, 입회한 마쓰마에(松前) 검사로부터 금고 8개월을 구형하였는데, 판결 언도는 14일이라 한다.

것으로 보인다.

85 불온: 원래 동아시아 사회에서 '불온'의 의미는 '편안하지 않다' 혹은 '순조롭지 못하다'는 맥락에서 보통 "비정상적인 상황을 설명하기 위해 사용"되었으나, 일본제국주의의 팽창과정에서 이 전통적 용례가 사라지고 "제국에 반대하는 활동 전반을 부정적으로 표현하기 위한 뜻으로 급격한 의미변화가 있어났다"고 한다(한기형, 2010, 「불온문서의 창출과 식민지 출판경찰」, 『大東文化研究』 72, 성균관대 대동문화연구원, 449쪽).

조언비어범
울산서 1명 체포

《매일신보》 1937. 10. 31. 8면

【울산(蔚山)】 울산군(蔚山郡) 온산면(溫山面) 산암리(山岩里)에 사는 김흥수(金興守, 35)는 지난 10일 부락민에게 허무맹랑한 조언비어가 떠돌아서 일반 부락민에게 공포심을 주고 있으므로 경찰서 고등계 구스노키(楠) 주임 이하 형사들이 맹렬히 조사한 결과, 김흥수를 잡아다가 유치시키고 엄중한 취조를 하는 중이며, 머지않아 부산검사국으로 송국할 것이며, 경찰당국에서는 일반 민에게 시국에 대한 인식을 확실히 알게 하여 금후는 조언비어에 주의하기를 바란다고 한다.

조언비어범 기소(起訴)

《조선일보》 1937. 10. 25. 석간 2면

【원산(元山)】 안변군(安邊郡) 안변면 학성리(鶴城里) 음식점 용인 방태안(方泰安, 25)은 조언비어의 용의자로 안변서에 검거되어 취조를 받고 원산 검사분국에 송치되었던 바, 죄상이 명백하여 지난 22일 기소하여 공판에 회부되었다는데, 이 범죄 내용을 들으면, 그는 지난 14일 3~4명의 동무 앞에서 지나사변에 관한 황군의 쾌승 보도를 부인하여 인심을 미혹할 조언을 하였다는 것이라 한다.

조언비어 한 3명을 송국(送局)

《조선일보》 1937. 10. 25. 석간 2면

【원산(元山)】 사변에 대한 유언비어를 하고 또 3명이 원산 검사국에 송치되었다. 그는 원산시 내 모 구두상 점원 이영구(李榮九) 외 2명인데, 원산 헌병분대에 검거되어 취조를 받다

가 22일 일건서류와 함께 송치되었다고 한다. 이로써 원산에는 「육군형법」 제99조의 조언비어에 걸린 사건은 두 번째가 된다.

조언(造言) 한 소년 송국

《조선일보》1937. 11. 3. 조간 4면

【함흥(咸興)】군사적 망상광 소년이 피체 송국: 함흥부 내 상반여관(常盤旅館)에 투숙하고 있던 이몬 요시후미(井門義文, 17)는 조언비어죄로 31일 함흥 헌병대로부터 함흥법원 검사국에 송치되어 왔는데, 그의 범죄 내용을 보면 그는 어렸을 때부터 군사 탐정소설을 탐독하여 왔는데, 10월 7일 앞서 언급한 여관에 투숙하면서 동숙하고 있던 모 보통학교 훈도 군사종치(郡司宗治) 등 여러 명에게 자기는 육군사관학교를 졸업하고 육군 소위로 근무 중인데 이제 모 방면의 군사정탐으로 가는 도중이라고 망설을 폈다는 것으로, 함흥 헌병대에 붙잡혀 취조를 받았다고 한다.

조언비어자를 취조

《조선일보》1937. 11. 6. 조간 4면

【수원(水原)】지난달 20일 수원군(水原郡) 서신면(西新面) 매화리(梅花里) 사는 윤경의(尹敬誼, 44)란 자를 수원서에서 검거하여다가 지금까지 절대 비밀에 부쳐서 취조를 하는 중인데, 그 내용을 모 방면으로 탐지한 바에 의하면, 위의 윤경의는 사기죄로 한번 징역 한 자인데 근일에 이르러는 동리 사람에게 자기의 신용과, 또는 자기가 세상사를 잘 안다는 것을 표시하기 위하여 시국에 대한 조언비어를 하여 검거된 듯하다는데, 며칠 안에 일건서류와 같이 송국하리라 한다.

> 보병대(步兵隊) 정문 앞에서 조언비어 선전
> 취조 끝나 금일 송국
>
> 《동아일보》 1937. 11. 7. 조간 2면, 석간 2면

　용산서 고등계에서는 그동안 부내 강기정(岡崎町) 84번지, 토지중개업, 오수현(吳壽晛, 47)을 검거하여 취조 중, 6일 오전 일건서류와 함께 경성검사국으로 송치하였다.
　그는 지난 10월 20일 오전 9시경 한강통(漢江通) 보병 78연대 정문 앞에서 모종의 조언비어를 하여 통행인과 부근 사람들에게 선전하였다는 것이라 한다.

> 검사국에 송치
> 유언비어 조출자(造出者)
>
> 《매일신보》 1937. 11. 8. 2면

　【수원(水原)】 수원군 서신면(西新面) 매화리(梅花里), 농업, 윤경의(尹敬誼, 44)라는 자는 금년 8월 이래 자기 부락민에 대하여 일지사변(日支事變)에 관한 허무맹랑한 유언비어를 전파하고 있다는 말을 수원서 고등계에서 탐지하고, 지난 10월 13일에 검거한 이래 취조 중이던 바, 취조가 일단락이 되었으므로 서류와 함께 수원지청 검사분국으로 송치하였다는데, 이러한 종류의 범죄는 당국으로서 엄중 처벌할 방침이라고 한다.

> 조언비어자에 금고 4월 언도
> 함흥서 벌써 6건
>
> 《조선일보》 1937. 11. 12. 조간 4면

　【함흥(咸興)】 조언비어로 금고 4개월의 판결 ― 지난 8일 함흥법원에서는 국지 재판장의

주심으로 삼수군(三水郡) 호인면(好仁面) 고거리(高巨里) 이학구(李學九, 26)에 대한 조언비어 사건의 공판을 열고 심리를 한 후 판사로부터 금고 4개월의 판결이 있었는데, 그는 지난 10월 6일 정오 호인면 보성리(保城里)에서 조병팔(趙炳八) 외 1명에 대하여 혜산 영림서원 모가 출정(出征)하기 싫어서 자살을 하였다는 허무한 조언을 전파시켰다는 것이다. 그리고 이 같은 조언비어로 처벌된 것이 함흥법원 관내에만 벌써 여섯 건이나 된다.

유언비어로 금고[86] 6개월
평양복심(平壤覆審)에서 구형

《동아일보》 1937. 11. 15. 조간 2면

【평양(平壤)】 유언비어자로 「육군형법」 위령(違令)에 의하여 1심에서 금고 4개월과 집행유예 2년의 언도를 받은 황해도 안악군(安岳郡) 수안면(遂安面) 용담리(龍潭里) 한국윤(韓國潤, 29)에 관한 사건은 평양복심법원에서 심리 중 지난 12일 동 법원에서 공판이 열리어 금고 6개월의 구형이 있었다.

이 사건의 한국윤은 지난 10월 8일 친구 4~5인과 잡담 중 일지사변에 관한 유언비어를 한 일이 있어 해주법원 서흥지청(瑞興支廳)에서 금고 4개월의 형을 받았던 것인 바, 검사의 공소로 평양복심에 회부되었다고 한다.

조언비어로 2명(兩名)을 기소
원산지청(元山支廳) 공판에 회부

《조선일보》 1937. 11. 23. 조간 2면

【원산(元山)】 함남 북청군(北靑郡) 덕성면(德城面) 수서리(水西里) 이영구(李榮九, ■4)는 지난

---

86 원문에는 禁銅으로 오기되어 있는데 禁錮로 바로잡았다.

8월 13일 북지사변이 상해(上海)로 파급될 것을 생각하고 그곳을 떠나 나가사키를 거쳐 본적지로 가던 도중 원산에 들러, 친척 되는 용동 이극모(李極模, 18)에게 황군의 위신에 관한 조언을 한 것이 원산 헌병분대에 탐지되어 엄중 취조 후 「육·해군형법」 위반으로 원산 검사국에 송치되었는데, 이외에 신흥동 유진호(柳晋浩, 27), 상동 송국도(宋國道, 29) 등 2명도 위 이영구의 조언을 맹신하여 함부로 말하다가 붙들려 왔던 바, 이즈음 이영구와 송국도 2명은 동 지청 공판에 회부되고 나머지 2명은 기소유예 처분이 되었다고 한다.

엉터리 군사탐정(軍事探偵)

《조선일보》1937. 11. 24. 석간 2면

【함흥(咸興)】 군사탐정이라고 엉터리없는 조언비어를 하여 경찰에 검거 기소되어 계속 공판 중에 있던 함흥부 대화정(大和町) 이몬 요시후미(井門義文, 17)에 대한 판결은 20일 시오다(鹽田) 판사로부터 금고 6개월, 3년간 집행유예의 판결이 있었던 바, 검사가 22일 불복공소의 신립을 하였다. 함흥법원 본청으로서는 유어비어의 최초 실형 언도이다.

불온한 시국담(時局談)
유언비어로 송국 돼

《동아일보》1937. 12. 1. 조간 6면

【목포(木浦)】 영광군(靈光郡) 법성면(法聖面) 진내리(鎭內里) 안형백(安馨栢)의 처 김오순(金五順, 29)은 지난 16일 동리 소녀들을 모아놓고 일지사변(日支事變)에 대하여 유언비어로 불온한 언동을 하다가 영광서(靈光署)에 검거된 이래 엄중한 취조를 받다가, 지난 26일 군사형법 위반죄로 목포법원지청 검사분국에 압송되어 지금 미야이(宮井)[87] 검사에게 취조를 받는

---

87 미야이 신조(宮井親造): 후쿠오카현(福岡縣) 출생. 1918년 도쿄제국대학(東京帝國大學) 법과대학 법률

중이라는데, 김오순의 남편 안형백은 영광에서 일어난 극좌(極左) 운동 사건의 주모자로, 영광서에 검거되어 지금 취조 중에 있는 아내로서, 앞서 언급한 바와 같이 여자로서 하지 못할 불온한 언동으로 군사형법 위반 사건에 검거되기는 처음이라고 한다.

유언・조어(流言造語)한 지나인(支那人)
금고 3월 언도

《조선일보》 1937. 12. 7. 조간 4면

【평양(平壤)】시국에 관하여 함부로 말하던 지나인 — 평북 초산군 초산면(楚山面) 성서동(城西洞) 71번지 지나인 우영진(于永津, 29)[88]에 관한 조언비어 사건은 평양복심법원에서 심리 중이던 바, 4일 고마쓰(小松)[89] 재판장으로부터 금고 3개월의 판결 언도가 있었는데, 그는 라디오를 통하여 남경(南京) 방면의 방송을 듣고 여기에 양념까지 붙여 허튼 수작을 하며 다니다가 검거되었던 것으로, 제1심에서 무죄의 판결을 내린 것을 검사의 공소로 복심에 온 것이라고 한다.

학과 졸업 후 요코하마(橫浜), 하코다테(函館), 삿포로(札幌), 교토(京都), 고치(高知), 마이즈루(舞鶴), 도요오카(豊岡) 등 각 재판소의 검사를 지냈다. 1936년 조선에 건너와 경성복심법원, 광주지방법원 목포지청, 대구복심법원의 검사를 거쳐서 대전지방법원검사정, 신의주지방법원검사정, 광주지방법원검사정, 함흥지방법원검사정 등을 역임하였다. 1937~1938년에 광주지방법원 목포지청 검사분국 검사로 재직하였다(『조선총독부직원록』, 국사편찬위원회 한국사데이터베이스).

88 원문은 우영상(于永祥)으로 되어 있는데, 앞의 《매일신보》(1937.09.24. 2면) 등에서 우영진으로 기록되어 있어서 수정하였다.

89 고마쓰 히로미(小松博美): 1915년 7월 교토제국대학(京都帝國大學) 법과대학 독문과를 졸업. 그해 10월 조선으로 건너와 평양지방법원 사법관시보(司法官試補)가 되었다. 1917년 7월 해주지방법원 판사, 1919년 6월 부산지방법원 마산지청 판사, 1922년 7월 대구복심법원 판사를 역임했다. 1937~1939년 평양복심법원 판사로 재직하였다(『근현대인물자료』, 『조선총독부직원록』, 국사편찬위원회 한국사데이터베이스).

> 조언비어범에 징역 10개월을 구형
> 금일 경성법원에서
>
> 《동아일보》 1938. 2. 3. 조간 2면, 석간 2면

2일 오전 11시에 수원군 서신면(西新面) 매화리(梅花里)에 사는 윤경의(尹敬誼, 44)는 조언비어죄로 경성복심법원에서 요다(依田) 검사로부터 금고 10개월의 구형을 받게 되었는데, 언도는 9일에 있으리라고 한다.

피고는 작년 9월 3일 오전에 출정군인을 견송하러 나가는 사람들을 직접 간접으로 만류하며 방해한 외에, 앞서 언급한 매화리 시장에서 잡화상을 경영하고 있는 정붕해(鄭鵬海)의 상점 앞에서 여러 사람을 상대로 말하기를, 소년단, 청년단, 기타 소방대원은 머지않아 일본 군대의 전위가 되어 북지에 강제로 파견된다는 조언비어로 작년 11월 초에 수원지청에서 금고 10개월의 판결을 받고 불복 공소한 것이라고 한다.

> 조언비어자 구형
>
> 《조선일보》 1938. 2. 3. 조간 2면

쓸데없는 입을 놀리고 조언비어죄로 1심에서 금고 10개월 판결을 받고 불복 공소한 수원군 서신면(西新面) 매화리(梅花里) 윤경의(尹敬誼, 44)에 관한 복심 공판은 2일 경성복심법원에서 마스무라(增村) 재판장 주심, 사토미(里見) 검사 관여 밑에 열렸다. 그는 작년 9월 3일 오전 3시에 그 동리 엄(嚴) 모 외 3명에 대하여 군대 환송을 가는 것을 비방하는 것과 같은 조언비어를 하였다는 것인데, 검사는 역시 1심 판결대로 금고 10개월을 구형하였다. 언도는 오는 9일에 내리기로 하였다.

조언비어범에 10개월 역(役) 구형

《매일신보》 1938. 2. 3. 3면

조언·유언을 하다가 중역을 살게 된 사나이 - 수원군 서신면 매화리 36번지 윤경의(尹敬誼, 44)는 작년 9월 3일 오전 9시 매화리 시장의 잡화상 정붕해(鄭鵬海) 집 앞 도로에서 부근 사람들에게 대하여 "신문지상에는 일지사변에 일본군이 연승한다고 보도되지만 실지는 패배를 당하고 있다"고 말하였고, 같은 달 상순 수원 읍내로부터 수원역까지 나가는 버스 안에서 때마침 전지로 출동하는 병사를 환송하러 나가는 소방수 여러 명을 상대로 "일본군이 기실에 있어서는 패전을 당하여 요새와 같이 병사의 수송이 빈번하고, 또 각지에서 소년·청년·소방수들의 훈련이 맹렬한 것은 병사의 보충으로 출전시키기 위한 것이다. 따라서 환송하는 것은 의의가 없는 일이다"라고 말하였고, 또 같은 달에 동리 사람들에게 "인천(仁川) 월미도(月尾島)에 일본 비행기가 2대 추락하였다"는 등 황당무개한 유언비어를 떠들고 다닌 죄로 법망에 걸리어 제1심에서 10개월 금고의 언도를 받고 피고는 불복 상고하였던 바, 2일 경성복심법원에서 마스무라(增村) 재판장 아래 요다(依田) 검사로부터 역시 10개월의 구형이 있었다. 더욱 언도는 오는 9일에 있으리라고 한다.

입을 단속하라
조언비어에 걸리어 8개월 징역을 받아

《동아일보》 1938. 3. 17. 조간 2면

입을 단속하자. 쥐꼬리 만한 지식으로 무엇이니 엉터리없는 유언비어를 하다가 취체 당국에게 적발되어 지난 1월 13일 공주지방법원 횡성지청에서 금고 6개월에 2개년 집행유예의 언도가 있었던 바, 이 공판에 관여하였던 검사로부터 공소하여온 예산군(禮山郡) 고덕면(古德面) 상몽리(上夢里) 140, 이계한(李啓漢, 51)에 관한 조언비어, 「보안법」 위반 피고 사건 공판은 16일 경성복심법원에서 야모토(矢本) 재판장 주심과 사토미(里見) 검사 관여하에 개정되었는데, 검사로부터 시국이 시국인 만큼 이러한 유언·조어범은 절대 근절시킬 필요가 있다 하며 준열한 논고가 있은 후, 징역 8개월의 구형이 있었다.

> 해룡환(海龍丸) 선장(船長)의 생존설 지어낸
> 김모(金某) 외 2명 검거
> 유언비어 취제 위반으로
> 고즈츠미(小堤) 씨의 시체 발견
>
> 《매일신보》 1938. 3. 29. 3면

【인천(仁川)】 20여 생령을 수중하고 혼이 되게 한 해룡환 조난 사건[90]은 아직까지도 모골이 송연한 기억이 사라지기도 전에 선장 고즈츠미 간이치(小堤勘一, 47) 씨가 생존하여 은신하고 있다는 말이 전하여 사회에 가장 큰 의혹을 이끌고 있던 바, 지난 27일 오전 9시경 영흥도(靈興島) 남방에서 해양사(海洋社) 소속선 예산환(禮山丸)이 선장의 시체를 발견하여 마침내 선장 생존설로 사회를 소란하게 하던 사실은 완전히 무근한 풍설로 판명되었다는데, 이제 그 자세한 내용을 들건대 선원 차성업(車成業)의 매부 김옥성(金玉成)이 그 유족을 위안시키고자 부두에서 선장을 만나 술까지 먹었다는 허무한 거짓말을 한 것이 발단이 되어 마침내 인천서 고등계에서는 김씨 외에 2명을 유언비어 취체에 의하여 검속 중이라 하며, 선장의 시체는 해룡환 선미(船尾)에 달렸던 국기(國旗)를 몸에 감은 것을 보아 최후까지 승객 구조의 미담이 잠재하여 있는 것이 짐작된다고 한다.

---

90 1938년 3월 19일 인천항을 떠나 서산(瑞山)으로 가던 해룡환이 서산 근해에서 조난되어 승객 41명 중 27명이 사망한 사건이다.

대구(大邱) 조언비어범 금고 4개월
구형 언도는 오는 11일

《조선일보》 1938. 5. 11. 석간 7면

【경북지사발(慶北支社發)】지나사변 발발 직후에는 각 방면에 유언비어가 유포되어 당국에서는 즉시 그 취체를 엄중히 하여 거의 시국에 대한 유언비어는 근절된 듯하던 바, 근자에 와서 다시 엉터리도 없는 무근한 조어가 유포되므로 경북도경찰부에서는 즉시 경찰부장 담화를 발포하여 일반에 경고하는 동시에, 그 범인을 엄중히 하여 취조를 마치고 대구지방검사국에 송치하였던 조언비어 형사사건의 피고인 칠곡군(漆谷郡) 칠곡면 매천동(梅川洞) 62번지 최해암(崔海岩, 22)에 관한 제1회 공판은 지난 9일 대구지방법원 제2호 법정에서 후나다(舟田) 재판장과 삼포(三浦) 검사 관여로 방청 금지리에 개정되었던 바, 사실 심리가 끝난 다음 검사가 금고 4개월의 구형을 하였다고 하며, 판결 언도는 오는 11일이라고 한다. 그 사건의 내용은, 위의 피고 최해암은 지난 3월 7일 정오경 대구부 달성정(達城町) 83번지 김두연(金斗演) 집에 와서, 앞서 언급한 매천동에서는 순사가 동리에 출장하여 17세 이상의 처녀를 강제로 모집하여 북지 현지에 보내어 이번 사변의 희생자인 부상병에게 그 피를 빼서 수혈(輸血)한다고 하니 결혼연령인 처녀는 빨리 결혼시켜야 한다고 하였다는 것이다.

유언비어로 금고 3개월

《조선일보》 1938. 6. 11. 석간 7면

【경북지사발(慶北支社發)】얼토당토않은 말을 전파하여 일반의 치안을 문란하게 하는 유언비어에 대하여는 경북경찰부장 담화로 일찍이 발표하여 이를 미연에 막으려고 하였으나, 또다시 이 단속망에 걸리게 된 여자가 있어서 지난 8일 대구지방법원에서 금고 3개월의 판결을 받았는데, 그는 의성군(義城郡) 의성면 시신동(是新洞) 정일봉(丁一峰)의 처로, 현주소를 대구부 외 내당동(內唐洞) 1015번지에 둔 정옥분(鄭玉粉, 34)이라고 한다.

사기편재(詐欺騙財) 승려(僧侶) 엄벌

《동아일보》 1938. 6. 26. 조간 3면, 석간 7면

【목포(木浦)】 요사이 승려들이 횡행하여 터무니없는 유언비어로 민중의 마음을 현황하게 한다고 하여, 도경찰부에서는 각서(各署)에 수배하여 엄중히 이를 취체하는 동시에 체포되는 대로 엄벌에 처하라는 차제임에도 불구하고, 지난달 중순경 본적을 해남(海南)에 두고 일정한 주소가 없는 김생차(金生次, 35, 가명)란 자가 자칭 승려로 행세하여 무안군(務安郡) 압해면(押海面) 복룡리(伏龍里) 최모(崔某)의 집에 들어가 금품을 강요하고, 금년은 삼재(三災)의 해이므로 부적을 붙이면 이를 면하리라고 하여 인심을 불안하게 한다는 소식을 접한 경관 주재소에서는 범인을 지금 엄탐 중, 발견하는 대로 엄벌에 처하여 이러한 종류의 중이 없도록 노력하리라고 한다.

사교(邪敎) 무극대도교(無極大道敎)[91] 일파 66명 어제
송국 제주도(濟州島)를 무대로 우맹기만(愚氓欺瞞) 금품사취(金品詐取)
음행(淫行)의 극(極) 강(姜) 교주(敎主)의 탐색행상(耽色行狀)

《조선일보》 1938. 8. 12. 조간 2면

【전남특파원 최인식 발전(全南特派員崔仁植發電)】 전남 제주도 한라산(漢拏山)을 중심으로 한 사교 무극대도교는 1936년[昭和 11] 3월경에 교주 강승태(姜昇泰, 44)의 손으로 조직이 된 것인데, 제주도 내 전반에 걸쳐 현재 교도 1천 수백 명을 헤아리게끔 되어 있는데, 교주 강은 20세 전후의 젊은 부녀자들을 28명이나 첩으로 두고 우매한 교도로부터 막대한 금품을 사취하여 호탕한 생활을 즐겨오던 중 지나사변에 관한 교도들의 유언비어를 발단으로 1937년

---

[91] 무극대도교(無極大道敎): 증산교에서 갈라져 나온 종교의 하나. 1919년에 전북 정읍에서 조철제(趙哲濟)가 열었으며, 경천수도(敬天修道)·성신양성(誠信養性)·안심안신(安心安身)의 세 가지 교리를 내세웠다. 제주의 무극대도교 교단은 1936년 선도교(仙道敎) 신자인 중문 출신의 강승태(姜昇泰)가 창시했으며, 반일적인 색채가 짙어 일제로부터 탄압을 받았다.

[昭和 12] 12월에 일제 검거를 당하게 되어, 지난 8월 11일 교주 강승태 외 60명은 일건서류와 함께 광주검사국으로 송국되었다. 그중 간부 22명은 신체구속으로 송국되었으며, 나머지 44명은 불구속이다.

조언비어범
이천서(伊川署)서 엄조(嚴調)

《매일신보》1938. 8. 13. 3면

【이천(伊川)】 현하 비상시국에 근거 없는 조언을 하여 일반에 전파시켜 양민의 심신을 요란하게 하여 목하 경찰서에서 엄중 취조를 받고 있는 사실이 있다.

그는 본적을 황해도 평산군(平山郡)에 두고 주소를 곡산군(谷山郡) 곡산면 적성리(赤城里), 무직, 엄운봉(嚴雲峰)으로, 지난 8월 7일 이천면(伊川面) 남좌리(南佐里) 여인숙 고광건(高光建) 방에서 고광건 외 3명에게 허무맹랑한 유언을 한 사실이 탐지되어 경찰에 인치되어 취조 중이다.

조언비어의 관리 등 송국

《매일신보》1938. 8. 15. 2면

【목포(木浦)】 부내 죽교리(竹橋里) 주정식(朱廷植, 45), 동 남교동 이판길(李判吉, 39),[92] 동 김병모(金炳模, 46) 3명은 부내 모 관청에 근무 중인데, 직접·간접으로 민중의 지도 격에 있음에도 불구하고 일지(日支)·일소(日蘇) 관계에 대하여 악질의 조언비어를 낭설하여 무지한 부락민을 유혹하였다는 것을 목포서에서 알게 되어, 이 서에서 취조의 단락을 짓고 12일 검사분국

---

92 원문은 이판석(李判石)으로 잘못 기재되어 있다. 아래 9월 20일 자 기사와 광주지방법원 목포지청의 판결문(1938.9.15)에 이판길(李判吉)로 되어 있어서 바로잡았다.

에 송국되어 지금 미야이(宮井) 상석검사에게 군형법 위반으로서 목하 심리 중이라고 한다.

조언비어범
《매일신보》1938. 9. 8. 4면

【목포(木浦)】 부내 대성동(大成洞) 김병도(金秉道, 50), 정종채(鄭鍾彩, 54), 진덕찬(陳德贊, 39)의 3명은 허무맹랑한 유언을 하고 다니다가 목포서 고등계에 검거되어 「육·해군형법」 위반으로서 엄중히 취조 중이라고 한다.

조언비어범에 목포(木浦)서 금고형(禁錮刑)
《매일신보》1938. 9. 20. 3면

【목포(木浦)】 입을 조심하라! 부내 죽교리(竹橋里) 주정식(朱廷植, 45), 동 남교동 이판길(李判吉, 39) 2명은 조언비어로 목포서에서 취조를 받다가 송국되어 공판에 회부되었던 바, 15일 목포 법정에서 「육군형법」 위반죄로 다음과 같이 언도가 있었다.

금고 8개월 주정식
동 6개월 이판길

조언비어범
진주검국(晋州檢局)에 송치
《매일신보》1938 . 9. 29. 4면

【진주(晋州)】 본적을 전남 곡성군(谷城郡) 목사동면(木寺洞面) 대곡리(大谷里)에 두고 무직

으로 떠돌아다니는 전과 6범인 배봉도(裵奉道, 54)는 결혼 적령의 남녀 유무를 비밀히 조사하여 주식 사기를 목적으로 삼아 오던 바, 지난번에 진주군(晉州郡) 명석면(鳴石面) 오미리(五美里) 김성진(金成辰) 씨의 손자 영순(永淳, 19) 군이 있는 것을 탐지하고 지난 16일 오후 1시경에 찾아가서 산청군(山淸郡)[93] 단성면(丹城面)에 19세 되는 적합한 규수가 있다고 감언이설로 결혼을 권유하고 술값 56전을 편취하는 동시에 영순에 대하여 허무한 유언비어를 위조한 사실이 진주서에 발각되어 엄중히 취조하여오던 바, 지난 26일에 진주검국에 송치되었다.

「해군형법(海軍刑法)」 위반 금고 4개월 언도
한구(漢口) 방송 듣고 선전

《동아일보》 1938. 10. 14. 조간 2면

【인천(仁川)】「해군형법」 위반 사건 피고 장문유(張文有, 22)에 관한 공판은 전일 경성지방법원 인천지청 법정에서 김세완(金世玩) 판사, 주심 가토 유타카(加藤豊) 씨 관여하에 심리를 마치고 피고에 금고 4개월의 언도를 내렸는데, 이 사건의 내용은 위의 피고인은 산동성(山東省) 출생의 중국인으로서 현재 인천부 내 미생정(彌生町) 41번지 면포 잡화상을 경영하는 지나인 동순동(同順東)의 점원으로 있는데, 지난 7월 4일 오전 6시경 그 가게 2층에서 소제를 하다가 그곳에 설비된 7구(球)의 라디오 수신기의 원기를 통하여 지나(支那) 한구방송국(漢口放送局)의 전파를 수신 청취하였으나 잡음이 많아 불명료하였다.

라디오로 청취한 사실을 말한 일이 있어 군사에 관한 조언비어를 한 것이라. 이에 「해군형법」 제100조에 해당하므로 소정 형기 범위 내에서 피고인을 4개월 금고형에 처하게 된 것이라 한다.

---

93 원문은 山靑郡으로 오기되어 있다.

> 조언비어한 인부(人夫)에 4개월 금고 언도
> 인천지청에서 판결
>
> 《동아일보》 1938. 11. 1. 조간 3면, 석간 7면

【仁川(인천)】기보: 충남 홍성군(洪城郡) 광천면(廣川面) 죽내리(竹內里)에 본적을 두고 현주소를 인천부 부도정(敷島町) 13번지에 두고 인천항 수축사무소 인부로 있던 정은교(鄭殷教, 41)의 군사 조언비어에 관한 공판은 지난 29일 경성지방법원 인천지청에서 금고 4개월의 언도를 받았다는데, 이는 일찍이 경성 휘문고보를 3년에서 중도 퇴학한 일이 있던 인텔리 인부로서 지난 5월 상순경 점심시간에 공사장 인부와 점심을 같이하면서 현재 지나사변이 무력전으로는 일본이 승첩하고 있다 하나 사변이 장기화하면 일본이 어찌 될지 아느냐는 등 군사에 관한 조언비어를 한 것이라고 한다.

> 다나베(田邊) 씨를 검거
> 진남포(鎭南浦) 일류부호(一流富豪)
> 사건 내용은 유언(流言)?
>
> 《조선일보》 1938. 11. 1. 석간 3면

【진남포(鎭南浦)】진남포경찰서 고등계에서 지난 28일 아침부터 돌연 긴장하여 형사대가 대 활동을 개시하더니, 부내 삼화정에 거주하는 76세의 노령으로 진남포에 일류부호요, 또 명망가인 다나베 모(田邊某)[94]를 같은 날 정오경에 검속하여다가 지금 유치한 후 취조 중이

---

[94] 일찍이 조선으로 건너와 진남포를 중심으로 활동한 다나베 사스케(田邊佐助, 1863~)로 보인다. 그는 1885년부터 1904년까지 도쿄에서 통조림 도매상을 경영하다가, 1904년 4월 진남포로 들어와 다나베상점(田邊商店)을 개점했으며, 선구(船具) 철물상도 경영했다. 상공회의소 의원, 학교조합 의원 등을 역임했다(한국사데이터베이스 근현대인물자료). 그는 1938년 당시 "일본은 현재 무력전에서 장개석에게 이기고 있지만 공채를 발행하거나 철류(鐵類) 배급을 통제하는 경제전(經濟戰)에서는 전적으로 패배하고 있다. 장개석은 위인이다." 등의 내용을 얘기했다가 검거되었다. 1938년 11월 14일 평양지방법원 진남포지청에서 「육군형법」 제99조 위반으로 기소유예 처분을 받았다(「時局關係の犯罪に關する調査」, 『思想彙報』 18, 1939.3, 42쪽).

라는 바, 사건의 내용은 일체 비밀에 부치므로 자세한 것은 알 수 없으나, 탐문한 바에 의하면, 현하 시국이 매우 중대한 이때 제국 신민으로 삼가야 할 유언비어를 함부로 토설하여 비국민적 행위를 한 것인 듯 하다는 바, 시국이 시국이요 사건이 사건이니 만치 취조 결과가 매우 주목된다고 한다.

황군(皇軍) 비방한 청년
조언비어로 개성서(開城署)에

《조선일보》1938. 11. 13. 조간 3면

【개성(開城)】본적을 지나(支那) 산동성(山東省) 청도시(靑島市) 복건로(福建路) 42호에 두고 그곳에서 행상으로 떠돌아다니던 중촌선위(中村善衞, 24)[95]라는 자는 지난 10월 17일 개성부 태평정(太平町) 105번지 다카미 오노사부로(高見斧三郞) 씨 집에 머물면서 그의 처 되는 지요코(千代子)와 동리 노구치(野口)[96]의 처 시즈에(靜江)에게 과감한 황군 장병을 비겁하다고 실전(實戰)을 본 듯 비방 모멸하는 태도로 거짓말을 하였던 바, 이 사실이 개성서 고등계 형사에게 탐지 체포되어 그는 엄중한 문초를 받고 있는 중이다.

유언비어하고 개성서(開城署)에 피체(被逮)

《동아일보》1938. 11. 13. 조간 3면, 석간 7면

【개성(開城)】본적을 도쿄시(東京市) 아사쿠사구(淺草區) 고토부키초(壽町) 1-3에 두고, 거주가 지나(支那) 산동성(山東省) 청도시(靑島市) 복건로(福建路) 42번지에서 토관업(土管業)을

---

95 원문에는 14세로 되어 있으나 아래 기사 등을 참조하여 24세로 수정하였다. 그는 1938년 11월 22일 경성지법 원주지청에서「육군형법」위반으로 금고 6월에 집행유예 1년을 받았다(「時局關係の犯罪に關する調査」,『思想彙報』18, 1939.3, 34쪽).
96 원문에는 野淸으로 되어 있으나 아래 기사 등을 참조하여 노구치(野口)로 수정하였다.

하는 중촌선위(中村善衞, 24)라는 자는 청도에서 서주(徐州)로, 제성(諸城)[97]과 거성(莒城) 사이에서 3~4회나 적군을 맞아 실전으로 겪었다 하며, 금년 10월 17일 자기 친구 되는 부내 대화정(大和町) 105번지 다카미 오노사부로(高見斧三郎) 집에 체류 중이던 바, 19일 오전 11시경 다카미의 처 되는 지요코(千代子)와 같은 정 103번지 노구치(野口)의 처 시즈에(靜江)에게 앞서 언급한 전투에서 우리 병사 1명이 지나 병사 70인에게 단독으로 베이는 장렬한 장면을 보았는데, 워낙 병사가 다수인 만큼 개중에는 적탄에 맞을까 보아 몸으로 숨기고 소변을 하러 가는 체하는 사제성(諸城): 중국 산동성에 있는 제성현(諸城縣)의 현공서 소재지.람도 있더라고 응소[98] 병사를 비방하여, 총후 국민에게 위엄과 지기를 저상하게 하는 유언비어를 하였다고 하여, 개성서원에게 탐지되어 지금 준열한 취조를 받고 있다 한다.

> 세 여인의 구화(口禍)!
> 조언비어로 유치장에
>
> 《조선일보》 1938. 11. 18. 조간 2면

【춘천(春川)】 가정 부인들이란 말조심을 하여야 한다는 좋은 교훈을 준 다음의 네 여자가 있다. 정선군(旌善郡) 신동면(新東面) 예미리(禮美里)에서 떡 장사하는 노파 이봉선(李鳳仙, 61)과 최금자(崔錦子, 23), 김옥자(金玉子, 31), 이옥출(李玉出, 18) 등은 돌아다니며 쓸데없는 헛소리를 떠들어, 시국에 대한 부정한 조어를 퍼뜨렸다는 혐의로 지금 소관 경찰에 인치되어 차디찬 유치장 신세를 지고 엄중한 취조를 받고 있는 중이라 한다.

---

97 제성(諸城): 중국 산동성에 있는 제성현(諸城縣)의 현공서 소재지.
98 응소(應召): 소집에 응함.

입조심 하라
16세 소녀 송국

《매일신보》1938. 11. 18. 4면

【춘천(春川)】어른, 애 할 것 없이 입조심을 할 때! 삼척군(三陟郡) 상장면(上長面) 황지리(黃地里)에 사는 윤부길(尹富吉)의 누이동생 청운(靑雲)이라는 금년 16세 된 소녀는 평창군(平昌郡) 미탄면(美灘面) 평안리(平安里)에 볼일이 있어 갔다가 지난 9월 24일 아침에 동리 윤해운(尹海雲)의 집에서 요즈음 삼척지방에서는 20세 이하의 처녀는 모조리 혈액(血液)을 빼서 전지(戰地)로 보내고 있다는 등 허무맹랑한 조언비어를 하다가 경찰에 잡힌 이래 엄중한 취조를 받던 중 며칠 전 「육군형법」 위반죄로 송국되었다는데, 이러한 일이 없도록 일반은 조심함이 좋으리라 한다.

조언비어 사건 금고 6월 언도

《조선일보》1938. 11. 25. 석간 7면

【경북지사발(慶北支社發)】조언비어로 1심에서 금고 4개월의 판결을 받고 검사 공소로 대구복심법원에서 금고 8개월의 구형을 받았던 대구부 촌상정 모 카페 점주인 사카모토 햐쿠마쓰(坂本百松, 61)[99]에 대하여 지난 22일 대구복심법원에서 고이(五井) 재판장으로부터 금고 6개월의 판결 언도가 있었다고 한다.

---

99 사카모토 햐쿠마쓰(坂本百松)는 1930년대에 대구에서 긴자(銀座)라는 카페를 운영했다. 그는 "전쟁터에서 일본 병력 중에는 일본병 전사자의 유류품(遺留品)을 유출하거나 공산당에 관계하거나 혹은 적국의 스파이를 했던 자가 상당히 다수 있다. 이들을 밧줄에 묶어 몇 개의 묶음으로 압착하여 최근 모지(門司)로 송환한 일이 있다. 또 밧줄에 묶어둔 사체도 있었다고 하는데, 이들은 틀림없이 공산당과 관련되거나 또는 적국 스파이였던 자인 일본 병사다. 또 일본 병력 중에 전쟁터에서 강간 강탈을 한 자들도 상당히 다수가 있었다는데, 이들은 젊은 자들이어서 엄중히 처벌하지 않았다고 한다." 등의 내용을 얘기했다가 검거되었다. 1938년 10월 29일 대구지방법원에서 금고 4월을 언도받았는데, 검사 측에서 공소를 제기하여 그해 11월 22일 금고 6월로 형이 확정되었다(「時局關係の犯罪に關する調査」, 『思想彙報』 18, 1939.3, 45쪽; 대구복심법원, 「소화13년형공공 제419호 판결문(坂本百松)」, 1938.11.22).

유언(流言)하다 검거된 여자

《조선일보》1938. 11. 30. 석간 7면

【강경(江景)】현하 비상시에 쓸데없는 조언비어를 하다가 법망에 걸린 여자가 있다. 지난 9월 중순경 경기도 안양역 앞에 있는 조선직물주식회사에서 여직공을 모집하기 위하여 논산군 양촌면(陽村面) 모촌리(茅村里) 방면에 사■이 왔을 때, 동리 민창식(閔昌植) 처의 재종질녀가 직공으로 가려는 것을 알고 민창식의 처는 공장의 직공으로 가면 피를 빼고 젖을 짜서 어찌한다는 등의 유언을 하다가 지금 강경서에 검속되어 취조 중이라고 한다.

증산교도 40여 명 조어(造語)하다 피체(被逮)

《조선일보》1938. 12. 10. 석간 7면

【전남지사발(全南支社發)】전남경찰부에서는 얼마 전부터 유언비어의 출처를 조사하다가 사교단체인 증산교도들이 그와 같은 유언을 하고 있음을 알고 검거에 착수하여 전남도 내를 위시로 전북·경남 등에서 약 40여 명을 검거하고 취조 중이던 바, 머지않아 취조를 일단락하고 검사국에 송치할 터라 한다.

유언(流言)한 2명에게 금고 각 6개월
대전법원서 구형

《조선일보》1939. 1. 21. 석간 7면

【충남지사발(忠南支社發)】중대 시국에 처하여 국민의 본분을 망각하고 소홀히 한 자에 대한 유언비어 사건 공판 ―

충남 천안군(天安郡) 천안읍 본정(本町) 1정목(丁目)
청부업(請負業), 히로타니 도시로(廣谷駿郎, 33)

대전부(大田府) 춘일정(春日町) 3정목 36
전(前) 도(道) 토목기수(土木技手), 시마즈 이사미(島津勇, 33)

이상 2명에 대한 제1회 공판은 지난 18일 오후 3시 대전지방법원에서 다쓰자와(立澤) 재판장, 나가이(永井) 검사 관여로 방청 금지리에 심리를 진행한 후 관여 검사로부터 2명에게 각 금고 6개월의 구형이 있었다고 하며, 더욱 언도는 21일이라고 한다.

조언비어범
진주서(晋州署)서 엄조(嚴調) 중

《매일신보》1939. 2. 7. 4면

【진주(晉州)】진주군(晉州郡) 대곡면(大谷面) 대곡리에 사는 나무 장사 주화실(朱花實, 42)은 지난 1월 16일 오전 7시 30분경에 관하 진주군 지수면(智水面) 금곡리(金谷里) 정봉화(鄭鳳和) 집에서 조언비어 한 사실이 지난 2일 소관 지수주재소원에게 탐지되어 목하 엄조 중이다.

조언비어범 선산(善山)서 송국

《매일신보》1939. 2. 14. 4면

【선산(善山)】선산군 고아면(高牙面) 다식동(多食洞) 권재호(權在鎬, 35)는 만주국(滿洲國) 목단강(牧丹江) 밀산현(密山縣)에서 훈도로 봉직하다가 양력 과세 차로 작년 말에 고향에 돌아와서 시국에 대한 근거 없는 말을 한 것을 선산 경찰에서 탐지하고, 검거하여 엄중한 취조를 한 결과 죄상이 판명되었으므로 김천지청 검사분국에 구속 송치하였다.

유언비어자 검사국에 송국

《조선일보》 1939. 3. 12. 석간 7면

【강릉(江陵)】 지난 8일 강릉 검사국에는 조언비어에 관한 「육·해군형법」 위반자 1명이 삼척서(三陟署)로부터 송국되어 온 바, 범인은 원적을 삼척군 노곡면(蘆谷面) 상산월리(上山月里)에 두고, 현주소를 도쿄시(東京市) 아라카와구(荒川區) 오구마치(尾久町) 1정목 1024번지에 둔 고물상(古物商) 김동신(金東信, 50)으로, 일찍이 1933년[昭和 8] 7월에 도쿄에서 조선인 단체인 동아공조회(東亞共助會)[100]의 총무로 활동하여 오던 바, 지난 2월 9일 그의 장남의 혼인 준비로 위에서 기술한 본적지인 삼척읍 남양리(南陽里)에 있는 그의 아우 김동옥(金東玉) 집에 와 머물러 있던 중 모인 사람들을 향해 여러 가지 시국에 관한 유언비어를 전파한 것이라는데, 그는 일찍이 전과도 다섯 번이나 있었다고 한다.

유언비어로 취조 중 비밀결사까지도 탄로
우일모(禹一模) 사건 취조 끝나 송국

《동아일보》 1939. 4. 7. 조간 3면, 석간 7면

【대전(大田)】 작년 8월경에 검거된 이래 9개월 간을 대전경찰서에서 엄중한 취조를 받고 있던 속칭 우일모 사건은 공범 13인 중 9명은 검속한 채로 지난 5일에 드디어 송국된 바, 사법당국에서는 아직도 범죄를 수사 도중에 있다 하여 절대 발표하지 않으므로 사건의 전모는 알 수가 없으나, 소문에 의한다면 우일모는 현재 대전부회 의원으로서 『주역(周易)』을 연구하여오던 중 주역의 학리(學理)에서 비춰본 일지사변관(日支事變觀)에서 나온 유언비어로 사건의 단서를 얻어서 경찰에서 검거해 취조하기 시작한 바, 의외로 비밀결사까지도 탄로나게 되어 9개월이라는 긴 세월을 끌어가며 취조를 받았던 터인데, 이도 필경 취조가 전부

---

[100] 동아공조회는 1932년 1월 2일 조선인 30명, 일본인 30명으로 조직된 단체이다(朝鮮總督府 高等法院 檢事局 思想部, 1939.3, 『思想彙報』 제18호, 248쪽). 이 자료에는 '민족주의계'로 분류되어 있지만, '융화단체'의 성격을 띠었던 것으로 보인다.

끝나서 지난 5일에 일건서류와 함께 송국된 바, 이 사건은 대전 사회의 시선이 총집중되었던 만큼 귀결이 여하히 전개될지 일반의 주시는 총집중되어 있다고 한다.

유언·조어(流言造語)에 허욕(虛慾) 난 청년

《조선일보》 1939. 6. 10. 조간 3면

【인천(仁川)】 유언·조어에 도야지 장사가 속아서 1전짜리를 사러 다니다가 경찰에 걸린 폭소극 1막이 있다-현주소를 인천부 송현정(松峴町) 89번지에 둔 도야지 장사 김천연(金千淵, 28)은 2~3일 전에 송현정 공설시장 앞에서 여러 사람이 모여 앉아 이야기하던 끝에 전시 관계로 동전(銅錢) 1전짜리가 귀해서 알루미늄 1전짜리가 새로 난 것이 세상에 흩어지게 되었는데, 이것도 앞으로 얼마 가지 않으면 없어질 터이므로 조선은행에서는 알루미늄제 1전짜리 1원을 1원 20전씩 사들인다는 유언·조어를 정말로 듣고, 그 후로는 새로 난 알루미늄 1전짜리 1원을 1원 15전에 사서 5전씩 이익을 본다고 2원 35전 어치를 사들였다. 그 사실을 인천서 고등계에서 탐지하고 위에서 언급한 김을 소환하여 취조한 결과, 그 동리 사람들의 유언·조어에 속아서 그리된 것이므로 그 서에서는 시국 관계로 이러한 허무맹랑한 유언으로 인심을 동요시키게 된다고 하여 금후로는 단호한 처벌을 하리라 한다.

사교(邪敎) 미륵교(彌勒敎) 사건
4명 기소, 예심(豫審)에 50여 명은 불기소 처분

《조선일보》 1939. 6. 10. 석간 3면

【경남지사발(慶南支社發)】 엉터리없는 수작으로 교도를 획득하고 그들에게서 수천 원을 사취해 먹었다는 사교 미륵교 사건에 관한 권태숙(權泰淑, 48)[101] 등 60명(기소 18명, 기소유예 8

---

[101] 원문은 金泰淑으로 되어 있는데, 주소지를 서술한 아래 내용과 다른 자료들에서 權泰淑으로 표기되어 있어

명, 기소중지 18명, 불기소 16명)은 지난달 18일에 「보안법」, 「묘지·화장장·매장·화장 취체규칙」 위반, 사기, 조언비어 등 기다란 죄명으로 일건서류와 함께 부산 검사국에 송치된 이래 오카다(岡田) 검사로부터 취조 중이던 바, 8일 다음 네 명만 「보안법」 위반, 「사기 및 조언비어죄」(「묘지·화장장·매장 취체규칙」 위반은 불기소)로 부산지방법원 예심에 넘기고 나머지 56명은 불기소가 되었다.

부산부(釜山府) 대신정(大新町) 1218, 신탄상(薪炭商), 권태숙(權泰淑, 48)

동(同), 신탄상, 김장수(金長壽, 52)

부산부 대신정 1218, 노동, 김두염(金斗琰, 50)

부산부 대신정 23, 석공(石工), 정희근(丁熙根, 40)

영암(靈岩) 선도교(仙道敎) 사건 17명 취조 일단락
근일(近日) 중 목포 검사분국에 송치(送致)

《조선일보》 1939. 6. 21. 석간 7면

【전남지사발(全南支社發)】 전라북도 정주군(井州郡)[102] 입암면(笠岩面) 신금리(新錦里) 서상섭(徐相燮, 43)은 보천교(普天敎) 신도였던 바, 교두 차경석(車京錫)의 사후 보천교가 해산을 하게 되므로 그는 자기 고향인 나주군(羅州郡) 문평면(文平面) 대도리(大道里)에 가서 암암리에 나주군을 위시로 인근인 함평(咸平)·영암군 등에서 작년 4월경부터 동지를 모아 사교인 선도교라는 것을 주창, 자기가 자칭 교두가 되어 허무맹랑한 교리로 농촌 우민을 농락, 제 일착으로 750명의 교도를 모집하여 조직체계를 정비하여 활동하려던 차에 금년 3월 20일에 서상섭이가 영암에 출장하였다가 영암경찰서원에게 검거되어 단서가 발로되었다.

그들은 활동 초에 검거를 보게 되어 금전 사취는 불과 5~6백 원이나, 유언비어가 많았다.

서 바로잡았다.
102 정읍군(井邑郡). 정주(井州)는 정읍군의 남서부 지역을 말한다.

그간 영암서에서 취조가 일단락되어 17명을 2~3일 내에 목포검사국에 송치하리는 바, 죄명은「보안법」,「육군형법」등의 위반이라 한다. 송국자 주소와 성명은 다음과 같다.

정읍군(井邑郡) 입암면 신금리, 서상섭(43)

나주군 반남면(潘南面) 하촌리(下村里), 김낙도(金洛道, 46)

동(同) 영산포읍(榮山浦邑) 산정리(山亭里), 문천여(文天與, 61)

동 세지면(細枝面) 내정리(內丁里), 정병선(鄭秉善, 50)

함평군 학교면(鶴橋面) 금곡리(金谷里), 서익만(徐益萬, 45)

동 윤덕진(尹德眞, 61)

나주군 금천면(金川面) 석전리(石田里), 정종희(鄭鍾熙, 46)

동 유진환(兪鎭桓, 61)

영암군 시종면(始終面) 월송리(月松里), 김종용(金宗用, 42)

동 나주읍 석현리(石峴里), 나성채(羅性彩, 58)

정읍군 입암면 신금리, 심지택(沈之澤, 44)

나주군 왕곡면(旺谷面) 신원리(新院里), 박행래(朴行來, 62)

영암군 시종면 대간리(大間里), 정병운(鄭炳雲, 53)

장성군(長城郡) 황룡면(黃龍面) 금호리(金狐里), 원용규(元容圭, 60)

나주군 영산포 관정리(官丁里), 김창수(金昌洙, 49)

무안군(務安郡) 안좌면(安佐面) 암동리(岩洞里), 이윤기(李允琪, 69)

동 망운면(望雲面) 연리(蓮里), 윤상만(尹相萬, 57)

조언비어범 3명을 취조

《매일신보》1939. 9. 28. 4면

【부산(釜山)】부산 헌병분대에서는 2~3일 전에 부산부 내에서 조선인 3명을 검거 유치하고 엄중 취조 중인데, 그들은 지난번 동래읍(東萊邑)에서 사실무근인 시국에 대한 조언비어

로써 무지한 민중의 머리를 어지럽게 한 사실이라고 한다. 그리고 최근에 조언비어로 검거되어 취조받고 있는 자가 6명이나 되므로 동 헌병대에서는 일반 부민에게 무의식적이라 할지라도 이러한 일이 없도록 주의하여 달라는 것과 금후도 이러한 분자는 여지없이 엄중히 취체하리라 한다.

미국인을 검거
조언비어 혐의로

《매일신보》 1940. 2. 3. 1면

【동경전화(東京電話)】 미국 통신사 '인터내셔널 뉴스 서비스' 극동 지배인과 '킹 퓨처 신디케이트' 극동 지배인 제임스 영(37) 씨는 지난 1월 21일 밤 숙소 제국호텔에서 마루노우치서(丸內署)에 검거되어 조언비어의 혐의로 구미계(歐米系) 미야자키(宮崎) 경부(警部)의 손으로 취조를 받고 있는데, 동씨(同氏)의 사건에 관하여 외무성(外務省) 스마(須磨) 정보국장은 2일 오전 외인기자단(外人記者團)과의 회견에서 다음과 같이 설명하였다.

영 씨는 작년 11월 16일 나가사키(長崎)로부터 지나(支那)에 가서 상해(上海)·남경(南京)·중경(重慶)·향항(香港)·곤명(昆明)·하내(河內)·청도(靑島)·제남(濟南)·천진(天津)·북경(北京)·봉천(奉天) 등의 각지를 여행한 후 1월 6일 도쿄(東京)로 돌아왔는데, 상해와 기타 지방에서 미국 본사와 일본의 신문 잡지 등에 약 38의 시국 정보를 송부했는데, 그 시국보(時局報)는 지나 각지에서 해동 중인 일본군에 관하여 비상히 왜곡된 것이고, 또 지나에서 일본군의 행동에 관한 조언비어를 제국호텔과 기타에 체재 중인 여러 외국인과 일본인에게 반포(頒布)한 까닭에 이들의 행동은 「육군형법」 제2조, 제3조 및 제99조에 위반되므로 취조를 받고 있다.

> 소식통
> 조언비어한 미인(米人) 기자
>
> 《매일신보》 1940. 2. 6. 3면

　미국의 통신사 '인터내셔널 뉴스 서비스' 극동 지배인이며 '킹스 퓨처 신디케이트' 극동 지배인 제임스 영(37) 씨는 지난 1월 21일에 제국호텔에서 마루노우치서(丸內署)에 검거되어 조언비어의 혐의로 취조를 받고 있는데, 그는 작년 10월 16일 지나에 가서 각지를 여행한 후 1월 6일 도쿄에 돌아온 바, 미국 본사를 비롯하여 일본의 신문 잡지에 약 서른여덟 가지의 시국 정보를 보냈다. 그런데 그 속에는 지나 각지에서의 아군의 행동을 비방한 것이 많으며, 또 각지에서 외국인들에게 조언비어를 하였다는 것이다.

> 미인(米人) 영 씨 송국
>
> 《동아일보》 1940. 2. 21. 조간 1면

　【동경전화동맹(東京電話同盟)】지난 1월 21일 아침 숙소인 제국호텔에서 검거된 인터뉴스 극동 지배인 미국인 제임스. 알. 영 씨는 마루노우치서(丸內署)에 유치된 이래 경시청 외사과에서 취조 중이던 바, 조언비어에 기초한 「육군형법」 위반이 명백하게 되어 19일 일건서류, 20일 신체를 송국하였다.

> 유언비어로 우권구락부(郵券俱樂部) 사원(社員) 검거
>
> 《동아일보》 1940. 2. 24. 석간 2면

　【仁川(인천)】인천서(仁川署)에서는 부내 송현정(松峴町)에 거주하는 이춘봉(李春奉, 33)을 20일 돌연 검속하고 엄중히 취조 중에 있다. 이는 언급한 이춘봉이는 도쿄에 본적을 둔 만국우권구락부(萬國郵券俱樂部)의 조선 총대리점을 내고 있는 터인데, 작금 고전(古錢)과 고 우표

(切手)를 최저 6전 내지 1천 원까지 주고 사겠다고 떠들고 다니다 인천서원에 탐지된 바 되어 유언비어와 우편 취체법 위반으로 취조받게 되었다는 것이다.

유언비어의 영 사건 1회 공판
《동아일보》 1940. 3. 12. 조간 2면

【도쿄전화동맹(東京電話同盟)】 지난달 20일 조언비어의 혐의로 「육군형법」 위반(제99조 조언비어)에 기소된 미국인으로 당시 제국호텔 거주 인터내셔널서비스 및 영피■신디케이트 극동지배인 제임스. 알. 영(38)에 관한 제1회 공판은 11일 오전 10시 35분 도쿄구재판소 형사 제1호 법정에서 형사5부 홋타(堀田) 판사, 구리하라(栗原) 검사 관여 밑에 다카시마(高島), 후쿠바(福場), 스즈키(鈴木) 세 변호사 입회하에 개정하였는데, 영은 구금 3주간에도 불구하고 극히 원기 있게 출정, 방청석에는 영 부인과 우인 등의 외국인 2명, 가사이(笠井) 대의사[103]의 얼굴도 보였다. 검사의 공소 사실의 진술에 앞서 판사는 본건은 안녕질서에 방해될 우려가 있다고 개정 7분에 방청 금지 후 사실 심리를 속행하였다.

조언비어의 일당(一黨) '주역(周易) 사건' 공판
29일 대전지청(大田支廳)에서
《매일신보》 1940. 5. 31. 2면

충청남도경찰부에서 1938년[昭和 13년] 6월 당시 대전부회(大田府會) 의원이요, 마루젠운송주식회사(丸全運送株式會社) 전무취체역이던 우일모(禹一謨)와 한학자(漢學者)로 이름이 있던 대덕군(大德郡) 외남면(外南面) 연효리(連孝里)에 거주하는 송구용(宋龜用) 외 남녀 10여 명을 질풍 신뢰적으로 검거하여, 오랜 시일을 두고 엄중한 취조를 거듭하고 있던 속칭 '주역 사

---

103 대의사(代議士): 일본 중의원(衆議院) 의원의 속칭.

건' 또는 '우일모 사건'은 지난 29일 오전 10시부터 대전지방법원에서 햐쿠타케(百武) 재판장의 주심으로 강(姜)·마루모(丸茂) 양 판사 배석, 모로오카(諸岡) 검사의 입회와 윤용섭(尹用燮)·홍긍식(洪兢植)[104] 변호인의 열석으로 제1회 공판이 개정되었는데, 대전에서 처음 있는 사건인 만치 방청인은 이른 아침부터 쇄도하여 대전법원 개원 후 처음 되는 혼잡을 이루었다.

　재판장으로부터 출정 피고의 주소·연령의 점고[105]가 있은 다음 모로오카 검사로부터 별항 사건 내용을 열거하여 기소 이유의 설명이 있은 다음, 송구용을 위시하여 각 피고의 가정 형편과 재산 정도 등 간단한 심문이 있은 후 제1회 공판은 마치고 6월 7일 속개할 것을 선언한 다음 폐정하였는데, 피고의 주소·성명은 다음과 같다.[106]

유언비어 사건
대전지청에 공판

《동아일보》 1940. 6. 1. 조간 2면

【대전(大田)】 대전의 비밀결사의 송구용(宋龜用), 우일모(禹一謨) 외 7명의 제1회 공판은 지난 29일 오전 10시 대전지방법원 법정에서 햐쿠타케(百武) 재판장, 마루모(丸茂)·강(姜) 양 배석판사, 모로오카(諸岡) 검사 입회로 개정하였다. 방청석에는 지방 초유의 유언비어 사건인 만큼 정각 전부터 초만원을 이루었으며, 먼저 재판장으로부터 피고 등의 출석을 조사하고 검사의 기소 사실 진술이 있은 뒤 재판장으로부터 검사의 진술과 틀림이 없느냐 하고 묻자 피고 전부가 부인하며 다시 피고 등의 신원 등을 심문하고, 오는 6월 7일로 다시 공판을 연기하기로 하고 폐정하였다. 당일 출정한 피고는 다음과 같다.

농업　　　　　　송구용(59)
농업　　　　　　오석근(吳錫根, 50)

---

[104] 원문에는 '홍극식(洪克植)'으로 오기되어 있어 바로잡았다.
[105] 점고(點考): 명부에 일일이 점을 찍어가며 사람의 수효를 조사함.
[106] 해당 기사의 원문 어디에도 이하 주소와 성명이 기록되어 있지 않다.

농업	엄영섭(嚴英燮, 53)
회사원	우일모(31)
약종상(藥種商)	서현근(徐玄根, 54)
약종상	임교재(任敎宰, 49)
해물상(海物商)	오하영(吳河泳, 40)
회사원	유성진(柳成津, 40)
무직(無職)	장한규(張漢奎, 58)

유언비어자 대전법원검국(大田法院檢局)에

《조선일보》1940. 6. 20. 석간 3면

【충남지사발(忠南支社發)】대전부 내 본정(本町) 2정목에 있는 양기석(梁氣石, 26)은 북지 방면에서 얼마 동안 전전하고 있다가 지난 4월 21일경에 돌아와서, 5월 13일 오전 12시쯤 부내 어느 찻집에서 동무 5~6명과 함께 터무니없는 유언비어를 함부로 지껄인 사실이 발각되어 대전서에서 엄중한 취조를 마치고 「육·해군법」 위반죄로 18일 대전지방법원검사국에 송치되었다.

유언비어로 피검(被檢)

《조선일보》1940. 7. 19. 조간 2면

【광도전화동맹(廣島電話同盟)】후쿠오카현(福岡縣) 기쿠군(企救郡) 기쿠마치(企救町)에 사는 전 육군 중좌 미쓰이 사키치(滿井佐吉, 48)[107]는 18일 오전 11시 히로시마역 착 열차로 야마구

---

[107] 미쓰이 사키치(滿井佐吉, 1893~1967): 일본의 육군 군인, 정치가. 1914년 일본육군사관학교를 졸업하고 보병 제48연대장(1931), 보병 제56연대장(1932), 육군대학교 교관(1934) 등을 지냈다. 1936년 우익 군부 쿠데타인 2·26사건으로 기소되어 금고 3년을 받고 면관되었다. 1938년 출옥 후 정치가로 전환하여

치(山口)로부터 히로시마로 오던 중 기차 안에서 동씨가 유언비어를 퍼뜨렸다는 혐의로 히로시마역에 도착하자마자 곧 히로시마 헌병대에서 인치하여 지금 취조 중인데, 미쓰이 씨는 전 육군사관학교 교관으로서 아이자와(相澤) 중좌의 사건에는 특별변호인이 되었고, 그 후 2·26 사건[108]에 연좌됐었던 사람이다.

독사(毒蛇)가 퍼졌다
조언비어 검거

《매일신보》 1940. 7. 20. 4면

【전주(全州)】 수일 전 전주부 내 한벽루(寒碧樓) 천변 부근에서 땅꾼이 잘못하여 독사 100여 마리를 흩어버렸다는 소문이 전파되어 부근 일대의 주민은 적잖은 불안에 싸였다는데, 이 소문을 들은 전주서에서는 크게 놀라 지난 18일 저녁 서원을 동원하여 사실을 조사하였던 바, 이 소문은 완전히 데마인 것이 판명되었다는 바, 그 서에서는 이와 같은 조언비어를 하는 청년 두 명을 인치하고 지금 엄중 취조 중이다.

조언비어한 용인(傭人) 4명을 공판에 회부

《매일신보》 1941. 7. 25. 2면

1억 국민이 일심단결하여 사변 처리에 매진하고 있는 이때 지나사변을 비방하고 불온한 언동을 하고 다니며 조언비어를 퍼뜨린 총독부 승강기(昇降機) 운전수 경천중(慶川重, 23),[109]

1942년 중의원 의원에 당선되었으며, 1946년 공직 추방을 당하였다.
108 2·26 사건: 1936년 2월 26일 일본 육군의 황도파 청년 장교들이 1,483명의 병력을 이끌고 일으킨 우익 쿠데타 기도 사건.
109 원문은 原川重으로 오기되어 있어서 바로잡았다. 경천중은 충북 청주 출신으로서 이명은 상원천중(上原川重)이며, 이 사건으로 징역 6월을 언도받았다(「일제감시대상 인물카드」, 한국사데이터베이스).

산본명근(山本命根, 23), 산전영순(山田榮淳, 26), 산전종유(山田鍾有, 19) 등[110] 4명에 관한 「치안유지법」 사건은[111] 지난 1월경부터 경성지방법원 나카노(中野) 예심판사가 예심 중에 있었는데, 2월 14일에 예심 종결과 동시에 공판에 회부되었다.

조언비어 주의

《매일신보》 1942. 2. 3. 3면

【경남지사발(慶南支社發)】 조언비어에 주의하라고 경고한 지 어제오늘이 아닌데, 쓸데없는 말을 지껄이다 스스로 화를 사고 남에게 시국 인식을 그릇되게 하는, 총후 국민으로서 못할 짓을 한 사람이 있다. 부산서(釜山署)에서는 경성 한강통(漢江通) 사토 로쿠사부로(佐藤錄三郎, 49)와 부산부(釜山府) 본정(本町) 하타나카 에이지로(畠中永次郎, 32)를 조언비어로 검속하고, 최조 중 사실을 전부 자백하여 일건서류와 함께 1월 30일 검사국으로 넘기었는데, 당국에서는 다음과 같은 주의를 환기하고 있다.

누구든지 모르는 일을 아는 척하고 여러 사람 앞에서나 또는 비밀이라고 단둘이서 떠드는 것이 유언이나 조언비어가 되는 것이다. 한 사람 입에서 나온 말은 건너고 또 건너서 결국은 여러 사람에게 전파되는 것인데, 그것이 사실도 아닌 허무맹랑한 조언비어가 되는 것이니, 시국에 속한 말은 ■■ 말하지 말라는 것이다.

---

110 이들은 각각 서울 출신의 최명근, 경기도 장단군 출신의 최영순과 최종유이다. 이른바 '치안유지법 위반 및 조언비어죄'로 최명근은 징역 1년 6월, 최영순과 최종유는 각기 징역 8월을 언도받았다(「일제감시대상 인물카드」). 최명근은 서대문형무소에서 옥고를 치르고 1942년 6월 출옥했으나 1943년 2월 18일 순국했으며, 2008년에 대한민국 정부에서 건국훈장 애족장을 추서받았다(국가보훈처, 2010, 『독립유공자 공훈록』 18).
111 이 사건은 총독부 승강기 운전수들을 중심으로 무명의 소규모 비밀결사를 조직하여 총독부 화장실 등에 '불온'한 낙서를 한 사건이다. 이들은 일제 패망과 조선 독립을 전망하면서 장개석 및 미국의 원조와 만주 김일성(金日成)의 국내 진공에 대비하고자 했으며, 일제의 민족차별을 비판하면서 독립운동을 모색하였다(변은진, 『일제말 항일비밀결사운동 연구-독립과 해방, 건국을 향한 조선민중의 노력』, 선인, 2018, 79쪽). 낙서의 내용은 '① 불쌍해진 동포여, 일어나 대한독립 만세, ② 불쌍한 / 대한, ③ 불쌍해진 동포여, 일어나 대한독립 만세 ◐, ④ 조선 민중의 행복은 조선의 독립에 있다, 자각하자, 반도민중' 등이다(변은진, 2013, 『파시즘적 근대체험과 조선민중의 현실인식』, 선인, 245쪽).

<자료 3>

당국의 단속과 대책

긴장한 요즈음(昨今) 시국 유언(流言)과 비어(蜚語) 취체
경무국(警務局) 만전의 주의와 경계를 각도(各道) 경찰에 명령
《조선일보》 1937. 7. 1 3. 석간 2면

　　북평(北平)[112] 노구교(蘆溝橋)의 충돌사건[113]은 마침내 중대화하여 전도 여하는 극히 중대시되어 각 방면이 긴장하여 있는데, 이에 총독부에서도 11일부터 사태가 용이하지 않아 만전의 경계를 할 필요가 있음을 보고, 경무국에서는 밤늦게부터 국장 이하 각 과장, 계원 등이 밤을 새워 가며 각 방면과 긴밀한 연락을 취하고 있고, 또 한편으로는 각도 경찰을 움직여 만전의 주의를 다하도록 명하고 있다.
　　특히 사건이 민심에 미치는 영향도 있을 것을 염려하여 무용한 억측과 유언비어 등이 함부로 유포되지 않도록 주의를 하게 하며, 또 조선 내에 있는 중국인도 사건의 진전에 대하여 상당히 신경이 예민하여 있으므로 이에 대해서도 민심의 안정을 위하여 만반의 주의를 다하도록 하는 모양이다.

---

112 북평(北平): 베이핑. 베이징(北京)의 옛 이름.
113 노구교(蘆溝橋) 사건: 1937년 7월 7일 루거우차오(蘆溝橋)에서의 중·일군 간의 충돌사건으로서, 중일전쟁의 발단이 되었다. 루거우차오는 북경 서남쪽 15km에 위치한 다리이다. '7·7 사변'이라고도 한다.

> 유언비어에 미혹(迷惑) 말고 학업에 전심(專心)하라
> 학무국(學務局)에서 각도에 통첩(通牒)
>
> 《동아일보》1937. 7. 14. 조간 2면

　현하 비상시국에 직면하여 총독부 학무국에서는 전 조선 각 관공 사립학교 생도에게 시국을 재인식시키고 유언비어 등의 침윤을 방지시킬 필요가 있다고 하여 13, 14일 오후 시오바라(鹽原)[114] 학무국장의 이름으로 각도 지사와 및 각 학교 교장에게 다음과 같은 통첩을 내렸다.

　현하 시국은 중차대하여서 하루라도 투안(偸安)[115]을 불허함에 비추어 학생·아동은 시국의 추이를 명확히 재인식하여 유언비어에 흔들림 없이 학업에 전심하라.

> 비상시 대책으로
> 유언비어 엄중 취체
> 연천서원(漣川署員) 총동경계(總動警戒)
>
> 《매일신보》1937. 7. 15. 3면

　【연천(漣川)】 연천경찰서에서는 현하 비상시국에 처하여 유언비어가 유포되어 그 영향이 심대하므로 서원(署員) 일동이 전력을 다하여 유언비어를 엄중 경계 취체하고 있다.

---

114 시오바라 도키사부로(鹽原時三郞, 1896~1964): 1937년 7월부터 조선총독부 학무국장으로 부임하여 황민화 교육을 추진했다. 국민정신총동원조선연맹 이사장 등을 역임하다가 1941년 3월 일본 후생성 직업국장에 취임했다. 전후 극동국제군사재판에서 A급 전범 용의자로 지목되어 1947년 11월 공직추방되었다가, 1951년 10월 해제된 뒤 중의원 의원 등을 지냈다.
115 투안(偸安): 눈앞의 안일만을 도모함.

70만 부민(府民)에게
경거망동(輕擧妄動)과 유언비어 없도록
부의(府議)와 정(町) 총대(總代)를 독려(督勵)

《매일신보》1937. 7. 17. 4면

사에키(佐伯)[116] 경성 부윤은 북지사변이 날로 긴박하여가는 정세에 비추어 70만 부민의 열광적 흥분으로 말미암아 '경거망동' 혹은 '유언비어'가 배태될 염려가 있다고 하여, 부민에게 시국에 대한 정확한 인식을 주는 동시에 경박한 행동이 없도록 하기 위하여 16일 오후 3시에는 부윤 응접실에서 부회(府會) 의원 제씨를 초대하여 간담회를 개최하고, 17일 오후 30부터는 240명의 정회(町會) 총대를 태평통 부민관 중강당에 초치하고 역시 시국 인식에 대한 철저한 각오를 촉진시켜서 그들을 통하여 70만 부민의 머리 가운데 시국에 대한 정확한 인식을 부어주도록 하리라 한다.

유언비어 취체와 각도 경찰이 경계

《조선일보》1937. 7. 17. 석간 2면

【충남 대전(大田)】충청남도경찰부에서는 북지사변 발생 이래 유언비어의 취체에 대하여 각 경찰서에 통첩하였는데, 시국의 악화에 따라 금후부터 유언비어를 철저히 취체할 방침이며 치안유지에 대하여 만전을 기한다고 한다.

【평남 평양(平壤)】전운이 북지 천지에 창일[117]하여 장개석 중앙군의 북상의 보가 거리에 일어나 사태는 점점 급하여진 이때 평양부 내의 부두 각처에서는 사변 발전에 자극되어 인심을 착란하는 여러 가지 유언비어가 떠돌고 있으므로, 평양 헌병대에서는 이 같은 유언비

---

116 사에키 아키라(佐伯顯, 1893~?): 조선총독부 관료. 일본 경시청 경부(警部), 경시(警視)를 거쳐 1923년 조선총독부 경찰관강습소 교수 및 경무국 사무관으로 조선에 건너왔다. 충북·충남·함남·평북·평남 및 경기도 경찰부장을 거쳐 1937~1938년 경성 부윤을 역임하였다.
117 창일(漲溢): 왕성하게 일어남.

어를 퍼뜨리는 자에게 엄벌을 가할 방침이라 한다.

유언비어 단속(團束)
《조선일보》 1937. 7. 19. 석간 2면

【나남(羅南)】 함북도 당국에서는 북지사변(北支事變)이 심상치 않은 데 비추어 유언비설(流言蜚說)의 엄중 단속을 하고 동시에 민심의 안정을 기하고자 지난 15일 경찰부장의 담화를 발표한 바 있었다.

옹진(甕津)서도 취체
《조선일보》 1937. 7. 21. 석간 8면

【옹진(甕津)】 북지사변의 전운이 급박함에 비추어 황해도 옹진경찰서에서는 유언비어를 엄중 취체하는 한편으로 민심의 안정과 직업의 안도에 극력 힘쓰고 있다고 한다.

유언비어 단속
《동아일보》 1937. 7. 21. 조간 5면

【신천(信川)】 신천경찰서에서도 북지사변이 심상치 않은 데 비추어 유언비어의 엄중 단속을 하는 한편, 민심의 안정을 기하고자 철저히 단속할 방침이라고 한다.

유언비어 유포
해주서(海州署)서 단속

《매일신보》 1937. 7. 21. 3면

【해주(海州)】 해주경찰서에서는 이번 북지사변에 관하여 불근신한 언동으로 유언비어를 유포하여 일반민심을 동요하게 하거나 관청의 보도, 신문·라디오 등의 보도 이외의 근거가 없는 언동으로써 치안을 문란하게 하는 자는 엄중 처벌할 터라고 한다.

유언비어 단속
평양서(平壤署) 한층 엄중

《매일신보》 1937. 7. 21. 4면

【평양(平壤)】 평양부 내 우편국·소(郵便局所)나 그 밖의 금융기관에서 이즈음에 갑자기 예금·저금 등의 반환(返拂) 청구가 늘어가므로 평양경찰서에서는 그 원인을 조사하여본 결과, 이것은 북지사변에 관련하여 쓸데없는 유언비어가 성행하는 데 원인이 있음을 알고 한층 이와 같은 종류의 유언비어를 철저히 단속하기로 하였다.

유언비어에 대하여는 단호히 엄벌한다
각도에 통첩하고 … 경무국장 담화

《조선일보》 1937. 7. 22. 조간 2면

경무국에서는 시국이 중대한 이때에 유언비어에 대해서는 엄벌주의로서 이를 취체하기로 하여 21일 각도 경찰부에 통첩을 내리는 동시에, 미쓰하시(三橋) 경무국장은 아래와 같은 담화를 발표하였다.

    시국의 진전에 따라 민심은 일단 긴장을 더하여 극소 부분이라 하지만 여러 가지 시국에 대하여 황당무계한 언사를 유포하여 일반 민중에게 불안한 생각을 품게 하며, 혹은 공연히 내선인[118] 대 재류 중국인 간의 감정을 자극하고, 또는 경제적 유언을 하여 경제계 교란을 유발하는 것 같은 언동을 감행하는 자가 있음은 대단히 유감으로 생각하는 바입니다. 시국이 시국인 만치 이러한 유언은 곧 파급하여 예측할 수 없는 반향을 주어, 미루어 헤아릴 수 없는 사태를 유발하는 기인이 될 염려도 있으므로 일반은 특히 그 언동에 주의하는 동시에 유언에 미혹하는 일이 없이 바로 시국의 인식에 힘쓰기를 바라는 바입니다. 이점에 비추어 경무 당국에서는 군헌 당국과도 긴밀한 연락을 하여 민심의 불안 동요를 보든가, 혹은 경제계의 불안을 유발할 만한 반전(反戰)·반국가적(反國家的) 의도가 있는 것, 기타 일반민심을 교란할 유언비어에 대하여는 단호한 취체를 하여 특히 엄벌로써 임하기로 각도에 통첩을 내렸습니다. 그러함에는 국방 관계 여러 단체 등에서는 당국이 뜻하는 바를 양해하여 자발적으로 이러한 유언비어의 방알[119] 시정에 협력하기를 절망하는 바입니다.

유언비어를
겸이포서(兼二浦署) 엄중 단속(團束)

《동아일보》 1937. 7. 22. 조간 5면

【겸이포(兼二浦)】 북중사변에 대하여 일없는 사람들이 쓸데없는 유언비어를 하여 안정된 민간에 동요를 줄 염려가 있다고 하여 겸이포경찰서에서 엄중히 단속하고 있는데, 그러한 사람을 발견하면 상당히 처벌하리라 한다.

---

118 내선인(內鮮人): 내지인과 조선인. 당시 일제는 행정법상으로 일본 본토를 '내지(內地)', 그 외의 식민지 지역 등을 '외지(外地)'로 구분하여 사용하였으며, 이에 준하여 일본인을 '내지인', 그 외 식민지인을 모두 '외지인'이라고 했다. 이는 공식적·법적으로는 서양의 '식민지'와는 다름을 표방하면서 내적으로 차별을 둔 것이었다. 외지인 가운데 조선인의 경우, '반도인(半島人)', '선인(鮮人)' 등으로 칭하였다.
119 방알(防遏): 들어오지 못하게 막음. 하지 못하게 막음.

안성(安城) 유언비어 취체

《매일신보》1937. 7. 23. 3면

【안성(安城)】안성경찰서에서는 이번 북지사변에 관하여 불근신한 언동과 유언비어를 유포하여 일반민심을 교란하게 하여 근거 없는 언동으로 치안을 문란하게 하는 자는 엄중한 처벌을 하리라 한다.

유언비어 엄중 취체
춘천 경찰에서

《동아일보》1937. 7. 24. 조간 5면

【춘천(春川)】이번 북중사변으로 인하여 춘천경찰서에서는 시국의 중대함에 비추어 유언비어를 엄중히 취체하는 동시에 이에 위반하는 사람에게는 엄벌할 터라고 한다.

서천(舒川) 유언비어 단속

《동아일보》1937. 7. 25. 조간 6면

【서천(舒川)】이번 돌발한 북중사변에 대하여 일없는 사람들이 쓸데없는 유언비어를 하여 안정된 민간에 동요를 줄 염려가 있다고 하여 충남 서천경찰서에서는 엄중히 단속을 하고 있는데, 그러한 사람을 발견하면 단연코 엄중한 처벌을 하리라고 한다.

> 각도 도지사에게 미나미(南) 총독 중대 통첩
> 민중에게 시국 인식을 철저하게
> 유언비어를 엄중 경계
>
> 《조선일보》 1937. 7. 28. 조간 2면

험악한 북지 정세를 싸고도는 비상시국은 극히 침울 암담하여 일반민심을 동요하게 할 염려가 없지 아니하므로 시국 인식의 철저와 각성을 환기하고자 관민이 서로 연락하여 강연, 기도, 기원, 기타 여러 가지 형식으로 적극적 노력을 계속하여 오는 중인데, 26일 미나미[120] 총독은 각도 지사에게 다음과 같은 내용의 통첩을 내려 일반 민중의 각성을 한층 더 환기하도록 하였다.

최근 비상시국에 대처하기 위하여 경성, 기타 각 도시에서는 기독교·천도교·시천교(侍天敎)·불교 등 각 종교단체가 비상한 활동을 계속하고 있은즉, 이때 각지에 산재해 있는 크고 작은 단체가 비상시국에 대처하는 맹렬한 활동을 행하도록 소관 당국에서 지도·장려하여 일반 민중이 시국 인식을 철저하게 하라. 최근 유언비어가 각 지방에 성행할 모양인데, 이것이 대개 각 지방 여러 단체의 활동이 부족한 관계로 시국 인식과 각성에 부족한 까닭인즉, 이 또한 적절 타당한 수단과 방법으로 활동하게 하여 민중의 각성을 환기하는 동시에 유언비어를 엄중히 취체하여(경무국에서는 실시 중) 민심의 동요가 없도록 하라.

이와 같은 엄중한 통첩을 내려 비상시국에 선처하게 하였는데, 시국에 대하여 총독 명의로 통첩하기는 이번 북지사변 발생 이래 처음이다.

---

[120] 미나미 지로(南次郞, 1874~1955): 제7대 조선 총독, 일본의 군인. 1936년 조선 총독으로 부임한 이래 '내선일체(內鮮一體)'를 표방하며 일본어 상용, 창씨개명, 지원병제도 실시 등 강력한 민족말살정책과 총동원정책을 펼쳤다.

유언비어 취체하라
강원도경찰부(江原道警察部) 각서(各署)에 엄달(嚴達)

《매일신보》 1937. 7. 29. 4면

【춘천(春川)】북지사변이 한번 일어나자 풍운이 급박해짐에 따라 각지에 얼토당토아니한 갖은 유언비어가 횡행할 염려가 있으므로 지난번 경무국장 통첩으로 이에 대한 취체를 엄중히 하라는 통첩을 각도 경찰부에 발송한 바 있었는데, 이에 강원도에서도 만일을 염려하여 그 당시 각 경찰에 취체에 대한 통첩을 내렸거니와, 지난 22일부로 또다시 구체적 통첩을 발부하여 엄중한 단속을 하도록 시달하였다는데, 함부로 유언비어를 말하는 자가 있으면 용서 없이 엄중 처벌할 터로서 도민은 자중하여 시국을 정확히 인식하여 국민답지 못한 경거망동에 나아가지 않도록 각자 주의함이 좋으리라 한다.

유언비어 취체

《동아일보》 1937. 7. 29. 4면

【양산(梁山)】양산서에서는 시국에 비추어 유언비어의 철저한 취체와 거류 중국인 9호, 33인에 대하여 평상시 이상으로 보호하기에 전력 중이라 한다.

괴산(槐山) 유언비어 단속

《동아일보》 1937. 7. 30. 4면

【괴산(槐山)】이번에 돌발한 북지사변에 대하여 사람들이 쓸데없는 유언비어를 하여 안정된 사회에 동요를 줄 염려가 있을까 하여 괴산경찰서에서는 엄중히 단속하고 있다는데, 그러한 사람을 발견한다면 단연코 엄중한 처벌을 하리라고 한다.

유언비어를 신계(愼戒)[121]하라
발각하는 대로 엄중처단

《매일신보》 1937. 8. 1. 3면

북지사변의 전폭적 전개에 따라 동아(東亞)의 정국(政局)에 중대한 에폭[122]을 걷게 되는 이때 일반 국민은 '총후의 지성'을 다해야 할 것임에도 불구하고 개중에는 비상시국을 인식하지 못하는 외에 이것을 이용하여 유언비어를 만들어내는 자도 적지 않으므로, 경무국 당국에서는 이에 대한 취체를 철저히 할 것을 각도에 지시한 바 있었거니와, 이에 준하여 경기도에서도 각별한 '전시적 체제'를 취해 가지고 각별한 취체를 하기로 하였다고 한다.

즉 경기도 나카무라(中村) 고등과장은 31일 오후 1시부터 부내 5개 경찰서 고등계 주임 또는 외사계 주임은 물론, 특별히 인천(仁川)·개성(開城)·수원(水原)의 각 경찰서 고등계 주임을 소집하여 북지사변을 계기로 한 유언비어의 철저한 단속 또는 외첩(外諜) 기관의 암중 활약의 유무를 적극적으로 수사하게 하는 등 여러 가지 중대한 지시를 행하였다고 한다. 그리고 특히 유언비어에 미혹(迷惑)하는 우매한 사람도 없지 않은 바, 이러한 사람들의 동정에 유의하여 단속하라는 것까지도 논의하였다고 한다.

유언비어 취체
금산서(錦山署)에서

《매일신보》 1937. 8. 1. 3면

【금산(錦山)】 전북 금산경찰서에서는 지난 7일 돌발한 북지사변에 대하여 황당무계한 유언비어를 만들어 일반민심을 불안하게 하는 자, 혹은 내선(內鮮) 대 재류(在留) 지나인(支那人) 간의 감정을 자극하거나 또는 반전(反戰)·반국가적(反國家的) 의도가 있는 자, 유언비어

---

[121] 신계(愼戒): 삼가고 조심함.
[122] 에폭(epoch): 신기원, 새 시대.

를 주작(做作)[123]하고 와전(訛傳)하여 일반민심을 혹란(惑亂)하게 하는 자에 대해서는 앞으로 단연 엄벌할 방침이라는데, 차제에 일반 민중은 이와 같은 유언비어에 미혹되지 않도록 특히 주의할 것은 물론, 목하 국가 비상시국에 직면하여 국민의 적성(赤誠)[124]을 다하여 일치단결해 시난극복(時難克服)에 매진하기를 요한다고 한다.

> 당치도 않은 유언비어에 미혹하지 말아라!
> 만단(萬端)의 준비는 이미 다 되었다
> 조선군(朝鮮軍) 후카보리(深堀)[125] 참모 담(談)
>
> 《조선일보》 1937. 8. 4. 조간 2면

요즘 북지사변에 관련하여 항간에서 여러 가지로 유언비어가 돌아다니므로 3일 오전에 조선군사령부 후카보리 참모는 일반 민간의 인식을 정확하게 해달라는 희망으로 다음과 같이 이야기하였다.

요즘에 민간에서 흔히들 러시아가 적극적 태도를 취하여 온다든가, 또는 북지사변에서 아군의 지리(地利)가 나쁘고 군사가 적기 때문에 형세가 좋지 못하다고 하는 등의 유언비어가 많이 돌아다니는 모양이나, 결코 러시아가 진출해올 리가 없고, 설령 무슨 일이 있다 하더라도 거기에 대한 상당한 준비가 되어 있는 터인즉, 특히 두려워할 바가 없다. 이런 공로병(恐露病)[126]은 가지지 않는 것이 좋다. 그리고 북지 전세에 있어서도 비록 지리가 나쁘고 군사가 적다 하더라도 아군은 맹렬히 싸워서 적군을 여지없이 섬멸하고 있는 터인즉, 일반 민중은 일치 협력하여 총후의 후원을 하여주는 것이 좋겠고, 쓸데없는 유언비어에 속지 말아주기를 간절히 바라는 바이다.

---

[123] 주작(做作): 없는 사실을 꾸며서 만들어 냄.
[124] 적성(赤誠): 진실에서 우러나오는 참된 정성.
[125] 후카보리 유키(深堀游亀, 1895~1952): 일본 육군 군인. 최종계급은 중장. 1936년 3월부터 '조선군' 참모를 지냈으며, 1937년 11월 지나파견군사령부(支那派遣軍司令部) 보도부장이 되어 난징(南京)으로 건너 갔다. 1945년 2월 제2방면군 참모장, 7월 제322사단장, 8월 대본영 참모 등을 거쳤으며, 1947년 11월 28일 공직추방자로 지정되었다.
[126] 공로병(恐露病): 러시아를 두려워하는 병.

이천(伊川) 유언비어 취체

《매일신보》 1937. 8. 8. 3면

【이천(伊川)】이천경찰서에서 현하 비상시국에 즈음하여 공연히 인민을 유혹하게 하는 유언비어 취체에 비상경계진(非常警戒陣)을 펴고 있던 바, 일반은 이와 같은 유언비어에 유혹되지 말기를 바란다고 한다.

유언비어 취체에 「육군형법」을 적용
3년 이하의 징역 처벌

《조선일보》 1937. 8. 10. 조간 2면

북지사변에 관련하여 유언비어를 함부로 전파하는 사람은 경무당국에서 엄중히 처벌하겠다고 수차 경고한 바 있거니와, 요즘 경향 각지에서 흔히 정자나무 밑에서나 혹은 술집 같은 데서 여러 사람이 모여 앉아서 사변 이야기 끝에 사실무근인 헛소문을 서로 전하여 민중을 아찔하고 혼미하게 하는 일이 가끔 있어 헌병대에서는 한층 더 엄밀히 취체의 손을 뻗치고 있다.

만약 유언비어를 전파하는 사람을 발견하는 때는 「육군형법」 제99조의 "전시 또는 사변을 당해서 군사에 관한 조언비어를 하는 자는 3년 이하의 금고에 처함"이라는 조문을 적용하여 용서 없이 처분하기로 하였다고 한다. 그러므로 신문지상에 보도된 사실 이외에는 공연히 남의 말을 듣고 전하거나 혹은 억측으로 북지사변에 관련된 이야기는 모두 삼가야만 할 일이다.

수해(水害)의 유언비어도 엄중 취체할 방침
대정수조(大正水組) 저수지 개방설에 대한 평북경찰부 태도 강경

《조선일보》 1937. 8. 12. 석간 2면

【신의주(新義州)】이번 수해 중 평북 연선에서 가장 심하게 피해를 당한 백마(白馬)·비현

(枕峴), 즉 삼교천(三橋川) 유역의 수해는 인축(人畜)에 관한 피해는 적었으나 그 참상은 가장 심하여 삼교천 범람에 대하여 여러 가지 유언(流言)이 전하고 있는데, 그중 삼교천 상류의 대정수리조합(大正水利組合) 저수지 개방설이 유포되어 일반에 큰 관심을 끌고 있으므로 도경찰부에서는 그 진상을 조사한 후 9일 도 보안과장 최창홍(崔昌弘) 씨로부터 다음과 같은 발표가 있었다.

최 보안과장 담화: 비현·백마 홍수 원인이 대정수조 저수지 개방에 의한 것이라는 유언비어가 세상에 떠돌고 있으나, 도경찰부, 의주군 당국, 의주경찰서, 비현 민간조사대가 현장에 가서 조사한 결과 절대로 그런 것이 아니고 종전대로 처치한 사실이 판명되었다. 단지 그날에도 댐의 결괴[127]를 피하기 위하여 약간 개방하였으나 이런 일은 한 달에도 몇 번씩 하는 것이므로 일반의 인식을 촉구하는 동시에, 앞으로 이러한 유언을 전하는 자는 엄중 처벌할 방침이다. 운운.

> 유언비어의 진원(震源)
> 기생(妓生), 여급(女給)에 함구령(緘口令)!
> = 일반접객업자의 주의를 환기 =
>
> 《동아일보》 1937. 8. 14. 조간 2면

조선중앙정보위원회[128]에서는 12일 오후부터 정례간사회를 개최하고 시국의 당면문제로 다음 몇 가지를 결정하였다고 한다.

(중략)

5. 여급, 기생 등 접객업자(接客業者)들이 시국에 관한 유언비어를 많이 돌리고 있으므로 그들의 직업상 다수 각 방면의 인사와 만나는 기회가 많은 만치 그 존재가 가장 위험하고 유

---

127 결괴(決壞): 둑 등이 물에 밀려 터져 무너지는 것.
128 조선중앙정보위원회: 중일전쟁 직후인 1937년 7월 22일 설치되어, 중일전쟁기에 노동자·농민 등 각 계급·계층별로 이른바 '시국 인식'을 주입하는 핵심기구로 기능하였다. 1937년 7월 27일부터 8월 20일에 걸쳐 전국 각도에도 정보위원회가 구성되었다. 조선중앙정보위원회에 대한 자세한 내용은 변은진·장순순 편, 『전시체제기 여론통제(2)-관련기구와 조사』(일제침탈사자료총서 58), 제1장(20~70쪽) 참조.

언비어의 진원지로 된 혐의가 적지 않은 현상에 비추어, 그들에게 특별한 강연회를 개최하든지 또는 일일이 경찰에서 호출하여 잘 주의시키든지 그 구체 방법을 강구하기로 할 것.

> 접객업자의 유언(流言) 중계를 취체
> 각 경찰서서 주의 환기
> 《조선일보》1937. 8. 15. 석간 2면

비상시에 사회의 불안을 만들어내는 유언비어의 취체는 관헌이 엄중히 취체하고 있는 중이다. 이 같은 유언비어가 항간에 성행하는 것은 화류계 접객업자의 입으로 전파되는 것이 많으므로 경무국에서는 이 방면에 취체의 손을 뻗쳐 각도에 통첩을 내려, 이것을 경찰서를 통하여 접객업자에게 유언비어의 중계자가 되지 않도록 엄중히 주의시킬 터라 한다.

> "유언비어의 성행은 유감
> 정도 심한 것은 더욱 엄벌할"
> ◇ … 고(高)[129] 경찰부장 담화
> 《매일신보》1937. 8. 17. 2면

시국에 관한 유언비어가 도내 각처에 빈번히 떠돌고 있음은 유감 천만인데 이 유언비어가 끼치는 좋지 못한 영향은 자못 크므로, 이러한 사실에 비추어 경찰부에서는 사변 발생 이래 사법당국과 헌병대 당국과 협력하여 각 경찰서를 독려해서 이에 대한 예의 취체를 엄중히 하는 중인데, 오늘까지 도내 각서에서 검거 처벌을 한 자도 10여 명에 달한다.

그리고 앞으로도 계속하여 엄중 취체를 단행하여 그 정도가 심한 것은 「육군형법」 조언비어죄(造言蜚語罪) 또는 기타 범죄로써 단호한 처치를 할 방침이다.

---

[129] 고 야스히코(高安彦, 1896~1977): 앞의 〈각주 79〉 참조.

그러므로 도민 각위도 각각 이에 유의하여 각기 한층 이러한 불상사가 일어나지 않도록 경계하는 동시에, 총후 국민의 의무로서 이에 주의하여 주기를 바라는 바이다.

단호엄벌주의(斷乎嚴罰主義)로 조언비어를 취체
강화서(江華署)의 단속 강화

《매일신보》 1937. 8. 22. 3면

【강화(江華)】북지·상해사변 발발을 기하여 황당무계한 유언과 비어를 살포하여 공연히 인심을 충동시키는 예가 적지 않으므로, 미연에 방지하기 위하여 강화경찰서에서는 극력으로 유언을 엄중히 취체 중이었는데, 현재 3~4명을 구류 취조 중인데, 이는 상당히 중대시한 모양이므로 사건이 확대될 것으로 보아 헌병대에 그에 대한 조회(照會)를 하고 있는 중이라는 바, 과연 반전(反戰)·반국가(反國家)적인 의도가 있는 자, 유언비어를 주작하고 와전하여 일반민심을 혹란(惑亂)하게 하는 자에 대하여는 앞으로 단연 엄벌할 방침이라는데, 이제 일반 민중은 이와 같은 유언비어에 곤혹지 않도록 특히 주의할 것은 물론, 목하 국가 비상시국을 당하여 일치단결해 시난극복(時難克服)에 매진하기를 ■한다고 한다.

황당한 조언비어를 엄중 취체할 방침
연천서(漣川署)의 단속 준엄

《매일신보》 1937. 8. 24. 3면

【강화(江華)】국가가 중대 시국에 직면한 이때 황당무계한 조언비어가 인심에 끼치는 해독과 국론(國論) 통일에 저해하는 바가 지대함에 비추어, 연천경찰서에서는 이미 사변 발발 이래 예의 그 검찰(檢察)[130]과 미연 방지에 불면(不眠)·불휴(不休)의 활동 중이라 함은 이

---

130 검찰(檢察): 검사하여 살핌.

미 보도한 바인데, 지난 14일 지나군(支那軍)의 상해(上海) 공폭(空爆)과 중앙군(中央軍) 북상(北上)으로 인하여 사변은 일·지(日支)의 전면적 문제로 악화함에 처하여 시국에 대한 인식이 박약한 자들이 자칫하면 유언비어에 미혹될 우려가 있겠기에, 이제 일반 민중은 이런 종류의 망언(妄言)에 곤혹하지 말고 황군(皇軍)의 위력을 신뢰하여 소업(所業)에 충실히 매진할 것이며, 만약 유언비어를 조작하고 와전하는 자는 단호히 엄중 처벌하리라고 한다.

등화관제(燈火管制)와 병행하여 삼엄한 경찰 포진(布陣)
도난과 조언비어를 단속하도록
경찰부 관하에 명령

《매일신보》 1937. 8. 25. 2면

지난 21일 밤 경성요지방호사령부(京城要地防護司令部)의 포고(布告)로 실시한 경계 등화관제는 같은 날 밤 7시 반부터 시작하여 9시 30분까지 이를 행하고 해제가 되었는데, 이 등화관제는 앞으로도 일지사변의 전면적 악화에 따라 수시로 포고를 내려서 계속적으로 행하리라고 한다. 그런데 이 등화관제를 실시하는 동안에는 갖가지로 도난의 폐가 발생할 염려가 있다고 하여 경기도 형사과에서는 이것을 주의하도록 엄중한 주의를 도내 각 경찰서에 내려 도난의 피해가 없도록 하였거니와, 또다시 고등과에서도 도내 각 경찰서에 통고하여 만일의 유감이 없도록 엄중한 감시를 하였다. 즉 앞으로도 수시로 등화관제가 실시됨에 따라 이것을 이해하지 못하는 사람들이 유언비어를 말하는 일도 있으며, 혹은 터무니없는 망동(妄動)을 하여 민심을 소란하게 하는 일도 많을 것인즉, 이러한 불상사가 없도록 엄중한 사찰을 행할 것과, 또는 등화관제의 암야(暗夜)를 이용하여 공장가(工場街)라든지 혹은 대중이 모인 곳에서 선동 같은 것을 하는 부정한 분자들이 발호할는지도 모르는 만큼 이러한 점을 엄중히 사찰하도록 지시를 내렸다고 한다.

그리하여 경기도 일원에 걸쳐 사찰망(査察網)을 엄중히 해서 유언비어나 혹은 좋지 못한 행동 같은 것이 없도록 철저한 단속을 하기로 하였다고 한다.

시내 각서(各署) 경찰동원
범죄와 유언비어 취체

《동아일보》 1937. 8. 27. 조간 2면

상시관제[131]의 실시로 초비상시의 실감은 여실히 주고 있다. 광명을 구축하고 어둠이 군림함에 이에 맞장구를 치며 제 시절이나 만난 듯이 발생할 것은 모든 범죄로, 컴컴한 뒷골목에 불의의 범행이 진을 치고 으슥한 문전에 좀도적이 뱀 눈처럼 노릴 것이다.

이러한 불안과 공포에 싸인 장안의 안녕질서를 짊어지고 있는 부내 경찰서에서는 상시관제가 실시되자 서원들을 총동원하여 부민의 안면과 질서유지에 맹활동하고 있다. 좀도적이 있지 않나 혹은 유언비어자가 있지 않나 하고 감시 활동하며 대 경성 60만 부민의 방호를 위하여 만전을 다하고 있다.

유언비어 취체
관내 각서(各署)에 통첩

《조선일보》 1937. 8. 28. 조간 3면

【광주(光州)】 시국이 준전시체제로부터 전시체제로 들어감에 따라 전남도경찰부에서는 관내 각 경찰서에 유언비어 엄중 취체를 통첩하였다는데, 요시토시(吉利) 전남 고등과장 담화로 유언비어 취체에 대하여 다음과 같이 발표하였다.

전남도 내에는 지금까지 퍽이나 평온하였으나 악의가 아닌 유언비어가 약간 있어 처분 혹은 설유 등을 하였다. 금후로는 악의이든 아니든 사소한 것이라도 엄중히 취체할 방침이다. 운운.

---

131 경성요지방위사령관(京城要地防衛司令官) 포고로 1937년 8월 26일 오후 7시 30분부터 경성부 내 주요 지역에서 실시된 「경성요지상시관제(京城要地常時管制)」를 말한다. 등화관제, 음향관제, 각종 방호(防護) 등을 실시하였다. 상시관제 외에 경계관제, 공습관제 등이 있었는데, 후자가 해제되더라도 상시관제는 지속해야만 했다.

> 주식가(株式街) 유언 취체
> 6일 도쿄시장(東京市場)의 괴유언(怪流言) 발생과 각지 시장을 엄중 경계
> 《조선일보》 1937. 9. 7. 조간 2면

6일 저녁에 도쿄로부터 들어온 정보에 의하면, 6일 도쿄 주식시장에서 엉터리없는 유언을 전파한 사람이 있었는데 그 내용은 한 번 웃어버릴 거리에 지나지 않으나, 요즘 주식시세가 오르내림이 심한 때이므로 그 미치는 영향을 염려하여 도쿄 경시청과 내무성(內務省)에서는 그 출처를 엄중히 조사 중이라 한다. 조선 안 각지의 주식시장 혹은 기미시장(期米市場)[132]에서도 유언비어를 퍼트려내게 될 일이 있을는지도 알 수 없으므로 중매점, 기타시장에 출입하는 사람들의 언동을 한층 엄중히 감시하게 될 모양이다.

또 이밖에 내용이 빈약해진 중매점이 거래소(取引所)에 바칠 증금(證金)이 부족한 탓으로 내객의 주문을 받아서 중매점 자신이 소위 바이까이[133] 형식으로 매매시키는 위범 행위도 종종 있는 모양이므로, 이 점에 대해서도 당국에서는 감시의 눈을 돌리게 될 터라 한다.

> 평양(平壤) 유언비어
> 헌병대 엄중 경계
> 《동아일보》 1937. 9. 25. 조간 5면

【평양(平壤)】지나사변 이래 평양부 내에는 갖은 데마가 돌고 있어 관계 당국은 극력 이를 경계하는 중인데, 최근에는

- 평양부 내 거주 지나인은 사변에 당하여 "일본군에 징모되어 전장에 가게 된다"라는 데

---

132 기미시장(期米市場): 쌀의 정기 거래를 행하던 시장. 기미(期米)란 미곡거래소(米穀取引所)에서 정기 거래(取引)의 목적물이 된 쌀을 말하는데, "현실의 거래를 목적으로 하는 것이 아니고 미곡의 시세를 이용하여 약속으로만 거래하는 일종의 투기업"(토지사전, 네이버 지식백과)을 가리키는 말이다.
133 바이까이(ばいかい, 売買い): 거래에서 거래인이 혼자서 매도·매수인이 되어 명목상으로만 주식을 매매한 것으로 하는 일.

마가 돌아 지나인들이 귀국을 급히 하고, 또는

- 해외로부터 부내 어떤 사람에게 들어온 편지에 의하면, "○국(國)은 지금 일본을 공격할 준비 중에 있으므로 지금 촌으로 도망하는 것이 좋다."는 등 여러 가지로 민중을 동요시키는 점이 많다고 하여, 평양 헌병대에서는 앞으로 유언비어자를 철저히 엄벌할 터라 한다.

유언비어 취체

《동아일보》 1938. 4. 24. 조간 3면, 석간 7면

【김천(金泉)】현지 농촌에는 처녀는 모두 북지로 보낸다는 유언비어가 돌아다니므로 이것을 염려한 처녀를 가진 농가에서는 자기 딸을 빼앗기기 전에 속히 출가시키기 위하여 급속히 결혼 준비에 분망 중이라는 바, 이 같은 무근지설의 출처를 당국에 탐지한 바, 전혀 사실이 없는 말을 행상하는 엿장수와 방물장사들의 입에서 나온 것이라 하여, 현지 경찰서에서는 이들 민심을 소동시키는 자들을 그대로 방임할 수 없다고 하여 엄중 취조할 작정이라 한다.

유언비어 엄계(嚴戒)
황(黃) 화천서장(華川署長) 담화

《매일신보》 1938. 5. 7. 3면

작년 여름 사변 발생 이래로 일반 민중은 시국의 중대성을 인식하여 총후 적성(赤誠)을 발휘함이 격증하여오나, 시국의 장기화에 따라 일부 어리석은 자는 유언비어와 췌마억측(揣摩臆測)[134]으로 인하여 견인지구(堅引持久)[135]와 용왕매진(勇往邁進)[136]의 정신을 저해할 염

---

134 췌마억측(揣摩臆測): 남의 생각을 자기 나름대로 추측함. 어림짐작.
135 견인지구(堅引持久): 끝까지 참고 견딤.
136 용왕매진(勇往邁進): 거리낌 없이 힘차고 용감하고 씩씩하게 나아감.

려가 없지 않으니 이는 절대로 배척하고, 공정(公正)한 언론과 보도를 존중 이용하여 시국의 인식을 한층 철저히 하여 황국신민(皇國臣民)의 정신을 발휘하여 적성을 피력함을 간절히 바란다.

진평주재소(鎭坪駐在所)에서 유언비어 엄취체(嚴取締)
《조선일보》 1938. 8. 11. 석간 7면

【진흥(鎭興)】 시국의 중대화와 이번 일-소 간 국경 사건 발생 이래 온갖 유언비어가 돌고 있어, 함남 진평주재소에서는 앞으로 이에 대한 근거 없는 유언비어를 전하여 민심을 소란하게 하는 자에게는 엄벌을 할 방침이라고 한다.

청주(淸州) 무녀(巫女), 법사(法師) 등 경찰이 호출 설유(說諭)
경신숭조(敬神崇祖) 관념 저해(阻害)로
《조선일보》 1939. 3. 19. 조간 3면

【충북지사발(忠北支社發)】 청주시 내를 중심으로 부근에 거주하는 무녀와 법사, 즉 독경자(讀經者)[137]는 163명에 달하고 있는데, 때때로 이 무녀와 법사 가운데에서는 조언비어를 유포하는 한편 경신숭조 관념을 저해하고 있으며, 이에 따라 미신 치료를 무지한 농가에 권하는 등 사회에 해독을 끼치는 바 적지 않은 데 비추어, 청주서는 오는 27일 이들을 전부 호출하여 주의를 환기하는 동시에 엄중한 설유를 하기로 하였다 한다.

---

[137] 독경자(讀經者): 경문(經文)을 읽거나 외우는 사람.

2백여 무녀 단속
폐해 일소하고자 청주서(淸州署)에 호출 설유

《조선일보》 1939. 3. 29. 석간 7면

【충북지사발(忠北支社發)】 청주읍을 중심으로 거주하고 있는 무녀, 법사는 실로 260여 명에 달하는데, 이들 가운데는 조언비어를 함부로 하여 경신숭조(敬神崇祖)의 관념 함양에 큰 지장이 될 뿐 아니라 미신으로 사람의 병을 치료할 수 있다고 하여 가끔 무참한 비극을 연출하게 하여 사회에 해독을 끼치는 점이 많은 데 비추어, 이와 같은 모든 폐해를 일소하기 위하여 청주서 고등계에서는 지난 27일 무녀, 법사 등 260여 명을 호출하여 동서 누상에서 훈시 및 엄중한 설유를 하여 주의하도록 하였다.

조언비어는 금물(禁物)
보안과장 회의에서도 대책 세우고
한해지(旱害地) 인심 동요 취체

《매일신보》 1939. 8. 12. 2면

상상하던 것과는 달리 경기 이남 여섯 도의 한해는 하루라도 비가 오지 않으면 그만큼 그 범위가 넓어져서 지금이라도 비를 기다리는 마음은 하늘 끝에 배회하고 있는데, 총독부에서는 이번 한해에 철저한 대책을 세워 이재민(罹災民) 구제에 만전을 다함으로써 조금도 유감이 없도록 모든 준비를 하고 있는 중이다.

그러나 이렇게 적극적 방침을 세우고 총독부의 여러 가지 방침을 채 기다리지 못하고 재해지의 이재민들은 각지로 분산하여 이동하는 자가 많은 것과 또한 지방에 따라 여러 가지 조언(造言)이 성행하여 민심에 좋지 못한 영향을 주고 있는 일도 있으므로, 경무국에서도 이것을 경계하도록 재해지는 물론 다른 각 도에도 통첩을 발해서 이러한 조언이 성행하지 않도록 경계하리라고 한다. 수재가 날 때 혹은 이번 같이 한해가 있을 때는 으레 조언비어가 떠돌게 되므로 지난번에 개최되었던 각도 보안과장 회의에서도 이에 대한 주의가 있었고, 이번에 다시 이러한 것을 경계하고 취체하며 조언을 말하는 자는 엄벌하도록 통첩을 내릴 터이며, 일반 경관이 한해의 비상시를 당한 민중을 잘 지도하며 조언비어에 걸리지 않도록 유감없는 단속을 하기로 하였다 한다.

개성서(開城署)에서도 낙서(落書)를 조사

《조선일보》 1939. 8. 29. 조간 3면

【개성(開城)】 요즘 개성부 내에는 시국을 인식하지 못하는 사람의 극히 악성을 띤 조언비어와 또는 터무니없는 낭설이 성히 떠돌아 부민을 미혹하게 하고 있으며, 각처 공동변소에는 입에 담지 못할 더러운 낙서가 많이 쓰여 있다. 이를 발견한 개성서에서는 풍교 상 좋지 못한 이런 악풍을 없애기 위하여 특별한 감시를 하고 있다는 바, 적발되는 대로 엄중히 처벌하리라 한다.

매석(賣惜)·매점(買占)·유언비어 엄중 취체
경기도 고(高)[138] 경찰부장 일반에 경고

《조선일보》 1939. 9. 17. 석간 2면

최근 경성부 내 일부 미곡소매업자 중에 수요자 측에 대한 배급의 원활을 결함과 같은 일이 있어 항간에서 혹은 공연한 걱정을 하여서 매석 또는 매점을 하며 각종 유언비어를 유포함과 같은 일이 있는 모양이나, 미곡 배급대책에 대해서는 이미 본부와 도(道), 기타 관계 당국에서 각각 충분한 처치를 강구하고 있을 뿐 아니라, 벌써 모 지로부터 산곡 다수를 가져오게끔 교섭도 성립이 되어 있는 터이니, 이상과 같은 일반의 걱정은 아무 소용도 없는 일이라

---

[138] 고 야스히코(高安彦, 1896~1977): 앞의 〈각주 79〉 참조.

고 확신하는 바이다. 그럼에도 불구하고 앞으로 아직도 매석 매점을 하며 공연한 억측을 하여서 각종 유언비어를 퍼뜨린다, 또는 미곡판매업자에 대하여 온당치 못한 언동을 감행하는 자가 있다면, 이것은 공안 보지 상 부득불 경찰 당국으로서는 단호 엄중한 처치로 나갈 수밖에는 없다는 방침을 세우기에 이른 것이다. 따라서 일반은 이 점에 대해서 깊이 유의해 주기를 바라는 바이다.

유언비어를 단속
국장회의(局長會議)에서 지시

《동아일보》 1939. 12. 12. 조간 2면

11일 총독부에서 개최된 정례 국장회의에서 미나미(南) 총독이 해를 보내고 새해를 맞이하는데 일단 의의 있게 할 것과 정치 계절을 당하여 유언비어 등을 경계하라는 것을 지시하였다. 즉 신년은 성전(聖戰) 제4년으로서 (중략) 그리고 지금은 정치 계절이 되어서 잘못하면 여러 가지 유언비어가 돌기 쉽고 미(米)의 출회 관계와 각종 통제경제 때문에 민심에 불안을 가져오기 쉬우니 경무국을 비롯하여 관계 방면에서 그 단속에 특별히 유의하라는 것을 명령하였다 한다.

일반 소비 대중의 공포심을 일소
경무국 아베(阿部) 사무관 담(談)

《동아일보》 1940. 1. 20. 조간 2면

경무국 아베 사무관은 말하되,

요새 들어오는 보고는 대개 이러한 것뿐이다. 사실 연말의 일반 생활용품의 결핍은 정월 관계도 있었지만, 이 부정한 상인들의 유언비어로 인하여 소비계급에 공포심을 일으키고 이것을 기화로 부당한 이익을 취한 것이 원인이다. 앞으로는 한편 소용될 물자의 수량을 확보하는 동시에 이러한 부정한 행위는 유언비어 단속으로부터 폭리하는 점 등을 종합하여 단호하게 처벌하게 하였고, 이리하여 소비 국민의 불안을 일소할 터이다.

유언비어 선전하는 폭리(暴利) 상인 도량(跳梁)[139]!
소비층의 물자구득난(物資求得難)에 대한 공포심을 자극
경무 당국서 엄중 처벌 방침
《동아일보》 1940. 1. 20. 조간 2면, 석간 2면

"쌀이 떨어진다", "사탕도 없어질 것", "술이 없어질 게다", "성냥도 사두어야 한다.", "비누도 지금 안 사두면 빨래 못 해 입는다"는 등의 유언을 해가면서, 이렇게 하여 소비자의 불안한 심리를 자극하고 이것을 기화로 공정이나 협정의 가격을 무시하고 암거래(闇取引)를 감행하여 폭리를 남기는 일이 최근의 경향이 되었다. (중략) 당국에서는 이 행위는 일반의 인심을 소동시키는 행동이 되고, 또 암거래를 하려는 전제라고 보아 유언비어로서 취체하고, 이것이 드디어 암거래, 폭리를 하게 된 때에는 폭리 취체를 단행하게 되었다. (하략)

유언비어 엄중 취체
《조선일보》 1940. 4. 11. 조간 2면

이상과 같이[140] 최근 경성부 내의 되쌀[141] 배급이 좀 빡빡하여진 틈을 타서 일부 무지한 사람들 가운데는 통 닿지 않은 말을 지어내어 민심을 소란케 하는 경향이 있으므로, 경기도경찰부 고등과에서는 각각 경찰서와 연락을 취하여 유언비어의 취체를 철저히 하기로 하였다.

---

139 도량(跳梁): 거리낌 없이 함부로 날뜀.
140 〈미곡 배급의 신 방법〉이라는 바로 앞의 기사 내용을 가리킨다.
141 되쌀: 되로 헤아릴 만한 양의 쌀. 한 되가량의 쌀.

유언비어 한층 취체
미나미(南) 총독 국장회의서 재삼(再三) 강조

《조선일보》 1940. 6. 26. 조간 2면

　　미나미 총독은 내외 시국이 점차 중대하여짐에 따라 특히 일반의 언동에 비상한 주의가 필요하다고 25일 정례 국장회의에서 강조하여 관계 국장이 유언비어를 엄중히 취체하도록 한 바가 있었다. 즉 안으로는 전시하의 시국이 극히 중대하고 밖으로는 국제정세가 또한 용이하지 않은 바 있는 이때에 총독부의 기정 방침에 대하여 쓸데없는 '방송'을 하여 좋지 못한 결과를 맺게 되거나, 또는 내외 시국에 대하여 함부로 지껄여서 외국 밀정들의 방송자료를 제공하게 되는 것은, 이것이 얼핏 생각하면 그다지 대단치 않은 듯하면서도 국가를 위하여 실로 중대한 문제인즉, 이와 같은 부당한 언동은 현하 시국에서 절대로 용서할 수 없는 일이므로 관민 일치 협력하여 서로 극력 근신하는 동시에, 한편으로 엄중 취체하여 좋지 못한 결과를 초래하지 않도록 하며, 또 총독부의 기정 방침을 함부로 비판 공격하는 등 역방송(逆放送)을 해서 끝내 좋지 못한 결과를 가져오게 되는 경우가 종종 있으니, 이 또한 조선 통치를 위하여 그대로 방관할 수 없는 일인즉 미리 이런 불상사가 없도록 하여, 만일 안 되면 엄중히 취체할 필요가 있다는 것을 재삼 강조하여 일반의 말조심을 엄중히 경고한 것인데, 만일 심한 경우에는 상당히 처벌할 것도 고려하는 중이다.

작년 여름에 왔던 독접군(毒蝶群)이 또 습래(襲來)
성진(城津) 지방의 두통거리

《조선일보》 1940. 7. 31. 석간 3면

　　【성진(城津)】 여름밤 등불 밑의 '갱'이라고 하는 노랑나비(黃蝶)가 요즘 성진시 내에 습래하여 일반 시민을 울리기 시작하였는데, 이놈의 독접(毒蝶)이 뿌리는 가루 같은 것이 사람의 몸에 붙기만 하는 날에는 피부가 부르틀 뿐 아니라 미칠 듯이 가려워서 견딜 수 없다고 한

다. 그런데 가루가 몸에 묻었다고 그곳을 긁으면 가루는 침상(針狀)으로 생겼기 때문에 한선(汗腺)으로 더욱 깊이 들어가서 증상이 심하여지므로 되도록이면 긁지 말고 가루를 씻어서 끄집어내는 것이 제일 좋다고 한다. 그리고 작년 여름에는 이 나비 때문에 여러 가지 유언비어까지 생겼으므로 당국에서는 그와 같은 허무맹랑한 소문이 떠돈다면 이것을 철저히 취체할 터라고 한다.

유언비어의 경계(警戒)
미나미(南) 총독 거듭 지시
국장회의(局長會議)

《매일신보》1941. 2. 13. 1면

총독부 정례 국장회의는 12일 오전 9시부터 제3회의실에서 미나미 총독 임석 하에 개최, 각도(各道) 예산도회(豫算道會)는 오는 22일 경북도회를 위시하여 3월 8일부터의 강원도 회의를 최종으로 착착 개최할 터인데, (중략).

(중략) 끝으로 미나미 총독으로부터 유언비어, 특히 방공(防空) 시설 혹은 피난자 조사에 관해서 공습(空襲)이 나 있는 것 같이 유언비어가 도는 것을 경계하라는 주의와 한가지, 이는 평소의 예비를 위함이라는 것을 인식시키라는 지시가 있은 후 10시 반 산회(散會)하였다.

방공(防空) 피난(避難) 조사는 현 시국과는 무관계(無關係)
유언비어를 절대 삼가라
본부(本府)[142] 방호과(防護課) 발표

《매일신보》1941. 2. 13. 2면

최근 국제정세가 긴박해짐에 따라 일반의 방공상 관심도 상대해지는 모양으로 이것은 시국에 비추어 경하할 일이라 하겠으나, 공연한 유언비어를 퍼뜨리는 것은 유감된 일이라 하여 총독부 방호과에서는 이에 대한 주의를 말하여, '쓸데없는 언행을 삼가라!'는 의미에서 12일 다음과 같이 발표하였다.

최근 방공상 관심이 많아진 것은 시국에 비추어 다행한 일이다.

그러나 항간에서는 이로써 마치 공습의 위기가 절박한 것같이 무책임한 말을 퍼뜨려서 민심을 동요시키는 일이 없지 않은데 그 이유를 살펴본즉, 일부 국민총력연맹의 하부 상회(常會)를 할 때 지도자의 설명이 불충분하였던 것과 듣는 사람의 부주의에 의한 오해로부터 일어난 것이 드러났다.

방공은 평시든 전시든 간에 항상 이의 완벽을 기하고자 준비해야 하는 것으로, 어느 때 정세에 따라 변하는 것은 아니다.

당국에서 방금 피난 조사를 하고 있는 것에 대해서도 그 취지를 그르치지 말도록 먼젓번에도 경고해두었으나, 이것도 이미 수년 전부터 연구해 온 것으로 앞으로도 일정한 시기에는 반드시 이 조사를 할 것이며, 오늘과 같은 시국과 직접 관계가 있어서 급속히 그 조사를 시작한 것은 아니다.

그러므로 이러한 때를 맞아 부민 중, 특히 애국반 지도자 중에서는 그 책임의 중대함을 생각하고 쓸데없는 언행을 하지 않도록 당국을 믿고 항상 당국의 모든 지시에 의하여 침착하게 행동하기를 바란다.

그리고 방공에 대하여 각 가정에서 할 일에 대하여는 각각 머지않아 총력연맹을 통하여 지시하기로 되어 있으니, 이 지시에 의하여 모든 준비를 하기 바란다.

경제계(經濟界)에 불안 주는 일체 언동(言動) 단호 처치
조선군(朝鮮軍), 유언비어를 경고

《매일신보》1941. 4. 12. 1면

요새 항간에서 조선 금융계에 일대 변혁이 있을 것처럼 말하고 다니는 사람이 있는 모양인데, 이것은 병참기지(兵站基地) 조선의 지하자원 개발에 백해무익(百害無益)의 언사일 뿐만

---

142 '본부(本府)'는 조선총독부를 말한다.

아니라 군·관·민이 일치 협력하여 자원을 확보하며 생산력 확충에 전심 노력하는 이때에 여러 가지 저해를 주는 데마이므로 조선군에서는 11일에 군 당국 담(談)으로 다음과 같은 경고를 발하였다.

최근 조선 내 재계(財界)의 불안을 예상하는 것과 같은 유언(流言)을 하는 자가 있어 특히 군으로서는 중대한 관심을 갖고 있다. 반도(半島)에서의 중공업에 관하여 근거 없는 데마를 유포하고 또는 선전하는 자가 있음은 자못 유감으로 감당하지 못하는 바이다. 앞으로 업자(業者), 기타 관계 방면에 대하여는 이들 교란적 행위에 대하여 세심한 주의를 하기를 절망(切望)하는 동시에, 국책(國策)에 기초한 군수(軍需) 관계 생산력의 확충을 저해하는 것과 같은 언동에 대하여는 군은 단호한 처치를 취하게 될 것을, 이에 경고한다.

조언비어 엄벌 방침
검사국에서 각서(各署)의 취체진(取締陣) 독려

《매일신보》1941. 7. 22. 2면

국제정세가 점점 복잡미묘해짐에 따라 최근 여기저기서 유언·조어가 불똥 튀듯 떠돌고 있으므로 경성지방법원 검사국에서는 야마자와(山澤) 검사정을 중심으로 사이토(齋藤)·스기모토(杉本) 등 사상 검사가 이의 취체에 대한 대책을 연일 거듭 협의한 결과, 악질이든 부주의에서 나왔든 시국에 대한 유언·조어를 퍼뜨린 자는 엄벌에 처할 방침을 세우고 관내 각 경찰을 독려하여 취체에 만전을 다하기로 하였다.

유언비어 삼가자
총력충남연맹(總力忠南聯盟) 각지에 통첩

《매일신보》 1941. 8. 27. 3면\

【충남지사발(忠南支社發)】 (상략) 총력조선연맹에서는 오는 9월 1일의 애국일(愛國日)을 기해서 그 실시 성적 여하를 묻는 동시에, 다시 9월부터는,

1. 방공훈련(防空訓練)은 실전(實戰)과 같은 기분으로 더욱 열심히 하자.
2. 서로 경계하여 유언비어를 절대로 삼가자.
3. 도회나 농촌이나 한층 절미(節米)에 힘쓰자. 야채도 다른 지방에 의뢰하지 말고 자급자족(自給自足)이 되도록 공지(空地) 이용을 철저히 하자.

라는 3대 항목을 증강하여 전파를 이용해서 대중에게 극력 고취하기로 하였는데, 충남도연맹에서도 이 취지에 발맞추어 도내 각 도시의 극장·영화관 등에 통첩하여 당일은 이 방송을 되도록 관중에게 잘 들려주도록 하는 외에, 농촌에는 공동 라디오를 다수 이용하도록 하는 한편, 아주 벽지(僻地) 지민(地民)들에게는 부락연맹 이사장을 통하여 그 요항을 주지시키도록 하였다.

총후 부인은 저축에 힘쓰고
유언비어를 절대 삼가라

《매일신보》 1941. 12. 13. 4면

간악하고 교활한 적국인 미국과 영국을 격멸하기 위하여 정의의 일대 결전을 시작한 우리 육·해군의 정예는 서남 태평양에 버티고 있던 그들의 각 주요 기지를 부수고 10일에는 필리핀에 적전 상륙을 하여 그들 미·영군의 간담을 서늘하게 하고 일장기를 높이 달았습니

다. 또 말레이반도 동쪽 연안 콴탄[143] 근해에서 우리나라를 치러오던 영국 전투함 리펄스[144]와 또 최신식 전투함이라는 프린스 오브 웨일스[145]를 우리 제국 해군기가 이를 포격하여 격침시켰습니다. 따라서 영국의 극동 주력함은 그 기능을 거의 상실하도록 되었습니다. 이때에 있어 우리 가정부인은 첫째는 앞으로 경제전(經濟戰)으로 들어갈 것을 미리 아시어 한 푼이라도 저축해야 합니다. 우리의 목표는 6억 원인데 아직 이 목표에는 닫지 않았습니다. 이 달은 또한 상여금 달인 만큼 기어코 이 목표를 달성하여 우리 총후 국민으로서 면목을 세워야 하겠습니다. 모든 것은 마음먹기에 있는 것이므로 적은 금액이라도 적다고 말고 저축합시다. 이것은 곧 무적 황군을 위하여 훌륭히 돕는 길이 되는 것입니다. 또 둘째로는 유언비어를 삼갈 것입니다. 이때는 유언비어가 상당히 많이 돌아다니는 때입니다. 그래서 본부[146] 구라시마(倉島)[147] 정보과장은 10일에 정보과장 담화로 유언에 속지 말라고 발표하였습니다. 이제 그 정보과장 담화를 잠깐 이곳에 말씀드리면 이렇습니다.

【총독부 정보과 10일 발표】대 결전은 시작되었다. 우리 육·해의 정예는 하와이·싱가폴·괌·필리핀 등 적의 거점에서 혁혁한 전과를 거두고 있다. 만주사변 이래 영·미가 우리나라에 보낸 불손한 행동을 생각하면 우리 1억 국민은 진실로 의분을 금할 수 없는 것이다. 무던히도 참아오다가 드디어 폭발되어 이번의 정전(征戰)을 일으키게 된 것인데, 우리 육·해군은 이미 만단의 준비를 갖추고 필승의 태도로써 궐기한 터이므로 최후의 승리가 우리에게 올 것은 의심할 여지가 없는 것이다. 그런데 이때를 당하여 국민이 가장 주의해야 할 것은 눈에 보이지 않는 모략(謀略)의 마수다. 즉 선전전인 것이다. 사상전[148]인 것이다. 이번 구라파 대전에서 프랑스 국민은 독일의 모략에 걸려 그 유언비어를 믿고 적이 아직 오지 않는데 앞을 다투어 안■의 향도를 버리고 피란하여 독일군의 말발

---

143 콴탄(Kuantan): 말레이시아 동부 해안에서 가장 큰 도시로서 파항의 주도.
144 리펄스(Repulse): 1차 대전 말기에 건조되어 2차 대전 종전까지 활동한 영국 해군의 리나운(Renown) 급 순양전함으로, 총 2척이 건조되었다.
145 프린스 오브 웨일스(Prince of Wales): 제2차 세계대전 당시의 영국 군함으로서, 1941년 12월 10일 말레이 해전에서 침몰하였다.
146 '본부'는 조선총독부를 말한다.
147 구라시마 이타루(倉島至, 1901~1993): 총독관방 정보과장으로서, 1925년 조선총독부에 들어왔다. 경상북도 내무부장 등을 거쳐 1946년 인양되었다.
148 원문은 '사상적'으로 오기되어 있는데, 사상전(思想戰)으로 수정하였다.

굽에 유린되었다는 것은 너무도 유명한 사실이다. 앞으로 전국의 진전과 함께 조선 내에 대한 적국의 이 같은 종류의 모략선전전도 일단 치열해질 것이 명백한 일이다. 그러므로 이에 대한 경계는 가장 엄중히 해야 할 것으로, 국민으로서는 필승불패의 우리 육·해군을 절대로 신뢰하여 전황 발표 같은 것도 당국 발표를 굳게 믿고 외국이 여러 가지 방법으로 조선 내에 유포시킬지도 모르는 보도 같은 것은 조금도 귀를 기울이지 말아야 한다. 오직 우리는 반드시 승리한다는 신념으로 철화와 같이 뭉쳐서 일치협력 매진할 뿐이다.

이상과 같은 담화가 발표되었는데, 언동에 대하여 부인네들은 좀 더 진중해야 할 것을 늘 잊지 마시길 바랍니다.

무기 안 가진 적은 무서운 스파이
'유언비어'에 헤매지 말자
【구라시마(倉島) 정보과장의 방송 내용】

《매일신보》 1941. 12. 14. 4면

총독부 정보과장 구라시마 이타루(倉島至) 과장은 대 영·미 개전이 있은 나흘째 되는 11일 오후 7시부터 D.K[149]를 통하여 우리 국민이 지킬 바 책임에 대하여 간곡한 방송을 하셨습니다. 여기에 그 내용을 여러분이 잘 아실 수 있게 쉽게 풀어 소개하겠습니다.

우리의 적성국가(敵性國家)[150] 영국과 미국은 만주사변 이래 오랫동안에 걸쳐 우리나라가 완수하려는 대동아공영권[151] 확립을 방해해오고, 또

---

149 J.O.D.K를 말하는데, 1926년 2월 16일 일제가 일본 도쿄(JOAK), 오사카(JOBK), 나고야(JOCK)에 이어 네 번째로 개국한 경성방송국 호출부호이다.
150 적성국가(敵性國家): 직접 교전하고 있는 상대 국가는 아니지만, 적으로 여기는 국가.
151 대동아공영권(大東亞共榮圈): 제2차 세계대전 당시 일본이 아시아-태평양 지역의 여러 나라를 침략하며 내세운 정치 슬로건. 동북아시아·동남아시아·오세아니아의 문화적·경제적 통합을 선전하며, 이 지역에서

그 외 여러 가지 차마 말할 수 없는 수단으로서 〔우리나라〕를 방해해왔습니다. 우리나라는 오랫동안 평화스럽게 하기 위하여 참고 견디어 왔습니다만, 우리나라는 드디어 대국으로서 견딜 수가 없어서 지난 12월 8일에 선전포고를 했던 것입니다. 전쟁이 시작되자마자 우리의 황군은 혁혁한 승리의 전과를 남기고 있습니다. 앞으로도 우리나라가 반드시 이기리라는 것은 여러분이나 누구나 군민은 다 믿고 있습니다만, 〔이렇게〕 우리가 꿋꿋하게 신념을 가지고 나가는 것을 적국은 또한 방해하려는 것입니다. 그것이 유언비어라는, 즉 하나도 근거가 없는 말을 가지고 우리의 마음을 산란하게 하는 수단입니다. 적국은 우리가 마음 놓고 생활할 수 있는 든든한 마음에 데마와 유언을 날려 보내려 할 것입니다. 어떠한 나라고 서로 전쟁을 할 때에는 총과 군함과 대포를 가지고 제일선에서 싸움하는 무력전 외에 그 뒤에 〔경제전〕과 또는 선전전(宣傳戰)이 있는 것입니다. 전쟁에는 물론 무력전과 경제전에 이겨야 하지만, 선전전에도 이기지 않으면 최후의 승리를 얻기 어려운 것임은 우리의 마음을 산란하게 하는 것이니까요. 이번 구주전쟁에서 독일이 보는 바와 같이 승리를 해나가는 것은 물론 무력의 힘이 큰 것도 있지만, 선전전에 기막힌 것이 있었다 합니다. 그 한 예로는 독일군이 벨기에에 진주하기 앞서 벨기에에 있는 독일의 제5열[152]은 처음에 폭탄이 떨지자마자 "이제 바로 피난하지 않으면 이 마을은 멀지 않아 파괴되고 말 것이다. 비행기 뒤에 오는 것은 독일군이다. 독일군이 폴란드군을 어떻게 취급했는지는 잘 알고 있을 것이다"라는 것을, 주민은 제5열의 선전인지를 모르고 귀를 기울이고 두려움에 떨며 피난하기를 시작했다고 합니다. 〔동네에〕 있는 촌장이든지 모두가 피난을 하느라고 길이 미어지게 인산인해를 이루었다 합니다. 그래서 프랑스의 기계화 병단이 움직일 수가 없었다는 것입니다. 이와 같이 유언비어가 이 입에서 저 입으로 전해지는 것은 무서운 힘이 있는 것입니다. 사람의 마음을 산란하게 하기에는 그만이니까요. 여러분은 대일본의 소국민들입니다. 언제나 쓸데없는 유언비어는 입에 담지도 말고 귀를 기울이지도 말고 제국을 믿고 나가는 신념만 가지고 맡은 바 학업을 닦으시기 바랍니다. (사진은 구라시마 정보과장)

공존·공영의 신질서를 세운다는 기치 아래 전쟁을 정당화했다.
152 제5열: 적측 내부에 잠입해서 모략 공작을 하는 간첩 등을 가리킨다. 제5부대라고도 한다.

유언비어를 말라
원산서(元山署)에서 부민(府民)에게 경고

《매일신보》 1943. 3. 1. 4면

【원산(元山)】 결전체제(決戰體制) 하 반도 2,400만 총후 민중의 결속은 더욱 단단하여 사상전·선전전에 완벽을 기하고 있는 중 원산경찰서에서는 관내 부민 일반의 총후 단속(團束)을 더욱 강조하여 유언비어에 걸리지 말 것을 다음과 같이 경고하고 있다.

적국(敵國)의 모략전(謀略戰)은 매우 교묘하여 때로는 일반 민이 도무지 알지 못할 유언비어를 그 지방에 알맞도록 퍼뜨리는 일도 있어서, 이러한 유언을 방비(防備)하자면 장티푸스에 걸리지 아니하도록 예방주사를 맞는 것과 마찬가지로 유언비어에 속지 않도록 예방주사를 맞아야 한다. 유언비어에 대한 예방주사는 일반이 총후 인식을 깊이하고 필승 신념을 굳게 가지는 일이다. 그리하여 근거 없는 유언이 만약 떠돌아다닐 때는 경찰관과 꼭 같은 기분으로 "그런 일은 없다. 쓸데없는 말은 하지 말아라."고 말하여 냉정하게 판단하는 것이 제일 긴요한 일이다. 원산부민은 어느 누구나 유언비어에 속지 말고 총후 결속을 더욱 굳게 하여 유언 방지에 노력하여야겠다.

당국 발표를 믿고 유언비어 삼가라
경기도에서 긴급경고(緊急警告)

《매일신보》 1944. 7. 31. 2면

적기가 어느 때 날아와도 쳐 물리칠 결의와 준비를 한 순간이나마 놓쳐서는 안 된다. 총후 우리는 결전 하 긴급명령을 받은 방공전사라는 사명을 다하기 위하여 오직 감투를 거듭한 것이다. 29일 조선 일부 지방에는 공습경보가 있었다. 이 경보는 적을 쳐 물리칠 우리의 투혼을 더한층 공고히 하게 하였는데, 이날 오후 경기도 경찰부장은 다음과 같은 긴급경고를 내려 일반의 감투 정신을 북돋고 결전 생활의 좌우명(左右銘)을 삼았다.

긴급경보

우리는 우리의 땅을 죽기로써 지키자! 전선 총후 할 것 없이 1억 국민은
한 덩어리가 되어 원수 미국을 때려 부수자!

◇ 다음 몇 가지를 절대로 지켜라 ◇

- 당국의 발표를 절대로 믿어라.
- 이기고 만다는 마음을 끝까지 놓지 말아라.
- 공습에 겁내어 적국의 꼬임에 넘어가지 말라.
- 돌아다니는 소리에 속지 말아라.
- 겁내 덤비지 말고 들뜨지 말고 태연히 직분을 지켜라.
- 방공에 관하여 무엇이든지 경찰관과 경방단원이 하라는 대로 하라.

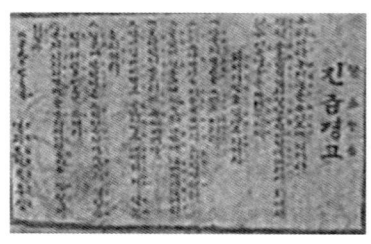

이 같은 여섯 가지 항목을 적은 긴급경보는 발걸음을 멈추고 읽어 내려가는 우리의 긴장과 미·영 격멸의 결의를 더욱 재촉하여 직장으로 향하는 발걸음을 힘차게 하였다. (사진은 거리에 붙인 경고문)

조언비어를 삼가라

「임시보안령(臨時保安令)」 발포 후로 20여 건을 기소

《매일신보》 1942. 9. 12. 3면

대동아전쟁 아래 국내 치안의 확보를 꾀하고자 작년 12월 26일 공포 실시된 「조선임시보안령」에 대한 일반의 인식은 아직도 철저히 되지 않아 그동안 경성지방법원 검사국에서 기소한 건수만 20건에 달하였는데, 이러한 아무런 근거도 없는 조언비어를 한 사람 또는 이것을 다른 사람으로부터 듣고서 유포한 사람 등은 모두 시국 하 민심을 교란하는 악질의 범죄

자로서 당국에서는 단호한 태도로써 이들 비국민을 응징하고 있는 터이다. 예를 들면 여러 가지가 있겠지만 여기에 공통된 점은,

　　터무니없는 말을 지어내 가지고 쓸데없이 이것을 전파하다가 당국에 적발되어 2년 내외의 징역
　　언도를 받게 된 것이다.

더구나 개중에는 이 같은 유언비어를 지어내 가지고 자기의 사사로운 이익을 꾀하려는 극히 악질인 것도 있어, 듣는 사람을 아연하게 하고 있는 터이다. 총후 국민다운 반성과 자각이 없이 터무니없는 조언비어를 하는 것도 결코 용서치 못할 비국민적 행동이거니와 사리를 위하여 이 같은 악질의 행위를 감행하는 것은 참으로 가증한 일로서 절대로 용서할 수 없는 일이다. 대동아를 지도할 황국신민으로서 참으로 부끄러운 일이라. 이 기회에 각자가 단호히 반성해야 할 것인데, 이에 대하여 검사국에서는 1억이 1심이 되어 성전 완수에 매진하고 있는 이때 이러한 조언을 하여 주위에 나쁜 영향을 끼치는 것에 대하여는 이후로도 엄벌로써 나간다고, 단호한 태도를 언명하고 있다.

<자료 4>

각종 사회현상

횡설수설(橫說竪說)

《동아일보》 1937. 7. 26. 1면

▶ 평양에서는 유언비어로 은행, 금융조합, 각 우편소 등의 예금인출자가 격증하여 단 십수 일 동안에 인출금액이 합계 33만여 원에 달하였다고. ▶ 전쟁이 나면 예금 전부가 군자금으로 징발된다고 미리 찾아두자는 것이라지! ▶ 유언의 진원지는 화류가(花柳街)라니, 원래가 부랑패려(浮浪悖戾)[153] 한 곳이라 때맞춰 이러한 말을 지어내는 것은 그네들의 상투(常套)려니와, ▶ 이에 임취(痲醉)되고 유혹되어 췌마억측(揣摩臆測)의 추태를 연출한 것이 가증스럽고 애석한 일. ▶ 사람이란 판단이 있고 자제가 있어야 할 것이거늘, 감정으로 흐르고 신경(神經)에 지배된다 해서야, 이는 경망자(輕妄者)의 행동에 불과한 것. ▶ 생(生)에 대한 욕망이야 누구인들 없으련만, 남보다 더 확보하고 더 연장하려는 구차한 행동일진댄, 도리어 생을 위협하고 단축시키는 것임을 부언(付言). ▶ 돈이란 있으면 쓰는 것이라, 인출한 돈 쓰고 나니 내 팔자에 무슨 난리 … ▶ 인출요구자의 대부분이 부녀자, 할인해서라도 내달라고 야단법석이라니, 이것이 난리! ▶ 돈으로 난리를 방어하려는 것도 가관(可觀)이지만, ▶ 자작(自作)한 난리에 밟히고 덮쳐서 파산자(破産者) 총출(總出)할까가 염려 중 염려.

---

[153] 부랑(浮浪)은 일정하게 사는 곳과 하는 일 없이 이리저리 떠돌아다님을, 패려(悖戾)는 언행이나 성질이 도리에 어그러지고 사나움을 뜻한다.

주의! 유언비어
무지한 시국담(時局談) 금물(禁物)

《동아일보》 1937. 8. 4. 조간 4면

【이리(裡里)】 목하 시국이 시국인 만큼 당국에서는 항간에 떠도는 유언비어의 취체를 엄중히 한다 함은 일반이 잘 아는 터인데, 요즘 이리시 내에서는 아무것도 모르는 무지한 부녀들이 주책없는 무근의 말을 함부로 가두에서 지껄이다가 경찰이 탐지한 바 되어 유치장 신세를 지는 자가 가끔 있다는데, 그중에는 병부를 두고 떡 장사를 하며 그날그날을 겨우 이어 가는 극빈 무지의 여자로 젖먹이 어린 것을 두고 유치장에 들어가게 되어서 할 수 없이 유아까지 데려다 고열에 유치장 잠자기를 한다는 불유쾌한 소식도 있는 만큼, 일반은 크게 주의할 필요가 있다고 한다.

"정확한 시국 인식은 신문 구독이 양책(良策)"
벽지(僻地) 천마면장(天摩面長)의 알선으로
본보(本報) 지정, 요소(要所)에 게시

《조선일보》 1937. 9. 10. 석간 8면

【탑동(塔洞)】 이번에 돌발한 일·지 충돌사건은 날이 갈수록 거듭 험악을 고하고 있다 함은 지상을 통하여 주지하는 바이지만, 벽지 평북 구성군(龜城郡) 천마(天摩) 지방은 원래 빈민이 많이 거주하고 있는 관계상 신문도 보급이 되지 못하여 이번 사건으로 말미암아 유언비어가 성행하므로, 천마면장 박성호(朴成浩) 씨는 일반 민중의 시국 인식을 정확히 함에는 오직 적확한 신문을 대중에게 널리 관람시키게 함이 이상적 대책이라 하여, 박 면장은 즉시 시내에 있는 후루카와 평안광업소(古河平安鑛業所) 소장 이토 만세이(伊藤萬淸) 씨를 방문하고 이에 대한 협의를 행하였던 바, 씨도 이에 찬성하고 회사 측에서 일체의 경비를 지출하기로 하여 일반 민중은 물론 동 광산 광부들에게까지 널리 신문을 읽도록 하되, 특히 본보를 지정하여 가장 통행인이 많은 시내 중앙지와 사무소 앞, 기타 광산 현장에까지 5~6 처소에

게시판을 세우고 매일 본보를 게시하여 일반에게 공개하기로 하였다는데, 일반 주민은 동 광산회사의 열성에 감사하여 마지않는다고 한다.

> ### 도회지 부근서 유언비어 성행
> 《동아일보》 1937. 9. 12. 조간 5면

【진남포(鎭南浦)】 최근 진남포부외(鎭南浦府外) 어호리(漁湖里) 방면에서는 "간이생명보험 불입금은 전부 국방의금(國防義金)으로 충입(充入)시키고 가입자에게는 한 푼도 지불하지 않는다"라는 천부당만부당한 유언비어가 출처도 없이 떠돌아서 민심을 미혹하게 하여 우편 당국이 입는 바 영향이 큼은 물론, 무식한 백성들에게 심히 좋지 못하므로 관할 경찰서에서는 일반의 의혹을 깨뜨리는 한편, 그 유언비어의 출처를 엄탐 중이라고 한다.

> ### 시국 표방 범죄와 유언비어 격감
> ### 국장회의에서 미쓰하시(三橋) 국장 보고
> 《동아일보》 1937. 10. 20. 조간 2면

금 19일 총독부 국장회의 석상에서 미쓰하시(三橋)[154] 경무국장의 보고에 의하면, 사변 발생 후 조선 내에서,

1. 일반의 유언비어
2. 지나인과의 분쟁
3. 시국 표방의 각종 범죄

---

[154] 미쓰하시 고이치로(三橋孝一郎, 1895~1977): 1936년 9월 조선총독부 경무국장에 취임하여 1942년 6월까지 재임하였다. 1951년 8월 공직 추방을 당했다.

등이 감소하였고, 더욱 9월 이후부터는 격감되어 이 방면에도 긴장한 시국이 반영된 현상이라 한다.

> 시국 관계의 범죄는 감소
> 《동아일보》 1937. 10. 22. 조간 2면

시국이 긴장되자 시국 관계의 범죄가 감소해 간다고 함은 기보하였거니와, 이제 상세한 내용을 총독부 경무국 조사에 의하여 보면,

▶ 불온 언동 또는 유언비어 관계범
7월 중 40건 - 43인
8월 중 78건 - 85인
9월 중 53건 - 53인

(중략) 모두 8월 중을 최고로 하여 점차 감소해 가는 중이라고 한다.

> 수도 남경(南京) 대공황(大恐慌)
> 유언비어 난비(亂飛)[155]
> 시민 생도(生途) 찾아 남(南)으로
> 《조선일보》 1937. 11. 19. 조간 1면

【상해십팔일발동맹(上海十八日發同盟)】 천도(遷都) 결정 제3일인 오늘 남경은 이른 아침부터 형용할 수 없는 공황 상태에 빠졌다. 즉 국민정부가 신문 지상에 피난명령(避難命令)을 발

---

[155] 난비(亂飛): 어지럽게 날아다님.

하였으므로 당황한 시민은 "일본군의 비행기가 대거 오늘내일 중에 남경 공폭(空爆)을 결행한다"라든가, "일본군은 벌써 무석(無錫)[156]을 점령하였다" 등의 데마에 위협되어 공포의 절정에 달하여, 혹은 차마(車馬)로, 혹은 도보로 남으로 향하여 도망하여, 호화(豪華)를 자랑하던 남경은 지금 죽음(死)의 거리(街)로 화하려 한다.

시국의 유언
점감(漸減)의 경향

《동아일보》 1938. 1. 26. 조간 2면

미쓰하시(三橋) 경무국장이 25일의 국장회의에서 시국에 관한 유언비어 취체에 대하여 보고한 바에 의하면, 사변 이래 유언비어의 혐의로 검거된 건수는 다음과 같이 점차 감소의 경향에 있어, 일반의 시국 인식이 철저한 결과라고 보고 있다.

즉 7월 40건, 8월 79건, 9월 53건, 10월 34건, 11월 15건, 12월 6건.

교문 나서는 재원순방기(才媛巡訪記)
중등학교 편(5) 이화여고보(梨花女高普)
운동선수와 재원만 모인 98명 졸업생 이번에는 어렵고 두려운 것이 없다

《동아일보》 1938. 2. 14. 조간 3면

50여 년 역사를 가진 학교라면 조선에서는 단 하나밖에 없는 이화여자고등보통학교일 것입니다. 조선 여자교육계를 말하는 것이 이화요, 오늘의 조선 여자교육계를 지도하고 진보하게 한 것도 이화라고 단언할 수 있습니다.

---

156 무석(無錫): 우시. 중국 강소성(江蘇省) 양자강(揚子江) 북안에 있는 도시.

오늘의 각 학교가 수준이 같고 정도를 말할 수 없이 같은 목표 아래서 함께 교육하니 우열(優劣)을 말할 수 없으나, 50여 년 전 조선에 교육이 처음 들어올 때를 이제 앉아서는 상상할 수 없는 조선의 형편이었습니다.

서양인들이 약에 쓰려고 조선 처녀들을 잡아서 눈을 빼간다는 것을 아무 기한 없이 말하던 때이니, 이것은 아무도 학교에 보내는 이 없으니 먹이고 읽히고 책 사주어 공부시키겠다고 데려가는 바람에 이러한 유언비어가 생겼고, 약을 하거나 말거나 보내보자고 해서 모여든 몇 학생들은 문자 그대로 영어 전문학교에 입학한 셈이었으니, 역사·지리·수학이 모두 영어라 승법의 구구를 영어로 하고 서양 선생님과 학생들이 손짓 몸짓으로 의사를 겨우 통하여 몇 해 후에는 모든 말을 영어로만 통할 수 있게 되었던 것입니다. (하략)

여적(餘滴)

《동아일보》 1938. 5. 26. 조간 7면

인천(仁川): 공연히 돌아다니며 유언비어를 퍼뜨려 세간을 소란케 한다. 요사이 누구에게서 나왔는지도 모르는 터무니없는 유언이 떠돌아다니는데, 왈 염병이 유행하리라는 것, 행여 속지를 마시오.

신상(新上)[157] 재건(再建)에 매진
시장(市場) 이전 운운은 허설(虛說)

《조선일보》 1938. 8. 30. 석간 7면

【신상(新上)】다수 이재민들은 이 이상 더 오래 노숙(露宿)할 수 없어 일시나마 우거할 움

---

[157] 함남 정평군 신상면(新上面). 이 기사는 1938년 8월 이 지역 금진강(金津江) 일대에서 일어난 홍수 피해에 대한 것이다.

막을 시내와 시외에 하루에도 5~60호씩을 지어 영곡리(靈谷里) 앞 모래 밑에는 벌써 수백 호를 헤는 새로운 부락이 생겼는데, 항간에는 이곳으로 시장(市場)을 옮긴다는 사실무근의 유언비어가 성행하여 시내의 신축과 가옥 수리를 주저케 하여 시가 부흥에 적지 않은 타격을 주고 있다.

이에 대한 관계 당국의 의향을 듣건대,

신상 장은 수해 전의 시장을 그대로 하여 그 위치를 조금도 변경치 않을 방침을 세웠고, 도 당국에 기술원을 청하여 시구 개정에 대한 설계를 하여 대 신상 건설에 매진할 터로, 그 이상 더 팽창할 때는 철로 동쪽도 시가지에 편입시킬 의향이다.

출처 모를 학원 괴담 "아까이 망토, 아오이 망토"
일행천리[158] 하는 이 허깨비 바람, 웃고 말 일이나 단속은 필요
여기저기서 소곤소곤!

《조선일보》 1939. 3. 8. 석간 3면

"아까이 망토, 아오이 망토-이야기는 벌써부터 시내 각 여학교에 퍼져 있습니다.

요즘엔 이것이 소학생들의 입에까지 오르내리게 되니 적이 염려되는 일입니다.

이제 각 학교 선생님들이 이것이 얼마나 지독한 거짓말이란 것을 말씀해주신 것을 소개하겠습니다."

이 이야기는 벌써 아는 사람이 대단히 많고 또 사람마다 제 맘대로 다르게 이야기들 합니다.

---

158 일행천리(一行千里): 한걸음에 천 리를 간다는 뜻으로, 매우 빠른 속도로 이동함을 이르는 말.

즉 부산 어느 학교에서 어느 생도가 밤에 변소엘 간즉, 누가 "붉은 망토를 주랴, 푸른 망토를 주랴" 하더라 나요.

그래 달려 들어와서 선생님께 그 이야기를 했더니, 선생님은 장난삼아 그럼 "붉은 망토를 달라고 해라" 했답니다.

그 생도는 다시 나갔다가 붉은 망토를 달라고 했는데, 도무지 나오지 않아 들어가 보니까 붉은 망토를 쓰고 그만 죽었더라 나요.

그리고 그 후에 그 귀신의 말이 인제 나는 서울 ××고등여학교로 가노라고 하더랍니다.

이화고녀(梨花高女) 교장
신봉조(辛鳳祚) 씨 담(談)

이게 대체 어디에 당한 거짓말이겠습니까.

우리 학교에도 약 한 달 전부터 이런 말이 돌았으나 생도들이 과히 겁을 내거나 그것으로 인해 별로 손해 본 것은 없다고 생각합니다.

그런데 이번 일로 해서 한 가지 얻은 것은 우리의 남녀 중학생들 중에는 지금도 귀신의 존재를 믿는 생도가 약 3분의 1가량 된다는 것입니다.

대단히 놀랐습니다. 사람이 병이 났을 때 길거리에다 밥을 지어 버리면 낫느냐고 물었을 때 낫는다고 대답하는 생도가 3분의 1가량 됩디다.

그러나 현재 우리 학교엔 이처럼 미신을 믿는 생도는 극히 드뭅니다.

어디까지나 과학적으로 살아야 할 현대의 우리 생도들이 그런 터무니없는 거짓말 '붉은 망토, 푸른 망토' 이야기를 하는 것은 큰 수치라고 생각합니다.

숙명고녀(淑明高女) 부교장
노무라 모리노스케(野村盛之助) 씨 담

그런 이야기가 있어요? 그러나 나는 아직 듣지 못했는데요.

만일 그런 유언비어가 돌아다닌다면 생도들은 절대로 믿지 말아야지요.

동덕고녀(同德高女) 교무주임
박장렬(朴璋烈) 씨 담

글쎄, 이런 딱한 일이 없습니다. 생도들은 그것을 하나의 재미와 호기심으로 옮기는 것 같은데, 요즘엔 심지어 소학생들까지 이 '망토' 이야기를 합니다.

우리 학교 생도들은 밖에서 생각하는 것보다 도무지 떠들거나 하지 않고, 간혹 학과 시간을 마친 후에 웃음 반으로 묻는 것은 보았습니다.

그럴 때마다 우리 선생들은 생도들에게 반문합니다. "그래, 정말로 그런 귀신이 있을 것 같으냐"고. 이런 것을 참으로 믿는 생도라면 그야말로 바보 생도일 것입니다.

다행 우리 생도들은 = 이것을 믿지 않으니까 안심됩니다. 그리고 만일 앞으로 계속해서 이런 못된 풍설이 떠돌게 되면 경찰 당국에서 그 근원을 철저히 취체하도록, 한 사람의 교육자로서 희망하는 바입니다.

특히 각 가정에서 학부형 되시는 분들이 이것이 얼마나 허무한 거짓말이란 것을 말씀해 주십시오.

색연필(色鉛筆)

《조선일보》 1939. 3. 30. 석간 2면

유언비어란 도무지 맹랑한 것이 요놈처럼 신출귀몰하는 제도를 가진 것은 드물께라. ▶ 한동안 항간에 떠돌아다니던 '아까이 망토' 사건만 하더라도 우리 사이에는 그 출처가 경남 동래 모 여학교인 줄만 알았더니, 실상은 오래전부터 도쿄 바닥에서도 북대기[159]를 친 모양 같고, ▶ 또 전하는 내용도 구구해서 전혀 종잡을 수 없는 말이라 하나, 하여간 악질 이상의 전파력을 가지고 있는 것만은 두렵도다. ▶ 그것뿐이랴. 부내 모 자동차부 운전수가 공동묘지에서 소복한 처녀를 싣고 돌아다니다가 죽었다는 등 부내 한복판 견지정 모처에서 도깨

---

[159] 북대기: 검불의 사투리. 검불은 마른 풀, 낙엽, 짚 부스러기 따위처럼 마구 헝클어진 것의 총칭인데, 주로 실속이 없고 정돈되지 않은 것들을 말함.

비가 나와서 방고래[160]를 빼놓았다는 등 ▶ 도저히 현대인의 상식으로는 신빙할 수 없는 소문이라도 그것이 한번 퍼지기만 하면 신통력 이상으로 요사스럽게 횡행하는 것이다. ▶ 어지러운 세상에 요만것의 잡음이야 없으려만, 그러나 그렇다고 교양을 가져야 할 도회인의 귀가 여기에 쏠려서야 체모가 됐나, 밝은 세상을 어둡게 살지 맙시다.

남선북마(南船北馬)

《조선일보》 1939. 6. 15. 석간 3면

요만 했으면 내 꾀도 무던하렸다-하고, 제 고향 집에 돈 보내 달라는 전보를 치다가 우편국에서 그만 유언비어로 몰려서 유치장 신세를 끼치는 청년이 있다. ▶ 그는 경남 진주읍(晋州邑)에 본적을 두고 얼마 전에 아무 연줄도 없이 살기 좋다는 바람에 휩쓸려 청진에 왔으나, 거저 앉아서 밥과 돈이 생길 리도 없어 닥치는 대로 신암동(新岩洞) 어느 과자점에 점원으로 들어갔으나 듣던 바와 다르던지 다시 고향에 돌아가려고 했으나, ▶ 여비가 없어 움직이지 못하던 차에 교묘한 지혜가 나와서 자기 숙부에게 다음과 같이 전보를 치면 꼭 돈을 보내줄 것이라 하여, ▶ "전쟁 시작 ○ 삼십 원 급송"이라는 전문을 가지고 전쟁을 팔려고 우편국에 갔던 것이 세상맛을 착실히 보게 되었다는데, 그 이름은 박영식(朴瑛植, 20)이라고. [청진(淸津)]

딱총

《조선일보》 1939. 7. 29. 조간 2면

유언비어를 엄중 취체하라 통첩
　　　○

---

160 방고래: 방의 구들장 밑으로 나 있는, 불길과 연기가 통하여 나가는 길.

그리게 말, 조심을 해요!

　　　　○

등록 신고 태만한 자는 엄벌할 작정이라고.

　　　　○

게을러서 이 불 노릇이 하난들 있으리.

　　　　○

한강에선 여전하게 익사 사건 열심히 발생.

　　　　○

물귀신도 이만하면 어지간히 배가 불렀음즉 하건만.

색연필

《조선일보》 1939. 7. 29. 석간 2면

　세상에서 가장 싱거운 사람이란 알지도 못하는 일을 아는체하고 말하는 사람인데, 그 말 때문에 쓸데없는 고생까지 하게 된다면 그야말로 맹랑한 일이다. ▶ 그러므로 옛사람의 말에도 입 밖에 나간 말[언어(言語)]은 사차(駟車)[161]도 못 따라간다고 하여, 말하기 전에 먼저 깊이 생각해보라고 하였지만, 근거 없는 말을 하는 것은 남을 위해서나 또는 자기를 위해서 위험한 일이다. ▶ 이러한 말-즉 유언비어란 본래 전쟁이나 천재(天災) 때에 떠돌아다니기 쉬운 것인 만큼, 지금은 한층 주의하지 않으면 안 되는 것이다. ▶ 유언비어가 빚어지기는 손쉽게 사물을 억측하는 데서부터 나오는 것이므로, 먼저 우리는 사물을 잘 관찰하고 추리하는 것이 절대 필요하지만, 무엇보다도 입을 다물고 있는 것이 가장 필요하고 또한 안전한 것이다.

---

161 사차(駟車): 네 필의 말이 끄는 수레. 사두마차.

남선북마(南船北馬)

《조선일보》 1939. 8. 6. 석간 7면

요즘 개성에는 터무니도 없는 조언비어가 떠돌아다녀 민심을 미혹하게 하고 있다. ▶ 즉 몇 달 전부터 부내 사직정(社稷町) 오정문(午正門) 수도(隧道) 공사장에서는 머리가 달구지 만 한 구렁이가 곡괭이에 찍혀 나와 세 상자를 내버렸다는 등, ▶ 이렇게 구렁이를 죽인 죄로 공사장 인부 감독이 죽었다는 등 허황한 풍설이 돌고 있더니, ▶ 지난 3일 저녁에는 철도공원(鐵道公園) 광장에서, 지난 24일 장단군(長湍郡) 하 옹둔산 가운데서 발생한 우차부 살인강도 사건[162]을 실사하여 일반 부민에게 활동사진으로 공개한다고 소문이 굉장히 전파되어, ▶ 이날 저녁 7시경 일반가정 부녀들은 미처 저녁밥도 못 먹고 철도공원으로 운집하여 인산인해를 이루었었다. ▶ 그래 이들은 빈 공원에서 방황하다가 서로들 어이없는 웃음을 웃고 돌아서게 되었다는데, 일반은 이런 유언비어에 속지 말 것. (개성)

경주(慶州)에 조언비어 단호 취체 요망

《동아일보》 1939. 9. 3. 조간 3면, 석간 7면

【경주(慶州)】경주군 내 남면(南面) 탑리(塔里)에서 백주에 여우가 여자로 변해 남간[163]서 밭 매는 농부를 꼬여가 실성하게 하였던 사실은 마치 괴담 같은 이야기로서 남이 잘 믿지 않고 왔는데, 근일 경주읍 교리에 이런 사실이 있다고 하여 부근 동민들은 매우 공포를 느끼고 홀린 남자를 보러 가자고 나가는 사람도 많아, 실로 이로 말미암아 대소동을 일으켰음에 대하여는 현대과학의 발달이 절정에 이른 오늘에 이러한 사건이 있을 바 만무하되, 그래도 세태

---

162 1939년 7월 24일 아침 경기도 개풍군(開豊郡) 영남면(靈南面) 심청리(深淸里)의 임선식(林善植, 66)이 소달구지에 장작을 싣고 개성의 장작시장에 팔러 나갔다가, 장단군 진서면(津西面) 전재리(田齋里)의 산속에서 진서면 경릉리에 사는 송춘원(宋春元, 21)에게 살해당한 사건을 말한다(「長湍津西面山中에 殺人强盜事件發生」,《조선일보》1939.7.28;「山中으로 誘引 牛車夫壓殺」,《조선일보》1939.7.30).
163 경주시 탑정동에 있는 남간사지(南澗寺址).

의 변천 속에는 인류의 상상 이외의 사실이 있으므로 본보 기자가 직접 조사 착수해본 결과 완전히 조언(造言)으로 판명되었다.

사실인즉 경주읍 교리(校里) 김임상(金壬祥)이란 사람이 남간 어느 집 결혼식에서 날이 저물어 술에 취해 오다가 자기 관리의 산에 올라가 고함을 쳐본 것을 교리 사마소[164]에서 놀던 일군이 쫓아가 데리고 온 일이 있었는데, 이것을 계기로 하여 수박밭 임자들이 이런 말을 지어서 이로 인하여 밤으로 수박 도적을 맞지 않도록 한 계책이라 하며, 또한 산지기들이 남의 임야를 보는데 근일 야음을 타서 송목[165]을 절취해 가는 일이 많으므로 이러한 헛말을 꾸며서 사람들의 밤출입을 못 하도록 함이란 것을 알게 되었다.

일반은 경찰국이 이렇게 조언하는 자를 앞으로 엄중히 취체해주기를 바란다고 한다.

성냥(燐寸)이 품귀(品貴)

《조선일보》 1939. 12. 11. 석간 3면

【광량만(廣梁灣)】일상생활에 반시라도 없지 못할 성냥이 광량만 지방에도 품귀가 되어 항간에서는 여러 가지 유언비어가 떠돌고 있다는데, 이때를 기화로 악덕[166] 잡화 상인들이 공정가격을 무시하고 폭리를 취하는 경향이 많다고 일반은 경제경찰 당국의 엄중한 취체를 바란다고 한다.

---

164 사마소(司馬所): 조선시대에 각 지방의 고을마다 생원과 진사들이 모여 강학을 하고 정치를 논하던 곳. 여기서는 그 건물을 말한다.
165 송목(松木): 소나뭇과의 모든 식물을 통틀어 이르는 말.
166 원문은 '덕'으로 되어 있는데, 글자 누락으로 보여 수정함.

촌철(寸鉄)

《조선일보》1940. 1. 20. 석간 4면

▶ 항간(巷間)에는 '부동산 금융 금압(禁壓)'이란 데마가 사실인 것 같이 유포.

▶ 자금통제 강화를 잘못 안 모양인데, 이런 것은 악질의 유언비어.

▶ 심지어 금융기관에 재무국에서 통첩했다는 소리까지 있으니, 이렇게 상식 없는 소리가 있을까.

▶ 토지 브로커를 배격하자, 농경지에 건전히 투자하자.

▶ 부동산뿐 아니라 어느 것이나 투기나 사혹(思惑)은 전시하 금물.

▶ 방만한 부동산 금융은 평시에도 금융기관에서 가장 피해야 할 일인 것은 재언불요(再言不要).

▶ 악성 인플레 방지, 저물가 정책수행, 금융 통제상 투기 조장의 불건실(不健實)한 금융이 절무(絶無)인 것을 인식하라.

남선북마(南船北馬)

《조선일보》1940. 1. 22. 석간 3면

최근 경북 일대에는 한해가 빚어낸 색다른 유언비어로 누구의 발설인지 "작년의 가뭄이 구정 과세 폐지에 있다"라는 것이다. ▶ 이로 말미암아 어리석은 백성들이 구정 과세 준비를 하는 경향이 있다. ▶ 이에 대구부에서는 이 기회에 다시 한층 더 이중과세 폐지의 철저와 생활 쇄신의 실적을 드러내고자 부윤 명의로 부민에게 격문을 발하였다 하며, ▶ 한편 경찰 당국에서는 이 종류의 유언비어자가 적발되는 대로 철저히 징계할 방침이라 한다. (대구)

물자 부족의 비언(蜚言) 조어(造語)코
필수품에 폭리(暴利)

《동아일보》 1940. 2. 6. 조간 3면, 석간 7면

【언양(彦陽)】 경남 언양 지방에는 물자 결핍이라는 유언비어를 만들어 가지고 취체 당국의 눈을 속여 갖은 물자에 큰 폭리를 취한다고 하는데, 이를 탐문한 바에 의하면 여자용 고무화 1족에 2원 50전이라는 엄청난 값을 받는 것을 필두로 일상 가정의 필수품에 한하여는 한층 더 폭리를 취한다는 바, 경경의 철저한 취체를 요망한다고 한다.

괴산(槐山)에 괴기미신(怪奇迷信)

《조선일보》 1940. 2. 9. 조간 3면

【괴산(槐山)】 전 조선 각처에 퍼진 천연두는 결국 충북에도 침입되어 일반 주민들을 놀라게 하는 이즈음, 읍촌을 물론하고 이상한 유언비어가 어느 사람의 입으로부터 나왔는지는 알 수 없으나 음력 섣달그믐날 집집마다 쌀 두 되, 서 되씩 시루떡을 하여 먹었다고 한다. 그 이유를 들은 바에 의하면, 홍역을 예방하는 데는 입춘(立春)이 지난 이틀 만에 식구 수 나이대로 자기 숟가락을 가지고 쌀을 떠서 1년 묵은 시래기를 삶아 떡가루에 섞어 시루떡을 해서 타인에게는 절대로 주지 않고 식구끼리만 먹으면, 그 떡을 하여 먹은 집에는 홍역이 침범하지 않는다고 하여 그와 같이 집집마다 떡을 한 것이라는데, 그와 같이 떡을 해 먹고 예방만 된다면 그런 다행이 어디 있으련마는, 이것이 미신에서 나온 말인 줄을 번연히 알고도 이런 짓을 하는 것을 볼 때 한심하기 짝이 없다고 한다.

10만 석(石)은 매장(買藏)

유언비어에 현혹(眩惑)도 원인의 하나

쌀 딸리는 원인 판명

《매일신보》1940. 4. 11. 2면

별항과 같이, 다른 도(道)에 비해 경기도만은 여러 가지 사정으로 제일 많이 쌀을 들여옴에도 불구하고 그렇게 거리마다 쌀 걱정으로 장사진을 치고 있는 것에 대해서, 국장은 다음과 같은 ■■를 말한다.

1. 지난번 경성·인천·개성의 세 곳을 조사한 결과, 50석 이상 사둔 사람이 많았던 것에 비추어 지금도 적어도 10만 석은 매장되었다는 것.
2. 그렇게 싸전마다 늘어선 사람 중에는 어린애와 부녀자가 많은데, 이들의 뒤를 밟아 실제로 조사를 한 결과 전부 그렇다는 것은 아니나 역시 며칠 먹을 쌀은 준비되어 있다는 것.
3. 그다음은 유언비어, 즉 앞으로는 쌀이 더 비싸지게 되니까 이때 사두지 않으면 안 된다는 생각으로 그렇게 미리 악을 쓰고 나서나, 햅쌀이 나올 때까지는 절대로 쌀값이 안 오를 것.
4. 이것도 유언비어나, 앞으로는 쌀이 없어지며 양쌀(外米)[167] 만을 먹게 된다는 그 말에 그렇게들 야단이나, 그렇게 외지 쌀이 넉넉히 들어오기가 어려운 사정이 있다는 것.

마(魔)의 '일방(日紡)' 운하(運河)에 익사사건(溺死事件)이 속발(續發)

청진부민(淸津府民) 억측도 구구(區區)

《조선일보》1940. 6. 16. 조간 3면

【함북지사발(咸北支社發)】청진부 수남정에 대일본방적(大日本紡績)이 조업을 개시한 이래 완연 일대 방적왕국을 건설한 반면, 생명의 희생을 당한 비참한 사실도 연속 발생하여 15만

---

[167] '양쌀(外米)'은 원문 대로의 표현이다.

부민의 신경을 날카롭게 하고 있다.

일본방적회사에서 상수남정(上水南町)을 횡단하여 배수구(排水溝) 용으로 운하를 팠는데, 작년 이래 그 운하에서 수십 명의 희생자를 보게 되어 마(魔)의 살인 운하라고 별명을 듣게 된다. 행방불명이 되면 그 운하에서 죽은 것으로 인정하고 운하를 샅샅이 뒤져서 시체를 찾은 일이 비일비재라 한다.

대개 죽은 자는 술을 과도히 먹고 다리를 찾아 그 운하를 건너려다가 잘못하여 빠져 죽은 것으로 인정되어왔다. 그런데 요사이 청진부 내에 그 운하에 익사한 사건의 이면에 갱단이 있다는 이상한 풍문이 몹시 떠돌아다닌다.

이 유언비어는 부내에 퍼져서 하나의 화제로 되었는데, 마의 일본방적 운하에서 다수의 희생자가 연속 발생하는 것을 일반 부민은 의혹의 눈으로 보는 것만은 사실인데, 일본방적회사에서 그 운하 주위에 전혀 아무런 방비가 없다는 것은 회사 자체의 큰 실책이 아닐 수 없다고 한다.

딱총

《조선일보》1940. 6. 27. 조간 2면

미나미 총독 국장회에서 유언비어를 한층 취체하라고 재삼 강조.

　　○

귀한 쌀밥 먹고 허튼수작하는 것은 원체 밑지는 장사니까.

　　○

보국채권 날개 돋친 듯 잘 팔린다고.

　　○

알 먹고 꿩 먹고, 너나 할 것 없이 다 한 장씩 삽시다.

소식통
조언비어 제조회사

《매일신보》1941. 2. 20. 3면

최근 뉴욕을 중심으로 한 미국에서는 조언비어 제조회사가 굉장한 세력으로 속출하여 참전(參戰)에 광분하는 미국 수뇌부의 의사를 민중 가운데 교묘히 넣어주고 있다. 즉 미국 수뇌부에 반대하는 민중의 수효가 상당한데, 눈을 붙인 정부에서 조언회사를 매수하여 "독일은 살인 광선을 뿌린다", "뉴욕에는 폭탄을 가진 스파이가 있다"라고 하는 데마를 유포시켜 민중을 선동하고 있다는 것으로, 최근 각 주(州)에는 이와 같은 조언비어 회사가 많이 생겼다는 것이다.

Ⅱ

일제 당국의 유언비어 조사

해제

　제2장은 일제 검찰 당국의 유언비어 관련 조사자료를 시기순으로 수록하였다.[1] 확대되어 가는 전쟁을 위한 군사적·경제적 기반을 마련하기 어려웠던 일제 당국으로서는 강력한 '황국신민화'정책을 통해 식민지 조선 민중의 '일본 국민', '천황의 신민(臣民)'으로서의 자각을 높이는 것이 매우 중요했다. 이러한 상황에서 전시유언비어 등 각종 '불온 언동'의 횡행은 '총력전 체제'를 주창한 일제의 전력(戰力)에 큰 손실을 가져다주는 것이 분명했다. 따라서 일제는 '일본 국민'으로서의 자각과 통일된 의식이 거의 없었던 조선 민중에게 '불온 언동'의 방지와 처벌 대책을 더욱 강력하게 이중·삼중으로 실행할 수밖에 없었다. 이러한 대책을 마련하기 위해서는 실제 유언비어의 추이와 내용을 분석하는 것이 선행되어야만 했다. 따라서 전시체제기에 일제 당국은 주기적으로 조선인 유언비어의 내용을 조사했던 것이다.[2] 수록한 자료는 다음 네 종류이다.

1. 조언비어의 죄에 관한 조사(1938년 3월)
2. 조언비어죄에 관한 조사(1939년 12월)
3. 한해에 대한 유언비어 상황(1940년 9월)
4. 『조선검찰요보』 수록 유언비어 조사(1944년)

---

[1] 여기에 수록한 자료 외에도 일제 당국의 유언비어 조사자료는 더 있다. 그런데 기존에 출판된 '일제침탈사 자료총서' 중 '유언비어' 관련 자료집 2권에 이미 수록된 자료는 대부분 제외하고 본 장을 기획하였다. 첫 번째 자료인 「造言飛語の罪に關する調査」(『思想彙報』 14, 高等法院 檢事局 思想部, 1938.3)의 경우만 기존 출판된 자료집과 중복된다. 왜냐하면 이 자료에 이어서 게재한 두 번째 자료의 경우 기존 출판 자료집에는 누락되어 있기 때문이다. 그런데 『사상휘보』에서 '조언비어 조사'라는 명목으로 공식 수록한 것은 이 두 건밖에 없으므로 부득이하게 재차 수록했음을 밝혀둔다.

[2] 전시유언비어의 전체적인 추세와 성격 등에 대해서는 변은진, 2013, 『파시즘적 근대체험과 조선민중의 현실인식』, 선인, Ⅲ장 2절(209~230쪽) 참조.

1항의 「조언비어의 죄에 관한 조사」와 2항의 「조언비어죄에 관한 조사」는 고등법원 검사국 사상부에서 발행된 『사상휘보(思想彙報)』 제14호(1938년 3월)와 제21호(1939년 12월)에 각각 수록된 자료이다. 1항의 자료는 1937년 7월 중일전쟁 발발 이후부터 1938년 2월 25일까지 일제 검찰에서 조사한 것으로서, 검찰사무보고서에 기초하여 정리한 것이다. 2항의 자료는 1937년 7월부터 1939년 9월까지 전국의 각 지방법원 검사정(檢事正)이 검찰 당국에 보낸 보고에 기초하여 정리한 것이다. 1항의 자료는 월별 및 수리청별(修理廳別) 발생 건수나 인원의 정리와 실제 각각의 유언비어 내용도 소개하고 있다. 2항의 자료는 1항의 조사내용도 포함하여 전체적으로는 훨씬 더 상세하게, 즉 통계 차원에서 발생 건수나 인원 등의 전체적인 개황뿐만 아니라 각 죄의 형명(刑名)이나 '범인'의 신상 조사, '범죄'의 동기 등에 이르기까지 상세하게 분석 정리했다는 특징이 있다. 다만, 2항의 자료에는 각각의 유언비어 내용이 상세히 소개되어 있지는 않다.

3항의 「한해에 대한 유언비어의 상황」 역시 일제 검찰의 조사로서 『사상휘보』 제24호(1940년 9월)에 수록되어 있다. 중일전쟁이 장기화해간 상황에다 1939년 이래 중부 이남 7개도를 엄습했던 최악의 가뭄 상황이 겹치면서 실제로 여러 유형의 유언비어가 증가해간 현실 속에서, 그 단속과 민중 계몽의 방안을 마련하기 위해 조사한 것이다. 조사 대상 시기는 1940년 1월부터 5월 사이의 것으로 짧지만, 가뭄에 대한 유언비어의 내용을 구체적으로 소개하고 있어서 흥미롭다. 전시체제기 조선 민중의 유언비어는 실제 전황(戰況)의 전개, 이에 따른 당국의 구체적인 정책 변화 등과 밀접한 관계를 지니고 있었다. 그런데 1939년의 큰 가뭄이 1940년까지 계속되자 민중들은 실제 전황(戰況)과 자연 현상인 가뭄을 서로 연결해 해석하기 시작했으며, 이는 유언비어라는 형태로 전국 각지로 퍼져갔다. 게다가 '장고봉(長鼓峰) 사건'에 뒤이어 심한 가뭄이 겹치면서 민심은 더욱 어지러워졌고 유언비어가 난무하기 시작했던 것이다. 이 시기 유언비어는 전황이나 정책의 변화에 따른 민중의 심리를 반영하는 하나의 창구였음을 잘 보여준다.

　마지막으로 4항 역시 고등법원 검사국의 『조선검찰요보(朝鮮檢察要報)』에 실린 유언비어 조사 자료들을 수록하였다. 사실상 태평양전쟁기, 특히 1944~1945년 시기의 상황을 구체적으로 살필 수 있는 자료가 거의 없는 상황에서 이 자료에 의존해서만 실상을 구체적으로 파악할 수 있는 셈이다. 『조선검찰요보』 제1호(1944년 3월)에 실린 「시국 관계 불온언론사범(不穩言論事犯)」 이른바 조언비어범을 중심으로 하여 다양한 직업군의 인물들이 주고받은 '불온'한 이야기가 포함되어 있다. 제6호(1944년 8월)에 실린 「징병검사장에서 반도인 장정의 조언비어(전주 검사정 보고)」, 「적측 모략 방송 도청에 기초한 유언비어(함흥 검사정 보고)」, 「기타큐슈지구(北九州地區) 공습에 관한 조언비어(후쿠오카 검사정 통보)」, 그리고 제7호(1944년 9월)에 실린 「적기 내습에 따른 민정 일편」 중 유언비어 관련 부분을 통해 종전(終戰)을 앞둔 시점에서 조선인 사회 내의 일제 패망과 조선 독립에 대한 바람 등의 분위기를 잘 알 수 있다

\<자료 5\>

조언비어(造言飛語)의 죄에 관한 조사[3]
(고등법원 검사국 사상부, 1938.3)

작년 7월 지나사변 발발 이래 올해 1월 말일 사이에 조선 내에서 발생한 조언비어의 죄에 관한 것으로서, 올해 2월 25일까지 당국에서 행해졌던 검찰사무보고서에 기초한 조사이다.

먼저 그 발생 일시별로 이를 살펴보면 별표(別表)와 같아서, 사변 발발 다음 달인 작년 8월이 최다로 11건, 14명에 이른다. 그 후 10월에 9건, 9명을 최고로 점차 감소했으며, 12월에는 불과 2건, 2명이 되었고, 올해 1월에는 전혀 없었다. 이를 근거로 보면, 군대 등 수송이 가장 왕성함에도 황군에서 아직 결정적인 승리를 펼치지 못한 시기에 가장 많았고, 이러한 수송 등이 없어지고 게다가 상해(上海)·남경(南京) 등이 함락되어 황군의 대승이 확고부동해짐에 따라 격감했음을 알 수 있다.

수리청(受理廳) 별로 보면, 함흥(咸興)·광주(光州) 등이 각각 9건으로 가장 많고, 경성(京城) 8건, 부산(釜山) 5건 등으로 그다음이다. 조언비어자의 대부분은 조선인이며, 그 외 내지인(內地人)[4] 6명, 지나인(支那人) 3명이었다. 성별로 보면, 남자가 47명임에 비해 여자는 3명이다. 연령으로는 21세 이상 30세까지의 이른바 청년계급이 단연 많으며, 게다가 노동자 계급인 자로서 무학자(無學者)가 가장 많은 점이 눈에 띈다. 그 범죄사실의 개요와 처분 등은 별표와 같다.

---

3 「造言飛語の罪に關する調査」, 『思想彙報』 14, 高等法院 檢事局 思想部, 1938.3, 78~96쪽.
4 '내지인(內地人)'은 일본인을 말한다. 당시 일제는 행정법상으로 일본 본토를 '내지', 그 외의 식민지 지역 등을 '외지(外地)'로 구분하여 사용하였으며, 이에 준하여 '내지인', '외지인'이라고 불렀다. 이는 공식적·법적으로는 서양의 '식민지'와는 다름을 표방하면서 내적으로 차별을 둔 것이었다.

1. 월별 범죄 발생 건수, 인원 조사

월별 \ 건수·인원	건수	인원
1937년 7월	7	7
1937년 8월	11	14
1937년 9월	5	9
1937년 10월	9	9
1937년 11월	7	9
1937년 12월	2	2
1938년 1월	-	-
합계	41	50

2. 수리청(受理廳)별 조사

청별 \ 건수·인원	건수	인원
경성	8	8
공주	1	1
함흥	9	16
청진	-	-
평양	2	2
신의주	2	2
해주	1	1
대구	2	2
부산	5	5
광주	9	11
전주	2	2
합계	41	50

3. 남녀별 조사

종별	남	여	계
인원	47	3	50

4. 인종별 조사

종별	내지인	조선인	지나인	계
인원	6	41	3	50

5. 연령별 조사

종별	20세 이하	21~30세	31~40세	41~50세	51세 이상	계
인원	11	20	8	5	6	50

6. 직업별 조사

종별	인원
노동·인부	9
농업	6
상업	6
직공·목수(大工)	6
일반고용인	5
회사원	2
상점원	2
관공서 고용인	1
화공(畫師)	1
회당(會堂) 목사	1
전료사(電療師)	1
선원(船員)	1
주조업(酒造業)	1
여인숙업	1
토지중개업	1
무직	6
합계	50

7. 학력별 조사

종별	무학	초등	중등	고등	불상(不詳)	계
인원	7	3	1	1	38	50

8. 처분별 조사

종별	기소			불기소			합계
	구공판(求公判)	구예심(求豫審)	계	기소유예	기소중지	계	
인원	39	1	40	10	-	10	50

9. 범죄사실의 개요

- 본적·주거
  - 본적: 강원도 원주군(原州郡) 흥업면(興業面) 흥업리(興業里) 453
  - 주거: 경성부(京城府) 본정(本町) 5정목(丁目) 50
- 직업·성명(氏名)·연령
  - 카페 보이, 강현상(姜顯相), 현 20세
- 수리청명(修理廳名) / 처분연월일 / 요지
  - 경성[5]
  - 1937년(昭和 12) 10월 20일, 구공판(求公判)[6]
  - 1937년(昭和 12) 11월 13일, 금고(禁錮) 6월
- 범죄 일시 및 범죄 개요
  - 1937년(昭和 12) 7월 16일
  - 이번 일지사변(日支事變)은 조선인도 차남 이하는 모두 소집되어 출정하는 것으로 되어, 나를 비롯해 귀녀(貴女)의 남편 역시 출정하도록 결정되었다. 그리고 지나(支那) 병사는 상당히 강하기 때문에 일본은 패전할지도 모른다. 이때 지나 병사는 조선인 남자를 다 죽이고 처녀는 모두 그들의 첩이 될 것이다.

- 본적·주거
  - 본적: 전라북도[7] 금산군(錦山郡) 남일면(南一面) 삼태리(三台里) 번지 불상

---

5 경성지방법원. 이하 동일.
6 구공판(求公判): 공소를 제기하는 방식의 하나로서, 정식으로 재판을 청구한다는 법률 용어.
7 원문은 '전라남도'인데 오기로 보여 수정하였다. 금산군은 당시 전라북도에 속했으며, 오늘날은 충청남도에

- 주거: 경성부 청엽정(青葉町) 2정목 71
• 직업·성명·연령: 용달사(用達社)[8] 점원, 최대식(崔大植), 현 24세
• 수리청명 / 처분연월일 / 요지
  - 경성
  - 1937년(昭和 12) 8월 24일
  - 기소유예
• 범죄 일시 및 범죄 개요
  - 1937년(昭和 12) 7월 25일부터 7월 29일 사이
  - (1) 나는 2~3일 중에 지나에 인부로 갈 터인데, 너희도 군사령부로 가서 부탁하면 곧바로 지나로 갈 수 있을 것이다.
  - (2) 인부로 지나에 가면 남자 인부는 하물(荷物) 운반 외에 사체(死體) 관련 취급 등의 일을 하고, 여자는 밥 짓기를 할 것이다.
  - (3) 군사령부에서는 지나로 갈 인부를 다수 모집하고 있으며, 그 급여금(給與金)은 집 정리비 및 여비로 200~300엔은 줄 것이다.

• 본적·주거
  - 본적: 도쿄시(東京市) 도시마구(豐島區) 닛포리(日暮里) 아사히초(旭町) 1초메(丁目) 10
  - 주거: 경성부 고시정(古市町)[9] 35
• 직업·성명·연령
  - 조선총독부 고원(雇員)[10], 마쓰오카 다키오(松岡多喜夫), 현 28세
• 수리청명 / 처분연월일 / 요지
  - 경성
  - 1937년(昭和 12) 8월 24일

속한다.
8 용달사(用達社)는 배달을 전문으로 하는 업체를 말한다.
9 고시정(古市町): 현 용산구 동자동(東子洞) 일대의 일제강점기 명칭. 경부선 철도를 설계한 일본인 토목학자 후루이치 고이(古市公威)의 성을 따서 붙였다.
10 고원(雇員): 관청에서 사무를 돕기 위하여 두는 임시직원.

- 기소유예
• 범죄 일시 및 범죄 개요
  - 1937년(昭和 12) 8월 2일 및 8월 4일
  - (1) 이번 소집 병사 중 탈주한 자가 있다, 그는 명치정(明治町) 다키가와총포점(瀧川銃砲店)의 아들이다.
  - (2) 내가 7~8명의 장교로부터 들어서 알게 된 것이므로 이는 사실이 틀림없을 것이다.

• 본적·주거
  - 본적: 함경남도 정평군(定平郡) 문산면(文山面) 중흥리(中興里) 번지 불상
  - 주거: 경성부 숭인정(崇仁町) 61번지 109호
• 직업·성명·연령
  - 무직, 한봉식(韓鳳植), 현 21세
• 수리청명 / 처분연월일 / 요지
  - 경성
  - 1937년(昭和 12) 12월 24일, 구예심(求豫審)[11]
  - 1938년(昭和 13) 1월 31일, 공판 회부(「치안유지법」과 병합)
• 범죄 일시 및 범죄 개요
  - 1937년(昭和 12) 8월 중순
  - 이번 지나사변에 즈음하여 조선에서 등화관제(燈火管制)를 실시한 것은 지나군 비행기의 습격에 대비하고자 한 것이다. 시국의 진전에 따라 러시아는 지나를 응원하고 일본과 전쟁을 개시하게 될 것이다. 이렇게 되면 세계에서 제일 우수하다고들 하는 러시아 비행기는 블라디보스토크 방면에서 조선 내로 날아와 조선 내의 중요 도시와 공장지대, 특히 흥남질소회사(興南窒素會社)에 폭탄을 투하할 것이다. 내 고향은 이 회사와 인접해 있으므로 그 뒷맛(餘味)을 보게 되어 우리의 생명은 위험에 빠질 것이다.

---

11 구예심(求豫審): 공소 제기 후 정식 공판 전에 예심을 청구한다는 의미의 법률 용어. 일제강점기에는 일반적으로 예심제도를 채택하여 '악법적'으로 운영되었으나, 오늘날에는 폐지되고 공판중심주의로 운영되고 있다.

그러므로 우리는 극력 일지(日支)·일소(日蘇) 개전(開戰)에 반대해야 한다.

- 본적·주거
  - 본적: 강원도 평창군(平昌郡) 대화면(大和面) 하안미리(下安味里) 1457
  - 주거: 강원도 평창군 대화면 하안미리 1118
- 직업·성명·연령
  - 여인숙업, 송사언(宋士彦), 현 43세
- 수리청명 / 처분연월일/ 요지
  - 경성
  - 1937년(昭和 12) 10월 5일, 구공판
  - 1937년(昭和 12) 11월 6일, 금고 10월(「보안법」과 병합)
- 범죄 일시 및 범죄 개요
  - 1937년(昭和 12) 8월 19일
  - 조선인에게는 현재 천황(天皇)이 없으므로 이번 북지사변(北支事變)에서 지나가 이기면 나는 지나로 귀화(歸化)할 것이다. 일본은 욕심이 많아서 조선과 만주를 점령하고, 또 지나 영토를 탈취하기 위해 북지사변을 야기한 것이다.

- 본적·주거
  - 본적 및 주거: 경기도 수원군 서신면(西新面) 매화리(梅花里) 361
- 직업·성명·연령
  - 농업, 윤경의(尹敬誼), 현 44세
- 수리청명 / 처분연월일 / 요지
  - 경성
  - 1937년(昭和 12) 11월 11일, 구공판
  - 1937년(昭和 12) 11월 27일(제1심), 금고 10월
  - 1938년(昭和 13) 2월 9일(제2심), 금고 6월
- 범죄 일시 및 범죄 개요

- 1937년(昭和 12) 9월 3일
- (1) 신문지상에서는 일본군이 연승(連勝)하는 것처럼 선전하고 있지만, 사실은 지나 군이 강하여 일본군은 져서 수많은 전사자를 내어, 매일 그 유골이 송환됨과 동시에 군인이 전쟁터로 보내지고 있다. 일본군이 이길 전망은 없으니, 출정 군인의 전송 등은 쓸데없다.
- (2) 자네들이 출정 군인을 전송하는 것은 소용이 없다. 현재 일본 군대에서는 수많은 전사자가 있어서 그 결원을 보충하기 위해 자네들도 끌어내려고 하는 것이다. 이를 위해 현재 관청에서는 각 리(里)의 청년단(青年團)·소년단(少年團)·소방조(消防組) 등 여러 종류의 단체를 무리하게 조직하고 있다. 자네들을 끌어내는 것은 일본군의 앞에 세워 탄환 대신 사람의 목숨을 죽게 하는 것이다. 이런 것도 모르고 기뻐하며 출정 군인을 전송하는 것 따위는 스스로를 죽음으로 내모는 것과 같은 것이다.

- 본적·주거
  - 본적: 도치기현(栃木縣) 우쓰노미야시(宇都宮市) 하시다초(橋田町) 1494
  - 주거: 인천부(仁川府) 욱정(旭町) 63
- 직업·성명·연령
  - 화공(畫師), 니시키 하지메(錦一), 현 54세
- 수리청명 / 처분연월일 / 요지
  - 경성
  - 1937년(昭和 12) 9월 30일, 구공판
  - 1937년(昭和 12) 10월 7일, 금고 6월
- 범죄 일시 및 범죄 개요
  - 1937년(昭和 12) 9월 11일
  - (1) 내가 9월 2일 대련시(大連市)에서 숙박 중 모 통역관과 함께 자리하면서, 그 지역에서 600명의 붕대를 감을 여자 인부를 모집하고 있으므로, 이러한 다수의 인부를 필요로 한 상태로 미루어 보아 우리 군 전사상자(戰死傷者) 수는 수만 이상일 것이다.

만주사변(滿洲事變) 이래는 지나 군대도 일치단결하여 강해져서 옛날의 찬코로[12]가 아니다. 전술도 상당히 진보했기 때문에 황군은 악전고투(惡戰苦鬪)를 거듭하여 따라서 전사상자도 헤아릴 수 없다.

(2) 북지(北支) 지방은 강우량이 많아 이쪽 방면에서 활동하는 군대는 진흙탕 속에 빠지면 깊이가 가슴까지 빠지고, 탄환이 명중하면 넘어져서 진흙을 먹으며 죽어가는 것이다. 또 탄환이 명중하더라도 진흙 속이라서 상처 부위가 판명되지도 않는 부상자를 데려다가 진흙을 씻어내고 수당을 주는 모양새로, 실로 악전고투한다. 피아(彼我)가 비등비등한 실력이라면 겨우 이기는 상태로서, 이러한 사실은 우리 신문지에는 보도되지 않는다. 군부는 고의로 그 게재를 금지하여 민간에서는 이러한 진실을 알지 못하게 하여 단지 전승만 계속 기뻐하고 있다.

(3) 대련(大連) 부두에서는 어용선(御用船)[13]이 안벽(岸壁)에 계류(繫留)되어 있어도 병사들은 하선(下船)이 허용되지 않기 때문에, 담배(煙草)가 결핍되면 선내(船內)에서 손을 뻗어 육상에 있는 자들에게 담배를 달라고 조르는 모습은 실로 애처롭다. 기다렸다가 갑판을 향해 담배를 던져주면 이것을 받은 병사들은 한 개비의 담배를 여러 사람이 돌려가며 끽연하는 모양새로, 수송 중인 병사도 제일선의 병사도 이와 같은 부자유함을 계속 견뎌야 한다. 군부의 처치는 정말로 좋지 않은 상황이다. 이렇게까지 일본 정부는 전비(戰費)의 결핍을 초래한 상황에 있어서, 이번 사변이 3년간이나 계속된다면 일본은 재정 파탄을 불러와 다시 일어서기 어려워지게 될 것이다.

- 본적·주거
  - 본적: 경성부 청엽정(靑葉町) 3정목 59
  - 주거: 경성부 강기정(岡崎町) 84
- 직업·성명·연령

---

12 찬코로: 중일전쟁 이후 일본에서 중국인을 낮추어 부르던 비속어. 청국노(淸國奴)의 일본식 발음으로, 이 말이 한국에 전해져서 '짱꼴라'가 되었다.
13 어용선(御用船): 임금이나 왕실에서 쓰던 배. 공공(公用)을 위하여 쓰는 배.

- 토지중개업, 오수현(吳壽晛), 현 47세
- 수리청명 / 처분연월일 / 요지
  - 경성
  - 1937년(昭和 12) 11월 9일, 구공판
  - 1937년(昭和 12) 11월 17일, 금고 3월
- 범죄 일시 및 범죄 개요
  - 1937년(昭和 12) 10월 20일
  - 이번 지나사변에서는 일본군이 패전하고 있기 때문에 47~48세 정도의 노병(老兵)까지도 출정해야 하는 모양이다. 어떤 나라에서도 패전하지 않으면 노병을 소집한 적은 없다.

- 본적·주거
  - 본적: 경상북도 의성군(義城郡) 단밀면(丹密面) 주선동(住仙洞) 번지 불상
  - 주거: 부정(不定)
- 직업·성명·연령
  - 노동, 황쇠불이(黃釗佛伊), 신문 등 당시 자료에서 황쇠불이,[14] 현 38세
- 수리청명 / 처분연월일 / 요지
  - 공주[15]
  - 1937년(昭和 12) 8월 19일, 구공판
  - 1937년(昭和 12) 8월 26일, 징역 1년(「보안법」 위반 및 주거침입의 병합)
- 범죄 일시 및 범죄 개요
  - 1937년(昭和 12) 7월 30일
  - (1) 화차(貨車) 수송으로 힘들게 파견되어 간 일본 병사들이 목이 잘린 채로[16] 수십 량의 급행열차로 송환되는 것을 목격했다.

---

14 황검불이(黃劍佛伊), 황금불이(黃金佛伊) 등 인명이 다양하게 기록되어 있다.
15 공주지방법원.
16 원문은 "生首トナリ". 生首(なまくび)는 방금 잘린 사람의 목을 뜻하는데, 일본어에만 있는 표현이다.

(2) 일본은 매일 20회에 걸쳐 군대를 수송하는데, 그 1회의 수송병 수는 2천 명을 돌파하여 1개월이나 계속되고 있다. 그러나 지나는 서양 여러 나라 및 러시아, 만주국(滿洲國)의 원조를 받고 있어서 결국 3 대 1의 비율이니, 일본의 전승은 가망이 없다.

(3) 일본군의 손해는 대략 20만 엔에 달하고, 또 조선 내에 거주하는 지나인은 일본 정부에게 거액의 금전을 바쳐서 목숨을 구걸하고 있다.

(4) 신문에 보도되는 바에 의하면 전사자 수는 지나군이 다수라고 하지만, 사실은 일본군이 다수이다.[17]

- 본적 · 주거
  - 본적: 원산부(元山府) 중리4동(中里四洞) 6
  - 주거: 원산부 중리1동 33
- 직업 · 성명 · 연령
  - 권번(券番) 서기(書記), 주순덕(朱淳德), 현 20세
- 수리청명 / 처분연월일 / 요지
  - 함흥[18]
  - 1937년(昭和 12) 9월 14일, 구공판
  - 1937년(昭和 12) 9월 30일, 금고 8월
- 범죄 일시 및 범죄 개요
  - 1937년(昭和 12) 8월 10일, 8월 18일
  - 신문에서는 지나인만 많이 죽었다든가 각지로 피난한다고 발표하고, 일본 군사(兵隊)가 죽었다는 것은 발표하지 않아도 사실은 많은 사람이 죽임을 당하였다. 대포(大砲)나 철포(鐵砲)의 탄(彈)에 맞고도 죽지 않는 자가 있겠는가. 러시아가 지나를 도와 가세할 때는 일본은 당할 수 없다. 러시아와 전쟁이 시작되면 원산은 요새지대이므로

---

17 원문의 조판이 다소 잘못되어 있는데, 바로잡아 번역하였다.
18 함흥지방법원. 이하 동일.

위험천만이다.

- 본적 · 주거
  - 본적: 구마모토현(熊本縣) 야쓰시로군(八代郡) 오타고마치(太田鄕町)
  - 주거: 함경남도 함주군(咸州郡) 흥남읍(興南邑) 호남리(湖南里) 3구(區)
- 직업 · 성명 · 연령
  - 연공(鳶工),[19] 후쿠오카 히로쿠라(福岡博藏), 현 ■9세[20]
- 수리청명 / 처분연월일 / 요지
  - 함흥
  - 1937년(昭和 12) 10월 22일, 기소유예
- 범죄 일시 및 범죄 개요
  - 1937년(昭和 12) 8월 ■■일부터 수일간
  - 소학생(小學生)[21] 이 폭탄을 휴대하고 경성부 밖 ■■■■를 폭파하려다 발각되어 헌병대에게 총살당했다.

- 본적 · 주거
  - 본적 및 주거: 함경남도 단천군(端川郡) 남두일면(南斗日面) 이상리(梨上里) 곽성촌(郭城村) 156
- 직업 · 성명 · 연령
  - 농업, 이지선(李枝先), 현 32세
- 수리청명 / 처분연월일 / 요지
  - 함흥
  - 1937년(昭和 12) 11월 10일, 구공판
  - 1937년(昭和 12) 11월 18일, 금고 4월
- 범죄 일시 및 범죄 개요

---

19 연공(鳶工): 높은 곳에 올라가거나 높은 곳에 매달려서 하는 일을 전문으로 하는 기술자.
20 39세로 추정된다.
21 소학교 학생.

- 1937년(昭和 12) 8월 17일
- 내가 최근 단천읍(端川邑)에 갔을 때 읍내 도로 위에서 단천 군수가 남두일면 공립보통학교장에게, 현재 전국(戰局)은 일본군이 계속 패배하고 있는 것은 사실이지만 사실의 진상을 일반에게 발표하면 인심이 동요하므로 표면상으로는 일본군이 계속 승리를 점하고 있는 취지로 선전하고 싶다는 의뢰가 있었다고 들었다.

• 본적 · 주거

  이영구(李榮九)
  - 본적 및 주거: 함경남도 북청군(北靑郡) 덕성면(德城面) 수서리(水西里) 545

  송국도(宋國道)
  - 본적: 평안남도 강동군(江東郡) 삼일면(三壹面) 봉래리(鳳來里) 531
  - 주거: 원산부 상동(上洞) 28

  이극모(李極模)
  - 본적: 함경남도 북청군 덕성면 수서리 580
  - 주거: 원산부 용동(龍洞) 68

  유진호(柳晉浩)
  - 본적: 경성부 화원정(花園町) 222
  - 주거: 원산부 신흥동(新興洞) 74

• 직업 · 성명 · 연령
  - 무직, 이영구(李榮九), 현 24세
  - 목공, 송국도(宋國道), 현 29세
  - 신발가게(靴商) 점원, 이극모(李極模), 현 28세
  - 제화공(靴工), 유진호(柳晉浩), 현 27세

• 수리청명 / 처분연월일 / 요지
  - 함흥

  이영구, 송국도
  - 1937년(昭和 12) 11월 1일, 구공판

- 1937년(昭和 12) 12월 8일, 금고 6월

이극모, 유진호
- 1937년(昭和 12) 11월 1일, 기소유예

• 범죄 일시 및 범죄 개요
- 1937년(昭和 12) 8월 23일, 24일, 25일
- (1) 지나 비행기가 폭탄을 많이 싣고 상해 일본 조계지(租界地)에 있는 12층의 일본 호텔 상공을 날아온 것을 일본 군함(軍艦)이 고사포(高射砲)로 사격하자, 이 비행기는 그 호텔 위로 추락하여 일본인 피난민 약 500명이 죽었다.
- (2) 지나 비행기는 폭탄 투하 후 회전(曲轉)하면서 상승하는데, 일본 비행기는 구식이라서 폭탄 투하 후 직진으로 상승하기 때문에 고사포에 파괴되기 쉽다.
- (3) 지나 비행사는 현재 독일인이나 각국 사람이 교관이 되어 가르치므로 비행 기술이 우수하다.
- (4) 머리 좋은 조선인은 전부 지나군 장교가 되어 활동하고 있으므로 이번 일-지 전쟁에서는 일본이 이기기 어렵다.
- (5) 지나군은 일본군보다도 전술이 우수하여 폭탄을 땅속에 묻고 그 부근에 소수의 파수병을 두어 일본군이 그들을 향해 돌격을 시도하면 파수병을 퇴각시키고, 일본군 돌격부대가 나타나기를 기다렸다가 도화선(導火線)에 점화하기 때문에 일본군은 전멸된다.
- (6) 러시아 비행기가 와서 폭탄을 투하하면 원산부민은 전부 죽을 것이다. 나는 시골로 피난할 계획이다. 신문에서는 일본군 전사자는 근소하고 지나군 전사자는 매우 많은 것처럼 보도하지만 거짓말이다. 러시아가 지나에 병기(兵器)를 보내고 배후에서 지도하므로 전쟁은 길어질 것이다. 일본인은 성격이 급하므로 단기간의 전쟁에서는 이기더라도 길어지면 일본은 재정 곤란 때문에 이번 전쟁에서는 이길 수 없다.
- (7) 러시아 비행기는 자기 나라에서 일본까지 왕복이 가능하므로, 일-러 전쟁이 되면 일본은 이길 수 없다.

• 본적·주거

홍태민(洪台珉)

- 본적: 강원도 양구군(楊口郡) 북면(北面) 월명리(月明里)
- 주거: 원산부 영정(榮町) 163

한영봉(韓永逢)

- 본적: 평안남도 평원군(平原郡) 용호면(龍湖面) 운봉리(雲鳳里)
- 주거: 원산부 영정 166

김태선(金兌善)

- 본적: 함경남도 영흥군(永興郡) 진평면(鎭坪面) 용천리(龍川里) 257
- 주거: 원산부 영정 166

김성준(金成俊)

- 본적: 함경남도 덕원군(德源郡) 풍하면(豊下面) 법동리(法洞里)
- 주거: 원산부 영정 166

박태식(朴泰湜)

- 본적: 평안남도 평원군 남화면(南花面) 상송리(上松里) 559
- 주거: 원산부 영정 166

• 직업 · 성명 · 연령

- 회사 소사(小使), 홍태민(洪台珉), 현 17세
- 노동, 한영봉(韓永逢), 현 16세
- 노동, 김태선(金兌善), 현 19세
- 노동, 김성준(金成俊), 현 16세
- 원산철도전기구(元山鐵道電氣區) 용인(傭人), 박태식(朴泰湜), 현 17세

• 수리청명 / 처분연월일 / 요지

- 함흥
- 1937년(昭和 12) 10월 26일, 기소유예

• 범죄 일시 및 범죄 개요

- 1937년(昭和 12) 9월 13일 및 9월 20일
- (1) 러시아와 일본이 전쟁하면 일본은 진다. 지나는 돈이 많아 러시아에서 비행기를

많이 사들여서 전쟁하므로 일본은 질 것이라고 생각한다.
(2) 러시아와 일본은 사이가 좋지 않고 러시아는 현재 지나를 돕고 있어서 일본군은 단연코 이기기는 매우 어렵다. 독일과 러시아는 예부터 사이가 좋지 않아 러시아가 군사를 지나로 보내면 독일 역시 출병하여 일본을 도울 것이다. 만약 독일이 일본을 돕지 않으면 일본은 지나를 이길 수 없다.

- 본적·주거
  - 본적 및 주거: 함경남도 삼수군(三水郡) 호인면(好仁面) 고와리(高瓦里) 45
- 직업·성명·연령
  - 벌부(筏夫),[22] 이학구(李學九), 현 36세
- 수리청명 / 처분연월일 / 요지
  - 함흥
  - 1937년(昭和 12) 10월 29일, 구공판
  - 1937년(昭和 12) 11월 4일, 금고 4월
- 범죄 일시 및 범죄 개요
  - 1937년(昭和 12) 10월 6일
  - 10월 4일 사망한 모(某) 내지인은 출정으로 소집된 것을 계기로 자살한 것 같다.

- 본적·주거
  - 본적 및 주거: 함경남도 홍원군(洪原郡) 보현면(普賢面) 노서리(蘆西里) 96
- 직업·성명·연령
  - 전료사(電療師), 박용섭(朴龍燮), 현 19세
- 수리청명 / 처분연월일 / 요지
  - 함흥
  - 1937년(昭和 12) 12월 24일, 기소유예

---

22 벌부(筏夫): 뗏목을 띄워 놓고 물건을 실어 나르는 인부.

- 범죄 일시 및 범죄 개요
  - 1937년(昭和 12) 10월 10일
  - 수일 전 지나 비행기 3대가 조선 내 중요 도시 폭격을 목적으로 경성 방면을 향해 날아가던 도중 황해(黃海)에서 경비 중이던 우리 일본 군함의 사격을 받아 2대는 격침, 1대는 도주해 날아갔는데, 우리 일본군의 경비는 실로 이와 같이 용감하여 완전하다.

- 본적·주거
  - 본적: 에히메현(愛媛縣) 이마바리시(今治市) 가미노키도리(神ノ木通) 2초메(丁目) 번지 불상
  - 주거: 함흥부 대화정(大和町) 3정목 34
- 직업·성명·연령
  - 무직, 이몬 요시후미(井門義文), 현 17세
- 수리청명 / 처분연월일 / 요지
  - 함흥
  - 1937년(昭和 12) 10월 30일, 구공판
  - 1937년(昭和 12) 11월 20일(제1심), 금고 6월, 2년간 집행유예
  - 1938년(昭和 13) 1월 31일(제2심), 금고 6월, 2년간 집행유예
- 범죄 일시 및 범죄 개요
  - 1937년(昭和 12) 10월 10일 및 12일
  - (1) 내가 오사카연대(大阪聯隊) 부속 육군소위로 이번에 블라디보스토크, 모스크바 등으로 가서 소련 내 군비(軍備) 상황을 정탐하는 특별임무를 명받아 부임하던 도중에 있었던 일인데, 함흥보병연대, 헌병대와도 긴밀한 연락이 있어서 이 연대도 비밀리에 출동하고 잔류부대는 겨우 200명 정도였다.
  - (2) 일본의 각 신문에서는 이번 남경(南京) 공습 때 일본 비행기는 3회에 걸쳐 17대가 사격을 당했다고 했는데 사실은 40대이고, 또 황군(皇軍) 전사상자 수도 실제의 1/2만 보도할 뿐이다. 이것은 군부의 신문 기사 통제에 의한 것이다.
  - (3) 일본에서는 현재 날아오를 수 있는 비행기는 약 1천 대뿐, 현재 조립 중이므로 실제 숫자는 명확하지 않다.

• 본적·주거
  - 본적: 경기도 고양군(高陽郡) 지도면(知道面) 내곡리(內谷里)[23]
  - 주거: 함경남도 안변군(安邊郡) 안변면(安邊面) 학성리(鶴城里) 135
• 직업·성명·연령
  - 고용인(雇人)[24], 방태안(方泰安), 현 25세
• 수리청명 / 처분연월일 / 요지
  - 함흥
  - 1937년(昭和 12) 10월 22일, 구공판
  - 1937년(昭和 12) 12월 15일, 금고 8월
• 범죄 일시 및 범죄 개요
  - 1937년(昭和 12) 10월 14일
  - 일본군이 이기고 있는지 어떤지 판단은 신문에서는 거짓을 쓰고 있다. 일본군이 지나군에 지고 도주하고 있는 상황은 신문에서는 기재하지 않고, 국민에게 안심을 주기 위해 우리나라의 승리만 기재한다.

• 본적·주거
  - 본적: 중화민국(中華民國) 산동성(山東省) 일조현(日照縣) 대양촌(大陽村)
  - 주거: 평안남도 대동군(大同郡) 용산면(龍山面) 대치령리(大馳嶺里) 번지 불상
• 직업·성명·연령
  - 농업, 남숙수(藍淑樹), 현 30세
• 수리청명 / 처분연월일 / 요지
  - 평양[25]
  - 1938년(昭和 13) 1월 7일, 구공판
• 범죄 일시 및 범죄 개요

---

23 원문은 '內容里'로 되어 있는데, 오기로 보여 수정하였다.
24 고인(雇人): 삯을 받고 남의 일을 해주는 사람. 여기서는 '고용인(雇人)'으로 번역하였다.
25 평양지방법원. 이하 동일.

- 1937년(昭和 12) 7월 하순
- 지나군은 지금 공산군과 공동으로 각지에서 일본군에게 큰 손해를 입히고 있다. 전쟁은 지나군의 대승리이고, 일본의 신문 보도는 거짓 선전을 한다.

• 본적·주거
  - 본적: 평안남도 대동군 서천면(西川面) 동포리(東浦里) 442
  - 주거: 평안남도 대동군 서천면 인흥리(仁興里) 24
• 직업·성명·연령
  - 무직, 김명업(金明業), 현 26세
• 수리청명 / 처분연월일 / 요지
  - 평양
  - 1937년(昭和 12) 9월 30일, 구공판
  - 1937년(昭和 12) 10월 11일(제1심), 무죄(절도와 병합하여 절도는 징역 1년)
  - 1937년(昭和 12) 10월 25일(제2심), 무죄(절도는 징역 1년, 5년간 집행유예, 현재 상고중)
• 범죄 일시 및 범죄 개요
  - 1937년(昭和 12) 8월 6일
  - 일본은 지금 지나와 교전(交戰) 중인데, 현재 정황으로는 일본은 패전(敗戰)하고 있다. 일본 정부는 군사비가 부족하여 국민의 저금 전부를 징발한다고 하니까 그대(貴女)의 저금도 즉시 찾아둬야 할 것이다.

• 본적·주거
  - 본적: 평안북도 정주군(定州郡) 임포면(臨浦面) 영호동(瀛湖洞) 567
  - 주거: 신의주부(新義州府) 본정(本町) 5
• 직업·성명·연령
  - 회사원, 김해룡(金海龍), 현 25세
• 수리청명 / 처분연월일 / 요지

- 신의주[26]
    - 1937년(昭和 12) 12월 8일, 구공판
    - 1937년(昭和 12) 12월 10일, 징역 8월 및 벌금 20엔(업무 횡령, 도박과 병합)
- 범죄 일시 및 범죄 개요
    - 1937년(昭和 12) 8월 중순
    - 신문지는 일본군의 연전연승(連戰連勝)을 보도하고 있지만, 현장에 가서 실제로 보면 과연 일본이 이길지 지나가 이길지는 판명할 수 없다.

- 본적·주거
    - 본적: 중화민국 산동성(山東省) 모평현(牟平縣) 남안촌(南案村)
    - 주거: 평안북도 초산군(楚山郡) 초산면(楚山面) 성서동(城西洞) 171
- 직업·성명·연령
    - 잡화상, 우영진(于永津), 현 29세
- 수리청명 / 처분연월일 / 요지
    - 신의주
    - 1937년(昭和 12) 10월 22일, 구공판
    - 1937년(昭和 12) 11월 6일(제1심), 무죄
    - 1937년(昭和 12) 11월 30일(제2심), 금고 3월
- 범죄 일시 및 범죄 개요
    - 1937년(昭和 12) 8월 15일부터 8월 21일까지
    - (1) 지나 중앙군(中央軍)은 어디까지나 일본과의 일전(一戰)을 결의하고 총동원을 시행하여 전쟁 준비의 만전을 기하고 있다. 그리고 날마다 수십 회의 공습 폭격을 감행하여 도처에 승리를 전하여 중앙군의 사명 달성에 노력하고 있다. 4억의 지나 국민이 일치단결하면 두려운 것은 없을 것이다.
    - (2) 중앙군의 비행기는 일본군의 비행기 2대를 격추하고 일본의 전차 20대를 노획했다.

---

26 신의주지방법원. 이하 동일.

(3) 사변에 관한 보도는 지나도 일본도 자신의 나쁜 점과 불리한 점은 감추고 좋은 점과 유리한 점만 보도하므로 어떤 보도가 진실인지 판단할 수 없다.

- 본적·주거
  - 본적: 황해도 수안군(遂安郡) 수안면(遂安面) 창후리(倉後里) 번지 불상
  - 주거: 황해도 수안군 수안면 용담리(龍潭里) 번지 불상
- 직업·성명·연령
  - 노동, 한국윤(韓國潤), 현 29세
- 수리청명 / 처분연월일 / 요지
  - 해주[27]
  - 1937년(昭和 12) 10월 30일, 구공판
  - 1937년(昭和 12) 11월 4일(제1심), 금고 4월
  - 1937년(昭和 12) 11월 16일(제2심), 금고 3월
- 범죄 일시 및 범죄 개요
  - 1937년(昭和 12) 10월 8일
  - 이번 전쟁에서 사망한 일본인 놈의 머리를 기차 2대에 싣고 돌아와 그 제사를 거행한다고 하는데, 저번 만주사변 때는 방공(防空) 감시도 하지 않아 조금도 소란하지 않았는데, 이번에는 방공 감시 등을 실시한다고 난리를 치고 있는 것을 보면, 일본인 놈들도 만사가 끝이다.

- 본적·주거
  - 본적 및 주거: 경상북도 경산군(慶山郡) 와촌면(瓦村面) 동강동(東江洞) 185
- 직업·성명·연령
  - 농업, 조구승(曺昫承), 현 44세
- 수리청명 / 처분연월일 / 요지

---

[27] 해주지방법원.

- 대구[28]
  - 1937년(昭和 12) 8월 17일, 구공판
  - 1937년(昭和 12) 9월 2일, 금고 4월
- 범죄 일시 및 범죄 개요
  - 1937년(昭和 12) 7월 20일
  - 현재 북지에서는 지나군이 대승리를 거듭하고 있는데, 지나군은 모두 조선으로 진격해올 것이다.

- 본적·주거
  - 본적: 경상북도 달성군(達城郡) 달서면(達西面) 원대동(院垈洞) 1244
  - 주거: 대구부(大邱府) 봉산정(鳳山町) 160
- 직업·성명·연령
  - 고물상, 윤봉조(尹奉祚), 현 30세
- 수리청명 / 처분연월일 / 요지
  - 대구
  - 1937년(昭和 12) 8월 17일, 구공판
  - 1937년(昭和 12) 9월 2일(제1심), 금고 10월
  - 1937년(昭和 12) 11월 30일(제2심), 금고 10월
- 범죄 일시 및 범죄 개요
  - 1937년(昭和 12) 7월 21일, 26일, 29일, 30일
  - (1) 나는 오랫동안 내지에 거주한 관계상 일본 군대의 내용은 대략 알고 있는데, 북지사변 이래 부산(釜山)에 상륙해 조선을 통과한 일본 군대는 극히 소수로서 대부분은 해로(海路)로 청진(淸津)에 상륙하여 만주로 건너가고 있다.
  - (2) 일본은 소-만 국경 및 북지에 출병했기 때문에 일본 국내의 각 병영(兵營)은 텅비게 되었고, 40세 이상 21세 미만의 노인과 어린아이를 동원하여 겨우 루스방(留

---

[28] 대구지방법원. 이하 동일.

守番)²⁹ 에 충당하고 있다.

(3) 지나군은 상당히 훈련되었고 수에서도 일본보다 많고, 특히 영·미(英米) 각국의 원조를 받고 있으므로 일본은 패전하리라. 만약 일본이 패전하면 조선인은 모두 죽임을 당할 것이다.

(4) 지나 비행기가 소리의 울림이 없는 최신식의 정예기라면, 언젠가 조선 상공을 습격할지 계획하여 어두운 밤에 폭격할 텐데, 대구 같은 곳은 한순간에 전멸할 것이다.

- 본적·주거
  - 본적: 부산부(釜山府) 수정정(水晶町) 번지 불상
  - 주거: 부정(不定)
- 직업·성명·연령
  - 붓[筆] 행상, 안순근(安順根), 현 62세
- 수리청명 / 처분연월일 / 요지
  - 부산³⁰
  - 1937년(昭和 12) 9월 22일, 구공판
  - 1937년(昭和 12) 9월 30일, 징역 1년(「보안법」과 병합)
- 범죄 일시 및 범죄 개요
  - 1937년(昭和 12) 8월 ■일
  - 현재 일지사변으로 일본에서는 다수의 병사가 지나로 출정하여 싸운 결과, 일본군은 남김없이 전사한 모양이다.

  어제도 부산에서 지나로 향하는 일본군이 총대장·중대장·하사관을 합해 3천 명 정도였는데도 모두 죽었다. 총계는 지금 11,800명에 달하고 있어, 일본에서는 현재 병사가 없어서 곤란해하고 있다. 올해는 일청전쟁 후 정확히 45년째에 해당하는데, 이번에 일본이 어떠한 수단과 방법을 강구하더라도 지는 것은 당연하다. 그것은 간지

---

29 루스방(留守番): 부재중인 사람을 대신하여 집을 지켜주는 일 또는 이 일을 하는 사람.
30 부산지방법원. 이하 동일.

(干支)와 조선 육갑(六甲)에 나타나 있다.

현재의 지나는 상당히 강해 일본 정도는 문제가 되지 않는다. 게다가 지나도 신중을 기하여 미국·러시아 등의 대국과 상의한 바, 미국·러시아도 일찍부터 일본에 원한을 가지고 있는 관계상 이번에 3국이 협력하여 일본을 토벌할 것이다.

- 본적·주거
  - 본적: 경상남도 울산군(蔚山郡) 대현면(大峴面) 여천리(呂川里)
  - 주거: 부산부 초장정(草場町) 1정목 2-9
- 직업·성명·연령
  - 주조업(酒造業), 박근배(朴根培), 현 55세
- 수리청명 / 처분연월일 / 요지
  - 부산
  - 1937년(昭和 12) 9월 28일, 구공판
  - 1937년(昭和 12) 10월 14일(제1심), 금고 4월
  - 1937년(昭和 12) 11월 16일(제2심), 금고 4월
  - 1938년(昭和 13) 2월 24일, 상고(上告) 기각
- 범죄 일시 및 범죄 개요
  - 1937년(昭和 12) 9월 상순 및 9월 13일
  - (1) 신문을 보면 일본군이 이기고 있는 듯하지만, 아직도 군사(軍事) 수송을 하는 것을 보면 일본군은 상당히 당하고 있는 것 같다. 또한 인부가 제2 잔교(棧橋)에서 꽉 채운 상자 200개를 운반하던 중 우연히 1개가 떨어졌는데, 그 속에 일본 병사의 나마쿠비(生首)[31]가 들어있었다고 한다.
  - (2) 9월 12일 전쟁에서 일본군의 부대장 6명, 병졸 250명이 전사했다. 부산의 재향군인은 400명 소집되기로 결정되어, 50세 이하인 자는 전부 소집되어야 할 것이다. 그리고 북지에서 일본군의 전사자는 최근 수만 명에 달하고 있다.

---

31 나마쿠비(生首): 방금 잘린 사람의 목. 일본어에만 있는 표현이다.

• 본적·주거
- 본적: 오이타현(大分縣) 미나미아마베군(南海部郡)³² 시모뉴즈무라(下入津村) 니시노우라(西野浦) 번지 불상
- 주거: 부산부 영선정(瀛仙町) 1824
• 직업·성명·연령
- 선대공(船大工),³³ 도미모리 다사기치(富森太佐吉), 현 28세
• 수리청명 / 처분연월일 / 요지
- 부산
- 1937년(昭和 12) 9월 24일, 구공판
- 1937년(昭和 12) 10월 5일(제1심), 금고 4월
• 범죄 일시 및 범죄 개요
- 1937년(昭和 12) 9월 10일
- 시모노세키(下關)에서는 말이 200필 죽임을 당했다고 하는데, 그것은 지나의 스파이가 300엔을 시모노세키의 국방(國防)인지 애부(愛婦)인지³⁴ 하는 부인회(婦人會)에 주고, 말이 마시는 물속에 독을 넣었기 때문이라고 한다. 이 때문에 부인회 사람 몇 명이 군대(兵隊)에서 죽임을 당했다고 한다.

• 본적·주거
- 본적 및 주거: 경상남도 울산군(蔚山郡) 온산면(溫山面) 산암리(山岩里) 13
• 직업·성명·연령
- 날품팔이업(日稼業), 김흥수(金興守), 현 37세
• 수리청명 / 처분연월일 / 요지
- 부산
- 1937년(昭和 12) 11월 5일 구공판

---

32 원문은 '南海邊郡'인데, 오기로 보여 수정하였다.
33 선대공(船大工): 배를 만드는 목수.
34 '국방부인회'인지 '애국부인회'인지라는 뜻이다.

- 1937년(昭和 12) 11월 18일(제1심), 금고 10월
- 1937년(昭和 12) 12월 14일(제2심), 금고 6월

• 범죄 일시 및 범죄 개요
- 1937년(昭和 12) 10월 10일
- 내지는 지금 물정(物情)이 엄연(嚴然)하다. 특히 지난번 시즈오카시(靜岡市) 상공에 소속 국 불명의 비행기가 날아와 폭탄을 투하했기 때문에 그 시의 가옥은 다수가 불에 타서 없어지고(燒燬) 다대한 손해를 입은 모양으로 당분간 내지 도항은 곤란할 것이다.

• 본적·주거
- 본적: 이시카와현(石川縣) 노미군(能美郡) 고쿠후무라(國府村) 아자코다(字河田)
- 주거: 부산부 초장정(草場町) 2정목 32

• 직업·성명·연령
- 양복상(洋服商), 하시모토 규타로(橋本久太郎), 현 42세

• 수리청명 / 처분연월일 / 요지
- 부산
- 1937년(昭和 12) 12월 17일, 구공판
- 1937년(昭和 12) 12월 27일, 금고 4월

• 범죄 일시 및 범죄 개요
- 1937년(昭和 12) 12월 1일
- (1) 조선인 취한(醉漢)이 부산의 대교(大橋)에서 왕래 방해를 했으므로, 때마침 통행 중이던 육군 군인에게 제지당했는데도 응하지 않았기 때문에 그 군인에게 참수당했다.
  (2) 조선인이 부산 잔교(棧橋)의 출입 금지가 된 곳을 침입하려 하였으므로, 육군 군인이 정지를 명했는데도 응하지 않았기 때문에 그 군인에게 총검으로 둔부(臀部)를 찔렀다.
  (3) 부산 남쪽 해안가 군마계류장(軍馬繫留場)에서 누차 마안(馬鞍)·철두(鐵兜)·군모(軍帽) 등의 도난이 있어서 청년단(靑年團)이 그 경비를 담당했는데, 이때 청년단

은 총과 실포(實包)를 받고 수상한 자를 발견할 때는 사살(射殺)해도 좋다는 명령을 받았다.

- 본적·주거
  - 본적: 전라남도 강진군(康津郡) 작천면(鵲川面) 현산리(峴山里) 1080
  - 주거: 목포부 창평정(昌平町) 1
- 직업·성명·연령
  - 서당 임시교사, 김용근(金容根), 현 21세
- 수리청명 / 처분연월일 / 요지
  - 광주[35]
  - 1937년(昭和 12) 9월 30일, 구공판
  - 1937년(昭和 12) 10월 14일, 징역 6월(「보안법」과 병합)
- 범죄 일시 및 범죄 개요
  - 1937년(昭和 12) 7월 13일
  - 지나는 러시아가 후원해 주고 있어서 지나가 이기고 일본이 질지도 모른다.

- 본적·주거
  - 본적: 전라남도 제주도(濟州島) 대정면(大靜面) 무릉리(武陵里) 3182
  - 주거: 오사카시(大阪市) 기타구(北區) 노사키초(野崎町) 11
- 직업·성명·연령
  - 살수부(撒水夫),[36] 송희경(宋喜京), 현 33세
- 수리청명 / 처분연월일 / 요지
  - 광주
  - 1937년(昭和 12) 11월 22일, 구공판

---

35 광주지방법원. 이하 동일.
36 살수부(撒水夫): 물을 실은 차를 끌고 다니며 큰길 등에 물 뿌리는 일을 하는 사람.

- 1937년(昭和 12) 11월 26일, 금고 2월, 2년간 집행유예
• 범죄 일시 및 범죄 개요
  - 1937년(昭和 12) 10월 22일
  - 일지사변 후 모슬포(摹瑟浦) 비행장은 극히 중요한 장소가 되었으므로 그 부근은 물론 가덕도(加德島)·마라도(馬羅島)까지 대포를 설치해 방비하고 있는 관계상, 이 비밀을 누설하지 않도록 하기 위해 모든 선박은 가덕도 밖으로 우회해야만 하게 되었다.

• 본적·주거
  박소아(朴小兒)
  - 본적 및 주거: 전라남도 영암군(靈巖郡) 시종면(始終面) 신학리(新鶴里) 번지 불상
  채금임(蔡今任)
  - 본적: 전라남도 영암군 도포면(都浦面) 수산리(水山里) 번지 불상
  - 주거: 목포부 죽통리(竹筒里) 262
• 직업·성명·연령
  - 무직, 박소아(朴小兒, 여), 현 63세
  - 피륙[反物] 행상, 채금임(蔡今任, 여), 현 50세
• 수리청명 / 처분연월일 / 요지
  - 광주
  - 1937년(昭和 12) 11월 27일 구공판
  - 1937년(昭和 12) 11월 30일, 금고 6월, 3년간 집행유예
• 범죄 일시 및 범죄 개요
  - 1937년(昭和 12) 11월 3일
  - 지금 내지에서는 지나사변으로 군인의 출정에 대한 소요(騷擾)가 극에 달했는데, 내지에 재주 중인 조선인 모(某)는 군헌(軍憲)으로부터 군인으로 지나에 출정할 것을 명받았는데, 그 명령에 복종하지 않았기 때문에 즉시 살해당해 재[灰]가 되어 귀향했다.

- 본적·주거
  - 본적: 전라남도 제주도 한림면(翰林面) 청수리(淸水里) 3322
  - 주거: 전라남도 제주도 안덕면(安德面) 사계리(沙溪里) 번지 불상
- 직업·성명·연령
  - 농업, 강재규(姜在圭), 현 53세
- 수리청명 / 처분연월일 / 요지
  - 광주
  - 1937년(昭和 12) 12월 16일, 기소유예
- 범죄 일시 및 범죄 개요
  - 1937년(昭和 12) 11월 9일
  - 집 아래에서부터 사계리 서쪽 방면까지 왜인(倭人) 병사[일본병대(日本兵隊)][37] '와 비행기 수십 대가 매일 굉음을 내고, 매일 밤 높은 언덕에서 불을 피우고[탐조등(探照燈)이라는 것][38], 7일 날인가 10일 날인가에 비행기가 화재를 일으켜 그 폭성(爆聲)이 진동하고 인심(人心)이 산란해졌다. 의외의 일이어서 밤낮으로 한탄하지 않을 수 없었다. 풍문에 의하면 비행기가 2~3대 소실되었다고 한다.

- 본적·주거
  - 본적 및 주거: 전라남도 여수군(麗水郡) 화정면(華井面) 여자도(汝自島) 번지 불상
- 직업·성명·연령
  - 선어(鮮魚)[39] 중매상(仲買商), 최봉안(崔奉安), 현 20세
- 수리청명 / 처분연월일 / 요지
  - 광주
  - 1937년(昭和 12) 12월 28일, 구공판
  - 1938년(昭和 13) 1월 15일, 금고 2월

---

37 '일본병대(日本兵隊)'는 원문에 기재된 대로이다.
38 '탐조등(探照燈)이라는 것'은 원문에 기재된 대로이다.
39 선어(鮮魚): 먹기 위해 잡은 신선한 물고기. 생선.

• 범죄 일시 및 범죄 개요
  - 1937년(昭和 12) 11월 10일
  - 목포의 서남쪽 (가완촌) 섬에는 무장한 경찰관이 감시하고 있어서 배가 통과하면 그 배를 불러서 정지시키고 만약 이에 응하지 않으면 발포하여 정선(停船)시키는데, 이렇게 정선(停船)된 선박이 그 섬에서 130척이나 묶여서 20일씩 30일씩 정선되어 있다고 한다. 이들 선박의 승조원(乘組員)에게는 정선 기간 중 경찰관이 1일 2식 백미(白米)를 주었다고 한다. 어선(漁船)은 1간조(干潮, 大汐)[40]에 1척으로 300~400엔씩 버는 편인데, 130척의 배가 이번 정선으로 2간조 전부 어업을 할 수 없었기 때문에 수만 엔의 손해를 입었다. 이들 선박도 어제 드디어 통항(通航)을 허가받고 목포로 귀항(歸港)해 왔다. 또 진도(珍島) 부근은 지나에서 일본으로 통하는 요로(要路)에 해당하므로 진도 앞바다에는 군함이 58척이나 떠서 지나의 배가 오는 것을 감시하고 있는 것이다.

• 본적 · 주거
  - 본적: 전라남도 여수군 삼일면(三日面) 월내리(月內里) 672
  - 주거: 전라남도 여수군 여수읍(麗水邑) 동정(東町) 855
• 직업 · 성명 · 연령
  - 선원, 유점암(劉占岩), 현 20세
• 수리청명 / 처분연월일 / 요지
  - 광주
  - 1937년(昭和 12) 12월 14일, 구공판
  - 1937년(昭和 12) 12월 17일(제1심), 금고 4월
  - 1938년(昭和 13) 1월 31일(제2심), 금고 4월
• 범죄 일시 및 범죄 개요
  - 1937년(昭和 12) 11월 11일, 12일
  - 목포 근해(近海)의 섬은 적함(敵艦)을 포위해 공격하기에 편리하므로 지나를 상대하기

---

[40] 간조(干潮): 썰물로 조수가 빠져나가 해수면이 가장 낮아진 상태. 하루에 두 번 일어난다.

에 부족하지만, 장래 세계대전에 이르게 되면 가장 해전(海戰)에 적합한 지역이어서 장차 비행장을 신설하게 될 것이다. 이 섬의 한쪽에는 군함과 같은 것이 있고 한쪽에는 순사가 승조한 선박으로 각기 경계하면서 범선(帆船)을 억류하여 수일간 식량을 지급하고 보호한다. 어느 날은 지나 선박을 발견하고 순사가 총을 들고 검사를 했는데, 40명의 승조원 중 선장 외에 상급 선원 3명은 내지인, 나머지는 만주·지나인으로서 오사카항을 향해 항행 중이었던 것으로 판명되어서 석방하였다. 또 현지에서 억류에 응하지 않은 선박 승조원으로서 경비원에게 총살당한 자가 상당히 다수라는 소문이 있다.

- 본적·주거
  - 본적: 충청남도 논산군(論山郡) 부적면(夫赤面) 안천리(顏川里)
  - 주거: 전라남도 영광군 법성면(法聖面) 진내리(鎭內里) 번지 불상
- 직업·성명·연령
  - 무직, 김오순(金五順, 여), 현 29세
- 수리청명 / 처분연월일 / 요지
  - 광주
  - 1937년(昭和 12) 11월 29일, 구공판
  - 1937년(昭和 12) 12월 9일(제1심), 금고 6월, 2년간 집행유예
- 범죄 일시 및 범죄 개요
  - 1937년(昭和 12) 11월 16일
  - (1) 일본에서는 일본군이 대승했다면서 기행렬(旗行列)을 하고 있어도 진실은 일본이 지나에게 패하고 있어서 이 다음에는 일본이 전승하기를 기원하기 위해 기행렬을 하는 것이므로, 일본 패전이라는 사실은 ■■■■해 보인다고 생각한다.
  - (2) 우리 조선인은 결코 지나인에게서 살해되는 일은 없다. 조선인은 지나인과 함께 하고 있으므로 일본군이 패전하더라도 아무런 영향이나 관계가 없다.

- 본적·주거
  고계현(高癸賢)

- 본적 및 주거: 전라남도 제주도 제주읍 삼도리(三徒里) 1203

  장문통(張文通)
  - 본적: 중화민국 산동성(山東省) 청주부(靑州府) 제기현(諸機縣)
  - 주거: 전라남도 제주도 제주읍 삼도리 번지 불상
- 직업·성명·연령
  - 목수(大工), 고계현(高癸賢), 현 36세
  - 목수, 장문통(張文通), 현 39세
- 수리청명 / 처분연월일 / 요지
  - 광주
  - 1938년(昭和 13) 2월 15일, 기소유예
- 범죄 일시 및 범죄 개요
  - 1937년(昭和 12) 11월 25일 및 11월 27일
  - (1) 지난번 지나의 비행기 6대가 제주도를 향해 날아오던 중 일본의 비행기 16대가 이를 격퇴하려고 해상(海上)에서 공중전(空中戰)을 벌였다. 그 결과 지나의 비행기 3대가 격추되고, 일본의 비행기 6대는 추락했으며, 나머지 지나 비행기 3대는 도주했다.
  - (2) 지나의 비행기 3대는 도주했기 때문에 언제 비행기가 공중에 나타나 폭탄을 떨어뜨릴지 모르므로, 제주 성내(城內)는 안심할 수 없어서 산으로 숨어 들어간 사람이 많다.

- 본적·주거
  - 본적: 전라남도 곡성군(谷城郡) 옥과면(玉果面) 옥과리 42
  - 주거: 시모노세키시(下關市) 히코시마니시야마초(彦島西山町)
- 직업·성명·연령
  - 농업 고용인(雇人), 조원표(趙元杓), 현 28세
- 수리청명 / 처분연월일 / 요지
  - 광주

- 1937년(昭和 12) 12월 23일, 구공판
- 1938년(昭和 13) 2월 2일, 금고 4월

• 범죄 일시 및 범죄 개요

- 1937년(昭和 12) 11월 26일
- (1) 조선인도 4~5년이 지나면 군대(兵隊)에 갈 것이다. 내년이 되면 지나에 있는 일본군이 다수 죽임당할 것이므로 조선인도 군대에 차출될 것이다.

  (2) 러시아는 비행기를 지나로 보내 돕고 있는데, 일본과 조선에서 러시아 앞바다까지는 큰 강이 있다. 지금 평양과 경성에 다수의 일본 병사가 그 강 멀리 건너서 대기하고 있는데, 강이 얼어붙으면 그 군대가 강을 건너 러시아를 공격하게 될 것이다.

  (3) 내지인 여성 2~3명이 이번 전쟁에서 내지에 거주하고 있는 지나인에게 매수되어 일본 군대의 말에게 독약을 먹여 죽이도록 의뢰를 받고, 말이 마시는 물에 독약을 넣어 군마(軍馬) 300여 마리를 규슈(九州) 방면에서 죽였다. 이로 인해 그 여자 중 1명은 경찰에 체포되고, 1명은 행방불명이 되었으며, 1명은 어떻게 되었는지 모른다고 한다.

  (4) 내지에 있을 때 오쿠라(小倉) 방면으로 야채를 팔러 가서 수비대가 매립지(埋立地)에서 ■주(■走) 연습을 하고 있는 것을 봤다. 이것은 일본군이 지나에 가서 ■족(■足)이 지나인보다 하수여서 지나군 때문에 다수가 살해되었다고 하므로 이 때문에 미리 ■족 연습을 시켜 지나로 보내려는 것일 것이다.

  (5) 일본 병사를 배에 태워 지나로 보냈지만 아직 상륙하지도 못하고 그중에 다수가 죽임을 당하거나 부상을 당해 불구자가 되어 내지로 돌려보내졌기 때문에 또다시 다수의 일본군을 보내려고 한다는데, 앞서 상륙 전 다수가 죽임을 당했으므로 그 후로는 배로 갈 때는 상당히 주의해서 보내고 있다고 한다.

- (6) 시모노세키(下關)나 모지(門司)는 바다가 좁아서 내가 사는 히코시마(彦島) 부근에 어용선이 다수이며 또 군함도 있어서, 밤에는 전등[電燈(照空燈)][41]이 공중에서 비추고 있다.

---

41 조공등(照空燈): 적기(敵機)가 밤에 기습하는 것을 경계하기 위해 공중을 비추어 보는 등. 탐조등(探照燈).

- 본적·주거
    - 본적: 충청남도 보령군(保寧郡) 대천면(大川面) 화산리(花山里) 번지 불상
    - 주거: 충청남도 서천군(舒川郡) 마동면(馬東面) 산서리(山西里) 번지 불상
- 직업·성명·연령
    - 노동, 박석순(朴錫淳), 현 27세
- 수리청명 / 처분연월일 / 요지
    - 전주[42]
    - 1937년(昭和 12) 10월 30일, 구공판
    - 1937년(昭和 12) 12월 8일, 금고 4월(명예훼손과 병합)
- 범죄 일시 및 범죄 개요
    - 1937년(昭和 12) 10월 10일 및 11일
    - (1) 모 내지인은 노년으로서 상당한 자산가인데, 일러전쟁 때 육군의 소집영장을 받았으나 출정을 꺼려 모 조선인을 자기를 대신하여 응소(應召)[43]하게 하였다. 그런데 그 조선인이 전사(戰死)를 해버려서 그 모 내지인은 그 조선인의 가족을 부양해 온 것으로, 이번 지나사변에서 군부(軍部)에 탐지되었다. 군부는 그 벌(罰)로서 이 내지인에게 이번 사변에 출정하라, 그렇지 않으면 현미(玄米) 3천 가마니를 정부에 납입(納入)하라고 명하여, 현미 3천 가마니 납부를 받아들여 응소를 면하였다.
    - (2) 모 내지인은 앞서와 마찬가지로 조선인을 대신하여 출정시킨 것이 발각되어 군부에서 다시 이번 사변에 소집영장을 발부받게 되었고, 이에 낭패하여 정부에 백미(白米) 3만 석을 납부하고 응소를 면하였다.

- 본적·주거
    - 본적: 경상북도 김천군(金泉郡) 구성면(龜城面) 구미리(九尾里) 번지 불상

---

42 전주지방법원. 이하 동일.
43 응소(應召): 소집에 응함.

- 주거: 전라북도 무주군(茂朱郡) 무풍면(茂豊面) 지성리(池城里) 번지 불상
• 직업·성명·연령
  - 농업, 김종철(金宗喆), 현 40세
• 수리청명 / 처분연월일 / 요지
  - 전주
  - 1937년(昭和 12) 12월 27일, 기소유예
• 범죄 일시 및 범죄 개요
  - 1937년(昭和 12) 12월 5일
  - 큰일이다. 일지사변은 확대되고 일본은 재정이 핍박하고, 군량(軍糧) 부족과 한기(寒氣) 때문에 만주까지 철퇴(撤退)하였다.

<자료 6>

조언비어죄(造言飛語罪)에 관한 조사[44]
(고등법원 검사국 사상부, 1939.12)

본 조사는 1937년(昭和 12) 7월 지나사변(支那事變) 발발 이후부터 올해 9월까지 사이에 전 조선 각 지방법원 검사정(檢事正)이 당국(當局) 앞으로 행한 보고에 기초한다.

제1. 사안 발생의 개황

1937년(昭和 12) 7월~1939년 9월 조언비어죄 청별(廳別)·수리·처분·국칭(國稱) 건수 인원 표

관내	국적		수리	기소			불기소					계	계
				구 예심	구 공판	계	혐의 없음	기소 유예	죄가 성립 되지 않음[45]	공소권 없음	기소 중지		
경성	내지인	건수	3		2	2	1					1	3
		인원	3		2	2	1					1	3
	조선인	건수	33	4	22	26	4	3				7	33
		인원	41	6	27	33	4	4				8	41
	지나인	건수	2		1	1	1					1	2
		인원	5		1	1	3	1				4	5
	외국인	건수											
		인원											
	계	건수	38	4	25	29	4	5				9	38
		인원	49	6	30	36	7	6				13	49

---

44 「造言飛語罪に關する調査」, 『思想彙報』 21, 高等法院 檢事局 思想部, 1939.12, 40~63쪽.
45 원문은 "罪とならず"인데, 이는 검사가 사건을 불기소하는 경우의 이유 중의 하나이다. 일본 법무성 훈령의 「사건사무규정」에 정해진 불기소 재정(裁定)의 하나로, 피의사실이 범죄구성요건에 해당하지 아니하는 때 또는 범죄의 성립을 조각(阻却)할 사유가 있음이 증거상 명확한 때에 적용된다.

관내	국적		수리	기소			불기소						계
				구 예심	구 공판	계	혐의 없음	기소 유예	죄가 성립 되지 않음[45]	공소권 없음	기소 중지	계	
대전	내지인	건수	1		1	1							1
		인원	3		2	2	1						3
	조선인	건수	12	3	8	11		1				1	12
		인원	17	8	8	16		1				1	17
	지나인	건수											
		인원											
	외국인	건수											
		인원											
	계	건수	13	3	9	12		1				1	13
		인원	20	8	10	18	1	1				2	20
함흥	내지인	건수	3		1	1		2				2	3
		인원	4		1	1		3				3	4
	조선인	건수	43		28	28	1	12			2	15	43
		인원	59		31	31	1	23	2		2	28	59
	지나인	건수	2					2				2	2
		인원	2					2				2	2
	외국인	건수											
		인원											
	계	건수	48		29	29	1	16	2		2	19	48
		인원	65		32	32	1	28			2	33	65
청진	내지인	건수	1		1	1							1
		인원	1		1	1							1
	조선인	건수	19	1	13	14	1	3			1	5	19
		인원	19	1	13	14	1	3			1	5	19
	지나인	건수											
		인원											
	외국인	건수	1					1				1	1
		인원	1					1				1	1
	계	건수	21	1	14	15	1	4			1	6	21
		인원	21	1	14	15	1	4			1	6	21

관내	국적		수리	기소			불기소						계
				구 예심	구 공판	계	혐의 없음	기소 유예	죄가 성립 되지 않음[45]	공소권 없음	기소 중지	계	
평양	내지인	건수	1				1					1	1
		인원	1				1					1	1
	조선인	건수	6		4	4	1					1	5
		인원	5		4	4	1	1				2	6
	지나인	건수	2		2	2							2
		인원	3		3	3							3
	외국인	건수											
		인원											
	계	건수	8		6	6	2					2	8
		인원	10		7	7	1	2				3	10
신의주	내지인	건수											
		인원											
	조선인	건수	3		3	3							3
		인원	7		5	5	2					2	7
	지나인	건수	1		1	1							1
		인원	1		1	1							1
	외국인	건수											
		인원											
	계	건수	4		4	4							4
		인원	8		6	6	2					2	8
해주	내지인	건수											
		인원											
	조선인	건수	16	2	14	16							16
		인원	17	2	15	17							17
	지나인	건수											
		인원											
	외국인	건수											
		인원											
	계	건수	16	2	14	16							16
		인원	17	2	15	17							17

관내	국적	수리	기소			불기소						계
			구 예심	구 공판	계	혐의 없음	기소 유예	죄가 성립 되지 않음[45]	공소권 없음	기소 중지	계	
대구	내지인	건수	2	2	2							2
		인원	2	2	2							2
	조선인	건수	16		15	15		1				1	16
		인원	23		16	16	1	6				7	23
	지나인	건수											
		인원											
	외국인	건수											
		인원											
	계	건수	18		17	17		1				1	18
		인원	25		18	18	1	6				7	15
부산	내지인	건수	5		4	4					1	1	5
		인원	5		4	4					1	1	5
	조선인	건수	18	1	13	14	2	2				4	18
		인원	25	1	15	16	2	7				9	25
	지나인	건수	1		1	1							1
		인원	1		1	1							1
	외국인	건수											
		인원											
	계	건수	24	1	18	19	2	2				5	24
		인원	31	1	20	21	2	7				10	31
광주	내지인	건수											
		인원											
	조선인	건수	38	3	28	31		5	1		1	7	38
		인원	105	20	54	74	4	19	1		7	31	105
	지나인	건수											
		인원											
	외국인	건수											
		인원											
	계	건수	38	3	28	31		5	1		1	7	38
		인원	105	20	54	74	4	19	1		7	31	105

관내	국적		수리	기소			불기소					계	계
				구 예심	구 공판	계	혐의 없음	기소 유예	죄가 성립 되지 않음[45]	공소권 없음	기소 중지		
전주	내지인	건수											
		인원											
	조선인	건수	7		5	5	1	1				2	7
		인원	7		5	5	1	1				2	7
	지나인	건수	2	1	1	2							2
		인원	2	1	1	2							2
	외국인	건수											
		인원											
	계	건수	9	1	6	7	1	1				2	9
		인원	9	1	6	7	1	1				2	9
총계	내지인	건수	16		11	11		4			1	5	16
		인원	19		12	12	1	5			1	7	19
	조선인	건수	210	14	153	167	9	29	1		4	43	210
		인원	326	38	193	231	17	65	3		10	95	326
	지나인	건수	10	1	6	7		3				3	10
		인원	14	1	7	8	3	3				6	14
	외국인	건수	1				1					1	1
		인원	1				1					1	1
	계	건수	237	15	170	185	9	37	1		5	52	237
		인원	360	39	212	251	21	74	3		11	109	360

위 표와 같이 1937년 7월 이후부터 1939년 9월까지 각 지방법원 검사국이 수리한 조언비어죄의 총 사건 수는 합계 237건, 360인이다. 이것을 청별(廳別)로 분류하면 다음과 같다.

경성	38건	49인
대전	13건	20인
함흥	48건	65인
청진	21건	21인

평양	8건	10인
신의주	4건	8인
해주	16건	17인[46]
대구	18건	25인
부산	24건	31인
광주	38건	105인
전주	9건	9인

즉, 건수로는 함흥 48인을 필두로 경성·광주 각 38건, 부산 24건 등이 뒤를 잇는데, 인원으로 보면 광주 105인이 가장 많으며, 함흥 65인, 경성 49인, 부산 31인 등이 이어져 가장 적은 것이 신의주의 4건 8인이며, 평양 8건 10인, 전주 9건 9인이 이어진다. 이와 같이 발생 건수의 많고 적음이 각 청에 따라 현저하게 다른데, 그 이유는 각 지방의 지리적 사정 또는 그 민심의 특수성이라는 것 따위로는 도저히 설명할 수 없으므로 모두 조언비어죄 그 자체가 가진 특수적 성질에서 기인하는 것이라고 생각하지 않을 수 없다. 조언비어는 그 내용이 호기적(好奇的)이거나 혹은 폭로적일수록 전파력이나 활동력이 강하기 때문에, 발생 건수의 많고 적음은 결국 이런 내용의 악성 조언비어가 횡행하는가 아닌가에 따라 결정된다.

다음으로 사건 발생 상황을 월별로 조사하면 다음 표와 같다.

1937년(昭和 12) 7월~1939년(昭和 14) 9월 조언비어죄 월별 발생 건수 인원 표

연도별	월별	1월	2월	3월	4월	5월	6월	7월	8월	9월	10월	11월	12월	계
1937년 7~12월	건수							9	16	8	15	9	6	63
	인원							12	23	13	17	11	9	85
1938년	건수	2	6	9	3	3	13	31	49	17	10	2	1	147
	인원	4	9	21	10	4	15	49	92	21	14	2	1	242

---

46 원문은 '23인'으로 되어 있는데, 위의 표와 대조해보면 해주 관내만 수치가 다르게 기재되어 있어서 오기로 보여 수정하였다.

연도별 \ 월별		1월	2월	3월	4월	5월	6월	7월	8월	9월	10월	11월	12월	계
1939년 1~9월	건수	4	5	3	2	5	3	6						28
	인원	4	5	4	2	7	4	7						33
합계	건수	6	11	12	5	8	16	46	65	25	25	11	7	237
	인원	8	14	25	12	11	19	68	115	34	31	13	10	360

이와 같은 사건 발생 상황은 사변 발발 당초인 1937년 7월부터 11월까지 매월 상당수의 사건이 발생했으며, 1938년도에 이르러 다소 진정되다가 같은 해 7월에 이르러 갑작스럽게 1개월 사이에 31건, 나아가 8월에 이르자 49건이라는 경이적인 급격한 증가세를 보이고, 9월에는 17건, 10월에는 10건으로 점차 감소를 보인다. 1939년도에 이르러서는 매월 4~5건 전후에 머물고 있다. 사변 발발 초기에 상당수의 사건이 발생한 것은 원래부터 어쩔 수 없는 점이 있는데, 1938년 7월, 8월 중에 돌발적으로 급격한 증가세를 보인 것은 모두 장고봉(張鼓峰) 사건[47]의 영향을 받은 것으로, 이를 통해 이 사건이 어떻게 반도(半島) 민심을 자극했는 지를 알 수 있다. 노몬한 사건[48]은 일·소(日蘇) 간의 전투로서는 그 격렬한 점에서는 장고봉 사건에 비할 바가 아니었다고 하지만, 그것이 멀리 만주 국경에서 전개되었기 때문에 반도 민심에는 거의 자극을 주지 않았다. 이것은 이 사건에 관한 조언비어의 발생이 비교적 없을 정도로 적은 수였다는 사실에서 알 수 있다. 또 한편으로 민중의 시국인식이 점차 확고부동 해지고 있는 것도 중대한 이유의 하나로 생각되는 바이다. 그렇지만 위와 같이 장고봉 사건에 즈음하여 반도 민심이 두드러지게 불안과 동요를 보인 것은 장래의 취체(取締)[49]에 대해 시사를 주는 것으로 기억해야 할 것이다.

수리 사건에 대한 검사처분은 총수 237건, 360인 가운데

  기소 185건 251인

---

47 장고봉(張鼓峰) 사건: 1938년 7월 29일부터 8월 11일 사이 소련과 만주국 및 조선의 국경인 두만강 근처 장고봉에서 일어난 소-일 양군 간의 충돌사건으로서 국경분쟁이다. 하산호 전투(Хасанские бои, Battle of Lake Khasan)라고도 한다.
48 노몬한 사건(Nomonhan incident): 1939년 5~8월 만주와 몽골의 국경지대인 노몬한에서 일어난 일본군과 몽골·소련군 간의 대규모 충돌사건.
49 취체(取締): 법령, 규칙, 명령 등을 지키도록 통제하고 단속함.

불기소   52건   109인

기소가 전원의 7할 정도에 해당하는 압도적인 다수인데, 그 가운데 구예심(求豫審)이 15건 39인, 구공판(求公判)은 170건 212인으로서 대부분이 구공판이다. 구예심 사건도 조언비어 죄만으로 기소된 것은 적고, 「치안유지법」 위반 등의 범죄와 병합된 경우가 많다. 불기소의 내용은 혐의없음이 9건 21인, 기소유예가 37건 74인, 죄가 되지 않지 않음이 1건 3인, 공소권 없음은 전혀 없고, 기소중지가 5건 11인이다. 기소유예 처분이 의외로 적다는 점이 주목할 만하여 총인원의 2할 정도에 해당될 뿐이다. 수리사건 가운데 「육군형법(陸軍刑法)」 위반이 압도적으로 다수로서, 죄명별로 분류하면 다음 표와 같다.

1937년(昭和 12) 7월~1939년(昭和 14) 9월 조언비어죄 죄명별 인원표

육군형법 위반	해군형법 위반	육·해군형법 위반	계
301	14	45	360

더욱이 기소된 251인에 대한 처단(處斷) 형명(刑名)·형기(刑期)를 조사하면 다음 표와 같다.

1937년(昭和 12) 7월~1939년(昭和 14) 9월 조어비어죄 형명·형기표

형명 \ 형기	징역							금고							무죄	면소	미제	계
	2년6월	2년	1년6월	1년	10월	8월	6월	1년	10월	8월	6월	5월	4월	3월	2월			
육군형법 위반								1	4	12	43(9)	1	81(23)	13(1)	4	1	1	32	193(33)
해군형법 위반													2	2(1)					5⁵⁰(1)
육·해군형법 위반									2	1	2		9					8	22
육군형법 위반 치안유지법 위반	1	1	2(1)	2															6(1)
육군형법 위반 절도				1															1

---

50 가로 합계는 4인데, 원문이 5로 되어 있어서 일단 그대로 기재하였다.

형명 \ 형기	징역							금고								무죄	면소	미제	계
	2년6월	2년	1년6월	1년	10월	8월	6월	1년	10월	8월	6월	5월	4월	3월	2월				
육군형법 위반 보안법 위반				1	1	2	3	1					1						9
육군형법 위반 주거침입				1															1
육군형법 위반 불경죄				1															1
육군형법 위반 보안법 위반·사기						1													1
육군형법 위반 사기							3												3
육군형법 위반 업무횡령 도박						1													1
육군형법 위반 군기보호법 위반													1 (1)						1 (1)
육·해군형법 위반 보안법 위반						1													1
육·해군형법 위반 치안유지법 위반						2													2
육·해군형법 위반 고물상취체규칙 위반													2						2
계	1	1	2 (1)	6	3	5	6	1	6	14	45 (9)	1	92 (23)	17 (2)	6 (1)	1	1	40	251[51] (36)

비고

가. 괄호 안의 숫자는 집행유예를 나타낸다.[52]

    ① 육군형법 위반   금고 6월(9) 중 3년간 4, 2년간 5, 각 집행유예
    ② 동   금고 4월(23) 중 3년간 9, 2년간 12, 1년간 2, 각 집행유예
    ③ 동   금고 3월(1)은 2년간 집행유예
    ④ 해군형법 위반   금고 2월(1)은 2년간 집행유예
    ⑤ 육군형법 위반, 치안유지법 위반   징역 1년 6월(1)은 4년간 집행유예
    ⑥ 육군형법 위반, 군기보호법 위반   금고 3월(1)은 2년간 집행유예

나. 육군형법 위반, 업무횡령 도박   징역 8월의 1은 벌금 20원 병과(倂科)[53]
다. 육·해군형법 위반, 고물상취체규칙   금고 4월의 2는 각 벌금 10원 병과
라. 육군형법 위반, 보안법 위반   금고 3월은 보안법 부분 무죄

---

51 가로 합계는 248인데, 원문이 251로 되어 있어서 일단 그대로 기재하였다. 가로와 세로의 수를 모두 원문 대조하여 면밀히 살펴보면, 가로와 세로 합계가 모두 248로 일치한다.

위와 같이 처단의 죄명은 육·해군형법 가운데 「육군형법」 위반이 전원 252인 중 58인인데 반하여, 「해군형법」 위반은 5인, 「육·해군형법」 위반은 28인에 지나지 않는다. 또 단순한 조언비어죄로 처벌받은 자가 222인이고, 남은 29인이 다른 죄와 경합(競合)한 경우에 속한다. 경합한 범죄를 보면 「보안법」 위반이 11인으로 가장 많으며, 「치안유지법」 위반 8인이 그다음이며, 그 밖에 「불경죄(不敬罪)」가 1인이다. 이 숫자는 사상 범죄와 조언비어죄가 밀접한 관계를 가지고 있음을 가리키는 것이라고 할 수 있겠다. 또한 「사기죄」와 경합한 것이 4인이지만, 부정한 이득을 얻기 위한 기망(欺罔)의 수단으로 조언비어를 만든 경우에 속한다.

형기는 단순 조언비어죄로는 금고 1년(1인)이 최고이고, 최저는 2월(6인)이다. 가장 많은 것이 4월 93인, 9월 45인, 3월 15인, 8월 13인이다(금고 1년은 피고인이 미성년이기 때문이며 악질적인 범죄이기 때문은 아님). 그러므로 단순 조언비어죄의 태반은 금고 4월 내지 6월 형이 확정된다고 할 수 있다. 다른 죄와 경합된 경우의 형기는 구구하지만, 「치안유지법」 위반이 최고 징역 2년 6월로 가장 중한 형이 부과되고 있다. 또 단순 조어비어죄 222인 중 형 집행유예의 '은전(恩典)'을 입은 자는 모두 34인으로서(그밖에 다른 죄와 경합한 것이 2인 있음), 전원의 1할 5푼에 해당하는 데 지나지 않아 예상 외로 소수이다. 이는 기소유예가 적은 사실과 함께 상당한 엄벌주의가 강행되었음을 보여주는 것으로서, 조언비어죄는 범인의 주관적 사정보다 오히려 그 언론의 객관적인 사회적 영향에 중점을 두어야 한다는 주장이 어느 정도까지 수용되었다고 할 수 있을까.

제2. 범인의 신상(身上) 조사

범인을 국적별로 분류해 보면 다음과 같다.

내지인	16건	19인
조선인	210건	326인

---

52 원문은 "아라비아 숫자는 집행유예를 나타낸다"라고 되어 있다. 표의 원문은 기본 숫자가 한자로 되어 있고 이 부분만 아라비아 숫자로 되어 있는데, 이를 괄호로 수정하였다.
53 병과(倂科): 형사재판에서 동시에 2가지 형을 부과하는 것.

지나인　　10건　　14인

만주국인　없음

외국인　　1건　　1인

말할 필요도 없이 조선인이 압도적으로 다수이다. 외국인 1건 1인은 영국인 선원으로, 모일(毎日) 사상으로 일본이 패전한다는 취지를 함부로 지껄인 사람이었다.

이를 남녀별로 보면, 남 313인, 여 47인이다. 부녀자의 위반 사건은 사실상 더 많지 않을까 라고 생각되지만, 아마도 검거의 곤란함과 적당히 봐줘서일 것이다.

연령별로 분류하면 다음 표와 같다. 20세 이상 30세 미만 청년이 107명으로 가장 다수를 차지하고 있다. 그 밖에 노인도 76인에 달해, 결국 연령과 상관없이 조언비어죄가 저질러지고 있다고 할 수 있어서, 조언비어죄의 본질적 특색 가운데 하나라고 생각된다.

1937년(昭和 12) 7월~1939년(昭和 14) 9월 조어비어죄 연령별 인원 표

소년 20세 미만	청년 30세 미만	장년 40세 미만	고년(高年) 50세 미만	노년 51세 이상	불상	계
25	107	79	72	76	1	360

교육 정도는 다음 표와 같다. 무학(無學) 또는 초등 정도가 가장 많고, 고등 정도는 겨우 7명에 지나지 않는다. 불상(不詳) 232인도 대부분은 무학 내지 초등 정도로 봐도 지장이 없다고 생각한다.

1937년(昭和 12) 7월~1939년(昭和 9) 9월 조어비어죄 교육정도별 인원 표

무학	초등	중등	고등	불상	계
4	56	24	7	232	360

다음으로 직업별로 분류하면 다음 표와 같다. 농업 119인이 가장 다수를 점하고 있는 것은 말할 필요도 없다. 그 외는 무직 46인에 뒤를 이어 행상인 32인이 가장 많으며, 날품팔이(日稼) 노동이 21인이라는 숫자를 보이고 있다. 이처럼 행상인 또는 날품팔이 노동자와 같이 이

동성이 있는 직업에 종사하는 자에서 비교적 위반자가 많은 것은 주목되는 부분이다. 그 외에 여러 가지 직업을 망라하고 있는데, 공무원이 7인, 변호사가 1인이 있는 것은 유감이다.

1937년(昭和 12) 7월~1939년(昭和 14) 9월 조어비어죄 직업별 인원 표[54]

관내별 직업	경성	대전	함흥	청진	평양	신의주	해주	대구	부산	광주	전주	계
농업	13	5	16	5	2	4	4	7	7	52	5	119*
상업	3	2	2	1	2	1			3	3		18
어업			2									2*
행상인	3		6	2	2		1		3	4		32*
공무원	2							1		3		7*
회사원	1	2				1				1		5
외교원			1	1			1					3
날품팔이 노동	2	1	6	1	1		1	1	3	3	2	21
점원	7		4	2			1			2		16
고물상			1					1		1		4*
요리업	3		1			1						5
고용인			3	1						5		9
직공				1	1					3		5
목수			1	1				1	2	2		7
중개업	1									2		3
서당교사							1			2		3
양조 및 주조업							1	2				3
선원			1							1		2
학생생도			1			1						2
운전수			1						1			2

54 전체적으로 가로, 세로의 합계가 맞지 않는 부분이 많이 있다. 이는 원문의 인쇄 상태로 인해 판독이 불가하기 때문이다. 첫 번째 행인 '농업'의 실제 합계는 120인데 원문이 119명으로 되어 있는 것으로 오기로 보인다. 그 외의 부분은 대체로 합계 인원이 부족한 편인데, 이는 인쇄가 제대로 되지 않은 부분이 있어서인 것으로 보인다. 가로와 세로의 총계는 일단 원문대로 기입했으며, 맞지 않는 부분은 *로 표시하였다.

직업 \ 관내별	경성	대전	함흥	청진	평양	신의주	해주	대구	부산	광주	전주	계
인부감독		1						1				2
여관업	1		1									2
학교교사								1				2
기독교 목사												2*
토목 청부업		2										2
승려												3*
음식점 영업								3				3
광부			1									2*
전료사			1									1
변호사												1*
간호사												1*
카페보이	1											1
대금업							1					1
사법서사						1						1
하숙업												1*
기관사				1								1
기타	2	1	9					2	2	4	1	21
무직	10	3	7	2	2		3	6	7	6		46
계	49	20*	65	21*	10	8	17*	25*	31*	105*	9	360

 범인의 사상적 배경은 다음 표와 같이 민족의식을 마음속에 품은 자가 67인을 헤아려서 공산주의 13인에 비해 5배 넘는 숫자를 보이고 있다. 사상 배경에 대한 조사는 단지 보고서 내용만으로 이를 결정하는 것은 곤란하기 때문에, 위 숫자는 보고서에 의거하여 명백한 경우만 한정한 것이다. 대체로는 불상(不詳) 211인 중에도 민족의식을 품은 자가 상당수를 차지할 것이라는 점은 상상하기 어렵지 않다.

1937년(昭和 12) 7월~1939년(昭和 14) 9월 조어비어죄 사상적 배경별 인원 표

민족	공산	없음	불상	계
67	13	69	211	360

제3. 범죄의 동기

조언비어죄의 동기로서 생각해야 할 것은 그것이 사실의 보도라 해도 뭔가 범인이 품고 있는 의견이 음으로 양으로 부가되고 있다는 점에서, 유해(有害)한 의견에 기초한 것과 그렇지 않은 것으로 크게 구별하는 것이 통상적으로 이루어지는 분류 형태이다. 전자의 현저한 사례는 공산주의, 민족주의, 그 밖에 불령(不逞) 사상을 품은 자가 우리의 후방교란을 기도하여 조언비어를 만드는 것 같은 것이 가장 악질적인 경우이며, 그 밖에 반일(反日) 사상에 기초한 것, 반전(反戰)·반군(反軍) 사상에 기초한 것, 종교적 편견에 기초한 것, 사회에 대한 불평불만에 기초한 것, 우리의 군사·재정력에 대한 불안에 기초한 것, 지나인의 항일·반일 적개심에 기초한 것 등을 생각할 수 있다. 유해하지 않은 의견에 기초한 것으로서 첫 번째로 생각할 수 있는 것은 이익을 증대할 목적 또는 국민의 사기를 고무할 목적을 가지고 사실을 과장하여 도리어 유해한 결과를 낳은 경우가 있다. 그 밖에 풍문을 맹신한 결과에 기초한 것, 자신의 박식함을 자랑하기 위한 것, 영리 목적에 기초한 것, 타인을 모함할 목적에 기초한 것 등을 생각할 수 있다.

이와 같이 범죄의 동기는 여러 종류로 잡다하다. 기록에 의하지 않고 보고서에만 의거해서는 동기의 기재가 불명확하여 이를 통계적으로 표시하는 것이 곤란하지만, 시험 삼아 작성한 것이 다음 표이다. 표에 의하면, 자신의 박식함을 자랑하기 위한 것이 전체 인원 가운데 123인, 풍문 맹신에 의한 것이 78인으로 합계 201인이라서 5할 5푼 이상에 달할 뿐 아니라, 그 밖에도 유해하지 않은 의견에 기초한 것이라고 인정되는 것이 상당수에 이르고, 의외로 유해한 의견에 기초한 악성적인 것은 적다. 만세 소요사건, 배화(排華) 소요사건에서 드러난 반도 민중의 경박한 부화뇌동성(附和雷同性) 내지 허식성(虛飾性)이 여기에서도 명확하게 드러나기 때문에 앞으로의 취체에서 주목해야 할 점일 것이다.

1937년(昭和 12) 7월~1939년(昭和) 9월 조어비어죄 동기별 인원 표[55]

종별 \ 관내별	경성	대전	함흥	청진	평양	신의주	해주	대구	부산	광주	전주	계
자신의 박식함을 자랑하기 위해	25	4	22	9	3	1	4	12	14	24	5	123
풍문 맹신	3	2	20			4	4	7	7	30	1	78
민족적 편견(조선 독립의 바람 포함)	12	8	3	3	4			1	3	6	1	43*
종교적 편견		1					2			9		12
상업적 이익 욕구를 채우는 방편(사기 수단 포함)			5	3					1			9
술주정 중의 지껄임	1	1		1								3
지원병제도 반대		1	2									3
애국저금 반대					1							2*
조선인의 조소에 분개(지나인)												2*
조국애(지나인)											1	2*
타 출향 저지 방편									1	1		2
한구(漢口) 발 라디오 선전 맹신(지나인)	1											1
원한을 푸는 방편	1											1
혼인 성립 획책의 방편												1
대금독촉 방편		1										1
여공 응모 저지의 방편		1										1
신문 기사에 의한 상상			1									1
황군의 용감 및 완비 과장의 방편			1									1
등화관제에 대한 부민 계몽의 방편			1									1
군수품 운반 불만				1								1
술과 안주의 강요				1								1

---

55 원문의 인쇄 상태로 인한 판독 불가로 인해 가로와 세로의 합계가 맞지 않는 부분이 있다. 세로의 실제 총계는 361인데, 원문의 360을 그대로 기재하였다. 합계가 맞지 않는 부분은 *로 표시하였다.

종별 \ 관내별	경성	대전	함흥	청진	평양	신의주	해주	대구	부산	광주	전주	계
국방헌금 불만					1							1
■■통제 불만					1							1
타고난 수다쟁이							1					1
보험권유 방편							1					1
호별세 부과율 불만							1					1
숙박을 청하는 방편								1				1
신도획득 방편	2							3	1	17		23
근로봉사 불만										1		1
채무 지불 연기의 방편											1	1
절도를 위한 협박 수단							1					1
불상(혐의없음 부분 포함)	4	1	8	3		1	1	1	4	16		40*
계	49	20	65*	21	10	8*	17*	25	31	105*	9	360*

<자료 7>

한해에 대한 유언비어의 상황[56]
(『고등외사월보』 제10호 수록, 고등법원 검사국 사상부, 1940.9)

　　1939년(昭和 14) 경기도 이남 7개 도를 엄습한 한발(旱魃)에 의한 피해는 격심하여 민심에 큰 불안을 주어 치안상 우려되었다. 당국의 적절한 조치로 이재(罹災) 농민의 한해 극복에 대한 의기가 왕성해짐에 따라 당초 예상했던 것과 같은 불상사는 일어나지 않고 민심은 동요 없이 평온하게 지나가서 춘궁기의 궁핍에 대해서도 잘 인내해 왔다. 하지만 올봄의 강우량이 작년에 비해 적어서 일부 지방에서는 못자리 파종기에 관개용수가 부족한 등의 현상으로 인해 여러 가지의 미신에 기초한 유언(流言)을 낳았다. 게다가 올해도 작년과 같은 큰 가뭄이 닥칠 것이라는 유언비어가 증가하는 경향을 보이고 있어서, 그렇지 않아도 불안을 느끼고 있는 민심을 헛되이 자극함으로써 이들 유언에 대해서는 엄중한 취체(取締)를 가함과 동시에 민중의 계몽에 지속적으로 노력하고 있다. 올해 1월 이래 5월까지 가뭄(旱害)에 관한 유언비어의 상황은 다음과 같다.

한해에 대한 유언비어(1940년 1~5월)

1. 예로부터 조선에서는 구(舊) 11월, 12월 날씨는 이듬해 5월, 6월의 날씨를 보여준다는 이야기가 있다. 작년은 11월, 12월 모두 비가 내리지 않고 가뭄이 계속되어 올해도 작년처럼 5월, 6월은 큰 가뭄으로 모내기를 하지 못해서 틀림없이 흉년이 들 것이다. (1월 경남)

56　「旱害に對する流言蜚語の狀況(『高等外事月報』 제10호 所載)」, 『思想彙報』 24, 高等法院 檢事局 思想部, 1940.9, 98~103쪽. 『고등외사월보』 제10호는 현재 확인되지 않아 이 자료를 번역하였다.

2. 가뭄 때문에 농촌 청년이 도시로 집중되어 이촌(離村)하는 자가 많다. 군(郡)·면(面) 당국자가 구제(救濟) 공사를 시행하여 농민에게 품삯을 넉넉하게 주어도 임금이 저렴하여 겨우 입에 풀칠하기에도 곤란한 상태에 있기 때문에, 이러한 상태가 지속되면 오는 4월경에는 아사(餓死)할 것이라고 생각한다. (1월 경남)

3. 올해는 용의 해이다. 전해오는 말에 의하면, 바닷속에 100년간 성장한 10마리의 용이 하늘로 오르는 해로서, 이때를 전후하여 1개월간 바닷속에서 용트림(龍卷)이 일어나 육지에는 홍수가 범람한다는 것이다. 올해도 병자년[1936년(昭和 11)]과 마찬가지로 대홍수의 발발을 예측하기 어려우니, 가옥의 신축은 가급적 높은 곳에 해야 한다. (1월 강원).

4. 작년의 큰 가뭄은 지나사변(支那事變) 때문이다. 들리는 바에 따르면, 총성(銃聲)과 총연(銃煙)이 비로 변화한다는 것으로서 지나의 전쟁터는 현재 비 때문에 큰 곤란을 당하고 있다고 한다. 조선은 지금까지 비다운 비가 내리지 않았다. 지나사변이 올해까지 계속된다면 올 가뭄은 작년보다 몇 배나 심할 것이라고 한다. 지나사변이 금년 중에 끝나지 않으면 우리는 죽는 것도 각오해야만 할 것이다. (2월 경남)

5. 새해 벽두부터 금강산 대화재를 비롯해 각지에서 빈번하게 발생한 대화재는 올해도 역시 한발의 전조를 말해주는 것이다. (2월 경남)

6. 작년에는 양력으로 새해를 맞이해서 큰 가뭄을 만났다. 올해는 음력으로 새해를 맞이해야 한다. 그 이유는 양력의 양(陽)은 건조함, 음력의 음(陰)은 수기(水氣)가 있기 때문이다. (2월 충남)

7. 올해는 해마다 흉작이다. 왜냐하면 일본은 메이지유신(明治維新) 이래 국운이 돋보여서 조선·만주·지나를 공략했다. 그런데 일본의 국운이 쇠퇴해 멸망할 시기가 왔다. 1938년(昭和 13년)부터 1941년(昭和 16)까지는 흉작으로 기근에 빠져 군량미가 끊어져서 패전할 것이 정해져 있다. (2월 충남)

8. 올해는 경진년(庚辰年)으로 작물은 대풍작(大豐作)이지만, 이것을 먹을 수 있는 사람이 없게 될 것이다. 올해 겨울의 기후는 역사상 처음 있는 혹한이기 때문에 도로는 이르는 곳마다 갈라져 있다. 이는 올해의 풍작을 의미하는 것으로서 배가 터질 정도로 먹어도 식량에 여유가 있다. (2월 강원)

9. 입춘날 보리의 뿌리를 캐어 보니 한 가닥밖에 없고,[57] 또 입춘날에 물에 잠긴 콩을 꺼내 보았더니 수도 늘지 않고 물러져 있는 것으로 보아 흉작이다. (3월 충남)

10. 『정감록(鄭鑑錄)』[58]에 "사람의 종자는 양백(兩白)에서 구한다", "곡식의 종자는 삼풍(三豊)에서 구한다"라는 글이 있는데,[59] 올해는 정확히 이 해에 해당한다. 그 의미는 전란이 일어나 인간이 다수 죽고, 흉년이 들어 곡류(穀類)의 종자도 구하기 어려운 연운(年運)이라는 것이다. 또 동요(童謠)에 작년은 흙이 타고 올해는 철(鐵)이 탄다고 하는데, 이 의미는 올해도 가뭄이 들 것이라는 뜻이다. (3월 충남)

11. 옛날부터 높은 산이나 높은 곳에서 불을 피우면 비가 내린다고 하여 그렇게 해왔는데, 작년 이래로는 일절 효과가 없다. 지나사변 때문에 수기(水氣)가 전쟁터에 모여 조선 내가 가물고 전쟁터는 홍수였던 것으로 보아, 올해도 역시 가뭄이 들지 않을까. (3월 경남)

12. 작년은 큰 가뭄이었는데, 올해도 비결(祕訣)[60]에 의하면 돌이 타버릴 정도의 가뭄이 계속되어 틀림없이 작년보다 더 심한 가뭄이 있을 것이므로 우리 백성들은 모두 아사의 지경에 이를 것이다. (3월 강원)

13. 올해 보리농사는 비가 내리지 않아 수분이 부족하여 파랗지도 않으며, 뽑아서 보아도 뿌리가 적어서 보리농사는 흉작이다. 또 작년에는 흙이 타들어 가고 올해는 돌이 타버려서 금년 보리농사는 실패. (3월 충남)

14. 올해는 많은 비와 눈이 내려서 대체로 풍년의 조짐이라고 기뻐하고 있다. 하지만 오는 4월 3일 진무천황제(神武天皇祭)[61]에서는 하늘에서 유성(流星) 한 덩어리가 이 우주(宇

---

57 이른바 보리뿌리점(麥根占)을 말하는 것으로서, 입춘날 농가에서 보리를 뽑아 그 튼실함을 보고 풍흉을 점치는 것이다. 보리의 뿌리가 2~3개 있으면 생육 상태가 양호한 것이므로 풍년이 들고, 뿌리가 하나면 흉년을 면치 못한다고 한다.

58 『정감록(鄭鑑錄)』은 조선후기 이래 널리 퍼진 예언서로서, 이씨 왕조가 망한 뒤 정 도령이 나타나 정씨 왕조를 세우고 계룡산으로 도읍을 옮긴다는 내용이 포함되어 있다. 일제강점기에 이 『정감록』이 유행으로 퍼져서 많은 유언비어를 만들어 냈다. 자세한 내용은 이 책 6장에 수록된 「정감록」(『思想彙報』 23, 1940.6)을 참조하기 바란다.

59 원문은 "人種求於兩白", "穀種求於三豊"이다. 예언서 『격암유록(格庵遺錄)』의 구절이라고 한다. 여기서 양백(兩白)과 삼풍(三豊)이 정 도령을 의미한다는 등의 여러 가지 해석과 설이 있다.

60 비결(祕訣): 앞날의 길흉화복을 얼른 보아서는 그 내용을 알 수 없도록 적어 놓은 글이나 책.

61 진무천황제(神武天皇祭): 일본 개국 신화의 주인공으로서 천황 가문의 조상으로 여겨지는 제1대 진무천황

宙)에 낙하하여, 작물은 물론 사람과 가축, 가옥 등 우주의 모든 사물을 불태워버리고 암흑의 세계로 만들 것이라는 예언이 신문에 보도되고 있는데, 진실로 우려할 만한 것이다. (4월 강원)

15. 구(舊) 2월 20일은 '한마조금일(旱魔潮禁日)'[62] 이라 하여 옛날부터 이날의 날씨에 의해 그 해의 풍흉(豊凶)을 알 수 있다는 전설이 있다. 올해 이날은 작년과 마찬가지로 하늘이 맑기 때문에 또 가뭄이 들 것이다. 남선(南鮮) 지방의 어느 시장에서 모 유력자가 호기심으로 가마니 1장을 30원으로 샀는데, 가마니 속에서 금(金) 30원과 보리 이삭과 벼 이삭이 한 개씩 나왔다. 보리 이삭은 다 익었고, 벼 이삭은 말라 죽어 있었다. 올해는 보리는 풍작이고, 벼는 흉작이다. (4월 충남)

16. 강원도 철원(鐵原) 방면에서는 작년 여름 한해(旱害) 때문에 식량이 궁해져서 철원군 모 부락에서는 빈민 4호가 배고픔을 견디지 못해 5~6세 정도의 자녀 각 1명씩을 살해하여 식량을 대신한 사실이 있다. (4월 경남)

17. 작년에는 땅이 타들어 가고, 올해는 돌이 타버리고, 내년은 철이 녹아버리는 큰 가뭄의 재해가 있는 해이다. 올해는 비료 부족으로 농작물 수확이 적어지는 것은 물론 돌도 타버린다는 한재(旱災)를 만나고 흉년을 면하지 못한다. (4월 경남)

18. 경남 하동군(河東郡) 하동읍(河東邑) 내에서는 장날마다 걸식(乞食)하는 형색의 조선인 남자가 손에 가마니를 들고 "5원에 사주라"라고 하면서 배회한 일이 두세 번 있었다. 같은 읍내 모(某)가 이것을 사 갔다고 들었는데, 그 안에 5원짜리 1매와 그 외에 벼 이삭, 보리 이삭의 열매 말고는 아무것도 없었다. 더욱 이상하다고 생각한 점은 올해도 역시 쌀·보리 모두 가뭄 때문에 빈 나락으로 나올 것이라 예언한다고 한다. 가까운 사람에게서 전해 들은 결과로, 하동읍에서는 이런 종류의 유언이 있다. (4월 전남)

19. 올해도 작년 이상의 한해를 만나게 될 뿐 아니라 액년(厄年)[63] 이기 때문에 각종 병마(病魔)가 걷잡을 수 없어서 인명(人命)의 태반을 장사지내게 될 것이 틀림없다. (4월 경기)

의 사망일인 4월 3일에 매년 일본 황실에서 지내는 제사.
62 한마(旱魔)는 중국어로서 한발(旱魃)을 뜻하며, 조금(潮禁)은 조수(潮水)가 가장 낮은 때를 이르는 말로서 대개 매월 음력 7, 8일과 22, 23일 무렵에 있다.
63 액년(厄年): 재난이 많이 닥친다고 여겨지는 해.

20. 식량 결핍으로 아사 상태에 빠져 있던 산모(産婦人)가 부락을 벗어나 음식점에 들렀는데, 거기에서 술을 마시면서 어즙(漁汁)을 요리하고 있던 주객(酒客)을 발견하고는 그 주객에게 한 접시 달라고 구걸했다가 도리어 질책을 당하였다. 집으로 돌아온 후 생후 얼마 되지 않은 젖먹이를 가마솥에 넣고 쪄서 죽였다. (4월 충남·충북)

21. 옛날부터 노인 등이 전하는 바에 따르면, 매년 음력 2월 8일 전날 밤에 서리가 내리느냐 여부에 따라 그해 농작물의 풍흉을 예측하며, 특히 지나인 측에서는 이에 따라 그 해의 영농(營農)을 계획했다고 한다. 올해는 음력 2월 8일 전날 밤에 예년에 보지 못한 다량의 서리가 내렸다. 이것은 올해 풍작(豊作)의 전조이다. (4월 함북)

22. 내지에서는 용의 해는 불을 부른다고 해서 일찍부터 화재가 많은 해라고 전해지고 있는데, 올해는 그 용의 해여서 각지에서 화재가 빈번하게 발생하는 상황이다. 예로부터 전해오는 전설의 신비로움에 놀라고 있다. (4월 함북)

23. 지난 4월 20일 곡우(穀雨)[64]날 당일에 비가 내렸다. 조선에서는 예로부터 곡우 날에 비가 오면 땅 밑으로 3척이 탄다고 하여 큰 가뭄의 전조이다. (4월 황해)

24. 한식(寒食) 날에 서리가 내리면 우물 바닥이 석자 세치(三尺三寸)가 마른다는 전설이 있다. 올해는 4월 6일 한식 날에 서리가 상당히 내렸기 때문에 올해도 작년처럼 가뭄으로 흉작을 면치 못할 우려를 금할 수 없다. (4월 경기)

25. 곡우 날에 비가 올 때는 샘물도 고갈하여 큰 가뭄이 든다는 전설이 있다. 작년에도 곡우 날에 비가 내려 큰 가뭄으로 대흉작이었는데, 올해도 마찬가지로 당일에 비가 내려서 작년처럼 큰 가뭄이 들 것이다. (4월 경기)

26. 철쭉꽃의 수술은 12개 내지 13개인데, 올해 꽃을 보니 모두 11개였다. 작년 꽃도 하나같이 11개였다는데, 이는 예로부터 가뭄이 든다는 말이다. 또한 음력 13일에 비가 내린 해는 1년 내내 비가 내리지 않는다는 옛말이 있다. 지난해도 그날 비가 내려서 30년 이래 큰 가뭄이 있었는데, 올해도 작년과 마찬가지로 그날 비가 내렸기 때문에 큰 가뭄은 면치 못한다. (5월 경기)

---

64 곡우(穀雨): 24절기의 하나. 청명(淸明)과 입하(立夏) 사이에 들며, 봄비가 내려서 온갖 곡식이 윤택하여진다고 한다. 양력으로는 4월 20일경이다.

27. 신동(神童) 친구인 자기 집 고용인(雇人)에게 올해는 풍작일까 하고 물으니, 고용인은 아무 말도 하지 않고 다음 날 아침 솥 안에 백지 2장을 넣어놓고는 어디론가 모습을 감췄다. 이는 필경 올해도 작년처럼 흉작이라는 예언이다. (5월 경기)

28. 종래 독농가(篤農家)⁶⁵의 말에 따르면, 그해 벼농사의 풍흉은 봄에 채종묘(菜鍾苗)의 발육상태 여부에 달려 있다고 전해지는데, 작년 봄 채종묘의 생육 상태가 너무나 불량했음을 뒷받침하듯이 작년에는 역사상 유래 없던 한해가 들이닥쳤다. 올해 역시 채종묘의 발육상태가 대단히 좋지 않아서 혹자는 올해의 벼농사도 잘되지 않을 거라고 생각한다. (5월 전남)

29. 곡우 시기를 전후하여 큰비가 오지 않으면 예로부터 그해는 흉년이 든다는 전설이 있다. 올해도 못자리를 준비할 시기에 들었는데도 비가 내리지 않아 모도 내지 못하는 형편이므로 올해도 큰 가뭄이 들 전조가 아니겠는가. (5월 전주)

30. 한해는 앞으로 3년 계속된다. 3년 후에는 어린아이를 죽여서 먹고사는 꼴이 될 것이다. 미래는 지구의 3분의 2에 상당하는 별이 지구와 충돌하고 달은 붉은 색이 되어 세상 사람은 3분의 2로 줄 것이다. 그리고 세상의 지배인은 그리스도의 자손이 하늘에서 내려와 통일하게 될 것이다. (5월 충남)

31. 옛날부터 4월 20일의 연운(年運)에 곡우 날 쾌청한 것은 그해의 풍작을 나타내며, 비가 오거나 또는 구름 낀 날은 한해를 입어 흉작이 된다는 전설이 있다. 올해 4월 20일 곡우 날에는 비가 내렸고, 그렇다면 작년 봄의 날씨와 거의 흡사하므로, 올해도 보리농사는 다소 수확이 늘 것으로 보이지만 벼농사는 지난여름과 마찬가지로 큰 한해를 입을 것이다. (5월 충남)

32. 작년은 돌이 타버린 해이며, 올해는 철이 타버릴 해이다. (5월 전남)

33. 『정감록』에 "나를 살리는 것은 삼인일석(三人一夕)"⁶⁶이라는 기록이 있다. 즉 '맥(麥)'을 나누어 해석한 것으로서, 올해는 보리는 수확이 있어도 쌀농사는 작년과 마찬가지로 수확할 전망이 없다. (5월 경기)

---

65 독농가(篤農家): 농사를 열심히 짓는 착실한 사람 또는 그런 집.
66 원문은 "活我者三人一夕"인데, 일반적으로 여기서 '三人一夕'의 글자를 조합하여 '닦을 수(修)'로 해석한다. 즉 '도를 닦는다는 것'을 의미한다.

34. 올해도 비와 눈이 내리지 않기 때문에 작년 이상으로 가뭄이 들어 농작물은 대흉작이 될 것이다. (5월 함북)

35. 전쟁에 사용하는 화약, 독가스, 기타 화학을 응용하여 만든 제품이 지나사변 발생 이래 많아진 관계로, 비가 되는 것이 화학 작용으로 인하여 방해를 받아 강우량이 적어지게 된 것이다. 그 증거로 200년 이래 없었던 큰 가뭄이 작년에 갑자기 일어났는데, 올해는 한층 더 심각한 가뭄이 반복되지 않을까. (5월 경남)

36. 음력 4월 5일에 비가 내리면 그 후 40일간은 절대로 비가 내리지 않는다. 올해도 이날 비가 내렸기 때문에 가뭄이 들 것이다. (5월 충남)

37. 우천(雨天)에는 가만히 있던 용이 내리게 하는 것이다. 용이 많은 해는 서로 비 내리는 것을 양보하고 있어서 비가 적고, 용이 적은 해는 서로 양보하지 않기 때문에 비가 많은 것이다. 작년부터 올해에 걸쳐서 이전에 없던 가뭄을 만난 것은 용이 많은 관계이다. (5월 전남)

38. 난세(亂世)에는 큰 가뭄이 지속된다. 작년의 큰 가뭄에 이어서 올해도 작년과 마찬가지로 역사상 유래 없던 가뭄이 든다. 따라서 농촌에서는 못자리는 준비할 필요가 없고, 대용작물을 준비하는 것이 현명할 것이다. 아니, 대용작이라 해도 가뭄이 계속되면 어떠한 이익도 없을 것이므로 오히려 심지 않는 편이 좋을 것이다. (5월 전남)

39. 작년은 음력 1월 2일이 무자(戊子)⁶⁷의 날에 해당하여 '연흉(年凶)'으로 한해가 발생한 나쁜 해(惡年)였고, 재작년은 음력 1월 2일이 갑자(甲子)⁶⁸의 날에 해당하여 '연풍(年豊)'으로 풍년이 든 해였다. 금년은 음력 1월 8일이 무자의 날에 해당하므로 풍년이 든다는 것은 믿기 어렵다. (5월 경기) 40. 음력(舊) 4월 5일 비가 내렸기 때문에 큰 가뭄이 들 것이다. 논을 소유한 사람은 이를 팔아서 식량을 준비해야 한다. 작년에는 풀이 타버렸고, 올해는 흙이 타버리고, 내년에는 철과 돌이 타버릴 정도의 큰 가뭄이 있어서, 조선 내에서 생존하는 사람은 한 명도 없게 될 것이다. (5월 충남)

41. 올해는 삼재팔난(三災八難)⁶⁹의 해이다. 동서(東西)의 큰 전쟁 때문에 다수의 인명을 잃

---

67 무자(戊子): 육십갑자의 스물다섯 번째.
68 갑자(甲子): 육십갑자의 첫 번째.
69 삼재팔난(三災八難): 삼재와 팔난. 곧 모든 재앙과 곤란을 일컫는 말.

고, 또 큰 가뭄으로 다수의 아사자를 내기에 이를 것이다. (5월 충남)

42, 지나사변 이래 전쟁터에서 대포를 쏘기 때문에, 지나는 비가 많아도 이 때문에 조선은 가뭄이 드는 법이다. (5월 경남)

주요 유언비어 도별 건수 표[1940년(昭和 15) 1~5월]

도명	1월	2월	3월	4월	5월	계
경기도	-	-	-	3	4	7
충청북도	-	-	-	1	-	1
충청남도	-	2	3	2	5	12
전라북도	-	-	-	-	-	-
전라남도	-	-	-	1	5	6
경상북도	-	-	-	-	-	-
경상남도	2	2	1	2	2	9
황해도	-	-	-	1	-	1
평안북도	-	-	-	-	-	-
평안남도	-	-	-	-	-	-
강원도	1	1	1	1	-	4
함경남도	-	-	-	-	-	-
함경북도	-	-	-	2	1	3
계	3	5	5	13	17	43

비고: 최근 급격히 증가하는 경향이 있음

유언비어 등의 취체 상황(4월 중)(▲는 증가, ▼는 감소)

도별	종별	건수	미신행위	합계	설유(說諭)	검속	처벌	취조중	소재불명
경기도	건수	6	4	10	7	-	-	-	3
	인원	12	9	21	18	-	-	-	3
충청북도	건수	3	3	6	6	1	-	-	-
	인원	6	3	9	9	1	-	-	-
충청남도	건수	4	2	6	4	-	-	-	1
	인원	6	2	8	6	-	-	-	1

도별 \ 종별	건수/인원	건수	미신행위	합계	설유(說諭)	검속	처벌	취조중	소재불명
전라북도	건수	3	-	3	-	-	-	-	3
	인원	3	-	3	-	-	-	-	3
전라남도	건수	7	-	7	7	-	-	-	-
	인원	7	-	7	7	-	-	-	-
경상북도	건수	6	-	6	4	-	-	-	2
	인원	6	-	6	4	-	-	-	2
경상남도	건수	13	2	15	-	-	-	-	4
	인원	14	6	20	-	-	-	-	4
계	건수	42	11	53	28	1	-	-	13
	인원	54	20	74	44	1	-	-	13
전월 계	건수	37	18	55	46	-	-	-	9
	인원	44	26	70	61	-	-	-	9
전월과의 비교	건수	▲5	▼7	▼2	▼18	▲1	-	-	▲4
	인원	▲10	▼6	▲4	▼17	▲1	-	-	▲4

<자료 8> 『조선검찰요보』 수록 유언비어 조사

시국 관계 불온언론사범(不穩言論事犯)[70]
(고등법원 검사국, 1944.3)

1943년(昭和 18) 12월 중 각 검사분국에서 수리한 시국 관계 불온언론사범 중 특이한 것은 다음과 같다.

• 전 철원읍회(鐵原邑會) 의원

[선(鮮)] 평소용일(平沼龍一, 현 47세)

1943년(昭和 18) 11월 12일 철원읍(鐵原邑)에서 산본창업(山本昌業) 외 5명에게 "내지(內地)의 부잣집 외아들이 대학에 다니고 있었는데, 그 부모는 아들의 징병을 면제받기 위해 500만 원을 군부(軍部)에 헌금하였다. 그런데 군부는 헌금을 수령한 후 그 외아들을 비밀리에 죽여 버렸다. 돈이 많아도 소용없다. 음식에나 사용할 수 있다"라고 함부로 말하였다. 〈경성지방법원(京城地) 철원지청,[71] 「조선임시보안령(朝鮮臨時保安令)」 위반, 구공판(求公判)〉

• 조선해륙운송주식회사(朝鮮海陸運送株式會社) 원주출장소 주임

(선) 청천인청(淸川仁晴, 현 38세)

1943년(昭和 18) 11월 29일 강원도 횡성군(橫城郡) 횡성면(橫城面) 읍하리(邑下里) 김본암윤(金本岩允) 집에서 그 외의 3명과 대화하던 중, 조선인 학도 육군특별지원병이라는 사안에 이르자 이들에게, "요사이 지원이라고 해도 지원병도 노무공출(勞務供出)도 모두 강제이다.

---

70 「時局關係不穩言論事犯」, 『朝鮮檢察要報』 제1호, 高等法院 檢事局, 1944.3, 23~28쪽.
71 원문은 '철원지검(鐵原地檢)'으로 되어 있는데, 오기로 보여 '철원지청'으로 수정해 번역하였다. 일제강점기에 '철원지검'은 없었다. 이하 모두 '철원지청'으로 수정했음을 밝혀둔다.

사람이 부족하니까 이런저런 수단을 강구한 것이다"라고 함부로 말하였다. 〈경성지방법원 원주지청, 「육군형법」 위반, 「조선임시보안령」 위반, 구약식(求略式)[72]〉

• 약종상(藥種商) 점원

(선) 송영갑(宋榮甲, 현 59세)

1943년(昭和 18) 11월 20일 충청북도 제천군(堤川郡) 제천읍(堤川邑) 읍부리(邑部里) 김강두향(金江斗鄕) 집에서 부락민 몇 명과 잡담하던 중 임시특별지원병제도에 대해 언급하며, "놈들(일본인)은 전쟁이 불리해지니까 조선인 학도를 징집(徵集)하는 것이다"라고 함부로 말하였다. 〈대전지방법원(大田地) 충주지청, 「육·해군형법(陸海軍刑法)」 위반, 구공판〉

• 무직(無職)

(선) 임정무(林正武, 현 22세)

1943년(昭和 18) 8월 3일경 함흥부(咸興府) 성천정(城川町) 4정목(丁目) 김성진식(金城鎭植) 집에서 친구 몇 명에게, "조선인은 이제 징병이 되어 군인이 되는데, 군인이 되면 출정(出征)하게 된다. 출정하면 그 대부분은 전사(戰死)할 것이다. 야마모토(山本)[73] 원수(元帥)는 전사했는데, 원수가 전사할 정도이니 그 부하인 병사 대다수는 틀림없이 큰 손해를 입었을 것이다. 물자 부족 때문에 일본은 장기전(長期戰)에서는 반드시 패전(敗戰)할 것이다. 그렇게 되면 조선은 독립하게 될 것이다. 그 이유는 조선이 일본의 식민지였기 때문에 일본이 패전하면 미·영(米英)은 당연히 조선을 독립시켜 줄 것이다"라고 함부로 말하였다. 〈함흥지방법원 검사국(咸興地檢), 「보안법」 위반, 「육·해군형법」 위반, 「조선임시보안령」 위반, 구공판〉

---

72 구약식(求略式): 공소를 제기하는 방식의 하나로서, 약식재판을 청구한다는 의미의 법률 용어.
73 야마모토 이소로쿠(山本五十六, 1884~1943): 쇼와 시기 원수(元帥), 해군대장. 제2차 세계대전 당시 일본제국 해군 연합함대 사령장관이었다. 진주만 공격 시에 현장을 지휘하였으며, 1943년 남태평양에서 탑승한 항공기가 격추되어 추락함으로써 전사하였다. 일본군은 야마모토의 죽음을 한동안 비밀에 부치고 '해군 갑사건(海軍甲事件)'이라고만 부르다가, 한 달 뒤에 죽음을 공표하고 도쿄에서 성대한 국장을 치렀다. 사후에 해군 원수 직위가 추서되었다.

• 북청공립농업학교(北靑公立農業學校) 5년생

(선) 대봉부정(大峯富井, 현 23세)

1943년(昭和 18) 10월 28일 함경남도 북청군(北靑郡) 북청읍(北靑邑) 동리(東里)에서 "대의사(代議士)[74] 나카노 세이고(中野正剛)[75]가 자살한 이유는 대동아전쟁(大東亞戰爭)에서 일본이 1년 안에 진다는 것을 알고, 더 이상 사는 보람이 없어서 이를 탄식하여 죽은 것이라고 생각한다"라는 취지로 함부로 말하였다. 〈함흥지방법원(咸興地) 북청지청, 「육·해군형법」 위반, 구공판〉

• 날품팔이(日稼)

(선) 천야숭섭(天野崇燮, 현 29세) 외 1명

1943년(昭和 18) 10월 13일 함경남도 이원군(利原郡) 차호읍(遮湖邑) 나흥리(羅興里)에서 "단천(端川) 부근 바다에 적(敵)의 잠수함이 나타나 조선의 범선(帆船)을 격침시켰다"라는 취지로 함부로 말하였다. 〈함흥지방법원 북청지청, 「해군형법(海軍刑法)」 위반, 구공판〉

• 나고야고등상업학교(名古屋高商) 학생

(선) 복전성학(福田聖鶴, 현 23세)

1943년(昭和 18) 11월 17일 청진역(淸津驛) 앞 회령여관(會寧旅館)에서 육군특별지원을 강요당하자 분개한 나머지, 미국(米國)에 한국가정부(韓國假政府)가 수립되어 선전(宣戰)을 포고하면 자신은 이 가정부를 결사(決死)의 각오로 원조할 것이라고 함부로 말하였다. 〈청진지방법원 검사국(淸津地檢), 「조선임시보안령」 위반, 구공판〉

---

[74] 대의사(代議士): 일본 중의원(衆議院) 의원의 속칭.
[75] 나카노 세이고(中野正剛, 1886~1943): 일본의 저널리스트, 중의원 의원. 우익 정치인으로서 1936년 국민동맹(國民同盟)을 탈당하여 국가주의 단체인 동방회(東方會)를 조직하고 총재가 되었다. 1937~38년 이탈리아와 독일을 방문해 무솔리니와 히틀러를 회견하였다. 1940년 대정익찬회(大政翼贊會) 총무가 되었고, 1941년 태평양전쟁의 개시를 지지하였다. 1942년 이후 도조(東條) 내각의 독재에 반발했으며, 1943년 한때 체포되었다가 10월 25일 석방되었다. 이틀 뒤인 10월 27일 자택에서 자결하였다.

• 포목상(布木商)

(선) 연안야조(延安也照, 현 21세)

피고인은 1943년(昭和 18) 10월 중순 어느 날 오전 11시경 자택에서 지인인 송산형린(松山亨麟), 김원봉도(金原鳳道), 연안내순(延安來淳) 등에게,

1. "지금 평양에서는 젊은 사람에게 강제 징병령(徵兵令)이 내려졌다. 경찰이 총출동하여 매일 밤 1시부터 3시경까지 사이에 잠도 자지 않고 이리저리 뛰어다니며 무리하게 소집(召集)하고 있어서, 부민(府民)은 모두 겁에 질려 있다"라고 말하였다.
2. 게다가 위의 김원(金原) 및 연안(延安)이 돌아간 후 송산(松山)에게, "일본 놈들은 이 전쟁에 이기기 위해 목숨을 걸고 싸우고 있는데, 이는 어른과 아이가 서로 싸우는 것과 같아서 전혀 이길 가망이 없다. 일본 놈들은 망한다. 하루라도 빨리 망하지 않으면 우리 조선인은 한층 더 괴로워질 것이다"라고 말하였다.

라고 한 것이다. 〈평양지방법원 검사국(平壤地檢),「육·해군형법」위반,「조선임시보안령」위반, 구공판〉

• 시계수리업(時計修理業)

(선) 평소암철(平沼岩鐵, 현 20세)

제1. 피고인은 1943년(昭和 18) 10월 14일 오후 8시경 자택에서 김촌광천(金村光川)으로부터 관부연락선(關釜連絡船)[76]이 조난되었다는 것을 듣자, 그와 그 자리에 모인 성명 불상자 1명에게,

1. "일본도 점점 전력(戰力)이 약해졌다는 증거이다. 입으로는 밤낮 방비(防備)를 말해도 관부연락선이 격침당했다는 것은 적의 잠수함이 접근했기 때문이다. 가장 방비에 중점을 두어야 할 관부연락선이 격침되었다는 것은 일본의 전력이 그 정도 약해졌기 때문이다"라고 말하였다.
2. 또한 "나도 내년에는 군대(兵隊)에 가야 한다. 조선 징병제를 실시하여 육군이다 해군이

---

[76] 관부연락선(關釜連絡船): 부산항과 시모노세키항 사이를 정기적으로 운항한 여객선. 1905년 1월부터 경성 영등포와 부산 초량 간 경부철도가 운행을 개시하면서 그해 9월부터 운항하기 시작했다. 제2차 세계대전이 끝날 때까지 운항했으며, 지금은 민간의 부관(釜關) 페리가 취항하고 있다.

다 하며 우리 조선에 맞지 않는 것을 부르짖다니, 가소롭지 않은가. 누구라도 죽으려고 제일선에 설 자가 있겠는가. 조선 정부가 있어서 조선을 위해 싸운다면 피를 흘리더라도 분발할 것이다. 하지만 계부모(繼父母)와 의붓자식(繼子) 같은 관계에 있는 조선인이 진심으로 일본을 위해 제일선에 설 리가 없다. 계부모는 언제나 의붓아들의 원수라서 겉으로는 의붓아들과 관계가 좋은 것처럼 보여도 실상은 그렇지 않다"라고 말하였다.

제2. 1943년(昭和 18) 10월 29일 오전 11시경 같은 장소에서 황해도 사리원(沙里院)에 거주하는 이모(李某) 외 1명에게,

1. "이제 세상도 끝났다. 이전에 목욕탕에 갔는데 세숫비누가 없어서 세탁비누를 썼기 때문에 얼굴이 거칠어져 크림을 사용했다. 요즘은 물품이 나빠서 곤란하다. 세상이 싫다"라고 말하였다.
2. 또한 징병제에 관하여, "내년부터 조선인도 군대에 가는가. 특별지원병은 학교에 가지 않은 자에게도 지도받게 하여 모집할 것이다. 그러나 조선인을 군대에 받아들이더라도 제일선으로 보내면 역으로 공격할지도 모르기 때문에, 조선인 속에 일본 병사를 섞어 둘 것이다"라고 말하였다.

라고 한 것이다. 〈평양지방법원 검사국, 「조선임시보안령」 위반, 「육·해군형법」 위반, 구공판〉

• 주오대학(中央大學) 예과(豫科) 1년생

(선) 김광문택(金光文澤, 현 23세)

1943년(昭和 18) 8월 13일 정오경 친구와 함께 만취하여 진남포부(鎭南浦府) 마산정(麻山町) 박택상준(朴澤相駿)[77]의 집에 방문하였다. 그 손녀 박택영견자(朴澤榮見子)가 유창한 국어(國語)[78]로 응대하자, 자기의 국어 능력이 미치지 못함을 불명예라 통감하고, 취한 나머지 그녀 외 2명에게 국어와 조선어를 섞어서, "너는 조선인이면서 왜 일본어를 쓰느냐. 우리의 국

---

77 박상준(朴相駿, 1877~미상): 창씨명은 박택상준(朴澤相駿)이다. 1877년 평안남도 성천에서 출생. 이른 시기에 전기통신 기술을 습득하고 일제강점기에 군수, 도지사를 거쳐 중추원 참의까지 올랐다. 그가 일제에 적극적으로 협력한 활동은 「일제강점하 반민족행위 진상규명에 관한 특별법」에 의거한 친일반민족행위로 결정되어 보고서에 상세히 기록되었다(『친일반민족행위진상규명보고서』 IV-4, 2009, 279~329쪽).
78 일본어를 말함.

어는 조선어이다. 조선인은 조선어를 사용하라.", "현재 시골에서는 곡물의 공출을 무리하게 하고 있다. 그것은 조선인이 조선인을 죽이는 것이다. 내지의 대학이나 전문학교를 나와 고등문관시험(高文)에 합격한 조선인을 내무성(內務省)이나 대장성(大藏省)에 무리하게 취직시키겠는가. 그런 짓은 하지 않는다. 조선에 돌아와서 잘해야 소학교 교원이라도 시킬 것이다. 내년부터는 징병제도가 실시되어 사랑스러운 청년을 그 어머니의 손에서 빼앗아 갈 것이니, 참으로 불쌍하다.", "미국은 기초가 강한데, 일본은 기초가 약하다. 기초가 약한 일본은 이 돌담처럼 무너져 미국에 질 것이다"라고 함부로 말하였다. 〈평양지방법원 검사국, 「보안법」 위반, 「조선임시보안령」 위반, 「해군형법」 위반, 기소유예〉

• 농업

(선) 목촌실(木村實, 현 20세)

1943년(昭和 18) 5월 15일 오전 1시경 본적지인 정주군(定州郡)의 안흥면사무소(安興面事務所)에서 면서기(面書記)와 잡담하던 중 그 등에게, "만주국(滿洲國) 방면에서는 백미(白米) 1두(斗)가 100원에 암거래되고 심지어는 죽은 자의 인육(人肉)이나 여자를 죽여서 식용(食用)으로 삼는 것 같다. 현재 봉천시(奉天市) 유정(柳町)에 거주하는 대촌도웅(大村道雄)의 처는 모(某) 지나요릿집에서 살해되어 머리, 발 등이 잘려 천정에 걸려있었다. 또 내가 봉천 북릉(北陵)을 보러 가던 도중에 다리 밑에 나체의 여자 시신이 있었는데, 양쪽 허벅지가 잘린 흔적이 있는 것을 보았다. 대용식(代用食)으로 삼았던 것 같다"라고 함부로 말하였다. 〈신의주지방법원(新義州地) 정주지청, 「조선임시보안령」 위반, 구공판〉

• 무직

(선) 중산광일(中山光一, 현 18세)

일본 대학생인 것처럼 가장한 학도지원(學徒志願)이 실시되기 전에 일·소전(日蘇戰)이 발발하면 조선은 공습(空襲)을 받고 일본은 패전하게 될 것이니, 지원에 응하지 말라는 취지로 함부로 말하였다. 〈해주지방법원(海州地) 사리원지청, 「안녕질서에 대한 죄」, 「육·해군형법」 위반, 구공판〉

• 회사원

(선) 화천범수(和泉範洙, 현 20세)

위 항의 중산광일(中山光一)의 말에 공명(共鳴)하여, "모스크바회담 결과에 따르면 우리가 징병되기 전에 일·소전이 일어나 우리도 출정해야 하게 될 것이다. 미국은 경제력에서 단연 우세하므로 일본은 질지도 모른다"라는 취지로 함부로 말하였다. 〈해주지방법원 사리원지청, 「안녕질서에 대한 죄」, 「육·해군형법」 위반, 구공판〉

• 양곡가공조합(糧穀加工組合) 사무원

(선) 김산행남(金山行男, 현 24세)

"루거우차오(蘆溝橋) 사건 발생부터 천진(天津) 공략까지 조선인도 황군(皇軍)과 함께 분전(奮戰)한 결과 조선에서도 징병제도나 의무교육제도가 시행되게 되는데, 전쟁 종료 후에는 조선인에 대한 대우가 현재와 달리 바뀌게 될 것이 아닌가(전쟁 후 징병이나 의무교육 두 제도가 폐지될 것이라는 뜻)"라고 조선총력연맹 사무국 총장(總長)이 방송하였다는 취지로 함부로 말하였다. 〈대구지방법원(大邱地) 경주지청, 「조선임시보안령」 위반, 구공판〉

• 선원(船員) / 해산물상(海産物商)

(선) 김해상렬(金海相烈, 현 24세) / (선) 김강종준(金岡鍾準, 현 39세)

김해상렬은 1943년(昭和 18) 10월 8일경 여수항(麗水港) 근처 길거리에서 김강종준에게, "관부연락선 곤론마루(崑崙丸)가 적 잠수함에 격침되었다. 당시 우리 배도 그 후방에 있어 참상을 목격하였다. 이 곤론마루는 벼락 치는 듯한 소리와 함께 빙글빙글 선회하며 침몰하였고, 계속해서 후방의 수산회사(水産會社) 배도 격침되었다. 다음으로 적 잠수함은 우리 배에 바짝 붙여 와서 기관장을 사살(射殺)하였고, 선장은 우리와 함께 배 밑에 널판을 뒤집어쓰고 숨었다. 적병(敵兵)은 배 안을 휩쓸고 돌아다니며 해도류(海圖類)를 약탈하고 기관의 중요한 부품을 가져갔다. 얼마 지나지 않아 우리 군함이 구조하러 다가오자 적함(敵艦)은 어디론가 가버렸다. 우리 배는 다른 배에 예인되어 부산(釜山)에 입항한 후 기관장 등의 사체(死體)를 정리하였고, 지금은 여수항에 들어와 있다. 선장은 당시의 부상 때문에 지금은 배 안에 누워 있다"라는 취지로 함부로 말하였다.

김강종준은 같은 날 밤 같은 지역의 후지야여관(富士屋旅館)에 투숙 중이던 해산물상 고자키 간이치(小崎勘一)를 방문하고, 위의 들은 내용을 그대로 그에게 전달하였다. 〈광주지방법원(光州地) 순천지청, 「조선임시보안령」 위반, 구공판〉

• 무직

(선) 안산응의(安山應宜, 현 23세)

안산응의는 1943년(昭和 18) 9월 하순경 강진군(康津郡) 도암면(道岩面) 영관리(永貫里) 자택에서 김산매채(金山賣釆)에게, "최근 일본과 소련 양국 간의 개전(開戰)이 임박한 모양이다. 우리나라는 다수의 병력을 기차로 소·만(蘇滿) 국경으로 수송하고 있는 것 같다"라고 함부로 말하였다.

김산매채는 안산응의로부터 위와 같은 조언(造言)을 듣고 1943년(昭和 18) 10월 22일 같은 마을의 자택에서 부락민 몇 명에게, "오츠크해 어장(漁場)에서 일본과 소련 양국이 맺었던 「어업 문제에 관한 일·소(日蘇) 협정」은 5년마다 갱신한 끝에 양국이 서로 같은 어장에서 입어(入漁)할 수 있게 되었다. 1943년도는 우리나라가 그 입어권(入漁權)을 가지고 있음에도 불구하고 소련 측이 우리의 입어권을 방해하여 외교교섭만으로 원만히 해결할 수 없게 되었다. 그래서 최근 일·소개전(日蘇開戰)에 대비하기 위해 우리나라는 다수의 병력을 소·만 국경으로 수송하고 있는 것 같다"라고 함부로 말하였다. 〈광주지방법원 장흥지청, 「육군형법」 위반, 「조선임시보안령」 위반, 각 징역 6월에 2년간 집행유예 확정〉

• 농업

(선) 김광영선(金光永善, 현 18세)

자기의 혼담(婚談)을 촉진하려는 목적으로 1943년(昭和 18) 12월 4일 장성군(長城郡) 북하면(北下面) 판촌리(板村里)의 친구 고목양호(高木良湖) 집에서 그에게, "나는 현재 장성군 지도원(指導員)인데, 최근 우리 군에 미혼(未婚) 처녀 300명의 공출 할당이 내려왔다. 북하면 관하의 조사는 내 담당이라서 온 것이다"라는 취지로 이유를 알리고, 마을의 처녀 수 등을 질문하였다. 또 다음날인 5일 오전 중에 고목(高木)과 함께 같은 마을의 구장(區長)인 문천영희(文川永禧) 집 객실에서 그에게 위와 같은 취지로 지도원이라고 사칭(詐稱)하며, "군청(郡廳)에서 필요하여 이 부락 처녀들의 이름과 나이 등을 조사하는 것이다"라고 말하였다. 〈광주지방법원 검사국(光州地檢), 「안녕질서에 대한 죄」, 구공판〉

• 농업

(선) 김택종희(金澤鍾熙, 현 26세) 외 1명

1943년(昭和 18) 11월 29일 진안군(鎭安郡) 상전면(上田面) 수동리(水東里) 889번지 자택에서 성전순문(成田順文) 외 1명에게, "현재 내지에 있는 조선인 노동자 중 30세 미만인 자는 강제로 남양(南洋) 방면에 보내져서 절대로 조선으로 돌아올 수 없게 된다"라고 함부로 말하였다. 〈전주지방법원 검사국(全州地檢), 「조선임시보안령」 위반, 구공판〉

• 경성 사립 인문중학원(人文中學院) 3년생

(선) 강목영준(姜木永俊, 현 19세)

처(妻)의 친부인 안동재춘(安東在春)에게, "벼 공출도 작년의 3배에 달하고 보리 파종(播種), 야채절임(漬物) 등 농민은 비참하다. 이것이 일시적이라면 감수하겠는데, 만일 계속된다면 조선 민족은 내란을 일으킬 것이다. 또 전문대학의 문과(文科) 계통 학교는 문 닫고 전부 특별지원병으로 보낸다고 하니, 공부할 기분이 나지 않는다. 운운."이라고 기재한 편지를 우송해 받게 하여 그가 읽도록 하였다. 〈공주지방법원 검사국(公州地檢), 「조선임시보안령」 위반, 구공판〉

<자료 9> 『조선검찰요보』 수록 유언비어 조사

징병검사장에서 반도인(半島人) 장정(壯丁)의 조언비어(전주 검사정 보고)[79]
(고등법원 검사국, 1944. 8)

[선(鮮)] 오산인본(吳山仁本, 21)은 국민학교 졸업 후 내지(內地)로 도항하여 도쿄철도학교(東京鐵道學校)에 입학했는데, 심한 각기병(脚氣)으로 인해 1941년(昭和 16) 12월 예과(豫科) 수료와 함께 귀향하여 요양하던 중 작년 10월 부친이 사망한 이래 가업(家業)인 농기구 제조·판매업을 경영하고 있는 자이다. 1944년도(昭和 19)에 장정으로서 올해 5월 11일 전북 이리국민학교(裡理國民學校)의 징병검사장에 출두해 수검(受檢)하던 중 장정 대기실(控室)에서 국민학교 동창생 4명이 모이자 자기의 박식함을 과시하기 위해,

1. 나는 도쿄에 유학했었는데, 당시 내지로 갔던 자는 태반이 사상 용의자로 경시청(警視廳)에 유치(留置)되었다.
2. 사형(死刑)은 군대(兵隊)에서 5인씩 2열로 세워서 총살하는 것인데, 나도 이렇게 죽은 유골(遺骨)의 백골함(白木箱)을 시모노세키(下關)까지 가지고 왔다.

라고 했다. 게다가 현재 중부 제30부대에 입영 중인 특별지원병 [선(鮮)] 임전우홍(林田宇弘, 22)으로부터 들어서 알게 된 사항이라면서 여기에 사견(私見)을 더하여,

---

[79] 「徵兵檢査場に於ける半島人壯丁の造言飛語(全州檢事正報告)」, 『朝鮮檢察要報』 6, 高等法院 檢事局, 1944.8, 35~36쪽.

1. 도쿄의 조선인 학생은 소련 대사관으로부터 몇백만 원이란 큰돈에 매수되어 내지의 각지에서 모략(謀略)이나 독립운동을 하고 있는데, 이들 학생은 요령을 잘 알지 못해서 발견된 것 같다. 다른 데도 이러한 자가 많이 있다. 조선에서도 경성중학(京城中學)의 생도 2명이 발견되어 사형당했다.
2. 시즈오카고등학교(靜岡高等學校)에서 입대한 학도는 부대에서 도주했는데, 운이 나빠 붙잡혀서 사형당했다. 조금만 더 빨랐더라면 어디로 갔는지 알 수 없었을 것이다.

라고 함부로 말하였다. 가장 엄숙하고 신성해야 할 징병검사장에서, 더구나 수검 장정이 이런 언동을 지껄였다는 것이다. 따라서 동인(同人)에 대해서는 6월 30일 전주지방법원에서 구공판(求公判)의 처분이 있었다.

<자료 10> 『조선검찰요보』 수록 유언비어 조사

적측(敵側) 모략 방송 도청(盜聽)에 기초한 조언비어(함흥 검사정 보고)[80]
(고등법원 검사국, 1944.8)

함흥부(咸興府) 소재 함남중학교(咸南中學校) 생도 [선(鮮)] 안원홍웅(安原弘雄)은 학우 영야성국(永野誠國) 외 수명과 함께 약 2년 전부터 단파수신기 제작 연구에 착수하여 여러 가지로 고심한 결과, 작년 6월경에 이르러 점차 안원홍웅이 이를 제작하는 데 성공하여 일본의 대외 방송은 물론, 미국(米國)과 기타 외국의 방송을 청취하기에 이르렀다. 그중에서도 특히 미국 샌프란시스코 방송국에서 하는 조선어 및 일본어 대일(對日) 방송은 대동아전쟁 및 조선에 관한 방송이어서 안원은 특히 여기에 흥미를 가지고 이후 매일 밤마다 도청하거나, 혹은 자기와 함께 연구 중인 위의 영야 등을 자택으로 초대하여 미국의 대일 사상모략 방송을 도청하였다. 그런데 이를 청취한 안원 이하 이들은 그 방송에 기초하여 다음과 같은 내용을 자교생(自校生)을 비롯해 함흥부 내 소재 사범학교·상업학교·일출중학교(日出中學校)의 일부 생도와 외부 청년 등에게 유포한 것으로서, 그 내용은 다음과 같다.

1. 단파방송을 들어보면, 미국 샌프란시스코에서 조선인 여자 같은 목소리로 조선어를 사용하여, '종전의 일본대사관 자리에 조선 독립 정부가 있는데 미국은 이 가정부(假政府)를 승인하였다.[81] 이번 전쟁의 서전(緖戰)에는 미국이 지고 있었으나 점차 회복하여 방

---

80 「敵側謀略放送に基く造言飛語(咸興檢事正報告)」, 『朝鮮檢察要報』 6, 高等法院 檢事局, 1944.8, 36~38쪽.
81 미국이 조선의 임시정부를 '승인'했다는 것은 잘못된 정보이다. 미국 등 연합국은 종전 때까지 한 번도 대한민국임시정부를 승인하지 않았다.

대한 물자에 의해 반드시 이 전쟁에서는 미국이 승리할 것이다. 승리하는 새벽에는 조선을 독립시킬 것이므로 조선 동포는 그 시기를 기다려라.'

2. 인도(印度)에서 미국항공대와 일본항공대의 공중전(空中戰)을 한 결과, 미국항공대는 일본의 수송 선단(船團) 대부분을 격멸하고 게다가 또 비행기 약 20기를 격추시켜서 미국의 손해는 경미하다.

3. 조선에서 미국으로 건너간 자는 구(舊) 일본대사관을 조선의 가정부로 삼아 미국과 하나가 되어 움직이고 있다. 조선 2,500만 동포는 모두 조선 독립을 위해 일어나지 않으면 안 된다. 일본 대본영(大本營)의 발표는 언제나 일본이 이겼다고 말하고 있지만, 동시에 미국의 방송에서는 늘 미국이 이겼다고 말하고 있다. 정말로 일본의 전과(戰果) 발표는 맞지 않는다. 그리고 미국에서는 대동아전쟁에서 일본이 지게 되면 조선을 정당하게 독립시킬 것이라고 말하고 있다.

4. 최근 단파로 샌프란시스코 방송을 들어보니, 이번 대동아전쟁은 물자가 부족한 일본이 지고 물자가 풍부한 미국이 반드시 최후의 승리를 얻을 것이라고 말하고 있다. 또한 일본 대본영의 발표는 전부 거짓으로서 신용할 수 없다고 말하고 있기 때문에, 미국의 방송은 실로 정확하다.

5. 재미(在米) 조선 가정부에는 조선의 국기(國旗)가 걸려있다. 미국 당국에서도 가정부를 승인하고 있다. 그리고 이 가정부는 장래에 조선이 독립할 것처럼 활동하고 있다.

6. 샌프란시스코에서 나온 방송에 의하면, 미국은 일본어로 이탈리아에 대해, '이탈리아 국민이여. 만약 미·영국 등이 이탈리아에 상륙할 때는 절대적인 협력을 해야만 한다. 그렇지 않으면 너희의 행복은 얻을 수 없다.'

7. 샌프란시스코에서 조선어로 조선 동포에게 부르짖고 있다. 이번 전쟁에서 미국이 승리하는 새벽에는 조선을 독립시킬 것이라고 방송하고 있다.

8. 미국의 단파방송에 의하면, 미국에는 조선의 가정부가 있는 것 같은데, 만약 가정부 군(軍)이 일전(一戰)하여 출동하면 조선인은 그다지 죽이지 않을 것이다.

9. 남방 뉴기니 전투에서는 일본 장교 수명이 부하 수십 명을 데리고 미국군에 투항하였다. 이것이 일본병 최초의 포로이다. 또 일본 비행기 120기가 격추되고, 미국의 손해는 5기 정도이다.

10. 단파방송에서, '인도양(印度洋)에서 일·미 항공전(航空戰)이 있었는데 일본의 수송선(輸送船)과 비행기가 상당히 당했고 미국의 손해는 경미하다'라고, 미국 샌프란시스코에서 한 조선 여자가 조선어로 방송하는 것을 들었다. 일본 대본영은 틀렸다.
11. 대만(臺灣)의 고웅(高雄)[82]에 있는 알루미늄 공장은 중지(中支)에 있는 미국 비행기에 의해 폭격되었다.
12. 일본 군벌 지도자들은 남양군도에 요새를 건설하는 것을 국제법으로 금지하고 있는데도 이를 무시하고 건설했기 때문에, 미국은 당연히 이를 공격할 의무가 있다.
13. '미국에서 조선을 향해 방송할 때는 반드시 미국에서 자유의 종이 울립니다. 자유의 나라 미국에서 2,500만 한국 동포에게 최근 가장 신뢰할만한 뉴스를 보냅니다'라고 전제하고, '2,500만 한국 동포여. 제군은 일본에 속아서 오늘날과 같은 어려움을 겪고 있다. 하지만 가까운 장래에 자유의 나라 미국에 의해 해방될 것이다'라고 조선을 향한 방송을 하고 있다.

본건 검거의 단서는, 앞서 기재한 함남중학교에서 학도동원계획에 기초하여 동교(同校) 4학년, 5학년의 전체 생도 약 170명을 동교 교유(教諭)의 감독 아래 지난 6월 2일부터 같은 달 20일까지 함주군(咸州郡) 내 ○○비행장에 출동시켜 근로봉사에 복무하게 했는데, 그 사이 5학년생 영야성국 외 다수의 생도가 기숙사에서 시국에 관한 불온언동(不穩言動)을 지껄인 사실 및 그 공사장에서 일하던 중인 산업보국대원(産業報國隊員)의 노동기간 만료 때 개최한 위안회(慰安會) 회장에서 동교 5학년생 염원성구(廉原聖龜)가 조선가(朝鮮歌)라고 칭하는 극히 불온한 내용의 가사(歌詞)를 큰 소리로 불러서 다수 노무자에게 환영받는 등의 사안이 있었던 것을 탐지하여 극비리에 내사(內査)한 바, 앞서 기재한 사실이 폭로되기에 이르렀다. 주모자로 인정되는 함남중학교 생도 안원홍웅 외 6명 및 함흥사범학교 생도 삼본기범(三本基範), 계 8명을 검거하여 지금 수사 중이다.

또한 신의주 검사정(檢事正)의 보고에 의하면, 그 지방에서도 최근 적측 라디오 방송으로,

---

82 대만 남단에 위치한 거대 항구도시 가오슝(高雄). 현재 대만 제2의 도시로 꼽힌다.

"우리는 일본인을 상대로 싸우고 있는데, 일본인은 종(種)이 없어질 때까지 전부 살해할 심산이지만 일본인에게 지배받고 있는 조선인은 아무런 관계도 없으며, 오히려 일본인에게 고통받고 있는 것이 불쌍하므로 도울 심산이니 걱정하지 마라."

"조선 동포는 안심하라, 내년 4월까지는 좋은 기회가 있을 것이다. 현재 조선 독립 정부를 승인한 나라는 21개국이다."

등의 유언(流言)이 항간에 일부 전해지고 있는데, 현재 그 출처가 명확하지 않아 엄중 심사 중이라는 내용이다.

<자료 11> 『조선검찰요보』 수록 유언비어 조사

기타큐슈지구 공습에 관한 조언비어[후쿠오카(福岡) 검사정 통보][83]
(고등법원 검사정, 1944.8)

6월 16일 조선 남부 및 기타큐슈지구(北九州地區)에 재지(在支) 미(米) 공군 한 부대가 내습(來襲)한 것은 이미 알려진 바이다. 이에 관한 조언비어 사건을 후쿠오카지방재판소(福岡地方裁判所) 검사국에서 검거해 처단하였다는 내용의 통보를 접했는데, 그 개요는 다음과 같다.

거국적으로 왕성한 멸적(滅敵) 정신에 투철하여 필승 일로(一路)를 향해 매진하고 있는 이 가을에 적의 반간·고육(反間苦肉)의 한 책략으로서[84] 재지 미 공군이 우리 본토 공습을 감행하여 우리 국민의 정신 교란을 노리려 하는 적의 노림수에 빠졌다. 이와 같은 악질적인 반군·반관적(反軍反官的) 언동에 대한 내지(內地) 검찰과 재판기관의 처리 방침의 일단(一端)을 엿보게 된다.

적의 공습이 이미 만주·조선·내지에 걸쳐 여러 차례 반복 감행되고 있고, 또 앞으로도 감행할 것이라는 점은 예상하기 어렵지 않다. 경계심이 필요한 시기에 일부 생각이 얕은 무리가 관련하여 반군·반관적 비명을 지르고, 이어서 1억의 통일된 발걸음을 문란시키는 것과 같은 일이 있다면 큰일(一大事)이다. '개미구멍 하나'에[85] 비유할 수 있다. 모쪼록 한층 더 사찰(査察)과 취체(取締)에 힘써주기를 바란다.

---

83 「北敵九州地區空襲に關する造言飛語(福咸岡檢事正通報)」, 『朝鮮檢察要報』 6, 高等法院 檢事局, 1944.8, 36~38쪽.
84 반간고육지책(反間苦肉の策): 적을 이간시키기 위해 자기의 고통을 돌보지 않는 일.
85 개미구멍 하나(蟻の一穴): 아무리 견고하게 쌓은 제방이라도 개미가 파고드는 작은 구멍이 원인이 되어 무너지게 된다는 말. 일반적으로 아무리 거대한 조직이라도 자그마한 불상사가 원인이 되어 조직 전체가 흔들리는 심각하고 치명적인 사태에 이르게 된다는 의미의 격언으로 자주 사용된다.

제1. 후쿠오카현(福岡縣) 고쿠라시(小倉市) 신쿄마치(新京町) 고쿠라토건공업주식회사(小倉土建工業株式會社) 전무이사, 시마다 센쥬(島田千壽, 47)[86]

피고인은 1944년(昭和 19) 6월 16일 기타큐슈지구 공습(空襲)에 관해 같은 날 오전 10시 30분경 고쿠라시 고메마치(米町) 2정목(丁目) 고쿠라토건공업주식회사 사무실에서 다니아이 지사쿠(谷合次作) 외 3명에게,

"지난밤의 공습은 큰 사건이었다. 탐조등(探照燈)은 다행히 적기(敵機)를 발견하여 조공선(照空線) 내에서 포착했음에도 불구하고 한 대도 격추시킬 수 없었던 것은 정말로 안타깝다.

군(軍)은 평소 백발백중(百發百中)으로 적을 한 걸음도 우리 영역에 들이지 않는다고 강하게 말해서, 군을 신용하여 결전(決戰)의 총후(銃後)[87]에서 직역봉공(職域奉公)[88]에 매진하라고 성명(聲明)하면서 방비(防備)의 완비를 언명(言明)하고 있었는데, 한 대도 추락시키지 못한 것은 어찌된 것인가. 저런 꼴은 좀 그렇다.

이와 같은 사정이니 군을 신뢰하라고 해도 신뢰할 수 있겠는가.

정병(精兵)은 전선에 출동하여 내지의 부대는 소집병(召集兵)이 많으므로 훈련이 잘 안 되어 있어서 탄환이 명중하지 않으면 어떡할 것인가.

아, 저금하라, 공채(公債)를 사라고 말하면서 첫째도 전력(戰力), 둘째도 전력이라고 무리한 요구를 하여 국민은 상당히 고통스러운 희생을 치르고 있는데, 지난밤과 같은 상태라면 국민이야말로 가히 불쌍한 존재다.

지금까지 군이 발표한 것도 모두 믿을 수 없다. 운운"

---

[86] 시마다 센쥬(島田千壽, 1898~1969): 일본의 실업가, 정치가로서 토목건축업에 종사했다. 고쿠라상공회의소 의원 및 이사, 후쿠오카현 토목건축공업조합 기업정비위원, 고쿠라토건공업 사장, 신일본건설연맹 부회장 등을 역임했다. 정계로는 고쿠라시의회 의원, 일본사회당 고무라지부장 및 기타큐슈협의회장, 참의원 의원(1947~1950) 등을 역임했다.
[87] 총후(銃後): 전쟁터에서 후방 또는 후방의 국민.
[88] 직역봉공(職域奉公): 제2차 고노에(近衛) 내각 시기에 등장한 말로서, 모든 직업이 직역(職域) 조직을 통해 국가의 전쟁 수행이라는 목적에 협력해야 함을 의미한다.

라고 함부로 말함으로써 군사에 관한 조언비어를 하고, 시국에 관해 인심을 혹란(惑亂)시킬 만한 사항을 유포한 자이다. [주임검사, 나카미치 다케츠구(中道武次)]

본건에 대해서는 고쿠라구재판소(小倉區裁判所)에서 검사의 구형(求刑)대로 징역 2년의 판결 언도가 있었고, 현재 피고인이 상고(上告) 신청 중이다.

제2. 후쿠오카현 고쿠라시 하기자키혼마치(萩崎本町) 5정목, 신발 수선업, 야마자키 고마타로(山崎駒太郎, 59)

피고인은 1944년(昭和 19) 6월 16일 기타큐슈지구 공습에 관해, 같은 달 19일 오전 11시경 고쿠라시 도리마치(鳥町) 2정목, 이발업, 마쓰오 노보루(松尾昇) 집에서 동인(同人) 외 수명에게, "군대는 끊임없이 국민이 돈을 내어 양성하고 있다. 말하자면 이런 경우에 대비하기 위해 평소에는 놀고 있는 것이다. 그런데 지난 밤 공습의 경우는 무슨 일인지 한 대도 추락시킬 수 없지 않았는가"라고 함부로 말함으로써 군사(軍事)에 관한 조언비어를 한 자이다. [주임검사, 히라시마 도쿠지(平島篤二)]

본건에 대해서는 고쿠라구재판소에서 검사의 구형대로 징역 1년의 판결 언도가 확정되었다.

<자료 12> 『조선검찰요보』 수록 유언비어 조사

적기(敵機) 내습(來襲)에 따른 민정(民情) 일편(一片) 중 유언비어 부분[89]
(고등법원 검사국, 1944.9)

2. 조언비어(造言飛語) 사건

전공(電工), [선(鮮)] 목촌기덕(木村基德, 21)

1944년(昭和 19) 6월 30일 평양부(平壤府) 인흥정(仁興町) 인흥공설시장(仁興公設市場) 내에서 서촌충조(西村充祚)란 자에게, "내가 전에 경성(京城)을 여행했는데, 그 당시 경성에 적 미국의 비행기가 내습(來襲)하여 부내(府內)에 다량의 폭탄을 투하했기 때문에 다수의 가옥이 파괴되고 시가(市街)는 비참한 상태가 되었다. 그래서 나는 경성에서 무임(無賃)으로 평양까지 왔다"고 함부로 말하였다. 〈평양지방법원 검사국(平壤地檢),「안녕질서에 대한 죄」,「조선임시보안령」위반, 구공판(求公判)〉

직공(職工), (선) 평산용작(平山勇作, 29)

"일전에 공습경보가 발령되었을 때 남자도 여자도 노인도 모두 무서워서 산으로 도피했다가 돌아온 자도 있지만, 다른 곳으로 도망간 자도 있었다. 큰 소동이 일어난 그 당시에 적기(敵機)가 지나(支那)에서 온 것인지 알 수는 없지만, 30기 정도는 내지(內地)로 가고 20기 정도가 조선의 평양(平壤), 경성(京城)을 거쳐 부산(釜山)으로 왔다. … 운운."이라고 함부로

---

89 「敵機來襲に伴ふ民情一片」,『朝鮮檢察要報』7, 高等法院 檢事局, 1944.9, 12~14쪽. 이 자료에서 '민심의 동향' 부분(1장, 8~12쪽)은 이 책의 4장에 수록함.

말하였다. 〈부산지방법원 검사국(釜山地檢), 「조선임시보안령」 위반, 구약식(求略式), 벌금 200원 구형(求刑)〉

선어(鮮魚) 운반업, (선) 석원재봉(石原在奉, 49)

1. 나는 이번에 내지에서 호되게 당했다. 마침 기타큐슈(北九州) 지방에 적기 공습(空襲)이 있었다. 그때 나는 와카마쓰시(若松市)의 여관에 투숙 중이어서 밤새 방공호(防空壕)에 들어갔다 나왔는데, 실로 아수라(阿修羅)와 같아서 살아 있다는 느낌이 전혀 없었다. 그 이틀날 아침에 사람에게 들으니, 야하타시(八幡市)의 모(某) 유리공장이 한 채가 날아간 일도 있었다고 한다. 도로 옆에는 시체가 상당히 널려 있었고, 이번 공습으로 생긴 사상자(死傷者)는 신문 보도보다 상당히 많은 모양이다.
2. 나는 이번에 와카마쓰시에서 적기의 공습을 받았다. 지금까지 목숨이 붙어 있는 것이 신기하며, 상상해 보면 실로 무서워서 견딜 수 없다. 적기가 부산으로 오는 중이니 빨리 배나 집을 매각하여 시골 방면으로 도피하지 않으면 도회(都會)는 위험하다고 함부로 말하였다. 〈부산지방법원 검사국, 「조선임시보안령」 위반, 구약식, 벌금 200원 구형〉

마차꾼(馬車輓), (선) 최등귀춘(崔藤貴春, 23)

"지난밤 공습경보가 발령되었을 때 적이 부산부(釜山府) 거제리(巨堤里)에 폭탄을 투하하였는데, 300m 정도 폭파되어 그 파편이 400m를 날아간 것 같다. 오늘 아침에 그 폭탄의 파편을 손으로 들어보았는데, 무거웠다"라고 함부로 말하였다. 〈부산지방법원 검사국, 「조선임시보안령」 위반, 구약식, 벌금 200원 구형〉

제니다카구미(錢高組)[90] 기관운전수(機關運轉手), (선) 이판경치(伊坂庚治, 24)

"지난밤 적기가 북지(北支)에서 인천(仁川)으로 와서 공격한 후 다시 규슈(九州)로 날아가 규슈를 마구잡이로 폭격하고 간 것 같다"라고 함부로 말하였다. 〈부산지방법원 검사국, 「조

---

90 제니다카구미(錢高組): 오사카(大阪)에 본점, 도쿄(東京)에 본사를 둔 주식회사 형태의 건설회사. 조선에도 진출하여 철교 등을 건설했다. 이른바 전범기업(戰犯企業), 현존하는 '강제동원 관련 기업'에 속한다.

선임시보안령」 위반, 구약식, 벌금 200원 구형〉

목공(木工), (선) 강촌궁작(岡村宮作, 30)

"적기가 삼천포(三千浦)에 내습하여 폭탄을 투하했는데, 부산을 통과하면서도 투하하지는 않았다"라고 함부로 말하였다. 〈부산지방법원 검사국, 「조선임시보안령」 위반, 구약식, 벌금 20원 구형〉

공장장(工場長), (선) 복본우헌(福本又憲, 24)

"시모노세키(下關)에서도 부산에서도 서치라이트에 들어온 적기를 놓쳤다. 부산을 타격할 수 있는 적기가 시모노세키에 마구잡이로 폭탄을 투하하여 정말로 비처럼 떨어졌다"라고 함부로 말하였다. 〈부산지방법원 검사국, 「조선임시보안령」 위반, 구약식, 벌금 50원 구형〉

숙박업(宿屋業), (선) 중도성오(中島成五, 48)

"지난밤 삼천포에서는 경계경보가 울렸다. 어떤 사람은 무서워서 6살 된 어린아이를 남겨 두고 도망하였는데, 그 아이가 부모를 찾아 길에 나왔다가 잘못해서 익사(溺死)했다. 이는 실로 나쁜 부모이다"라고 함부로 말하였다. 〈진주지청, 「조선임시보안령」 위반, 구약식, 벌금 50원 구형〉

고창중학(高敞中學) 생도, (선) 강원용삼(江原溶三, 19)
전주농업학교(全州農業學校) 생도, (선) 국본삼탁(國本參鐸, 21)

1. 강원(江原)은 올해 6월 16일 오후 8시경 고창읍(高敞邑) 내 호남여관(湖南旅館) 객실에서 투숙 중인 국본삼탁 외 3명과 함께 그날의 적기 내습에 관해 잡담하던 끝에 그들에게, "적기가 반도(半島)의 산을 항공하던 중에 선전 삐라를 떨어뜨렸는데, 경방단원(警防團員)이 주워서 보니 종이에 서툰 글씨로 '응전(應戰)한다' 등이 쓰여 있었던 것 같다"라고 함부로 말하였다.

2. 국본(國本)은 다음 날인 17일 오후 0시경 고창군 내 노상에서 산본종구(山本鍾九) 외 4명과 적기 내습에 관해 잡담하던 중 강원으로부터 들은 위의 사항을 상기하고 산본 등에

게, "적기가 반도 산의 상공을 항공하던 중에 선전 삐라를 떨어뜨렸는데, 순사(巡査)가 주워서 보니 종이에 깨끗하게 '응전한다' 등이 쓰여 있었던 것 같다"라고 함부로 말하였다. 〈정읍지청,「조선임시보안령」위반, 각 벌금 80원 확정〉

무직(無職), (선) 안전실(安田實, 21)

올해 7월 8일 오전 2시경 공습경보(空襲警報) 하에서 향도순(香島純) 집 앞 노상에서 향도순 외 5명에게, "오늘 밤은 위험하다. 오전 3시 반이 되면 대구(大邱)에도 적기가 내습할 수 있다. 이미 동촌(東村) 비행장에는 일본 비행기가 날고 있다"라고 함부로 말하였다. 〈대구지방법원 검사국(大邱地檢),「조선임시보안령」위반, 구약식〉

노동, (선) 파산민웅(坡山敏雄, 28)

올해 7월 중순경 온성군(穩城郡) 훈융면(訓戎面) 고건원광업소(古乾原鑛業所)에서 암촌천길(岩村天吉) 외 1명에게, "신문을 보면 규슈 공습 당시 사망한 자가 적다고 쓰여 있지만, 상당히 죽은 것 같다. 일본도 공습당해 힘든 듯하다. 아무리 준비해도 미·영을 막는 것은 어렵다. 일본은 남양(南洋)의 섬들을 점령하여 물자는 풍부하지만 수송할 수가 없는데, 장기전(長期戰)에 들어가기 때문에 우리도 힘들다. 최초에는 일본이 점령했지만 근래에는 일본이 점령했다고 하는 것은 신문에 나오는 방어선 정도뿐인 것 같다. 운운."이라고 함부로 말하였다. 〈회령지청,「조선임시보안령」위반,「육·해군형법」위반, 구공판〉

광부(鑛夫), (선) 양포현옥(陽浦鉉玉, 23)

올해 6월 19일 전남 여수항(麗水港)의 모 여관에서 동숙(同宿)한 풍산달순(豊山達順) 외 1명에게, "이번 기타큐슈의 야와타(八幡), 모지(門司) 방면에 적기 100여 기가 내습하여 폭탄을 계속 투하하여, 3~4층의 건물도 날아가고 군수공장(軍需工場)은 대화재가 일어나는 등 큰 변고가 있었다. 많은 사람이 두려워하며 산야(山野)에 숨었는데, 점등(點燈)이라도 하는 자가 있으면 경찰관이나 경방단(警防團)이 와서 다짜고짜 때렸다. 전혀 살아 있다는 마음이 들지 않았다. 내지라는 데는 살 만한 곳이 아니므로 돌아왔다. 신문에서 7기 격추(擊墜), 3기 대파(大破)라고 하는 것은 거짓이다. 실은 한 대도 격추하지 못했다." 등을 함부로 말하였다. 〈원

산지방법원 검사국(遠山支檢),「육·해군형법」위반,「조선임시보안령」위반, 징역 8월 확정〉

광부, (선) 풍산달순(豊山達順, 23)

올해 6월 21일 호남선(湖南線) 상행 열차 안에서 위의 양포현옥으로부터 들은 것에 기초하여 옆자리의 대전도수(大田道守)에게, "이번에 기타큐슈에 미·영 비행기 24기가 날아와 오타(大田)와 야와타에 폭탄을 투하하여 6명이 사망하고 오타의 절(寺) 한 채와 야와타의 주택 한 채가 소실된 것 같다. 적기를 격추했다는 것은 2기였다. 그 당시는 실로 무서웠을 것 같다"라고 함부로 말하였다.〈원산지방법원 검사국,「육·해군형법」위반,「조선임시보안령」위반, 기소유예〉

무직, (선) 서원남복(西原南卜, 40)

"지난밤 공습경보 때는 적기가 용산(龍山)까지 내습했던 것 같다"라고 함부로 말하였다.〈사리원지검(沙里院支檢),「조선임시보안령」위반, 기소유예〉

순천(順天) 철도사무소 공무과(工務課) 전기계 용인(傭人), (선) 목촌제화(木村濟華, 22)

올해 7월 8일 오전 0시 30분경 남선지구(南鮮地區)에 경계경보가 발령되었을 당시 이 자는 위 사무소의 방공배치(防空配置)에 임했는데, 그 당시 방공주임으로부터 적기가 제주도(濟州島)에 나타났다는 이야기를 들었다. 그날 경계경보 해제 후 5시경 본적지인 광양읍(光陽邑) 내 시계점(時計店) 김가종선(金可鍾善) 집에서 부락민 4~5명에게 이번에 적기가 제주도에 내습했다 운운하며 말하였다.〈순천지청,「조선임시보안령」위반, 기소유예〉

Ⅲ

일제 당국의 '불온 낙서' 등 기타 조사

해제

　제3장은 일제 당국이 조사한 '불온 낙서'[1]와 그 밖에 삐라, 투서 등[2]에 대한 자료를 시기순으로 수록하였다. 전시체제기 조선인의 여론 동향을 살피는 데 있어서 유언비어 다음으로 중요한 것이 바로 '불온 낙서' 등이다. 낙서는 유언비어와 더불어 일반 조선 민중의 당대 인식과 반일적 민족 정서 등을 살피는 데 매우 중요한 부분이다. 특히 이른바 '불온 낙서'는 일시적이나마 그 행위가 구체적인 증거물로 남아있다는 면에서 일제당국을 더욱 긴장시키는 요소가 되었다.

　당시 일제 당국에서도 "낙서는 사회의 바닥에 흐르는 사상의 표현으로서 삐라와 함께 사상 범죄의 동향을 살피는 데 상당히 중요한 역할을 하는 것이므로 가볍게 취급해서는 안 된다"라면서 낙서에 대한 단속을 강화해 갔다.[3] 낙서에 대한 단속과 행위자 검거 등도 '사상범'과 마찬가지로 주로 중앙과 지방의 고등계 경찰이 담당했다.[4] 각 경찰 관내에서는 매월 1회씩 대대적으로 일제 조사를 실시하기도 했으며, 헌병대에서 자체적으로 조사하기도 했다. 발각된 낙서 행위자들 역시 유언비어 행위자들처럼 「보안법」이나 「육·해군형법」 등에 저촉되어 실형을 언도받는 경우가 많았고, 이러한 현상은 점점 확대되었다. 수록한 자료는 다음 네 종류이다.

1　전시체제기 '불온 낙서'의 전체적인 현황과 추세, 성격 등에 대해서는 변은진, 2013, 『파시즘적 근대체험과 조선민중의 현실인식』, 선인, Ⅲ장 3절(230~263쪽) 참조.
2　'불온' 삐라, 투서 등에 대해서는 위의 책, Ⅲ장 4절(263~283쪽) 참조.
3　「落書とビラに關する調査」, 『思想彙報』 제15호, 高等法院 檢事局 思想部, 1938.7, 62쪽.
4　예를 들어, 1938년 12월 1일 군산경찰서 고등계에서는 방화데이를 기하여 사상보국 철저책의 하나로 부내 판벽, 변소, 기타 공공집회장의 낙서를 일제히 검사하고 앞으로는 철저히 방지하겠다고 발표했다(《東亞日報》, 1938.12.8).

1. 낙서와 삐라에 관한 조사(1938년 7월)
2. 지나사변에 종군한 조선인의 불온 언동 및 통신 등에 관한 조사(1938년 9월)
3. 불온 낙서 및 삐라에 관한 조사(1940년 9월)
4. 「1940년 전반기 조선 사상운동 개황」 중 관련 조사(1940년 8월)

위의 조사자료 중에서 4항을 제외한 네 종류는 앞서 살펴본 유언비어 조사와 마찬가지로 모두 고등법원 검사국에서 발행한 자료 속에 수록되어 있다. 1항의 「낙서와 삐라에 관한 조사」와 3항의 「불온 낙서 및 삐라에 관한 조사」는 고등법원 검사국 사상부에서 발행한 『사상휘보(思想彙報)』 제15호(1938년 7월)와 제24호(1940년 9월)에 각각 수록된 자료이다. 3항 자료는 그 서두에서 1항 자료의 조사에 이은 것이라고 밝히고 있다. 이 두 자료를 통해 당시의 '불온' 낙서 및 삐라의 전반적인 현황과 추세를 살펴볼 수 있다. 1항 자료는 1937년 7월부터 1938년 5월까지, 3항 자료는 1939년 1월부터 1940년 6월까지의 '불온 낙서'를 조사한 것인데, 각각 총 건수를 32건과 58건으로 집계하고 있다. 하지만 실제로는 이보다 훨씬 많았다. 이 자료들은 각 청별 통계, 장소와 내용, 개별 사례의 내용 등을 정리하고 있다. 내용 집계의 경우, '불경(不敬)에 걸친 것, 반전적(反戰的)인 것, 민족주의적인 것, 공산주의적인 것, 기타'로 구분하여 파악하고 있는데, 2항 자료에서는 '반전적인 것'이 '반전·반군적인 것'으로 바뀌었고 '시국 또는 정치에 관해 불온한 것'이라는 분류 항목이 추가되었다.

이 자료들을 통해 이 시기 '불온 낙서' 현상은 전쟁이 확대되고 장기화해갈수록 양적·질적으로 심화해 갔음을 알 수 있다. '불온 낙서'를 행한 장소도 초기에는 변소가 대부분이었다가, 점차 공중변소, 역 또는 열차, 공장, 공원, 등산로, 지폐 등으로 확대되었음도 알 수 있다. 심지어 관공서의 벽이나 게시판, 예컨대 조선총독부나 도쿄의 경시청(警視廳) 등의 벽에까지 '불온 낙서'가 등장하여 일제 당국을 긴장시켰다. 낙서의 도구 역시 연필이나 백묵 등 단순한 것을 넘어서서 잘 지워지지 않는 펜으로 쓰거나 못 같은 것으로 새기는 경우도 많아졌다.

2항의 「지나사변(支那事變)에 종군(從軍)한 조선인의 불온 언동 및 통신 등에 관한 조사」 역시 『사상휘보』 제16호(1938년 9월)에 수록된 자료이다. 중일전쟁에 참전한 병사들 외에도 운전수, 통역 등의 신분으로 종군한 조선인이 현지에서 보낸 편지나 전보, 귀환한 뒤 국내에서 전쟁 상황에 대해 조언비어(造言飛語)나 군기누설(軍機漏泄)을 한 사례들의 내용을 담고 있다. 당국은 사전에 이를 방지할 수단을 강구해야 함은 물론, 항상 전쟁터에서의 통신 또는 귀환자의 언동에 대해 엄중한 사찰과 내사를 실시해야 한다는 취지에서 이를 조사한 것이다. 당시 유언비어 등에서 전쟁터에서의 통신이나 귀환자들의 이야기가 근거가 되었던 사례도 다수 있었던 사실을 반영하는 것이라 할 수 있다.

4항의 「1940년 전반기 조선 사상운동 개황」 중 관련 조사는 '조선군' 참모부에서 조선의 사상운동을 조사한 자료[5] 속에 포함된 '불온 낙서 및 삐라 살포 사례'이다. 전시체제기에는 일제 경찰이나 사법 당국 외에 '조선군'에서도 조선인 여론통제를 위해 정기적으로 사상 및 치안 정세를 조사해 보고하였다. 이 자료는 1940년 3월부터 6월경까지의 '불온 낙서' 및 삐라 부착 또는 살포 사례들과 함께 2월, 3월, 6월에 있었던 '불온 투서' 사례 3건을 담고 있다.

---

5 朝鮮軍 參謀部, 「昭和15年 前半期 朝鮮思想運動槪況」, 1940년 8월(일본 육해군성 문서 중).

<자료 13>

낙서와 삐라에 관한 조사[6]
(고등법원 검사국 사상부, 1938.7)

〈부기(附記)〉
본 조사는 당국에 제출된 보고만을 기초로 했기 때문에 그 실수(實數)는 물론 이 이상이다.

낙서(落書)는 사회의 저변에 흐르는 사상의 표현으로서 삐라와 함께 사상 범죄의 동향을 엿보아 아는 데에 상당히 중요한 역할을 하기 때문에, 이를 가볍게 취급할 수 없다. 지금 지나사변 발생 이후 올해 5월 말일에 이르기까지 당국에 제출된 보고만을 기초로 조선 내에서 발견된 이 두 가지 것[7]에 대해 여러 방면에서 조사해 보면, 다음과 같다.

먼저 낙서에 대해서 보면, 그 총 건수는 29건으로, 경성(京城) 관내가 가장 많은 14건을 헤아리며, 광주(光州) 관내 9건, 부산(釜山) 관내 3건, 함흥(咸興) 관내 2건, 대구(大邱) 관내 1건이 되는 셈이다.

그리고 내용별로 보면, 다음 표와 같다. 민족주의적인 것을 필두로 공산주의적인 것, 반전적(反戰的)인 것이 그다음이다.

---

6 「落書とビラに關する調査」, 『思想彙報』15, 高等法院 檢事局 思想部, 1938.7, 62~71쪽.
7 여기서 '두 가지 것'은 낙서와 삐라를 의미한다.

내용별 및 청별(廳別) 조사

청명 내용	불경에 관한 것	반전적인 것	민족주의적인 것	공산주의적인 것	기타	계
경성			11	3	1	15
공주						
함흥				2		2
청진						
평양						
신의주						
해주						
대구		1				1
부산		2	1			3
광주	1	2	5	3		11
전주						
계	1	5	17	8	1	32

비고: 내용이 두 종류 이상에 걸친 것은 각각 해당란에 기재함

다음으로 낙서가 이루어진 장소에 대해 보면,

변소 내의 벽 또는 울타리[板塀][8]에 된 것   24건
누문(樓門)[9]의 손잡이 및 대들보에 된 것   3건
공자묘(孔子廟)에 된 것   1건
돼지우리(豚舍) 벽에 된 것   1건

등이 된다.

 삐라는 총 건수가 9건으로, 함흥 및 청진(清津) 관내가 각 3건, 신의주(新義州), 경성, 광주 관내가 각각 1건이다. 내용별로 보면 다음 표와 같다. 이것도 민족주의적인 것이 가장 많다.

---

[8] 원문의 이타베(板塀)는 판장(板墻), 즉 '널빤지로 친 울타리'를 의미한다.
[9] 누문(樓門)은 다락으로 오르내리는 문을 뜻하는데, 여기서는 문루(門樓), 즉 궁문이나 성문 등의 바깥문 위에 지은 다락집을 의미하는 것으로 보인다.

내용별 및 청별 조사

내용\청명	불경에 걸친 것	반전적인 것	민족주의적인 것	공산주의적인 것	기타	계
경성					1	1
공주						
함흥		1		1	1	3
청진		1	1	2		4
평양						
신의주			1			1
해주						
대구						
부산						
광주			1			1
전주						
계		2	3	3	2	10

비고: 내용이 2종 이상에 걸친 것은 각각 해당란에 기재함.

다음으로 붙어 있거나 살포된 장소별로 보면,

도로상에 살포된 것	4건
육군사격장 연병장에 붙어 있거나 살포된 것	2건
주택 울타리(板墻)에 부착된 것	1건
경찰서 뒷벽에 부착된 것	1건
창고에 부착된 것	1건
교량(橋梁)에 부착된 것	1건
전봇대(電柱)에 부착된 것	1건
살포 전 압수된 것	1건
기타	8건

〈주〉 두 장소 이상에 걸친 것에 대해서는 각각 해당 개소(箇所)에 산입(算入)함.

등이 된다.

또한 위에서 언급한 두 가지 것에 대해 그 구체적인 내용, 발견 일시, 기재 방법 및 범인의 성명(氏名), 연령 등을 나타내면 다음과 같다.

낙서

- 장소: 광주부(光州府) 황금정(黃金町) 부립도서관 변소 내 흰 벽
- 발견 일시 및 기재 방법: 한자를 섞어 언문(諺文)[10]으로 묵서(墨書)함
- 내용: 우리는 제국주의 전쟁을 타파하고 자력적(自力的)으로 전진하자[11] / 조선 독립 만세
- 범인의 본적·주소, 성명, 연령

- 광주역(光州驛) 공중변소 내 흰 벽
- 발견 일시 및 기재 방법: 한자를 섞어 언문으로 연필로 씀
- 내용: 전쟁시대의 ■악자(■惡者) 스기야마(杉山)[12] 공(公), 요나이(米內)[13] 공, 국경의 풍운은 위기에 이르렀다
- 범인의 본적·주소, 성명, 연령

- 장소: 광주부 사정(社町) 부영공설시장(府營公設市場) 변소 울타리

---

10 언문(諺文): '한글'이란 용어가 등장하기 전에 한글을 이르던 말. 1910년 최남선(崔南善), 주시경(周時經) 등이 '언문'이나 '조선문자'라는 명칭 대신에 겨레를 가리키는 '韓'을 넣어서 '한글'을 고안했으며 1913년부터 사용되었다. 일제는 공식적으로 이 한글이라는 용어 대신에 언문이라고 칭하였으며, 일본어를 국어 또는 국문이라고 칭하였다. 즉 한글을 낮춰서 부르는 말로 사용되었다.
11 원문에서 문단이 나뉜 부분은 모두 /로 구분한다. 바로 아래 '범인의 본적·주소, 성명, 연령'에서 아무것도 기재되어 있지 않은 것은 원문대로이다. 낙서나 삐라는 그 행위자를 쉽게 찾아낼 수 없었기 때문일 것이다. 이하 동일.
12 스기야마 하지메(杉山元, 1880~1945): 일본의 육군 군인, 정치가. 최종계급은 원수육군대장(元帥陸軍大將). 육군대신, 교육총감 등을 지냈으며, 태평양전쟁 개전 당시 참모총장으로 활약했다.
13 요나이 미쓰마사(米內光政, 1880~1948): 일본의 해군 군인, 정치가. 최종계급은 해군대장. 1930년에 진해요항부사령관(鎭海要港部司令官)이 되었으며, 1937년 하야시(林) 내각과 제1차 고노에(近衛) 내각의 해군대신을 지냈다.

- 발견 일시 및 기재 방법: 7월 19일 / 연필로 씀
- 내용: 조선민족개량주의, 강도 일본제국주의 타도 / 중국혁명(中國革命) (이하 불명)[14], 제국주의전쟁 … (이하 불명) / 소련을 사수하자
- 범인의 본적·주소, 성명, 연령

- 장소: 경의선(京義線) 봉동역(鳳東驛) 변소 내
- 발견 일시 및 기재 방법: 7월 28일 저녁
- 내용: 8·1 기념일[15]을 기해 내지인(內地人)[16]은 전부 조선에서 물러가라.
- 범인의 본적·주소, 성명, 연령

- 장소: 원산부(元山府) 포하동(浦下洞) 조선석유주식회사(朝鮮石油株式會社) 원산공장 야마히사조(山久組) 노동자 변소 울타리
- 발견 일시 및 기재 방법: 7월 24일 / 한두 개는 한자가 섞인 언문, 나머지는 국어(國語)[17]로 각기 석필(石筆)로 씀
- 내용: 1. 만국 노동자의 힘을 뭉치자. 우리가 약진할 시기다 / 2. 홍청적백록(紅青赤白祿) 여러 색 중에서 적색이 으뜸이다 / 3. 회사와 공장주임은 노동자의 시간과 임금 착취를 하루빨리 없애라
- 범인의 본적·주소, 성명, 연령

- 장소: 위와 같은 장소

---

14 '이하 불명'은 모두 원문에 기재된 대로이다.
15 8·1 기념일: 국제반전데이(國際反戰Day). 1928년 제6차 코민테른 대회에서 1914년 제1차 세계대전이 발발한 8월 1일을 반전데이로 정하였다. 일제강점기와 해방공간에는 거의 해마다 전국 곳곳에서 이날을 기념하는 반전 삐라가 살포되었고, 각지의 사회운동가들이 이날 전에 일제 당국에 의해 예비검속을 당하는 일이 많았다.
16 '내지인(內地人)'은 일본인을 말한다. 당시 일제는 행정법상으로 일본 본토를 '내지', 그 외의 식민지 지역 등을 '외지(外地)'로 구분하여 사용하였으며, 이에 준하여 '내지인', '외지인'이라고 불렀다. 이는 공식적·법적으로는 서양의 '식민지'와는 다름을 표방하면서 내적으로 차별을 둔 것이었다.
17 여기서 국어는 일본어를 가리킴.

- 발견 일시 및 기재 방법: 7월 28일 정오 / 백묵(白墨)으로 다시 위 내용을 낙서함
- 내용: 만국 노동자여, 힘을 뭉치자. 우리가 약진할 시기다
- 범인의 본적·주소, 성명, 연령

- 장소: 대전발 목포행 제302 열차 2등차 변소 문 유리 안쪽
- 발견 일시 및 기재 방법: 11월 12일 / 연필로 씀
- 내용: 일본 천황 암살
- 범인의 본적·주소, 성명, 연령

- 장소: 대구공회당 변소 안
- 발견 일시 및 기재 방법: 상당한 달필(達筆)로 낙서
- 내용: 전쟁은 어떤 의미를 가진 심리의 각도와 다른 감정을 가진 인간 동지의 쟁투(爭鬪)임에 틀림없다. / 20년이나 계속된 전쟁의 결과가 어떤 기록으로 후대에 남겨질까. 옛날 메이지(明治)의 인간은 알 수 없었을 것이다. / 정말 바보 같은 놈. 전쟁하는 놈이 있을까. 일본은 세계대전에 참가하지 않아서 국력이 좋아졌다.
- 범인의 본적·주소, 성명, 연령

- 장소: 경성역(京城驛) 3등 대합실 대변소(大便所)[18] 문
- 발견 일시 및 기재 방법: 연필로 갈겨 씀
- 내용: 공산당 만세
- 범인의 본적·주소, 성명, 연령

- 장소: 경성부 마포정(麻浦町) 262 근처 소재 공동변소 대변소 안쪽 울타리
- 발견 일시 및 기재 방법: 감색(紺色) 크레용으로 행서체(行書體) 필적, 졸렬
- 내용: 이번 중일전(中日戰)은 장래로 보건대, 대부분 10분의 8은 중국이 득세(得勢)한다

---

[18] 대변소(大便所): 대변을 보는 변소

• 범인의 본적·주소, 성명, 연령

• 장소: 경성 영등포정(永登浦町) 조선삿포로맥주회사(朝鮮札幌ビール會社) 직공용 변소 울타리
• 발견 일시 및 기재 방법: 연필로 갈겨 씀
• 내용: 우리 같은 조선인이 일본인의 장소에서 일하고 있으니 가능한 한 손해가 나도록 하자
• 범인의 본적·주소, 성명, 연령

• 장소: 경기도 이천군(利川郡) 이천면 관고리(官庫里) 이천문묘(利川文廟) 풍영루(風詠樓)[19] 대들보
• 발견 일시 및 기재 방법: 연필로 씀
• 내용: 조선 독립 만세 / 한국 독립 만세
• 범인의 본적·주소, 성명, 연령

• 장소: 경기도 이천공립보통학교(利川公立普通學校) 제3학급 제2학년용 변소 내벽
• 발견 일시 및 기재 방법: 백묵으로 씀
• 내용: 대조선제국(大朝鮮帝國) 만세 ₽(중앙은 청색 동그라미)[20]
• 범인의 본적·주소, 성명, 연령

• 장소: 경기도 이천군 이천면 창전리(倉前里) 129 공동변소 내
• 발견 일시 및 기재 방법: 여러 해 경과된 것으로 보이며 명료하게 연필로 씀
• 내용: 조선 독립 만세 (구한국 국기)[21]
• 범인의 본적·주소, 성명, 연령

• 장소: 경기도 수원읍(水原邑) 궁정(宮町) 수원극장 악■(樂■) 전용 변소 내벽

---

19 원문은 風泳樓로 되어 있으나 오자로 보여 수정함.
20 '중앙은 청색 동그라미'는 원문에 中央靑丸이라고 기재된 대로이다.
21 '구한국 국기'는 원문에 기재된 대로이다.

- 발견 일시 및 기재 방법: 연필로 씀
- 내용: 보라. 보라. 조선 독립 만세. 조선을 독립. 조선을 일으켜 세우자. 이 어리석은 사람들아, 먹고사는 것만이 우리를 위하는 일인가, 조선을 독립시키자
- 범인의 본적·주소, 성명, 연령

- 장소: 경기도 여주군(驪州郡) 주내면(州內面) 상리(上里) 마암대(馬巖臺) 영일루(迎日樓) 난간 아래 벽
- 발견 일시 및 기재 방법: 연필로 씀
- 내용: 조선은 조선인의 조선
- 범인의 본적·주소, 성명, 연령

- 장소: 인천, 경성지방법원 인천지청 구내 민중용 변소
- 발견 일시 및 기재 방법: 연필로 씀
- 내용: 신도 부처도 판사도 검사도 돈만 있으면 된다 / 재판소는 자본주의
- 범인의 본적·주소, 성명, 연령

- 장소: 경기도 이천군 이천면 창전리 129 공동변소 내벽
- 발견 일시 및 기재 방법: 연필로 씀
- 내용: 이완용(李完用) 식당 / 이원용(李元用) 식당
- 범인의 본적·주소, 성명, 연령

- 장소: 경기도 수원군 성호면(城湖面) 도산시장(島山市場) 공동변소 내벽
- 발견 일시 및 기재 방법: 연필로 씀
- 내용: 보라. 5천만 동포여. 우리는 언제 독립할 것인가 / 이 글을 보고 창을 바로 하자. 이 글은 조선왕(朝鮮王) 폐하가 쓴 글이다
- 범인의 본적·주소, 성명, 연령
- 장소: 경기도 부천군(富川郡) 부천면(富川面) 대정리(大井里) 지나인(支那人) 이■길(李■

吉) 집 돼지우리(豚舍) 벽
- 발견 일시 및 기재 방법: 월일(月日), 기타 불상(不詳)
- 내용: '타도 일본제국주의' 및 여기에 인형을 그리고 여기에 ■를 걸어서 '진충보국(盡忠報國)'이라고 기재함
- 범인의 본적·주소, 성명, 연령

- 장소: 경성부 죽첨정(竹添町) 경찰관파출소 공중변소 내벽
- 발견 일시 및 기재 방법: 연필로 씀 (최근 기재한 것으로 보임)
- 내용: 일본패(日本敗) 대한조선(大韓朝鮮) 진군(進軍) / 조선 한국 만세 / 이완용 한국변소 양식(洋食) / 한국독립 / 이완용 개새끼 / 윤덕영(尹德榮)·이완용 식당 / 조선 총독 만세 / 누구든 나를 계간(鷄姦)²² 하고 싶은 사람이 있으면, 그 대신에 네 여자나 자매를 데리고 죽첨정 파출소로 오라
- 범인의 본적·주소, 성명, 연령

- 장소: 부산극장 계단 아래 변소
- 발견 일시 및 기재 방법: 10월 20일
- 내용: "누구를 위한 전쟁인가, 인류애를 부르짖는 나는 궁한 운명으로 괴로워한다. 영광스러운 생명의 존속을 생각하면 감정의 충돌도 살피지 않는다. 영토적 야심과 다른 종족 간의 민족적 쟁투는 추악한 살육을 현실로 넓히는 것일 뿐이다."
- 범인의 본적·주소, 성명, 연령

- 장소: 부산부(釜山府) 공동변소 내벽
- 발견 일시 및 기재 방법: 연필로 씀
- 내용: 부산에 사는 우리 조선인은 가능한 한 열심히 일하여 일본 놈들을 말살하고 우리 조선인끼리 잘 살자 / 지금은 우리 조선이 일본국이 되었지만, 일본이 우리 조선 것이

---

22 계간(鷄姦): 사내끼리 성교하듯이 하는 짓.

되는 것을 주저하지 않게 일하자 / 답(答). 피차일반 바보 놈들 / 시시한 소리 하지 마라. 이놈, 우리 조선이 일본을 위해 그렇게 안전하게 목숨을 내던지고 있구먼 / 답. 그대는 조선인이 아닌가. 우리 조선 독립 만세
- 범인의 본적·주소, 성명, 연령

- 장소: 광주부(光州府) 광산정(光山町) 학동(鶴洞) 간이학교 변소
- 발견 일시 및 기재 방법: 11월 21일
- 내용: 만국 노동자여, 단결하자 / 무산 동포여, 시대를 기다리면 무산자는 유산자
- 범인의 본적·주소, 성명, 연령

- 장소: 전남 영암군(靈巖郡) 영암면(靈巖面) 봉양리(奉楊里) 제각(祭閣) 영은문(永恩門) 내벽
- 발견 일시 및 기재 방법: 위와 같음
- 내용: 언제 소멸할까, 일본국(何時消滅日本國) / 만호장안[23]이 태평할 터인데(萬戶長安可泰平)
- 범인의 본적·주소, 성명, 연령

- 장소: 전남 영암군 영암면 교동리(校洞里) 공자묘(孔子廟)
- 발견 일시 및 기재 방법: 위와 같음
- 내용: 조선을 움직이자
- 범인의 본적·주소, 성명, 연령

- 장소: 전남 나주군(羅州郡) 남평역(南平驛) 구내 공중변소
- 발견 일시 및 기재 방법: 위와 같음
- 내용: 조선 대한 동립 만세(朝鮮大韓同立萬歲)
- 범인의 본적·주소, 성명, 연령
- 장소: 전남 장성군(長城郡) 장성역(長城驛) 구내 공동변소

---

23 만호장안(萬戶長安): 집들이 아주 많은 서울을 가리킴.

- 발견 일시 및 기재 방법: 위와 같음
- 내용: 가. 장성군 전조선 동립 만세(全朝鮮同立萬歲) / 나. 모든 장성 부자 놈들과 일본 놈들은 속히 죽여야 한다 / 다. 공산주의를 합시다 / 라. 일본일시망국(日本一時亡國)
- 범인의 본적·주소, 성명, 연령

- 장소: 부산역 3등 대합실 공동변소 내부 울타리
- 발견 일시 및 기재 방법: 12월 7일 오후 2시경 / 연필로 씀
- 내용: 일본이 사납고 강하다면서 다른 사람의 나라를 취한 군부는 전쟁을 걸어 나라가 모두 ○○. 이와 같은 것을 말하면 은급(恩給)[24]도 사퇴하고 나서 해라. 1,200원 이상은 받아서는 안 된다 / 우리는 오랜만에 부산 땅을 떠난다
- 범인의 본적·주소, 성명, 연령

삐라

- 장소: 함남 흥남읍(興南邑) 2곳
- 발견 일시 및 기재 방법: 7월 26일 밤 국어로 기재된 삐라 약 100매 살포 (잉크로 큰 글씨)
- 내용: 시라이시(白石, 조선질소 공장장)[25] 타도. 직공을 애호(愛護)하라.
- 범인의 본적·주소, 성명, 연령

- 장소: 평북 강계읍(江界邑) 강계천주교회 내
- 발견 일시 및 기재 방법: 9월 24일 천주교 순교기념일을 알리는 삐라 1천 매 제작, 살포 전 압수함.
- 내용: 아! 조선의 형제여. 암흑 속에서 탈출하자 / 아! 이 땅의 후예들이여. 죽음의 지경

---

24 은급(恩給): 일제강점기에 일제 당국이 지급하던 일종의 연금. 천황이 지급하는 은혜로운 돈이라는 의미를 담고 있다.
25 도쿄제국대학 공과대학을 나와 조선질소비료주식회사 전무이사 겸 상무이사를 지낸 시라이시 무네기(白石宗城)를 칭하는 것으로 보인다.

에서 탈출하자. 그리하여 우리 선조들도 떨쳐 버린 생명의 우물물(井水)을 마시자
- 범인의 본적·주소, 성명, 연령

- 장소: 나남(羅南) 육군사격장(陸軍射擊場), 연병장(練兵場), 기타 6곳
- 발견 일시 및 기재 방법: 10월 6일 일몰(日沒)부터 다음 날 7일 새벽 사이에 걸쳐 편지지에 기재된 반전(反戰) 삐라 64매를 살포 또는 부착함 (연필로 씀)
- 내용: 당면 투쟁적 슬로건 / 살벌전(殺伐戰)을 방기(放棄)한다 / 침략전(侵弱戰)을 폐기(廢棄)한다 / 참호(塹壕)의 병사는 전쟁을 제국주의 앞에 / 노농(勞農) 소련을 건설한다
- 범인의 본적·주소, 성명, 연령

- 장소: 함북 성진군(城津郡) 학남면(鶴南面) 일신동(日新洞), 어업조합(漁業組合) 서기 이동호(李東鎬) 집 판벽(板壁)
- 발견 일시 및 기재 방법: 첨부(貼付)
- 내용: 1. 일지사변(日支事變) 후에는 다시 러시아와 일본 양국이 개전하게 되면 조선을 위해 노력할 것이다. 제군(諸君)은 1937년을 기억하고 있는가 / 우리 조선은 러시아와 하나가 되어 함께하도록 / 제군이여. 생각하고 있는 대로 조선도 희망이 있다. / 러시아와 일본 양국 … / 러시아와 조선이 동맹국이 되어 전쟁한다면 … / 2. 다시 독일공화국(獨乙共和國)과 같이 하자. 조선은 일본의 속국이 아니므로 독립을 요구해야 한다 / 조선 독립 만세, 만세, 만세 / 이 문제는 자세히 생각해야만 한다
- 범인의 본적·주소, 성명, 연령: 함북 성진군 학남면 일신동 131, 노동, 박재룡(朴載龍), 현 33세

- 장소: 인천서(仁川署) 뒷담
- 발견 일시 및 기재 방법: 9월 6일 오후 4시 50분 / 언문 문서 첨부
- 내용: 나는 조선인 노동자로서 꼬박 3일을 일하여 노임(勞賃) 60전 정도를 받고 힘들게 고통스러운 생활을 하고 있습니다. 그런데도 나의 어리석은 생각을 누구에게도 상담할 곳이 없어서 이 벽에 본 글을 붙입니다. 그렇지만 여러분이 비웃을 말이겠지만, 일본은

명백한 법률로써, 수천 년 이래 문화가 내려온 우리나라 사람의 정도가 실제로는 저 중국인(中國人)에게 미치지 못하는 것은 정말로 통감하는 바입니다. / 이번 사변을 맞이하여 지나인이 많이 돌아간 후에는 우리 조선인도 열심히 사회를 발전시켜서 야채나 기타 상권(商權)을 지나인에게 주지 않고 더욱 상업을 진전시키기를 바라고 있습니다. 가능한 한 지나의 것은 사 먹지 말고, 조금 비싸더라도 일본과 조선의 과일(果物)을 이용하고 먹읍시다. / 조선의 부녀자가 중국인(中國人)의 처가 되는 것(娶妻)은 과거 수십 년 이래 그 수가 실로 수만에 달한다고 해도 과언이 아니지요. 조선인이 만주·지나 등으로 가서 농업을 경작하는 중 가재도구와 처, 자녀를 그 관청에 알리지 않고 있다가 마적(馬賊)이나 그 밖의 지나인에게 강탈당한 수도 상당히 많습니다. / 이번 지나사변 때문에 귀국하는 지나인이 끌고 가는 조선 여자는, 가고 싶어도 가지 못하거나 또 가고 싶지 않아도 지나복(支那服)을 입고 고국을 버리고 가면서 눈물을 흘리는 사람도 있는데, 최근에는 현명한 경관이 조선 여자를 조사하여 배에 타는 것을 저지시킨 부녀자도 있지만, 뭔가 어릴 때부터 지나인 집에서 양육을 받은 사람 등은 지나복으로 변장하고 가는 사람도 다수 있습니다. / 지나인(支那人)과 같은 정(町) 내 부락에 거주하는 여자아이를 지나인 집에 놀러 보내면 여자아이에게 지나 빵을 주고, 끝내는 남자를 본 것처럼 계간(鷄姦)하여 나중에는 임신하여 동거하는 여자도 인천에 7~8명의 처녀가 있는데, 지나 복장으로 분하고 외출해도 완전히 어울리지 않는 것이 이 어리석은 눈에도 보였습니다. 9월 3일 내가 지나학교 왼쪽의 지나인 집 문 앞을 방황하던 중에 보았는데, 4~5세 되는 예쁜 조선 여아에게 지나복을 입혀 놀다가 조선어로 '■■'하고 부르는 소리에 나는 동포(同胞)고 동족(同族)이라는 것을 깨달았고 눈물을 흘렸습니다. 잠깐 보았는데, 이 같은 경우를 발견할 때는 지체없이 상세한 조사를 하게 한다면, 적굴(賊窟)과 같은 지나인 가옥 지하실에서 죄 없이 죽은 유골도 있을 것으로 생각합니다. 수만의 조선인 노동자는 독신생활을 하며 아내가 없습니다. 조선처럼 부녀자가 많은 나라는 별로 없는데, 생활이 곤란하기 때문에 아내를 얻을 수 없습니다. 완고한 지나인에게 동포 여자를 주는 것이, 이것은 실로 사회와 생활 정도가 유치하기 때문으로, 일일이 말씀드릴 수는 없습니다.

- 범인의 본적·주소, 성명, 연령

- 장소: 전남 영광군(靈光郡) 영광읍 내 노상(路上) 전봇대 3곳
- 발견 일시 및 기재 방법: 9월 14일 오전 7시 30분경 / 다이쇼제지(大正製紙) 두루마리에 먹물을 사용하여 달필로 기재한 삐라 부착
- 내용: 우리 동방 약소민족(弱小民族) 옹호
- 범인의 본적·주소, 성명, 연령

- 장소: 함남 단천군(端川郡) 단천면 고령리(古靈里) 81번지 앞 도로 위
- 발견 일시 및 기재 방법: 소형 캘린더(8월 18일 분의 것)에 펜으로 쓴 문서 1매
- 내용: 러·일·중 전쟁, 무산 농민, 무산자 압[押(厭?)][26]박, 일본정장(日本正長)
- 범인의 본적·주소, 성명, 연령

- 장소: 함흥부(咸興府) 만세교(萬歲橋)
- 발견 일시 및 기재 방법: 10월 30일 / 편지지 1매에 펜으로 씀 / 언문이 섞인 한문
- 내용: 전 조선에 이주한 중국 노동자·농민을 친애(親愛)해야 한다 / 학중(虐中) 반대, 상해당원(上海黨員) 백(白)
- 범인의 본적·주소, 성명, 연령

- 장소: 청진부(淸津府) 송향동(松鄕洞) 수방단(水防團) 창고 외 8곳
- 발견 일시 및 기재 방법: 11월 4일 / 하도롱지[27] 봉투 20매에 연필로 씀
- 내용: 당면 투쟁적 요항(要項) / 공장은 노동자! / 토지는 농민! / 정권은 농민! / 투쟁!!! 노동자! 농민!!, 학생, 소년!!! / 슬로건(표어) / 제국주의를 방축(放逐)! / 지주·부호(富豪)를 파면(罷免)! / 병사운동(兵士運動)을 지원! / 노농 소련을 건설!
- 범인의 본적·주소, 성명, 연령

---

26 '押(厭?)'은 원문에 표기된 대로이다.
27 하도롱지(hatoron紙): 화학 펄프를 사용한 다갈색의 질긴 종이. 포장지나 봉투를 만드는 데에 쓰인다.

<자료 14>

지나사변에 종군한 조선인(鮮人)의 불온 언동과 통신 등에 관한 조사[28]
(고등법원 검사국 사상부, 1938.9)

종군(從軍)한 자의 전쟁터에서 통신 또는 귀환한 후의 언동이 조언비어(造言飛語)를 만들거나 군기누설(軍機漏洩)[29]이라는 사실을 발생시키는 일은 결코 적지않다. 설령 그것이 직접 이에 해당하지 않는 경우라도 이러한 것들에 기초한 각종 조언비어 또는 군기누설 사실이 일어나는 것은 상상하기 어렵지 않다. 말할 필요도 없이, 조언비어가 발생하고 군기가 누설된 후 그 범인을 검거해 본 바로는, 실은 이미 시기를 놓친 것이어서, 마땅히 사전에 이를 방지할 수단을 강구해야 함은 물론이다. 그러므로 우리는 항상 전쟁터에서의 통신 또는 귀환자의 언동에 대해 엄중한 사찰과 내사(內偵)를 실시하여 그 예방에 만전을 기해야 한다.

이 기회에 이번 사변 발발 후 올해 8월 말일까지 당국에서 수집한 보고에 기초하여, 종군한 조선인의 불온(不穩)[30] 언동과 통신 등에 대해 조사한 바를 제시하면 다음과 같다. 즉,

전쟁터로부터의 통신에 의한 것 3
귀환 후 언동에 의한 것 2

---

28 「支那事變に從軍したる鮮人の不穩言動竝通信等に關する調査」,『思想彙報』 16, 高等法院 檢事局 思想部, 1938.9, 29~32쪽.
29 군기누설(軍機漏洩): 군사상의 기밀이 민간 또는 적국으로 새어 나가는 일.
30 원래 동아시아 사회에서 '불온'의 의미는 '편안하지 않다' 혹은 '순조롭지 못하다'는 맥락에서 보통 "비정상적인 상황을 설명하기 위해 사용"되었으나, 일본제국주의의 팽창과정에서 이 전통적 용례가 사라지고 "제국에 반대하는 활동 전반을 부정적으로 표현하기 위한 뜻으로 급격한 의미변화가 있어났다"고 한다(한기형, 「불온문서의 창출과 식민지 출판경찰」,『大東文化硏究』 72, 성균관대 대동문화연구원, 2010, 449쪽).

기타	2

이다. 이것을 직무별로 보면,

자동차 운전자	6
통역	1

이다. 그 상세한 내용은 아래와 같다. 어떤 황군(皇軍) 장교가 내선인(內鮮人)[31]에게 차별대우를 했다, 조선인 운전자에 대해서는 대단히 가혹한 취급을 했다, 혹은 권총을 들이대어 협박을 가했다는 말을 입 밖에 내었다. 또는 군속(軍屬)[32]이 되어 전쟁터에 왔으나 위험해서 귀환하고 싶었는데 허가를 해주지 않아서, 어머니가 위독하니 돌아오라는 전보라도 내줬으면 좋겠으니, 용산 헌병분대장에게 간원(懇願)하여 속히 귀국할 수 있도록 조처해주기를 바란다는 등의 통신(通信)을 보냈다. 또한 스스로 자동차 운전자로서 소집에 응했음에도 불구하고 전쟁터로의 출동 명령을 내리자 갑자기 공포감이 엄습하여 도주한 자, 혹은 종군 중 지나인(支那人)의 가재(家財) 따위를 약탈한 자 등이다.

- 방법, 기타: 1937년(昭和 12) 10월 1일 / 본적지 친족 백동건(白東健)에게 보낸 통신
- 본적, 주소
  - 본적: 충청남도 보령군(保寧郡) 웅천면(熊川面) 두룡리(杜龍里) 687
- 직업, 성명(氏名), 연령: 자동차 운전자, 백성균(白聖均), 20세
- 통신, 언동 등의 내용: 부모에게 걱정을 끼치고 싶지 않으니까 비밀로 해주세요. 이번에 일본과 지나(支那)가 전쟁하는 곳으로 운전수로 징발되어 가게 되었습니다. 갑작스러운 일이라 알릴 수도 없이 이곳에 와버렸습니다. 이번에 가면 죽을지 살지 알 수 없습니다.

---

31 내선인(內鮮人): 내지인과 조선인. 당시 일제는 행정법상으로 일본 본토를 '내지(內地)', 그 외의 식민지 지역 등을 '외지(外地)'로 구분하여 사용하였으며, 이에 준하여 일본인을 '내지인', 그 외 식민지인을 모두 '외지인'이라고 했다. 이는 공식적·법적으로는 서양의 '식민지'와는 다름을 표방하면서 내적으로 차별을 둔 것이었다. 외지인 가운데 조선인의 경우, '반도인(半島人)', '선인(鮮人)' 등으로 칭하였다.
32 군속(軍屬): 군인 이외의 신분으로 군대에 근무하는 군무원(軍務員).

취소해 주신다면 이 얼마나 좋은 일이겠습니까. 개인의 일이 아니라 나라의 일이므로 싫어도 어쩔 수 없으며, 애원해도 소용없습니다. 가고 싶지 않은 점은 너무나 많습니다. … 후략 …

- 방법, 기타: 같은 해 1월 29일 / 신의주발(新義州發) 남행열차 안에서 이동경찰관에게 한 언동
- 본적, 주소
  - 본적: 평양부(平壤府) 수정(壽町) 96
  - 주소: 평양부 경창리(景昌里) 4-8
- 직업, 성명, 연령: 관동군(關東軍) 오쿠무라부대(奧村部隊) 자동차 운전자, 김용석(金用錫), 37세
- 통신, 언동 등의 내용: 우리는 23일 평양을 출발하여 승덕(承德), 다륜(多倫), 장북(張北), 장가구(張家口), 천진(天津), 패고(覇高), 대동(大同), 대악진(大岳鎭), 양명보(陽明堡), 원평진(原平鎭), 흔현(忻縣), 태원(太原), 이상 각지에 출정하여 종군하였다. 도중의 고생은 지금 다시 말할 필요도 없지만, 자동차에 아무런 경험도 없는 소대장과 중대장은 내선인의 종군 운전수 등 다수가 있는 가운데, 내지인 운전수 등은 자동차를 전복하고 조선인 운전수는 자동차에 약간의 손해 사고를 일으켰는데, 내지인 운전수는 과실(過失)이라 칭하고 조선인에 대해서는 반도인(半島人)은 운전에 성의가 없고 실로 바보다 라든지 혹은 앞으로 다시 이러한 행동이 있을 때는 목을 베어 죽이겠다든지 하는 정신적인 압박을 가하거나 구타하는 등의 사실이 있어서 내선인의 차별이 있는데, 그러므로 조선인 운전수 등은 완전히 노예 취급을 받고 … 중략 … 우리는 야간에도 소대장의 명령에 따라 황군은 취침시키고 우리에게는 불침번(不寢番)을 명하는 등 실로 유쾌하지 않았다. 또한 우리는 군속으로 모집되었는데도 불구하고 현지에서 서류를 보면 모두 용인(傭人)으로 기록되어 있으니 얼마나 기만적인가. 앞으로는 살해당하더라도 절대로 전쟁터에 가지 않으며, 친구들에게도 군속으로 모집에 응하지 않도록 선전할 예정이라고 함.

- 방법, 기타: 같은 해 8월 24일 밤 10시 / 도주하여 귀향

- 본적, 주소
  - 본적: 평양부 창전리(倉田里) 38
- 직업, 성명, 연령: 관동군 소속(附) 자동자 운전자, 장기섭(張基燮), 21세
- 통신, 언동 등의 내용: 1937년(昭和 12) 8월 24일 관동군 자동차 운전자로 모집에 응한 일행 62명과 함께 평양을 출발하여, 봉천(奉天)에서 전쟁터로 출동 명령을 받아 숙사(宿舍)에 도착했다. 그런데 갑자기 공포심이 들고 또 고향 생각을 억누르기 어려워서 같은 날 밤 10시에 비밀리에 숙사를 탈출해 안봉선(安奉線)[33] 오룡배역(五龍背驛)에 하차, 도보로 귀향하던 도중 평안북도 정주읍(定州邑) 내를 배회하던 중 취조를 받음.

- 방법, 기타: 관동군 오쿠무라부대 소속 종군 자동차 운전자로서 승덕(承德), 다륜(多倫), 장북(張北), 대동(大同) 등에 출정, 질병(病氣)으로 해고되어 본적지로 귀향해 이하의 발언을 함
- 본적, 주소
  - 본적: 평안북도 희천군(熙川郡) 남면(南面) 송곶원동(宋串元洞)
- 직업, 성명, 연령: 관동군 소속 자동자 운전자, 이형목(李亨穆), 28세
- 통신, 언동 등의 내용: 중략 … 중에는 소위급, 하사관이 내선인을 차별대우하고, 만약 사고라도 일어나면 주먹질(鐵拳)[34]을 가하고, 심하게는 권총을 들이대며 총살하겠다고 협박당한 적도 있었다. 이것들이 원인이 되어 조선인 운전수 중에는 조선으로 돌아가고 싶다는 희망을 갖는 자가 점차 증가하는 경향이 있다고 운운함.

- 방법, 기타: 1937년(昭和 12) 10월 11일 / 천진(天津) 육군군법회의(陸軍軍法會議)에서 절도죄로 징역 3월 언도, 대련형무소(大連刑務所)에서 복역, 1938년(昭和 13) 10월 11일 그 집행을 종료함.

---

33 안봉선(安奉線): 압록강 건너 안동[安東, 현재의 단동(丹東)]에서 봉천[奉川, 현재의 심양(瀋陽)]까지의 철도로서, 조선에서 남만주철도로 연결되는 지선이다. 한반도에서 만주로 병력과 군수물자를 나르던 중요한 보급로 역할을 하였다.
34 철권(鐵拳): 쇠뭉치같이 굳센 주먹. 타격이나 제재를 가하기 위하여 쓰는 폭력을 비유적으로 일컫기도 함.

- 본적, 주소
  - 본적: 강원도 춘천군(春川郡) 춘천읍 전평리(前坪里)
  - 주소: 경성부(京城府) 종로 3정목(丁目) 경화자동차부(京華自動車部)
- 직업, 성명, 연령: 자동차 운전자, 김병찬(金炳贊), 25세
- 통신, 언동 등의 내용: "자동차 운전수로 종군 중 1937년(昭和 12) 9월 10일 북지(北支) 장신점(長辛店)에서 지나인이 소유한 지나복(支那服) 4벌, 트렁크 1개, 기념배(記念盃) 1개, 원상액(原像液) 1병을 훔쳐"서 헌병대에 검거되었다. 같은 해 10월 11일 천진 육군군법회의에서 절도죄로 징역 3월에 처해져 대련형무소에서 그 집행을 마쳤다.

- 방법, 기타: 1938년(昭和 13) 6월 초순경 / 친아버지에게 보낸 통신
- 본적, 주소
  - 본적: 경상북도 성주군(星州郡) 대가면(大家面) 옥연동(玉蓮洞) 257
  - 주소: 북지(北支) 산서성(山西省) 삭현(朔縣) 외 헌병대
- 직업, 성명, 연령: 통역, 김학수(金學壽), 35세
- 통신, 언동 등의 내용: 중략 … 헌병대 통역사로 있습니다만, 대단히 위험해서 걱정이 됩니다. 1개월 반 정도 후에 귀향하고 싶어서 편지를 보내니까, 꼭 "어머니가 위독하니 서둘러 돌아오라."고 전보를 쳐 주세요. 이하 생략.

- 방법, 기타: 1938년(昭和 13) 월일(月日) 불상(不詳) / 수신처는 명확하지 않으나 본적지 가족 앞인 것 같음
- 본적, 주소
  - 본적: 충청남도 홍성(洪城) 이하 불상
- 직업, 성명, 연령: 가와기시부대(川岸部隊) 임시자동차대(臨時自動車隊) 제80 야전우편국(野戰郵便局) 소속, 백영순(白永順), 연령 불상
- 통신, 언동 등의 내용: 중략 … 북지 전쟁터는 날마다 전쟁을 하기 때문에 철도가 불통이어서 지금까지 기차도 보이지 않습니다. 매일 비행기와 탄환을 운반하며 지금까지 생존하고 있습니다. … 중략 … 4월과 5월, 6월 20일 운전자 등은 조선으로 갔는데, 아직 남아

있는 운전자는 30명 정도밖에 없습니다. 김기동(金寄童)도 대장이 되지 못하고, 올해 11월이 될지 내년이 될지 또는 운이 나쁘면 불행히 죽을지도 모르겠습니다. 교대해서 '저도 조선으로 돌아가게 해주세요'라고 말해도 돌아갈 수 없습니다. 어떻게 하면 좋을까요? 김기동도 오른손 옆구리에 탄환을 맞았는데 생명에 지장은 없습니다. 매일 집에서도 기다리고 계시겠지요. 군대의 전쟁터는 돈 따위도 필요 없고, 어서어서 조선으로 나가면 좋겠다고 생각합니다. 그렇지만 이 편지는 조선으로 나가는 운전수에게 부탁해서 낸 것입니다. 만약 경성에서 와타나베 간이치(渡邊寬一)로부터 편지가 도착하면 경성으로 가서 상세한 이야기를 들어주세요. 이 공포스러운 북지 전쟁터에서 날마다 탄환을 피해서 자는 것도 불가능합니다. 요즈음에는 쌀이 없어서 밀가루 빵을 2개씩 먹고 있습니다. 배도 고파서 자고 싶어도 잘 수가 없습니다. 이런 이야기를 하면 집에서는 정말이라고 생각하지 않겠지요. 김기동 씨 댁에도 안부를 전해 주세요. 김기동이 먼저 나갈지 내가 나갈지 모르겠습니다. 형의 아이 가운데 준석(俊錫)이도 건강하지요. 어쩐 일인지 집안의 꿈만 꾸고, 찬코로[35] 등에게 구타당하는 꿈만 꾸고 있습니다. 꿈도 실은 이상합니다.

경성 용산(龍山) 육군헌병대장에게 가서 집안 사정을 이야기하시고, 조선으로 나가도록 자동차대장(自動車隊長)인 오히라 유타카(大平豊) 대장(隊長)에게 부탁하여, 비행편(飛行便)으로 편지를 내주세요.

용산 헌병대장을 방문하여 상세하게 이야기해 주세요.

전쟁이 확대되기 전에 조선으로 나가지 못하고 멍청하게 있다가는 죽어서 나가겠습니다. 돈도 돈이지만 목숨이 살아 있을 때, 죽기 전에 조선으로 나갈 생각입니다. 매일 죽을 것 같습니다.

용산 헌병대장에게 가서 상세하게 이야기해 주세요. 조속히 비행편으로 보내면 5일 안에 받을 수 있습니다. 김기동 씨가 자동자로 탄환을 싣고 가는 도중에 5명은 즉사하고 김기동 씨와 3명은 살았습니다. 자동차도 찬코로에게 빼앗겨 지금 김기동 씨는 놀고 있습니다. 후략 … .

---

35 찬코로: 중일전쟁 이후 일본에서 중국인을 낮추어 부르던 비속어. 청국노(淸國奴)의 일본식 발음으로, 이 말이 한국에 전해져서 '짱꼴라'가 되었다.

<자료 15>

불온 낙서 및 삐라에 관한 조사[36]
(고등법원 검사국 사상부, 1940. 9)

본 조사는 당국 앞으로 보내주신 각 지방법원 검사정의 보고에 기초한 것으로, 대체로 《사상휘보》 제15호에 실려 있는 조사에 계속되는 것이다.

본 조사는 1939년(昭和 14) 1월 이후부터 올해 6월 말일까지 1년 6개월 동안에 전 조선 각지에서 발견된 것에 관한 것으로, 실제 수가 이 이상이라는 것은 상상하기 어렵지 않다.

먼저 낙서에 대해 살펴보면, 그 총계 수는 55건이고, 발생 연월별 및 청별(廳別)로 분류하면 다음과 같다.

낙서 발생 연월별 및 청별 조사

발생년월 \ 청명	경성	대전	함흥	청진	평양	신의주	해주	대구	부산	광주	전주	계
1939년 1월~6월	6		4	1					1			12
1939년 7월~12월	6		3						2	2	3	16
1940년 1월~6월	5	5	9		3	3		1		1		27
계	17	5	16	1	3	3		1	3	3	3	55

---

36 「不穩洛書及ビラに關する調査」, 『思想彙報』 24, 高等法院 檢事局 思想部, 1940.9, 7~22쪽.

위의 표에 의하면, 1939년도 상반기에 12건, 1939년도 하반기에 16건, 1940년도 상반기에 27건으로, 점차 증가 추세에 있다. 특히 1940년도에 들어서는 비약적인 증가를 보이고 있음에 주목해야 한다. 청별로 보면, 경성 관내 17건이 가장 많고, 함흥 16건이 그다음이며, 그 외는 전부 3건, 1건 등이다. 해주 관내만은 전혀 발견되지 않는다.

그리고 이것을 내용별로 보면, 다음 표와 같다. 민족주의적인 것이 35건으로 압도적으로 많아 절반 이상을 차지하고, 공산주의적인 것이 9건으로 그다음이다.

낙서 내용별 및 청별 조사

내용 \ 청명	경성	대전	함흥	청진	평양	신의주	해주	대구	부산	광주	전주	계
불경에 관한 것	1										1	2
반전·반군적인 것		1				1						2
민족주의적인 것	15	3	9		2	1		1	2		2	35
공산주의적인 것			5	1	1				1	1		9
시국 또는 정치에 관해 불온한 것	2	1				1						4
기타		1	3							2		6
계	18	6	17	1	3	3		1	3	3	3	58

비고: 내용이 두 종류 이상에 걸친 것은 각각 해당란에 기재함

낙서의 장소를 조사해 보면,

공동변소의 벽에 한 것	15건
역 또는 열차 안의 변소 벽에 한 것	11건
공장, 그 밖의 벽에 한 것	10건
공원의 정자 또는 누문(樓門)에 한 것	4건
도로 위에 한 것	3건
창고, 그 밖의 문짝에 한 것	3건

열차 안에 한 것	2건
은행권(銀行券)에 한 것	2건
기타	합계 55건

이다. 변소의 벽에 한 것이 합계 26건으로 거의 반수에 가깝고, 변소 이외에 공장이나 그 밖의 벽에 한 것이 10건으로 그다음인 것은 낙서의 성질상 당연한 일일 것이다. 은행권을 이용한 것이 2건 있는 것도 주목해야 할 현상이다.

다음으로 낙서의 방법을 보면,

연필로 쓴 것	26건
백묵(白墨)으로 쓴 것	15건
펜으로 쓴 것	3건
못 같은 것으로 쓴 것	3건
붓으로 쓴 것	2건
숯(木炭)으로 쓴 것	2건
석묵(石墨)으로 쓴 것	1건
크레용으로 쓴 것	1건
혈서(血書)한 것	1건
각서(刻書)[37] 한 것	1건
	합계 55건

이다. 연필로 쓴 것이 26건으로 거의 절반에 가깝고, 백묵으로 쓴 15건이 그다음이다.

다음으로 삐라에 관해서 조사해 보면, 삐라는 낙서에 비해 건수가 대단히 적어서 합계 9건에 불과하다. [모두 1940년도(昭和 15)에 발견된 것으로, 경성 1건, 부산 8건인데, 부산의 8건은 정신병자인 이영진(李永鎭)이라는 자가 부산부(釜山府) 안의 여러 곳에 삐라를 부착한 것으로서, 내용은 각기

---

[37] 각서(刻書): 글을 새김.

다르지만 결국은 1건으로 간주해도 지장이 없는 것이다.] 삐라 가운데 가장 주목해야 할 것은 같은 해 6월 1일 경성부(京城府) 냉천정(冷泉町) 금화산(金華山) 국기 게양대 부근에서 발견된 등사판 인쇄물이다. 매수가 약 7천 매에 이르고, 그 내용으로 보아도 상당히 조직적인 불온 단체의 계획적인 범행으로 생각된다. 경기도경찰부(京畿道警察部)에서 현재 예의주시하며 엄밀하게 정탐 중인데, 아직 검거에 이르지 못한 것은 유감이다.

낙서의 범인으로 검거된 자는 극히 소수이지만, 대부분이 20세 전후의 청소년이라는 점은 주목할 만하다. 위의 두 가지[38]에 대한 구체적인 내용, 발견 일시와 장소, 방법, 범인의 성명, 연령, 처분 등은 다음과 같다.

낙서

불경(不敬)에 관한 것

- 장소: 전라북도 김제군(金提郡) 금구면(金溝面) 용지리(龍池里) 308번지, 최중경(崔中敬) 집 감나무 고목(古木)
- 발견 일시 및 기재 방법: 1939년(昭和 14) 8월 1일 / 붓으로 씀
- 내용: 천황폐하 어명(御名)
- 범인의 성명(氏名) 및 처분구별(處分區別): 경찰, 유시(諭示)[39] / 한약종상(韓藥種商), 최중경, 현 60세

- 장소: 경성발(京城發) 인천행(仁川行) 열차 변소 내 판벽(板壁)
- 발견 일시 및 기재 방법: 1939년(昭和 14) 6월 26일 / 연필로 씀
- 내용: 하루빨리 ○○을 죽이고 싶다
- 범인의 성명 및 처분구별: 인천지청 검사분국, 불기소[不起訴(죄가 성립되지 않음[40])] / 전

---

38 낙서와 삐라를 가리킨다.
39 유시(諭示): 관청 등에서 국민을 타일러 가르침.
40 원문은 "罪とならず"인데, 이는 검사가 사건을 불기소하는 경우의 이유 중 하나이다. 일본 법무성 훈령의 「사건사무규정」에 정해진 불기소 재정(裁定)의 하나로, 피의사실이 범죄구성요건에 해당하지 아니하는 때 또는 범죄의 성립을 조각(阻却)할 사유가 있음이 증거상 명확한 때에 적용된다.

㈜ 사립 대동상업학교(大同商業學校) 생도, 완본인행(完本仁幸), 현 14세

반전(反戰)·반군적(反軍的)인 것

- 장소: 평안북도 강계군(江界郡) 문옥면(文玉面) 문흥동(文興洞) 노상(路上)
- 발견 일시 및 기재 방법: 1940년(昭和 15) 1월 22일 / 쌓인 눈으로 얼어붙은 노면(路面)에 못으로 새겨 씀
- 내용: 일본 나쁘다[41] / 일본 나쁘단 말이다[42] / 일본 졌다 / 일본 바보 / 지나 승리 / 일본 허탕쳤다 / 일본 끝났다 / 일본은 바보입니다
- 범인의 성명 및 처분구별: 강계지청(江界支廳)
  - 금고(禁錮) 6월 / 노동, 김명진(金明鎭), 현 37세
  - 금고 4월(3년간 집행유예), 학생, 권택하(權澤河), 현 16세
  - 불기소(죄가 성립되지 않음), 생도, 유인호(柳仁鎬), 현 10세

- 장소: 대전부(大田府) 연병정(練兵町) 사격장 감적호(看的壕)[43] 내부 연와벽(煉瓦壁)
- 발견 일시 및 기재 방법: 같은 해 5월 18일 / 붓으로 씀
- 내용: 남은 밥을 먹지 말자, 전시예산(戰時豫算)이 미쳤다, 육상(陸相)[44]이 곤란하다 / 슬프고 슬프다, 군대(兵隊)만큼 안타까운 것은 없다, 장교 놈 너희는 매일 밤 매일 아침까지 계집년(女郞)을 사러 가서 하룻밤을 즐기면서 떠든다, 그런데도 … 무엇이든 명령이라 칭하며 너희는 지낸다 / 전쟁터에서 돌아와 겨우 휴가가 5일인가 / 장사치(商賣) 장교 밑에서 일하는 것인가 / 죽음이 충의(忠義)라면 사는 것 또한 의(義)이다 / 때는 다하고 전쟁터는 … / 휴가는 왔으나 만기는 언제인가, 하루라도 빨리 알려라, 간부에게 고한다 / 일해도 일해도 일급(日給)은 21전 8리 / 청춘의 묘지 군대[45] '

---

41 원문은 "日本ハルイナ"인데, 'わる-い(悪い)'로 볼 수 있다.
42 원문은 "日本ハルイダ"인데, 'わる-い(悪い)'에 강조어가 붙은 것으로 볼 수 있다.
43 감적호(監的壕, 看的壕): 사격이나 활쏘기 연습할 때 표적에 맞는지 여부를 살피는 감적수(監的手)가 있는 호(壕).
44 육군대신.
45 '군대'의 원문은 "グンタイ"로 되어 있다.

- 범인의 성명 및 처분구별: 범인 불명

민족주의적인 것

- 장소: 함경남도 함주군(咸州郡) 흥남읍(興南邑) 호남리(湖南里), 축항역(築港驛) 변소
- 발견 일시 및 기재 방법: 1939년(昭和 14) 2월 1일 / 연필로 씀
- 내용: 내선인(內鮮人)을 차별하지 말라 / 조선 독립을 성공시키자 / 독립 만세 3회
- 범인의 성명 및 처분구별: 범인 불명

- 장소: 함경남도 함주군 흥남읍 호남리, 조선질소회사(朝鮮窒素會社) 공장변소
- 발견 일시 및 기재 방법: 위와 같음
- 내용: 조선 독립은 눈앞에 있다 / 노구치(野口) 타도 / 차별하면 인류(人類)가 아니다
- 범인의 성명 및 처분구별: 범인 불명

- 장소: 경원선(京元線) 의정부역(議政府驛) 변소
- 발견 일시 및 기재 방법: 같은 달 7일 / 연필로 씀
- 내용: 이완용(李完用) 요리점(料理店)
- 범인의 성명 및 처분구별: 범인 불명

- 장소: 함경남도 문천군(文川郡) 도초면(都草面) 천내리(川內里), 천내리역(川內里驛) 화물차(貨物車)
- 발견 일시 및 기재 방법: 같은 해 3월 10일 / 백묵으로 씀
- 내용: 하늘이 근심하고 땅이 근심하고 백성도 근심한다(天愁地愁民也愁) / 새해가 왔으나 자유롭지 못하다(新年來到 不自由)
- 범인의 성명 및 처분구별: 범인 불명

- 장소: 경성부 혜화정(惠化町) 122, 동소문약국(東小門藥局) 내
- 발견 일시 및 기재 방법: 같은 해 4월 8일 / 조선은행(鮮銀) 1원권 뒷면에 펜으로 씀

- 내용: 미나미 지로(南次郎)⁴⁶ 각하 앞, 우리 조선을 독립시켜 주세요
- 범인의 성명 및 처분구별: 경성지방법원, 징역 6월 / 공중목욕탕(湯屋) 출납계(出納係), 박순만(朴順萬), 현 21세

- 장소: 경성부 남대문통(南大門通) 1정목, 공동변소 내
- 발견 일시 및 기재 방법: 같은 달 26일 / 연필로 씀
- 내용: 나는 일본이 멸망하는 것을 축복한다
- 범인의 성명 및 처분구별: 범인 불명

- 장소: 경성부 누상정(樓上町), 공동변소 내
- 발견 일시 및 기재 방법: 위와 같음
- 내용: 이완용 보지 자지
- 범인의 성명 및 처분구별: 범인 불명

- 장소: 경성 중앙우편국 앞 포장도로(鋪道) 위
- 발견 일시 및 기재 방법: 같은 해 5월 날짜 불상 / 못 같은 것으로 글자를 새김
- 내용: 조선 독립
- 범인의 성명 및 처분구별: 범인 불명

- 장소: 철원법원지청(鐵原法院支廳) 구내 공중용 변소 판벽
- 발견 일시 및 기재 방법: 같은 해 6월 20일 / 한자를 섞어서 언문으로 연필로 씀
- 내용: 이완용 요리점 / 이완용은 조선(이하 언문 4자 불명)⁴⁷ / 이완용은 개새끼다. 며느리를 첩으로 삼은 놈. 대역적(大逆賊) / 이완용 같은 놈은 만고(萬古)에 없다 / 대역적이다. 그

---

46 미나미 지로(南次郞, 1874~1955): 제7대 조선 총독, 일본의 군인. 1936년 조선 총독으로 부임한 이래 '내선일체(內鮮一體)'를 표방하며 일본어 상용, 창씨개명, 지원병제도 실시 등 강력한 민족말살정책과 총동원 정책을 펼쳤다.
47 '이하 언문 4자 불명'은 원문의 표기이다.

러므로 이 변소는 이완용 요리점 / 자신의 손주며느리를 첩으로 삼은 놈이 돼버렸다. 이완용의 사적(史籍) / 이완용은 조선의 대역적이다 / 대한(大韓)은 1931년(昭和 6) 9월에 독립한다 / 광주 사건[48]에 대해서는 우리 동포가 응원해야 한다. 형제 여러분이여 / 대한독립 만세 / 무정부주의(無政府主義, 이하 언문 2자 불명)[49] / 일본인이여. 민족차별을 하지 마라 / 대조선 자립 만세

- 범인의 성명 및 처분구별: 범인 불명

- 장소: 함경남도 홍원군(洪原郡) 운학면(雲鶴面) 잠상리(岑上里) 달단우(韃靼羽)[50] 승전기적비각(勝戰記蹟碑閣) 남벽(南壁)
- 발견 일시 및 기재 방법: 같은 해 7월 27일 / 숯(木炭)으로 씀
- 내용: 아, 우리 장래는 이 비석의 옛날을 상상하면서 얼마나 울어야겠는가? / 무궁화 강산에도
- 범인의 성명 및 처분구별: 범인 불명

- 장소: 경성부 영등포정(永登浦町) 용산공작회사(龍山工作會社) 공장 벽
- 발견 일시 및 기재 방법: 같은 달 30일 / 언문으로 백묵으로 씀
- 내용: 우리 조선 동포여, 좀 더 자각합시다
- 범인의 성명 및 처분구별: 경성 영등포경찰서, 구류 29일 / 직공 김원성(金元成), 현 22세

- 장소: 양평역(楊平驛) 변소 내
- 발견 일시 및 기재 방법: 같은 해 8월 19일 / 연필로 씀
- 내용: 대한독립 만세
- 범인의 성명 및 처분구별: 범인 불명

---

48 1929년 11월 이후 일어나 1930년대 초반까지 전국 주요 도시로 퍼져간 광주학생운동을 말한다.
49 '이하 언문 2자 불명'은 원문의 표기이다.
50 달단(韃靼)은 몽골족을 달리 부르는 타타르족의 음역어인데, 우(羽)는 누구를 가리키는지 정확히 알 수 없다.

- 장소: 경성부 청엽정(靑葉町) 효창공원(孝昌公園) 공중변소 문짝
- 발견 일시 및 기재 방법: 같은 달 30일 / 언문으로 연필로 씀
- 내용: 우리 조선을 세우자 / 조선 청년아, 싸워라
- 범인의 성명 및 처분구별: 범인 불명

- 장소: 경기도 이천군(利川郡) 청계면(淸溪面) 장호원리(長湖院里) 시장 공동변소 판벽
- 발견 일시 및 기재 방법: 같은 해 9월 4일 / 언문으로 연필로 씀
- 내용: 이완용 식당
- 범인의 성명 및 처분구별: 범인 불명

- 장소: 부산부(釜山府) 대신정(大新町) 고등소학교(高等小學校) 앞 도로
- 발견 일시 및 기재 방법: 1939년 9월 10일 / 노면에 숯으로 씀
- 내용: 조선 독립 만세
- 범인의 성명 및 처분구별: 범인 불명

- 장소: 호남선(湖南線) 김제역(金堤驛) 구내 공중변소
- 발견 일시 및 기재 방법: 같은 해 10월 10일 / 연필로 씀
- 내용: 조선은 일본에 망하고, 일본은 지나에 망하고, 오랑캐는 조선에 망한다(鮮亡於日本, 日亡於支那, 胡亡於朝鮮)
- 범인의 성명 및 처분구별: 범인 불명

- 장소: 용산역 구내 군용열차
- 발견 일시 및 기재 방법: 같은 해 10월 16일 / 백묵으로 씀
- 내용: 조선 독립 만세 / 제국주의의 장래? / 달콤한 애인은 인생의 절대 행복 / 새는 노래한다. 인생도 마찬가지다 / 세계 애국주의 / 인생은 창조가 있다 / 국가주의, 장래의 동양 평화는 / 동양 평화 기원 / 조선과 동양 평화의 장래 / 조선과 일본이 합병한 과거는, 현재 일본 정치와 평판론(評判論)을 일본정부는 어떻게 인식하는가 / 동양 평화는

조선 문제와 조선 민족의 장래
- 범인의 성명 및 처분구별: 경성지방법원 검사국, 예심청구(豫審請求) / 날품팔이(日稼) 노동, 박수남(朴壽男), 현 25세

- 장소: 부산부 행정(幸町) 부산극장(釜山劇場) 변소 내 벽
- 발견 일시 및 기재 방법: 같은 달 20일 / 연필로 씀
- 내용: 조선 독립
- 범인의 성명 및 처분구별: 범인 불명

- 장소: 전라북도 진안군(鎭安郡) 용담면(龍潭面) 수천리(壽川里), 음식점 김경해(金璟海) 집 변소
- 발견 일시 및 기재 방법: 같은 해 11월 15일 / 연필로 씀
- 내용: 이완용 식당
- 범인의 성명 및 처분구별: 범인 불명

- 장소: 경성부 삼청정(三淸町) 삼청공원(三淸公園) 내 소나무
- 발견 일시 및 기재 방법: 1940년(昭和 15) 1월 6일 / 소나무 줄기에 글씨를 새김
- 내용: 독립
- 범인의 성명 및 처분구별: 범인 불명

- 장소: 강원도 양구군(楊口郡) 해안면(亥安面) 해동심상소학교(海東尋常小學校) 교실 흑판
- 발견 일시 및 기재 방법: 같은 해 3월 27일 / 청색 백묵으로 씀
- 내용: 일본정신을 기름과 함께 조선정신을 길러라. 일본 폐지[51]
- 범인의 성명 및 처분구별: 범인 불명

---

51 원문은 "ハイシ"인데, 이를 '廢止'로 보았다.

- 장소: 충청남도 공주군(公州郡) 공주읍 산성정(山城町) 산성공원 웅심각(雄心閣) 표면 횡목(橫木)
- 발견 일시 및 기재 방법: 같은 해 4월 7일 / 한자를 섞어 언문으로 연필로 씀
- 내용: 반도 청년들이여, 조선 독립에 노력합시다
- 범인의 성명 및 처분구별: 범인 불명

- 장소: 평양역(平壤驛) 기관차 변소 내 벽
- 발견 일시 및 기재 방법: 같은 달 18일 / 흑연(石墨)으로 씀
- 내용: 일본인이여, 죽임을 당하기 전에 일본으로 돌아가라. 다가오는 새벽에 보이는 것은 조선 독립이다 / 독선(獨善)의 일본인 / 일본이여, 죽어라
- 범인의 성명 및 처분구별: 범인 불명

- 장소: 함경남도 영흥군(永興郡) 영흥면 영흥역(永興驛) 공중변소
- 발견 일시 및 기재 방법: 같은 달 29일 / 연필로 씀
- 내용: 소일본국(小日本國)은 개 같다 / 소일본 바카야로(馬鹿野郎)[52]
- 범인의 성명 및 처분구별: 범인 불명

- 장소: 함경남도 함주군 흥남읍 호남리, 조선질소회사 변소
- 발견 일시 및 기재 방법: 같은 달 같은 날 / 언문으로 백묵으로 씀
- 내용: 반도인은 불쌍하다
- 범인의 성명 및 처분구별: 범인 불명

- 장소: 함경남도 함주군 흥남읍 호남리, 조선질소회사 포장계(荷造係) 수리장(修理場)
- 발견 일시 및 기재 방법: 위와 같음
- 내용: 우리 동포는 죽어도 좋은가

52　바카야로(馬鹿野郎): 바보 새끼, 멍청이를 뜻하는 일본 욕설의 대명사.

- 범인의 성명 및 처분구별: 범인 불명

- 장소: 조선총독부 3층 서쪽 변소 내
- 발견 일시 및 기재 방법: 같은 해 5월 1일 / 언문으로 연필로 씀
- 내용: 불쌍한 동포여, 일어나 대한독립 만세 ⊠
- 범인의 성명 및 처분구별: 경성지방법원 검사국, 예심청구 / 총독부 승강기 운전수, 산전영순(山田榮淳),[53] 현 18세

- 장소: 함경남도 북청군(北靑郡) 북청읍 영덕공원(靈德公園) 정자
- 발견 일시 및 기재 방법: 같은 달 5일 / 한자를 섞어 언문으로 연필로 씀
- 내용: 조선 독립 만세 / 일본제국주의 타도 / 일본인의 노예로 미몽(迷夢)에서 깨어나지 못한 동포여, 모두 각성합시다 / 조선 민족이여, 조선을 위해 투쟁하자. 조선독립생과차(朝鮮獨立生過次)
- 범인의 성명 및 처분구별: 범인 불명

- 장소: 대구부 달성정(達城町) 228 유창석(兪昌錫) 집 뒷문
- 발견 일시 및 기재 방법: 같은 달 6일 / 백묵으로 씀
- 내용: 내지인을 죽여라 / 내선별체(內鮮別體)
- 범인의 성명 및 처분구별: 경찰 수사 중 / 무직, 한상룡(韓祥龍), 현 18세

- 장소: 대전부 용두정(龍頭町) 황천별장지구(荒川別莊地區) 내 산정(山頂) 모정(茅亭)[54] 벽
- 발견 일시 및 기재 방법: 같은 달 18일 / 붉은색 크레용으로 낙서
- 내용: 연남풍우조잠사(燕南風雨釣岑斜) 애국고좌불원가(哀國孤座不願家) 오견여생적하사(吾見汝生適何死) 출문일소도창파(出門一笑渡滄波) 도읍지지간하처(都邑之地間何處) 충남

53　창씨 이전의 성명은 최영순(崔榮淳)이다.
54　모정(茅亭): 짚이나 새 따위로 지붕을 인 정자.

계룡산하사(忠南鷄龍山下寺)
- 범인의 성명 및 처분구별: 범인 불명

- 장소: 서평양역(西平壤驛)
- 발견 일시 및 기재 방법: 같은 해 6월 4일 / 1원 지폐에 펜으로 씀
- 내용: 일본을 점령하라. 일본을 타도하라
- 범인의 성명 및 처분구별: 범인 불명

- 장소: 경부선(京釜線) 전의역(全義驛) 구내 공중변소 내
- 발견 일시 및 기재 방법: 같은 달 5일 / 한자를 섞어서 언문으로 연필로 씀
- 내용: 한 나라의 재상 이완용이 일군불사(一君不事)임에도 불구하고 삼천리강산 이민(李民)의 토지를 4억만 원에 매각함은 5조목(條目)을 위반한 것이다. 7조목인가. 너로 하여금, 팔도 인민을 선동하는 너는 10조목에 해당하는 것이다. 억조참판(億兆參判) 이완용보다 역적이 되지 마라
- 범인의 성명 및 처분구별: 범인 불명

- 장소: 평안북도 강계역(江界驛) 공중변소 내
- 발견 일시 및 기재 방법: 같은 달 10일 / 연필로 씀
- 내용: 대광고(大廣告) 조선 독립 만세, 아! [김길호(金吉浩)가 쓴 신문 배달] / 김길호가 쓴 조선 독립 만세
- 범인의 성명 및 처분구별: 강계지청 검사분국, 기소유예 / 학생 이천기찬(李天基贊),[55] 현 16세

공산주의적인 것
- 장소: 함경남도 함주군 흥남읍 호남리, 부전조(富田組) 변소 벽

---

55 창씨 이전의 성명은 이기찬(李基贊)이다.

- 발견 일시 및 기재 방법: 1939년 2월 1일 / 연필로 씀
- 내용: 공산주의 타도, 노동자를 압박하지 말라
- 범인의 성명 및 처분구별: 범인 불명

- 장소: 청진부(淸津府) 항정(港町) 국제부두사무소 공동변소 내
- 발견 일시 및 기재 방법: 같은 해 5월 1일 / 연필로 씀
- 내용: 무산자(無産者) 단결하자. 제국주의, 자본주의를 타파하자
- 범인의 성명 및 처분구별: 범인 불명

- 장소: 부산부 목도(牧島)[56] 조선중공업주식회사 구내 직공 전용 변소 내 판벽
- 발견 일시 및 기재 방법: 같은 달 30일 / 연필로 씀
- 내용: 이상(理想)으로 사는 인생 / 세계의 혁명은 일어난다. 노동자여 / 러시아는 나라를 던져서 우리를 위해 싸우고 있지 않은가 / 제국주의를 타도하여 이상의 세계 러시아의 지휘 아래 명하여 불멸의 세계를 기원하자 / 부르주아 근성이 있는 자를 때려죽여라 / 사원(社員) 노동자가 살아남을 수 있을까 / 노동자는 인간의 근본이다 / 프롤레타리아 혈맹(血盟)을 조직하자
- 범인의 성명 및 처분구별: 범인 불명

- 장소: 함경남도 홍원군(洪原郡) 홍원면 전진역(前津驛) 변소 문짝
- 발견 일시 및 기재 방법: 같은 해 7월 27일 / 언문으로 연필로 씀
- 내용: 공산주의 만세 / 영원히 잊지 마라. 김·이 조선 성씨의 사랑하는 사람을(金李鮮氏 仁愛人)
- 범인의 성명 및 처분구별: 범인 불명

- 장소: 함경남도 함주군 흥남읍 호남리, 부전상회(富田商會) 노동자 휴게소 동쪽 판벽

---

56 원문은 '牧ノ島'로 되어 있는데, 영도(影島)의 다른 이름이다.

- 발견 일시 및 기재 방법: 같은 해 9월 9일 / 백묵으로 씀
- 내용: 공산주의 타도 / 대우를 개선하자 / 조선 독립 만세
- 범인의 성명 및 처분구별: 범인 불명

- 장소: 호남선 나주역(羅州驛) 변소 안쪽 벽
- 발견 일시 및 기재 방법: 같은 해 12월 23일 / 한자를 섞어 언문으로 연필로 씀
- 내용: 만국의 노동자여, 단결하자 / 얻는 것은 자유요, 얻어야 하는 것은 돈(金)이다
- 범인의 성명 및 처분구별: 범인 불명

- 장소: 함경남도 함주군 흥남읍 호남리, 조선질소회사 변소
- 발견 일시 및 기재 방법: 1940년 4월 29일 / 언문으로 백묵으로 씀
- 내용: 가엾은 노동자로 언제까지 일할 것인가. 우리는 빨리 조선을 떠나 만주로 가야 한다 / 빨리 가지 않으면 시기를 놓친다
- 범인의 성명 및 처분구별: 범인 불명

- 장소: 평양부 서성리(西城里) 마켓 내 공동변소 안 벽
- 발견 일시 및 기재 방법: 같은 해 5월 15일 / 언문으로 연필로 씀
- 내용: 조선은 공산(共産)이 된다. 노동 대중은 기다려라 / 일본이 남경(南京) 함락은 했지만, 일본은 공산당에게 망할 것이다
- 범인의 성명 및 처분구별: 범인 불명

- 장소: 함경남도 갑산군(甲山郡) 혜산읍(惠山邑) 혜산리, 팔번산(八幡山) 입구 누문(樓門) 누상(樓上) 기둥 및 반자널(天井板)
- 발견 일시 및 기재 방법: 같은 해 6월 14일 / 언문으로 연필로 씀
- 내용: 불평과 불안정한 현재 사회 제도? 우리는 철봉(鐵棒) 같은 팔 주먹으로 삼천리강산에서 투쟁합시다 / 꽃을 꺾으려면 왼손으로 벚꽃을 꺾고, 오른손으로 무궁화를 맞이합시다

- 범인의 성명 및 처분구별: 범인 불명

시국(時局) 또는 정치에 관해 불온한 것
- 장소: 용산역 구내 변소 벽
- 발견 일시 및 기재 방법: 1939년 8월 24일 / 못 같은 것으로 글을 새김
- 내용: 지나가 이기고 일본이 패한다 / 조선 독립 만세
- 범인의 성명 및 처분구별: 범인 불명

- 장소: 신의주부(新義州府) 초음정(初音町) 6, 김시관(金時觀) 집 울타리
- 발견 일시 및 기재 방법: 같은 해 5월 21일 / 가타카나로 백묵으로 씀
- 내용: 못하도록 부숴 버리겠다
- 범인의 성명 및 처분구별: 범인 불명

- 장소: 인천부(仁川府) 만석정(萬石町) 조선제강소(朝鮮製鋼所) 창고 문짝
- 발견 일시 및 기재 방법: 같은 해 6월 7일 / 백묵으로 씀
- 내용: 사상의 십자로에서 방황한다
- 범인의 성명 및 처분구별: 인천경찰서, 훈계방면 / 직공 박진창(朴鎭昌), 현 20세

기타
- 장소: 전라남도 함평군(咸平郡) 함평면 함평리, 김홍식(金弘植) 집
- 발견 일시 및 기재 방법: 1939년 12월 8일 / 조선은행(朝銀) 1원권에 펜으로 씀
- 내용: 금전이 인간의 근심을 해결하는 것이다. 부자들, 청년들, 소년들, 여성들, 노인들, 남녀를 불문하고 지폐가 생명의 으뜸이라고 생각한다. 농촌에 있는 곡물을 중대하게 생각하지 않는다. 함평읍 내 상점에서 나온 돈 / 도쿄 대일본제국(大日本帝國)
- 범인의 성명 및 처분구별: 범인 불명

- 장소: 충청북도 영동군(永同郡) 황간면(黃澗面) 남성리(南城里) 586, 이기정(李起亭) 집 입

구 판호(板戶)
- 발견 일시 및 기재 방법: 1940년 2월 16일 / 피로 씀
- 내용: 피로 물든 날에
- 범인의 성명 및 처분구별: 범인 불명

- 장소: 전라남도 나주군(羅州郡) 본량면(本良面) 송치리(松峙里) 진흥회관(振興會館) 벽
- 발견 일시 및 기재 방법: 같은 달 18일 / 언문으로 백묵으로 씀
- 내용: 수일 내에 이 마을에 무언가 불상사가 있을 것이다. 모두 주의하라. 언문으로 2~3자 주의를 올립니다.
- 범인의 성명 및 처분구별: 나주경찰서, 구류 29일 / 농업, 나우곤(羅又坤), 현 18세

- 장소: 함경남도 함주군 흥남읍 호남리, 조선질소회사 인부 소옥(小屋)
- 발견 일시 및 기재 방법: 같은 해 4월 29일, 언문 / 언문으로 백묵으로 씀
- 내용: 인부는 비인간(非人間)이다.
- 범인의 성명 및 처분구별: 범인 불명

- 장소: 함경남도 장진군(長津郡) 신남면(新南面) 하갈우리(下碣隅里), 백영걸(白榮杰) 집 판벽
- 발견 일시 및 기재 방법: 같은 달 30일, 국문(國文)[57]으로 백묵으로 씀
- 내용: 불량 청년이여, 쳐라, 쳐라
- 범인의 성명 및 처분구별: 범인 불명

- 장소: 위와 같은 마을, 김영도(金永道) 집 앞문(表扉)
- 발견 일시 및 기재 방법: 같은 해 5월 2일, 국문으로 백묵으로 씀
- 내용: 지방 청년이 단결할 때 / 우리의 생각, 우리의 피
- 범인의 성명 및 처분구별: 범인 불명

---

57 여기서는 일본어를 말함.

삐라

민족주의적인 것

- 장소: 경성부 냉천정(冷泉町) 74, 금화산(金華山) 국기게양대 부근 외 1개소
- 발견 일시 및 기재 방법: 1940년 6월 1일 / 길이 약 2촌(寸), 폭 약 1촌의 갱지(白鷺紙)의 등사판(謄寫版) 인쇄 약 7천 매를 살포함
- 내용: 우리 역사 반만년 치욕, 이보다 더한 것이 없다. 붉은 피와 죽음으로 조선을 회복하자 / 학생 제군이여, 공부의 목적은 무엇인가. 조선 동포를 위해서가 아닌가. 그렇다면 민족운동에 참가하라 / 조선 청년이여, 죽을 때는 이때다. 조선을 위해 죽자 / 조선 독립 만세, 만세, 만만세 / 학생 제군, 퇴학해서 순(純) 조선 교육을 받아라. 불완전하더라도 가정에서 / 조선 동포여, 성(姓)을 바꾸지 마라. 현세(現世)는 얼마 되지 않는다. 일어나 독립운동을 일으켜라. 조선 학생·노동 청년이여 / 조선 학생·아동이여, 학교를 퇴학하자. 일본 정책 아래 존재하는 학교는 노예 양성공장이다 / 성을 바꾸지 마라. 조선 민중이여. 일본 정책 하도 얼마 남지 않았다 / 기독교 신도여, 불교 신도여, 진리를 위해 전투하라 / 학생 제군이여, 공부의 목적은 어디에 있는가. 조선과 동포를 위한 것이 아닌가. 그렇다면 국민운동(國民運動)에 / 일본 정책 아래 존재하는 학교는 노예양성공장이다. 조선의 아동은 이곳에서 퇴학하라. 불완전하지만 가정에서 조선 교육을 학습하라. 응하지 않으면 전멸시켜버린다 / 조선 민중이여, 일본 물건(品)에 대해 보이콧하라. 관공서를 파괴하라 / 일본상점을 배척하고, 관공청(官公廳)을 파괴하라. 조선 민중이여 / 일본 정부의 관직에서 물러나라. 조선인이라면 조선인 됨을 알라 / 일본 정부 관직에 있는 자여, 퇴직하라. 조선인들의 조선인 됨을 알라 / 조선 민족이여. 언제까지 잠자고 있을 것인가. 이때를 잃지 말고 일어나라
- 범인의 성명 및 처분구별: 범인 불명

시국 또는 정치에 관해 불온한 것

- 장소: 부산부 초량정(草梁町) 가와사키신문점(川崎新聞店) 게시판 외 4개소
- 발견 일시 및 기재 방법: 1940년 5월 23일 / 길이 1척 5촌, 폭 2촌 5푼의 흰 천에 붓으로

써서 부착함
- 내용: 조선 용사(鮮勇士) 황군 감사하다
- 범인의 성명 및 처분구별: 무직, 이영찬(李永鑽), 현 32세(정신병자)

기타

- 장소: 북부산경찰서(北釜山警察署) 입구 기념비 외 1개소
- 발견 일시 및 기재 방법: 1940년 5월 16일 / 소학교 학습장 용지에 묵으로 써서 부착함
- 내용: 내지(內地) 인민, 내지로 가라
- 범인의 성명 및 처분구별: 무직, 이영찬(李永鑽), 현 32세(정신병자)

- 장소: 앞에 기재한 기념비
- 발견 일시 및 기재 방법: 같은 달 18일 / 산업조합 위임 판매 용지에 묵으로 써서 부착함
- 내용: 조선을 정벌하러 가고 싶었다면 생각하라
- 범인의 성명 및 처분구별: 위와 같음

- 장소: 부산부 초량정 197, 후지타잡화점(藤田雜貨店) 외 9개소
- 발견 일시 및 기재 방법: 같은 달 19일 / 위와 같은 용지 한 장에 묵으로 써서 부착함
- 내용: 허가 없이 음식상(食飮商)을 전용(專用)하여 물품을 판매하는 것, 포승(捕繩)[58]
- 범인의 성명 및 처분구별: 위와 같음

- 장소: 북부산경찰서 현관 입구 외 1개소
- 발견 일시 및 기재 방법: 같은 달 20일 / 길이 9촌 3푼, 폭 3촌의 후지(厚紙)[59]에 묵으로 써서 투입함
- 내용: 허가 없는 큰 오징어의 포획을 그치게 해보자

---

58 포승(捕繩): 죄인을 잡아 묶는 끈.
59 후지(厚紙): 두꺼운 종이. 판지.

- 범인의 성명 및 처분구별: 위와 같음

- 장소: 부산중학교(釜山中學校) 정문 문주(門柱) 외 4개소
- 발견 일시 및 기재 방법: 같은 달 21일 / 길이 6촌 5푼, 폭 4촌 5푼의 반지(半紙)[60]에 묵으로 써서 부착함
- 내용: 일본군은 알라
- 범인의 성명 및 처분구별: 위와 같음

- 장소: 부산부 초량정 삼남여관(三南旅館) 외 6개소
- 발견 일시 및 기재 방법: 같은 달 22일 / 길이 6촌 5푼, 폭 4촌 5푼의 반지에 묵으로 써서 부착함
- 내용: 조선군(朝鮮軍) 내집(來集)
- 범인의 성명 및 처분구별: 위와 같음

- 장소: 부산진역(釜山鎭驛) 앞 우편소 게시판
- 발견 일시 및 기재 방법: 길이 4촌 5푼, 폭 5촌 5푼의 「황국신민서사(皇國臣民誓詞)」[61] 인쇄지에 묵으로 써서 부착함
- 내용: 가짜 물건을 모르고 훔쳤다
- 범인의 성명 및 처분구별: 위와 같음

---

60 반지(半紙): 주로 붓글씨를 연습하는 얇고 흰 일본 종이.
61 황국신민서사(皇國臣民誓詞): 1937년 황국신민화 정책의 일환으로 조선총독부가 제정한 맹세. 1937년 7월 중일전쟁이 발발한 와중에 발표된 것으로서, 제3차 「조선교육령」의 국체명징(國體明徵), 내선일체(內鮮一體), 인고단련(忍苦鍛鍊) 중심의 식민교육정책과 연계되었다. 전체 조선인에게 이의 암송과 제창을 강요함으로써 황국신민화를 추진하고자 했던, 일제 말기 대표적인 민족말살정책의 하나였다.

<자료 16>

「1940년(昭和 15) 전반기 조선 사상운동 개황」 중 관련 조사[62]
(조선군 참모부, 1940.8)

(1) 불온(不穩) 낙서·삐라 살포 사례

- 월일(月日): 3. 2.
- 장소: 관려연락선(關麗連絡船)[63], 김홍(金洪) 일기장(日記帳)
- 내용: 전라남도 여수군(麗水郡) 영산포(榮山浦)의 김홍은 관려연락선으로 내지(內地) 도항(渡航) 중 다음과 같은 불온한 자구(字口)[요인(要認)]가 있는 일기장을 소지하고 있는 것을 승조(乘組) 경찰관이 발견했다. / "조선의 역사를 알고 싶다. 조국의 혈맥(血脈)을 만지고 싶다. 지금의 정치는 조선을 괴롭게 하는 정치다. 성(姓)을 내지인(內地人) 식으로 개정하려는가. 참으로 좋은 내선일체(內鮮一體)의 간판(看板)이다."
- 처치(處置): 엄중 설유(說諭)[64]

- 월일: 3. 27.
- 장소: 강원도 양구군(楊口郡) 해안면(亥安面) 해안소학교(亥安小學校) 흑판(黑板)

---

62 朝鮮軍 參謀部,「昭和15年 前半期 朝鮮思想運動槪況」, 1940.8(일본육해군성 문서 중), 民族問題硏究所 編,『日帝下 戰時體制期 政策史料叢書』66, 한국학술정보, 2005, 296~307쪽.
63 관려연락선(關麗連絡船): 여수항과 시모노세키항 사이를 정기적으로 운항한 화객선. 1930년 12월 광주-여수 간의 광주선과 전라선이 개통되면서 가와사키기선(川崎汽船)이 남조선철도와 연대계약을 맺고 운행하였다.
64 설유(說諭): 말로 잘 타이름. 설득, 회유.

- 내용: 졸업식 당일 졸업생 김창환(金昌煥) 외 3명은 제1학년 교실에서 다음의 낙서를 함 / 일본정신을 기름과 동시에 조선정신을 길러 조선 독립, 일본 폐지
- 처치: 관할서(所轄署)에서 탐지. 4명을 인치(引致)하여 취조를 함과 동시에 배후 관계를 수사 중

- 월일: 4. 6.
- 장소: 평양부(平壤府) 남산정(南山町) 평양전매지국장(平壤專賣支局長) 관사 담장
- 내용: "일본인 바카야로(馬鹿野郎), 반도인독립단(半島人獨立團)"이라고 기재함
- 처치: 헌병 탐지, 범인 수사 중

- 월일: 4. 13.
- 장소: 평양역(平壤驛) 구내(構內) 기관고(機關庫) 부속 변소 내
- 내용: "일본인이여, 죽이기 전에 일본으로 돌아가라. 다가오는 새벽에 보이는 것은 조선 독립이다. / 독선(獨善)의 일본인 / 일본인을 죽여라"라고 낙서함
- 처치: 헌병 탐지, 범인 수사 중

- 월일: 4. 25.
- 장소: 위와 같음
- 내용: "내지인(內地人)을 모두 죽여라. X단(團) / 구장(區長)을 비롯하여 내지인을 모두 죽여라. 테러 단장"이라고 낙서함
- 처치: 헌병 탐지, 범인 수사 중

- 월일: 5. 10.
- 장소: 조선총독부 변소
- 내용: 총독부 전공(電工) 최명근(崔命根, 22), 전 승강기 운전수 경천중(慶川重, 21)[65] 은 /

---

65 원문은 '慶川重富'로 되어 있는데 오기로 보여 수정하였다. 본명은 경천중(慶川重)이며, 창씨명은 상원천중

"조선 민족의 행복은 조선 독립에 있다. 자각하라. 반도 민중" / 이라고 낙서함
- 처치: 경찰국에서 발견, 관할서에서 범인 검거 취조 중

- 월일: 5. 28
- 장소: 경성부 서계정(西界町) 경성철공소 제2공장 변소
- 내용: 조국(朝國) 국기 세 개를 그려 / "독립숭배 만세. 오르는 후지산(富士山)"이라고 낙서함
- 처치: 헌병 발견, 범인 수사 중

- 월일: 6. 1.
- 장소: 경성부 냉천정(冷泉町) 7, 금화산(金華山) 국기게양대 부근 일대
- 내용: 조선 독립 만세 / 독립운동의 선동 / 창씨제도 반대 / 일본제품 배척 / 등의 내용이 있는 불온 삐라 11종, 약 2천 5백 매를 살포함
- 처치: 일반인(常人)의 계출(屆出)에 의함, 범인 수사 중

- 월일: 6. 11.
- 장소: 함남 갑산군(甲山郡) 혜산읍(惠山邑) 하치만신사(八幡神社) 누문(樓門) 벽
- 내용: "현대 사회제도는 불평등하여 개혁해야 한다. 또한 우리의 완력(腕)으로 조선 거주 내지인을 추방. 일본 정치를 배격 구축하여 조선 독립을 도모해야 한다"라고 낙서됨
- 처치: 헌병 발견, 수사 중

- 월일: 6. 13.
- 장소: 경성부 한강통(漢江通) 3, 20사단(師團) 병기부(兵器部) 앞 전봇대
- 내용: 내지인의 범죄는 발견하지 않고 조선인이 한 것은 문제를 삼는 것이 내선일체 / 라는 불온 인쇄물을 살포함

(上原川重)이다(「일제감시대상인물카드」, 국사편찬위원회 한국사데이터베이스).

- 처치: 헌병 발견, 관할서에 연락

- 월일: 6. 15.
- 장소: 경성철도공장 단야장(鍛冶場) 변소
- 내용: 1. 비상시국에 있어서 조선의 독립은 지금이다 / 2. 우리는 절대 황국신민이 아니다 / 3. 조선이 또다시 흥국(興國)하게 될 때이다 / 조선의 앞길을 다른 나라가 알 것이라고
- 처치: 한 직공의 발견으로 헌병대가 상황을 조사함, 헌병과 경찰이 협력하여 수사 중

- 월일: 6. 20.
- 장소: 경성역 발 인천행 417 열차, 세 번째 차량 3등차 변소
- 내용: 인천부 금곡정(金谷町) 15, 대동상업(大東商業) 1년생 이인제(李仁濟, 현 14세)는 / "하루라도 빨리 천황을 죽이고 싶다" / 라는 불경한 낙서를 함
- 처치: 7월 5일 사건 송치

- 월일: 월일 불상(不詳)
- 장소: 경성부 강기정(岡崎町) 하청공장(下請工場) 경성중공업회사(京城重工業會社) 직공 탈의장(脫衣場)
- 내용: 젊은 청년들이여, 소년에게 독립의 길을 가르쳐라
- 처치: 헌병 발견, 공장장에게 지우도록 함과 함께 수사 중

- 월일: 월일 불상
- 장소: 경성부 당산정(堂山町) 조선피혁회사(朝鮮皮革會社) 직공 변소
- 내용: 피혁회사 직공 여러분 / 임금을 낮게 받고는 통근하지 마라
- 처치: 헌병 발견, 수위장(守衛長)에게 지우도록 함

- 월일: 월일 불상
- 장소: 경성부 삼판통(三坂通) 사이토양조소(齋藤釀造所) 변소

- 내용: 이 바카야로, 내선인(內鮮人) 변소를 구별할 필요가 어디에 있는가
- 처치: 헌병 발견, 수위장에게 지우도록 함

- 월일: 월일 불상
- 장소: 경성 영등포정 남경성역(南京城驛) 앞 공중변소
- 내용: 조선 병합 전의 국기(國旗)를 그리고, 이 기는 조선 합병의 기(태극기)이다. 우리는 조선인이다. 해야 할 일을 잊어서는 안 된다.
- 처치: 헌병 발견, 헌병과 경찰이 협력하여 수사 중

- 월일: 월일 불상
- 장소: 경성부 노량진역(鷺梁津驛) 앞 공중변소 내
- 내용: 늘어가는 반도의 인간들이여, 경성에 있는 사대문(四大門)을 열어젖히자. 독립 만세
- 처치: 헌병 발견, 헌병과 경찰이 협력하여 수사 중

- 월일: 월일 불상
- 장소: 용산사격장(龍山射擊場) 변소
- 내용: 군대(兵隊) 바카야로 / 이완용(李完用) 식당
- 처치: 헌병 발견, 당번장(當番長)에게 지우도록 함

(2) 불온 투서의 사례

- 월일: 2. 17.
- 수신자(受信者): 전남 곡성군(谷城郡) 화면(火面) 율천리(栗川里), 선성주(宣成周)
- 내용: 선성주는 남자 3명을 특별지원병에 지원시키고, 신문지상에 군국(軍國)의 글을 게재하여 상찬(賞讚)받았는데, 경성 광화문국(光化門局) 인(印)이 있는 다음과 같은 불온 투서가 있었다. / "조선인(鮮人)으로서 일본을 위해 지원한 마음가짐은 참으로 감탄할 따름이다. 조선이 일본의 식민지화가 되었어도 귀하와 같은 훌륭한 사람이 존재하기 때문

이다. 바람은 일본을 위해 북지(北支)에서 산화(散華)하라."
• 처치: 수사 중

• 월일: 3. 13.
• 수신자: 조선총독부
• 내용: 광주우편국(光州郵便局) 소인(消印)이 있는 펜으로 쓴 글인 제1종 우편물로서, "일한병합(日韓併合) 반대, 조선의 독립을 강조한 후, / 1. 관청, 학교의 장을 조선인(鮮人)으로 해야 한다 / 2. 조선의 정치는 조선인이 하게 해야 한다 / 3. 조선어를 가르쳐야 한다 / 4. 조선인 노동 시간을 단축시켜야 한다 / 5. 조선 풍습을 보호해야 한다 / 6. 내선인 같은 대우, 차별을 철폐해야 한다 / 7. 씨제도(氏制度)를 중지해야 한다 / 등 불온한 투서를 함
• 처치: 수사 중

• 월일: 6. 5.
• 수신자: 조선총독부 미나미 지로(南次郎) 총독 각하 어중(御中)
• 내용: 평남 중화읍(中和邑) 시장 동음식점(東飮食店), 김명달(金明達) 명의(名儀)로, / 나는 국수당수(國粹党首)입니다만, 이와 같이 창씨하는 것은 허가하십니까, 허가하지 않습니까 / 1. 대화족입태랑(大和族亡太郎) / 2. 조선족여태랑(朝鮮族與太郎) / 3. 일본족개살랑(日本族皆殺郎) / 4. 천황족개살랑(天皇族皆殺郎) / 5. 천황두절랑(天皇頭切郎) / 6. 소화망태랑(昭和亡太郎) / 이라는 엽서를 투서함
• 처치: 헌병과 경찰이 협력하여 수사 중

IV

불안한 민심과 여론 동향

해제

　제4장은 위의 제2장과 제3장에서 살펴본 유언비어와 낙서·투서 등에 대한 직접적인 조사 사례 외에 일제 당국이 조사한 민심과 여론 동향 조사들을 수록하였다. 일제 당국의 입장에서는 치안유지를 목적으로 정리되었을 법한 다양한 내용의 이 조사자료들은, 그 자체로서 전시체제기의 강력한 여론통제에도 불구하고 드러난 극도로 불안한, 경우에 따라 매우 '불온'한 조선 민심과 여론을 반영하는 것이라 할 수 있다. 그런데 이 조사자료들을 본서에 수록한 이유는 이뿐만이 아니다. 이 자료에 포함된 내용은 실제로 '불온'한 유언비어나 낙서 등을 만들어내는 데에도 큰 영향을 미쳤기 때문에 서로 연계하여 살펴볼 필요가 있어서이다. 수록한 자료는 다음 10종류이다.

1. 지나사변에 따른 치안 상황(1938년)
2. 현재 시국하에서 일반 범죄 상황(1938년 7월)
3. 지나사변 후 기독교도의 동정과 그 범죄에 관한 조사(1938년 9월)
4. 한해에 따른 민심의 상황과 대책(1939년 8월)
5. 시국에 대한 외국인의 언동(1939년 9월)
6. 지방의회에서 의원의 요주의 내지 특수언동 조사(1940년 3~4월)
7. 구주 전국(戰局)에 대한 민심의 동향(1940년 7월)
8. 하계휴가 귀성(歸省) 학생의 언동(1940년 8월)
9. 『조선검찰요보』 수록 민심·여론 동향 조사(1944년)
10. 재일조선인의 '불온'한 민심과 여론 동향(1937~1942년)

　1항의 「지나사변(支那事變)에 따른 치안 상황」(1938년)은 조선총독부 경무국에서 출판한

『최근의 조선치안 상황(最近に於ける朝鮮治安狀況)』에 수록된 것으로서, 1937년 7월 중일전쟁 이후의 치안 상황과 전쟁이 민심에 미친 영향을 개관하면서 주의가 필요한 사례 등을 적시하고 있다. 2항의 「현재 시국하에서 일반 범죄 상황」(1938년 7월)은 고등법원 검사국 사상부에서 나온 『사상휘보』 15호에 수록된 것으로서, 그해 4월 일본 사법성(司法省)에서 실시한 형사실무가 회동 당시 오타케(大竹) 과장이 설명한 내용이다. '사상 범죄'를 제외한 나머지 범죄를 의미하는 '일반 범죄'의 경우 중일전쟁 이후 점차 감소해 가고 있는데, 조언비어(造言飛語)의 경우는 그 내용이 전쟁과 관련된 것으로 이전과 달라졌다고 설명하고 있다. 3항의 「지나사변 후 기독교도의 동정과 그 범죄에 관한 조사」(1938년 9월) 역시 『사상휘보』 제16호에 수록된 것으로서, 조선에 기독교가 전래된 과정, 중일전쟁이 후 기독교도의 전반적인 상황을 다루고 있다. 아울러 전국 각지 기독교계의 변화된 동정과 그들에 의한 여러 종류의 '범죄' 내용을 구체적인 사례들을 통해 소개하고 있다.

    4~8항은 모두 조선총독부 경무국 보안과에서 나온 『고등외사월보』 각호에 수록된 자료이다. 제2호에 수록된 「한해에 따른 민심의 상황과 대책」(1939년 8월)은 8월 중에 중앙의 내무국·재무국·농림국 등에서 경기 이남의 7개 도경찰부와 주고받은 한해(旱害) 관련 정보들을 담고 있다. 이 정보들을 치안·식량·소작·노무·경제·학교·구제 관계로 구분하여 정리하면서, 마지막에 유언(流言) 가운데 주요한 것을 소개하고 있다. 제3호에 수록된 「시국에 대한 외국인의 언동」(1939년 9월)을 통해 중일전쟁 이후 재류(在留) 외국인의 동정에 대해 '특별한 관심'을 기울이고 있었음을 알 수 있다. 특히 일·소 정전협정(日蘇停戰協定)을 둘러싸고 러시아인, 미국인, 독일인, 중국인 몇 명의 언동 내용을 상세하게 소개하고 있다. 제8호 및 제9호에 수록된 「지방의회에서 의원의 요주의 내지 특수언동 조사」(1940년 3~4월)는 전국 각지의 도회(道會) 의원 등의 발언 내용 가운데 문제시될 만한 것들을 추려서 그 내용과 발언자 등을 소개하고 있다. 제12호에 수록된 「구주 전국(戰局)에 대한 민심의 동향」(1940년 7월)은 유

럽에서 제2차 세계대전 발발이 조선의 민심에 미친 영향을 전쟁 국면의 추이, 이탈리아의 참전, 프랑스의 단독강화와 대영전(對英戰), 미·소의 동향에 대한 관심 등으로 구분하여 정리하고 있다. 제13호에 수록된 「하계휴가 귀성(歸省) 학생의 언동」(1940년 8월)은 여름방학을 맞아 국내로 들어온 일본 유학생들의 의향을 조사한 것이다. 발언 내용을 내선일체, 지원병제도, 창씨제도, 시국, 조선인 노동자 도항, 한글 신문 통제 등 각종 사안별로 정리하고 있다.

9항의 『조선검찰요보』에 수록된 민심·여론 동향 조사는 제1호(1944년 3월)에 실린 「임시육군특별지원병의 동향 일반」 및 「국민징용령 위반 사건」, 제3호(1944년 5월)에 실린 「「반도 동포에게 고함」이라는 제목의 격문 우송」, 제7호(1944년 9월)에 실린 「적기(敵機) 내습에 따른 민정 일편 중 민심의 동향」, 제8호(1944년 10월)에 실린 「전국(戰局)과 민심의 취약면」의 4개 문서를 수록하였다. 이 자료들을 통해 징병·징용 등 강제동원 정책이 한층 확대 강화되고 일제 패망과 조선 독립이 현실화해 가고 있던 1944년도의 여론 동향을 파악할 수 있다.

9항의 수록 자료 가운데 「「반도 동포에게 고함」이라는 제목의 격문 우송」[1]은 일제에 저항하는 '불온'한 내용을 담고 있는 격문이 아니라, 일제의 침략전쟁을 지지하면서 반국가적 사상을 품고 있는 미·영의 주구들을 처단하고 황국신민으로서 나아가기 위해 조선인 유력자들이 나서야 한다는 내용을 담고 있다. 그런데 이 자료를 여기에 함께 수록한 이유는 당시 조선인 여론통제를 둘러싼 또 다른 사회적 분위기를 엿볼 수 있어서이다. 일제 전시파시즘기의 여론통제정책은 철저하게 일제 당국의 필요에 맞춰져 있었기 때문에 이른바 조선인에

---

[1] 이 자료에는 국방혈맹당(國防血盟黨) 명의로 되어 있는 3종의 한글 문서가 포함되어 있는데, 이는 「반도 동포에게 고함」(1944년 3월 31일)과 『혈(血)』 제2호(1944년 4월 5일)에 실린 「황은(皇恩)에 보답하라」와 『혈(血)』 제3호(1944년 4월 5일)에 실린 「반성하라」이다. 이 문서들은 1944년 3월 31일, 4월 7일과 10일 등 세 차례에 걸쳐 경성부(京城府) 내의 조선인 유력자 430여 명에게 우송되었다. 발송인의 명의는 산파(産婆) 청산약지(靑山若枝), 비료제조합명회사(肥料製造合名會社), 본동세탁소 주임 송목광삼(宋木光三), 동대문병원 의학박사 송본무길(松本茂吉) 등으로 되어 있다.

의한 '애국적', 즉 '친일적' 언동의 수위 역시 감시와 통제의 대상이 되었다. 그래서 위 6항 자료, 즉 「지방의회에서 의원의 요주의 내지 특수언동 조사」에서 보듯이, '완전한 내선일체'를 요구하는 조선인의 '친일 언동'도 '특수언동'에 포함하여 일제 측은 달갑게 받아들이지 않았다. 이 격문 우송 자료에는 우편으로 「반도 동포에게 고함」을 받은 조선인 3명의 감상이 실려 있다. 그런데 이들은 이 사건을 '일제 당국이 조선인의 궐기를 일으키기 위해 벌인 자작극'으로 해석하고 있다는 점이 매우 흥미롭다. 이의 사실 여부와 상관없이 당대 조선인 사회 여론 동향의 또 다른 단면을 살펴본다는 차원에서 이 자료도 수록하였다.

10항의 재일조선인의 '불온'한 민심과 여론 동향(1937~1942년)은 김정명(金正明)이 편찬한 자료집 『조선독립운동(朝鮮獨立運動)』 4권에 수록된 것으로서, 본서에서는 일제 특고경찰이 조사한 재일조선인에 의한 '특수사건' 부분만 포함하였다.[2] 이 자료는 일본 내무성 경보국(警保局)의 특고경찰이 업무용 참고자료로 매년 1권씩 편찬하여 비밀리에 관계기관에만 배포했던 『사회운동의 상황(社會運動の狀況)』 속에 포함된 재일조선인에 관한 조사내용 중 일부이다. 중일전쟁 이후인 1938년부터 1942년까지 5개년 동안 유언비어를 포함한 재일조선인의 '시국범죄' 내용을 담고 있어서, 전시체제기에 조선 인구의 1/10 정도가 거주했던 재일본 조선인 사회의 '불온'한 민심과 여론의 동향을 상세하게 파악할 수 있는 자료이다.

---

2   金正明 編, 1966. 『朝鮮獨立運動』 Ⅳ, 原書房의 「特殊事件と各種記念日運動」 중 각 연도별 '특수사건' 조사 부분(657~669쪽, 691~697쪽, 718~723쪽, 766~772쪽, 789~806쪽, 847~865쪽).

<자료 17>

지나사변(支那事變)에 따른 치안 상황[3]
(조선총독부 경무국, 1938)

(1) 사변에 따른 치안의 개황

조선 내에서 민심의 동향은 만주사변(滿洲事變)을 계기로 현저히 호전되고, 종래 조선 통치상에 많은 곤란과 장애를 가져온 민족·공산 두 운동도 표면적으로는 점차 진정되어 순조로운 경과를 거쳐 오고 있었다. 바로 그때인 1937년(昭和 12) 7월 7일 돌연 북경(北京) 교외에 있는 루거우차오(蘆溝橋)[4]에서 지나군(支那軍)의 불법 사격을 발단으로 발발한 북지사변(北支事變)은 지나 측의 불신과 배덕(背德) 행위의 반복으로 인해 당초 제국 정부가 견지한 사건 불확대와 현지 해결주의는 근저에서부터 뒤집혀, 제국 정부도 마침내 종래의 방침을 한꺼번에 내던져버리고 모질고 사나운(暴戾) 지나 군벌(軍閥)을 적극적으로 응징함으로써 그 반성을 촉구할 수밖에 없기에 이르렀다. 사변은 전지(全支)로 파급되어 지나사변이 되었고, 사태는 더욱더 확대되기에 이르렀다.

그리고 조선에서는 병합 이래 일찍이 보지 못한 재향군인(在鄕軍人)의 소집이 수차례에 걸쳐서 실시되거나 혹은 자동차·군마(軍馬)의 징발, 자동차 운전자의 모집, 또는 약 2개월에 걸친 내지(內地) 대부대의 조선 내 통과, 북지(北支) 수송 등으로 인해, 일반 조선 민중은 우선 사변이 생각(意想) 외로 중대해진 것을 감지하였다. 아울러 신문지 등에서 전해지는 일본에 불이익이 되는 국제적 동향에 자극받거나, 혹은 광대한 전쟁 국면의 수습을 의심하고 두

---

3 「三. 支那事變に伴ふ治安狀況」, 『最近に於ける朝鮮治安狀況』, 朝鮮總督府 警務局, 1938, 108~118쪽.
4 노구교(蘆溝橋): 베이징 서남쪽 15km에 위치한 다리. 1937년 7월 7일 루거우차오에서 중·일군 간의 충돌이 발단이 되어 중일전쟁이 일어났다.

려워하여 일본의 패전을 연상하는 듯한 언동을 하고, 또는 철도수송의 제한, 수입품의 통제, 금융기관의 융자 긴축(引締) 혹은 물가의 자연 등귀 등의 사실에 의해 막연히 정치적·경제적 불안을 느꼈다. 이러한 것들이 여러 가지 유언(流言)이 되어 전해지는 사태가 확대됨에 따라 이러한 종류의 불안은 더욱 농후해지는 경향이 있었지만, 당국의 철저한 시국 인식 계몽 운동과 유언비어(流言蜚語), 기타 시국에 따른 각종 불온 행동의 취체(取締)[5] 등에 의해 민심도 점차 안정되었다. 나아가 현지에서 일본군의 결정적인 대승(大勝), 혹은 각국의 준동(蠢動)을 물리치고 단호하게 소신에 매진하고 있는 의연한 제국의 태도에 직면하여 그 실력을 재인식하고 더욱더 황국을 믿고 의지하는 마음을 굳혀, 동양 평화를 위해 포악한 지나(支那)를 공격해야 한다는 여론은 민중의 절대적인 지지를 얻기에 이르렀다. 또 한편으로 이전부터 움직이기만 하면 정치적으로 불온 행동을 하거나 혹은 미신적인 포교를 하여 시정(施政)의 원활함을 저해하는 듯한 경향을 가진 천도교(天道敎), 시천교(侍天敎), 그 밖의 종교 유사(類似) 단체가 이번 사변을 맞이해서는 솔선하여 애국적인 여러 행사를 계획하거나 혹은 이에 합류하는 것이 속출하였다. 신도(神道) 및 불교 각파, 기독교, 기타 내선인(內鮮人)[6] 일반 단체에서도 마찬가지로 당국의 지도 통제에 순응하여 민중에 대한 계몽에 임하고 있는 상황이다. 이처럼 내선인이 일체가 되어 애국적인 활동에 협력한 사례는 일찍이 보지 못한 현상으로, 시국상 참으로 경하할 만한 사상(事象)[7]이라 하지 않을 수 없다.

　그렇지만 또 다른 한편으로 일반 민중의 경향을 자세히 관찰하건대, 국제관계에 대한 기우 혹은 경제적 불안 등은 아직도 완전히 해소되었다고는 할 수 없다. 오히려 일부 완미(頑迷)[8]한 주의자(主義者) 및 청년 학생 가운데는 여전히 사변에 대한 제국의 진의(眞意)를 이해하지 못하거나, 자신이 마음속에 품고 있는 주의적 입장에서 고의로 사태를 왜곡하여 제국주의적 침략이라고 하거나, 혹은 일본군부의 독단적(專斷的)인 무력 행사라는 등 대단히 온

5　취체(取締): 법령, 규칙, 명령 등을 지키도록 통제하고 단속함.
6　내선인(內鮮人): 내지인과 조선인. 당시 일제는 행정법상으로 일본 본토를 '내지(內地)', 그 외의 식민지 지역 등을 '외지(外地)'로 구분하여 사용하였으며, 이에 준하여 일본인을 '내지인', 그 외 식민지인을 모두 '외지인'이라고 했다. 이는 공식적·법적으로는 서양의 '식민지'와는 다름을 표방하면서 내적으로 차별을 둔 것이었다. 외지인 가운데 조선인의 경우, '반도인(半島人)', '선인(鮮人)' 등으로 칭하였다.
7　사상(事象): 관찰할 수 있는 형체로 나타나는 사물이나 현상.
8　완미(頑迷)하다: 융통성이 없이 올곧고 고집이 세어 사리에 어둡다.

당치 않은 반전(反戰)·반군(反軍的)인 언동을 지껄여서 국민의 협력일치를 저해하는 등의 사례가 없다고는 할 수 없다. 또 사변 발생 당시에는 지나인 관계의 분쟁 사건이 급격히 증가하기에 이르렀는데, 그 원인은 직접 사변과 관계가 있는 것이 비교적 근소한 것 같지만, 관계자 스스로가 의식하고 있든 없든 상관없이 사변에 따른 민족적 반감에서 배태된 것임은 상상하기 어렵지 않다. 기왕에 조선 내에서 지나 배척(排支) 사건의 발단이 지극히 간단한 아동의 못된 장난(惡戱) 혹은 이해관계의 대립이었음에도 불구하고, 당시 우연히 특수한 원인에 의해 조장된 지나를 배척하는 분위기에 이끌려 의외의 결과를 초래한 선례(先例)에 비추어 볼 때, 이러한 취체에 대해서는 깊은 주의를 요하는 것이다. 더욱이 지나 및 소련 방면에 흩어져 있는 주의자 일파에게는 좋은 기회가 도래했기 때문에 적화(赤化) 혹은 배일(排日) 책동의 앞잡이가 되거나, 또는 외첩적(外諜的)인 임무를 띠고 활발한 행동을 개시했다는 정보가 빈번히 도착한다. 특히 재지(在支) 불령분자(不逞分子) 중에는 이미 피난민을 가장하여 내지 및 조선 내로 잠입을 기도한 것을 검거하는 등의 사례도 있다. 그밖에 민심을 광혹(誑惑)[9] 하는 등의 유언비어나 시국을 이용하여 사사로운 이익을 도모하려는 사기 공갈, 기타 비행(非行)을 감행하는 자가 있는 등 평온한 듯한 현재의 치안 정세에서도 오히려 이면에서는 엄중한 경계를 요해야 할 점이 적지않다. 재류 중국인(中國人)은 사변 발발 당초에는 머지않아 현지 해결을 볼 것이라는 관측 아래 대단히 평온한 태도를 보였지만, 그 후 사태가 진전됨에 따라 신문지상 등에서 현지의 재류 방인(邦人)[10]에 대한 중국인의 압박 사실 등이 보도되는 한편, 조선 부대의 동원, 내지 부대의 대량 수송 등의 사실을 목격하고 사변이 의외로 확대된 것에 놀라 1927년(昭和 2) 및 1931년(昭和 6)과 같은 지나 배척운동의 발발을 두려워하였다. 또한 사변에 따른 중국인 사용 감퇴 등의 영향도 받아 급기야 조선을 떠나 귀국을 결의하는 자가 증가했다. 7월 14일 진남포(鎭南浦) 발 초잔마루(長山丸)로 중국인 노동자 30명이 조선을 떠난 것을 시작으로 바다와 육지에서 조선 땅을 떠나는 인양자(引揚者)가 쇄도하였다. 인천·진남포·신의주 등에서는 한때 귀국 대기자가 수천 명을 헤아려 대단히 혼잡했다. 이 인양 귀국자들은 7월 중순 이래 8월을 최고점으로 하여 대체로 10월 하순 경까지 일단락

---

9 광혹(誑惑): 민심을 속이어 혼을 뺌.
10 방인(邦人): 자기 나라 사람. 여기서는 일본인을 말함.

을 고했지만, 사변 발생 이후 같은 해 12월까지 귀국한 사람은 33,209명이라는 다수에 이르러 재류 중국인의 과반수가 귀국하기에 이르렀다. 그런데 그 후 전황(戰況)은 급격히 진전되어 1937년 12월 14일에는 북경에 북지신정권(北支新政權)이 성립했고, 이어서 재선(在鮮) 중국인 대다수의 출생지인 산동성(山東省)도 우리 군의 지배하에 들어가 신정권 참가를 보기에 이르렀기 때문에, 별도의 항목에서 기재한 바와 같이 3만여 명의 재선 중국인은 일시적으로 불안하여 동요의 조짐이 있었다. 그러나 같은 해 말 이후 잇달아 신정권에 참가하여 방공(防共), 일본·만주·지나(日滿支) 3국의 친선제휴를 외치며 완전히 안정되었다. 또 일반 외국인 관계를 보면 소련·영국·프랑스·미국의 각 공관은 애써 시국에 관한 언동을 조심하여 내선인의 감정을 자극하는 것을 피하려는 경향이 있어서 표면적으로 특이한 점을 인식하지 못했다. 그러나 지나사변에 대한 국내 상황, 특히 일반 민중의 태도, 군사행동 등에 대해서는 매우 집요하고, 또 열심히 정보수집에 노력하고 있는 것 같다. 또한 독일·이탈리아와 백계(白系) 러시아인은 철저히 방공의 필요를 역설하였다. 이번 사변은 방공 및 근본적인 동양평화 확립을 위해 절대로 불가피한 성전(聖戰)이라는 일본의 태도를 정확하게 인식하고, 지나 군벌의 횡포를 공격하는 중이다. 특히 백계 러시아인의 경우는 지나 군벌을 적극적으로 원조하고 있는 소련을 응징하지 않는 한 극동의 평화를 바라기 어렵다고 보고, 노골적으로 반소적(反蘇的) 태도를 드러내고 있다.

사변에 따른 민심의 추향(趨向) 및 각 방면에서의 반향 개요는 이상과 같다. 미증유의 사변에 직면하여 조선 내 일반민심의 동향은 처음에는 다소 불안 동요하는 혐의가 없었다고는 할 수 없지만, 당국의 적절한 조치에 따라 시일이 경과하면서 지극히 평온해져 왔다.

(2) 사변이 민심에 미친 영향

1. 조선 내 일반민심의 동향

이번 사변 발생에 대해서는 내선인 모두 처음에는 사태가 너무나 돌발적인 데 놀라서 진상을 파악하기가 어려웠다. 이어서 황군(皇軍)의 출동, 재향군인의 동원 등에 의해 사태의 중대성을 의식하며 여러 가지 억측을 드러내고 극도의 긴장을 보여서 자연히 각종 유언비어를 낳아 한때 민심이 동요하는 조짐이 있었다. 하지만 신문·라디오 등의 보도와 빠르게 계획된 당국의 여러 계몽적 시설에 의해 일반은 점차 사태를 정확히 인식하고 냉정한 관측을 하기에 이르렀다. 이러한 인식의 정도와 반향 등에 이르러서는 내선인에 따라, 혹은 민중의 지식 정도에 따라, 또는 도시와 시골(都鄙) 등 지역적 환경 등에 따라, 반드시 똑같지는 않다고 할지라도, 이를 개괄적으로 검토해 보면 다음과 같다.

가. 내지인에 있어서는 그 지식 정도, 직업의 여하와 상관없이 지나의 폭려(暴戾)와 불손(不遜)에 분개하여 철저히 응징해야 한다는 의견으로 완전히 일치되었다. 날마다 보도되고 있는 신문·라디오 등의 전첩(戰捷) 뉴스를 환영함과 함께 용약(勇躍)하여 성전(聖戰)에 종사하고 있는 장병에게 감사하며, 애국적 활동에 분주해 있다.

나. 조선인 방면의 일부에서는 사변 발생 초기에 대단히 냉정하여 오히려 그 태도는 국민으로서 너무나 무관심하다고 비판하는 자도 있었던 상황인데, 그 후 사태의 진전과 당국의 적극적인 지도 등의 결과, 일반 조선인의 시국 인식은 크게 바뀌었다. 최근에는 일부 특수분자를 제외한 대다수는 내지인과 어깨를 나란히 하여 국방헌금(國防獻金), 황군 위문금의 갹출, 기타 애국적 활동에 분주하여 진정으로 내선일체의 결실을 거둬가고 있다. 종래 일반 조선인의 사상적 동향이 자칫하면 민족적 편견에 빠지려는 경향이 있었음에도 불구하고, 이번과 같은 국가적 중대시기에 직면하여 조선 민중이 이렇게 대국적(大局的)으로 전향을 보이고 있는 점은 국가를 위해서 가장 경하할 만한 사상(事象)이다.

다. 조선 내 사상적 중대 사건의 자취를 보면, 그 대부분은 혈기 있는 청년 학생에 의해 집요하고 또 과감하게 전개된 실상에 비추어 볼 때, 이번 사변의 발발을 당해서도 그 동정의 사찰(査察)에 대해서는 특히 깊은 주의를 기울였다. 휴가로 귀향 중인 학생 등도 시국 일반에 긴장하여 예년과 같은 강연 행각이나 집회 등을 조심하여 그 언동 또한 특별히 용의점을 확인하지는 못하였다. 조선 내 각지에 재적(在籍)한 학생에게서도 특별히 불온한 언동이 있음을 확인하지 못했는데, 일부에서는 오히려 근본적 관념에서 석연치 않은 언동을 하는 자도 있어서 계속 주의 중이다. 조선 내 중등 이하의 학교 생도 중에는 국방헌금, 위문금품 등을 갹출하는 자도 상당히 다수 있었다. 만주사변 발생 당시 경성제국대학(京城帝國大學) 학생 등의 반제동맹(反帝同盟) 사건을 비롯하여 각 중등학교 생도의 반전운동(反戰運動)이 각처에서 일어난 사실과 대비해 보면, 이 수년 동안 일반사상계의 추이를 반영한 것으로서 주목할 만하다.

시국이 민심에 끼친 영향의 개요는 이상과 같다. 일반적으로는 내선인 모두 매우 진지한 태도로 시국에 대처하려 하는 정세이지만, 일부에서는 아직 시국 인식이 충분하지 않아 사변에 따른 정치적·경제적 정세에 대해 막연히 불안감을 품거나, 또는 극히 소수이기는 해도 고의로 제국의 태도를 비난하는 것과 같이 좋지 않은 언동을 지걸이는 자가 완전히 없지는 않다. 이들에 대해서는 정세에 따라 엄중한 취체를 가함과 더불어 한편으로 시국좌담회(時局座談會), 그 밖의 기회를 잡아 계몽 지도에 노력하고 있다. 그리고 사변 발발 후 관민(官民) 유지(有志)가 주최하는 시국 관계 각종 집회는 도시와 시골의 구별 없이 산간벽지 농·산·어촌에 이르기까지 보편적으로 개최되었다. 또 국방헌금, 출정 장병 또는 가족에 대한 위문금 등은 별표(別表)와 같이 매우 엄청난 숫자를 보였다는 점은 일반 민중의 열렬한 애국심을 반영하는 것이라고 할 만하다. 그밖에 민심의 동향을 살펴볼 수 있는 두세 개의 특수사례를 적기(摘記)해 보면 다음과 같다.

(1) 민심이 호전된 사례

가. 사상 악화지대의 전향. 함경북도 명천(明川)·길주(吉州)·성진(城津) 등 각 군은 수년간 현저히 사상이 악화하여 청소년뿐 아니라 주민 대부분은 좌익사상을 품어 관공서의 시설 계획 등에 반대하고 걸핏하면 무리를 지어 반항적인 태도를 보이는 등의 사례가 빈발하는 상태였다. 그러나 1936년(昭和 11) 이래 이들의 제거에 착수하여 3군(郡)에서 관계자 수천 명을 검거한 이후 근본적인 사상정화 공작 중이다. 검거 후 당국의 지도 등에 의해 일반적으로 현저히 호전되어, 특히 이번 사변을 계기로 여러 가지 총후(銃後)[11]의 미담(美談)을 드러내고 있다. 그 특수한 것은 다음과 같다.

사상관계자의 헌금

명천군	9,212명	5,004원
길주군	181명	5,790원 2전
성진군	154명	2,961원 32전
합계	9,547명	13,755원 34전

---

11 총후(銃後): 전쟁터에서 후방 또는 후방의 국민.

이 외에 같은 3군에서 위문품으로 헌납한 물품은 10,023점이라는 다수에 달했다.

사변 이후 사상관계자가 전향(轉向)한 결과 출정 지원을 하는 자 등이 있었는데, 우연히 지원병제도 실시가 발표되자 이들 가운데 지원을 신청하는 자가 속출하기에 이르렀다. 또한 군용 건초(乾草)의 납입, 센닌바리(千人針)[12]등에 솔선하여 분주한 자, 혹은 총후의 봉공(奉公)은 납세에 있다면서 기일 전에 납입하는 등 한두 해 전의 사상 악화 지대는 사변을 계기로 완전히 면모를 일신하여 갱생의 의욕에 불타고 있다.

나. 평안북도 선천군(宣川郡) 지방은 이전부터 기독교의 지반이 견고하여 일반 민중은 숭미배일적(崇美排日的)인 색채가 농후하다. 특히 이 지방이 북장로파(北長老派)에 속해 있는 관계상 이전부터 신사참배(神社參拜) 문제 등에서도 누누이 좋지 않은 문제가 생겨서 특별히 주의 중이었다. 그래서 사변 발생 이래 이런 점도 고려하여 당국에서 민중의 지도계몽에 일단의 노력을 기울인 결과, 후술(後述)하는 바와 같이 이 지방민의 사상이 일변(一變)하여 일반 기독교도가 일본화(日本化)로의 대전환을 행하였다.

다. 주의자 또는 요주의(要注意) 단체의 전향, 그 밖에 별도의 항목에 기재한 바와 같이 종래 사상적으로 주의해 온 주의자가 본 사변을 계기로 태도를 바꿔 전향해서 애국적 활동에 분주 해 하고 있는 것, 별표에서 보듯이 국방헌금의 상황과 각종 조선인 측 집회가 다수 개최되고 있는 것은 모두 일반 조선 민중의 사상 호전을 반영하는 좋은 자료라고 할 수 있다.

(2) 주의를 요해야 할 사례

가. 여전히 시국 인식의 철저함이 전면적으로 충분하지 않은 것

관계 방면과 연락하여 시국좌담회 등에 의한 민중의 시국 인식의 철저에 대해서는 큰 노력을 기울인 결과, 최근 일반적으로는 각지에서 모두 시국에 대한 인식이 현저히 고양되었다. 그러나 사변이 장기간 계속됨에 따라 지방 민중 가운데는 그 추이에 관해 도리어 막연한 불안감을 품고 있는 자도 적지 않음이 확인되는데, 그 원인은,

---

[12] 센닌바리(千人針): 출정 병사의 무운(武運)을 빌어 천 명의 여자가 한 땀씩, 붉은 실로 천에 매듭을 놓아서 보낸 배두렁이 따위를 말함. 전시체제기에 일본에서 유행한 풍습으로, 식민지 조선의 여학생 등에게도 강요되었다.

① 일본의 정치적·재정적 실력에 대한 인식이 부족한 점

② 일본군의 실력에 대한 인식이 부족한 반면, 지나가 대국으로서 방대한 병력을 소유하고 있다는 것에 압박을 느껴 장기전(長期戰)에서 패전을 걱정하는 것

③ 사변에 대한 소련·영국 두 나라를 비롯한 외국의 지나에 대한 동정적인 태도 또는 국제연맹(國際聯盟) 등의 반일 행동을 두려워하며 사변의 장래에 불안감을 가지는 것

등이 있으므로, 민심의 지도상 일단의 노력을 기울이고 있다.

나. 학교 생도에 대한 지도적 감시가 필요한 것

경성부(京城府) 내 중등 이상의 14개 학교에 대해 특수한 방법으로 조선인 학생 생도의 시국관(時局觀)을 탐색한 바, 현재 적극적으로 불온한 낌새는 확인되지 않았다. 하지만 다음과 같이 인식 부족에 기초하여 독단적인 견해를 내리는 자도 있어서, 큰 계몽이 필요하다고 판단된다.

① 사변의 원인은 지금도 여전히 일본의 침략적 야심에 기초한 도발 행위에 있다.

② 사변 종식 후 일본은 경제적으로 피폐함을 보충하기 위해 조선에 대해서는 여전히 식민지적 착취로 임할 것이다.

③ 소련은 끝까지 지나가 장기항일(長期抗日)을 계속하게 하여 일본이 완전히 지쳐서 피폐해진 최후에 일전(一戰)을 벌이려는 방책을 내놓을 것이다. 이로써 일본의 전쟁 승리는 위태롭게 될 것이다.

④ 관변(官邊) 및 내지인 교사의 선전 강화(講話)는 대개 일본에 유리한 점만을 지적하고 있어서 믿기 어려우며, 일본 신문 기사 또한 마찬가지이다.

⑤ 좌익적인 색채를 지닌 학생은 이번 사변을 일본제국주의적 최후의 단말마적(斷末摩的) 행위라고 한다.

(이하 「시국 관계 집회표」 등은 생략함)

<자료 18>

현재 시국하에서 일반 범죄 상황[13]
(고등법원 검사국 사상부, 1938.7)

[부(附)] 본 편(編)은 1938년(昭和 13) 4월 사법성(司法省)에서 개최한 형사실무가 회동 때 오타케(大竹) 과장의 설명이다.

여기서 '일반'이란 사상 범죄를 제외한 다른 일반 범죄를 의미한다.

지나사변(支那事變) 이후 범죄는 감소해 가고 있다.

통계로 본 바에 따르면 대체로 감소하고 있다. 그러나 이는 일반을 통해 감소했다고 해서 점차 감소해 간다는 것은 아니다. 각 월(月)마다 이를 보면, 좋아졌다 나빠졌다 하는 경향을 보이고 있다.

특히 감소 정도가 현저한 범죄는 도박(賭博), 절도(竊盜), 사기(詐欺) 및 특별법범(特別法犯)이며, 특별히 도박과 특별범의 감소가 두드러진다. 이러한 점은 주목할 만하다.

감소의 원인으로 판단되는 점

일반적으로 범죄는 사변 전부터 감소의 경향이 있었다는 점

이러한 경향에 사변 후의 상황이 더해져서 그 정도가 높아졌다는 점

사변 후의 상황으로 판단되는 점은, 숙련된 경찰 관리가 다수 소집에 응하여 전쟁터로 갔기 때문에 검거 방면에서 능률을 해치고 있는 점과 사변 중에는 검거 방법, 시기, 그

---

13 「現在の時局下に於ける一般犯罪狀況」, 『思想彙報』 제15호, 高等法院 檢事局 思想部, 1938.7, 242~246쪽.

정도 등에서 평시(平時)와 달리 상당히 짐작이 가해졌다는 점 등이다.

사변에 직접 관련된 범죄

이상에서 서술한 바와 같이 일반적으로 감소하는 한편으로 사변에 직접 관련된 범죄도 드러났다. 그 가운데 현저한 것으로는 군형법 위반, 「군기보호법(軍機保護法)」 위반, 외환죄(外患罪) 등이다. 다만, 뒤의 두 가지는 그 수가 많지는 않다.

군형법(軍刑法) 위반에 대하여

군형법 위반죄 중에는 초병(哨兵)을 속이고 초소(哨所)를 드나들었다는 식의 사안도 있지만, 대부분은 조언비어죄(造言飛語罪)이다.

조언비어죄의 처리에 대하여

이 범죄는 평소에는 일어나지 않기 때문에 사변 당초에는 군형법으로 혹은 「경찰범처벌령(警察犯處罰令)」으로 처리했지만, 점차 군형법을 적용하여 검사국으로 송치하게 되었다. 그 결과 기소(起訴)되는 자가 많아졌다. 그리고 기소 후 형 집행유예가 된 자도 높은 비율을 보이고 있다.

그 이유는 조언비어죄의 법정형(法定形)은 금고형(禁錮刑)뿐으로 벌금형(罰金刑)이 없다. 그래서 범죄는 성립해도 그 내용이 악질이 아니고 또 사회에 큰 영향을 미치지 않을 것 같은 경우, 금고형을 부과하기에는 가혹해도 벌금형이 없어서 세게 금고형을 부과한다. 이와 같은 사유로 인해 실형(實刑)까지의 필요는 없다는 점에서 나온 것이라고 생각한다.

애초에 조선비어죄를 만든 취지는, 이것이 군의 사기(士氣)에 영향을 주고 전쟁에 악영향을 미친다는 점에 있었다. 따라서 전황(戰況)에 그다지 관계가 없고, 도리어 일본군의 행동에 대해 찬양하고 있다고 여겨질 때는 기소할 필요가 없으며, 실제로도 기소유예가 되고 있다. 본 죄는, 또 그것이 단순한 의견만을 말한 것일 때는 해당하지 않는다. 경찰에서 송치된 사안 중 단순한 의견을 말한 것에 불과하다고 해서 검사가 불기소(不起訴)한 자도 상당히 있다. 또한 검사는 사실을 말한 것에 의견을 부과했다는 것으로 기소한 바, 재판소에서는 단순한 의견에 불과하다고 하여 무죄(無罪)로 처리한 것도 2~3건이 있다.

조언비어의 내용 변화와 그 취급에 대하여

최근에는 조언비어의 내용이 이전과 달라졌다. 종전에는 동원에 관한 것, 황군이 패했다는 것에 관한 것, 또는 헌병이 무리한 취급을 했다는 것이 주된 것이었지만, 최근에는 전쟁터에서 돌아온 사람들이 전쟁터에서의 상황을 이야기한 것에 관해 문제를 야기한 것이 많아지고 있다.

이러한 종류의 사안에 대해 취급하는 것은 대단히 어렵다. 전쟁터에서 돌아온 사람의 이야기로 조금 이야기꽃이 피워졌다, 그것이 조언비어죄에 해당한다는 것은 어떤 것일까. 여하튼 종래 군형법, 그 밖에 직접 사변에 관계된 범죄의 처리에 대해서는 지나친 감이 있었다. 특히 경찰에서 ■■에서 그러하다.

장차 전쟁터에서 온 귀환자는 더욱 많아지게 된다. 그리고 그 사람들의 이야기가 때때로 군형법 또는 「군기보호법」 등에 저촉되는 경우가 생긴다. 그것을 일일이 범죄가 성립된다고 하여 취급하는 것도 생각해 볼 일이다. 이 사람들 각자는 전공(戰功)을 세웠다. 다소 자신의 공을 자랑하기 위해 조언(造言)했다고 해서, 혹은 그 이야기가 다소 군기(軍機)에 저촉된다고 해서 곧바로 이를 범죄로 취급한다면, 거기에서 그 사람들의 불평불만이 나올 것이다. 그리고 또 다른 한편으로 그대로 방치해 두자고 할 수도 없다. 참으로 앞으로 이러한 종류의 사안에 대한 취급은 대단히 어려운 문제이다.

더욱이 여기서 전쟁터에서 온 귀환자의 언동과 함께 고려해야 할 점은 그 복직(復職) 등의 문제에 대해 분쟁 발생하여 귀환자에게서 여러 종류의 불평불만이 일어날 것이라는 점이다.

지나사변에 관련된 임시법률(臨時法律) 위반 사건에 대하여

지나사변에 관련된 임시법률로는 「임시자금조정법(臨時資金調停法)」, 「군수공업동원법(軍需工業動員法)의 적용에 관한 법률」, 「임시비료배급통제법(臨時肥料配給統制法)」, 「임시선박관리법(臨時船舶管理法)」, 「산금법(産金法)」, 「임시마(臨時馬)의 이동 제한에 관한 법률」, 「수출입품(輸出入品) 등에 관한 임시 조치에 관한 법률」 위반 등이 제정되었다.

그리고 올해 2월 22일 현재, 이러한 사항 가운데 「임시마의 이동 제한에 관한 법률」 위반이 가장 많고, 「수출입품 등에 관한 임시 조치에 관한 법률」 위반은 오사카(大阪)에서 한 건이 있었을 뿐이다.

이상에서 서술한 바와 같이 「임시마의 이동 제한에 관한 법률」 위반이 많았던 하나의 원인은 "사용 장소의 상실"이라는 것의 해석에 오류가 있었기 때문이 아닐까 생각된다. 동법(同法) 시행규칙에서 이른바 "사용 장소의 상실"이란 것은, 매매 등의 사유로 인해 실제로 말을 사용하고 있는 장소를 영구적[종국적(終局的)]으로 변경하여 끝나는 것을 말하는 것이어서, 일시적인 말의 임대차(賃貸借) 등과 같이 일시적으로 사용 장소를 변경하는 것 등은 포함되지 않는다. 그런데 이 경우에도 본 법이 적용된 적이 있었던 동법에서 특별히 상실이라는 자구를 사용한 것에 주의를 요한다.

그 밖에 사변과 직접 관계가 있는 범죄에 대하여

1. 사변을 이용한 사기(詐欺)

    소집되었다고 사칭하여 전별(餞別)을 받는 등과 같은 것도 상당히 있었다.

2. 주거침입(住居侵入)

    단순한 주거침입이 아니라, 출정(出征)한 자의 루스타쿠(留守宅)[14]에 간음(姦淫)을 목적으로 침입한 사건이다. 이것은 보고사건으로 처리하지 않았기 때문에 전체 통계는 없지만, 그 가운데 보고가 있었던 것만을 보아도 상당히 많다. 또한 이것들은 사안이 사안인 만큼 표면화되지 않아서 그대로 울며 겨자먹기식으로 처리된 것도 대부분일 것으로 생각되기 때문에, 그 실제 수는 더 많을 것으로 생각된다. 이것이 한 번 신문에 게재되어 전쟁터 등에 알려지면 사기(士氣)에 미칠 영향은 심대하다. 이 점은 참으로 우려를 금할 수 없다.

3. 살인, 상해(傷害), 협박 등의 범죄가 이 외에도 극히 소수 보이지만, 특별히 말씀드릴 만한 정도의 것은 없다.

재감인(在監人)의 증감(增減)에 대하여

재감인 수도 감소하는 경향으로 들어섰다. 그것은 기소된 자가 적어진 것과 노역장에 유

---

14 루스타쿠(留守宅): 주인을 비롯한 집안사람이 부재한 빈집을 뜻하는 일본식 용어. 전근, 여행 등으로 생기기도 하지만, 당시에는 출정으로 인해 루스타쿠가 많아졌다.

치(留置)된 자의 가석방(假釋放)이 많아진 것이 원인이다.

  요컨대, 일반적으로 보아 범죄는 감소하고 있다. 부분적이라 할지라도 이를 살펴보면, 직접 사변과 관련된 범죄는 증가하고 있다고 할 수 있다.

<자료 19>

지나사변 후 기독교도의 동정(動靜)과 그 범죄에 관한 조사[15]
(고등법원 검사국 사상부, 1938.9)

- 목차 -
1. 사변 전 상세(狀勢)의 개용(槪容)[16]
2. 사변 후의 동정에 관한 조사
3. 범죄에 관한 조사

1.

조선에 기독교가 전래된 것은 18세기 중엽이라고 하며, 한때는 신자가 상당하였으나 대원군(大院君)의 극단적인 압박정책으로 눈에 뜨이게 쇠퇴하여 미약해진 상황에 빠졌다. 그러나 지금으로부터 약 50년 전 무렵부터 구미(歐米)와 교통이 열리면서 신구(新舊) 각파의 외국인(外人) 선교사로 조선에 온 자가 많았다. 더구나 그들은 본국으로부터 거액의 운동자금을 가지고 와서 포교와 동시에 학교나 병원을 경영하며 물심양면으로 민심을 얻는 데에 노력한 결과, 교세(敎勢)가 급격하게 발전하여 조선인 사이에서 뿌리 뽑을 수 없는 잠세력(潛勢力)[17]을

---

15 「支那事變後に於ける基督敎徒の動靜と其の犯罪に關する調査」, 『思想彙報』 제16호, 高等法院 檢事局 思想部, 1938.9, 7~28쪽.
16 개용(槪容)은 '개략적인 내용'의 줄임말로 보인다.
17 잠세력(潛勢力): 속에 숨어 있어 겉으로 나타나지 않는 세력.

부식하기에 이르렀다. 그런데 다이쇼(大正)[18] 말기부터 조선 내에서도 사회주의운동이 대두하자 주의자 등은 활발히 반종교열(反宗敎熱)을 부채질하여 그 세력을 얕보기 어려운 점이 있었으므로, 그 대책으로 종래의 학교, 병원 등의 사업 외에 농촌의 교화와 진흥에도 힘을 다하였다. 게다가 일부 민족주의자의 실력양성운동과 투합하는 등 민심의 기미에 파고들어 선교 등의 유지 신장을 획책하며 다수의 신자를 획득하였다.

그렇지만 근래 기독교 가운데 가장 세력을 가졌다고 인정되는 장로파(長老派) 및 감리파(監理派)에서는 그 본부가 있는 미국(米國)의 재계(財界) 불황으로 인하여 조선 내 전도비(傳道費)가 감액되었기 때문에 학교, 병원, 기타 각종 시설에 대하여 전면적으로 경비를 삭감하지 않을 수 없게 되었다. 한편 우리 제국이 만주사변 이후 국위(國威)를 더욱 발양(發揚)하여 국제적 지위가 점점 굳건해짐에 따라, 조선인 사이에서도 미국 의존이라는 관념이 점차 옅어졌다. 따라서 일대 세력을 가지고 있던 미국인(米人) 선교사 세력이 급격히 쇠퇴의 조짐을 보이게 되었다. 이리하여 종래에 움직이기만 하면 일한병합(日韓倂合)의 불합리를 운운하고, 배일적(排日的) 언사를 지껄여 인심을 자극하고, 특히 1919년(大正 8) 만세 소요사건[19] 당시에도 몰래 이를 선동한 자취가 있던 외국인 선교사 대부분은 점차 그 태도를 바꾸었다. 특히 최근에는 힘써 제국정치를 구가(謳歌)하고, 나아가 당국에 접근하여 그 보호 아래서 포교의 원활함을 기하려는 태도를 키워가게 되었다.

다른 한편으로 조선인 측 선교사나 교도(敎徒) 등의 경향을 보면, 최근 교육의 발달과 함께 종교상에서도 종전과 같이 외국인 선교사의 이사(頤使)[20]에 만족하지 않는다. 도리어 그 전횡하는 태도에 반감을 품고 교회의 독립, 포교의 자유, 전도(傳道)의 개선을 외치는 자가 연이어 일어나서 외국인의 굴레를 벗어나 독립포교를 개시하는 자를 낳았다. 특히 1931년(昭和 6)경부터 원산(元山)에 살고 있는 백남주(白南柱)[21], 평양(平壤)에 살고 있는 이용도(李龍

---

18 다이쇼(大正): 다이쇼 천황의 재위 기간으로, 1912년 7월 30일부터 1926년 12월 25일까지.
19 1919년 3·1운동.
20 이사(頤使): 턱으로 사람을 부린다는 것으로, 사람을 자유로이 부림을 뜻함.
21 백남주(白南柱, 1902~1949): 함경남도 갑산 출신. 조선예수교회 창설자이자 성서번역가이다. 단군 신앙을 숭상하다가 20대에 기독교에 입교하였으며, 그리스어와 히브리어에 재능을 발휘하여 평양신학교를 졸업한 1930년경에는 개교 이래 가장 우수한 원전학자로 인정받았다. 1935년 평북 철산에서 성주교단(聖主敎團)을 만들었으나, 이른바 혼음(混淫) 사건에 관련되어 물의를 빚었다. 8.15 이후 월남하여 춘천사범학교와 공주사범학교에서 교편을 잡기도 했다.

道)²² 등의 장로파 목사는 서로 손을 잡고 교회의 불필요, 계급제도의 철폐를 표방하고 나서서, 마침내 1933년(昭和 8) 예수교 일파를 창설하고 독자적인 입장에서 포교를 시작했다. 평양, 안주(安州), 원산, 영흥(永興), 덕원(德源) 등 각지의 교도 중에 그를 따르는 자가 많아, 그 기초가 점차 안정되기에 이르렀다. 그렇지만 한편으로 조선인 기독교도에게는 때때로 종교의 그림자에 숨어서 민심을 움직이고 불온사상을 고취하는 등 민족운동의 지도자를 자임하는 자가 적지 않다. 처음에 구한국시대의 기독교 교회당은 일종의 치외법권(治外法權)을 가지고 있어서 당시 정부에 대한 혁명적 불평분자는 모두 같은 교도였고, 그 교회당은 혁명분자의 교양소(敎養所)인 동시에 피난처라는 인식을 보였다. 그리하여 이후 연혁적(沿革的)으로 일한병합 후에도 제국에 적의(敵意)를 갖는 민족주의 분자는 모두 같은 교도가 되어 그 진영으로 들어가 친미배일주의(親米排日主義)를 품고서 각종 불온 행동을 획책해 왔다. 즉 저 1910년(明治 43) 데라우치(寺內) 총독 암살사건²³에는 평북 기독교도가 중심이 되어 책동했으며, 1919년(大正 8) 만세 소요사건에는 경성, 평양, 원산, 정주(定州), 의주(義州) 등의 기독교도가 천도교도 등과 함께 획책한 데서 기인하여 전 조선을 소요의 거리로 만들기에 이르렀다. 그 후에도 의연하게 각종 민족운동에 개입하며 전도회(傳道會), 사경회(查經會) 등에서도 거듭 불온한 언동을 하는 자가 있었다. 또한 최근에 농촌의 교화를 표방하며 지방 농민을 그 지도 아래 두고 후일을 대비하려고 하거나, 혹은 장로파 미국인 선교사 등이 경영하는 학교 생도의 신사참배(神社參拜)를 거부하려고 하는 것에 대해 영합하는 자가 있는 등 그 동정에 주의를 요하는 것이 있었다.

원래 조선기독교청년회연합회(朝鮮基督敎靑年聯合會)는 1903년(明治 36) 세계기독교청년회 중국지부에 가맹하고, 일한병합 후 황성기독교청년회(皇城基督敎靑年會)로 개칭하였다. 1913년(大正 2)에 이르러 당시 데라우치 총독은 이를 일본기독교청년회동맹(日本基督敎靑年會同盟)

---

22 이용도(李龍道, 1901~1933): 황해도 금천 출신. 신비주의 신학 사상을 주창한 감리교의 목사. 1919년 3·1운동으로 2년간 옥고를 치렀으며, 1928년 협성신학교 졸업 후 목회 활동을 했다. 이단으로 비판을 받았으며, 1933년 조선예수교회 창설에 참여했다.
23 데라우치 총독 암살 미수사건: 1910년 12월 27일 신민회(新民會) 회원 안명근(安明根)이 초대 조선총독 데라우치 마사타케(寺內正毅)를 사살하려다가 미수에 그친 사건. 이 사건을 계기로 1911년 1월 일제는 전국적으로 600여 명을 검거하였고, 이들 가운데 105인을 기소한 이른바 '105인 사건', 일명 '신민회 사건'을 일으켜 항일운동가를 탄압하였다.

에 가맹시키고 그 산하에서 세계기독교청년회동맹(世界基督敎靑年會同盟)의 지도를 받도록 했다. 그런데 이러한 사실은 교도 가운데 민족주의자에게 심한 민족적 굴욕감을 느끼게 함과 동시에 국외에서 개최되는 각종 기독교도의 회합을 계기로 그들이 종래부터 해왔던 재외 동지와의 운동 상 연락에도 현저한 지장을 낳게 했다. 따라서 동회(同會) 총무 신흥우(申興雨)[24], 회장 윤치호(尹致昊)[25] 등은 다른 간부와 협의한 결과, 1924년(大正 13) 7월 25일 제네바에 본부를 둔 세계기독교청년회동맹 및 세계기독교학생연맹에 직접 가맹함으로써 일본기독교청년회동맹에서 이탈하여 이후 독자적인 입장에서 행동하였다. 위 세계동맹본부에서 개최되는 대회나 그 지도하에 있는 북미위원회(北米委員會)가 주최한 극동의 각종 기독교 회의에 조선 대표로 매년 위원으로 출석하여 민족적 교육문제, 기독교 이상의 실제화 문제 외에 많은 종류의 사회문제 등을 토의 결정하였다. 그리고 이들 결의사항을 해외 혁명단체의 독립운동 방침에 반영함과 함께 조선의 기독교 문화단체를 통하여 민족혁명 의식의 선전 선동을 하고, 나아가 민족적 실력양성 혹은 민족적 대동단결의 지도훈련을 해 온 것이다.

2.

지나사변 이전 기독교 관계자 등의 동정은 대략 이상과 같다. 그렇다면 사변 발생 후에는 어떠한가? 물론 기독교 관계자 중에도 일반 조선인과 같이 사변이 발발함과 동시에 자발적

---

24 신흥우(申興雨, 1883~1959): 일제강점기 배재학당 학당장, YMCA 총무 등을 역임한 개신교인. 1911년 미국 유학에서 돌아온 후 윤치호 등과 함께 감리교계의 중심적 인물로 활약하였다. 1920년 학생들의 교장 불신임운동으로 배재학당에서 권고사직을 당한 뒤 YMCA 총무로 활동했다. 흥업구락부, 신간회 등에서도 활동했으며, 전시체제기에는 각종 외곽단체에서 간부로 활동하면서 일제 침략전쟁에 적극 협력하였다. 이러한 그의 친일 활동은 「일제강점하 반민족행위 진상규명에 관한 특별법」에 의거한 친일반민족행위로 결정되어 2009년 『친일반민족행위진상규명 보고서』에 상세히 등재되었다(『친일반민족행위진상규명보고서』 Ⅳ-9, 387~427쪽).

25 윤치호(尹致昊, 1866~1945): 대한제국기 중추원 의관, 한성부 판윤 등을 역임한 관료, 정치인. 일찍이 일본, 미국 등지를 유학하고 돌아와 의정부 참의 등을 지냈으며, 대한제국기에는 독립협회 회장 등을 역임하였다. 일제강점 후에는 일본으로부터 남작(男爵)의 작위를 받아 '조선귀족'이 되었으며, 중추원 고문, 연희전문학교 교장 등을 역임하였다. 일제 말 전시체제기에는 국민총력조선연맹 이사 및 고문, 대화동맹 위원장 등 각종 외곽단체의 간부를 지내며 조선 청년에게 징병·학병을 독려하는 등 적극적인 일제 협력활동을 펼쳤으며, 제국의회 귀족원 칙선의원을 역임하기도 했다. 이러한 그의 친일 활동은 「일제강점하 반민족행위 진상규명에 관한 특별법」에 의거한 친일반민족행위로 결정되어 2009년 『친일반민족행위진상규명 보고서』에 상세히 등재되었다(『친일반민족행위진상규명보고서』 Ⅳ-11, 358~446쪽).

으로 모든 애국운동에 총후(銃後)의 적성(赤誠)[26]을 피력하여 내지인에게 뒤지지 않는 활동을 해 온 자도 있다. 그러나 그 대부분은 이런저런 애국적 활동에 참가하는 것을 꺼리고 싫어하는 경향이 있다. 어떤 지방에서는 군대의 출동에 임해서도 교도는 물론, 교회가 경영하는 학교 생도 등 한 사람도 이를 환송하는 사람이 없는 상황이다. 특히 장로파 및 구세군(救世軍)에 소속된 관계자의 경우는 시국에 대한 태도가 대단히 냉담하고 또 방관적이어서 반전적(反戰的) 내지 반국가적(反國家的) 언동을 보임으로써 설유(說諭)[27] 또는 처벌받은 자도 상당하다. 또한 각파 교도로서 황거요배(皇居遙拜)[28], 신사참배를 수긍하지 않거나 혹은 경찰관을 주체로 하는 시국좌담회(時局座談會)의 실시에 임해서도 예배당, 교회당의 사용을 거절하는 행동을 보인 자도 적지 않다. 지금 반전적 내지 반국가적인 언동이라고 판단되는 실례(범죄로 처벌받은 부분에 대해서는 뒤에 서술할 3에서 거론할 것이므로 제외함) 가운데 주요한 것을 들어보자면,

황해도 해주군(海州郡) 감리교 청단예배당(靑丹禮拜堂) 전도사 김만식(金萬植)은, "전쟁이 죄악으로 얼마나 비참한 결과를 초래하는가는 구주전란(毆州戰亂)으로 충분히 체험한 바이다. 나는 종교가로서 온 힘을 다하여 사랑의 정신을 보급하고 하루라도 빨리 이번 전쟁행위가 종식되도록 노력함과 함께 기원하는 것이 나에게 주어진 사명이라고 믿는다."

강원도 이천군(伊川郡) 낙양면(樂壤面) 기독교감리회 지하리예배당(支下里禮拜堂) 부속 유치원 보모(保姆) 전영신(田永信)은 같은 마을 지석공립보통학교(支石公普校) 생도가 황군(皇軍)에게 보내기 위해 센닌바리(千人針)를 하고 있는 것을 보고, "이런 것은 모두 미신적 행위이므로 우리 교도는 결코 이런 것을 해서는 안 된다."

전북 장수군(長水郡) 기독교 전도사 김재섭(金在涉)은, "우리 교도는 평소 교회에서 하느님(天主樣)에게 국가 태평을 기도하고 있는데, 이런 행사 때 일반인은 참석하지 않기 때문에 우리는 신사에 참배하지 않거나 전승기원제(戰勝祈願祭)에 참석하지 않아도 그것은 피차 동일하다."

---

26 적성(赤誠): 진실에서 우러나오는 참된 정성.
27 설유(說諭): 말로 잘 타이름. 설득, 회유.
28 황거요배(皇居遙拜): 일제 말 전시체제기에 일본제국과 식민지 주민 전체에게 천황의 궁성이 있는 방향으로 고개를 숙여 강제로 절을 하게 한 예법. 궁성요배(宮城遙拜)라고도 한다. 특히 학생들에게는 매일 아침 조례 때 행하게 했다.

전남 나주군(羅州郡) 평동면(平洞面) 지승리(芝升里) 기독교 개량서당 교사 김영환(金英煥)은, "우리는 기독교 신자의 입장에서 솔직히 일지사변(日支事變)을 평한다면, 전쟁은 죄악이므로 반대한다. 이것은 전 조선 40만 신도 모두에게 공통된 의견이라고 생각한다."

함남 덕원군(德源郡) 적전면(赤田面) 캐나다장로파 당상교회(堂上敎會) 장로 강기찬(康基瓚)은 기독교는 매주 2회씩 교회에 모여서 기도할 때, "빨리 이 사변이 평정되기를 기도하고 있다. 우리는 평화주의자이므로 일본 필승을 기도하지 않고 오로지 빨리 사변이 끝나기를 기도할 뿐이다. 그 이유는 만약 일본이 절대적으로 전승(戰勝)하면 지나(支那)는 멸망할 수밖에 없으니, 우리 입장에서는 동종(同種)의 인류가 멸망하는 것을 원치 않기 때문이다."

황해도 장연군(長淵郡) 연달면(連達面) 상태탄리(上苔灘里) 허간(許侃)은 북장로파 목사인데 시국관계 지방행사 때에 때마침 일요일이어서 신자가 출장에 참가하지 않은 것에 대해서, "국법(國法)으로 종교의 자유를 인정하고 있으므로 기독교도가 일요일을 안식일(安息日)로 하여 가장 중요하게 생각하여 아무 일도 하지 않는 날로 삼고 있음에도 불구하고, 이것을 무시하고 각종 행사에 출동을 강제하는 것과 같은 일은 도무지 그 뜻을 알 수 없다."

작년 11월 16일부터 3일간 평남 중화군(中和郡) 도제직회(都諸職會)[29]가 개최될 때 관할서(所轄署)에서는 제직회(諸職會) 주관자인 목사 노영선(盧永善)을 사전에 불러들였고, 둘째 날에는 시국좌담회를 개최하여 벽두부터 국기게양, 동방요배(東方遙拜)를 행하기를 종용하였다. 동인(同人)이 이를 마치고 그 실행을 맹세했음에도 불구하고, 17일에 이르러 돌연 황거요배 등은 하나의 허례(虛禮)로서 교의(敎義)에도 맞지 않는 것이 있다고 반대하는 자가 다수이므로 실행이 곤란하다면서 실행하지 않았다.

황해도 안악군(安岳郡) 안악면에서는 남경(南京) 함락 봉축(奉祝) 행사에 관해 장로파 안악교회(安岳敎會)에도 참가를 통보했는데, 교도는 오전 중 보고 때는 지각하고 기행렬(旗行列)에는 중도부터 참가했다. 저들의 진의는 신사에서의 봉고제(奉告祭)를 기피하려고 했던 것 같다. 또한 야간 행사인 제등행렬(提燈行列)에는 신사참배 계획이 없었기 때문에 참가했는데 도중에 예정이 변경되어 신사참배를 하게 되자, 교도 등은 도리이(鳥居)[30] 아래에 잠시 멈춰 서서 참배를 기피하려는 태도로 있다

---

29 도제직회(都諸職會): 기독교에서 여러 교회의 교직자들이 연합하여 가지는 회의.
30 도리이(鳥居): 신사 입구에 세운 기둥 문.

가 경찰관이 다가오는 것을 보고 급히 태도를 바꿔 신사에 참배하려는 태도를 취하였다.

　　전북 순창군(淳昌郡) 인계면(仁溪面) 기독교도 서재선(徐在善)은 소방조(消防組)에 가입을 권유받은 것에 대해서, "나는 기독교 신자이다, 그런데 소방수에 임명되면 신사에 참배해야 하므로 절대 받아들이기 어려워서 사퇴한다."

등과 같은 언동이 나왔다. 이를 기독교 신자인 생도에 대해 살펴보면,

　　평북 강계읍(江界邑) 소재 기독교계 사립 영실학교(英實學校)에서 작년 9월 6일, 강계수비대장(江界守備隊長)을 초빙하여 시국강연회를 개최하였는데, 생도 24명은 아무런 사유도 없이 고의로 결석했다.

　　경북 고령군(高靈郡) 이산공립보통학교(里山公立普通學校)에서 작년 10월 17일 전국적으로 일제히 거행된 국위선양(國威宣揚) 및 황군무운장구(皇軍武運長久) 기원제(祈願祭)와 아울러 추계운동회를 개최해야 한다는 뜻을 전날 미리 생도 일동에게 시달했는데, 그중 2명의 생도는 자신들은 기독교 신자이므로 내일은 일요예배에 출석해야 하니까 불가능하다는 이유를 말해서, 교장이 간절하게 타일렀음에도 불구하고 끝내 출석하지 않았다.

　　경남 함안군(咸安郡) 칠원공립보통학교(漆原公立普通學校) 생도 3명은 작년 10월 15일 학교 교정 신사(神祠) 앞에서 전첩봉고제(戰捷奉告祭)를 거행했을 때, 완강하게 신사에 대해 경례를 하지 않았다.

등과 같은 것이 있었다.

　　또한 신사참배, 황군의 전승 기원을 해도 당국이 엄하게 타일러서 억지로 하거나 제재를 받기 때문에 어쩔 수 없이 하는 것이어서, 과연 충심(衷心)에서 숭경(崇敬)의 생각을 갖고 하는지에 대해서는 자못 의심이 들지 않을 수 없다. 예를 들면, 강원도 평창군(平昌郡) 대화면(大和面) 대화리 전도사 구양천(具襄天)의 경우, "기독교의 십계명에는 그리스도(基督) 이외의 신에게는 절대로 예배하지 말라는 규정이 있는데, 나는 지난번부터 시국에 대한 여러 집회에 참석해 왔지만 신사(神社), 가미고토(神詞) 또는 가미다나(神棚)[31] 등에는 계율상(戒律上)

31　신사(神社, 진자)는 일본 고유의 종교인 신도(神道) 신앙에 기초한 제사 시설이며, 신령을 모신 사당을 뜻하

진심으로 예배할 수는 없다. 다만 일반인의 반감을 살 우려가 있으니까 형식적으로 고개를 숙일 뿐이다"라고 지껄였다. 또 황해도에서 수집한 기도문, 설교집 등을 검토한 결과에 따르면, 총 76종 가운데 적극적으로 황군의 전승을 기원한 것은 전혀 없고, 지나친 평화주의 내지 박애주의에 기초하여 전쟁 상황의 빠른 종결만 기원한 것이 20종에 달하는 사실 등에서 보더라도 분명하다.

그러나 대세는 저들이 언제까지나 그릇된 사상에 근거한 반전적 내지 반국가적 경향을 지지하는 것을 허용하지 않아, 그중 다수는 일반적 애국운동에 자극받아 점차 시국 인식을 새롭게 하기에 이르렀다. 즉,

평북 선천군(宣川郡)에 거주하는 조선 부인 교도들은 총후 부인의 각오에 눈을 떠 작년 10월 말 이후 애국부인회(愛國婦人會)[32]에 입회하는 자가 속출했다.

평북 도내(道內) 기독교도의 약 3할(2만 5천 명)을 포괄하는 평북노회(平北老會)는 올해 2월 9일 선천에서 노회회강(老會會講)을 개최하여, 종래 기독교도가 신사참배를 주저하고 있는 것은 시국상 황국신민으로서의 본분에 어긋나는 것으로서 지금부터 교도는 신사에 참배해야 한다는 결의를 하고, 그 취지를 이른바 교도에서 전달했다.

함북 경흥군(慶興郡) 경흥면 동아기독대(東亞基督隊) 총수(統授) 박성홍(朴成弘)은 작년 11월 6일 관할서에 출두하여, "우리는 일본제국 신민이라는 것을 망각해 온 감이 있었는데, 좌담회 등에 의해 황군이 우리를 위해 싸우고 있다는 것을 알았다. 제국 신민이기 때문에 안심하고 기도를 계속해 갈 수 있었다는 것을 깨달아서 예하(隸下)의 신자(信者) 일동으로부터 국방헌금(國防獻金)을 갹출했다."

평양과 평서(平西) 두 노회 간부는 신사참배 문제 이후 각종 국가적 행사에서 교리위반을 방패로 당국의 방침에 맞서 왔으나, 현 시국이 구태의연하면 노회 자체의 존립에 영향을 미

는 가미고토(神祠)는 그보다 훨씬 작은 규모의 시설이고, 가미다나(神棚)는 집안에 신을 모셔 놓은 감실(龕室)을 가리킨다. 일제 패망 직전에 조선 내에는 진자 82개, 가미고토 1,062개를 합쳐서 1,144개의 신도 종교 관련 시설이 있었는데, 조선총독부의 당초 계획보다는 훨씬 적은 숫자이다.

32 애국부인회(愛國婦人會): 일본에서 국방 및 전사자 유족 등을 구제하기 위해 1901년 조직된 여성단체. 여기서는 원래 재조일본인 부인들이 가입했던 애국부인회 조선본부를 말하는데, 1937년 중일전쟁 이후 조선인 부인도 가입하도록 확대되었다. 1942년 2월 신체제운동의 일환으로 일본 내 부인단체들이 대일본부인회로 통합 발족하게 되면서, 국방부인회 조선본부와 통합하여 대일본부인회 조선본부가 되었다.

쳐도 대처하기 어렵다고 하여 점차 자중하면서 시국에 순응하여 기독교의 혁신을 제창하기에 이르렀다. 그 결과 점차 혁신의식이 교내(敎內)에 두루 퍼져서 출정군인 가족에 대한 위문금을 갹출하고, 또 간부 사이에서 신사참배는 아직 기회를 볼 필요가 있어도 당분간 국기게양, 동방요배(東方遙拜)는 실행하기로 결의하고, 일반에게 이를 주지시켰다.

황해도 내 각 기독교회에서는 현저히 태도를 바꿔 진충보국(盡忠報國)을 맹세하고 있다. 올해 4월 29일 천장절(天長節)[33] 당일 도 당국에서 기독교도가 어진영(御眞影)[34] 배하식(拜賀式)[35]을 거행하도록 각기 의향을 청취했는데, 각 교회 모두 배하(拜賀) 희망자가 속출하여 그 전날까지 267명이라는 다수에 달하였고, 당일에는 모두 대단히 황공(惶恐)하고 감격해하며 경건한 태도로 식을 종료했다. 그리고 동시에 해주장로회(海州長老會) 목사 김응순(金應珣)[36]이 발의에 따라 만장일치로 다음 네 항목을 결의했다.

(1) 매년 천장절에는 각 교회 대표를 도(道)에 올려보내거나, 또는 가장 가까운 관청이나 학교에 있는 어진영을 배하할 것
(2) 4대절(四大節)[37]에는 각 교회에서 성대하게 축하식을 거행하여 교도의 충성을 굳건히 할 것
(3) 국가적인 여러 행사에는 스스로 나서서 참석할 것
(4) 「황국신민의 서사(誓詞)」[38] 를 우리의 일상생활에서 실천화할 것

---

33 천장절(天長節): 천황의 탄생을 축하하는 축일. 여기서는 쇼와 천황의 탄생일.
34 진영(眞影): 주로 얼굴을 그린 화상(畫像) 또는 사진. 여기서는 천황의 초상화를 뜻하므로 어진영(御眞影)이라 한 것이다.
35 배하식(拜賀式): 하례식. 배하(拜賀)는 삼가 공손히 축하함을 의미한다.
36 김응순(金應珣, 1891~1958): 황해도 장연 출신의 장로교 목사. 1920년 대한적십자회 계열 청년의용단의 군자금 모집 활동에 참여하여 징역 1년 6월 언도받았다. 1923년 출옥 후 장연 송천교회 전도사로 활동했으며, 1927년 평양 장로회신학교를 졸업하고 봉산, 해주 등지에서 목사로 활동하다가 1937년 황해노회장이 되었다. 이후 전시체제기에 국민정신총동원 조선예수교장로회연맹 평의원, 조선예수교장로회 총회장에 선임되어, 국민총력 조선예수교장로회총회연맹 이사장 등을 역임했다. 이러한 그의 친일 활동은 「일제강점하 반민족행위 진상규명에 관한 특별법」에 의거한 친일반민족행위로 결정되어 2009년 『친일반민족행위진상규명 보고서』에 상세히 등재되었다(『친일반민족행위진상규명보고서』 Ⅳ-3, 795~831쪽). 6.25 전쟁 중에 월남하여 대전에 정착한 후 대전신학대학교의 전신인 대전야간신학교를 설립했다.
37 4대절(四大節): 일본에서 공휴일로 지정된 네 개의 큰 명절. 사방배(四方拜, 1월 1일), 기원절(紀元節, 2월 11일), 천장절(天長節, 4월 29일), 명치절(明治節, 11월 3일)을 가리킨다.
38 황국신민의 서사(誓詞): 1937년 황국신민화 정책의 일환으로 조선총독부가 제정한 맹세. 1937년 7월 중일

등이다. 이것을 기독교계 학교 방면으로 좁혀서 예를 들어보면,

  황해도 재령군(載寧郡) 재령읍 소재 사립 명신학교(明新學校)는 기독교 장로파 선교회에 관계하여 전통적으로 민족적 색채가 농후한 점이 있었다. 사변 발생 이래 모든 애국적 행사에 동교(同校)는 모두 참렬(參列)하고, 또 최근 군가(軍歌)를 교수하여 생도의 사기를 고무하는 등 현저히 시국 인식을 깊게 하고 있다.

  함남 원산부(元山府) 소재 기독교계 사립 루씨여자보통학교(樓氏女子普通學校)는 남감리파(南監理派)가 경영에 관계하여 종래 민족적 색채가 농후했는데, 작년 10월 7일 개최한 추계운동회에서는 경기 종목 중에 시국을 다수 반영한 것을 추가하였다.

  전주부(全州府) 소재 사립 숭덕학교(崇德學校)는 종래 기독교 목사 배은희(裵恩希)[39]라는 자가 경영했었다. 그런데 작년 10월 19일 박성근(朴成根)이 이를 대신하고부터 종전의 경영방침을 바꿔 경신숭조(敬神崇祖), 국체관념(國體觀念)을 왕성하게 하여 선량한 국민을 양성할 것이라 하며, 같은 달 21일 동교 직원과 생도를 인솔하여 전주신사(全州神社)에 참배하고 황군의 무운장구를 기원했다.

  강계(江界) 기독교에서 경영하는 명신학교(明新學校)는 종래 신사불참배주의(神社不參拜主義)를 굳건히 지켜왔으나, 작년 9월 6일 관할서에서 엄유(嚴諭)를 받은 이후 그 태도를 바꿔 이후 열정적으로 신사참배를 해왔다. 또한 최근에는 전교의 생도가 스스로 용돈을 절약해서 남은 돈을 황군 위문금으로 제출했다.

등과 같다. 게다가 시국에 깊이 자극받아 탈교(脫敎)하고, 교회를 폐지하거나 해산한 자도 생겨나기에 이르렀다. 즉,

---

  전쟁이 발발한 와중에 발표된 것으로서, 제3차 「조선교육령」의 국체명징(國體明徵), 내선일체(內鮮一體), 인고단련(忍苦鍛鍊) 중심의 식민교육정책과 연계되었다. 전체 조선인에게 이의 암송과 제창을 강요함으로써 황국신민화를 추진하고자 했던, 일제말기 대표적인 민족말살정책의 하나였다.

39 배은희(裵恩希, 1888~1966): 경북 경산 출신. 예수교장로회 남부총회 제32대 총회장을 역임한 목사, 정치인. 3·1운동에 참여했으며, 평양신학교 졸업 후 전주에서 목회 활동을 하면서 유치원과 각 학교를 설립하여 교육활동을 전개하였다. 신간회 전주지부장, 전주사회단체협의회 집행위원장 등으로도 활동하였다. 대한민국 정부 수립 후 본격적으로 정계에 진출하여 달성군 국회의원을 지내는 등 자유당 정권에도 깊이 관여하였다.

전북 금산군(錦山郡) 제원면(濟原面) 이칠봉(李七奉)은, "현 시국에서 기독교도가 신사 불참배를 고집하는 것 등은 비국민적 행동이다. 우리는 마땅히 신사를 참배하여 황군의 무운장구를 기원해야 한다"라고 설교했다.

경남 하동군(河東郡) 하동면 읍내동(邑內洞) 기독교회 소속 교도는 사변 발발 당시는 약 120명이었지만, 최근 교도 가운데 유식자 40명은 "국가 비상시를 맞이하여 제국 신민으로서 외국의 종교를 믿는 것은 국민으로서 의무를 제대로 완수하는 것이 아니다. 우리는 이제 전향하여 일본제국 본래의 종교로 들어가야 한다"라면서 스스로 기독교를 탈퇴하였다.

황해도 해주군(海州郡) 동운면(東雲面) 조선감리교 강태동교회(姜太洞敎會) 관리자 박용근(朴容根)은 기독교도가 시국을 인식하지 않고 신사 불참배를 주창하거나, 혹은 국기에 대한 관념을 달리하거나 동방요배를 의심하고 주저하는 등의 비국민적(非國民的) 태도가 있는 것을 불쾌히 여겨 탈교한 끝에 신자 12명과 협력하여 예배당을 폐지했다.

강원도 이천군(伊川郡) 이천예배당 전도사 최봉준(崔鳳俊)은 20년이 된 독실한 기독교 신자이자 이천예배당의 전도사인데, 황국신민인 이상 기독교 신앙이 옳지 않음을 자각했다면서 탈교하였다.

경남 밀양군(密陽郡) 초동면(初同面) 소재 동양선교회(東洋宣敎會) 범평리성결교회(帆平里聖潔敎會)에서는, 지금과 같은 비상시를 맞이하여 일본정신을 허용하지 않는 기독교를 신앙하는 것은 국민으로서 지켜야 할 도리에 어긋나므로 올해 4월 3일 교회 해산을 선언함과 동시에 집사와 장로는 모두 그 직을 사임했다.

충남 청양군(靑陽郡) 비봉면(飛鳳面) 구세군 대위 양원준(梁元俊)은 일본진흥협회(日本振興協會)가 발행한 「동양인은 모두 공동의 신성한 사명에 눈을 떠라」라는 제목의 팸플릿을 읽고, 기독교의 배후에는 다양한 백인의 야심이 있고 교역자(敎役者) 등은 이러한 백인이 예하에서 부림을 당하고 있다는 사실을 알고, 또 국민적 자각을 환기하여 올해 3월 31일 소대장을 사직함과 함께 구세군을 탈군(脫軍)했다.

평남 맹산군(孟山郡) 봉인면(封仁面) 장로파 가창교회(假倉敎會) 소속 신도 23명은 작년 12월 "우리는 황국(皇國)을 양어깨에 짊어지고 국체명징(國體明徵), 신사참배, 정신작흥운동(精神作興運動), 기타 제반 의무를 솔선하여 몸소 행하고 용감하게 비상시를 타개함은 물론, 외국인(外人)의 간섭과 침략을 방어하고 … 기독교의 근본적인 개혁운동에 참가하기 위해 소속된 안주교회(安州敎會)를 탈교한다"라는 성명을 발표했다. 이에 자극을 받아 올해 1월에는 같은 군의 동면(東面) 대흥리(大興里)

장로파계 교회 소속 신자 35명이 일제히 기독교를 탈퇴했다.

전남 보성군(寶城郡) 문덕면(文德面) 봉갑리(鳳甲里) 소재 예배당 소속 교도 17명은 기독교 교리는 우리 국체(國體)에 반한 것이라며 올해 5월 2일 연서(連署)하여 탈교를 성명하였다. 이어서 이 예배당을 비상시 하 국민의 황도정신(皇道情神) 수양도장(修養道場)으로 삼아 일본정신 수양을 위해 사용하여 내선일여(內鮮一如)의 현현(顯現)에 도움이 되도록 하고자 했다. 이에 이를 대일본정신도장(大日本精神道場)이라 명명하고, 가미다나(神棚)를 설치하여 이세신궁(伊勢神宮)[40]의 다이마(大麻)[41]를 봉안하고, 같은 달 3일 원래의 교도 등 약 60명이 참집(參集)하여 봉안식(奉安式)을 거행하였다.

등이다. 이를 요약해 보면, 북지(北支) 및 남중지(南中支)에서 전황(戰況)이 놀라울 정도로 진전되자, 일반 교도는 물론 민족주의자로서 요시찰(要視察) 중이던 조선인 간부나 유력 교도 가운데서도 전향하는 자가 계속 나와서, 일반 민과 함께 시국에 대처하며 기꺼이 총후 국민으로서의 책무를 분담하려는 경향이 특히 현저해졌다.

나아가 또 한편으로는 시국의 영향을 받아 스스로 종교보국(宗敎報國)을 지목하는 형세에 이르렀다. 즉 재경성기독교조선감리회(在京城基督敎朝鮮監理會) 총리원(總理院)[42]에서는 올해 4월 27일 시국에 관해 다음과 같은 선언을 전 조선 교회 앞으로 발송했다.

선언서(宣言書)

우리 기독교도는 현재의 비상시국에 즈음하여 황국신민으로서, 이에 내선일체(內鮮一體)의 결실을 거두고 황도정신을 발양하여 국민 총후의 적성(赤誠)을 기하기 위해, 이에 다음과 같이 결의하여 실행할 것을 선언한다.

---

40 이세신궁(伊勢神宮): 일본 혼슈 미에현(三重縣) 동부 이세(伊勢)에 있는 신궁으로, 일본 황실의 종사(宗祀)로 일본인의 총씨신(總氏神)이라고도 불리는 신사.
41 다이마(大麻): 이세신궁이나 그 밖의 신사에서 주는 부적.
42 총리원(總理院): 1930년부터 1978년까지 기독교대한감리회 교단 본부를 일컫던 말. 1930년 미국 남감리회 한국연회와 미국 북감리회 한국연회가 합동하여 한국 감리회를 창립하고 교회 행정을 총괄하기 위해 세운 기관. 감리회의 신앙과 교리, 조직과 제도, 입법과 행정의 기본법을 제정하고 역사적인 감리회의 신앙과 전통을 보존하며 교회의 질서를 유지함으로 교회를 부흥 성장케 한다는 목적으로 설립되었다.

(1) 우리는 시국을 올바르게 인식하여 황국 일본의 정의(正義)와 사명을 자각하고 그 이상을 선양할 것을 기한다.
(2) 우리는 거국일치로 국난(國難)을 극복하고, 더욱 희생봉공(犧牲奉公)의 정성을 다할 것을 기한다.
(3) 우리는 일본적 기독교에 입각해 그리스도의 큰 사명을 자각하여 경신(敬神)의 대의(大義)를 분명히 할 것을 기한다.

이상은 1938년(昭和 13) 4월 25일 서대문서(西大門署) 계단 위에서 열린 각 교파와 각 기관 대표 등의 간담회 석상에서 결의한 것이다.

1938년(昭和 13) 4월 26일   총리원 백(白)

다음으로 올해 7월 6일과 7일 이틀에 걸쳐 경성(京城)에서 조선기독교연합회 대회가 개최되었다. 참가 연합회 31단체, 대회 참가자가 800명에 달하였고, "본 회는 기독교의 단결을 도모하며 서로 협력하여 기독교 전도의 실효를 거둬 황국신민으로서 보국(報國)의 정성을 다할 것을 목적으로 한다"라는 연합회 회칙(會則)을 가결하고, 전원이 정렬하여 조선신궁(朝鮮神宮)[43]에 참배하였다. 또한 조선기독교청년회연합회에서는 앞서 기술한 바와 같은 사정으로 제네바 세계동맹에 가맹하였으나 시국상 내선일체의 견지에서 근본적인 개혁이 필요하다고 판단하고, 올해 6월 6일 내선일체의 이상을 실현하기 위해 조선기독교청년회연합회를 세계기독교청년회동맹에서 탈퇴시켜 내지(內地)의 기독교청년동맹에 가입하기로 결정하였다. 같은 달 23일 연합회 측 위원과 동맹 측 위원이 회합하여 협의한 결과, ① 조선기독교청년회연합회가 일본기독교청년회동맹(日本基督敎靑年會同盟)에 가입하는 방법에 대해서는, 동맹 헌법 제5조에 의거해 연합단체로부터 가맹하고, 그 연합단체를 일본기독교청년회 조선연합회라고 칭할 것, ② 종래의 조선기독교청년회연합회가 세계기독교청년회동맹, 세계기독교학생연맹 또는 북미기독교청년회동맹과의 제반 관계를 해소하고, 앞으로는 모

---

43 조선신궁(朝鮮神宮): 일제가 식민지 조선 통치의 상징으로 서울의 남산 중턱에 세운 가장 높은 사격(社格)을 가진 신사(神社). 1919년 7월 일본 내각의 고시로 '조선신사'를 남산에 창립하기로 했는데, 1925년 조선총독부가 통치를 강화하기 위하여 '조선신궁'으로 개칭하였다.

든 것을 일본기독교청년회동맹에서 계승할 것 외에 3항을 결의하였다. 해당 결의는 같은 해 7월 16일 일본기독교청년회동맹 총회에서 가결되어, 이에 종래 연합회가 여러 가지로 획책해 온 불온 행동의 화근(禍根)은 그 자취를 감추기에 이르렀다. 또한 조선여자기독교청년회연합회에서도 같은 견지에서 일본여자기독교청년회연맹에 가맹하게 되었다.

마지막으로 오해 5월 말일 현재 기독교 관계자의 총후 활동 실시율(實施率)을 들어보면 다음과 같다.

교회당에 국기게양탑 건설	8할 8푼
국기에 대한 경례	9할 6푼
국가(國歌) 봉창(奉唱)	8할 2푼
동방요배	9할 6푼
황국신민의 서사 제창	9할 3푼
서력연호(西曆年號) 사용 폐지	8할 7푼
신사참배	5할 5푼

3.

지나사변 발발 이후 발생한 기독교 관계자의 범죄 – 사상적 경향을 갖고 있지 않은 것 및 시국에 관계가 없는 것은 제외함 – 로서 올해 8월 말일까지 당국에 보고된 것은 다음과 같다. 즉, 총 건수는 31건[44]이다. 이를 죄의 형태별로 살펴보면,

불경죄(不敬罪)	14인
「보안법(保安法)」 위반	7인
「출판법」 위반	1인
「육군형법(陸軍刑法)」 위령죄(違令罪)	6인

---

44 원문은 '11건'으로 기재되어 있는데, 오기로 보여 수정하였다.

「경찰범처벌규칙」 위반　　　　　　2인
업무횡령죄(業務橫領罪)　　　　　　1인
〈주〉 인수(人數)가 죄에 걸쳐진 것은 각기 해당 범죄란에 기입함

이다. 이를 각 검사국별로 보면,

경성「보안법」위반　　　　　　4인
「출판법」위반　　　　　　　　　1인
「육군형법」위령죄　　　　　　　2인
「경찰범처벌규칙」위반　　　　　1인
「육군형법」위령죄　　　　　　　1인
불경죄　　　　　　　　　　　　13인
「보안법」위반　　　　　　　　　1인
업무횡령죄　　　　　　　　　　1인
신의주「육군형법」위령죄　　　　1인
해주「보안법」위반　　　　　　　1인
「육군형법」위령죄　　　　　　　1인
「경찰범처벌규칙」위반　　　　　1인
대구 불경죄　　　　　　　　　　1인
광주「보안법」위반　　　　　　　1인
「육군형법」위령죄　　　　　　　1인

이다. 대전, 함흥, 부산 및 전주에서는 발생이 보이지 않는다.

　다음으로 교역(敎役) 관계에서 보면 다음 표와 같다. 단순한 신도가 7인으로 가장 많고, 목사 및 주일학교(主日學校) 교사가 각 6인, 집사(執事) 5인이 그다음이다.

죄명　　　　구별	목사	전도사	장로	집사	영수(領袖)	주일학교 교사	신도	계
불경죄	3	3	2	3	1		2	14
보안법 위반	2	1				3	1	7
출판법 위반						1		1
육군형법 위령죄	1			1		2	2	6
경찰범처벌규칙 위반							2	2
업무횡령죄				1				1
계	6	4	2	5	1	6	7	31[45]

비고: 한 사람이 여러 죄에 걸쳐진 것은 각기 해당란에 기입함

다음으로 연령별로 보면, 20세 이상 30세 미만인 자가 단연코 많아 10인에 이르고, 60세 이상인 자가 2인이며, 20세 미만인 자는 전혀 없다. 그리고 모두 조선인 남자로서 여자는 한 사람도 없다.

죄명 연령	불경죄	불경죄· 보안법 위반	보안법 위반	보안법· 출판법 위반	보안법· 육군형법 위반	육군형법 위반	경찰범처벌 규칙 위반	업무 횡령	계
20세 미만									
20세~29세	3		1	1	3	1	1		10
30세~39세	4							1	5
40세~49세	2	1				1	1		5
50세~59세	2		1			1			4
60세 이상	2								2
계	13	1	2	1	3	3	2	1	26

마지막으로 범죄사실의 개용(概容) 및 그 처분 결과를 제시하면 다음과 같다.

- 본적, 주거
  - 본적: 경성부 관훈정(寬勳町) 117

---

[45] 원문은 '13'으로 기재되어 있는데, 오기로 보여 수정하였다.

- 주거: 경성부 창천정(滄川町) 50-10
• 교파와 그 관계: 신도(信徒)
• 직업, 성명(氏名), 연령: 목재상(材木商) 점원, 장봉규(張鳳奎), 29세
• 죄명, 처분연월일, 그 요지: 「경찰범처벌규칙」 위반 / 1937년(昭和 12) 7월 30일(서대문 경찰서), 구류 29일
• 범죄사실 개요: 전 잡지기자, 인쇄공 등을 했으며, 만주 방면에서도 전전함. 그 사이에 열렬한 기독교도가 되었는데, 최근 경성부 교남정(嶠南町), 동 죽첨정(竹添町)에서 "일본군은 지나군(支那軍) 때문에 다수가 당하고 있지만, 발표하지 않는다. 또 일본은 만주를 취하는 것에 만족하지 않는다. 다시 이번에 북지(北支) 문제를 일으켜서 북지를 취하려고 하는 것은 잘못이라고 생각한다." 운운하며 함부로 지껄임.

• 본적, 주거
  - 본적: 평안남도 강서군(江西郡) 증산면(甑山面) 광제리(廣濟里) 14
  - 주거: 부정(不定)
• 교파와 그 관계: 전도사(傳道師)
• 직업, 성명, 연령: 무직, 최기만(崔機萬), 22세
• 죄명, 처분연월일, 그 요지: 「보안법」 위반 / 1938년(昭和 13) 5월 20일, 구공판(求公判)[46] / 1938년(昭和 13) 7월 29일, 징역 6월
• 범죄사실 개요: 피고인 최기만은 1937년(昭和 12) 12월 12일 경성부 현저정(峴底町) 복음교회(福音敎會)에서 그날 밤 모인 신도 26명에 대해, "당국이 기독교에서 경영하는 학교에 신사참배, 예배당의 국기게양, 같은 장소에 모인 기독교도에게 국가합창 등을 강요하는 것은 기독교도에 대한 압박이자 조선인에 대한 박해이므로 우리는 이에 반항하지 않으면 안 된다." 운운하며 함부로 지껄임.

---

46 구공판(求公判): 공소를 제기하는 방식의 하나로서, 정식으로 재판을 청구한다는 법률 용어.

- 본적, 주거
  - 본적: 경기도 이천군(利川郡) 모가면(慕加面) 소고리(所古里) 번지 불상
  - 주거: 경성부 현저정(峴底町) 46-498
- 교파와 그 관계: 주일학교 교사
- 직업, 성명, 연령: 무직, 차월훈(車月勳), 21세
- 죄명, 처분연월일, 그 요지: 「보안법」·「출판법」 위반 / 1938년(昭和 13) 5월 20일, 구공판 / 1938년(昭和 13) 7월 29일, 징역 8월
- 범죄사실 개요: 피고인 차월훈은 복음교회 부속 주일학교 교사로 일요일마다 동교(同校) 생도 등에게 강화(講話)를 해 온 바, 1937년(昭和 12) 4월 이후부터 1938년 1월 말일경까지 사이에 위 생도 등에게 "우리는 조선인이지 일본 국민이 아니다. 조선 동포는 일본제국의 압박으로 비참한 상황에 있으므로 각자가 크게 공부하여 이를 구제해야 한다." 운운하며 설시(說示)했다. 나아가 동교 교가(校歌)로 안녕질서를 방해하는 문서를 작성해 허가받지 않고 출판 배포하여 동교 생도 등과 함께 합창함.

- 본적 주거
  차남진(車南珍)
  - 본적: 광주부(光州府) 방림정(芳林町) 307
  - 주거: 위와 같음

  원대성(元大成)
  - 본적: 전라남도 나주군(羅州郡) 본량면(本良面) 왕동리(旺洞里) 160
  - 주거: 평양부 신양리(新陽里) 내
- 교파와 그 관계
  - 주일학교 교사: 차남진, 원대성
- 직업, 성명, 연령
  - 무직, 차남진(車南珍), 24세
  - 무직, 원대성(元大成), 23세
- 죄명, 처분연월일, 그 요지: 「보안법」, 「육군형법」 제99조 위반 / 1938년(昭和 13) 5월 20

일, 구공판 / 1938년(昭和 13) 7월 29일, 징역 8월
- 범죄사실 개요: 피고인 차남진, 원대성 두 명은 모두 전남 광산군(光山郡) 효지면(孝池面) 봉선리(鳳仙里) 주일학교 교사로서, 1937년(昭和 12) 8월 1일 이후부터 같은 달 29일까지 생도 등에게 "우리 조선인은 일본제국의 압박에 의해 물심양면에 걸쳐 비참한 상황이 되었다. 조선인임을 잊지 말고 공부해서 조선인을 위해 활동할 수 있는 인물이 되어야 한다." 운운하며 이야기함. 게다가 그즈음 "신문에서는 일본군 비행기가 상해(上海) 방면에서 지나 비행기를 다수 격추하거나, 또는 북지 방면에서 일본군은 하루에 수십 리의 강행군을 하여 각지의 적진지를 점령했다고 보도하고 있지만, 이것은 일본 정부가 국민의 애국심을 일으키기 위해 과장한 허위 보고이다. 지나의 배후에는 소비에트 러시아와 영국이 있어서 이들을 지원하기 때문에 일본은 패전할 것이다." 운운하며 함부로 지껄임.

- 본적, 주거
  - 본적: 경상남도 창원군(昌原郡) 진해읍(鎭海邑) 풍호리(豊湖里) 235
  - 주거: 부산부(釜山府) 좌천정(佐川町) 717
- 교파 및 그 관계: 장로회 신파(新派) 신도
- 직업, 성명, 연령: 어을빈제약주식회사(魚乙彬製藥株式會社) 외무원(外務員), 송일수(宋一守), 26세
- 죄명, 처분연월일, 그 요지:「육군형법」제99조 위반 / 1938년(昭和 13) 6월 23일, 구공판
- 범죄사실 개요: 주거지 소재 기재한 외무원으로서, 매약(賣藥) 선전 판매를 위해 함북지방에서 행상(行商)하던 중인 1938년(昭和 13) 7월 19일과 20일에 걸쳐 온성군(穩城郡) 미포면(美浦面) 남양동(南陽洞), 그 밖의 지역에서, "웅기(雄基)에서 아오지(阿吾地)로 오는 열차 안에 바지저고리로 된 조선옷을 입은 사람이 많이 있는데, 뒤에서 보니 모두 일본 병사였다. 경원(慶源), 아오지 방면에는 일본 놈들이 많이 모여 있다. 소련 병사도 국경지대에 상당히 집결해 있으므로 일·소개전(日開蘇戰)이 있을지도 모른다. 시작되면 이 변경의 국경지대 사람이 먼저 모두 목이 날아간다"라며 함부로 지껄임.

• 본적, 주거

박태섭(朴泰燮)

- 본적: 평안남도 중화군(中和郡) 중화면(中和面) 우성리(愚成里) 75
- 주거: 위와 같음

이은영(李殷永)

- 본적: 평안남도 중화군 간동면(看東面) 명구리(名區里) 168
- 주거: 평안남도 중화군 수산면(水山面) 화전리(花田里) 112

채필우(蔡弼禹)

- 본적: 평안남도 중화군 동두면(東頭面) 운해리(雲海里) 513
- 주거: 위와 같음

박영섭(朴寧燮)

- 본적: 평안남도 중화군 동두면 채송리(蔡松里) 787
- 주거: 위와 같음

김이석(金利錫)

- 본적: 평안남도 중화군 풍동면(楓洞面)[47] 벽하리(碧霞里) 297
- 주거: 위와 같음

안용준(安龍俊)

- 본적: 평안남도 중화군 중화면 금수정리(金水井里) 220
- 주거: 평안남도 중화군 중화면 장산리 112

장성각(張成珏)

- 본적: 평양부(平壤府) 기림리(箕林里) 159
- 주거: 평안남도 중화군 상원면(祥原面) 신읍리(新邑里) 80

김진식(金鎭植)

- 본적: 평안남도 대동군(大同郡) 고평면(古平面) 신흥리(新興里) 243
- 주거: 평안남도 중화군 당정면(唐井面) 걸산교리(乾山橋里) 124

---

47 원문은 楓洞里로 되어 있으니 오기라서 수정함.

최달순(崔達淳)

- 본적: 평안남도 중화군 상원면 구거비리(求去非里) 90

- 주거: 평안남도 중화군 상원면 구거비리 120

임우식(林禹植)

- 본적: 평안남도 중화국 당정면 당곡리(唐谷里) 130

- 주거: 위와 같음

강학엽(姜學燁)

- 본적: 평안남도 중화군 중화면 빙장리(氷庄里) 50

- 주거: 위와 같음

윤옥경(尹玉璟)

- 본적: 평안남도 대동군 고평면 남리(南里) 222

- 주거: 평안남도 중화군 간동면 광제원리(廣濟院里) 8

이지화(李枝華)

- 본적: 평안남도 대동군 천곡면(天谷面) 토교리(土橋里) 66

- 주거: 위와 같음

- 교파와 그 관계

    - 북장로파 전도사: 박태섭, 이은영, 안용준

    - 북장로파 영수(領袖): 채필우

    - 북장로파 집사: 박영섭, 김이석, 최달순

    - 북장로파 목사: 장성각, 김진식, 윤옥경

    - 북장로파 신도: 임우식, 이지화

    - 북장로파 장로: 강학엽

- 직업, 성명, 연령

    - 전도사, 박태섭(朴泰燮), 36세

    - 전도사, 이은영(李殷永), 55세

    - 농업, 채필우(蔡弼禹), 64세

    - 농업, 박영섭(朴寧燮), 34세

- 농업, 김이석(金利錫), 26세
- 전도사, 안용준(安龍俊), 29세
- 목사, 장성각(張成珏), 47세
- 목사, 김진식(金鎭植), 41세
- 농업, 최달순(崔達淳), 24세
- 농업, 임우식(林禹植), 30세
- 농업, 강학엽(姜學燁), 45세
- 목사, 윤옥경(尹玉環), 34세
- 농업, 이지화(李枝華), 51세

• 죄명, 처분연월일, 그 요지
- 불경죄 / 1938년 7월 4일, 기소유예: 박태섭, 이은영, 채필우, 박영섭, 김이석, 안용준, 장성각, 최달순, 임우식, 강학엽, 윤옥경, 이지화
- 불경죄, 「보안법」 위반 / 1938년 7월 4일, 기소유예: 김진식

• 범죄사실 개요: 피의자 등은 모두 예수교 북장로파에 예속하여, 신 여호와는 만왕(萬王)의 왕으로서 그의 명령은 최고이며 절대적이므로 신의 뜻에 반하는 것은 국법 또는 천황의 명령이라 할지라도 따를 수 없다는 반국가적인 견해를 고집하고, 황거요배, 국기에 대한 경례와 같은 것은 종교인으로서 도저히 양심이 허락하지 않는다는 고루한 신념을 품고 출석 좌담회의 종용에도 응하지 않았던 바,

1937년(昭和 12) 11월 17일 예수교 북장로파 평양노회 중화군연합제직총대회(中和郡聯合諸職總代會) 개최를 위해 같은 군 동부(東部) 8개 면 내 교회의 각 교직자 약 100명이 같은 군 중화면 장산리 교회에 집합했을 때 중화경찰서 주최로 동인(同人) 등과 일반 신도를 위해 같은 마을 정의재서당(正義齋書堂)에서 시국좌담회를 개최하고, 처음에 서장(署長)으로부터 국기에 대한 경례와 황거요배 등의 의의와 방법을 설명 듣고 나서 그의 호령으로 회동자(會同者) 약 120명이 일제히 국기에 대해 경례하고 황거(皇居)에 최경례(最敬禮)[48]를 하며 요배(遙拜)하였는데, 피의자 등 13명은 앞에서 살펴본 종교적 신념에

---

48 최경례(最敬禮): 가장 존경하는 뜻으로 허리를 많이 굽혀 공손히 하는 경례.

의해 국기에 대한 경례를 하지 않은 것은 물론이거니와, 천황폐하에 대한 불경이라는 것을 인식하면서도 곧게 선 채 끝까지 최경례를 하지 않음으로써 불경한 행위를 함.

게다가 피의자 김진식은 1937년(昭和 12) 8월경 자택에서 신도 등에게 한국시대(韓國時代)의 애국가(愛國歌)인 "동해 물과 백두산이 마르고 닳도록, 하느님(天主樣)이 보호(保護)하사 우리나라 만세, 무궁화 삼천리 화려한 강산, 대한 사람 대한으로 길이 보전하세"라는 민족의식을 앙양시키는 창가(唱歌)를 가르침으로써 치안을 방해함.

- 본적, 주거
  - 본적: 평안남도 대동군 시족면(是族面) 노산리(魯山里) 112
  - 주거: 위와 같음
- 교파와 그 관계: 장로파 집사
- 직업, 성명, 연령: 잡화상, 박영림(朴榮林), 35세
- 죄명, 처분연월일, 그 요지: 업무횡령 / 1938년(昭和 13) 5월 31일, 구공판 / 1938년(昭和 13) 6월 25일, 징역 6월, 2년간 형 집행유예
- 범죄사실 개요: 거주하는 동리 기독교 장로파 수원교회(水院敎會)의 집사로서 회계사무를 맡고 있던 중, 1937년(昭和 12) 11월 중에 그 교회 신도 등이 갹출한 국방헌금(國防獻金) 11원 70전을 보관 중 횡령함.

- 본적, 주거
  - 본적: 신의주부(新義州府) 노송정(老松町) 6
  - 주거: 신의주부 약죽정(若竹町) 6-26
- 교파와 그 관계: 장로파 집사
- 직업, 성명, 연령: 주선업(周旋業), 이방흡(李芳洽), 48세
- 죄명, 처분연월일, 그 요지: 「육군형법」 제99조 위반 / 1938년(昭和 13) 6월 7일, 구공판 / 1938년(昭和 13) 6월 22일, 금고(禁錮) 4월 / 1938년(昭和 13) 6월 24일, 피고 공소(控所) 신청(申立) / 1938년(昭和 13) 7월 5일, 공소 취하
- 범죄사실 개요: 1937년(昭和 12) 10월 중순 이후 수차례에 걸쳐 신의주부 약죽정 6, 태평

이발관(太平理髪館)과 그 외의 지역에서,
- 라디오 뉴스, 신문 등은 일본군이 완전히 상해(上海)를 점령했고, 혹은 밤낮으로 각지를 점령했다는 취지로 보도하고 있지만, 실제로 목격하지 않으면 사실인지 아닌지 판단할 수가 없다.
- 지나와의 전쟁 때문에 수백 대의 일본 비행기가 추락하여 막대한 손해를 입어서 세금도 비싸지고 집값도 내려갈 것이므로 빨리 소유한 가옥을 매각하는 편이 유리한 계책이 된다.

라고 운운하며 함부로 지껄임.

- 본적, 주거
  - 본적: 평안남도 덕천군(德川郡) 덕천면 읍북리(邑北里) 268
  - 주거: 위와 같음
- 교파와 그 관계: 조선예수교 신도
- 직업, 성명, 연령: 무직, 김예근(金禮根), 46세
- 죄명, 처분연월일, 그 요지: 「경찰범처벌규칙」 위반 / 1937년(昭和 12) 11월 2일(해주경찰서), 구류 15일
- 범죄사실 개요: 1937년(昭和 12) 10월 28일 해주항(海州巷) 예배소에서 「하느님(天主)의 사랑」이라는 연제(演題)로 연설 중에 "나는 일찍이 걸식하는 숙박소(宿泊所)에 전도를 간 적이 있었는데, 길을 들어서 보니 이(虱)가 한두 마리씩 내 몸으로 옮아 올라와서 잠시 보고 있으니 옷에 가득 옮겼습니다. 이가 올라오는 것이 흡사 일본 군대(兵隊)와 같았습니다"라고 함부로 운운하며 황군에 대해 모욕적인 언사를 지껄였음.

- 본적, 주거
  - 본적: 황해도 은율군(殷栗郡) 장연면(長淵面) 서부리(西部里) 29
  - 주거: 황해도 장연군 장연면 읍후리(邑後里) 303
- 교파와 그 관계: 장로파 목사
- 직업, 성명, 연령: 목사, 오순형(吳舜炯), 58세

- 죄명, 처분연월일, 그 요지: 「육군형법」 제99조 위반 / 1938년(昭和 13) 3월 26일, 구공판 / 1938년(昭和 13) 5월 24일, 금고 6월, 2년간 형 집행유예
- 범죄사실 개요: 1938년(昭和 13) 2월 25일 황해도 신천군(信川郡) 북부면(北部面) 석당리(石塘里) 북장로파 교회에서 약 300명의 신도 등에 대하여, 「죄의 대가는 죽음이다」는 제목으로 강연 중에 "이 세상에서 사람의 죽음은 여러 가지가 있다. 작년 7월 지나사변이 발발하여 일본 군대를 다수 지나에 파견해 전쟁 중인데, 지나군(支那軍) 몇십만, 일본군 몇만인가가 전사(戰死)했다. 나는 어떤 곳에서 전쟁 그림을 봤는데, 폭탄 투하를 위해 군인이 불 속으로 뛰어든 자가 다수였다. 이는 어쩐 일인지 이처럼 많은 사람이 전사하는 것도 하느님(天ノ神)이 노하셔서 내린 벌이다"라는 취지로 함부로 지껄임.

- 본적, 주거
  - 본적: 황해도 재령군 재령읍 신대리(新垈里) 89
  - 주거: 위와 같음
- 교파와 그 관계: 장로파 목사
- 직업, 성명, 연령: 목사, 임택권(林澤權), 54세
- 죄명, 처분연월일, 그 요지: 「보안법」 위반 / 1938년(昭和 13) 5월 25일, 기소유예
- 범죄사실 개요: 1937년(昭和 12) 12월 10일 재령경찰서에서 관내 예수교와 종교 유사단체 역원의 시국좌담회를 개최하여 처음에 관계자 일동이 정렬하고 국기게양을 한 후 국가합창, 일동 경례를 했는데, 피의자 혼자 국기에 대한 경례를 하지 않음. 또 좌담회에서 정부가 예수교도에게 신사참배를 강요하는 것은 예수교 예배당을 폐쇄하라는 것과 같은 명령으로서, 이와 같이 신도의 자유를 압박할 수 있느냐며 힐난하고, 모인 사람 74명에게 신사참배 거부를 신랄하게 선동하는 불온한 언설을 함.

- 본적, 주거
  - 본적: 경상북도 김천군(金泉郡) 감문면(甘文面) 대양동(大陽洞) 375
  - 주거: 경상북도 김천군 김천읍 남산정(南山町) 31-39
- 교파와 그 관계: 장로파 장로

- 직업, 성명, 연령: 매약청부업(賣藥請負業), 김인배(金仁培), 64세
- 죄명, 처분연월일, 그 요지: 불경죄 / 1938년(昭和 13) 5월 19일, 기소유예
- 범죄사실 개요: 1938년(昭和 13) 3월 30일 김천경찰서에서 관내 33개 교회의 기독교도 등 74명을 초청하여 시국좌담회를 개최했는데, 화제가 신사참배 문제에 이르자 피의자는 단연코 이를 거부하는 이유로서,

  "일본의 천황폐하라 해도 하느님(神樣)[성부(聖父), 성자(聖子), 성신(聖神)의 삼위일체(三位一體)의 신을 가리킴]의 은혜를 받아 수천 년 동안 광영을 입고 있는 것이다"라고 함부로 지껄이며 외람되게도 천황폐하의 존엄을 모독함.

- 본적, 주거
    - 본적: 전라남도 강진군(康津郡) 작천면(鵲川面) 현산리(峴山里) 1080
    - 주거: 목포부(木浦府) 창평정(昌平町) 1
- 교파와 그 관계: 신도
- 직업, 성명, 연령: 개량서당 임시교사, 김용근(金容根), 21세
- 죄명, 처분연월일, 그 요지: 「보안법」, 「육군형법」 제99조 위반 / 1937년(昭和 12) 9월 30일, 구공판 / 1937년(昭和 12) 10월 14일, 징역 6월
- 범죄사실 개요: 어려서부터 기독교도가 된 이후 동교(同敎)에 깊이 심취하고 또 민족의식이 치열해진 바, 1937년(昭和 12) 7월 중순경 전남 영광군(靈光郡) 염산면(鹽山面) 야월리(野月里) 기독교계 임시 개량서당 교정에서 생도 등 다수에게,

  "지나는 러시아가 후원하고 있으므로 지나가 이기고 일본은 패배할지도 모른다. 지나가 승리하면 조선은 독립할 수 있을지 모르는데, 인물이 없어서 유지가 곤란할 것이다."라고 운운하며 함부로 지껄임.

<자료 20>

한해(旱害)에 따른 민심의 상황과 대책[49]
(조선총독부 경무국 보안과, 1939.8)

　조선의 8월 기상(氣象)은 연일 맑은 날씨가 이어져 고온혹서(高溫酷署)가 닥치면 전 조선 일대에 강우량이 매우 적다. 중부 이남의 가뭄은 더욱 심각해져서 겨우 모내기를 완료한 벼가 말라 죽는 일이 속출하는 참상을 보인다. 보통 월말에 황해(黃海)를 북상한 태풍의 영향으로 전 조선에 걸쳐서 비가 내려도 대용작물(代用作物)에 다소의 효과를 볼 뿐이어서, 가뭄 해소에는 때를 놓친 감이 있었다. 농가가 겪는 고통도 극에 달하여 민심은 점차 동요하는 조짐이 있었다. 이에 지난번 경무국(警務局)에서는 8월 3일 각 도(道) 고등외사경찰과장(高等外事警察課長)의 회동(會同)을 계기로 한해(旱害) 대책에 관한 회의(打合會)를 거행하였다. 보안과장으로부터 한해에 따른 민심 안정 방책에 대한 설명이 있은 후, 주무과장의 한해 대책, 미가(米價) 대책에 관한 설명을 청취하고, 나아가 관계 도 고등경찰과장의 상황 보고와 의견 개진이 있었다. 이 회의에서의 결의에 기초하여 8월 9일 각 도 경찰부장 앞으로 「한해에 따른 민심 사찰(査察) 취체에 관한 건」을 통달(通達)하여, 관계 방면과의 연락 협조를 긴밀히 하여 일반민심의 동향을 살피는 데 노력하였다. 동시에 불온언동자(不穩言動者)의 취체를 엄격하게 함은 물론, 한해에 대한 당국의 제반 시설 실시에 따른 반향(反響) 등에도 각별한 유의를 기울여 소기의 효과를 거두도록 노력하는 등 민심의 안정에 최대한 노력함으로써 시국하 치안 확보를 위해 만전을 기하고 있는 중이다. 또한 8월 21일, 각 도 경찰부장, 신문지(新聞紙) 발행지(發行地) 관할(所轄) 경찰서장, 각 파견원 앞으로 「한해에 관한 기사 취체에 관한

---

[49] 「旱害に伴ふ民心の狀況竝に對策」, 『高等外事月報』 제2호, 1939.8, 朝鮮總督府 警務局 保安課, 16~24쪽.

건」을 통첩(通牒)하였다.

한편, 한해 이재지(罹災地)의 실황과 그에 대한 경찰 지도 취체의 적부(適否)를 시찰하고 독려하기 위해, 8월 13일, 14일 영등포(永登浦), 인천(仁川) 방면에 이시카와(石川) 속(屬), 8월 17일부터 27일까지 충남북에 사카모토(坂本) 사무관, 하타케(畑) 속, 전북에 후루카와(古川) 도서과장(圖書課長), 후쿠다(福田) 속, 전남에 기타무라(北村) 방호과장(防護課長), 오자키(尾崎) 속, 경북에 가와사키(川崎) 사무관, 이시카와 속, 경남에 이토(伊藤) 사무과장, 아사노(淺野) 속을 출장 보내, 경무국에서 한해에 대한 만전의 방책을 수립하였다. 동시에 관계 당국에 대해서도 이재지에서 관민(官民)의 요망 사항 등을 각각 통보·연락했다.

더욱이 내무국(內務局)에서는 8월 4일 경기 이남의 7개 도지사에게 「한해 구제계획 수립에 관한 건」을 통달했다. 이에 따른 각 도의 조사를 기초로 8월 13일 「한해의 개황 및 그 대책」을 작성한 후, 대책 실시에 관한 제반 수속을 서둘렀다. 재무국(財務局)에서는 8월 10일 관계 세무감독국(稅務監督局), 경성(京城)·광주(光州)·대구(大邱) 각 세무부장 회의를 개최하여 조세의 감면, 징수 유예 등에 대한 취급상의 응급조치에 관한 협의를 하였다. 농림국(農林局)에서는 8월 14일 한해지(旱害地) 도지사에게 「한해지에서 소작료의 경감 면제에 관한 건」을 상세히 통첩했다.

각 도 경찰부에서 보고받은 한해 정보는 사안의 경중에 따라 관계 당국에 신속히 회람·연락함과 함께 1주간 분의 보고를 정리하여 인쇄 배포하고 있다. 8월 중에 보고받은 주요한 정보는 다음과 같다.

부(附) 1. 한해 정보(8월 중 받은 보고)

1. 치안 관계

1) 미즈겐카(水喧嘩)[50]의 결과, 상해치사(傷害致死) 사건을 야기한 사안이 있다. (경남)

2) 미신에 의한 암장(暗葬)[51] 발굴을 위해 부녀 수십 명이 모여있는 것을, 취지를 설명하고

---

50 미즈겐카(水喧嘩): 논의 물을 끌어들이는 일로 일어나는 시비, 물싸움을 뜻하는 일본어. 흔히 미즈론(水論), 미즈아라소이(水争い)로 쓰임.

51 암장(暗葬): 남몰래 시신을 파묻고 장사를 지냄. 밀장(密葬).

해산시켰으며, 주모자를 취조 중이다. (경남)

3) 일반적으로 일본의 국력을 절대 신뢰하며 한해 극복의 의기(意氣)에 불타 있지만, 개중에는 올가을 이후에는 뭐라 할 수 없는 비참한 일이 전개될 것이라고 말하는 사람도 있다. (전남)

4) 대용작물인 조(粟)의 발아 상황이 불량했는데. 농민은 군 당국이 알선한 종자가 불량했기 때문이라고 비난한다. (경북)

5) 청주읍(淸州邑)에서 빈농(貧農) 여아(女兒)의 자장가 중에 한해로 절망(絶望)한다는 가사를 집어넣은 것이 있어서, 출처 조사 중 (충북)

6) 현재 식량이 궁핍하지는 않으므로 특별히 범죄의 증가가 인정되지는 않는다. (전남)

7) 조선주(朝鮮酒)의 소비량이 지난해 6~7월에 비해 진천군(鎭川郡) 내에서 약 2천 원의 매행(賣行)[52] 증가라는 기현상을 보였다. 이재민의 초조한 심리가 반영되었다고 판단된다. (충북)

8) 부채(負債) 상환(償還) 같은 것은 개의치 않는 등 자포자기(自暴自棄)의 언사를 함부로 지껄이는 자가 많다. (충북)

9) 충주수리조합(忠州水利組合)의 몽리구역(蒙利區域)[53]에서조차 논이 고사(枯死)에 직면한 것이 50정보(町步) 이상이고, 농민 가운데는 자포자기해서 말과 행동을 함부로 하는 사람이 있다. (충북)

10) 한해로 예년에 비해 엽연초(葉煙草)[54] 잎의 질이 열악하고 또 수량도 반감한 상태인데, 전매(專賣) 당국에서 앞으로 어떠한 사정(査定)을 할 것인지는 모든 경작자의 사활이 걸린 문제로서 중대 관심사이다. (충북)

11) 특수한 방법으로 민정(民情)을 내사해보니, 민중의 태반은 한해에 완전히 실망하여 자포자기하고 불안과 초조가 극에 달하여 시국에 대해서도 무관심해졌다. 일본이 쇠하는 운이라고 하여 성전(聖戰)의 중지를 요망하거나, 혹은 올겨울부터 내년 봄에 이르면 농민봉기(農民一揆)와 같이 전쟁이 시끄러워질지도 모른다고 하는 불온한 말을 입

---

52 매행(賣行): 상품이 팔리는 정도나 상태. 팔림새.
53 몽리구역(蒙利區域): 저수지, 보 등의 수리시설에 의해 물이 들어와 농사에 혜택을 입는 구역.
54 엽연초(葉煙草): 잎사귀를 자르지 않고 그대로 말린 담배.

밖으로 내는 자도 있다.

또한 자산가(資産家) 중에는 앞으로 궁민(窮民)이 연좌 농성하는 전술 등이 있을 것을 예상하여 도회지 이주를 계획 중인 자도 있다. (충북)

12) 인천, 경성 등으로 유입된 이재민 내 미취로자(未就勞者)는 직업을 구하며 거리를 배회하거나, 혹은 부두, 역 근처, 길모퉁이, 공원, 다리 밑 등에서 기거한다. (경성)

13) 한해에 따른 범죄 건수 (경남)

상해 43 / 폭행 5 / 분묘(墳墓) 발굴 3 / 수리(水利) 관계 1 / 계 52

14) 가뭄이 내지(內地) 도항(渡航)에 미친 영향 (경남)

가. 내지 도항 출원(出願)[55]

6월 2,812명 / 7월 3,557명 / 계 6,369명

나. 밀항자(密航者) 검거

6월 3건, 36명 / 7월 11건, 172명 / 계 14건, 208명

15) 가뭄(旱魃)에 따른 부녀자의 인신매매(身賣): 26 (경남)

16) 분묘 발굴

경남 3 / 전북 2 / 충남 1

17) 남선(南鮮)에서 북쪽으로 가는 이재민은 마치 당연한 권리가 있는 듯한 언동으로 민가에 먹을 것을 강요하는 자가 많아, 연도(沿道)의 민가는 상당히 곤혹스러워 하고 있다. (경기, 충남)

18) 한해에 따른 생활난 때문에 하녀봉공(下女奉公)[56]을 목적으로 입성(入城)한 부인이 아이를 버린 사건이 있었는데, 본인의 자수로 취조 중 (경기)

19) 추수(秋收)가 전혀 없어서 아사(餓死)를 면치 못할 것이라고 자포자기한 결과, 축우(畜牛)를 도살하여 나누어 먹은 자가 있다. (경기)

20) 가뭄으로 과세(課稅)가 과중해질 것이라고 예상하여 도외(道外)로 옮겨가 거주하는 지주가 있다. (충남)

---

55 출원(出願): 지원서나 신청서 등을 제출함.
56 하녀봉공(下女奉公): 허드렛일하는 여자로 일하러 나가는 것. 주인집에서 하녀로 일하는 것.

21) "농촌 자산가의 일부는 부락 궁민 구제의 부담을 회피하기 위해 도시로 이주하는 자가 있다. 당국은 신속하게 농촌 구제책을 실시하여 민심을 안정시키면 좋겠다"라고 말한 자가 있다. (충남)
22) "우리는 가뭄 때문에 굶주림으로 고통스럽다. 3천 원을 교부하라. 그렇지 않으면 너의 생명을 빼앗을 것이다"라는 협박장을 우송한 자가 있었다. 범인을 검거해 취조한 결과, 한해와는 아무런 관계가 없고 사적인 원한에 기초한 승려의 소위(所爲)로 판명되었다. (전북)

2. 식량 관계

1) 곡가(穀價)의 사키다카(先高)[57]와 수확의 감소를 예측하여 식량의 대차(貸借)[58]가 감소하고, 종래의 관습인 색조(色租)[59] [벼(籾)의 가불(前貸)]도 하지 않는다. (전남)
2) 개인 대차 및 고리대(高利貸)는 회수 불능을 예상하여 대출을 삼가고 있다. (전남)
3) 지주는 수납한 소작 보리를 매각하지 않고 저장 중인 한편, 소작인에 대해서도 보리의 저장을 장려하고 있다. (전남 목포, 무안 지방)
4) 광주부(光州府) 대지주 지창의(池昌宜)는 소작인에게 통문을 발하여, "당국의 지도에 따라 대용식(代用食)의 경작에 힘써서 식량부족을 극복해야 한다"라고 격려했다. (전남)
5) 군부(軍部)에 대한 납입과 대용식이라는 두 가지 길을 달성하기 위해 배추와 무의 파종을 계획하고, 종자 알선 방법을 군(郡) 당국에 신청했다. (전남)
6) 이재민은 대용식으로 조선술, 약주(藥酒)의 남은 지게미의 매각 방법을 희망하는데, 세무 당국에서는 밀주(密酒) 방지를 위해 이의 매각을 금지하고 있다. (전주)
7) 죽으로 연명하고 초근목피(草根木皮)의 채집 등에 따른 기근 대책에 부심한다. (전남)
8) 유산계급(有産階級)은 걸식(乞食)의 격증을 예상하여 그 대책으로 잡곡과 산의 풀을 채집하여 세농(細農)의 구제를 준비 중이다. (전남)
9) 세민(細民)은 쑥 종류를 주식으로 한다. (충남)

---

57 사키다카(先高): 시세가 올라갈 기미를 뜻하는 일본어. 사키야스(先安)의 반대말.
58 대차(貸借): 꾸어주거나 꾸어 오는 것.
59 색조(色租): 옛날에 정부나 지주가 세곡(稅穀)이나 환곡(還穀)을 타작할 때 덧붙여 받던 곡식.

10) 쑥은 계속 새순이 나서 대용식으로 가장 알맞아서, 이를 채집하여 공터에 옮겨 심는 자가 많다. (전남)

11) 당국은 술빚기(酒釀)와 같이 백미(白米)를 다량으로 소비하는 것에 대해서 제한을 가해야 한다. (충북)

12) 추수 담보의 융통이 두절되어 세민의 생활은 몹시 곤궁해졌다. (경남)

13) 자기의 식량에 가득 채우기 위해 금년도 소작 보리를 납부하지 않은 자가 있다. (경남)

14) 일반적으로 쌀과 보리의 매석(賣惜)[60] 경향으로 곡가가 거세게 폭등했다. (경남)

15) 강화군(江華郡) 교동면장(喬桐面長)은 현재 수중에 있는 벼 200석을 매각하여 부민(部民)의 비난을 받았다. (경기)

16) 식량 수급 대책으로 티켓제도의 실시를 주장하는 자가 있다. (경기)

17) 동래군(東萊郡)에서는 온 집안이 모두 걸식하는 경우도 3호 11명이다. (경남)

18) 도 내에 걸인이 약 100명 증가, 내지 도항 출원자가 증가했다. (전남)

3. 소작 관계

1) 지주 중에 "올해처럼 광범위한 가뭄이 든 해에는 대용작에 대해서도 소작료를 납부하는 것이 타당하다"라고 입 밖에 내는 자가 있다. (전남 영광군)

2) 지주 중에 대용작에 대해서도 소작료를 징수한다고 입 밖에 내는 자가 있다. (경북 영덕군)

3) 벼농사는 평균 1두락 2석의 수확이 있는데, 소작인이 거둔 것(收得)은 1석이 보통이다. 따라서 대작(代作)[61]의 경우, 조(粟) 1석 이상의 수확이 있는 경우에도 소작료를 모두 면제하면 소작인이 가뭄을 이유로 대작만 하게 되어, 국가적으로도 막대한 손해가 될 것이라고 말하는 지주가 있다. (전남)

4) 대용작에는 지세(地稅) 및 소작료도 완전히 면제해주는 것을 가지고, 앞으로 기후가 순조로우면 대용작은 풍작을 볼 것인데, 그렇다면 소작인을 위해서는 올해는 도리어 풍

---

60 매석(賣惜): 시세가 오를 것을 예측하고 팔기를 꺼리는 일.
61 대작(代作): 오랜 가뭄이나 홍수 따위로 인하여 씨 뿌릴 시기를 놓쳐 심으려고 한 곡식을 심지 못하고 대신 다른 곡식의 씨앗을 뿌리는 일.

년이고 지주만 한해라고 입을 놀린 자가 있다. (전남)

5) 식량이 궁한 빈농 중에는 소작 답(畓)의 소작권을 매도하는 자도 있다. (충남[62] 예산군)

6) 발동기(發動機)를 사용하여 보(洑)와 저수지(溜池) 등에서 양수(揚水)하고 관개(灌漑)하는 소작농은 1두락에 대해 현재까지는 약 9원 50전의 경비를 필요로 했는데, 이에 대한 지주의 태도는 자못 냉담하여 물질적인 원조는 물론 위로의 말조차 건네지 않는다. 수확기에는 소작료 검정(檢定)에 대한 양자의 마찰이 불가피하다고 인식하고 지도 중 (경북 김천군 지방)

4. 노무(勞務) 관계

1) 이리(裡里) 부근 경목가도(京木街道, 경성-목포 간)에서는 직업을 구하여 북행하는 자, 직업을 얻지 못해 귀향하려고 남행하는 자가 매일 20여 명에 달한다. (전북)

2) 광주부(光州府) 소재 가네보(鐘紡)[63] 및 와카바야시제사(若林製糸)[64] 등 4개의 공장은 늘 여공(女工) 부족을 호소하며 모집이 어려웠는데, 이재민 부녀의 취업 신청이 쇄도하여 채용 여부 결정에 곤란을 겪었다. (전주)

3) 농업 고용인(雇人)[65]으로 해고된 자 또는 피고용 임금 수령 예상부(見込簿)에서 스스로 해고를 신청한 자가 전체 고용인의 약 3할에 달하고, 그 가운데 약 4할은 실업(失業)하여 걸식화(乞食化)되어서 철도 공사, 기타 취로를 알선 중인데, 철도 공사는 자재난에다 수송도 원활하지 않아 공정(工程)이 진척되지 않고 있으며, 한해에 의해 증대된 노동자의 소화(消化)는 곤란하게 되었다. (충북)

4) 만주에는 비적의 피해[7월 19일 길림성(吉林省) 화전현(樺甸縣) 대포시주(大蒲柴州)에서의 비적 습

---

62 원문은 '忠山'으로 오기되어 있어서 수정함.
63 가네보(鐘紡): 가네가후치방적주식회사(鐘淵紡績株式會社)의 줄임말. 1920년대에 한반도로 진출한 가네보는 서울 동대문 등지에서 제사 및 방적공장을 운영했다. 값싼 노동력과 면화 조달이 쉬운 전라도로 사업을 확대, 1936년 전남도청 등의 지원을 받아 광주 북구 임동에 대단위 방적공장을 설립했다. 군수품을 주로 생산했으며, 1945년에는 방추 3만 5천 개, 직기 1천 4백 개를 운영한 일제강점기 최대 규모의 방적회사였다.
64 와카바야시제사(若林製糸): 와카바야시제사방적주식회사(若林製糸紡績株式會社). 1891년 와카바야시 형제가 시가(滋賀)에서 처음 설립한 이래 후쿠오카(福岡)·구마모토(熊本)·후쿠시마(福島)·야마구치(山口)·기후(岐阜)를 비롯하여 조선에까지 공장을 증설한 제사회사이다. 1930년 8월 전남 광주에 자본금 250만 엔 등을 들여서 와카바야시제사회사(若林製糸會社)를 설립했다.
65 고인(雇人): 삯을 받고 남의 일을 해주는 사람. 여기서는 '고용인(雇人)'으로 번역하였다.

격을 가리킴]가 있음을 두려워하여 이민을 희망하는 자가 전혀 없으며, 내지 도항을 희망하는 자가 많다. (충남)

5) 충북 영동군(永同郡)에서는, 총독부(本府) 승인 아래 현재 계획 중인 함북 온성군(穩城郡) 소재 풍인탄갱(豊仁炭坑) 갱부로 210명을 일제히 모집하여 8월 15일까지 수송하는 방안을 결정했다. (충북)

6) 함북 부령서(富寧署) 관내 공사장에 취로 중인 전남북 출신 총독부(本府) 알선 노동자는 한해 때문에 향리에서 송금 압박을 받아 품삯(勞銀)을 가불하여 송금한 자가 많으며, 그 중에는 이를 떼어먹고 도주한 자도 있다. (함북)

7) 이재민 전입(轉入)이 품삯에 미친 영향 (경기)

경성부 시가지 구획정리 공사장은 7월 일급(日給)이 1.3~1원인 바, 8월 1일부터 1.15~0.85원이 되었으며, 부천군(富川郡) 비행장 공사는 종래에 1.3~1.2원이던 것이 현재는 1원 이하가 되었다.[66] 이외는 임률(賃率)[67]이 종전과 다르지 않으며, 악질 중개자의 개재 등을 인정하지 않는다.

8) 대전 군제제사(郡是製絲)[68] 공장에서 여공 응모자는 매월 40~50명에 달하였는데, 8월 10일에는 200여 명으로 격증했다. (충남)

9) 충남 서천군(舒川郡) 규석(硅石) 채취공장은 종래 20명 정도의 인부가 취업해 있었는데, 농민의 취업 희망자가 많아져서 8월 10일부터는 하루에 약 100명을 수용해 사용 중이다. (충남)

10) 충남 서천군의 농가 고용인은 급료의 반감(半減)도 감수하면서 연말까지 고용되기를 희망하고 있다. (충남)

11) 충남 당진군(唐津郡)의 이촌자(離村者)는 8월 14일 현재 900여 명 (충남)

12) 부산 부두에 이재민 노동자가 증가하여 노동력 부족이 완화되었는데, 하역노동(荷役

---

66 원문에는 일급이 '1,30~1,000', '1,15~0,85', '1,30~1,20', '1,00以下' 식으로 기재되어 있다.
67 임률(賃率): 일정한 시간이나 양의 노동에 대하여 노동자에게 지급하는 임금 또는 그 단가. 임금 산정의 기준이 된다.
68 군제제사(郡是製絲): 군제제사주식회사(郡是製絲株式會社). 메이지 정부 식산흥업 정책의 중심인물인 마에다 마사나(前田正名, 1850~1921)가 양잠업 발전과 지역 진흥을 위해 1896년 설립한 제사회사로서, 조선에도 대전, 청주 등 여러 곳에 공장을 두고 다수의 여공을 모집하였다.

勞動)에 서툴러서 계속하지 못하고 전전하다 이동한다. (경남)

13) 경남 거창군에서 농가의 해고자는 7월 25일 현재 6명 (경남)

14) 김해군에서 경전선(慶全線)[69] 개수공사에 경북에서 유입된 노동자가 150명에 달한다. (7월 21일)

15) 한해 이재민을 근로보국단원(勤勞報國團員)으로 여러 공사에 취로를 시켰는데, 안성군(安城郡) 500명, 이천군 250명, 강화군 50명 (경기)

16) 김포비행장(金浦飛行場)의 노동자 총수는 현재 1,800명으로, 이 가운데 8월 1일부터 10일까지 사이에 새로이 채용된 한해 이재민은 757명이다. 이들은 숙사가 아닌 들에서 자는 중(野宿中)이어서 관할서에서 숙사 증축을 서두르고 있으며, 동시에 야경단(野警團)을 조직하여 방범에 힘쓰고 있다. (경기)

17) 인천부에서 목재 운반 작업에 충남 출신 이재민 29명을 모집하여, 품삯을 중간착취해서 부당이익을 얻은 자가 있다. (경기)

18) 경기 및 인천부로 유입된 도 밖의 한해 이재민은 8월 25일 현재 5,274명에 달한다. (별표 참조)

19) 보은군(報恩郡)의 21호 66명은 함북 회령(會寧) 계림탄갱(鷄林炭坑) 갱부로 이주한다. (충북)

20) 함북 풍인탄갱(豊仁炭坑) 갱부로 할당된 20명에 대해서 응모자가 53명이었다. (충북 영동)

21) 김제군(金堤郡) 미쓰비시(三菱) 금구지소(金溝支所)[70]에서 노동자는 작년 8월 16일 현지 인부 2,206명, 농한기에 다른 마을에서 모인 인부 950명, 계 3,156명이었다. 올해 같은 날에는 현지 인부 2,779명, 농한기 인부 1,858명, 계 4,637명으로 격증하였다. 임금(賃銀)이 하락하는 경향을 보이므로 업자(業者)의 주의를 촉구하는 동시에, 한해 이재민 구제의 의미에서 현지인의 우선적 사용을 조건으로 하고, 나아가 1,400인을 늘려 고용하도록 했다. (전북)

---

69 경전선(慶全線): 우리나라의 남해안을 동서 방향으로 횡단하는 철도로, 경상남도와 전라남도를 연결한다. 총연장은 300.6km이다. 경전선 부설 공사는 호남에서 착수되었고, 1936년 12월 송원~순천 구간이 준공됨으로써 전주~순천의 130여 km가 개통되었다.

70 원문은 '金滿支所'로 되어 있는데, 오기로 보여 수정하였다. 미쓰비시와 미쓰이의 합자로 설립 운영된 일본광업(주) 금구금산을 가리키는 것으로 보인다.

22) 경남에서 이촌자(離村者)를 조사해보니 8월 18일 현재 300호 1,033명으로서, 대부분은 도내 공장지대로, 일부는 북선(北鮮) 지방으로 이주했다. (경남)

23) 경남에서 내지 도항 출원자가 6~7월에는 작년에 비하여 5,969명이 증가했다. (경남)

24) 강원도 화천군(華川郡)의 한강 수전(水電) 공사장에 한해지에서 유입된 노동자가 1일 평균 30~40명에 달하여, 현지 노동자에게 위협을 주고 있다. (강원)

25) 황해도에서 남선(南鮮)의 한해 이재민 유입 수는 8월 13일 전북의 사리원(沙里院) 탄광 취로자(就勞者) 397명을 필두로, 철도 공사에 경북에서 85명, 충남에서 50명, 전북에서 451명, 후쿠다(福田)의 규사(硅砂) 채취장에 전북에서 20명, 합계 1,003명에 달한다. (황해)

26) 전북의 이재민 여섯 가족, 28명은 북선 방면에 안주(安住)할 땅을 구해야 해서 가옥과 가재(家財) 등을 매각하여 잡화 행상인이 되었다. 평북에 도착해서 경찰관에게 북선 지방에 적당한 취직자리가 없으면 만주로 건너갈 심산이라고 말을 해서, 만주로 건너 가려면 이주증(移住證)이 필요하다는 취지로 타이르고 계몽했다. (평북)

5. 경제 관계

1) 함북의 백미 소매가격은 회령(會寧) 이외는 협정을 맺지 않았다. 따라서 8월 23일 농림국(農林局)에 통제가격의 실시기간을 1주간 연기하는 방안을 전청(電請)[71]했다. (함북)

2) 경성부 가축시장의 생우(生牛) 매매는 7월 5일 371두(頭)에서 매시(每市)마다 격증하고 있다. 8월 5일에는 1,143두가 되어 작년에 비해 7할의 증가를 보였다. 종래 400~500원 정도였던 것을 100원 내지 105원에 방매(放賣)하는 자도 있었다. (경기)

3) 충남 논산군(論山郡)에서는 민간에서 예탁한 씨암소(種牝牛) 50두 가운데 반환을 신청한 것이 20두에 달한다. (충남)

4) 가뭄에 따른 가축의 방매는 소 1,299두, 돼지 1,032두, 기타 250두, 계 2,581두(8월 10일 현재). (경남)

5) 비료의 매행(賣行) 불량, 농촌의 구매력 감소, 지나친 관개 작업으로 인한 부업(副業) 생

---

71 전청(電請): 전보(電報)로 훈령(訓令)을 요청함.

산물의 감소, 예금이 감소하는 경향을 보인다. (경남)

6) 가뭄 때문에 설탕 수요가 증가해도 제조원인 정당평양공장(精糖平壤工場)에서 공급을 제한하고 있어서 수급이 원활하지 않다. (경북)

7) 경성 거주 지주인데 한해로 인한 미가 폭등을 예측하여 저장미(貯藏米)의 매석(賣惜)을 하는 자가 있다. (충남)

8) 대용작물인 대두(大豆), 메밀(蕎麥) 종자 등의 시가(市價)가 앙등한 것을 기화로 종자를 다량 매점(買占)하여 폭리를 탐하려 한 자가 있다. (충남)

9) 관개를 위한 발동기 임대를 업으로 하는 자인데 부당한 이익을 탐하려는 자가 있어서 그 요금을 협정하도록 했다. (충남)

10) 개성(開城) 시장에서 생우의 출장(出場) 두수(頭數)는 작년 같은 기간에 비해 올해 7월 121두 증가, 매매 두수 84두 증가, 우가(牛價) 2할 5푼 하락했다. (경기)

11) 강화군 교동면에서는 사육우(飼育牛) 600두 중 200여 두와 돼지 1,000여 두를 매각하여, 가축 수는 대략 3분의 1을 줄였다. (경기)

12) 남선 지방에서 생우를 화차(貨車) 한 대로 사들여서 1천 수백 원의 큰 이익을 얻은 자가 있다.

황해도와 충남의 우가는 1두에 30원 내지 50원의 차이가 있어서, 여비와 운임 등을 공제해도 오히려 1두에 20원 정도의 순이익이 있다고 한다. (황해)

13) 모내기 시기를 예상하고 사들인 비료는 모내기가 불가능하여 수요자가 없다. 대구부(大邱府) 내에 체화(滯貨)[72] 22,006 가마니가 있어 업자는 고민 중이다. (경북)

14) 영암군(靈巖郡)에서는 작년 6월 1일부터 7월 25일 사이 부민(部民)의 금융 상황을 금년 같은 시기와 대비해 보니, 다음과 같다.

(전남)

우편소의 저금고(貯金高)	3할 감소
우편소의 지급고(拂出高)[73]	4할 증가

---

72 체화(滯貨): 불황으로 인한 수요의 감소나 생산 과잉 등으로 생산자·유통 시장에 묵혀 있는 상품.
73 불출(拂出): 돈이나 물품을 내어주는 것. 지급.

보험료 연체 불입자(拂込者)	6할 증가
금융조합 예입고(預入高)	2할 감소
금융조합 대부고(貸付高)	3할 증가

15) 산업의 감수(減收)[74]에 따른 할당 감소와 용수(用水) 고갈에 따른 조업 단축은 생사 가격이 호황인 오늘날 제사가(製絲家)에게 심각한 타격이 된다. (경북)

16) 장날(市日)의 매행(賣行)은 전년 같은 기간에 비해 3~4할 감소, 축우(畜牛) 가격은 대략 반액이 되었다. (전남)

17) 축우 매각에 따른 도산자(倒産者) 방지를 위해 은행, 금융조합의 농촌 대출과 보험료 불입에 대한 지불유예(支拂猶餘)를 실시하도록 했다. (충북 청주)

18) 연료의 앙등 억제와 원활한 수급을 요망하는 자가 많다. (충북)

19) 가뭄과 함께 약 5할 폭락한 생우 가격은 8월 15일경부터 출회(出廻)[75]가 3분의 1로 줄고, 가격도 1두에 20원 내외의 앙등을 보인다. (충북)

6. 학교 관계

1) 충북 도내의 소학교 11, 아동 총수 4,133명 가운데 결석이 370명, 퇴학 예정이 38명 (8월 21일)

2) 예산군(禮山郡) 삽교소학교(揷橋小學校)는 8월 21일 신학기에 아동 608명 중 20여 명이 퇴학원(退學願)을 냈다. (충남)

3) 퇴학 186, 결석 1,012, 수업료 체납 49인 (경남)

4) 여주군(驪州郡) 가남소학교(加南小學校) 7월 중 퇴학자 6명 (경기)

5) 광양(光陽) 지방 통학 아동의 태반은 춘궁기 전에 퇴학을 예상하고 있어서, 이에 대한 직접적인 구제 방법을 강구할 필요가 있다고 말하는 자가 있다. (전남)

---

74 감수(減收): 수입이나 농작물의 수확이 적어짐.
75 출회(出廻): 물품이 시장으로 나와 돎.

7. 구제 관계

1) 인천부에서는 내년도 공사를 금년도로 조정하여 인부 2,000명을 증가해 사용할 것을 교섭 중 (경기)

2) 경기도 강화군은 이재민에게 근로보국단원으로서의 출동 우선권을 부여하고, 또 짚을 알선해서 가마니 짜기를 장려한다. (경기)

3) 같은 군(郡) 강화면은 저수지 공사로 이재민을 구제할 것이며, 독지가로부터 경비 1만 원 내지 5천원 을 출자하도록 계획 중

4) 개성부 지주, 부 의원(府議) 김종훈(金鍾勳)은 지주는 소작인을 구제할 의무가 있다고 하여 만일에 대비하여 벼 1천 가마를 준비해 두었다. (경기)

5) 경기도 수원군(水原郡)은 이재민 가운데 667명을 선발하여 근로보국단원으로 약 4개월간 취로시킬 것을 계획 중 (경기)

6) 안성읍(安城邑) 유지 26명은 협의 끝에 안성군 한해구제회(旱害救濟會)를 조직하고, 회장인 지주 박필병(朴弼秉)[76]은 솔선하여 1천 원을 기부했다. (경기)

8. 유언(流言) 가운데 주된 것

1) 옛날부터 대소동 및 전쟁이 있는 해는 반드시 가뭄이 들어 지방 주민은 식량에 굶주려 아사한 자가 많았기 때문에, 금년 가뭄도 전쟁이 계속되는 한 가뭄이 계속될 것이라는 우려를 금할 수 없다.

2) 지나(支那)의 스파이가 일본해(日本海)로 잡입하여 바닷속의 용이 서식하는 부근에 독약을 집어넣었기 때문에 이렇게 비가 내리지 않는 것이다.

3) 올해 5월부터 돌연히 화성(火星)이 나타났기 때문에 남선 지방은 가뭄이 심하여, 서양의 모(某) 박사는 이를 연구 중이다.

---

[76] 박필병(朴弼秉, 1884~1949): 일본식 이름은 마쓰이 히쓰헤이(松井弼秉), 마쓰이 에이지(松井英治). 경기도 안성군 출신. 1920년대부터 1940년대까지 안성 지역을 중심으로 활동한 일제강점기의 기업인으로 조선총독부 중추원 참의를 지냈다. 이러한 그의 일제 협력 활동은 「일제강점하 반민족행위 진상규명에 관한 특별법」에 의거한 친일반민족행위로 결정되어 2009년 『친일반민족행위진상규명 보고서』에 상세히 등재되었다(『친일반민족행위진상규명보고서』 Ⅳ-7, 340~349쪽).

4) 『정감록(鄭鑑錄)』[77]의 '삼인일석(三人一夕)'[78]이라는 것은 맥(麥)이라는 글자를 말한다. 올해뿐 아니라 내년도 가뭄이 들면 헤아리기 어려운 지경에 이를 것이니, 지금부터 벼농사를 폐하고 보리농사에 전력을 기울이지 않는다면 생명을 유지하기 어렵다. 『정감록』에 "명조(命助)는 삼인일석이라"라고 기록되어 있다고 한다.

5) 대용작인 메밀은 부인의 수태율(受胎率)을 줄이는 것이니 내년 출산은 전혀 없을 것이다.

부 2. 경성 및 인천부로 유입된 도외(道外) 한해 이재민 조사 (8월 25일 현재)

도별	취직자 수	미취업자 수	계
충북	646	231	887
충남	916	361	1,277
전북	621	362	983
전남	702	250	952
경북	371	177	548
경남	330	66	396
기타	169	72	241
합계	3,755	1,519	5,274

부 3. 한해 관계 사고 일람표 (6월부터 8월 말일까지 받은 보고 집계)

도명	수리분쟁	소작쟁의	유언비어	진정운동	범죄
경기도	2	-	15	5	2
충청북도	-	1	34	1	-
충청남도	3	-	15	-	3
전라북도	1	-	4	5	4
전라남도	25	-	22	5	1

---

77 『정감록(鄭鑑錄)』은 조선후기 이래 널리 퍼진 예언서로서, 이씨 왕조가 망한 뒤 정 도령이 나타나 정씨 왕조를 세우고 계룡산으로 도읍을 옮긴다는 내용이 포함되어 있다. 일제강점기에 이 『정감록』이 유행으로 퍼져서 많은 유언비어를 만들어 냈다. 이 책 5장에 수록된 「정감록」(『思想彙報』 23, 1940.6) 참조 바람.

78 『정감록』의 '三人一夕'은 일반적으로 글자를 조합하여 '닦을 수(修)'로 해석하기도 한다. 즉 '도를 닦는다는 것'을 의미한다.

도명	수리분쟁	소작쟁의	유언비어	진정운동	범죄
경상북도	-	-	2	2	-
경상남도	25	-	96	1	53
기타	3	-	6	1	-
합계	59	1	194	20	63

<자료 21>

시국에 대한 외국인의 언동[79]
(조선총독부 경무국 보안과, 1939.9)

최근 예측할 수 없는 시국 정세의 변화에 대해서는 재류(在留) 외국인은 국적(國籍)을 불문하고 특별한 관심을 기울이고 있다. 일지사변(日支事變) 내지 노몬한에서의 정전협정(停戰協定),[80] 우리나라를 중심으로 하는 동아(東亞)의 동향에 대해서도 심심한 주의를 기울이고 있는데, 그 언동 가운데는 상당히 유의해야 할 점이 있다.

이번 일·소(日蘇) 정전협정에 대한 구체적인 언동은 다음과 같다.

기(記)

(1) 경성(京城), 소련연방총영사관(蘇聯邦總領事館) 서기관(書記官), 체트코프

이번 모스크바에서 도고(東鄕)[81] 대사(大使)와 몰로토프[82] 외무인민위원 사이에 만몽(滿蒙)

---

79 「時局に對する外國人の言動」, 『高等外事月報』 제3호, 1939.9, 朝鮮總督府 警務局 保安課, 76~80쪽.
80 1939년 5~8월 만주와 몽골의 국경지대인 노몬한에서 일본군과 몽골·소련군 간의 대규모 충돌인 '노몬한 사건(Nomonhan incident)'이 일어났다. 당시는 독일의 폴란드 침략(9.1)이 발단이 된 제2차 세계대전 직전으로서, 양국은 서로 극동에서의 전쟁을 피하려 했기 때문에 그해 9월 15일 정전협정이 체결되어 수개월에 걸친 국경분쟁이 일단락되었다.
81 도고 시게노리(東鄕茂德, 1882~1950): 다이쇼 및 쇼와 시대 전기의 정치가이며 외교관. 원래 조선 도공의 후손이었으나 일본인 도고로 역사에 이름을 남겼다. 독일과 소련 대사를 역임했으며, 태평양 전쟁 개전 시에는 도조 내각의 외무대신으로 미일 교섭에 참여했고, 패전 시의 종전 교섭에서는 스즈키 내각의 외무대신으로 중책을 담당하였다. 패전 이후 A급 전범으로 기소되어 극동국제군사재판에서 금고형을 선고받고 복역 중 병사하였다.
82 뱌체슬라프 몰로토프(1890~1986): 본명은 뱌체슬라프 미하일로비치 스크랴빈(Вячесла́в Миха́йлович Скря́бин). 소련의 언론인 출신 혁명가, 정치가, 외교관. 소련의 인민위원회 의장(총리), 외무인민위원(외무상) 등을 역임했다. 스탈린의 핵심 측근 중 한 사람이었으며, 스탈린 시대 소련의 외무상을 역임하며

국경분쟁에 대한 정전협정의 성립을 본 것은 그 공죄(公罪)의 여하를 불문하고 일·소(日蘇) 양국을 위해 경하해 마지않는 바이다.

그리고 종래 일본 신문의 보도에 의하면, 노몬한[83] 사건에 대해서는 철두철미하게 소련군의 손해만을 게재하고 있고 일본군의 손해에 대해서는 거의 언급하지 않았다. 그러나 본 협정에 따라 일본군 대본영(大本營)에서 "일·소 양국 모두 상당한 손해가 있었다"라는 취지의 발표가 있자, 비로소 일본군의 손해를 이서(裏書)하였다. 원래 일본군이 어떠한 작전으로 임했다 하더라도 소련처럼 신병기(新兵器)가 충실한 강군(强軍)을 상대로 해서 손해가 전혀 없다는 것과 같은 것은 누구도 믿을 수 없는 바이다.

또한 본 협정은 일본 측에서 제의한 것임에도 불구하고, 일본은 소련의 제의를 받아들여 이에 응하여 승낙한 것처럼 역선전을 하고 있는 것은 유감이다. 하지만 도고 대사는 상당한 외교수완을 가진 것처럼 보임으로써 이 기회에 종래 일·소간의 여러 현안 해결을 도모하여 순차적으로 양국 간의 외교교섭은 궤도에 오를 것이다.

(2) 인천(仁川), 미국인(米國人), A. C. 비츠돌

일본이 소련과 불가침조약을 체결한 것은 일지사변을 유리하게 해결하는 방법이라고 생각한다. 이번에 국부적이긴 해도 외몽고(外蒙) 방면의 정전에 대해 의견일치를 본 것은 바로 일지사변을 신속히 해결하려는 일본의 일대 수확이 될 것이다.

소련은 독·소 불가침조약을 체결했어도 오히려 독일에 대한 시기와 의심을 풀지 않고, 늘 폴란드에서 독일의 군사행동에 세심한 주의를 기울이고 있다. 독일이 발칸반도의 여러 나라 혹은 한 나라에 대해 창을 겨누려고 할 때는 소련은 곧바로 발칸반도의 여러 나라를 꾀어내 독일에 도전할 것은 분명하다. 또 독일이 만약 패전을 거듭하여 의기소침해지면 반드시 독일의 적화(赤化)를 기도하기에 이를 것이다.

또한 소련은 구주대전(歐洲大戰)[84]으로 인한 각국의 피폐를 엿보아 세계의 적화에 매진한다는 설이 있지만, 일본과 미국 양국에 대해서는 결코 적화를 기도할 수 없다고 믿는다. 노

1930년대부터 제2차 세계대전을 거쳐 냉전 초기까지 소련의 외교를 총괄했다.
83 원문은 'ノモハン'으로 오기되어 있음.
84 제1차 세계대전을 가리킴.

몬한 방면의 정전은 소련이 항일(抗日)이라는 어리석음을 반성하고 구주 방면에 온 힘을 집중하는 하나의 증좌(證左)라고 할 수 있는 것으로서, 극동군(極東軍)의 이동이 필요한 소련의 군비(軍備) 또한 상상외로 박약해지는 것이 아닐까 생각된다. 일본은 이 간극을 틈타 급격히 장개석에 대한(對蔣) 군사행동을 일으킬 것이다. 그 결과는 반드시 장개석(蔣) 정권을 한꺼번에 괴멸시키는 데에 이를 것이다.

(3) 청진(淸津), 독일인, F. 요한젠

일·소 불가침조약은 일·독·이(日獨伊) 추축국의 당연한 귀결로서, 독일과 이탈리아에서 제창되고 있는 것 외에 이번에 발표한 정전협정 같은 것도 당시에 이미 그 기운을 조성하고 있던 것이다. 일본 정치가 중 일부는 히틀러 총통을 배신자로 보며, 독일의 실정(實情)과 진의(眞意)를 이해하지 못하고 일시의 감정에 지배되어, 독·소 불가침조약의 체결을 가리켜 방공(防共) 추축국의 붕괴를 운운함으로써 여론(輿論)을 친영적(親英的)으로 유도하려는 경향이 있지만, 본 정전협정의 성립에 따라 오히려 방공 추축국은 더욱 강고해져 미동도 없다는 것을 입증했으니, 참으로 흔쾌하기 짝이 없다.

(4) 인천, 독일인, 한스 리츠크

독·소 불가침조약의 체결을 보자. 독일 정권은 물론 독일 국민도 일본을 위해 일·소 불가침조약 체결에 의한 일지사변의 급속한 해결을 희망했다. 다시 말해서, 사변 해결에 일대 방해가 된 소련에게 장개석 지원(援蔣)의 손을 빼도록 하는 것은 현재 일본이 긴급한 책무이다. 이번 외몽고 방면의 정전에 관해 소련과 의견 일치를 본 것은 참으로 기쁘기 짝이 없다. 그리고 이번 일·소 협정 이면에 독일 정부의 상당한 활동이 있었음은 상상하기 어렵지 않은 바이다.

(5) 인천, 지나인(支那人), 손경삼(孫景三)

이번에 우리가 전혀 예상하지 못한 노몬한 사건에 관한 일·소 정전협정의 성립을 보면, 아베(阿部)[85] 신내각의 외교적 수완이 뛰어난 데 따른 것으로 생각되며, 참으로 축하해 맞이

---

85 아베 노부유키(阿部信行, 1875~1953): 일본의 정치인이자 군인. 1939년 총리대신이 되었으나 5개월 만

하는 바이다. 이로써 일·소 국교 관계는 곧 전면적으로 수정되어야 할 것임은 분명하다. 장고봉(張鼓峰) 사건[86]과 마찬가지로 일시적 정전에 지나지 않는다고 해도 과언이 아닐 것이다. 그렇지만 이것을 계기로 거듭된 일·소 간의 현안 해결을 봄으로써 양국 국교 관계는 어느 정도까지 정상화될 가능성이 있다고 생각한다. 이번 정전협정은 일본의 지나사변 해결 및 신동아 건설 공작을 극히 유리하게 하는 결과를 가져올 것이라고 할 수 있다.

일·만·지(日滿支) 3국은 다행히 구주전(歐洲戰)의 확대를 기회로 수명이 다한 장개석(蔣) 정권을 한 번에 괴멸시켜 조속히 사변의 해결을 꾀해야 할 것이다. 운운.

(6) 전 러시아의용함대(露國義勇艦隊) 극동부장, 구(舊) 러시아인, 콤파니온

- 일·소 정전의 성립으로 소련 적군(赤軍)의 폴란드 진주와 시국은 날로 진전의 길을 걷고 있다. 물론 아베 신내각이 성립하여 일본은 자주독왕(自主獨往)[87] 정책을 추진하게 되었다는 성명(聲明)으로, 대소·대영 관계에 신국면이 전개될 것이라는 점은 예상되는 바이다. 일·소 정전의 성립은 새삼스럽게 다를 이상할 것도 없지만, 문제는 이 일·소 관계 조정이 어떤 정도까지 성공할 것인가 인데, 적어도 지나에 대한 소련의 원조 정책이 중단될 때까지 밀고 나가야 한다고 생각한다. 이를 위해서는 일본으로서도 다분히 소련에 좋은 미끼를 던져줘야 할 것이다. 서부 지나에서 소련의 세력 범위를 인정하는 것도 한 수단일 것이다.

그래서 이와 동시에 대영(對英) 관계의 조정에도 적극적으로 나서야 할 것이다. 구주의 현상에서 극동 문제에 영국은 손을 쓸 엄두가 나지 않는 것은 명료한 일로서, 일본이 영국에 대해 지나에 대한 원조를 딱 잘라 내라고 하면, 겉으로는 본의가 아닌 얼굴은 해도 속으로는 결국 건너는 배를 타는 꼴이 되고 말 것이다.

일·소 정전을 전후하여 소련 적군이 폴란드에 진격하고, 영·불의 현지 영사는 부정하고

에 사임하였다. 이후 중국특파 전권대사를 거쳐 1944년 7월 마지막 총독인 제10대 조선 총독으로 부임했으며, 전쟁 막바지의 무자비한 수탈과 강제동원 정책, 온갖 민족말살정책을 펼쳤다. 1945년 9월 8일 서울에 진주한 미군사령관 하지 중장에게 정식으로 항복문서에 조인하고 일본으로 돌아갔다.

86 장고봉(張鼓峰) 사건: 1938년 7월 29일부터 8월 11일 사이 소련과 만주국 및 조선의 국경인 두만강 근처 장고봉에서 일어난 소-일 양군 간의 충돌사건으로서 국경분쟁이다. 하산호 전투(Хасанские бои, Battle of Lake Khasan)라고도 한다.

87 자주독왕(自主獨往): 남의 태도나 주장에 거리낌 없이 자기가 믿는 주의나 주장대로 행동함.

있어도 일본이 재지(在支) 제3국의 권익은 일본군에서 옹호하기 때문에, 그 주둔지에서 철수하여 물러나라고 요구했다는 보도 등은 그간의 소식을 말하고 있는 것이 아닌가 생각한다. 그러나 어쨌든 일·소의 정전이 중경정부(重慶政府)[88]에게 준 타격은 상당히 심각한 것일 것이다.

- 소련 적군의 폴란드 진격은 영·불의 소련에 대한 선전이 될지 어떨지 상당히 애매한 모양새이지만, 선전(宣戰)할지 말지와 상관없이 독·소 협정에서 옆구리를 친 영국과 프랑스가 또다시 폴란드 진격에 나섰기 때문에 그 분노와 불만은 상당히 심각한 것이다. 그러나 현실주의적이고 무절조(無節操)한 영국 외교로, 어떻게 체임벌린[89] 수상이 히틀러주의 타파를 선전의 목적으로 삼고 있다고는 해도 폴란드가 완전히 붕괴해 버릴 경우, 머리(雁首)를 바꿔 붙여서 붕괴해버린 폴란드를 다시금 원조해도 소용없다는 말을 꺼내지 않는다고 누가 보증할 수 있겠는가. 현재 서부 전선에서 프랑스군이 전진했다고 시끌벅적 떠들고 있지만, 독일의 방어선인 지그프리트 라인[90]에 손가락 하나도 닿지 않았고, 한 대의 폭격기도 폴란드에 구원(救援)하지 않고 있지 않은가. 영국이 선전(宣戰)하기 직전에 군사평론가로 유명한 모 영국군 소좌는 영국의 군비에 관해, 현재 영국의 군비는 본토를 지키는 데에도 힘이 부치는 상태여서 구주대륙에 10만 명의 병사를 보내려면 적어도 1년 후의 일이며, 공군이라 해도 영국 본국의 영공(領空)을 수비하기에도 부족해서 다른 나라를 구원할 여유가 없다고 말할 정도이다. 대부대인 영국군이 프랑스에 상륙했다고 하지만 실제로는 큰 세력일 리가 없다. 게다가 소련의 공세로 루마니아는 거세(去勢)되고 터키도 영국보다 소련에 더 많이 영합하는 나라이기 때문에, 발칸의 여러 나라는 완전히 독일 측에 호의적일 수밖에 없다.

이리하여 현재 구주는 실제보다는 선전전(宣傳戰)이므로 얼떨결에 올라타면 큰일 난다.

오로지 더 흥미 있는 것은 이탈리아의 태도이다. 지중해에서 이탈리아의 공군과 잠수함은

---

[88] 중경정부(重慶政府): 중국 사천성(泗川省) 중경에 도읍하던 시기의 국민정부를 말함.
[89] 네빌 체임벌린(Neville Chamberlain, 1869~1940): 영국의 보수당 정치인이자 제41대 총리(1937~1940). 총리 취임 직후 보수당 당수를 맡았으며, 1939년 독일의 폴란드 침략이 개시되자 독일에 선전포고를 하였다. 1940년 5월 노르웨이 작전의 실패에 대한 책임을 지고 총리직을 사퇴하였다.
[90] 지그프리트 라인(Siegfried Line): 제2차 세계대전 직전에 나치 독일이 프랑스의 마지노선에 대항하여, 독일-네덜란드 국경에 걸쳐 만든 요새 선. 이름의 어원은 게르만 신화의 전설적 영웅인 지크프리트에서 나왔다.

영·프에 절대적인 위협이다. 육군은 앞선 대전(大戰)[91] 때는 약한 것으로 유명했지만, 현재는 무솔리니에 의해 크게 다시 살아나고 있는 것이 아닌가 생각한다. 실제로 에티오피아전쟁[92]에서 혹독한 들판에서 적의 기습을 인내한 점으로 보더라도 이미 옛날의 이탈리아군이 아니라고 생각하며, 프랑스와 이탈리아 국경에는 인공(人工)의 큰 방비선(防備線)이 없더라도 천연의 지형은 상당한 평가를 받아야 한다.

─ 이상이 현 정국에 대한 나의 관측이다. 한편 백계(白係) 러시아인으로서 무엇을 느끼고 무엇을 생각할 것인가를 말해 보면, 우리는 철저하게 반공이며 동시에 반소련적인 존재이다. 따라서 먼저 소련에 대한 독일의 제휴를 유감으로 생각한다. 물론 독일로서는 국가적 입장보다는 이렇게 해야만 했던 것이 있을 것이다. 우리 백계 러시아인이 이러쿵저러쿵 말할 만한 것은 아니지만, 우리가 희구하는 바의 반공·반소운동이 일시적으로라도 정지되는 상태가 된 것은 유감으로 생각한다. 다음으로 일·소 정전도 사시사철 반공·반소운동의 확대 강화를 환영하는 우리 백계 러시아인에게 유쾌할 수는 없다. 이에 물론 우리는 일본의 국가적 입장으로서 지나사변이 끝나기를 기다리고 있는 오늘날 이렇게 있는 것이 옳다는 것은 충분히 알고 있다. 또 소련 적군의 폴란드 진주에 관해서도 만약 현재 러시아 정부가 공산주의 정권인 소련 정부가 아니라면 우리는 박수갈채를 보낼 생각이 들겠지만, 안타깝게도 그것이 소련 적군인 이상 기뻐할 수만은 없다. 서부 백러시아(白露)와 우크라이나인 수백만은 폴란드인의 탄압과 가렴주구(苛斂誅求)에 울며 지내왔지만, 공산정권 하에서 어려움을 맛보는 것보다는 나을 것이다. 원래 이 지역은 대단히 부유한 토지이자 흑토층(黑土層)이라서 농산물도 많이 나고 석유, 석탄, 철 등의 광산물도 있다. 주민 중에는 유태인(猶太人)도 많았는데, 소련 치하에 들어가면서 돈이 많은 유태인 등은 외국으로 도망치기 시작했을 것이고, 가난한 유태인은 재빨리 소련 정권의 앞잡이가 되어 콜호스[93]를 만들고 농민을 괴롭히기 시작

---

91 제1차 세계대전을 말함.
92 에티오피아전쟁(Ethiopian Wars): 1924년 이후 파시즘 체제로 바뀐 이탈리아가 영국·프랑스·이탈리아 3개국 조약(1916)에 의한 에티오피아의 독립보장을 무시하고, 1934년 재차 에티오피아를 침략한 것을 말한다. 결국 이탈리아가 승리하여 1936년 5월 에티오피아를 합병하고 이탈리아 왕이 에티오피아 황제를 겸하였다. 과거 1895년 이탈리아는 아비시니아를 침략하여 완패하고 아비시니아의 독립을 승인할 수밖에 없었는데, 이것이 제1차 에티오피아전쟁이다.
93 콜호스(kolkhoz): 소련의 집단농장. 모든 생산 수단을 사회화하고 협동조합 형식에 의하여 농민이 집단으로 경영했으며, 각자의 노동에 따라 수익을 분배하였다.

했을 것이다. 방공(防共) 구축의 붕괴, 일·소 정전, 소련 적군의 폴란드 진주 등의 문제에 관해서 우리 순연한 백계 러시아인이 느끼는 바는 이상과 같다. 그렇다면 이와 같은 시국을 맞이하여 우리는 어떻게 처신해야 할 것인가 라고 한다면, 먼저 일본 재류 백계 러시아인은 단체로 반소(反蘇) 태도로 나가는 것은 일·소 기본조약이 유효한 이상 신중을 기해야 한다.

백계 가운데에도 이른바 무라드로스파[94]로서 소련의 폴란드 진주 만세를 외친 일당도 있을 것이다. 그러나 영불유태재단(英佛猶太財團)을 배경으로 하는 이전 러시아 입헌민주당(立憲民主黨) 계의 밀류코프파[95]로서 영·프 만세를 제창한 일당도 있을 것이다. 하지만 진정으로 러시아의 부흥과 공산주의 소비에트를 부정하는 우리는 소련 정권이 아주 망하는 상태에 이르게 된다면 어떠한 조건도 받아들여야 한다고 생각하고 있다. 이번 일·소 정전을 출발점으로, 일본은 이제 지나사변 처리를 위해 소련에 대한 국교(國交)의 조정을 한층 더 진전시켜야 할 것이다. 물론 일본의 방공(防共)이라는, 반공(反共)이라는 그 태도에는 변함이 없다고 하므로, 방공 추축(樞軸) 활동이 중단되고 일·소 국교의 조정이 진척된다면, 일·독·이 방공 추축이 꽃피울 무렵의 방공·반공은 저절로 그 내용에 변화가 없을 수 없어서, 지금까지의 적극적인 반공운동을 극도로 제한하고 국내 적화의 취체(取締)라는 범위를 벗어나지 않게 될 것으로 생각한다. 구주 방면에서 우리 백계의 운동도 무라드로스파, 밀류코프파 등의 기회주의(御都合主義)를 제외한 순수파(純粹派)는 앞서 프랑스에서 블룸[96] 내각 이후 탄압을 받아 붕괴해버린 모양이다. 백계로서의 긍지와 식견을 가지고 있던 《보즈로즈데니야》지의 흐름이 일변하여 프랑스 만세 식으로 되고, 독일에서도 소련에 대한 관계상 백계 단체는 숨을 죽이게 되었다고 생각한다.

극동에서도 북지(北支) 방면에 때마침 결성된 반공위원회(反共委員會) 등의 활동도 어느 정도 제동이 걸리게 되었다고 생각한다. 일본 재류 백계 러시아인도 개인으로서의 반공 활동

---

94 원문은 'ムラドロス派'인데, 확인되지 않는다.
95 밀류코프(Milyukov, Pavel Nikolaevich, 1859~1943): 소련의 정치가·역사가. 1917년 2월 혁명 후 임시정부의 외상(外相)에 취임하였으나 반혁명으로 실각, 프랑스에 망명하여 반러시아 운동에 투신하였다. 저서로 『러시아 문화사 개설』, 『러시아 혁명사』 등이 있다.
96 레옹 블룸(Léon Blum, 1872~1950): 프랑스의 정치가. 1924년 사회당 당수를 지냈으며 드레퓌스 사건 당시 무죄론을 주장하였다. 1936년 인민전선 내각을 조직하고 수상을 취임하였다. 제2차 세계대전 중 체포되어 독일에 있다가 종전 후 귀국하여 다시 수상 겸 외상의 자리에 올랐다.

은 그럭저럭해도 단체로서의 활동은 세심한 주의를 기울여야 함이, 우리는 일본에 대한 의무라고 생각한다. 오로지 일·소 국교가 조정되어 각종 경제 제휴가 이루어질 경우, 특히 일본 조야(朝野)[97]에 고언(苦言)[98]을 드리고 싶은 것은 일·소 국교회복 당시에 보였던 것과 같은 천진난만한 태도를 삼가해주었으면 하는 것이다. 소련의 태도에는 깊은 속(奧) 안에 또 속이 있다는 것을 인식해 주기 바란다. 좋은 먹이를 눈앞에 두고 시끌벅적하게 떠들고 있는 사이에 욕심부리다가 오히려 하나도 얻지 못하고 상대에게만 이익을 주는 것 같은 추태가 없도록, 대국민(大國民)다운 일본인에게 바란다.

우리 백계 러시아인은 우여곡절은 있어도 결국은 일본과 소련은 서로 싸울 운명에 있음을 믿어 의심치 않는다. 그러므로 그때까지 여력(餘力)을 기르는 것에 노력해야 한다고 생각한다.

---

97 조야(朝野): 조정과 민간을 통틀어 이르는 말. 정부 관계자와 민간인.
98 고언(苦言): 듣기에는 거슬려도 도움이 되는 말. 직언(直言).

<자료 22> 지방의회에서 의원의 요주의 내지 특수언동 조사(1940년 3~4월)

지방의회에서 의원의 요주의(要注意) 내지 특수언동(特殊言動) 조사[99]
(조선총독부 경무국 보안과, 1940.3)

지난 29일부터 3월 31일까지 사이에 각도(各道)에서 개최된 도회(道會)는 시국상 각도 모두 매우 긴장된 상태에서 개최되었다. 우선 황군장병(皇軍將兵)의 무운장구기원(武運長久祈願), 전몰장사(戰歿壯士)의 영령에 대한 묵념 실시, 각지 파견군 최고 지휘관 앞으로 보낸 감사 전보 발송 등 각 의원 모두 시국을 잘 인식하고 있다. 또한 성전(聖戰) 목적을 완수하기 위한 제반 시정(施政)의 심의에서도 항상 진지한 태도로 의사를 진행함으로써 전시체제 하 국책에 순응하기 위해 노력하여 그간 사소한 사고도 전혀 없이 무사히 종료되었다. 그러나 조선인 의원 가운데 일부는 아직도 민족적 편견에 기초한다고 생각되는 언동을 하는 자가 있다. 그 상황은 다음과 같다.

지방의회에서 의원의 요주의 내지 특수언동 조사
(요주의 또는 특수언동 내용 및 그 발언 의원)

경기도 도회

1. 내선일체(內鮮一體) 방침 구현의 의미에서 먼저 교육의 기회균등을 도모해야 한다. 중학교, 전문학교를 통하여 내선인(內鮮人) 입학 내용에서 종래의 보합제(步合制)[100]를 철

---

[99] 「地方議會に於ける議員の要注意乃至特殊言動調」, 『高等外事月報』 제8호, 1940.3, 朝鮮總督府 警務局 保安課, 37~41쪽.
[100] 보합(步合)은 '어떤 수량의 다른 수량에 대한 비율의 값'으로서, 비율제를 의미한다.

폐하고 기설(既設)·신설(新設)을 불문하고 순연한 공학제(共學制)를 시행할 의사가 없는가. 특히 이 문제는 우리의 형뻘인 내지인(內地人)의 영단적(英斷的) 아량에 의해 진정으로 형제의 우애를 가지고 임한다면 절대 실현 불가능한 문제는 아니다.

2. 이번에 도립(道立)이 된 성동중학(城東中學)은 여전히 내지인 본위의 학교로 만들 방침이 아니라면, 역시 내선공학주의(內鮮共學主義)의 다른 신설 학교와 마찬가지로 내선인을 공학(共學)하게 할 방침인가. 당초 학교를 설립한 기부자도 내선공학에 반대하지 않는 것 같으니, 특히 공학제도가 되길 바란다. 〈파주(坡州), 정영진(鄭永軫)〉

3. 성동중학 이관 후의 경영 문제에 대해, 당국에서는 「교육령」 개정의 취지에 따라 내지인만의 중학교로 만들지 않는다는 답변이 있었다. 그런데 좀 명확하게, 예를 들면 현재의 경성중학(京中)이나 용산중학(龍中)의 형식에 따를 것인지, 그렇지 않으면 경기(京畿)나 경복중학(景福中學)의 형식에 따라 내선의 공학을 실시할 것인지, 그 부분을 명확히 해주기를 바란다. 〈경성(京城), 홍필구(洪必求)〉

4. 성동중학에 대해 내선공학제를 채택하는 것은 당연하다. 만약 고무라(高村) 씨가 이 학교를 설립할 때 내지인만 받아들인다는 방침이 있었다 하더라도, 현재의 시세(時勢)로는 내지인만 입학시킨다는 것은 그 이유를 알 수 없다. 도(道)는 앞으로 이 학교에 대해 기탄없이 조선인 자제를 받아들일 방침이 있는가? 〈경성, 김태락(金泰樂)〉

5. 성동중학의 경영방침에 대한 당국의 답변에 따르면 학교의 연혁 등을 생각해서 선처한다고 하는데, 차제에 종래의 것을 청산하고 새롭게 출발하여 다른 신설 학교와 마찬가지로 내선공학으로 하는 것이 가장 중요한 일이 아닐까? 〈개성(開城), 박한선(朴漢瑄)〉

6. 최근 군(郡)의 일부에서는 학교조합비(學校組合費)에 의한 내지인 학교와 학교비(學校費)에 의한 조선인학교, 또 부(府)에서는 교육비에 관한 제1부와 제2부가 합병할 기운에 있어서 이긴 한데, 정말로 당연한 것이다. 내선일체·교학쇄신(教學刷新) 상 이런 불합리한 제도는 하루빨리 철폐할 필요가 있다. 〈시흥(始興), 김광민(金光敏)〉

7. 성동중학교를 장차 경성중학과 같은 형식으로 할 것인지, 또는 경기중학과 마찬가지로 내선공학을 실시할 것인지, 이 문제는 우리에게 가장 중대한 문제이기 때문에 특별히 지사(知事) 각하의 답변을 부탁한다. 〈강화(江華), 김근호(金根鎬)〉

8. 성동중학은 경기도로 이관된 이상 신설한 것과 마찬가지여서, 도민의 자제는 시험에

합격하면 입학해야 한다. 그런데 이제 와서 새삼스럽게 학교의 연혁에 의해 선처하는 듯한 것은 허용할 수 없다.

초등학교의 입학난은 상당히 심각하여 작년에도 2만 5천 명의 불합격자가 있었던 것 같은데, 사변 하에서 참으로 유감스러운 일이다. 국민정신총동원(國民精神總動員)을 외치고 있는 때이며 교육 동원이 중요하지 않을까 생각한다. 학교 확충의 계획을 수립하지 않는다면, 내선일체의 꽃은 피어도 열매는 맺지 못한다. 〈광주(廣州), 박기환(朴箕煥)〉

9.[101] 종래 도내의 중학교에서는 내지인을 다수 입학시킨 학교 2개 교와 조선인을 주로 수용하고 있는 학교 2개 교라는 불문율이 있었다. 그런데 이번에 성동중학이 도(道)로 이관되었기 때문에 내선의 차별 없이 일시동인(一視同仁)의 「교육령」 개정 취지에 따라 한 사람이라도 많은 조선인 자제를 그 학교에 입학시켜 주시기 바란다. 〈경성, 김사연(金思演)[102]〉

10. 군의 일부에서 학교조합에 의한 학교와 학교비에 의한 학교를 합병하여 내선공학을 실시할 의사는 없는가? 〈안성(安城), 육항상(陸項相)〉

11. 면 직원의 우대문제는 우리가 늘 주장하고 있는 바이다. 도 당국은 면 직원이 어렵게 생활하고 있는 실정을 알고 있는가. 또 이에 대해 특별히 보조금을 낼 의사는 없는가? 〈강화, 김근호〉

12. 최근 인적자원의 부족을 외치고 있는데, 조선인 청소년, 특히 중등학교 이상의 학교를 졸업한 자인데 취직자리가 없어서 곤란해하고 있는 사람이 다수인 점은 유감이다. 당국은 이에 대해 직업을 소개하는 기관을 설치할 의사는 없는가? 〈경성, 홍필구〉

13. 조선에 거주하는 내지인 관리는 애써 조선인 가정을 방문하여 내선일체의 구현화에 노력해야 한다. 특히 현재 조선인 집(家)은 불결하다. 지방의 유력한 관공리(役人)는 대

---

101 원문은 8항으로 오기되어 있다. 이하의 번호는 원문과 상관없이 수정하여 연번을 매긴다.
102 김사연(金思演, 1896~1950): 한일은행 부지배인, 잡지 《조선공론(朝鮮公論)》 사장, 부협의회 의원 등으로 활동한 경성의 유지이다. 1930년대에는 조선총독의 자문기구인 중추원 참의까지 지냈다. 친일단체인 시중회(時中會)에 발기인으로 참여하고, 학병제 경성익찬위원회 등을 통해 일제 침략전쟁을 지원했다. 이러한 그의 친일반민족행위는 「일제강점하 반민족행위 진상규명에 관한 특별법」에 의거한 친일반민족행위로 결정되어 2009년 『친일반민족행위진상규명 보고서』에 상세히 등재되었다(『친일반민족행위진상규명보고서』 IV-2, 701~751쪽).

부분 내지인이라서 자연스럽게 내지인이 조선인 가정을 방문할 기회가 없는 것은 대단히 유감이다. 이제 조선은 제국의 한 지방이 되었으니 내지인이라든가 조선인이라든가 하는 말을 적게 하도록 노력해주시기 바란다. 〈광주, 박기환〉

14. 나는 조선에서 의무교육을 실시할 시기가 온 것이 아닌가 생각한다. 7~8세의 어린아이가 소학교에 입학하려 해도 입학할 수 없다면, 부모도 자식도 정말로 비참하다. 그리고 이 불쾌한 기분은 자연히 언동에도 드러나는 것이다. 이러한 것들은 내지인 어린아이와 비교해 보면 아무리 생각해도 차별적이므로 하루빨리 의무교육을 실시하여 조선인도 일본인이 되도록 해주시기를 바란다. 〈경성, 한상룡(韓相龍)[103]〉

평안남도 도회

1. 쌀 가격은 다른 물가와 비교해서 싼 것처럼 보인다. 나는 미가(米價)의 인상을 예상하는데, 당국에서는 이에 대한 대책을 고려하고 있는가? 〈맹산(孟山), 안용석(安庸錫)〉

2. 잡곡은 공정가격이 없어서 조(粟)의 가격이 도리어 올랐다. 쌀의 공정가격이 인상하면서 정미업자는 폭리를 취했지만, 생산자인 농민에게는 큰 손실을 초래했다. 당국으로서 이에 대한 책임이 있다고 생각하는데, 어떠한가? 〈진남포(鎭南浦), 황윤(黃潤)〉

   나락(籾) 가격은 절대로 인상하지 않는다면서 출하를 독려해놓고 몇 번이나 대폭적인 가격 인상을 발표하여 국민이 그 귀추를 잘못 알도록 했다고 생각하는데, 당국은 어떻게 생각하고 있는가? 〈순천(順川), 박형기(朴亨基)〉

3. 조선에서 내지로 미곡을 이출(移出)하여 내지나 기타로부터 잡곡을 수이입(輸移入)[104]하고 있는데, 그 잡곡 가격이 미곡과 큰 차이가 없는 것은 무슨 이유인가?

---

[103] 한상룡(韓相龍, 1880~1947): 1909년 한국은행 설립 위원이 되어 금융계에 종사하였으며, 한성은행의 지배인, 동양척식주식회사의 고문, 조선식산은행 창립위원 등을 지냈다. 대정친목회, 불교옹호회, 조선국방비행기헌납회, 국민정신총동원조선연맹, 조선임전보국단, 국민총력조선연맹, 조선국민의용대 등 여러 친일단체를 창립하여 임원으로 활동하였다. 1927년에 중추원 참의로 임명되어 1941년까지 네 차례나 연임하였다. 이러한 그의 친일반민족행위는 「일제강점하 반민족행위 진상규명에 관한 특별법」에 의거한 친일반민족행위로 결정되어 2009년 『친일반민족행위진상규명 보고서』에 상세히 등재되었다(『친일반민족행위진상규명보고서』 Ⅳ-18, 753~899쪽).

[104] 일제강점기에 조선-일본 간의 무역에 있어서는, 국가 간 이동을 뜻하는 '수출'이나 '수입'이 아닌 지역 간 이동을 뜻하는 '이출'이나 '이입'이라는 용어를 공식 사용하였다.

내지의 미곡 부족에 대해 조선에서 상당수를 이출하고 있는데, 내지를 시찰해보니 칠분도(七分搗)[105] 백미의 상용(常用)이나 혼식(混食) 등은 전혀 힘쓰지 않고 있다. 그런데 이에 대해 보급할 필요가 있는가? 〈순천, 박형기〉

4. 내지로 미곡을 이출하려면 이를 대신할 잡곡의 이입이 확보되어야만 한다. 이에 대한 당국의 전망과 그 수량을 명시해주시기 바란다. 〈평원(平原), 최정수(崔正洙)〉

5. 이 비상시국, 특히 미곡의 비상시에 즈음하여 조선에서 칠분도미 20만 석을 내지로 보냈다. 그런데 내지에서는 환영하지 않는 상황이라는데, 어떠한가? 〈평원, 최정수〉

6. 잔존미(殘存米)의 조사는 지극히 엉성하여 과대하게 견적이 되어 있다고 생각한다. 이러한 차질은 단경기(端境期)[106]에는 우려할 만한 사태에 처할 염려가 있다. 당국의 소견은 무엇인가?

   현재 나락 및 잡곡의 수량을 발표하지 않을 때는 도리어 일반 도민(道民)의 불안을 초래하고 있는 것이 아닌가? 〈평원, 최정수〉

7. 본 도에서도 올해는 칠분작(七分作)이라고들 한다. 그런데도 본 도에서 미곡 50만 석을 이출하고 그 대신 잡곡을 이입하도록 하고 있다. 이에 대해 과연 성산(成算)이 있는지 숫자적으로 명시해주시기 바란다. 〈평양(平壤), 손수향(孫壽鄕)〉

8. 산간지방에서 평양 방면으로 상당량의 잡곡을 반출하고 있다. 생산량이 적은 산간지방에서 다량을 반출하면 장차 매우 곤란해질 것이다. 도에서는 인정하는가? 〈영원(寧遠), 김덕준(金德俊)〉

9. 산업조합(産業組合)에서 잡곡을 공정가격보다 30전(錢) 이상 높게 수매하고 있는데, 어떤 이유에서인가? 일반인이 공정가격보다 고가에 매매할 때는 경제경찰의 취체(取締)를 받는데, 균형을 잃은 것이 아닌가? 〈영원, 김덕준〉

10. 식료(食料) 대책에 대해 당국에서는 충분한 대책이 있는가? 지장이 없는 범위에서 숫자적으로 설명해주시기 바란다. 〈평양, 손수향〉

11. 저물가정책을 칭하며 물가의 억제에 노력하고 있는데, 그 때문에 필요한 것에서 도리

---

[105] 칠분도(七分搗): 현미(玄米)를 찧어서 쌀겨 부분의 7할을 깎아 내는 일.
[106] 단경기(端境期): 경계의 끝이 되는 시기라는 뜻으로, 철이 바뀌어 묵은쌀이 떨어지고 햅쌀이 나올 무렵을 이르는 말.

어 결핍을 가져왔다. 경제경찰의 활동이 있어도 암거래는 성행하고 있다. 그러므로 민중은 대단히 불안해하고 있는데, 당국의 견해는 어떠한가?〈평양, 손수향〉

12. 현재 만주 방면의 조(粟) 가격을 보면 도저히 조선으로 수입할 수 있는 가격이 아닌 것 같아 보인다. 수입해도 가격 인상이 절대 없도록 해주시기를 바란다.〈개천(价川), 최창호(崔昌鎬)〉

13. 「교육령」 개정은 내선공학을 근본으로 하는 것인데, 동령(同令)의 개정 이래 이미 3년을 경과한 오늘날에도 아직 1부나 2부 혹은 학교비나 학교조합이라는 제도가 현존하고, 군의 일부에서는 5~6인의 내지인 아동에게 1학교를 건설하는 실상이다. 내선일체는 형식과 실질 모두에서 구현되어야 한다. 모쪼록 내선공학을 하여 같은 학창(學窓)에서 배우게 하여 실질적인 내선일체를 드높여 주기 바란다.〈평원, 최정수〉

14. 교원의 대우가 열악하며, 특히 조선인은 생활난에 직면해 있는 상황이다. 생활상 부득이하게 퇴직을 신청한 사람에 대해 징계면직의 처분으로 임하는 듯하다니 참혹하다. 이 대책으로 당국이 조선인 관공리에게 사택료(舍宅料)를 빨리 지급하는 것이 선결문제인데, 어떠한가?〈순천, 박형기〉

15. 내지인 소학교장에 비해 조선인 교장 수는 대단히 적은 실상인데, 정원제(定員制)가 있는가?
교원의 자격에서 내선인 구별이 없는 이상 조선인 교장을 증가할 필요가 있다고 생각한다.〈진남포, 황윤〉

16. 진남포상공학교(鎭南浦商工學校)의 상황을 보면, 조선인 지원자는 내지인 지원자의 여러 배에 달함에도 불구하고 입학자는 내지인의 3분의 1일에도 미치지 못하는 상황이다. 정원을 정하여 허가하는 것인가?〈진남포, 황윤〉

17. 1939년도(昭和 14) 지원자 및 입학자의 내선인별 계수(計數)를 제시하여 내선인 지원자에 대폭적인 차이가 있게 된 것은 당국에서 시험한 결과라고 한다. 내선인 아동의 뇌력(腦力)에 이렇게 차이가 있다는 점은 믿을 수 없다.〈순천, 박형기〉

18. 소학교에서 내선공학이 아직도 실시되지 않는 것은 무슨 이유에서인가? 조선인 아동은 거들떠도 안 보면서 겨우 몇 명의 내지인 아동을 위해 자가용 버스까지 허가하고 내지인 소학교에 자동차 통학을 하게 한다. 조선인, 특히 아동에 대한 사상적인 영향

은 심대하다고 생각한다. 〈개천, 최창호〉

19. 중학교의 영어 폐지는 조선인을 위한 것인가. 이 때문에 조선 내 전문학교 입학상황은 영어를 폐지하지 않는 내지 중등학교 졸업생에게 침식당하여 조선인의 전문학교 입학은 더욱 곤란에 빠질 것이라고 생각한다. 〈대동(大同), 황찬영(黃贊永)[107]〉

20. 반도인(半島人) 관리에게 숙사료(宿舍料)가 지급되기를 바라는 바이다. 〈개천, 최창호〉

21. 1940년도(昭和 15) 예산을 보면 새로 약 90명의 직원을 채용하도록 되어 있다. 그런데 내용을 보면 높은 급료는 내지인, 낮은 급료는 조선인으로 되어 있다. 채용률 또한 내지인 80명, 조선인 10명 정도인데, 일시동인·내선일체라는 오늘날의 상황에서 공평해진 채용 방법을 바라는 것이다. 〈개천, 최창호〉

22. 진남포상공학교 입학고사를 우리는 납득할 수 없다. 내선인 동률 입학을 허가하도록 취급해주기를 바란다. 〈대동, 김원갑(金元甲)〉

---

[107] 소설가 황순원(黃順元)의 부친이다.

지방의회에서 의원의 요주의 내지 특수언동 조사[108]
(조선총독부 경무국 보안과, 1940.4)

- 의회별: 충청북도 도회(道會)
- 요주의 및 특종언동(特種言動)과 그 발언자
  - 세제(稅制) 개정의 결과 영업세(營業稅)가 본세(本稅)[109]에서 5할, 도세(道稅)에서 6할이 증가했는데, 업자는 경제통제에 의해 극도의 타격을 받고 있는 시점에서 유감스럽게 생각한다. 당국은 그 표준을 어디서 구했는가. 〈안동정(安東正)〉
  - 씨제정(氏制定)이 내지인(內地人)처럼 가능하게 된 이때, 전적(轉籍)[110]의 자유도 받아주시기 바란다. 즉, 내지인이 조선으로 적(籍)을 옮기듯이 조선인도 내지로 자유롭게 적을 옮길 수 있도록 해줄 것을 요망한다. 〈남상철(南相喆)[111]〉
  - 창씨(創氏) 제정에 관한 것이다. 창씨 제정할 때는 1인당 50전의 수수료를 징수하는데, 어떻게든 이 수수료를 면제해주시기 바란다. 창씨개명(創氏改名)할 때 번거로운 수속 혹은 비용 50전을 줄여달라는 일반 민중의 목소리이다. 〈홍원식(洪元植)〉
  - 조선특별지원병(朝鮮特別支援兵) 모집상황을 보면 지원 전에 경제적 지원을 하는 것 같은데, 이것은 장래에 있어서 좋지 않다고 생각된다. 다음으로 채용인원에 관한 것인데, 현재는 지원자 수로 채용인원을 표준으로 삼기 때문에 자칫하면 경쟁적으로 되는 경향이 있지 않을까 생각된다. 이점에 대해서는 인구 비율로 하거나 적격자의 수

---

108 「地方議會に於ける議員の要注意乃至特殊言動調」, 『高等外事月報』 제9호, 1940.4, 朝鮮總督府 警務局 保安課, 40~49쪽. 제8호의 글에 이은 것이다.
109 본세(本稅): 근본이 되는 세를 부가세에 상대하여 이르는 말.
110 전적(轉籍): 호적(戶籍)이나 병적(兵籍) 등의 문서를 다른 곳으로 옮김.
111 남상철(南相喆, 1891~1978): 1937년 5월부터 해방될 때까지 충청북도 도회의원을 지냈다. 1938년 국민정신총동원 충청북도연맹 참여(參與), 1939년 음성군 감곡면협의회 의원, 1942년 국민총력 천주교경성교구연맹 이사장 등을 역임했으며, 충청북도 등이 주관하는 각종 시국강연회에 연사로 참여하였다.

를 표준으로 하는 것이 온당하지 않을까. / 만주 이민은 어떤 이유로 이민하는 것인가. 그 목적이 무엇인가. 〈정석희(鄭奭熙)[112]〉

- 세제개혁에 따라 종래의 가옥세(家屋稅)가 간제(間制)나 평제(坪制)로 변경되었기 때문에 농촌의 빈약한 가옥까지 과세하게 되어서 조선인 빈민 계급의 부담이 가중되었다. 당국의 선처를 바란다. 〈박인서(朴麟緖)〉
- 요즘 관공리의 채용에서 내선인(內鮮人) 제한제도가 있는 것은 매우 유감스럽다. 오히려 전직(轉職) 방지, 인적자원 애호의 견지에서 대우 개선에 노력하는 것과 더불어 이 제도의 철폐를 바란다. 〈최동선(崔東善)[113]〉
- 현재 가족이 내지에 있어서 이들을 만나고 싶은 자로서 확실한 취직 전망이 있는 자에 대해서도 내지 도항 취체(取締)를 엄중히 하고 있는 것 같은데, 내선일체(內鮮一體)의 견지에서 보더라도 도항 취체를 완화해주시고, 한층 더 자유 도항이 가능하도록 해줄 것을 요망한다. 〈유성연(柳性淵)〉

• 의회별: 충청남도 도회
• 요주의 및 특종언동과 그 발언자
- 쌀 가격과 보리 가격이 대략 비슷한 곳이 어디 있는가. 즉, 쌀을 값싸게 내지로 이출(移出)하고 보리를 비싸게 내지에서 이입(移入)한 결과,[114] 최근 내지에서 40여 만석의 잡곡을 이입하기에 이르렀다. 그것을 배급할 때는 간상(奸商)[115]이 발호하고, 또 배급 방법이 원활하지 못한 점도 있었다. 〈임창수(林昌洙)[116]〉

---

[112] 정석희(鄭奭熙)는 충주 출신의 독립운동가로서 대한민국임시정부에서 활동한 정태희(鄭泰熙)의 사촌으로서, 정태희가 중국 상하이로 망명할 때 여비 등을 제공했다고 한다.
[113] 1904년 11월 김태희(金泰熙) 외 2명이 청주에 설립한 광남학교(廣南學校)가 1908년 예수교장로회계의 청주청남학교(淸州淸南學校, 현 청남초등학교)로 개칭했는데, 최동선(崔東善)은 1936년 12월 최초의 조선인 초대교장으로 취임하였다.
[114] 일제강점기에 조선-일본 간의 무역에 있어서는, 국가 간 이동을 뜻하는 '수출'이나 '수입'이 아닌 지역간 이동을 뜻하는 '이출'이나 '이입'이라는 용어를 공식 사용하였다.
[115] 간상(奸商): 간사한 방법으로 부당한 이익을 보려는 장사, 또는 그런 장사치. 악덕 상인.
[116] 임창수(林昌洙, 1892~1960): 충남 연기군 출신의 법조인 겸 관료. 1937년 5월 충청남도 민선 도회의원으로 선출된 후 시국대응전선사상보국연맹, 국민총력조선연맹, 흥아보국단, 조선임전보국단, 징병제시행감사적미영격멸결의선양전선공직자대회(徵兵制施行感謝敵米英擊滅決意宣揚全鮮公職者大會) 등에 참여하

- 조선의 미곡정책에 대해 우리는 정부의 방침에 의문이 없지 않다. 몇 해 전 내지의 쌀 생산 옹호 때문에 선미(鮮米)는 조선 내 소비를 강조하면서, 작년의 대한해(大旱害)로 식량부족에도 불구하고 백수십만 석을 이출하고 그 대용으로 잡곡을 이입한 것은 이해하기 어렵다. 본 도(道)의 이출미(移出米)는 얼마나 되는가. 〈양재억(楊載億)〉
- 결핵은 망국병(亡國病)으로 알려져 있다. 이것의 예방치료를 위한 설비기구의 확충은 초미의 급무이다. 그런데 내지인이 많은 도시에는 설비를 갖추고 시골에는 이러한 설비가 전혀 없다. 교육기관도 마찬가지이다. 〈유정식(兪廷植)[117]〉

• 의회별: 충청남도 대전부회(大田府會)
• 요주의 및 특종언동과 그 발언자
- 내지인의 가봉(加俸) 철폐 등은 논하지 않겠지만, 현재 가봉을 받는 자와 가봉을 부가하지 않는 자는 몇 할에 해당하는지, 증급(增給)[118]에 대해서는 내선인 모두 같은 금액으로 해주기 바란다. 〈방두환(方斗煥)[119]〉
- 지난겨울 엄청 추웠을 때 학교장이 아동에게 인고단련(忍苦鍛鍊)의 의미라면서 맨발로 통학시켜서 지금도 치료되지 않은 자가 많다. 또 석탄 절약이라고 하여 스토브를 피우지 않아서 공부도 할 수 없었다는데, 어떠한가. 〈김용훈(金容勳)〉
- 영정소학교(榮町小學校)에서는 인고단련이라면서 아동에게 너무나 과격한 실과(實科)를 시켜 이로 인해 아동 중에 사망자가 있었다는데, 어떠한가. 〈오창헌(吳昌憲)〉
- 대전에서 증가하는 인구는 거의 반도인(半島人)이다. 반도인에게는 내지식 건물은 부

였다. 1945년 6월부터 8.15 때까지 중추원 참의를 역임하기도 했다. 1949년 반민특위에 체포되어 조사를 받았다. 이러한 그의 친일반민족행위는 「일제강점하 반민족행위 진상규명에 관한 특별법」에 의거한 친일반민족행위로 결정되어 2009년 『친일반민족행위진상규명 보고서』에 상세히 등재되었다(『친일반민족행위진상규명보고서』 IV-15, 186~208쪽).
117 유정식(兪廷植, 1894~?)은 일제강점기 경찰인데, 그의 친일행위는 『친일인명사전』(민족문제연구소, 2009)에 등재되었다.
118 증급(增給): 월급이나 일급 등을 올려줌.
119 방두환(方斗煥, 1892~?): 보성전문학교 졸업. 1923년부터 1926년까지 《시대일보(時代日報)》 영업대표를 역임했으며, 대전으로 이주한 후 대전상공회의소 의원, 대덕유치원장, 《동아일보》 대전지국장, 대전부회(大田府會) 등을 역임하였다. 8.15 이후 1945년 11월부터 1946년까지 제2~3대 충청남도 대전부윤(大田府尹)을 지냈다.

적합하다. [부영주택안(府營住宅案)에 대하여] 〈방두환〉
- 조선인은 생활 관습상 내지식 가옥에 사는 것은 불편하다. 주택난은 오히려 반도인이 엄청나게 많으므로 조선인 방식의 주택도 만들 필요가 있다. 〈윤용섭(尹容燮)〉

• 의회별: 전라북도 도회
• 요주의 및 특종언동과 그 발언자
- 물자의 통제가 원활하지 않아서 현재 농촌은 물자 결핍으로 생활필수품이 상당히 곤궁한 상황이다. 지금의 통제는 통제를 위한 통제에 치우쳐 문제가 있으니, 앞으로는 물자의 현황을 적절히 고려한 후에 통제될 수 있도록 조처해주시기 바란다. 〈박정식(朴政植)〉
- 「묘지 규칙」에 의하면 사설 묘지는 보통 수속을 거쳐 허가받도록 하고 있는데, 현재 허가의 상황을 보면 사회적 지위와 자산의 상태에 따라 허가되는 경향이 없지 않다. 이렇게 해서는 규칙 제정의 취지에 어긋날 혐의가 있으므로 앞으로는 일반적으로 허가되도록 조처해 주시기 바란다. 〈신문휴(申文休)〉
- 조선인 공동묘지의 개선 방법에 대하여 현재 조선인 공동묘지의 상황으로는 도저히 경신숭조(敬神崇祖)의 관념 조장은 기대할 수 없으므로 당국에서는 공동묘지의 개선방안에 대해 연구해 주시기 바란다. 〈원병희(元炳喜)[120]〉
- 현재 일본의 태환권제도(兌換券制度)에서는 조선은행권은 내지에 통용되지 않기 때문에 매우 불편한 점이 있으니, 조선은행권이 내지와 조선 상호 통용되도록 제정방안을 배려해주시기 바란다. / 나병(癩病) 환자의 현 상황을 보면, 진실로 동정하지 않을 수 없다. 사는 집도 없고 먹지도 못하며 이곳저곳을 유랑하고 있는데, 이러한 불행한 환자를 구제하기 위해 당국에서는 솔선하여 간이수용소를 설치해 주실 것을 희망한다. 〈유진엽(柳鎭燁)〉

---

120 원병희(元炳喜, 1884~1950): 전북 전주 출신으로 일제강점기 관료 겸 법조인. 창씨명은 원촌병희(元村炳喜). 전라북도 부회의원(1935), 전라북도 민선 도회의원(1937), 조선총독부 중추원 참의(1942~1945) 등을 역임했다. 이러한 그의 일제협력활동은 「일제강점하 반민족행위 진상규명에 관한 특별법」에 의거한 친일반민족행위로 결정되어 2009년 『친일반민족행위진상규명 보고서』에 상세히 등재되었다(『친일반민족행위진상규명보고서』 Ⅳ-10, 294~304쪽).

- 현재 반도에서는 지원병제도가 실시되어 그 수도 매년 증가하는 경향이 있다. 그런데 본 제도는 지원으로서 의무는 아니어서 봉공(奉公)의 관념에서는 부족한 부분이 있다. 헌법(憲法)에서 3대 의무 가운데 조선인은 납세의무만 부담하고 있다. 혹자는 병역의무는 의무교육 실시 후가 아니면 오히려 빠르다고 말하는 사람도 있지만, 국방 즉 병역의무는 국가의 창립과 동시에 생겨난 것으로서 병제(兵制)는 교육보다 선행해야 하는 것이다. 〈원병희〉
- 현재는 물가가 앙등하는 때이므로 하급 관리의 생활상태는 실로 비참한데 아직 대우 개선을 보지 못한 것은 유감이다. 당국에서는 서둘러 하급 관리에 대해 사택료(舍宅料) 혹은 다른 명목의 대우 개선을 고려해 주시기 바란다. 〈유진엽〉

• 의회별: 전라북도 전주부회(全州府會)
• 요주의 및 특종언동과 그 발언자
   - 우리 조선인은 힘을 합쳐 하나가 되어 교육 확충에 매진할 필요가 있다. 교육비를 내고 싶다고 생각하는 자에 대해 내지 말라고 하는 것은 심히 유감천만(遺憾千萬)하고 또 부적합하다. / 풍남소학교(豊南小學校)는 전염 병균의 잠재를 이유로 현재 전주소학교(全州小學校)로 이전했는데, 건축물에 이어서 조선인 생도를 수용하는 것은 부적합하므로 빨리 다른 곳으로 이전방안을 고려해 주시기 바란다. 〈임택룡(林澤龍)〉
   - 전주소학교에서 교사의 아동 징계가 그 정도를 넘은 사례가 있다고 들었다. 본건은 교육상 필요에 의한 것이라고 사료되기는 해도, 아동 정신상에 미치는 영향은 큰 것인데, 당국의 의향은 어떠한가. 〈아리마쓰 가쿠지(有松角治)〉
   - 전주부(全州府) 회계계(會計係)의 부정 사건에 의해 출정군인 유가족에게 500원의 변상(辨償)을 하게 한다고 하는데, 생계난(生計難)에 빠진 명예로운 가정에게 변상을 요구하기보다는 부(府) 당국에서 보상(補償)할 의향은 없는가. 〈이승룡(李昇龍)〉

• 의회별: 전라북도 군산부회(群山府會)
• 요주의 및 특종언동과 그 발언자
   - 조선인 관원(吏員)과 내지인 관원을 비교해 보면 봉급의 차가 있을 뿐만 아니라 조선

인 관원에게는 숙사료(宿舍料) 지급이 없는데, 이에 대해 부윤(府尹)은 내선일체 상 어떻게 생각하는가. 또 부(府)에서 각 과장급은 내지인이 독점하고 있는데, 이 역시 어떻게 생각하는가. 〈서홍선(徐鴻善)〉

- 경방단(警防團) 간부에 조선인을 임명할 의사는 없는지, 또 가정방호조합(家庭防護組合)에 조선인 간부 없이 내지인 간부만으로는 지도가 충분하지 않다고 판단하는데, 어떠한가. 〈김일룡(金日龍)〉〈서홍선〉

• 의회별: 전라북도 이리읍회(裡里邑會)
• 요주의 및 특종언동과 그 발언자
  - 읍내의 배급상황을 보면, 내지인 측 배급미(配給米)는 양호하고 조선인의 배급미는 열악하다는 풍평(風評)이 있는데, 내선인을 구별하는 등의 일은 없도록 공평한 취급방안을 요망한다. 〈배헌(裵憲)[121]〉〈최창모(崔昌模)〉
• 의회별: 전라남도 도회
• 요주의 및 특종언동과 그 발언자
  - 올해 예산은 지나사변(支那事變)과 밀접하여 떨어질 수 없는 관계이므로 우리는 지나사변에 대한 정확한 지식을 필요로 한다.
    가. 제국 정부는 어떠한 방침 아래 사변을 처리하고 있는가.
    나. 제국 정부는 작년 12월 왕조명(王兆銘)[122]과 어떤 것을 협정했는가.
    다. 지나(支那) 중앙정부의 성립 시기와 그에 대한 제국의 태도 방침
  등 제국 정부의 지나사변에 대한 근본적인 최고처리방침을 설명해 주기 바란다. 〈국명

---

[121] 배헌(裵憲, 1896~1955): 전북 익산 출신으로서 1913년 만주로 망명하여 신흥무관학교에 입학하여 군사훈련을 받았다. 이후 길림성 북로군정서와의 연락 임무를 비롯해 군자금 모집 등의 임무를 띠고 국내로 들어와 활동하였다. 《동아일보》기자, 전북기자대회 서기, 이리청년회 출석대표, 익산노동연맹 집행위원, 전북청년연맹 대회 임시의장, 신간회 익산지회 창립 등의 활동을 전개했다. 이리에서 인쇄공친목회를 창립하거나 정미도접조합(精米稻摺組合)을 창립해 조합장으로 활동하기도 했다. 신간회 활동으로 검거되어 대구복심법원에서 징역 6월을 언도받는 등 몇 차례 일제 경찰에 체포 구금되기도 했다. 8.15 이후 1948년 제헌국회의원 선거에 무소속으로 출마하여 당선되었으며, 전라북도 상공회의소 부회장 등을 역임하였다.

[122] 왕조명(汪兆銘, 왕자오밍, 1883~1944): 중화민국의 문인, 정치가. 중국국민당 부총재. 필명은 왕정위(汪精衛, 왕징웨이).

현(鞠溟鉉)〉

- 하급 관리의 대우를 개선하기 위한 재원(財源)으로서 각 부문에서 월급이 비교적 싼 조선인 직원을 많이 채용하고 조선인 간부를 증원(增員)해 주기 바란다.〈김철진(金哲鎭)[123]〉

- 내선일체의 구현화(具現化)가 되지 않는 것은 다음과 같은 결점이 원인이다.

    1. 내선 간의 관세(關稅), 2. 조선 지폐가 내지에서 유통되지 않는 것, 3. 조선인의 내지 도항 허가제도, 4. 경찰 수뇌부에 조선인이 보이지 않는 것, 5. 내선공학(內鮮共學)은 표면적일 뿐이고 여전히 차별대우가 있는 것, 6. 중추원(中樞院) 참의(參議), 면장(面長), 부락금융조합(部落金融組合) 등에 내지인이 없는 것, 7. 내선인 공통의 「호적법(戶籍法)」이 없는 것, 8. 한 지방에 같은 청년단(靑年團)이면서 내지인 청년단과 조선인 청년단을 별개로 두고 있는 것, 9. 지방자치 중인 지금 자문제(諮問制)나 관선의원제(官選議員制) 등의 변태적인 제도가 있는 것, 10. 조선에서 중의원(衆議院) 의원의 선출제를 설치하지 않는 것.〈최형호(崔螢澔)〉

- 내선일체의 견지에서 조선인의 내지 도항 증명제도를 즉시 철폐하는 방안을 요망한다.〈김선홍(金善洪)〉

- 새롭게 내지인 식으로 씨를 창설한 반도인에 대해서도 내지 도항 때 여전히 허가증명제도를 채용하는 것인가.〈고재윤(高在潤)〉

• 의회별: 전라남도 목포부회(木浦府會)
• 요주의 및 특종언동과 그 발언자

- 목포고등여학교(木浦高女校)의 내선인 공학(共學)의 취지에는 공명하지만, 시기상조(時期尙早)의 감이 있다.〈마치다 아사타로(町田淺太郞)〉

---

123 김철진(金哲鎭, 1905~1971): 전남 목포 출신. 1920년대에 전남청년연맹과 목포청년동맹의 집행위원장, 목포청년회 상무집행위원, 신간회 목포지회 총무간사 등으로 활동했으며, 조선공산당 및 고려공산청년회에 가입하여 공청 목포야체이카 책임자로도 활동하였다. 이러한 활동으로 일제 경찰에 검거되어 1929년 12월 경성지방법원에서 징역 2년, 집행유예 5년을 선고받았다. 1930년《호남평론》책임자가 된 이래 목포창고금융회사 감사, 동아고무 감사, 목포양조 이사, 호남제탄 이사 등을 지냈다. 1935년 목포부회 의원으로 당선되었으며, 이후 전남도회 의원을 지냈다. 8·15 이후 목포일보사 사장, 목포상과대학 학장 등을 역임하였다.

-진지하게 요망하고 있는 것이다. 이러한 것으로는 언제까지 경과해도 내선일체는 실현할 수 없다. 주판만 튀겨서 내선일체가 가능한가. 또. [마치다(町田) 의원에 대해] 〈천독근(千篤根)[124]〉〈김철진〉

- 의회별: 경상남도 도회[125]
- 요주의 및 특종언동과 그 발언자
  - 농촌노동자의 내지 도항, 만주 이민 및 농촌의 중산(中産) 계급, 이상의 도회지 이주로 말미암은 농촌 실력의 저하는 산미증식계획(産米增殖計畫) 상 일대 지장을 주지 않는가. 〈하준석(河駿錫)[126]〉
  - 일반물가에 비하여 미가(米價)는 너무 지나치게 싼 감이 있어서 농촌 피폐의 일대 원인이 되고 있으니, 재검토하여 일반물가와의 비율을 적정하게 할 필요는 없는가. 〈김경진(金慶鎭)[127]〉
  - 한해(旱害) 구제공사가 조금 지나면 청부자(請負者)의 구제인지 이재자(罹災者)의 구제인지 주객이 전도된 듯한 사례가 많다. (총 비용의 1할 정도밖에 이재자의 손에 들어가지 않은 것 같은 사례가 있음) 당국의 선처를 바란다. 〈이경상(李璟祥)〉
  - 학교비(學校費)와 학교조합비(學校組合費)가 별개로 되어 있어서 국민교육 상 유감인

---

[124] 천독근(千篤根)은 전남 목포 출신으로서 여류 소설가 박화성(朴花城)의 남편이자 소설가 천승세(千勝世)의 부친이다.
[125] 원문에는 '道會'가 누락되어 있다.
[126] 하준석(河駿錫, 1898~1976): 경남 창녕 출신의 기업인. 1931년 일제의 만주 침략 이후 만주 개척사업에 참여하고 1934년 천도교 신파가 조직한 친일단체 시중회(時中會)에 참여하는 등 일찍부터 일제협력활동을 전개하였다. 1939년부터 1942년까지 조선총독의 자문기구인 중추원 참의를 지냈으며, 국민정신총동원조선연맹, 국민총력조선연맹, 임전보국단 등 친일단체에서도 활동하였다. 1949년 반민특위에 체포되었으며, 『친일인명사전』(민족문제연구소, 2009)에 등재되었다. 또한 이러한 그의 친일반민족행위는 「일제강점하 반민족행위 진상규명에 관한 특별법」에 의거한 친일반민족행위로 결정되어 2009년 『친일반민족행위진상규명 보고서』에 상세히 등재되었다(『친일반민족행위진상규명보고서』 IV-18, 628~647쪽).
[127] 김경진(金慶鎭, 1895~1975): 경남 김해 출신. 1923년부터 5년간 김해면장을 지내면서 경남지역의 유지로 떠올랐다. 1940년에 조선총독의 자문기구인 중추원 참의를 지냈으며, 국민총력조선연맹 및 조선임전보국단에서 이사로 활동하는 한편, 징병제 강연과 '애국기' 헌납운동에도 앞장섰다. 1949년 반민특위에 체포되었으며, 『친일인명사전』(민족문제연구소, 2009)에 등재되었다. 이러한 그의 친일반민족행위는 「일제강점하 반민족행위 진상규명에 관한 특별법」에 의거한 친일반민족행위로 결정되어 2009년 『친일반민족행위진상규명 보고서』에 상세히 등재되었다(『친일반민족행위진상규명보고서』 IV-1, 745~766쪽).

데, 내선일체가 한창 떠들썩한 이때 이를 정리해 통일할 필요는 없는가. 〈김동준(金東準)〉

- 암거래의 방지는 취체(取締)에 중점을 두거나, 또는 제도개선에 중점을 둔다. 만약 취체에 중점을 둔다면 암거래자는 전부 처벌받게 되어 중대한 결과를 초래할 것이다. 속히 빈민 계급을 표준으로 하는 배급기구의 개선을 행하여 선처해 주기 바란다. 〈탁동조(卓同朝)[128]〉

- 소수의 경제경찰관이 취체를 해도 그 철저함은 기할 수 없는 것에 대해, 자치적 지도기관을 설치할 의향은 없는가. 〈이경상〉

- 은진산업(殷賑産業),[129] 매점(買占) 등으로 폭리를 탐하고 향락을 일삼는 자가 있다. 한편으로는 물적 부족과 고물가 등으로 극단적인 생활고에 신음하는 자도 있다. 이처럼 파행적인 경기가 해소되지 않는 한 사변의 완전한 해결은 바랄 수 없다. 당국의 선처를 바란다. 〈노준영(盧俊泳)[130]〉

- 도항증명제도가 있어서 밀항 등의 폐해를 양성하며, 인도상·사회상으로 중대한 문제를 야기하고 있다. 내선일체의 정신에 어긋나는 도항제도는 속히 철폐되기를 바란다. 〈김경엽(金璟燁)〉

- 내지도항증명제도가 철저하지 않은 이유는 무엇인가. 이 제도가 있어서 악질 브로커 등이 함부로 날뛰어 각종 문제를 양성하고 있으니, 즉시 철폐하든지, 개인 도항을 저지하고 단체 도항을 시키든지 제도를 고쳐야 한다. 〈조노제(趙櫓濟)〉

- 지원병을 정원제(定員制)로 하지 말고 적격자는 전부 채용하여 반도 청년의 적성(赤誠)을 관철시켜 주기를 요망한다. 〈오인덕(吳仁德)〉

---

[128] 탁동조(卓同朝)는 경남 통영 출신으로 경남도회 의원, 통영경방단 부단장 등을 역임하며 전시체제기에 일제 협력활동을 펼쳤다. 창씨명은 광산탁일(光山卓一).

[129] 은진산업(殷賑産業): 경기가 좋아 수지가 맞는 산업. 특히 시국 관계로 호경기에 있는 산업.

[130] 노준영(盧俊泳, 1892~1968): 일제강점기 금융인. 창씨명은 풍천일청(豊川一淸). 본적은 경상북도 함양군(咸陽郡) 지곡면(池谷面)이다. 1918년 조선은행의 서기를 시작으로 경남자동차 감사, 삼일산업 전무이사, 조선민립대학 함양군 발기인, 진주 일신고등보통학교 평의원, 거창자동차 감사 등을 역임하였다. 1920년 민선으로 경상남도 도평의원이 된 이래 1940년대까지 여러 차례 지방의원을 지냈다. 1941년 조선임전보국단(朝鮮臨戰報國團) 발기인으로 참여하였으며, 1945년 8.15 직전 약 2개월간 중추원 참의를 지냈다.

- 의회별: 경상남도 부산부회(釜山府會)
- 요주의 및 특종언동과 그 발언자
  - 교육비를 제1부, 제2부로 구별하여 차별적 취급을 하는 것은 매우 유감이다. 〈김장태(金璋泰)[131]〉

- 의회별: 경상북도 도회
- 요주의 및 특종언동과 그 발언자
  - 사립중학교 문제는 통제가 있는 균등교육을 필요로 하지만, 조선은 조선의 현 상황에 적응하는 학교를 설치하여 내선일체의 정신을 보통화(普通化)하는 것이 급무이다. 가능한 한 간이(簡易)한 사학제도(私學制度)를 인정하고 나서야 비로소 진정한 내선일체가 구현되는 것은 아닐까. 〈김용주(金龍周)[132]〉
  - 반도인에게도 의무교육을 실시하기 바란다. 다시 말해서 일시동인(一視同仁)의 성지(聖旨)를 받들어 진정한 내선일체의 구현화를 희망하는 것이다. 〈이규선(李奎瑄)〉
  - 내지와 조선의 인구는 3대 1이지만 교육기관은 10대 1이다. 균등을 바란다. 〈이정기(李井基)[133]〉
  - 내선(內鮮) 관리의 차별대우 철폐이다. 인물의 학력 등에서 어쩔 수 없는 점이 있다 해도 대우 면에서 반내선일체(反內鮮一體)가 되는 경우가 많다. 〈이대일(李大一)〉
  - 조선인 경찰관의 임명이다. 경찰행정의 민중화를 도모하기 위해서는 조선인 경찰서

---

[131] 김장태(金璋泰, 1886~1956): 경남 부산 출신의 친일 자본가. 1921~23년 경남은행 마산지점장, 구포지점장, 하동지점장 등을 지내고 1927년 경남은행 본점 감사를 맡았다. 1928년 부산상공협회를 조직했으며, 이 무렵부터 조선메리야스합명회사, 부산양조소 등을 설립해 운영하였다. 1928~42년 부산상공회의소 부회두를 계속 역임하는 등 부산 경제계의 핵심 인물이다. 부산부회 의원, 경남도회 의원을 역임하였으며, 조선임전보국단 평의원 등으로도 활동하였다.

[132] 김용주(金龍周, 1905~?): 경상북도를 중심으로 활동한 기업인. 창씨명은 김전용주(金田龍周). 3.1 민족운동의 정신을 본받는다는 뜻으로 삼일상회(三一商會)를 설립했으며, 신간회 영일지회 간사 등으로도 활동했다. 1937년 경상북도 도회 평의원에 당선되어 일제 패망 때까지 활동했으며, 국민총력 경상북도연맹과 조선임전보국단 경북도지부 등에서 활동했다. 대구국체명징관 건립에 1천 원을, 대구신사 건립에 2천 원을, 그리고 군용기 5대를 헌납하고 징병을 독려하는 등의 친일적인 협력행위를 펼쳤다.

[133] 이정기(李井基): 경북 청도 출신. 1926년 10월 중산 계급 이하의 생활 안정과 지방경제 발달을 목표로 청도소비조합(淸道消費組合)을 조직했으며, 1930년대에는 수해 등 재난 시에 지역 구제회 회장으로도 활동하였다.

장을 임명하여 민중에게 내선일체 관념을 침투시켜야 한다. 조선인의 내지 도항 문제인데, 헌법상으로 보아도 거주 왕래는 자유이다. 반도인도 일본제국의 신민(臣民)이 아닌가. 병합 이래 30년이 되었다. 상당히 완화해야 할 것이다. 지난번 130명의 밀항자가 익사(溺死)한 일도 그것이 원인이라고 생각되어 유감스럽기 짝이 없다. 따라서 이것을 철폐해 주기 바란다. / 전문학교 이상 입학자는 내선(內鮮)별로 입학률을 결정하는 듯하니 내선 차별이 없겠는가. 〈이대일〉

- 의회별: 경상북도 대구부회(大邱府會)
- 요주의 및 특종언동과 그 발언자
  - 부(府) 관원에게 앞길의 광명을 안겨주기 위해 우대 발탁 승진의 길을 강구하고자, 반도인 관원을 부의 간부급으로 등용할 수 있는 길을 요망한다. 〈배영덕(裵永悳)[134]〉
  - 금호강(琴湖江)의 부락 청부공사에 부역(賦役)을 강제하고 있다. 한해 대책의 근본 의의에 어긋나고 구제도 아니어서 오히려 부민(部民)은 귀찮게 여기고 있다. 〈주병환(朱秉煥)[135]〉

- 의회별: 황해도 도회
- 요주의 및 특종언동과 그 발언자
  - 최근 학교 교원의 전향(轉向)[136]이 많은데, 이는 무엇을 의미하는가. 교육자임에도 생활의 불안을 느껴서 자제를 교육할 수 없다. 대우 개선이 급선무라고 생각하는데, 어떠한가. 〈이흥엽(李興燁)〉
  - 산업부장(産業部長)의 설명에 의하면 식량문제에 불안은 없다고 하지만, 나는 불안하다고 생각한다. 산업부장은 국부적으로 대충 보고 있는 것이 아닌가. 가고 있는 길에

---

[134] 배영덕(裵永悳): 1920년대에 경북 대구에서 합자회사 대구상신사(大邱商信社) 대표로 활동했으며, 대구상업회의소 평의원 등으로도 활동하여 대구상업계의 대표적 인사로 꼽히던 인물이다.
[135] 주병환(朱秉煥): 경북 성주 출신. 1935년 대구부회 의원으로 선출되었다. 8.15 이후에도 1950~60년대에 성주에서 민주당 소속 국회의원을 역임하였다. 4.19 혁명 이후 국회에서 '양민학살 특별조사반'을 구성하여 전국적으로 6.25전쟁에 대한 민간인 학살을 조사했는데, '경북반'을 맡아 달성, 문경 등지를 조사하였으나, 5.16 군사쿠데타로 인해 성과를 거두지 못하였다.
[136] 여기서는 사상의 전향을 뜻하는 것이 아니라, 교사라는 직업을 버리고 다른 길을 모색하는 것을 의미한다.

서는 길이 막힐 것을 생각하지 않는다는 식에는 일고(一考)를 요한다. 기본조사를 그르치지 않기를 바란다. 〈모리모토 기쿠오(森本喜久男)〉
- 장기전(長期戰) 하에서 식량 대책은 대단히 중요한 문제이다. 도내의 산업물(産業物)은 어떠한가. 이 상태로 계속해도 도민(道民)의 생활에 불안은 없겠는가. 〈송승엽(宋承燁)〉
- 최근 교육자가 바닥으로 떨어짐에 따라 교원의 소행(素行)이 저하하고 있지 않은가. 교원 층의 소질 향상은 어떠한가. 〈김형철(金亨喆)〉
- 지방에서 배급조합은 생산자와 수요자의 중간에 존재하여 폭리를 취하고 있다. 이에 대한 의견은 어떠한가. 〈유창만(柳昌万)〉
- 내지인 직원의 사택료(舍宅料) 지급 등의 차별을 시급히 철폐하거나, 혹은 조선인 직원에게도 사택료를 지급하는 등 동등한 대우를 강구해 주기 바란다. 〈박수복(朴壽福)〉
- 교육비에서 제1부, 제2부의 특별경제에 의해 별개의 경영을 하는 것은 「교육령(敎育令)」 개정의 취지에 반한다. 제도개혁이 필요하다. 〈변명제(邊明濟)〉

- 의회별: 평안북도 도회
- 요주의 및 특종언동과 그 발언자
  - 면(面) 관원의 봉급은 현저하게 박봉이다. 시국하에서도 생활의 보장 없이는 성실한 직무는 바랄 수 없다. 제일선을 담당하고 있는 면 관원의 일에 기대는 것이 많음에도 불구하고, 그 대우에 대해서는 어떠한 고려도 하지 않고 있다. 〈강학룡(姜學龍)〉
  - 조선 내 쌀값이 내지의 공정가격보다 염가(廉價)인 이유는 혹자는 이출에 대한 운임(運賃)이 너무 싸서라고 할지 모르겠지만, 내지에서 조선 내 미곡을 필요로 한다면 운임만큼은 그 수요자에게 부담시키는 것은 어떠한가. 이와 같은 것은 내선일체 상 견디기 어려운 일이다. 〈백기조(白基肇)[137]〉

---

[137] 백기조(白基肇, 1899~?): 평북 용천 출신. 1920년 경성전수학교(법학전문학교) 졸업 후 조선식산은행에서 근무하였다. 1933년 사직하고 고향에서 가업인 농업에 종사하였다.

- 의회별: 함경남도 도회
- 요주의 및 특종언동과 그 발언자
  - 최근 국민 생활의 내용은 날마다 불안을 띠어가고 있다. 물가는 9·18 가격[138]으로 대부분이 고정되어 있음에도 불구하고, 암거래에 의해 매일 등귀의 일로를 달리고 있다. 법령은 준수되고 있는가. / 최근 하급 관공리, 기타 직원의 전직(轉職)이 일신상이나 가정상의 경우 외의 원인으로 생활의 곤궁함이 심해서 아침저녁의 식사에도 고민하고 있다고 들었는데, 이에 대해 완전한 행정을 할 수는 없는가. 〈이홍기(李鴻基)〉
  - 어업권(漁業權) 허가에 관해서는 해당 구역 내의 조합원을 단위로 하여 우선권을 줄 의사는 없는가. 기선(機船) 저예망(底曳網)[139] 같이 유리한 허가를 왜 영리적(營利的)인 수산개발회사에게 주었는가. 그 이유는 어디에 있는가. 〈이형원(李亨垣)〉
  - 전시하에서 식량문제의 확보는 가장 중대한데, 현재의 상황은 혼돈스러운 점이 있다. 본 도에서 식량 배급계획의 실시 방법은 어떠한가. 만주의 좁쌀이 들어오는 시기는 언제인가. 〈이홍기〉
  - 풍산(豐山), 갑산(甲山), 삼수(三水) 각 군의 농민은 육군 마량(馬糧)으로 귀리(燕麥)를 납부하기 때문에 극도의 식량난에 빠져서, 생활상태는 곤궁함이 극에 달하고 있다. 이들 농민을 위해 뭔가 구제책은 없는가. 〈심창제(沈昌濟)〉
  - 초등교원의 결원 보충을 내지에 의존하고 있지만, 내지로부터 보충된 자는 내지 교육계의 폐품(廢品)과 같은 자가 아니면 조선에 오지 않는다고 하는데, 그 부족을 어떻게 할 것인가. (폐품 운운에 대해서는 주의 취소) 〈송정화(宋鼎和)〉

- 의회별: 함경북도 도회
- 요주의 및 특종언동과 그 발언자
  - 창씨 제정은 정말로 기쁜 일이다. 그렇지만 내지로 전적할 수 없는 것은 유감이다. 오히려 또 본관이 호적에 남는다는 것은 진정한 황국신민으로서 참으로 안타깝다. 당국

---

[138] 1939년 9월 18일 일제 당국은 「국가총동원법」으로 「가격통제령」을 공표하였다.
[139] 저예망(底曳網): 바다의 밑바닥으로 끌고 다니면서 깊은 곳에 사는 물고기를 잡도록 만든 그물. 저인망(底引網).

은 전적과 본관 소멸의 가능 기일을 언명해주시기 바란다. 조선인의 초등 교육기관이 매우 부족하다. 사학(私學) 장려는 만세 소요 당시 일시적으로 중지되었다. 약진(躍進) 함북에 비추어 당국은 사학 장려에 힘써 미취학 아동을 수용할 의지는 없는가. 〈이창인(李昌仁)〉

- 세입(歲入) 1,081만 원 중 도채(道債)가 660만 원이라면 완전히 차금정책(借金政策)이다. 역인(役人)[140]은 인기를 얻기 위해 방만한 정책을 할 우려가 있다. 이에 대해 당국은 어떻게 생각하는가. 〈홍규빈(洪奎彬)〉

- 미곡의 배급은 종래 미곡상(米穀商)이 조금도 쉬지 않고 임하였다. 그런데 앞으로 이것을 역인이 대신한다면 이른바 탁상정책이 되어서 더욱더 원활하지 않게 될 것이라고 생각한다. 또 잡곡의 앙등을 당국은 어떻게 생각하고 있는가. 〈윤승현(尹承鉉)〉

- 창씨에 관해 조선인이 내지로 전적할 수 없는 것은 근본적으로 내선일체를 실행하고 있지 않기 때문이다. 이 근본 문제를 해결하지 않는다면 기꺼이 창씨할 수는 없다. 〈김익(金益)〉

- 당국은 명천군(明川郡)의 농민에 대해 1,000평 당 벼 1석 4두의 비율로 공출(供出)을 강요하고 있다고 하는데, 잡곡이 등귀(騰貴)한 오늘날 농민이 벼를 내버려 두면 벼보다 비싼 잡곡을 구입해야만 한다. 이러면 관청이 농민을 괴롭히고 있는 모양새로서 부적절하다. 〈김익〉

- 내선인을 차별 없이 대우하려면 먼저 의무를 이행해야 하는데, 이 의무를 완수하려면 의무교육제를 실시하여 완전한 교육을 받아야 한다. 이렇게 해서 내선일체는 더욱 강고해질 것으로 생각한다. 청진(淸津), 나남(羅南)에 있는 이미 설립된 중학교의 조선인 측 자제의 입학률이 불공평하다. 이제 조금 조선인 자제의 취학률을 많게 하고 싶다. 〈이종섭(李鍾燮)〉

- 특별지원병제 강화를 위해 조선인 측 각층을 통해 강제로 적합한 자를 지원시키는 것은 어떠한가. / 중등학교에 입학할 때 내지인 측 아동만 우대하는 경향이 있다. 내선

---

140 역인(役人): 과거에 관아나 육주비전에 속하여 물건을 운반하고 심부름을 하던 사람. 일본어로는 정부 기관에 근무하는 사람으로 관리나 공무원을 칭하기도 함.

아동에게 우열(優劣)이 있는데, 이는 조선인 교원의 부담이 무겁기 때문이다. 당국의 선처를 바란다. 〈유종하(柳鐘夏)〉

<자료 23>

구주(歐洲) 전국(戰局)에 대한 민심의 동향[141]
(조선총독부 경무국 보안과, 1940.7)

개황(概況)

　잠시 침묵을 계속해 가고 있는 구주(歐洲)의 전국(戰局)에 대해서는 종래 국민은 한결같이 이를 망각한 것 같은 태도로 그렇게까지 관심을 두지 않았다. 독일군이 덴마크, 노르웨이에 이어 벨기에, 네델란드 국경을 향한 전격작전(電擊作戰)[142]을 실현한 이래 이상한 관심을 갖기에 이르렀지만, 국민 일반의 태도는 언제나 신문의 논조에 좌우된 듯한 점을 간파할 수 있었다.

　즉, 여러 외국인을 제외하고는 내선인(內鮮人) 모두 한결같이 독일군의 승리를 희망하여 네델란드, 벨기에가 항복할 때는 마음으로부터 쾌재를 불렀다. 당초에는 제국의 성전(聖戰) 목적 달성을 위해 이 전국(戰局)의 장기화를 바라고 구주 전국 불개입(不介入) 방침을 견지하며 사변 처리에 전념할 것이라는 감상을 누설하는 자가 대다수였다. 그러나 독일군의 전격작전이 효과를 거두고 이탈리아의 선전포고, 파리의 무혈입성(無血入城) 등 프랑스의 패배가 결정되자, 국민의 감상은 갑자기 약속이나 한 듯이 이구동성(異口同聲)으로 외교방침의 대전환을 도모하여 흥아(興亞)의 맹주(盟主)로서 신질서 건설상 독자의 적극적인 방침으로 나가

---

141 「歐洲戰局に對する民心の動向」, 『高等外事月報』 제12호, 1940.7, 朝鮮總督府 警務局 保安課, 9~11쪽.
142 전격작전(電擊作戰): 적의 저항을 급속히 분쇄함으로써 전쟁을 빨리 끝내기 위하여 기동과 기습을 최대한 활용하는 전투. 흔히 기계화부대와 공군력에 의한 급격한 진공작전을 가리키는 것으로, 제2차 세계대전 초기의 독일군 작전에서 유래하였다.

야 한다고 주장하고 있다. 네덜란드령 동인도(蘭印)와 프랑스령 인도차이나(佛印)[143]를 비롯하여 남방정책의 실현을 기해야 한다고 하며, 구주전(歐洲戰) 불개입 등을 운위하는 자는 거의 없는 상황이다. 하지만 일부 민중 가운데는 국민이 움직이기만 하면 히틀러의 잇따른 대전(大戰)에 현혹되어, 이번 한수(漢水)를 비롯한 각지에서 황군(皇軍)의 분투에 대해서는 전혀 관심을 갖지 않고 심지어 사변 처리가 진척되지 않고 있음을 입에 올리는 자가 있음은 유감이라는 감상을 입 밖에 내는 경우도 있다.

1. 구주 전국의 추이에 대하여

독일군의 노르웨이 진격 당초에 전국(戰局)은 일진일퇴(一進一退)하여 급속한 전면적인 점거가 곤란하다고 인정되었다. 때문에 네덜란드와 벨기에에 쇄도하여 연이은 전과(戰果)를 보기에 이르렀지만, 일반적으로는 철벽같은 견고한 진지를 자랑하는 마지노 전선의 돌파는 어쩌면 용이하지 않을 것이라는 관측이 있었다.

그렇지만 한편으로 영국에 대해서는 '노쇠(老衰)', '노회(老獪)' 등의 관사(冠詞)를 붙여 부르는 등 이 나라에 대해서는 어떠한 동정도 없고, 어떠한 방법을 써서라도 독일군의 승리로 귀결시키고자 하는 희망은 내선인 일반의 공통적인 심리이다. 독일에 대한 관계에 대해서는, 뒤에서는 방공협정(防共協定)에 대한 배반 행위였음에도 불구하고 한 사람도 독일을 증오하지 않고 차라리 도리어 지난번 구주전 당시의 패전국 독일이 20여 년의 와신상담(臥薪嘗膽)[144]을 거치면서 오늘을 대비하여 풍운아 히틀러를 얻어 마침내 나라를 거는 모험행위에 나선 역경과 국민의 진지한 태도에 대해 크나큰 공감과 동정을 보이고 있다. 한편 영국에 대해서는, 수 세기 동안 전 세계에 군림하여 온갖 영화(榮華)와 횡포를 누려 만주사변 이래 매사에 제국의 발전을 저해하고, 특히 이번 사변에 즈음해서는 노회하기 짝이 없는 외교 정책으로 사변 처리를 방해해 온 이 제국주의적 정책에 대해 국민 일반은 상당히 심각한 증오의 감정을 가지고 있는 것 같다.

---

143 네덜란드령 동인도는 주로 오늘날의 인도네시아 지역을, 프랑스령 인도차이나는 베트남, 라오스, 캄보디아, 태국 지역을 가리킨다.
144 와신상담(臥薪嘗膽): '불편한 섶에 눕히고 쓸개를 맛본다.'라는 뜻으로, 원수(怨讐)를 갚거나 마음먹은 일을 이루기 위하여 온갖 어려움과 괴로움을 참고 견딤을 비유적으로 이르는 말.

2. 이탈리아의 참전에 대하여

이탈리아는 제1차 세계대전 참전 당시 연합국 측 일원으로서 상당히 힘든 전쟁을 계속하여 마침내 전승국(戰勝國)이 되었다. 그럼에도 불구하고 베르사유의 회의에서는 오히려 패전국(敗戰國)의 대우를 받은 것에 지나지 않았다. 게다가 독일·이탈리아 추축 관계도 있어서 단순한 호의적 중립일 뿐만 아니라 언젠가는 참전할 것이라는 점은 처음부터 일반적인 예상이어서, 5월 초순 이후 영국에 대한 적대적 태도가 노골화됨에 따라 그 참전은 결정적인 것이라고 관측되기에 이르렀다. 그런데 마침내 한 달 남짓을 지나도 연합국에 대한 선전포고(宣戰布告)를 하지 않고 있기 때문에 내선인 모두 최후까지 기대하고 있었다. 혹자는 이탈리아는 말로만 하고 정말로 참전할 의지는 없다고 했다. 특히 유식(有識) 계급 쪽에서는 "실은 무솔리니는 호언장담하고 있을지라도 군비(軍備)야말로 정말 미력하여 영·독 등의 일류국 군에 비할 바가 아니다. 실력은 결코 굳이 말할 필요도 없으나 결국 참전할 수 없다. 다만 소리를 크게 내어 그간 어부지리를 얻으려고 하는 것에 지나지 않는다"라는 등의 나쁜 말을 하기에 이르렀다. 6월 10일 마침내 선전포고 소식이 신문, 라디오 등으로 보도되자, 과연 무솔리니는 신중한 태도를 지속하다가 절호의 기회를 이용하여 선전포고했다고 한다. 완전히 경복(敬服)해 마지않으면서 연합군의 대패(大敗)는 결정적이라며, 몇몇 외국인이나 종교관계자 일부를 제외하고는 매우 호감을 가지고 맞이하게 되었다.

3. 프랑스의 단독강화(單獨講和)와 대영전(對英戰)의 장래에 대하여

6월 16일 레노[145] 내각이 마침내 사직하고 독일에 대한 군사행동 정지 소식이 보도되자, 일반 국민은 내선인을 불문하고 새삼스레 독일의 강대한 이른바 전격작전에 대단히 놀라서 온갖 말로 히틀러와 독일 국민을 매우 칭찬하였다. 동시에 너무나도 조급히 항복한 프랑스에 대해서는 그 기개가 없음을 조롱하면서, 장개석을 지원하는(援蔣) 적성국가(敵性國家)의

---

[145] 폴 레노(Paul Reynaud, 1878~1966): 프랑스 제3공화국의 총리로 재직한 정치가, 변호사, 관료. 제1차 세계대전에 종군한 후 하원의원, 재무장관, 식민지장관, 수상 등을 역임했다. 드골을 육군차관으로 대독 항전을 전개하며 연합국과의 제휴를 주장했지만, 페탱 부총리 등 각료들이 정전을 원하여 결국 사임했다. 1940년 9월 비시정부에 체포되어 감금되었으나 탈영하였다. 이후에도 하원의원, 재무장관, 국무장관 등을 지내며 유럽의 통합을 적극 지지하였으며, 제5공화정 헌법기초자문위원회 의장으로도 활약했다. 1962년 드골의 대통령제에 반대하여 정계에서 은퇴하였다.

일원이 되었기 때문이라며 모두 쾌재를 불렀다. 한편 동시에 제국이 독일·이탈리아 추축국가의 일원인 입장에 있으면서도 여기에 가담하지 않고 구주전 불개입을 운위했던 어리석음에 난감해하고 있다. 심지어는 제국정치의 중추가 여전히 친영미파(親英米派)에 좌지우지되고 있어서 결국 절호의 제국 발전 기회를 놓치게 되었다면서 암암리에 미국 내 내각을 비난하며 계관(桂冠)[146]을 희망하는 듯한 언동을 하는 경우도 있다. 프랑스의 단독강화를 계기로 국민은 일제히 제국의 적극적인 외교를 희망하는 목소리가 갑자기 일어나게 되었다. 하지만 동시에 일부 유식 계급에서는 연합국의 패퇴는 당연히 중경정부(重慶政府)의 치명적인 타격으로서 조만간 장개석(蔣介石)도 항일의 어리석음을 자각하게 될 것이므로, 오히려 이때 국민은 헛되이 히틀러의 전격전(電擊戰)의 효과에 현혹되지 말고, 긴휘자중(緊褌自重)[147] 하여 국력의 함양에 노력해야 한다고 하는 자도 있었다.

대영전(對英戰)의 장래에 대해서는, 히틀러는 프랑스의 독일에 대한 단독강화에 이어 히틀러식의 기상천외한 전격작전에 따라 곧바로 영국 본토로 쳐들어가 유린할 것으로 기대하고 있었으나 이후 1개월여나 침묵을 지키며 아무런 행동거지도 보이지 않음에 이르자, 혹자는 영국 정복은 지난한 일임에 틀림없다는 관측을 하기에 이르렀다. 대부분의 민중은 의연하게 히틀러의 영국 진격을 믿고 노영제국(老英帝國)의 멸망을 기다리고 있는 것 같다.

4. 미·소의 동향에 대한 관심

세계 국제정세가 갑자기 형세가 바뀜에 따라 버마, 프랑스령 인도차이나(佛印)의 원장(援蔣) 루트[148]와 남양(南洋)[149] 방면에서 각종 자원의 중요성에 관해 종종 신문, 라디오, 잡지 등에 의해 보도자, 국민은 질서정연하게 남방정책의 중요성을 인식하기에 이르렀다. 장개석(蔣) 정권의 복멸(覆滅)은 물론 장래 동아(東亞)의 맹주로서 세계에 웅비할 수 있다면 제국의

---

146 계관(桂冠): 월계관(月桂冠). 승리나 영예를 비유적으로 일컫는 말.
147 긴휘자중(緊褌自重): 잠방이를 단단히 졸라매고 말과 행동을 조심하여 몸을 무겁게 가짐.
148 원장(援蔣) 루트: 버마 루트(Burma Route)의 다른 말. 미얀마의 라시오(Lashio)에서부터 중국의 곤명(昆明)에 이르는 교통로. 중일전쟁 때 미국 등 연합국 측이 중경(重慶)의 장개석 정부를 지원하는 수송로였다. 길이는 1,096km.
149 남양(南洋): 태평양의 적도를 경계로 하여 그 남북에 걸쳐 있는 지역을 통틀어 이르는 말로서, 마리아나, 마셜, 캐롤라인 등의 군도와 필리핀 제도, 보르네오섬, 수마트라섬 등을 모두 포함한다.

남방진출 정책은 필연적인 요건이 될 뿐 아니라 정말로 절호의 기회가 되었지만, 제국은 지금 현실 문제로서 지나(支那)에 거국적인 군사행동을 감행 중이다. 한편 소련은 호시탐탐 기회를 노리고 있는데, 일찍이 장고봉(張鼓峰), 노몬한 두 사건에 상당히 쓰라린 경험을 겪은 데다 최근의 발트 3국, 폴란드, 루마니아 등에 대한 소련의 행동거지는 완전히 같은 나라라는 가면을 벗어던진 본성을 드러내며 촌각의 소홀함을 허락하지 않고 있다. 완전히 상반되어 서로 일치될 수 없는 성가신 국면에서 뭔가 나라를 걸어 일전을 벌이지 않을 수 없다 하더라도, 이때 일본도 독일과 마찬가지로 일시적인 정책으로서 그 나라와 일을 구상하는 것을 피해야 함은 물론, 나아가 잠시 불가침조약을 체결해야 한다고 하는 자도 있다. 한편 대미(對米) 문제에 대해서는, 일본의 해군력으로 따지면 조금도 두려워할 것이 없으며, 오히려 적성국가인 미국으로부터 각종 물자를 받들기보다는 이러한 때에 그 나라와 일전을 벌일 각오로 적극적인 남방정책을 감행해야 한다는 의견도 있다. 일반적으로는 소련에 대해서와 마찬가지로 가능한 한 일을 벌이는 것은 피하고, 또 적극적인 남방정책을 수행해야 한다고 하면서, 이 두 나라의 움직임에 대해서는 이상한 관심을 갖고 있는 것은 사실이다.

<자료 24>

하계휴가(夏季休暇) 귀성(歸省) 학생의 언동[150]
(조선총독부 경무국 보안과, 1940.8)

내선일체(內鮮一體) 관계

- 내지(內地) 재학생은 대개 내선일체의 방침에 따라 그 구현에 힘쓰고 있으나 재류 노동자들 사이에서는 아직 이해하지 못한 자가 많아서, 내선일체의 앞날은 아직 요원한 감이 있다. 〈경남, 제대(帝大) 법과(法科) 2년, 김수(金守)〉
- 사이타마현(埼玉縣) 고마무라(高麗村)는 옛날 반도인(半島人)이 귀화한 부락이어서 김씨(金氏) 성이 많다. 재경(在京) 학생은 누구나 한 번은 이 마을을 시찰하고, 내선동화(內鮮同化)의 훌륭함(美)을 칭찬하고 있다. 〈함남, 메이지대생(明大生), 이주섭(李周燮)〉
- 우리가 내지 재학 중 특히 깊이 자극을 받은 것은, 이따금 식민지 정책의 권위자로 불리는 모(某) 대학의 교수가 강의 중, 우리 조선인 학생이 동석(同席)한 것을 알아서인지 아닌지 모르겠지만, "조선에 대한 식민지 정책도 인도에 대한 영국의 정책과 마찬가지로서 그들에게 교육해주는 것은 장차 실패의 원인으로 위험하기 짝이 없는 일이다"라고 한다는 것을 들었다. 그런데 이러한 하나의 학설에 지나지 않는 것을 가지고 곧바로 비관해야 하는 것은 아니라 해도, 그날 밤은 전혀 잠을 이룰 수가 없었다. 생각건대, 다이쇼시대(大正年代)[151]에 태어나 자유주의(自由主義) 시대에 자라난 우리는, 오늘날과 같이 전체주의(全體主義) 시대로 이행 중인 과도기에 처하여 자칫하면 얕은 여울 속에서도 익

---

150 「夏季休暇歸省學生の言動」, 『高等外事月報』 제13호, 1940년 8월, 朝鮮總督府 警務局 保安課, 26~30쪽.
151 다이쇼(大正): 다이쇼 천황의 재위 기간으로, 1912년 7월 30일부터 1926년 12월 25일까지.

사(溺死)할 염려가 있다. 잠시는 침묵하면서 때가 오기를 기다려야 하며, 가령 익사하더라도 깊은 곳에서 죽어야 한다. 〈평북, 메이지대(明大) 상과(商科), 장찬익(張贊翼)〉

- 입학시험은 내지인(內地人)에게는 관대하고 반도인(半島人)에게는 엄격하다. 현재 관립학교 같은 곳의 입학이 자못 적은 것은 유감으로서, 내선일체의 구현상 내선평등(內鮮平等)의 은혜를 입을 수 있기를 간절히 바란다. 〈황해, 주오대학(中央大學), 한탁봉(韓鐸鳳)〉
- 내선일체는 무엇보다 먼저 의무교육, 참정권, 징병제도의 실시가 선결문제이며, 의무라는 점에서 차별이 없는 것이야말로 반도인의 황국신민화(皇國臣民化)의 근본 취지이다. 〈황해, 와세대생(早大生), 원상섭(元尙燮)〉
- 미나미(南)[152] 총독의 영단(英斷)으로 내선일체의 이상이 착착 실현되고 있는 것은 반도 동포 모두가 감격하고 있다. 하지만 내지에서 내지인의 우리에 대한 태도는 지금 오히려 차별적이고, 일반에서 내선차별의 철폐는 절대로 불가능하다. 조선인에 대해서는 언제까지나 식민지 원주민으로 취급해야 한다는 관념을 불식하지 않은 점이 있다. 내지에서 내지인이 조선 내 재주(在住) 내지인 정도로 우리를 이해하게 된다면, 우리의 불쾌함은 해결될 것이다. 〈황해도 출신 도쿄(東京) 유학생〉
- 진정한 내선일체는 내선결혼(內鮮結婚)을 장려하여 피의 결합을 도모하는 것이 가장 효과적이며, 법률로 해서라도 강제적으로 장려해야 할 것이다. 〈황해도 출신 도쿄 유학생〉
- 진정한 내선일체를 구현하기 위해서는 내지인의 조선인에 대한 우월감을 없애는 것이 최대의 급무이며, 학생 사이에서도 반도인 학생을 천시하는 경향이 다분히 있다. 〈황해도, 게이오대생(慶大生), 박형결(朴炯結)〉
- 내가 살고 있는 아파트는 내선인(內鮮人)이 반반 거주한다. 반도인은 큰소리로 노래하고 떠들썩하여 자못 폐를 끼치는 행위를 하기 때문에 최근 반도인에게는 쉽게 셋방을 내주지 않는다. 따라서 무리를 지어 집주인에게 우르르 몰려가서 셋방을 강요하는 사례도 있다. 이런 광경을 보게 되면 우리는 몹시 땀이 날 지경이다. 학교도 경찰도 좀 엄중한 취체(取締)를 해주기 바란다. 〈니혼대생(日大生), 신현정(申鉉鼎)〉

---

[152] 미나미 지로(南次郎, 1874~1955): 제7대 조선 총독, 일본의 군인. 1936년 조선 총독으로 부임한 이래 '내선일체(內鮮一體)'를 표방하며 일본어 상용, 창씨개명, 지원병제도 실시 등 강력한 민족말살정책과 총동원정책을 펼쳤다.

- 도쿄의 하숙집에서는 '조선인 금지'라는 벽보가 곳곳에 있어서 몹시 불쾌했는데, 최근 경찰의 취체로 점차 개선되고 있다. 〈호세이대(法大), 한탁하(韓鐸夏)〉
- 내선 문제는 지나사변(支那事變)을 계기로 급격히 바뀌어 내선일체의 길을 매진하고 있다. 그런데 우리 내지 재학생 입장에서 보면, 내지에서 우리의 처우는 형식에 지나지 않아 내선일체의 정신에 반하는 사례를 누구이 보고 들은 상태이다. 저 고노에 공(近衛公)[153]도 일찍이 공산주의자였던 경력이 있다. 감수성이 강해서 사상적 위태로움에 빠지기 쉬운 우리 학생계급의 앞길은 당국도 이제 조금 선도할 필요가 있음을 깊게 느낀다. 〈전북, 주오대학, 김택술(金宅述)[154]〉
- 내선일체운동은 왕성하게 외치고 있지만, 당국의 지도방침이 어디에 있는지가 분명하지 않다. 현재 표면적으로 드러나 있는 지도는 창씨제도, 국어(國語)[155]사용, 「황국신민의 서사」[156] 제창 등 너무 많아서 일일이 들 수도 없다. 조선인의 진정한 목소리를 들어보면, "나는 일본의 신민(臣民)이다"라는 진정한 자각과 신념을 가지는 것은 아마도 근소할 것이다. 생각건대 당국의 속마음은 아직 조선인을 완전히 믿는 것의 위험한 느낌을 뿌리 뽑지는 못하고 있는 것 같다. 이렇게 해서는 내선일체도 백년하청(百年河淸)[157]을 기다리는 것이다. 이제 조금 더 큰 도량을 보여 조선인을 포용하고, 교육에 신경을 써서 그 향상과 발전을 기하고, 내선차별을 철폐하여 황국신민으로서 지도할 것을 요한다. 〈경남, 메이지대 상과, 김삼건(金三健)〉

---

153 고노에 후미마로(近衛文麿, 1891~1945): 정치가. 귀족(공작). 귀족원 의장, 추밀원 의장, 내각총리대신, 외무대신, 척무대신, 농림대신, 사법대신, 국무대신, 대정익찬회(大政翼贊會) 초대 총재 등을 역임했다.
154 김택술(金宅述, 1918~1981): 1918년 전라북도 정읍 출생으로 본관은 도강(道康), 호는 춘강(春江)이다. 일본 주오대학 법학부를 졸업하고, 해방 후 대한노동총연맹 전라북도 부위원장을 지냈다. 1950년 이래 국회의원 선거에 같은 지역구로 출마해 당선되었다. 이후 정계를 떠나 《전라상공신보(全羅商工新報)》와 대한여객자동차주식회사 등의 사장을 지냈다.
155 일본어를 말함.
156 황국신민서사(皇國臣民誓詞): 1937년 황국신민화 정책의 일환으로 조선총독부가 제정한 맹세. 1937년 7월 중일전쟁이 발발한 와중에 발표된 것으로서, 제3차 「조선교육령」의 국체명징(國體明徵), 내선일체(內鮮一體), 인고단련(忍苦鍛鍊) 중심의 식민교육정책과 연계되었다. 전체 조선인에게 이의 암송과 제창을 강요함으로써 황국신민화를 추진하고자 했던, 대표적인 민족말살정책의 하나였다.
157 백년하청(百年河淸): 중국의 황하강(黃河江)이 늘 흐려 맑을 때가 없다는 뜻으로, 아무리 오랜 시일이 지나도 어떤 일이 이루어지기 어려움을 이르는 말.

지원병제도(志願兵制度) 관계

- 동아 신질서 건설의 커다란 국책(國策)을 수행하는 일원으로서 조선인의 육군지원병제도 실시는 가장 합당함을 거두는 시정방침(施政方針)이다. 〈전남, 주오대학 법과, 서명환(徐明煥)〉
- 이미 군사교육을 받은 중등학교 이상 졸업생이 지원한 경우, 다른 초등학교 졸업 지원자와 같은 훈련을 받는 것은 좋지 않으니 뭔가 특전(特典)을 주면 좋겠다. 〈보성전문학교(普專), 정병덕(鄭炳德)〉
- 지원병제도는 장차 의무병역 실시의 전제로서 일반은 그 영단을 칭찬하고 있지만, 모집할 때 강제로 잡아가고 있는 것처럼 넌지시 들었는데, 매우 불쾌하다. 〈혜산서(惠山署) 관내 귀성 학생〉
- 작년 정월 교토(京都) 사단장(師團長) 각하가 우리 반도인 재학생에게 지원병제도에 대해 조선 내 각지의 상황과 감상을 이야기하라는 질문이 있어서, "조선의 지원병은 경찰의 강제적 종용에 의한 것이지 자발적 지원은 아니며, 시골의 노인들은 본 제도가 무엇인지도 모릅니다"라고 대답하였다. 적어도 제국의 군인에 참가하는 자에게 그런 일이 있어서는 안 된다, 여러분이 조선에 돌아간 후에는 확실히 지도하라는 훈시를 들었다. 〈함북, 도시샤대학(同志社大學) 법학부, 양원의웅(梁原義雄)〉
- 교토의 전문학교 이상 재학생층은 지원병제도에 대해 완전히 무관심하다. 내지인 학생 측에서도, 징병(徵兵) 기피의 목적은 아니라고 생각하지만, 징병 유예를 지원하는 자가 다수 있는 상황이다. 〈니혼대 전문부(專門部) 법과, 안릉성구(安陵聖求)〉

창씨제도(創氏制度) 관계

- 종래 김(金), 박(朴) 등의 이름을 대면 바로 조선인으로서 특별 취급을 받아 매우 불쾌했는데, 앞으로는 창씨에 의해 그러한 불쾌감으로부터 벗어날 수 있어서 내선일체 구현의 느낌이 있다. 〈함북, 도시샤대학, 양원의웅〉
- 조선 내에서는 창씨제도의 취지가 상당히 철저했던 모양인데, 내지에서는 방임 상태이

다. 〈도쿄 세이비중학(濟美中學) 김길룡(金吉龍)〉
- 내지에서 우리가 창씨개명할 때, 내지인은 내지인을 빙자하여 의기 있는 행동을 하면서 도리어 악감정을 품고 있으며, 더구나 이 감정은 내지인이라면 누구나 가지는 공통의 감정이라고 할 수 있다. 〈황해도 출신 유학생〉
- 창씨제도가 내선일체라는 커다란 정신에 기초한 것임은 분명함에도, 이는 결코 명령으로 하지는 않아 이것을 할 것인지 말 것인지는 각자의 자유이다. 그러나 내 생각으로는 예로부터 몇백 대(代)를 계승해 온 성(姓)을 영구히 이름을 올린 자손에게 전하는 것이야말로 조상 숭배의 길이다. 자손의 경우를 생각해 보더라도 오늘날 우리가 창씨할 수 있음을 기뻐해야 한다. 〈함남, 신경대학(新京大學) 2년생, 이동신(李東信)〉
- 언어와 풍속이 다르고 또 민도(民度)도 아직 내선인 간에 큰 차이가 있는 오늘날 창씨제도, 조선어 폐지와 같은 것은 시기상조(時期尙早)이다. 〈주오대학, 서명환〉
- 창씨제도는 우리 내지의 재학생도 크게 환영한다. 창씨를 희망해도 향리의 완미(頑迷)[158]한 부모에게 저지당하여 목적을 달성하지 못한 자도 있을 것 같다. 이렇게 완미하고 고루한 무리를 신진대사(新陳代謝)[159] 하지 않으면 진정한 내선일체는 곤란하다. 〈니혼대학 전문부, 안릉성구〉

시국잡감(時局雜感)

- 조선 내 농촌에서 시국 인식의 철저를 아주 크게 하여 무지(無智)한 농민이 마음속에서부터 황국신민화되는 광경을 보고 깜짝 놀랐다. 〈전남, 메이지대 정치과 2년, 김정옥(金鉦玉)〉
- 내지에서 출정군인(出征軍人)에 대한 환송영(歡送迎)은 성대하여 눈물겨운 것이 있음에 반하여, 조선의 상황은 관공리나 학생 이외의 일반인은 거의 무관심하다. 〈도쿄 주오고등학교(中央高等學校), 강인주(姜仁柱)〉

---

[158] 완미(頑迷): 융통성이 없이 올곧고 고집이 세어 사리에 어두움.
[159] 신진대사(新陳代謝): 생명의 유지를 위해 영양분을 섭취하고 필요 없는 물질은 걸러서 배출해 내는 일. 묵은 것이 없어지고 새것이 대신 생기거나 들어서는 일을 말함.

- 도쿄에서는 최근 화려한 복장을 한 사람이 완전히 그 그림자를 감추고 있는 것과는 달리, 조선으로 돌아온 후 경성(京城)의 내선인은 모두 매우 화려한 복장을 하여 일견 사치스러운 분위기가 넘치고 있다고 느꼈다. 〈경기도, 메이지대 상과, 이장우(李章雨)〉
- 시국 상 내지에서도 학생의 근로봉사는 각지에서 실시되고 있는데, 어쨌든 군중심리에 사로잡혀 지도 정신을 몰각한 행동도 있다. 육체적으로는 약간의 효과가 있을지언정 정신적으로는 제로이다. 〈평북, 도쿄 세이비중학, 김길성(金吉聲)〉
- 최근 도쿄에서는 각 학교에 지나인 유학생이 다수 재학 중인데, 내지인 학생에게 이단자(異端者) 취급을 받아 친밀하지 않고 반도 학생은 이를 동정하며 진정으로 우정을 가지고 접하기 때문에, 지나인 학생 역시 "아무리 해도 일본인과 손잡고 협력할 수가 없다"라는 취지를 입 밖으로 내고 있다. 우리도 지나는 약한 나라이기는 해도 인간(人間)으로는 일본인보다 몇 등급 우수한 민족이라고 믿고 있다. 〈니혼대 척식과(拓殖科), 성산금석(星山金錫)〉
- 대만인(臺灣人) 학생에 대한 내지인 학생의 태도 역시 조선인 학생에 대한 것과 마찬가지이다. 대만인 학생은 우리에게 "대만은 일본에 정복당하여 일본인에게 모멸당하는 것은 전부터 각오했지만, 너희들은 합의(合意)의 병합(倂合)을 해서 전혀 모멸당하는 일이 없을 텐데 의외로 우리와 같은 대우를 받고 있다. 그런데도 너희들이 이것을 감수하고 있는 것은 오히려 불가사의하다"라며 입 밖으로 내고 있다. 우리도 대만인과는 친밀하게 교제하고 있다. 〈함북, 니혼대 정치과(政治科), 김병웅(金秉雄)〉

조선인 노동자 도항(渡航) 문제

- 시정(施政) 30년인 지금 오히려 내선차별을 제거하지 않는 이유는, 반도 동포가 내지로 건너가 노동자가 되어 여러 가지 나쁜 짓을 저지르며 열등한 생활을 해옴에 따라 조선인 모두가 내지인에게 이러한 열등 민족이라는 인상을 준 것에 중대한 원인이 있다. 이들 노동자의 도항에 대한 지도와 취체(取締)는 앞으로도 매우 필요하다. 〈황해도 출신 유학생〉

- 전시하 산업확충을 위해 상공성(商工省)·후생성(厚生省)[160] 등에서는 반도인 노동자의 도항을 매우 희망하고 있지만, 내무성(內務省)은 여전히 반도인을 이해하지 못하여 이에 반대하고 저지하는 방침을 취하고 있다. 정부 부처 내의 방침이 일치하지 않으면 시국 처리에 차질이 생길 것이다. 〈경남, 제대(帝大) 법학부 3년, 김수(金守)〉

언문(諺文)[161] 신문 통제 문제

- 언문 신문의 통제는 국어의 보급 철저 상 필요하겠지만, 조선인 중년층이 아직 국어교육에 철저하지 않은 지금은 시기상조이다. 또한 《매신(每新)》[162]은 총독부의 기관지인 관계상, 《동아일보(東亞日報)》나 《조선일보(朝鮮日報)》와 같은 매력이 없어서, 자연히 민중의 사회 상식을 의식을 저하시켜 문화의 향상에도 지장이 있다. 〈경남, 도쿄고등공업학교(東京高工) 2년, 김창호(金昌浩)〉

기타

- 나는 입학 이후 연구하여 영문학(英文學)이 진실로 숭고한 이유를 알았다. 그의 나병(癩病) 연구처럼 생명의 위험을 무릅쓰지 않는 연구는 일본인이 도저히 할 수 없는 바로서, 구미인(歐米人)으로는 처음으로 한 사업이다. 우리는 인간으로서 영문학 연구의 필요를 통감한다. 내가 배영운동(排英運動)이 격해진 오늘날 감히 영문과(英文科)에 입한 것도 그 때문이다. 〈경남, 메이지전문(明治專門) 영문과 1년, 김용권(金容權)〉
- 현재 내지의 각 대학에 존재하는 조선인 학생 동창회(同窓會)는 반도인 재학생의 자치기

---

160 원문에는 갱생성(更生省)으로 되어 있으나 후생성의 오기로 보여 수정했다.
161 언문(諺文): '한글'이란 용어가 등장하기 전에 한글을 이르던 말. 1910년 최남선(崔南善), 주시경(周時經) 등이 '언문'이나 '조선문자'라는 명칭 대신에 겨레를 가리키는 '韓'을 넣어서 '한글'을 고안했으며 1913년부터 사용되었다. 일제는 공식적으로 이 한글이라는 용어 대신에 언문이라고 칭하였으며, 일본어를 국어 또는 국문이라고 칭하였다. 즉 한글을 낮춰서 부르는 말로 사용되었다.
162 《매일신보(每日新報)》의 줄임말. 일제는 1938년 4월 29일 《京城日報》와 분리하여 종래 경성일보사에서 발행되던 《每日申報》를 《每日新報》로 개칭했다. 관련 기구를 확충하고 지면을 쇄신하여 "시국하 조선인의 지도·계몽에 노력"한다는 취지에서였다(朝鮮總督府, 『施政30年史』, 1940, 497~498쪽).

관이다. 종래에는 마치 공산주의 선전소(宣傳所)처럼 보였지만, 나는 이번에 이를 개혁하여 조선인 재학생이 반도 민중에 대한 황국신민화의 지도자가 되도록 기도할 것이다. 주오대학 동창회장에 시바다(柴田) 교수, 고문에는 귀족원(貴族院) 의원 아리가 도요미쓰(有賀豊光), 참여대표에 정동연맹(精動聯盟)¹⁶³ 정신주임(精神主任) 야나기모토(柳本) 등 여러분을 모셨고, 나는 정신부(情神部) 수양주임(修養主任)을 맡아 오로지 모임의 개혁에 노력 중이다. 〈경남, 주오대학, 정갑주(鄭甲柱)〉

- 내지의 경찰관은 조선의 경찰관에 비해 친절하다. / 내지로 건너가는 반도인이 공통으로 불쾌하게 여기는 일인 연락선(連絡船) 승선원(乘込員)의 검문(檢問) 태도는 최근 개선되고 있다. 〈일반 유학생〉

---

163 국민정신총동원연맹의 줄임말.

<자료 25> 『조선검찰요보』 수록 민심·여론 동향 조사(1944년)

임시육군특별지원병(臨時陸軍特別支援兵)의 동향 일반[164]

(고등법원 검사국, 1944.3)

　　이른바 조선인 학도(學徒)의 지원 출진(出陣) 상황에 관해서는 아직 갖추어진 자료가 없기 때문에 전모(全貌)를 살펴볼 수는 없다. 그러나 한두 가지 자료를 모아 살펴본 상황은 다음에서 서술하는 바와 같이 순조롭다고는 할 수 없다. 원래 잘난 체하면서 두세 가지 언동으로 경솔하게 단정하는 것은 피해야겠지만, 내지인(內地人)[165] 학도가 "해변까지는 해녀(海女)도 도롱이 입을 때 비가 올까."[166]라는 말의 깊은 의미를 그대로, 쓸데없이 비가강개(悲歌慷慨)[167] 하지 말고 묵묵히 학업에 정진하다가 때가 되면 담담하게 그러나 용감하게 전열에 뛰어 들어가는 상황에 대비해 보면, 조선의 전 민중이 국체(國體)의 본의(本義)에 투철해지는 이른바 도의조선(道義朝鮮)의 확립을 기약하는 것은 망양(茫洋)한[168] 느낌이며, 앞길의 요원(遼遠)하고 다난(多難)함을 생각하게 한다. 오늘날 시세(時世)는 하루가 1년 같고, 1년이 1세기 같이 변천하는 추이를 보이는 역사 창조의 시세이다. 100세 수명을 1년, 하루로 줄여서 노력하고 분기해야 할 시기(時機)이다. 저들 학도도 철저한 군대교육을 받고 전화(戰火) 속에서 잡념을

---

164 「臨時陸軍特別支援兵の動向一斑」, 『朝鮮檢察要報』 제1호, 高等法院 檢事局, 1944년 3월, 2~9쪽.
165 '내지인(內地人)'은 일본인을 말한다. 당시 일제는 행정법상으로 일본 본토를 '내지', 그 외의 식민지 지역 등을 '외지(外地)'로 구분하여 사용하였으며, 이에 준하여 '내지인', '외지인'이라고 불렀다. 이는 공식적·법적으로는 서양의 '식민지'와는 다름을 표방하면서 내적으로 차별을 둔 것이었다.
166 에도시대 중기 하이진(俳人)인 다키효스이(滝瓢水)의 하이쿠(俳句) 가운데 한 구절. 끝까지 최선을 다하라는 의미로 해석된다.
167 비가강개(悲歌慷慨): "비장한 노래로 심하게 탄식한다"라는 뜻. 세상 형편이나 스스로의 운명 따위에 분노하여 근심함. 슬프고 분하여 마음이 북받침.
168 망양(茫洋): 한없이 넓고 멀어서 갈피를 잡을 수 없는 모양.

씻어내어 머지않아 순일무잡(純一無雜)한, 황민적(皇民的) 사생관(死生觀)에 투철한, 훌륭한 조선의 지도자가 될 때가 올 것이다.

1. 지원 상황

(가) 함경북도 〈청진검사정(淸津檢事正) 보고〉

11월 25일 마감 현재 적격자(適格者) 총 353명, 지원자 256명, 불지원자(不志願者) 97명으로 7할 2푼 남짓의 성적을 보여, 대략 소기의 목적을 이루었다. 그러나 이들 학도의 동향을 자세히 검토하면, 진심으로 자발적으로 지원한 자는 도내(道內)에 겨우 10명 내외에 불과하다. 나머지 대부분은 모두 농후한 지도적 격려를 가하여 차츰차츰 결의해 지원한 경우, 혹은 학부형(學父兄)이 외부로부터의 종용과 중압감을 떨칠 수 없어 어쩔 수 없이 자제에게 권유하고 설득하여 지원을 결의하게 된 경우이다. 모(某) 도회(道會) 의원이 "지금의 학생이라는 자는 자유주의에 굳어버린 반도인(半島人)의 찌꺼기(糟)다"라고 분개하였다. 또 모 공직자는 "내지인으로부터 무슨 소리를 들어도 어쩔 수 없다. 이렇게 불량한 학생은 징용(徵用) 연성(鍊成)[169] 외에는 길이 없다"라면서 개탄하였다. 이와 같은 것은 저간의 사정을 단적으로 표현한 것이라 할 수 있다. 그 지원 상황은 처음부터 우물쭈물하다가 끝나버렸다 해도 과언이 아니다.

(나) 평안남도 〈평양검사정(平壤檢事正) 보고〉

본 제도의 실시는 적격자와 그 부형(父兄)은 물론 일반 조선인에게도 큰 반향을 일으켰다. 일부에서는 본건이 발표됨과 동시에 여행 등을 핑계로 도주했고, 심지어는 일가족 모두가 소재를 감춘 경우도 있다. 특히 9월 졸업자에 대해서도 지원의 길을 열어놓자, 갑자기 당황하여 취직자리를 물색한다는 등의 웃지 못할 상황이 되었다. 본 도내의 적격자는 재학생

---

[169] 연성(鍊成): 황국신민으로서의 자질을 연마 육성한다는 뜻으로서, 사회의 모든 부문에서 '총력전체제' 하의 모범적인 '인간형'을 양성하기 위해 사용된 용어. 원래는 1935년 11월 일본 문부성에서 교학쇄신(敎學刷新)을 목표로 창출한 조어(造語)였는데, 1941년 3월 일본 내 「국민학교령」에서 규정된 후 종전 때까지 줄곧 전시체제기 교육의 최고 목표로 사용되었다.

485명, 졸업생 182명인데, 지원자는 재학생 272명, 졸업생 143명이다. 이들을 지원 동기에 따라 조사 분류해 보면, (갑) 애국심의 발로에 따라 본인이 자진하여 지원한 자 27명, (을) 적극적이지는 않아도 남을 따라 지원한 자 96명, (병) 주위의 권유에 저항할 수 없어 어쩔 수 없이 지원한 자 292명 등으로서, 지원자의 거의 7할 정도가 주위의 권유에 저항할 수 없어 어쩔 수 없이 지원한 자이다. 조선인 학도의 황국신민화 정도가 얼마나 저조한가를 생각하게 한다.

2. 지원자 전형검사(銓衡檢査) 상황-〈평양검사정 보고〉

조선인 학도의 임시특별지원병 지원자 전형검사는 12월 1일부터 15일까지는 평안남도 관계자, 12월 16일부터 17일까지는 황해도 관계자, 12월 18일부터 20일까지는 평안북도 관계자의 순서에 따라, 평양 서기산(瑞氣山)[170] 정상 부토쿠덴(武德殿)[171]에서 실시하였다. 수험자(受驗者) 중 엄숙하게 「군인칙유(軍人勅諭)」를 암송하거나 혹은 『교육칙어근해(敎育勅語謹解)』를 탐독하며 갑종(甲種) 합격을 열망하는 듯한 자도 볼 수 있었지만, 이들은 극히 소수였다. 대부분은 완전히 긴장감이 결여되어 그 태도 등은 고등교육을 받은 자라고 할 수 없는 무통제(無統制)를 발휘하고 있었다. 항상 조선어만을 사용하여 음란한 이야기만 늘어놓거나 혹은 지원 권장에 대한 불평불만을 쏟아냈다. 그중에는 검사 전날 밤 폭음으로 눈이 풀려서 검사위원으로부터 질책당한 자도 있었고, 구두시험 때 시험관에게 지원 권장은 불법이라고 말하는 자도 많았다. 심지어는 군에 제출하도록 명령받은 무기명(無記名) 감상문에 "불합격되면 소 한 마리를 잡아 축배를 들려고 했는데, 불행히도 갑종 합격이다"라고 기재한 자도 있었다. 또한 장내(場內)에서의 주된 특이언동으로는 다음과 같은 것이 있어, 전시(戰時) 학도의 동향으로는 실로 개탄하지 않을 수 없다. 게다가 희망 병과(兵科)를 질문하면 거의 전원이 헌병, 위생병, 경리부를 희망하고 있다.

---

[170] 서기산(瑞氣山): 현재의 평양시 중구역 해방산동 해방산거리 동쪽에 있는 해발 35m의 산. 8·15를 기념하여 '해방산'이라고 했다.
[171] 부토쿠덴(武德殿): 대일본무덕회(大日本武德会)의 본부 도장(道場)인데, 외지(外地)를 포함한 각지 지부의 도장도 부토쿠덴이라고 칭하였다.

1) 무기명 감상문 중 특이한 것

(가) 불합격되면 소 한 마리를 잡아 축배를 들려고 했는데, 불행하게 갑종에 합격되었다.

(나) 갑종 합격이어도 이제부터 몸을 망가뜨려 체중을 4관(貫)[172] 정도 감량할 작정이다.

(다) 모두 진지한 얼굴을 하고 있지만, 그 의의를 아직도 이해하지 못하고 있다.

(라) 지원했는데, 내 어머니가 경제계(經濟係)에 인치(引致)되어 있다. 한 번이라도 좋으니 만나고 싶다.

2) 특이언동

(가) 이 제도는 실로 쓸모없는 제도이다. 법문과(法文科) 계통의 학생 전부가 입대한다면 누가 기피하고 또 불평하겠는가. 혹은 조선은 내지(內地)와 법적 근거가 다르기 때문에 내선(內鮮)이 일률적으로 적용할 수 있을지 모르겠지만, 조선만이라도 처음부터 전원을 지원하도록 하는 제도를 취하지 않았을까. 조선에서도 도(道)마다 다르고 같은 도에서도 군(郡)마다 다르다. 우리 머리로는 도무지 이해되지 않는다. 신문을 보면 학무국장은 취직자는 지원하지 않아도 된다고 발표했는데 경찰에서는 취직자라도 지원하도록 강제하고 있다. 법의 운용이 그들이 하니까 어쩔 수 없지만, 이 제도에 불평불만을 가지지 않는 자는 아마도 없을 것이다.

(나) 경성격려대(京城激勵隊)가 내지로 건너왔을 때 이광수(李光洙)가 와서 메이지대(明治大) 강당에서 격려강연을 했는데, 사방팔방에서 야유가 쏟아져 강연할 수가 없었다. 이광수는 자신이 지금까지 조선 청년을 적잖이 방황하게 하여 불행한 길에 빠진 자도 많다면서 참회하고 있다고 하였다. 잠시 후 메이지대의 내지인 교수가 정말로 책임을 느끼고 있냐고 질문하자, 이광수는 그렇다고 대답하였다. 교수가 그렇다면 할복하라고 강요하자 이광수는 아무 말도 하지 못했다. (평양, 메이지대생)

(다) 검사 전 지원 동기에 대해 무기명으로 감상문을 썼는데, 나는 정말로 솔직하게 썼다. 나는 취직해 있었기 때문에 털끝만큼도 지원할 의사가 없었으나, 경찰관이 마구잡이

---

[172] 1관은 3.75kg으로, 4관은 15kg이다.

로 강제하여 어쩔 수 없이 지원했다고 썼다. [145번, 대동(大同) 출신, 평해(平海) 채(菜)]

(라) 누구도 자진해서 지원했다는 등으로 쓴 자는 없을 것이다. 지원하지 않으면 벨트와 수돗물이 무서워서라고[173] 쓰려다가 그만두었다. [강서(江西) 출신 메이지대생]

(마) 대동서(大同署) 놈들은 실로 우직하고 서장(署長)을 비롯해 바보 같은 놈들의 집단이다. 나는 어제까지는 하이칼라 머리를 자르지 않았는데, 오늘 또 서(署)에서 재촉하여 자르고 왔다. 지원할 때 이 서에서 지원하였는데, 주재소(駐在所) 놈들은 주재소에 지원하지 않았느냐며 팔자 좋게 말한다. 실로 기분 나쁘다. 우리를 중심으로 서장이 경쟁을 시켰기 때문이다.

(바) 뢴트겐 검사 때 모란대(牧丹臺)의 폐병 치료소에서 대신할 사람을 데려왔더라면 보란 듯이 성공했을지도 모른다. (강서 출신 메이지대생)

(사) 검사장(檢査場)에서 상등병(上等兵) 하나가 나오는 것을 보았는데, 놈들에게 굽실굽실 머리를 숙이고 총을 메는 것을 생각하면 실로 한심하다.

(아) 이번 수험자 중 경리병(經理兵)과 헌병 지원이 가장 많고, 그다음이 포병(砲兵)이다. 비행병(飛行兵)은 적은 것 같다. 경리병은 모두 편할 거라고 생각하여 지원하는 자와 상과(商科) 계통의 자가 많다. 헌병은 법과(法科) 계통에서 그나마 편할 거라고 생각하는데 법률에 연(緣)이 있기 때문인 것 같다. (어느 지원병)

(자) 병종(丙種)이면 축하할 만하니, 오늘 밤에 한 잔 내라고 말하는 자가 있다.

(차) 나는 갑종이 되었으니, 사형(死刑) 선고를 받은 것이다.

(카) 뢴트겐 검사 결과 폐가 나쁘지는 않은가 라고 들었을 때는 안심하였다. 뢴트겐을 다시 찍는다고 하니 걱정이 돼 견딜 수 없다.

(타) 시험관이 「교육칙어」를 암송하라고 했는데, 잘하지 못해 질타를 받았다. 우리는 「교육칙어」를 강제로 배웠기 때문에 잊어버리는 게 당연할 것이다. 우리는 교육칙어와 연이 없는 사람이다.

(파) 시험관은 사형집행관과 하등 다를 바가 없다. 우리는 사형 선고를 받은 것이고, 미

---

[173] 지원하지 않는 경우, 경찰에 붙잡혀가서 가죽 허리띠 등으로 매질을 당하거나 물고문을 당할 것이 두려워서라는 의미로 보인다.

결수(未決囚)이다.

(하) 정문고녀(正門高女), 남산고녀(南山高女)[174]에서 우리에게 이번에 진심으로 마모리 부쿠로(守袋)[175]를 선물할 것이라는데, 우리는 그보다도 때 묻지 않은 처녀의 전부를 선물 받고 싶다.

(거) 우리는 지금 수험하고 있지만 결국은 징용을 바란다.

(너) 시험관이 나에게 이탈리아 정변(政變) 때 이탈리아 국민으로서 무솔리니 수상을 배반하고 피에트로[176]를 따른 자가 9할을 차지했다고 말하며, 그대는 이에 대해 어떻게 생각하느냐고 물었다. 반도를 일본의 피에트로 정권이라고 생각할 때는 중대 문제이다.

(더) 내지에서는 청년의 징병 기피가 없었기 때문에 이에 대한 형벌법령이 없을 것이다. 우리가 특별지원병 채용에 대하여 다소 기피적 행위를 했다고 해서 무리는 없을 것이다.

(러) 국체 관념의 명징(明徵)을 부르짖고 전 국민의 순국(殉國) 정신을 강하게 요청하는 오늘날 형법상 「황실에 대한 죄」는 말살해도 좋을 것이다. 말살하지 않는 것에 큰 모순이 있지 않은가.

(머) 제1을종이라니, 죽어야만 하는 것 아닌가. 죽기 전에 대학까지 간 것이 유감이다.

(버) 갑종 합격이라고 하니, 어머니는 깜짝 놀라서 참으로 곤란하다면서 외아들이니 조금 봐줘야 한다고 했다. 나는 자살이라도 해야 하나 생각하며 비관하고 있다.

(서) 체격검사 때 군의(軍醫)가 자네는 뛰어난 체격이라며 칭찬하였기 때문에 틀림없이 갑종 합격이라 생각하며 기뻐하고 있었는데, 제1을종이라니 너무 비관적이다. 지금까지 「보병조전(步兵操典)」을 전부 암기하고 있었는데 기대에 어긋났다. 제1을

---

[174] '正門高女'는 평양 정의고등여학교(正義高等女學校)의 오기로 보임. 정의고녀가 1943년 5월 남산고등여학교(南山高等女學校)로 교명을 변경했기 때문에 이렇게 쓴 것으로 보인다.
[175] 마모리부쿠로(守袋): 부적을 넣어 몸에 지니는 작은 주머니.
[176] 피에트로 바돌리오(Pietro Badoglio, 1871~1956): 이탈리아의 군인, 정치인. 제1차 세계대전 때 이탈리아 측 대표로 휴전 교섭을 하였으며, 이후 육군 참모총장(1919), 브라질 대사(1924), 전군 참모총장(1925) 및 원수(1926), 이탈리아령 리비아 총독(1929) 등을 지냈다. 무솔리니 정권 때 총리로 임명되어 제2차 이탈리아-에티오피아전쟁을 승리로 이끌고 에티오피아 제국의 부왕이 되었다. 제2차 세계대전 당시 이탈리아가 연합국에 투항하자 내각을 개편하여 정부 수반을 지냈다.

종도 사관후보생 시험을 칠 수 있을까.

(어) 신문에 난 학무국장의 담화 발표를 보고, 직역(職域)에 봉공(奉公)하고 있으니 지원하지 않아도 된다고 생각했다. 여러 차례 경찰이 권유하였으나 지원하지 않았다. 그런데 나중에 취직자도 전부 지원해야 한다는 것을 알고 지원하여 갑종 합격하였다. 지금 이 한 몸을 나라에 바친다는 각오는 충분하니, 입대 후에는 반드시 간부후보생(幹候)이 되고자 한다. 병종(兵種)도 보병을 지원하였다. 지금의 심경은 아주 상쾌하고 마음은 벌써 일선으로 달려가고 있다. 병종(丙種) 따위로라면 무슨 면목으로 고향에 돌아갈까 하며 떠들고 있다.

(저) 나는 항공병에 지원하여 갑종으로 합격하였다. 무엇을 끙끙거리고 있는가. 우리는 지시하는 방향으로 돌진하면 그만이다. 핑계나 대고 있는다면 양키 등의 똥구멍이나 닦아야 할 것이다.

3. 입영(入營) 상황

1)

〈경성 검사정 보고〉 관내 입영 학도의 지기(志氣)가 대체로 왕성하고 규율이 엄정하여 대부분은 각각 지정된 부대에 입영하거나 혹은 지정장소에 집합한 후 내지의 부대를 향해 출발하였다. 특히 입영 출발 당일은 경성역(京城驛)과 용산역(龍山驛), 그 밖의 여러 곳에서 전시하 학도의 입영에 상응하는 장면이 보였다. 경찰이 있어서 시종일관 큰 사고는 없었다. 다만 학도 중 경성역에서 배웅하는 사람들에게 민족적 편견에서 강제로 지원하게 했다며 불만을 늘어놓는 자, 역 구내에서 「아리랑」을 고창하는 자, 끝까지 조선어로 응대한 자 등이 있었다. 입영 전날 자택에서 입영 기피를 목적으로 왼쪽 손가락 4개를 절단한 자도 있었다.

(1) 입영사고(入營事故) 인원

① 경성부대(京城部隊)

부대명	예정 인원	입영 인원	사고 인원	비고
27부대	10	9	1	질병계(病氣屆)
22부대	29	29		
30부대	30	30		
23부대	230	227	3	행방불명 2 / 질병계 제출 1
25부대	50	49	1	질병계 제출
26부대	20	19	1	질병계 제출

② 내지 및 조선(경성 제외) 부대

행선지	예정 인원	출발 인원	사고 인원	비고
평양	75	70	5	단신 출발한 자, 질병(病氣) 불참 등
대구	139	123	16	같음
부산	124	110	14	같음
서부부대	863	836	27	당일 귀향 12 / 질병 불참 4 / 신고 없이(無屆) 불참 11

(2) 특이사항(特異事象)

① 연희전문학교(延禧專門學校) 학도 청수난웅(淸水蘭雄)이 1월 18일 밤 나남(羅南) 방면의 부대로 입대하기 위해 경성역을 출발하려 할 때, 배웅하러 온 연희전문학교 생도들과 함께 술에 취해 역 앞 광장에서 날뛰며 고래고래 조선 속가(俗歌)를 불렀을 뿐만 아니라, "교장은 오지 않은 것인가. 나는 교장 선생 때문에 군대(兵隊)에 가게 되었다. 대일본제국(大日本帝國)을 위해 군대로 가게 된 것이다. 운운."이라고 흥분하여 크게 소리를 질렀고, 환송하던 생도들이 "또 그렇게 말하느냐"며 제지하였다.

② 연희전문, 보성전문(普成專門) 및 혜화전문(惠化專門)[177]의 생도들이 입대 학도 배웅을 위해 경성역에 이르러 교가(校歌)와 군가(軍歌)를 부르며 기세를 높인 것은 좋았지만, 그 후 다 같이 「아리랑」과 그 밖의 조선어 속가를 불러서 배웅하러 온 다른 일반인의

---

[177] 중앙불교전문학교(中央佛敎專門學校)의 후신. 현 동국대학교의 전신이다.

눈살을 찌푸리게 하였다.

③ 1월 19일 오전 11시 평양부대로 입대할 학도들이 출발할 때, 열광하며 배웅하러 온 자들이 기세등등하게 취체 경찰관 및 역원(驛員)의 제지를 뚫고 플랫폼으로 난입하여 장내에 혼란이 일어났다.

④ 배웅하는 조선인 부녀자 중에는 열차가 출발하자 눈물을 참으며 구슬프게 울부짖는 자가 속출하였고, 자포자기하여 지니고 있던 작은 히노마루[178]를 찢어버리는 자가 다수 있었다.

⑤ 주오대학(中央大學) 경제과 1년 송원순(松原淳, 현 22세)은 19일 오전 9시에 평양부대로 입대하기 위해 경성역을 출발하였는데, 배웅하던 친구의 다음과 같은 장행(壯行)[179]의 이야기에 대하여 다음과 같이 답사(答辭)하였다.

-기(記) -

장행의 이야기(직역): 자네의 입영을 맞아 축복을 보낸다. 자네는 우리 동창생 중 제1번으로 입영하는 것이다. 온 힘을 다하여 출정하기를 바란다. 그리고 살아서 돌아오기를 바란다.

답사(직역): 내가 무슨 이유로 죽어야 하는가. 누구를 위해 피를 흘리고 왜 죽어야 하는가, 나는 반드시 살아서 돌아오고 말 것이다. 운운.

⑥ 1월 20일 정오 용산역에서 서부부대(西部部隊)로 입영하는 학도의 부형에게 수송지휘관이 학도에게 포장용(荷造用) 새끼줄과 물통(水筒)을 사 주라는 취지로 명하였다. 부형 수백 명은 이를 구입하기 위해 경성부(京城府) 내 한강통(漢江通) 3정목(丁目) 41번지, 잡화상 엄봉현(嚴鳳玄) 집[이 상점에는 새끼줄 800묶음(束), 물통 240개의 재고품이 있었음]으로 한꺼번에 몰려들어서 혼잡이 극에 달하였고, 개중에는 이 어지럽고 혼잡한 속에서 대금을 지불하지 않은 자도 있었다. 나중에 이 상점에서 조사한 바에 의하면, 미수금이 480원에 달하였다고 한다.

---

178 히노마루(日の丸): 태양을 본뜬 붉은 동그라미 또는 그것을 그린 일본 국기(國旗). 일장기(日章旗).
179 장행(壯行): 장한 뜻을 품고 먼 길을 떠남.

⑦ 본적, 주소가 모두 함남 흥남읍(興南邑) 동상리(東上里)[180] 208, 조원의부(朝原義夫, 현 24세)는 경성에 있는 제23부대에 입영할 다른 일행과 함께 1월 19일 오전 8시 30분 용산역에 도착하였는데, 역 구내가 혼잡하고 어지러운 틈을 타 소재를 감추어 버렸다.

⑧ 함남 출신의 학도 20여 명은 부형, 가족 등과 함께 부내(府內) 본정(本町) 5정목, 대복여관(大福旅館)에 투숙하였는데, 여종업원(女中)에게 "우리는 국가의 군인이다. 서비스를 잘하라. 방은 제일 좋은 일등실로 제공하라." 등을 말하면서 각 방을 왔다 갔다 했으며, 또 "점심에는 맛있는 것을 먹겠다"라고 하였다. 여종업원이 "배급미(配給米)가 없어서 점심을 내올 수 없다"라고 답하자, "그런 바보 같은 일이 어디 있냐. 고이소(小磯)(총독을 가리킴)에게 말해라. 고이소가 알고 있을 것이다." 등의 불손(不遜)한 폭언을 내뱉은 자가 있었다.

⑨ 입영 전야(前夜)인 1월 19일 밤에 신정(新町)과 본정(本町) 등 유곽(遊廓) 방면을 배회한 학도가 40~50명에 달하였다. 모두 히노마루와 아카다스키(赤襷)[181]를 걸치고 만취하여 집집마다 돌면서 추태를 부린 자가 많았다. "우리는 국가의 군인이다", "오늘 밤이 최후의 저녁이다. 오늘 밤은 우리의 자유 천하이다. 어떤 경찰도 우리 국가의 군인을 포박할 수는 없다. 경찰이 뭐냐" 등으로 큰소리를 치며 일반 통행인과 거주민을 공포에 떨게 하였다.

⑩ 경성부 창신정(昌信町) 138, 연전(延專) 졸업생, 고성윤덕(高城潤悳, 현 24세)은 서부부대로 입영해야 하는 자인데, 1월 19일 오후 5시 30분경 자택에서 약 6촌(寸) 길이의 식도(食刀)로 엄지손가락만 남기고 왼손 손가락 4개를 절단하는 기피행위를 했다. 용산 헌병분대에서 이를 탐지하고 송국(送局)한 결과, 올해 2월 1일 경성지검(京城地檢)에서 구공판(求公判)의 처분이 있어서 현재 공판이 진행 중이다. 그는 이과계(理科系) 출신으로서 모 군수회사(軍需會社) 기사(技師)로 근무하던 중 경찰관의 권유로 마지못해 지원하였으나, 위와 같은 신분이므로 불합격을 확신하고 있었다. 그런데 뜻밖에 합격이 되어 기대에 어긋나게 되자, 늙은 부모, 최근 결혼을 약속한 신부 등과의 이별을 애석하게 여긴 나머지 이런 행위를 한 것이다.

---

180 원문은 '東土里'로 되어 있는데, 오기로 보여 수정함.
181 아카다스키(赤襷): 일본에서 군대 소집영장을 받고 입대하는 사람이 두르는 붉은 어깨띠.

2)

〈평양검사정 보고〉 관하(管下) 입영 학도는 입영 시기가 다가오자 모두 점차 책임을 자각하고 결의를 새롭게 하여 각자 용약출진(勇躍出陣)하였다. 그러나 일부는 여전히 가슴 속에 저들 특유의 민족적 편견을 품고 지원 권장에 적극적인 선배 지도자를 폭행하거나, 혹은 지원 기피라는 목적을 달성하지 못한 것에 불만을 품고 경찰관에 반항적 기세를 보이거나, 혹은 마을에서 개최하는 장행회(壯行會) 자리에서 "반도 학도가 흘릴 피에 대하여 남아 있는 선배는 무엇으로 보답할 것인가." 등으로 출진(出陣)에 대해 반대급부를 요구하는 듯한 불온언동(不穩言動)을 지껄이는 자도 있었다. 역 앞 광장에서 각 출신학교 별로 원을 그리며 「아리랑」, 「도라지」 등의 조선어 속가를 고창하며 난무(亂舞)하기도 하였다. 또한 배웅하러 나온 일반인이 한꺼번에 개찰구(改札口)로 몰려들어 결국 울타리를 타고 넘는 등의 혼란을 보였고, 이를 정리하려는 역원과 취체 경찰관 등에게 "자제를 국가에 바치는데 부모 형제의 배웅을 제지하는 것은 무리이다. 조선인이기 때문인가." 등의 불온언동을 지껄이는 자도 있었다. 하지만 특별한 사고 없이 출발하였다.

(1) 입영사고 인원

각 도에서 평양에 있는 부대로 입영하는 자는 다음과 같다.

도별	예정 인원	입영 인원	사고 인원	비고
평남	244	239	5	질병계 제출 4 / 소재 불명 1
경기	71	70	1	소재 불명
평북	95	94	1	질병계 제출
전남	20	19	1	소재 불명
황해	67	66	1	질병계 제출 없이 불참
함북	21	21		
충남	3	3		
함남	45	42	3	소재 불명
계	566	554	12	

(2) 특이사항

① 센슈대학(專修大學) 김해재기(金海在基)는 입영 출발 때 마을 유지들에게 받은 전별금 170원을 "입영하는 몸에는 필요 없다"라고 하고, 전선(前線)에 한 대라도 비행기를 보내고 싶다면서 비행기 헌납자금으로 헌금하였다.

② 강서군(江西郡) 출신 학도 3명은 입영 전날 평양으로 나와 부내 수옥정(水玉町) 동양여관(東陽旅館)에 투숙하였다. 다른 학도 대부분이 다음 날 입영을 앞두고 깊은 밤까지 술에 취하여 떠들고 있는 것을 개탄하며, 인솔자인 지원병 출신 기무라(木村) 병장(兵長)으로부터 새벽까지 군대 생활에 필요한 주의 사항을 경청(傾聽)하였다.

③ 경성제국대학(城大) 법학부(法學部) 출신 김상환(金相煥)은 내지의 부대에 입영하기 위해 부산(釜山)으로 향하는 차 안에서 "갑종 합격으로 결정되면서부터 영장(令狀)이 오기만을 몹시 기다렸다. 나는 입영 후 곧바로 제일선으로 가서 반도 학도의 의기를 크게 떨치려고 각오하였다"라고 하였다.

④ 주오대학을 졸업한 대창종목(大倉鍾穆)은 같은 주오대학 졸업생 송산성(松山誠)과 함께 순천역(順川驛)을 출발할 때 차창(車窓)을 통해 역원에게 "너희는 어째서 우리를 배웅하지 않는가. 여기에는 조선인이 살고 있지 않은가. 우리는 조선 동포를 위해 나가는 것이 아닌가"라고 폭언하였다. 또 관할(所轄) 경찰서원에게 "우리를 배웅하는 자가 적은 것은 경찰이 제대로 준비하지 않았기 때문이다. 면장(面長)을 불러와라"라고 소리쳤다. 열차가 대동군(大同郡) 배산점역(裵山店驛)에 이르자 역을 취체 중인 경찰관에게 "어이! 이리 와서 우리를 배웅하라. 배웅도 하지 않고 역에 서 있다니, 괘씸하다. 오지 않으면 때려주겠다"라고 폭언하였다.

⑤ 1월 20일 오전 5시경 평양부 본정(本町) 경찰관파출소 앞을 지나던 입영 학도 여러 명이 파출소 내부를 엿보면서 "이곳 순사 놈은 나와라. 우리 최후의 날이다. 순사 놈을 때려죽이겠다. 나와라"라고 폭언하고 떠나갔다.

⑥ 센슈대학 신동중하(新東仲夏)는 44부대 입영자이다. 친구인 김산소목(金山詔穆)이 내지의 부대로 입영하기 위해 출발할 즈음에 친구 2명과 장행회를 열었다. 만취해서는 역 앞에 이르러 열차를 기다리던 중 내지인이 경영하는 이세야(伊勢屋) 식당에 들어갔다가 거절당하자, "우리는 학도지원병이다. 이번 기차로 출발할 것이니 술을 내놓아라.

그렇지 않으면 유리를 부숴 버리겠다"라며 폭행에 나서려고 하는 것을 가게 점원(반도인)이 제지하자, 그의 안면(顔面)을 구타하고 가게 기물을 파손하였다. 동행한 1명이 이를 제지하며 다른 곳으로 데려가자, 그는 "이곳은 내지인 가게가 아닌가. 더 때려 부숴라"라는 민족적 불온언동을 지껄였다.

⑦ 오촌정술(吳村定述)은 1월 17일 오후 3시경 평양부 내 경제정(鏡齊町) 경찰관파출소에 이르러, "정월에 나를 구타한 자는 누구인가. 이름을 말하라. 내가 입대하면 너희들은 가만두지 않겠다. 잘 기억해 둬라"라고 협박적 언동을 지껄였다.

⑧ 연희전문 김해해룡(金海海龍), 릿쿄대학(立敎大學) 고목영록(高木永錄) 두 사람은 1월 17일 오후 11시경 술에 취하여 친구 5명과 함께 신창정(新倉町) 경찰관파출소 앞에서 둥근 원을 지으며, 국어(國語)[182]로 여러 차례에 걸쳐 다음과 같이 고창(高唱)하고 연호(連呼)하며 경찰관을 모욕하였다.

    순사야, 순사라고 으스대지 마라. 순사야.

    순사는 출세한 도둑놈이다.

---

[182] 일본어를 말함.

<자료 26> 『조선검찰요보』 수록 민심·여론 동향 조사(1944년)

국민징용령(國民徵用令) 위반 사건[183]
(고등법원 검사국, 1944.3)

최근 보고에서 접한 몇 가지 사건을 참고로 기재한다.

• 면타(綿打)[184] 인부(人夫)

[선(鮮)] 고산우숙(高山又淑, 현 19세)

마산부(馬山府)의 조선물산주식회사(朝鮮物産株式會社)에서 면타 인부로 일하던 중인 1943년(昭和 18) 9월 10일 경상남도지사(慶尙南道知事)로부터, 해군공원(海軍工員)으로서 같은 달 15일 오후 1시에 진해(鎭海)의 해군건축부(海軍建築部)로 출두하라는 내용의 징용령서(徵用令書)를 교부받았는데, 법정(法定)의 사유가 없음에도 불구하고 도피하여 출두하지 않았다. 〈마산지검(馬山支檢), 구약식(求略式)[185], 벌금(罰金) 150원 확정〉

• 목수(大工) 견습(見習)

(선) 김촌선규(金村善圭, 현 30세)

친형 집에 동거(同居)하며 목수 견습으로 일하던 중인 1943년(昭和 18) 9월 11일 경상남도지사로부터, 해군공원으로서 같은 달 15일 오후 1시에 진해의 해군건축부로 출두하라는 내용의 징용영서를 교부받았는데, 법정(法定)의 사유가 없음에도 불구하고 본적지로 도피하여 출두하지 않았다. 〈마산지검, 구약식, 벌금 150원 확정〉

---

183 「國民徵用令臨違反事件」, 『朝鮮檢察要報』 제1호, 高等法院 檢事局, 1944년 3월, 28쪽.
184 면타(綿打): 솜 타기.
185 구약식(求略式): 공소를 제기하는 방식의 하나로서, 약식재판을 청구한다는 의미의 법률 용어.

• 농업

(선) 식전재우(植田載祐, 현 21세)

이시카와현(石川縣) 가나자와시(金澤市) 사립 가나자와중학(金澤中學) 5학년 중도퇴학 후 그곳에 머무르던 중인 1943년(昭和 18) 6월 26일 이시카와현지사(石川縣知事)로부터, 오미나토(大湊)의 해군건축부 요원(要員)으로서 같은 해 7월 5일 오후 1시에 건축부로 출두하라는 내용의 징용영서를 교부받았는데, 이를 기피하여 7월 3일 조선으로 돌아가 징용에 응하지 않았다. 〈해주지방법원 검사국(海州地檢), 구공판(求公判), 징역 6월에 4년간 집행유예, 검사 공소(控訴) 중〉

<자료 27> 『조선검찰요보』 수록 민심·여론 동향 조사(1944년)

「반도 동포에게 고함」이라는 제목의 격문 우송(경성 검사정 보고)[186]

(고등법원 검사국, 1944.5)

지난 3월 31일부로 광화문 및 서대문 우편국의 소인(消印)이 찍힌 아래의 (1)과 같은 격문이 1. 경성부(京城府) 안국정(安國町) 85번지, 산파(産婆), 청산약지(靑山若枝), 2. 경성부 창신정(昌新町) 58번지 비료제조합명회사(肥料製造合名會社)라는 발신(發信) 명의로 경성부 내 약 300여 명에게 우송되었다. 4월 7일에 다시 아래의 (2), (3)과 같은 격문이 위의 발신 명의 외에 1. 경성부 본동정(本洞町) 36번지, 본동세탁소 주임, 송목광삼(宋木光三), 2. 경성부 종로 5정목(丁目) 36번지, 동대문병원(東大門病院) 의학박사(醫學博士), 송본무길(松本茂吉), 전화 동(東) 1245번이라는 명의로 경성부 내 약 47명에게 우송되었다. 그런데 4월 10일에 또다시 83명이라는 다수에게 위의 (2)와 동일한 내용의 격문이 우송된 사실이 판명되어, 현재 발신인(發信人) 및 그 반향(反響)에 대해 극력 내사(內査) 중이다. 이 격문을 우송받은 자의 면면을 보면 그 대부분은 재경성(在京城) 반도인(半島人) 유력자로 지목되는 듯한 자들이다. 격문은 모두 한자가 섞인 언문(諺文)이며, 그 내용(번역문)은 다음과 같다.

(1) 반도 동포에게 고함

현재 대동아전쟁(大東亞戰爭)의 전운(戰雲)이 심각해져 우리 대일본제국(大日本帝國)의 흥망(興亡)을 두고 싸우는 결전(決戰)이 임박해 왔다. 패망한 국가에는 국민의 행복과 행락(幸樂)은 없다. 국민의 행복과 향락은 반드시 국가가 건전해야만 획득할 수 있는 것이다.

---

[186] 「半島同胞に告ぐ」と題する檄文郵送, 『朝鮮檢察要報』 제3호, 高等法院 檢事局, 1944.5, 21~24쪽.

이는 모두 알고 있다고 믿는다. 특히 우리 반도의 2천 5백만 민중이 입은 황은(皇恩)과 홍택(洪澤)은 진실로 감격하고 감사하는 바이다. 보라. 일한병합(日韓倂合) 전 이조(李朝) 500년 이래 반도 동포의 참혹한 정황은 어떠했는가. 가옥(家屋)은 물론 7척(尺) 이상의 높은 기둥을 세우지도 못하고, 돈은 지하에 매장하여 마치 도둑질이라도 한 듯이 언제나 한 냥의 엽전(葉錢)도 꺼내지 못하며 돈을 가진 손을 부들부들 떨지 않았던가.

그뿐만이 아니다. 돈 있는 사람이나 없는 사람이나 모두 가난뱅이 차림을 하지 않으면 당시 악정배(惡政輩)의 탈취를 면할 수 없었기 때문에, 어쩔 수 없이 2천만 모두가 가난뱅이였던 것이다. 그런데 오늘날의 현실은 어떠한가. 유산자(有産者)나 무산자(無産者)를 불문하고 돈이 있다고 함부로 거짓말을 하게 된 것이다. 이는 곧 민권(民權)을 옹호하고 보증하는 황은이고 또 홍택이다. 감격할 만한 황은의 온상(溫床)에서 안식을 향유하는 2천 5백만 민초(民草)는 몸 둘 바를 모를 정도로 황공할 뿐이다.

그러나 현재 조국이 흥망의 결전에 봉착한 이때, 반도의 민초 개개인 중에는 불온(不穩)한 사상 하에 배은망덕(背恩忘德)한 행동을 감행하는 악질분자가 잠재하고 있다는 느낌이 든다. 실로 통탄을 금할 수 없다.

이에 우리 당(黨)은 단연코 아래에 열거하는 모든 종류의 악질분자를 격멸, 숙정(肅正)할 목적으로 결당(結黨)된 것이다. 만반의 준비가 완전히 정비되었으므로, 이에 성명하는 바이다.

여러분은 위선(僞善)을 버리고 진심으로 협찬하기 바란다.

- 다음(左記) -

① 반국가적(反國家的) 사상을 품고 있는 자 또는 행동을 취하는 자
② 마귀(魔鬼) 미·영(米英) 대한 의존 사상을 여전히 품고 있는 자, 또는 악적(惡敵)의 주구(走狗) 행동을 하는 자
③ 근거 없는 유언비어를 조작 또는 전파하여 국내 대중의 사상을 혼란하게 하는 자
④ 시국에 편승하여 자기의 명리(名利)와 사욕(私慾)을 취하려는 위선적(僞善的) 회색분자(灰色分子)인 사회주의자, 매명주의자(賣名主義者), 보신주의자(保身主義者)
⑤ 긴박한 결전에 임하여 보은(報恩)과 감사의 의념(意念)을 몰각하고 개인의 향락주의에 도취한 자
⑥ 결전 하 총후(銃後) 국민에게 부과된 사명과 그 의무를 몰각하여 국가적 봉공(奉公)에 등한시

하거나 회피하는 자

⑦ 그 밖에 국가와 국민에 해악을 끼치는 자

이상

1944년(昭和 19) 3월 31일, 국방혈맹당(國防血盟黨)

(2) 『혈(血)』 제2호, 1944년(昭和 19) 4월 5일, 국방혈맹당

황은(皇恩)에 보답하라

대체로 은혜를 모르는 자는 짐승만도 못하다. 황국(皇國) 국토 내에서 생명과 재산을 보호받은 것이 30여 년이나 되었으니, 2천 5백만 동포는 크나큰 황은에 무엇으로 보답할 수 있는가.

하루를 숙박해도 그것이 은혜랍시고 5원, 10원의 팁이나 찻값을 내지 않는가. 하물며 부모 처자와 함께 안락한 생활을 계속했을 뿐 아니라 처를 맞아 자손을 얻고, 이제부터 더욱더 감사할 만한 은혜를 받아야만 하는 경우에 있어서랴. 조용히 눈을 감고 과거, 현재, 미래를 숙고(熟考)해 보라. 황은에 보답하기 위해서는 분골쇄신(粉骨碎身)해도 부족할 것이다. 오늘날 국가는 세계적 흉노(兇奴)인 미·영을 격멸하여 정의의 철퇴를 태평양 위에 빛나게 하고 있다. 이 전투야말로 실로 아시아 민족의 행복을 결정하는 것이며, 우리 1억 동포의 영생(永生)을 확보하는 결전이다. 우리 2천 5백만 동포는 황은에 보답하고 시대 사명을 완수하기 위해 물심양면(物心兩面) 모두를 국가에 바쳐야 한다. 사후(死後)에는 부모, 처자, 금전도 아무런 가치가 없는 것이다.

수전노(守錢奴)들이여. 단연코 금전의 애착에서 벗어나라. 그리고 국가에 헌납함으로써 보은의 모범이 되어라.

(3) 『혈(血)』 제3호, 1944년(昭和 19) 4월 5일, 국방혈맹당

반성하라

동아시아 여러 민족의 영생(永生)의 안복(安福)을 위해 군국(君國)에 선혈을 바친 황국 장병이 있는 반면에, 현재 반도에는 첫째로 이른바 조선 독립을 몽상하는 반역배(反逆輩)가 있고, 둘째로 악귀 미·영을 앙모(仰慕)하여 국내의 기밀을 절취(竊取)하는 반역배가 있으며, 셋째로 가두에는 자신만이 가장 철저한 애국충민(愛國忠民)이라는 시국적 가면을 쓰고 이른바 지도층을 자칭하는 교묘한 설술배(舌術輩)인 보신주의자, 매명자(賣名者)가 출몰하여 관헌의 이목을 가리고 개인의 명리와 탐욕을 몰래 취하고 있다. 그러나 이 결전의 전장이 이들 위선군(僞善軍)의 마술 무대가 아닌 이상, 우리 당은 절대로 이를 허락할 수 없다. 만일 저들이 떠들어대는 것이 진실로 저들의 충심에서 발로한 애국열(愛國熱)이라 한다면, 우선 스스로 솔선하여 궁행(躬行)하는 것이 당연할 것이다. 보라. 저들 중에 수십만 원 이상 수천만 원의 부호(富豪)가 있다. 그러나 저들이 오늘까지 봉공 헌납한 통계가 과연 얼마나 되겠는가. 그뿐만이 아니다. 성전(聖戰)을 이용해 벼락부자가 된 자도 그 수를 알지 못할 정도로 많다. 그러나 저들 몽리배(蒙利輩)는 화려한 주택을 짓고 사치스러운 생활에 몰두한다. 그 이면에는 명예와 지위를 얻으려는 가장행렬에 급급할 뿐으로 전승(戰勝)에 필요한 물자봉공(物資奉公)에는 무관심한 자들이다. 이상의 분자들은 국가의 반역도(反逆徒)이고 국민의 해충(害虫)이다. 우리 당의 철퇴는 사사로운 정에 얽매이지 않고 단연코 숙청할 것이다. 여러분이여, 반성하라. 그리고 협찬하라.

　이상과 같은 격문의 발신인이 과연 누구인지, 또 발신인이 어떠한 의도로 이러한 격문을 발송한 것인지는 현재의 처지에서는 알 수 없다. 하지만 내용이 내용인 만큼 수신인(受信人)에게는 상당히 심각한 충동을 주고 있는 모양이다. 다시 말해서 일반적으로는 반국가적 분자라 지목하여 이러한 통문을 보내다니 뜻밖이라며 분개하고 있다. 또 일부에서는 이것은 우리와 같이 우국(憂國)의 열정이 넘쳐나는 혈기 있는 반도 인사가 부패한 반도인 유력자의 각성을 촉구하는 비장한 호소이니, 반도인은 이제 일대 국민궐기운동을 일으켜야 한다고 하면서 이 격문의 취지에 찬동하는 자도 있다. 또한 본건은 당국이 고등정책적 의도에서 만들어 낸 것이라고 곡해하며 자신의 사회적 지위에 불안을 느끼고 있는 자도 있고, 혹은 우익 단체의 짓이라고 억측하여 오히려 공포심을 품게 된 자 등이 발견된다.
　다음으로 수신인의 감상 두세 개를 들어보자.

경성부 ○○ 4정목, [선(鮮)] 김○○

경성부 종로구 안국정, 산파, 청송약지(靑松若枝) 발송인 명의로 통문이 도착하였다. 내용은 반국가적 분자에 대해 통렬하게 비난하는 동시에 반도 민중은 모름지기 시국에 부합하여 국가가 요망하는 바에 따라 오로지 황국신민으로서 살아가야 한다는 것을 나열하고 있다. 이는 지극히 당연한 것으로서 감히 반대하지 않지만, 뭔가 당국에서 정책적으로 벌인 일종의 연극 같은 느낌이 든다.

왜냐하면 지금까지 이러한 통문이 살포된 사례는 듣지 못했다. 게다가 그 문면(文面)[187]으로 볼 때 하등 불온하고 과격한 것이 아니라면 당당히 발송인의 주소와 성명을 모두 써야 할 터인데 가공의 주소와 성명을 쓴 점에서 더더욱 그런 느낌이 든다. 마치 당국에서 나를 반국가적이라는 색안경을 끼고 주목하는 것 같아 불쾌한 기분이다. 게다가 통문의 내용이 지극히 당연하여 우리가 나아가야 할 길로서 감히 이론은 없다.

경성부 ○○정 1정목 33, 모(某) 전문학교 교수, (선) 김○○

반도인을 이민족으로서 진퇴(進退)의 기로에서 헤매는 자라고 한다면, 그것은 내지인(內地人)의 적이 아니라 오히려 우리 반도인의 적이다. 「반도인에게 고함」이라는 통문은 우리와 마찬가지로 열정이 넘쳐나고 혈기 있는 인사(士)가 부패한 반도인 유력자들에게 궐기를 촉구하는 비통한 호소이다. 반도인은 이제 일대 국민궐기운동을 일으켜야 한다.

경성부 신당정(新堂町), (선) 송전○○(松田○○)

내용은 특별히 불온한 점은 없으나, 국방혈맹당이라는 이름과 문장이 어딘지 모르게 과격하다는 느낌이 든다. 국방혈맹당에 가입하라는 문구는 없지만, 그런 의도를 포함하는 것 같은 기분이 들어 뭔가 모르게 공포심을 느꼈다. 아무튼 온당한 문서라고 인정하기는 어렵다. 만일 국방혈맹당이라는 것을 조직하였다면, 우익 계통의 것으로 보인다. 한편 지난해에 있었던 행운의 편지와 같이 협박당하는 느낌이다. 후일 한 번 정도는 더 이러한 종류의 것을 우송하지 않을까 생각한다.

---

[187] 문면(文面): 글의 대강의 내용.

<자료 28> 『조선검찰요보』 수록 민심·여론 동향 조사(1944년)

「적기(敵機) 내습(來襲)에 따른 민정(民情) 일편(一片)」 중 '민심의 동향'[188]

(고등법원 검사국, 1944.9)

　적(適) 미·영(米英) 단기전(短期戰) 갈망의 초조함, 그리고 물량(物量)만 믿고 그들의 막대한 희생을 돌아보지 않고 무턱대고 반격한 일단이 6월 16일 이래의 적습(敵襲)으로 나타나고 있다. 이것이 일반민심에 무언가 충동을 주었다는 것은 부정할 수 없는 것으로 유감이지만, 세인(世人)의 위축을 부를 만한 사태를 야기했다는 점은 아래에 서술하는 대로이다. 그렇지만 확고한 신념에 의해 배양된 국민 전체의 전의(戰意)는 이로써 더욱 앙양되어 적습이 하등 무서울 것이 없다는 감투(敢鬪) 정신을 더욱더 견지하기에 이르렀다. 또한 민방공(民防空) 진영의 확립에 어느 정도 유용하게 될 것이다.

　적기의 공습(空襲)이 있게 된다면 최후까지 싸우지 않으면 안 된다. 싸우는 자는 반드시 이긴다는 신념을 견지하고, 충만한 방위 정신을 유감없이 발휘하여 신토(神土)를 지키며 추적격멸(醜敵擊滅), 정전완수(征戰完遂)를 구현하지 않으면 안 된다.

　당시의 정황에 대해 보고된 각지의 민정(반도인 측) 중 특이하다고 인정되는 것 약간을 편집하여 참고로 제공한다. 특히 악질적인 언동으로서 당국이 관여한 사건도 이어서 보고에 접하여, 그중에서 뽑아서 게재한다.

---

[188] 「敵機來襲に伴ふ民情一片」, 『朝鮮檢察要報』 제7호, 高等法院 檢事局, 1944.9, 8~12쪽. 이 자료에서 '유언비어' 부분(2장, 12~14쪽)은 이 책의 2장에 수록함.

1. 민심의 동향

- 적개심(敵愾心)에 불탄 자
  - 미국 비행기가 조선 내로 날아왔다고 하는데, 피해가 있든 없든 우리는 유감이다. 일어나지 못할 정도의 큰 철퇴를 빨리 가하지 않으면 안 된다. 〈평양(平壤), 신학교 교사〉
  - 미국 비행기가 몇 차례나 우리 본토를 공습하고 있는데, 우리 측 항공대(航空隊)의 미국 본토 습격의 보도를 듣지 못한 것은 상당히 유감이다. 〈신의주(新義州), 삭주회사원(朔州會社員)〉
  - 이번 적 공습에 대해 아동을 통해 그 반향을 살펴본바, 모두 적개심이 치열해졌다. 〈신의주, 의주국민학교장(義州國民學校長)〉
  - 공습경보를 듣고 처음에 미귀(米鬼)에 대한 증오심을 통감했다. 미귀 격멸을 위해 생명도 재산도 전부 바치고 싶다. 〈신의주, 상업〉

- 좋은 영향을 주었다고 인정되는 자
  - 이번 공습으로 모두가 긴장하는 것이 눈에 보인다. 혹은 무서워하고 있는지도 알 수 없지만, 방공용(防空用) 전기 커버가 날개 돋친 듯이 어제부터 팔리게 되었다. 〈평양, 전기상(電氣商)〉
  - 이번 공습으로 전쟁이 더욱 가까이 왔다는 것에 매우 두렵지만, 그 반면에 방공시설(防空施設)에 전력을 다한다고 하는 매우 좋은 결과도 인정된다. 〈평양, 애국반장(愛國班長)[189]〉
  - 지금까지는 공습받았다고 말해도 마음에 와닿지 않았는데, 이번에는 공습이 있다는 것이 분명히 이해되었다. 각오해야만 한다. 〈평양, 애국반장〉

---

[189] 애국반(愛國班): 전시체제기에 조선인의 생활을 감시·통제하기 위해 만들어진 최하부 단위의 주민조직. 1938년 7월 7일 국민정신총동원조선연맹이 조직되면서 각 정·동·리 부락연맹과 관공서·학교·은행·기타 단체들로 결성된 각종 연맹 산하에 10호 단위로 만들어졌다. 1940년 10월 국민정신총동원조선연맹이 국민총력조선연맹으로 개편된 뒤 더욱 확대되어, 그해 12월에는 전국적으로 약 38만여 개에 달하였다. 애국반은 신사참배, 창씨개명, 일본어 보급 등 황민화 정책에서부터 근로봉사, 저금, 각종 공출과 인적 동원 등을 위한 말단 조직으로 기능하였다.

- 경보발령(警報發令)과 동시에 전주부(全州府) 내를 돌면서 보았는데, 등화관제(燈火管制)는 철저하여 어두운 밤에 각 정(町)의 부녀자 등은 빠짐없이 출동하여 자리하고 있는 것에서 평소의 훈련이 잘되고 있다는 것을 가슴 깊이 생각하게 되었다. 〈전주, 신문기자〉
- 세계의 각 교전국(交戰國)은 모두 대공습의 세례를 받고 있는데, 오직 일본과 미국만은 공습의 피해가 없다. 공습받아도 처음에는 정말 전쟁 기분이 나지는 않았는데, 이번 공습은 마음이 느슨해진 전 국민에게 적개심 또는 전시 기분을 왕성하게 하는 절호의 기회가 되었다. 〈전주, 부민(府民)〉
- 공습경보가 내려진 후 대피상황을 보면 모두 이상하게 긴장하여 신속하였다. 미숙한 점도 있지만 역시 훈련의 경우와는 다르다. 〈신의주, 국민학교 교사〉

• 공포감에 사로잡힌 자
- 이번 공습을 보니 조선도 한층 위험해졌다. 특히 평양은 경성 다음으로 노린다고 생각한다. 더 시골로 가지 않으면 안 된다. 다가오는 이번 여름이 가장 위험하다고 생각한다. 〈평양, 지주(地主)〉
- 더욱이 조선에도 적기가 내습하게 되었는데, 어려웠던 일러전쟁(日露戰爭) 당시 저 산, 이 골짜기로 피난했던 때의 일이 생각난다. 〈신의주, 선천목재상(宣川木材商)〉
- 적기에서 나는 폭음을 들었을 때는 정말 놀랐다. 방공(防空) 준비보다도 우선 내 몸을 어디에 숨길지를 생각하여 숨을 장소를 찾았지만 낭패했다. 〈대구(大邱), 부민〉
- 우리 집 용인(傭人) 2명(소년 1, 부엌일 하는 노파 1)은 공습경보가 발령되자 위험을 느껴서 급료도 받지 않고 무단 도주하여 버렸다. 〈신의주, 여관주인〉
- 적기 내습으로 신의주 부민이 제일 무서워한 것은 수풍댐이 파괴되는 경우이다. 신의주는 삽시간에 바다로 변하게 될 것이다. 일부 사람은 재빠르게 가재도구 및 노인과 어린아이 등을 시골로 이주시킨 자도 많다. 〈신의주, 부회의원(府議)〉
- 이번과 같이 만주국(滿洲國)의 중요 도시가 공습받게 되면 우리 지방에도 공습은 반드시 온다. 신의주는 전부 위험지역이므로 만일의 경우를 생각해서 시골로 피난하는 자가 많은데, 나도 처자를 정주(定州)의 집에 보낼 생각이다. 〈신의주, 인쇄업〉
- 이 기간의 공습에서 안산(鞍山)은 적기 54기가 내습했기 때문에 잿더미가 되었다. 〈경

성(京城)〉
- 이 공습경보(空襲警報)의 때 경성중학의 생도에게는 실탄(實彈)이 지급되었다. 〈경성, 생도〉
- 공습은 신경전(神經戰)과 다름없다. 완전히 신경질적이 될 것이다. 〈여수(麗水), 회사원〉
- 세상에서 제일 공포스러운 것은 공습, 다음은 미국이 만족하지 않는 것이다. 〈여수, 상인〉

• 전쟁의 앞길을 걱정하는 자
- 일본이 이 정도로 방공시설을 강화하고 있는데, 경계가 엄중한 기타큐슈(北九州) 지방에 어떻게 한밤중에 침입하게 되었을까. 미·영은 일본에 대한 6월 공세를 말해왔는데, 그대로 실현될 낌새가 보인다. 〈평양, 사립학교 교사〉
- 남선(南鮮) 지방에 공습이 있었다는 것이 더욱 큰 변고이다. 최근 황군(皇軍)의 전과(戰果)는 그다지 거론되지 않고 있는데 적기 내습이 있다면, 결국 일본은 약해져 있는 것이 아닌가 생각된다. 〈평양, 덕천잡화상(德川雜貨商)〉
- 본토, 식민지까지 공습을 받는다는 것은 국민의 필승 신념을 흔드는 것이다. 무엇인가 선처를 바라는 바이다. 〈신의주, 요주의자(要注意者)〉
- 이렇게 더울 때 매일매일 신경전에 나서는 것은 감당하기 어렵다. 전부 참가하지 말라. 〈신의주, 노동자〉
- 미국과 강화(講和)한다면 공습을 받지 않고 끝날 것이다. 〈신의주〉
- 여러 번 경계경보(警戒警報)가 발령되어도 아무것도 없었다. 그때마다 업무를 정지하고 직공들을 귀가시키는데, 경계경보 정도는 군부든 경찰이든 그 당국이 알아서 선처해 주기 바란다. 〈신의주, 상업〉
- 오늘 이른 아침 공습경보 사이렌을 듣고 훈련이라고 생각하여 출동했는데, 실제상황이라고 하여서 실로 비장한 생각이 들었다. 최근 라디오, 신문에 의해, 적 미·영 측의 반격이 더욱 치열해져서 대동아성전(大東亞聖戰)의 앞길을 걱정하고 있던 데다가 전쟁이 계속 지고 있는 기분이 들어서 가족과 함께 방공호(防空壕)에 뛰어 들어갔다. 〈군산(群山),

연맹이사장(聯盟理事長)[190]〉
- 이렇게 계속해서 공습받는 것은 일본 패전의 증거이다. 〈여수, 노무자(勞務者)〉

• 군(軍) 당국의 시책에 불신감을 품고 있는 자
- 규슈(九州)까지 왔는데 왜 사전에 알지 못하였는가. 방공감시대(防空監視隊)는 저번 도쿄공습(東京空襲)과 마찬가지로 방심하고 있었을지도 모른다. 〈평양, 감시대원(看視隊員)〉

• 특이사항(特異事象)
- 진남포(鎭南浦) 방면에서는 첫 번째 폭격 목표가 될지도 모른다는 우려가 있다. 갑자기 피난할 곳을 구하는 자, 혹은 식량 내지 의료품을 사 모으는 경향도 있다. 부외(府外)에 피난처를 구해 셋방을 계약하는 자도 있다. 〈평양〉
- 하층계급 사이에는 공습경보를 듣자 공포심에 휘둘려 자신의 호신(護身)과 피난책에 허둥지둥 낭패하고, 특히 부녀자가 소리 지르고 소란을 떠는 것이 보였다. 〈대구〉
- 광주부(光州府)에서 우편저금의 예입(預入)이 한때 평상시의 약 3분의 1로 격감했다. 또 공습 후 약간 고액예금(大口預金)의 인출이 증가한 경향이 있다. 〈광주〉
- 도회지의 조선인 유산계급은 폭격을 두려워하여 소개(疏開)[191]를 준비한 자가 상당히 있었던 것 같다. 〈광주〉
- 공습경보 발령 후 바로 폭음을 듣자 두려운 나머지 가족을 이끌고 허둥대며 부근의 산길로 들어가 은신(隱身)한 자도 있다. 〈전주〉
- 전주부 내 모 여관 계산대(帳場)에서는 경보(警報) 중인 오전 1시경에 취한(醉漢) 3명이 와서 숙박을 요구하였으나 거절하였다. "불친절한 놈이다"라고 반항을 하여, "공습하에서 심야까지 음주한 놈은 비국민(非國民)이다"라며 한 명의 뺨을 한두 차례 구타하자 어딘가로 도주하였다. 부민의 진심이 발휘된 것을 볼 수 있다. 〈전주〉

---

190 국민총력조선연맹 산하 전북도연맹의 지부조직인 군산총력연맹 이사장인 듯하다.
191 소개(疏開): 공습이나 화재 따위에 대비하여 한곳에 집중해있는 주민이나 시설물을 분산함.

- 나의 상점에서는 매일 평균 라디오 수선 신청자 2~3명 정도 있었는데, 이번 적기 내습의 경보발령 이래 수선 신청이 격증한 경향이 있다. 매일 12~13명의 다수에 달하고 있다. 〈신의주, 라디오 수선업〉
- 훈련 시에 "노인은 죽어도 괜찮다. 죽는 일은 아무렇지 않다"라며 태연했던 자가 공습경보에 가장 먼저 대피호(待避壕)로 뛰어 들어온 자도 있다. 〈신의주〉
- 16일 오후 9시 50분 경계경보가 발령되자, 마침 광주부 내 영화관에서 관람 중인 관객이 앞다투어 영화관 밖으로 나오려고 서두르다가 경미한 부상자 수명이 발생하였다. 〈광주〉

• **외국인의 언동**
- 조선에 거주하면 절대로 안전하다고 생각했는데, 그것도 어렵게 되었다. 적 측의 비행기가 조선까지 온 것을 보면 조선에 거주하는 것도 불안하다. 조선이 안전지대라고 생각한 것은 이제 꿈이 되었다. 〈평양, 지나인(支那人)〉
- 최근 미국 비행기가 내지, 조선, 만주의 공습을 갑자기 반복하고 있는데, 과연 일본이 방공(防空) 능력이 있는지 의심스럽다. 〈경성, 지나인〉

<자료 29> 『조선검찰요보』 수록 민심·여론 동향 조사(1944년)

전국(戰局)과 민심의 취약면(脆弱面)[192]
(고등법원 검사국, 1944.10)

현재 전국(戰局)의 추이에 따라 일희일비(一喜一悲)하는 것은 금물이다. 하물며 전국이 불리하다고 상정하고 총후의 치안에 불안해하는 것 역시 그러하다. 최근 적 측의 모략 대상이 되기 쉬운 민심 동향을 엿볼 수 있는데, 각 검사국의 보고 중에서 뽑아서 집록(輯錄)해 보았다.

그러나 이것만으로 진상(眞相)을 이야기하는 것과 곧바로 단정하는 것은 매우 신중해야만 한다. 또한 단지 일부 인사의 기우라고 믿고 싶지만, 우리로서는 이러한 사태를 상상하여 총후의 임무를 소홀히 하는 자가 있다면 결전(決戰)의 시기에 임해야 하는 오늘날 등한시하기 어려운 중대사이다.

- 조선인에 대한 내지인 동향
  - 드디어 적의 본토 공습이 시작되었다. 독일의 예를 통해 보면 이 정도의 공습은 아무것도 아니다. 그러나 내지인 경찰관이나 재향군인(在鄕軍人)이 극도로 감소하고 있는 때라서 우리 내지인은 조선인의 박해가 두렵다. 특히 요즘 구시가(舊市街)에서도 방공용(防空用)으로 애국반마다 도비구치(鳶口)[193]를 준비하고 있는데, 어떤 경우에는 흉기(兇器)가 되지 않겠는가. 〈평양, 잡화상〉
  - 티니안섬이 혼전(混戰) 상황으로 들어간 모양이다. 또 사이판섬과 같은 비보(悲報)를 듣게 되는 것은 아닌가. 계속해서 옥쇄(玉碎)의 보도가 있다면, 치안상 우려할만한 사

---

192 「戰局と民心の脆弱面」, 『朝鮮檢察要報』 제8호, 高等法院 檢事局, 1944.10, 23~28쪽.
193 도비구치(鳶口): 막대 끝에 쇠갈고리가 달린 소방용구.

태가 일어날지도 모른다. 우리 내지인은 상당한 각오가 필요하다. 〈신의주, 상업〉

- 전국이 급박해짐에 따라 우리 내지인은 한층 불안을 느낀다. 조선 내에서 비상사태가 발발할 때 우리를 구조할 경비대(警備隊) 같은 것을 하루라도 빨리 설치해 주기를 절실히 바란다. 〈신의주, 상업〉

- 공습경보 때 로스케(露助)[194]나 프랑스 교회 주변을 어슬렁거리는 듯한 놈은 속히 연행하지 않으면 위험하다. 요즘에는 조선인까지도 방심할 수 없다고 하니까. 〈경성(京城), 언론인〉

- 총후 치안 확보에 대해서는 특히 유의해야 한다. 그런데 조선 내에서 제일 안심할 수 없는 것은 폭탄이 투하될 때 조선인층에서 동요가 일어나는 것이다. 지금은 모든 담당 부서가 지휘 아래 들어가 순응하고 있지만, 만일의 경우 안심할 수 없다. 〈광주(光州), 회사원〉

- 사이판섬이 상실된 후 갑자기 반도인 직원의 태도가 사나워졌다. 매사에 내지인 직원에 대해 대립적으로 나온다. 교장 등은 내지인 직원에게 "좀 참고 있어"라고 하는데, 대체로 반도인을 지나치게 불쌍히 여긴다. 이것이 생도에게 미치는 영향은 커서, 내선인(內鮮人) 생도 간에는 웃고 지나칠 수만은 없는 일들도 생긴다. 〈신의주, 중등학교 교사〉

- 얼마 전 지인이 자택 부근의 도로에서 못된 짓을 하고 있어서 "그런 나쁜 일을 해서는 안 되지 않겠는가"라고 주의를 주자, 때마침 그곳을 지나가던 반도인 청년이 그 내지인을 향해 "그대는 뭐라 하는가. 언제까지 그렇게 잘난 체하면서 말할 수 있겠는가. 지금 봐라"라고 말하며 지나갔다. 조선인의 동향은 전혀 방심할 수 없다. 〈부산(釜山), 내지인 여성〉

- 지난번 경계경보 발령 시 내선인 아이들이 떠들고 있는 것을 반도인 청년이 목격하고, 조선어로 "내지인은 다 죽여라"라고 폭언을 내뱉으며 지나갔다. 이러한 심리가 이해되지 않는다. 〈부산, 내지인 여성〉

- 다음의 두 건은 내지에서 조선에 대한 내지인의 관념에 관한 조언비어(造言飛語) 사건

---

194 로스케(露助): 러시아인을 비하하는 말.

이다. 본 항에 어울리는 사건이라 판단되어 편의상 게재하였다. 〈도쿠시마검사정(德島檢事正) 통보(通報)〉

제1. 오사카시(大阪市) 이쿠노구(生野區) 나카가와초(中川町) 3정목(丁目) 43번지, 음식점 영업, 기무라 도메요시(木村留吉, 54)

　피고인은 전부터 일본도(日本刀)를 구입하려고 물색하고 있었다. 대동아전쟁 하인 1944년(昭和 19) 6월 23일 오후 1시경 도쿠시마시(德島市) 도미다바시(富田橋) 3정목 26, 기호 간타로(儀寶寬太郞) 집에 가서 그에게 일본도의 구입 알선을 의뢰할 때 그 외 1명에게 아무런 근거가 없고 확실치 않음에도 불구하고, "요즘 공습경보 중 오사카에서는 조선인이 어둠을 이용하여 큰 기세로 다른 쪽, 이쪽의 민가(民家)에 침입하여 곤봉으로 폭행하고 있다. 그래서 일반인들은 호신용으로 일본도 등을 준비하고 있다"라는 시국에 관한 조언비어를 하였다. 〈구약식(求略式), 벌금 80원 확정〉

제2. 오사카시 기타구(北區) 니시호리카와초(西堀川町) 23, 식료품상, 우마지마 도메마(馬島止馬, 39)

　피고인은 오사카부(大阪府) 경방단(警防團) 니시텐만분단(西天滿分團)의 경비계(警備係)에 속한 자이다. 대동아전쟁 하인 1944년(昭和 19) 6월 26일 지인인 도쿠시마시 신우치초(新內町) 1정목, 다카하시 요타로(高橋良太郞) 집에서 그 외 1명에게, 아무런 근거가 없고 확실치 않음에도 불구하고, "지난번 공습경보 발령 중 오사카에서는 조선인이 폭행을 일삼아 경방단에서 분단원(分團員)에게 많은 포승(捕繩)[195]을 나눠 주면서, 폭행하는 조선인을 발견하면 전봇대(電柱)든 어디든 묶어두라는 명령이 있었다"라고 이야기하여 시국에 관한 조언비어를 하였다. 〈구약식, 벌금 50원 확정〉

- 내지인에 대한 조선인의 동향
(1) 내지인은 방공호에서 그만 나와라. 〈신의주〉

---

[195] 포승(捕繩): 죄인을 잡아 묶는 끈.

(2) 전차(電車) 안에서 한 내지인 부인이 "공습경보가 떨어졌다. 무섭다. 모두 빨리 돌아가야 한다"라고 말한 것에 대해, 함께 탑승했던 20세 전후의 반도 청년이 마치 이에 대답이라도 하듯이 "공습보다도 무서운 것이 뒤에 기다리고 있습니다"라고 함부로 말했다고. 〈평양〉

(3) (경성) 본정(本町)에 사는 내지인 각 호(戶)에서는 큰 죽창(竹槍)을 몇십 개씩 준비해 두었다. 그 목적은 패전(敗戰)할 경우 조선인이 혁명이라도 일으키면 내지인 일동은 모두 죽창으로 대전(對戰)하여 죽이려고 준비한 것이다. 또한 내지인은 조선인을 반역아(叛逆兒) 보듯이 색안경을 끼고 본다는 증거가 아닌가. 운운. 〈경성, 30세 정도의 한 청년〉

(4) 천도교도나 기독교도 등은 3·1운동과 같은 어리석은 책동은 하지 않는다. 뭔가 교묘한 방책을 마련하고 있다고 한다. 특히 천도교는 위험하다. 〈신의주, 도회 의원(道議)〉

(5) 이주 조선인은 최근 이주한 자와 과거에 이주한 자로 파가 나뉘어 재래종(在來種), 개량종(改良種)이라 불리기까지 한다. 재래종은 사상도 나쁘고, 일본어는 배워서 뭐하겠냐고 말하는 자도 있다. 〈신의주, 관전현(寬甸縣) 반도인〉

• 만·지인(滿支人)의 대일(對日) 동향
  - 시국의 중대화에 따라 신변의 위험을 느끼는 것과 송금(送金) 제한 등으로 인해 지나(支那)에 사는 방인(邦人)[196], 특히 오지(奧地)에 거주하는 방인은 전부 도회지 또는 향리로 돌아갔다. 반도인도 조선으로 돌아가려고 애쓰고 있다. 〈신의주, 북경(北京) 거주 반도인, 전당포(質屋)〉
  - 이 전쟁에서 일본이 지면 재만(在滿) 조선인은 모두 만주인(滿人)에게 학살당할 것이다. 일본인이 배치되지 않은 곳에서 저들의 태도는 만주사변 직전과 달라지지 않은 상황이다. 저들 중에는 조선인에게 공공연히 나라도 없는 놈이라든가, 일본인의 개라든가 하는 모욕적 말을 하는 자도 있다. 듣고 흘려버리는 외에 달리 방법이 없어, 분개함을 참을 수 없다. 〈신의주, 반도인, 이주 농민〉

---

196 방인(邦人): 자기 나라 사람. 여기서는 일본인을 말한다.

- 만주국(滿洲國)의 배급은 이상하다. 내선인에게는 일용물자를 특별히 배급해 주는데, 만주인에게는 그 남은 것을 조금씩 나눠주지, 배급하지 않는다. 그래서 만주계(滿系)는 "화가 난다"라면서 분개하거나, 또는 "나중에 두고 보자." 등으로 말하고 있다. 〈신의주, 반도인, 만주국 관리〉
- 진위(眞僞)는 판명되지 않았지만, 무순(撫順) 방면 농촌의 만인은 조선인이 너무 거만하다고 말한다. 만일 공습관제(空襲管制)라도 있는 경우는 조선 놈들에게 일격을 가해 폭동을 일으키겠다고 말하고 있어서, 앞으로 반도인은 다수가 조선으로 돌아갈 것 같다. 나도 위험을 느껴서 조선으로 돌아가는 중이다. 〈신의주, 반도인, 만주 귀환자〉
- 작년 말경부터 지나인의 배일(排日) 사상이 현저히 악화하여 내선인에 대해서는 매사에 반박적인 태도를 보이고 있다. 몇 년 전 통주사건(通州事件)[197]의 두 무대가 연출되는 것은 아니냐며 재지(在支) 반도인은 상당수가 조선 내로 귀환하고 있다. 〈신의주, 봉천시(奉天市) 반도인, 여관업(旅館業)〉
- 종래 만주에서는 조선·만주계(鮮滿系) 관리는 일본계(日系) 관리에게 존경하며 순종하였는데, 전국(戰局)이 일본 측에 불리하게 되어 온 지금 저들은 점차 건방져져서 순종하지도 않는다. 특히 만주계는 눈에 띄게 노골적으로 되어, 일본은 도저히 아메리카를 이기지 못한다는 관념을 가지고 있다. 〈신의주, 안동성(安東省) 내지인, 관리〉
- 예전에는 일본이라고 하면 만주인 등은 벌벌 떨었는데, 최근 점차 사상이 악화하여 일본인을 억누르려는 경향이 매사에 나타나고 있습니다. 〈신의주, 임강현(臨江縣) 반도인, 여인숙(宿屋) 경영〉
- 각 관청에서 근무하고 있는 내지인 층은 무슨 이유로 저토록 일찍 돌아가 버리고 만주인에게 제멋대로 구는 것인가. 만주인 등에게 학대받는 것보다 조국에 돌아가 안락을 누리는 자가 증가했다. 〈신의주, 임강현 반도인, 여인숙 경영〉
- 최근에 이르러 만주인의 태도가 아주 거만해졌다. 사업관계나 그 밖에 여러 종류에서

---

[197] 통주사건(通州事件): 1937년 7월 중일전쟁 이후 중국 하북성(河北省) 통주에서 일어난 기동정권(冀東政權) 보안대의 일본인 살해사건. 통주는 당고(塘沽) 정전협정의 비무장지대로서 송철원(宋哲元) 군대 1개 소부대가 주둔하고 있었다. 중일전쟁이 일어난 뒤 일본 비행기가 기동반공자치정부의 보안대를 폭격하자 송철원 휘하의 부대가 반란을 일으켜 일본군을 공격하였다. 이로 인해 재류 일본인과 조선인 등 100여 명이 살상되었다.

IV. 불안한 민심과 여론 동향

타협할 때도 종전과 같이 양보적인 태도는 전혀 볼 수가 없다. 전국(戰局)의 영향이라고 생각한다. 〈신의주, 반도인, 광업, 만동(滿侗) 거주〉

- 안산(鞍山) 공습 이래 조선인에 대한 만주인의 태도는 어이가 없을 정도이다. 만일의 경우 위험을 느끼므로 전 가족을 데리고 조선으로 돌아왔다. 〈신의주, 반도인 여성, 만주 귀환자〉

- 내가 근무하고 있는 회사에는 내지인, 조선인, 만주인 직원이 있다. 만주계 중에는 농대(農大) 출신자 등이 있는데, 그들은 식량과 그 밖의 배급에 대해 반감(反感)을 품고 우리 반도인에게, "그대들은 나라도 없으면서 쌀 배급을 받는다고 기뻐하지 마라." 등의 항일적 언동을 입 밖으로 내고 있다. 일본인과 만주인 사이에는 무성·무형(無聲無形) 중에 미묘한 공기가 있다. 결전 하에 한심함을 견딜 수 없다. 〈신의주, 반도인, 흥농합작(興農合作) 사원〉

- 환인현(桓仁縣) 만전(滿電) 건설공사에 취로 중인 환인현 및 유하현(柳河縣) 선출 근로봉사대원(勤奉隊員)은 최근 사상이 악화하여 일본계 현장 감독에게 반항적 태도를 보이고 폭행 또는 모욕적 언사를 하였다. 특히 "일본계는 전부 구타해라. 조선계는 전부 죽여라. 만주계이면서 경비대에 있는 놈은 습격한다"라고 위협하고, 러시아인 경비원에게는 '일본요리점 보이'라고 부르면서 일본계에 대한 협력자를 비방하고 있다. 〈신의주〉

- 안동중학생(安東中學生)(열차 통학) 25명은 만주계 기관구원(機關區員)(열차 통근) 약 200명과 차내 좌석 쟁탈 등으로 반목 언쟁하였다. 안동역(安東驛)에 하차한 후 만주계 기관구원이 무리를 지어 도발하여 격투가 벌어졌다. 안중생(安中生)에 4명의 부상자가 생겼고 작업화와 도시락을 약탈당했다. 〈신의주〉

- 관전현 모전자(毛甸子)에 출장 중인 경비전화공사(警備電話工事) 감독(일본계)이 근처 음식점에서 저녁 식사를 하던 중, 휴가로 귀성 중이던 한 만주계 병사가 갑자기 와서는 왜 음식을 먹느냐면서 몽둥이(木棒)로 머리를 구타하고 다시 발로 차면서 모욕하였다. 〈신의주〉

- 나는 누이가 사망하여 봉천성(奉天省) 산성진(山城鎭)까지 갔다 왔다. 그곳에서 다음과 같은 일을 듣고 분개함을 참을 수 없었다.

  (가) 만주인은 요사이 거만해져서 특히 조선인을 바보라고 하며 사소한 것에도 시비

를 건다.

(나) 조선인에게 "빨리 돌아가지 않으면 죽여버린다"라고 하는 자도 있다. 친분이 있는 만주인도 은밀히 조선으로 돌아갈 것을 권유한다.

(다) 안동역 구내에서 물을 받고 있던 조선인의 물통을 만주인 놈이 발로 걷어차 버리는 것을 현장에서 보니 실로 화가 치밀었다. 〈신의주, 경방단 간부, 반도인〉

- 지난번의 적기(敵機) 내습으로 인해 재만 반도인의 걱정이 커졌다. 안산(鞍山) 방면에 거주하는 노인과 어린아이는 관서(官署)에서 발급하는 퇴거증명서(退去證明書)도 수령하지 않고, 봉천까지 걸어가서 봉천에서 열차를 타고 조선으로 돌아가고 있다. 모두 한결같이 "죽더라도 고향 땅으로 돌아가 죽으면 다행이다. 이대로 만주에 거주하다가 만일 우리나라[198]가 패배하면 귀축(鬼畜) 미·영보다 먼저 만·지인(滿支人)에게 살해되고 말 것이다"라고 말하였다. 재만 반도인은 앞으로 귀환자가 상당히 속출할 기세라고 느꼈다. 〈신의주, 반도인 농민, 만주 귀환자〉

- 전국(戰局)의 긴박함에 따라 만주인들의 사상이 매우 악화하여 내선인을 쓸데없이 압박하는 경향이 한층 현저해졌다. 지난번 공습경보 발령 하에서 만주인 아이가 조선인 아이에게, "너희 엄마도 같이 죽어라."[199]라고 말했는데, 평소 가정에서 일본인을 죽이라는 등의 언사를 지껄였던 것 같다. 〈신의주, 무직, 조선인 여성〉

- 안산 부근 일대의 만주인과 지나인 사이에 "앞으로 조선인 노무자는 전부 죽이고 부녀자들은 사용당하게 될 것이다"라고 하는 유언(流言)이 유포되었다. 따라서 조선인 부녀자들은 공포를 느낀 나머지 귀국한 자도 있다. 〈신의주, 광업(鑛業), 반도인〉

- 지난번 안산 공습 당시 부근에 있던 만주인과 지나인 노무자들이 내선인 종업자에게, "너희는 일하고 돈 벌어서 무엇을 할 것인가. 빨리 돌아가라. 폭탄이 떨어져 우리가 전부 죽는다고 해도 만주국 내에서 내선인 놈들이 전부 죽는다면 그것도 좋다"라고 폭언을 쏟아냈다. 근래 갑자기 만주인과 지나인의 사상이 급격히 악화했다. 〈신의주, 광산청부인(鑛山請負人), 반도인〉

---

198 일본을 말함.
199 중국어로 한 말임.

- 나는 25년 전 만주로 건너와서 농업에 종사하고 있다. 최근 반도인에게 다른 곳으로 이주하라며 폭행하고 협박하는 사건이 빈번하게 발생하였다. 그래서 재만 반도인들은 이번 가을 수확 후에는 거의 다 도회지 또는 본적지로 귀환하려고 준비 중이다. 나도 본적지로 돌아갈 작정이다. 〈신의주, 농업, 반도인〉

- 지난달 공습경보 발령 당시 방공복장(防空服裝)이 불철저하다는 혐의로 경찰에 인치된 자가 다수였다. 그 가운데 9할 9푼이 일본계와 조선계 부녀자였고, 만주계 부녀자는 명목상으로 소수였다. 그들에게는 현(縣) 방호과장(防護課長)(만주인) 지휘 아래 불철저한 복장으로 당당히 돌아다녀도 묵인하고, 일본계와 조선계에 대해서는 조금만 복장이 불철저해도 자동차로 연행하였다. 취사장(炊事場)에서 노동하던 일본계와 조선계 여자가 때리지 말라고 했다가 포박한 사례도 있다. 모두 인권유린(人權蹂躪)이다. 〈신의주, 임강현 반도인〉

- 경찰의 유치장에서 간수(看守) 경찰관이 검속당한 자들을 철로 된 긴 몽둥이로 갑자기 구타하면서, "너희가 일본인인가. 바보 새끼"라고 연호(連呼)하며 폭언 모욕하였다. 혹은 옷을 찢거나 상처를 입히는 자도 있었다. 〈신의주, 임강현 반도인〉

- 만주인과 지나인 사이에서는, 일본이 스스로 자신의 불리함을 초래하기 위해 대동아 전쟁을 시작한 것이라고 말하거나, 가혹한 놈 중에는 일본이 망할 날이 가까워졌으므로 이 전쟁이 끝날 것이라고 말하는 놈도 있다. 〈신의주, 임강현 국민학교 교장〉

- 최근 만주인의 동향이 악화하고 있다. 그러므로 이주 조선인은 36명의 청년단(青年團)을 조직하여 만일의 경우에 대비하려고 준비하고 있다. 〈신의주, 관전현 반도인〉

- 최근 만주인과 지나인은 반도인을 '고려인(高麗人)'이라고 부르며 모든 방면에서 전혀 상대하지 않는다. 예전의 만보산(萬寶山) 사건[200]이 야기되는 것은 아닌지 걱정이다. 〈신의주, 관전현 조선인〉

- 만주인은 추석인 음력 8월 15일에 월병(月餅)이라는 떡을 나누어 먹으며 기밀정보를 교환하는 풍습이 있다. 올 추석에는 상당한 주의를 기울여야 한다고 생각한다. 〈신의

---

[200] 만보산(萬寶山) 사건: 1931년 7월 2일 중국 길림성(吉林省) 장춘현(長春縣) 만보산 지역에서 일제의 술책으로 인해 조선인 농민과 중국인 농민 사이에 일어난 충돌사건으로서, 유혈 사태 및 외교 분쟁으로까지 확대되었다.

주, 안동현 조선인〉
- 올여름 경부터 중국화평지구(中國和平地區)의 군대가 아주 포악해졌다. 자동차 등에서 상당히 무리한 것을 말하며 승차하고 대금도 지불하지 않는다. 일본 관헌들도 묵인하고 있다. 〈신의주, 귀환 반도인 무역상〉
- 봉천(奉天)에서는 기류계(寄留屆)[201]를 내지 않은 반도인 청년을 경찰이 유치하기 때문에 유치장은 만원이었다. 〈신의주, 봉천 재주 반도인〉
- 12월 어느 날 오후 8시경 산동성(山東省) 평원군(平原郡) 동당가(東堂街)에 거주하는 반도인 청년이 집 안에서 지나인에게 저격 살해되었다. 7월 18일 평원군 유신가(維新街)에서 대낮에 반도인이 지나인에게 저격 살해된 것 같다. 근래 갑자기 지나인의 사상이 악화하였다. 〈신의주, 무직, 반도인〉
- 지금 천진(天津)에 거주하는 중국인들은 일본이 전쟁에서 패하면 천진에 있는 반도인을 전부 색출하여 죽이기 위해 죽창을 준비하고 있다고 하였다. 이에 경찰 당국에서 취조했는데, 실제로 창고 안에 다수의 죽창이 보관되어 있었다. 그렇다. 〈신의주, 재지 반도인 무직 여성〉
- 구주(毆洲) 전국(戰局)에서 독일의 불리함을 우려하여 독일군의 현재 입장은 제1차 대전 말기의 양상과 비슷하다. 승패는 시기의 문제이다. 새로운 병기(兵器) V1호는 기대에 비해 성과가 크지 않아서 또 다른 신병기의 출현을 고대하고 있다. 최근 추축(樞軸) 측[202]이 불리해짐에 따라 만주계의 봉기가 예상되어 재만 일본계는 전원이 일본도 1자루씩을 준비해 둘 필요가 있다는 등의 언동이 여기저기서 보인다. 〈신의주, 일본계의 동향〉
- 전국이 일본에 불리해져서 이대로의 추이라면 반드시 만주계가 폭동을 일으킬 것이라고 우려하여 조선으로 돌아가려는 자가 점차 증가하는 경향이다. 〈신의주, 조선계의 동향〉
- 만주계 사이에서는 모두 전국이 일본에 불리하다고 억측하고 있다. 일본계와 조선계

---

201 기류계(寄留屆): 기류 신고. 본거지 아닌 일정한 곳에 주소나 거소(居所)를 두고 머무는 것을 관할 관청에 신고하는 일, 또는 신고 서류.
202 제2차 세계대전을 일으킨 추축국(樞軸國), 즉 독일·이탈리아·일본을 말함.

에 대한 태도를 일변하여 협박적 혹은 반일·반만적(反日滿的)[203] 불온언동을 입 밖에 내는 자도 있다. 또 일부에서는 만주국의 멸망은 시기의 문제라고 하면서, 장개석(蔣) 정권에 귀속되는 날이 하루라도 빨리 오기를 염원하는 듯한 언동도 여기저기서 보인다. 〈신의주, 만주계의 동향〉

(이상 3항은 만주 측의 정보임)

---

[203] 문맥상 '반일·반조선적(反日鮮的)'이라고 해야 맞을 것 같은데, 일단 원문대로 두었다.

<자료 30> 재일조선인의 '불온'한 민심과 여론 동향(1937~1942)[204]

특수사건[205]
(내무성 경보국, 1937)

1) 지나사변(支那事變)에 대한 재류(在留) 조선인의 동정

(1) 개설(概說)

　지나사변 발발 당초에는 재류 조선인은 대개 시국에 대한 견해가 부족했기 때문에 쓸데없이 신변의 안위만을 걱정하고 두려워하여 단순한 유언(流言)도 과대하게 맹신하는 등 내심 적지않은 동요가 있었던 것 같다. 그렇지만 국내에서는 일반적으로 현지 상태의 긴박함에 따라 확실히 거국일치(擧國一致)의 자세를 정비하였다. 나아가 묘의(廟議)[206]가 한 번에 지나(支那)에 대한 파병을 결정하자 '거국일치 폭지응징(暴支膺懲)'을 강조하고, 혼연히 국민적 여론이 앙양되기에 이르렀다. 따라서 시일이 경과함에 따라 저절로 이러한 종류의 객관적 정세에 이끌려 점차 시국에 대한 인식을 깊게 하기에 이르렀다. 더 나아가서는 황민(皇民)의 영예를 각성하고 내선일체(內鮮一體)를 강조하여 각 방면에서 진지한 총후(銃後)의 여러 활동을 전개하고, 그 적성(赤誠)을 피력하는 바가 있었다. 게다가 그 실정은 내지인(內地人)의 총후 활동에 비교해도 손색이 없는 상황이어서 내선일체적으로 여태껏 보지 못한 호전(好

---

204 <자료 30>은 모두 金正明 編, 『朝鮮獨立運動』Ⅳ(原書房, 1966)의「特殊事件と各種記念日運動」중 '특수사건(特殊事件)'에서 추출하였다(657~669, 691~697쪽, 718~723쪽, 766~772쪽, 789~806쪽, 847~865쪽). 이 자료는 일본 내무성 경보국(警保局)의 특고경찰이 업무용 참고자료로 매년 1권씩 편찬하여 비밀리에 관계기관에만 배포했던「사회운동의 상황(社會運動の狀況)」을 연도별로 이 책에 수록한 것인데, 이 가운데 '특수사건' 부분만 번역하였다.
205 金正明 編, 『朝鮮獨立運動』Ⅳ, 原書房, 1966, 657~669쪽.
206 묘의(廟議): 조정의 회의.

轉)을 보였다.

그렇지만 다른 한편으로 민족·공산주의계 분자 혹은 일부 완미(頑迷)한 조선 기독교도, 학생 등의 동정은 여전히 시국을 곡비(曲庇)[207] 하여 음으로 양으로 불온(不穩)한 언사(言辭)를 하는 자가 있어서 방치할 수만은 없는 점이 있었다. 즉, 이번 사변을 조선이 독립을 성취할 호기(好機)라고 하면서 일본은 경제적 파탄, 국제적 고립, 국내적 대립 등으로 궁극적으로는 패전할 것이라고 망단(妄斷)하거나, 혹은 앞서 기술한 내선일체적 총후 활동에 대해서는 이를 강압에 대한 맹종(盲從)이라고 비방한다. 이러한 점이 표면화된 것이 적지 않아 검거 취체(取締)를 가한 것이 37건[각 청(廳)·부(府)·현(縣)에서 보고한 것뿐만 아니라 누계(累計)해보면 실제로는 이보다 많을 것임]이 있었다.

(2) 총후 활동

사변 발발 이래 올해 중 재주 조선인의 국방휼병비(國防恤兵費) 헌금총액은 65,000여 원('500개 단체, 34,000명', 각 청·부·현에서 보고한 것만이 아니라 누계해보면 실제로는 이보다 많은 금액일 것임)이라는 거액에 달했다. 더구나 헌금에 이르러서는 대개 시국을 각성하여 조선인은 병적(兵籍)이 없어 제일선(第一線)에 나설 수는 없으므로 총후에서 봉공(奉公)해야 하며, 우리 조선인이 안주(安住)할 수 있는 것은 황군이 제일선에서 수고한 덕분이니 깊이 감사해야 한다는 등으로 성의를 피력하고 있다. 또한 그 내용을 예시해보면, "그날그날의 호구(糊口)를 견디는 궁핍한 생활 속에서 의류 등을 전당 잡혀 헌금을 조달한 사람", "헌금할 때 일심(一心), 적심(赤心) 등이라고 혈서(血書)를 쓴 손수건 등을 첨부하여 제출한 사람", "일상생활에서 쓸데없는 비용을 절약한 사람" 등으로, 그 적성은 당국자가 감격할 만한 바가 있었다.

게다가 청장년층에서는 자신도 일본인이니 제일선에서 봉공하고 싶다는 기운을 현저히 드러낸 바가 있었다. 곳곳에서 종군(從軍)을 탄원하는 자도 있었는데 그중에서는 혈서를 쓰고 진정으로 종군탄원을 한 자도 있었다. 그래서 이들에 대해서는 당국자가 각기 총후에서 봉공할 것을 정성껏 타일러 선도하였다.

또한 사변이 확대됨에 따라 출정 장병 수가 격증하자 농촌과 그 밖에서는 노동력 부족이

---

[207] 곡비(曲庇): 도리를 굽히면서 비호함.

발생하여 전국적으로 인보공조(隣保共助)의 미덕이 뚜렷하게 나타나는 점이 있어 노력 봉사 활동의 전개를 보았다. 조선인도 이에 적극적으로 참가하고, 나아가서는 곳곳에서 자주적으로 조선인만의 근로봉사단을 조직하여 열성적인 활동을 하기에 이르러 일반인으로부터 상당한 감사를 받았다. 또 일상생활도 현저히 호전되어 쓸데없는 비용의 절약과 저축의 장려를 비롯해 지금까지 이래저래 등한시해 온 국기(國旗)의 게양, 신사참배(神社參拜) 등도 적극적으로 힘써 장려하는 바가 있었다. 즉 사변을 계기로 조선인 친목 단체 등에서 전 회원이 일치하여 국기를 준비해 축제일과 출정 장병의 환·송영 등의 경우에 반드시 이를 게양하기에 이른 곳들도 확인되었다. 또 출정 장병의 무운장구기원제(武運長久祈願祭) 등에도 적극적으로 참가하고, 그 가운데에는 자주적으로 조선인만으로 황군의 무운장구기원제를 집행한 것 혹은 "한 직공이 거주지의 진수신사(鎭守神社)에 매일 참배한 것", "조선인 소학생이 신사에 매일 참배한 것" 등의 사례가 적지 않게 확인되었다.

위에서 서술한 바와 같이 이러한 활동은 내지인의 총후 활동과 비교해도 손색이 없는 호황(好況)이었다.

(3) 시국 범죄, 유언, 기타

일반적으로 조선인은 사변을 계기로 내선일체 면에서 이제까지 보지 못한 호전(好轉)을 보였다. 하지만 민족·공산주의계 분자 내지 일부 완미한 기독교도 등에서는 여전히 시국을 왜곡하여 음으로 양으로 반전(反戰)·반군적(反軍的) 언사를 지껄여서 상당한 경계를 요하는 점이 있다.

즉, 사변 발발 이래 올해 중에 반전·반군적인 불온한 언사를 지껄인 것이 30건(각 청·부·현에서 보고한 것만을 누계하여 실제로는 이보다 많은 것으로 판단됨)이다. 이것을 자세히 기술해보면, 「육군형법」 제19조[조언(造言)] 위반으로 검거 송국(送局)한 것이 14건, 그밖에 유언으로 악질적인 것을 내무성령(內務省令)인 「경찰범처벌령(警察犯處罰令)」 위반으로 구류 또는 과료(科料) 처분에 붙인 것이 5건이었다. 그 내용을 예시해보면, ① 신문, 라디오의 전승(戰勝) 보도는 일본에 유리한 것만 보도하는 것이며, 사실은 일본군이 고전(苦戰) 중이라는 것, ② 일본은 경제적 파탄, 국제적 고립으로 인해 결국 패전할 것이라는 것, ③ 일본이 말하는 성전(聖戰)은 이유가 없으며 결국은 지나에 대한 제국주의적 침략이라는 것, ④ 전쟁 때문에 우편저금의 불하(拂下)는 정지되었다고 하는 것 등이 대표적이다. 이것을 수적으로 볼 때는 그다지 많다고 할 수는 없다. 하지만 이를 살펴보면, 사변 발발이 우연히 하계휴가 중이어서 민족·공산주의 운동의 중심을 이루고 있는 학생층의 분자가 조선으로 돌아가 있었기 때문에 인심 동요의 고조기인 사변 발발 초기에 이른바 운동 연락의 기회를 상실하였고, 또 시일이 경과함에 따라 국민정신총동원의 강조 등 국민적 여론이 앙양되기에 이르러 이런 종류의 분자들의 언동도 자연히 위에서 서술한 객관적인 상황의 제압을 당해 스스로 시국에 영합하는 기회주의적인 태도를 보이기에 이르렀기 때문으로 인정된다. 이런 종류 분자들의 동향은 엄중한 시찰 경계를 요하는 긴요하고 절박한 것이다.

또한 사상적인 기인(基因)이 아닐지라도 이른바 사변하에서 인심의 기미를 틈타 재물 편취 등의 사범(事犯)을 감행하거나, 혹은 인심을 광혹(誑惑)시키는 유언을 유포하거나, 혹은 현지에서 동포가 학살당한 것에 통분하여 거주 지나인에게 보복적인 폭행을 가하거나, 혹은 이들과 분쟁이나 논쟁을 빚는 등의 사론(事論)을 보인 것이 적지 않다. 이것들은 재류 조선인이 시국 인식에 부족하다는 증좌(證左)로 판단되는 것으로서, 그 지도상 유의할 필요가 있을 것이다. 그 개황은 다음 표와 같다.

지나사변에 대한 재류 조선인의 유언, 기타 시국 범죄

- 청·부·현: 경시청(警視廳)
- 피의자의 본적: 전남 곡성군(谷城郡) 삼기면(三歧面) 원등리(院嶝里)[208] 488
  - 주소: 도쿄시(東京市) 시타야구(下谷區) 가나스기초(金杉町) 2-6, 가나이 게이지(金井啓次) 집
  - 직업: 세탁외교원(洗濯外交員)
  - 성명(氏名): 박영추(朴永樞)
  - 연령: 현(當) 32세
- 사범의 개요: 음식점에서 옆자리의 내지인이 황군의 전승담(戰勝談)을 한 것에 대해서

---

[208] 원문에는 원등면(院嶝面)으로 되어 있어 바로잡음.

"라디오, 신문 보도는 일본에 유리하게 보도하는 것으로 사실이 아니다. 운운"이라 한 논쟁의 결과 폭행을 가했다.
- 처치전말(處置顚末): 1937.8.12. 검거

- 청·부·현: 경시청
- 피의자의 본적: 함북 성진군(城津郡) 학상면(鶴上面) 흥평리(興坪里)
  주소: 도쿄시 간다구(神田區) 미사키초(三崎町) 2-12
  직업: 니혼대생(日大生)
  성명: 김유벽(金柳壁)
  연령: 현 25세
- 사범의 개요: 좌익이론에 기초하여 "이번 사변은 어차피 올 것이 온 것뿐이어서 역사적 단계에서 경제적 이해 투쟁의 필연적 귀결로서, 일본은 몰락할 것이다. 운운"이라고 멋대로 지껄였다.
- 처치전말: 1937.9.6. 검거, 엄중 설유(說諭)

- 청·부·현: 경시청
- 피의자의 본적: 경남 통영군(統營郡) 양산면(梁山面) 서산리(西山里) 87-6
  주소: 도쿄시 기타타마군(北多摩郡) 무사시노초(武藏野町) 기치조지(吉祥寺) 2168
  직업: 특요선갑(特要鮮甲), 무직(無職)
  성명: 정찬진(丁贊鎭)[209]
  연령: 현 34세
- 사범의 개요: 거주지 소재 조선인이 국방헌금을 한데 모으고 있는 것에 대해, "충신인 체하지 마라.", "우리는 과거에 얼마나 희생을 치렀는지 알고 있는가. 일본이 자민족을

---

[209] 정찬진(丁贊鎭, 1905~1992): 경남 충무(忠武) 출생. 1923년 도쿄에서 무정부주의 항일결사단체인 흑우회(黑友會)를 조직하였다. 1932년 도쿄의 동흥노동동맹사무소(東興勞動同盟事務所) 철거 문제로 체포되어 징역 10월형을 선고받았다. 출옥 후 1933년 일본공사 유길명(有吉明)을 주살하려던 백정기(白貞基)·원심창(元心昌)·이강훈(李康勳) 등이 나가사키(長崎)로 압송되어오자 그들을 위한 구원운동을 전개하였다. 1990년 대한민국 정부로부터 건국훈장 애국장을 받았다.

위해서 전쟁하고 있는 것인데 우리 식민지 민족에게 무슨 관계가 있는가. 운운"이라며 반박하고 마침내 논쟁의 결과 폭행을 가한 것.
- 처치전말: 1937.9.13. 상해죄(傷害罪)로 검거 / 1937.11.11. 불기소(不起訴) 처분 / 1937. 11.20. 유지(諭旨)[210] / 본적으로 송환

- 청·부·현: 경시청
- 피의자의 본적: 충남 논산군(論山郡) 논산면 본정(本町) 173
  주소: 도쿄시 요도바시구(淀橋區) 스와초(諏訪町) 123
  직업: 니혼대학(日大) 전문부(專門部) 정경과(政經科) 3년
  성명: 최완석(崔完錫)
  연령: 현 26세
- 사범의 개요: "일본은 일시적으로 지나에 대한 전쟁에서 승리했어도 영국, 미국, 프랑스, 소련 등의 관계에 의해 장기전이 되어 국내 경제의 파탄, 사상대립의 격화 등으로 종국에는 패전할 것이다. 일본 자본주의의 붕괴를 기해 조선은 일본의 지배에서 해방될 수 있을 것이다"라고 동창인 조선인에게 유언을 유포했다.
- 처치전말: 1937.9.9. 「육군형법」 99조(조언) 위반으로 검거 / 1937.9.9. 송국 / 1937.12.10. 금고(禁錮) 8개월에 처해짐

- 청·부·현: 경시청
- 피의자의 본적: 황해도 봉산군(鳳山郡) 사리원읍(沙里院邑) 서리(西里) 173
  주소: 도쿄시 도시마구(豊島區) 조시가야(雜司ヶ谷) 5-677
  직업: 도쿄시 고용인(雇), 특요선을(特要鮮乙)
  성명: 이제익(李濟益)
  연령: 현 32세
- 사범의 개요: 이번 사변을 좌익적으로 비판하고 조선에 있는 친구에게 반전적인 통신

---

[210] 유지(諭旨): 취지를 깨우쳐 타이름.

을 했다.
- 처치전말: 1937.11.8. 「육군형법」 제99조 위반으로 송국

- 청·부·현: 경시청
- 피의자의 본적: 전남 담양군(潭陽郡) 담양면 만성리(萬成里) 145
  주소: 도쿄시 에바라구(荏原區) 도코기초(戶越町) 464
  직업: 적업(籍業)[211]
  성명: 국채욱(鞠採郁)
  연령: 현 34세
- 사범의 개요: 음식점에서 음주 중 옆자리에서 지나사변에 관해 담화 중인 내지인에게 "일본이 지나와 전쟁하는 것은 좋지 않다. 운운"이라고 반박했다. 논쟁 결과 내지인 나이토 나오쿠(內藤直久)에게 폭행을 가하였다.
- 처치전말: 1937.9.9. 검거 / 11.18. 「육군형법」 제99조 위반으로 송국 / 1937.11.30. 불기소 처분

- 청·부·현: 경시청
- 피의자의 본적: 경기도 평택군(平澤郡) 평택면 평택리 12
  주소: 도쿄시 아라카와구(荒川區) 잇포리마치(日暮里町) 8-975
  직업: 니혼대학 고등사범부 학생(日大高師生)
  성명: 이계무(李啓武)
  연령: 현 22세
- 사범의 개요: "장개석(蔣介石)이라는 인물을 칭찬하고, 지나 군대는 우수하다. 일본의 신문 보도는 정확하지 않다. 전사자(戰死者)가 300명이라면 3,000명으로 봐야 한다"라는 조언을 유포하였다.
- 처치전말: 1937.11.1. 「육군형법」 99조(조언) 위반으로 검거 송국

---

211 적업(籍業)이 정확히 어떤 직업인지는 알 수 없다. '서적업(書籍業)'의 오기로 보인다.

- 청·부·현: 경시청
- 피의자의 본적: 경북 봉화군(奉化郡) 봉화면 석평리(石坪里)

  주소: 도쿄시 요도바시구 도쓰카초(戶塚町) 1-321 광풍관(光風館)

  직업: 도쿄제국대학(帝大) 문학부 1년

  성명: 강대창(姜大昌)

  연령: 현 23세

- 사범의 개요: 제대(帝大) 세틀먼트[212]에서 동지와 함께 공산주의 이론 연구의 비합법 활동을 잠행해 온 자로서 이번 사변에 대해 "일본의 육전대(陸戰隊)는 상해(上海)에서 전멸되었다"라는 등의 조언을 유포했다.
- 처치전말: 1937.11.29. 「치안유지법」 위반 및 「육군형법」 99조 위반으로 송국

- 청·부·현: 경시청
- 피의자의 본적: 경북 영덕군(盈德郡) 영덕면 구미동(九美洞)

  주소: 도쿄시 다키노가와구(瀧野川區) 니시가하라(西ヶ原) 1039

  직업: 신문 배달

  성명: 신병대(申炳臺)

  연령: 현 22세

- 사범의 개요: 신문, 라디오는 일본이 패한 것은 보도하지 않지만, 지나는 근대 무기를 갖추어 강하기 때문에 일본군은 패하고 있는 것이 맞다 등의 조언을 유포하였다.
- 처치전말: 1937.11.1. 검거 / 1937.12.7. 「육군형법」 99조 위반으로 송국

- 청·부·현: 경시청
- 피의자의 본적: 황해도 황주군(黃州郡) 고교면(高橋面) 원동리(院洞里)

  주소: 도쿄시 간다구 니시키초(錦町) 1-17, 오쿠보(小久保) 집

---

212 세틀먼트(settlement): 인보사업(鄰保事業). 빈민 지구에 정주하여 주민들과 개인적으로 접촉하면서 생활 향상을 꾀하는 사회운동 또는 그것을 위한 각종 시설. 복지 시설이 낙후된 일정 지역에 종교 단체나 공공 단체가 들어와 보건, 위생, 의료, 교육 따위의 다양한 활동을 통하여 주민들의 복지 향상을 돕는 사회사업.

　　　　　직업: 다이세이중학(大成中學) 4년
　　　　　성명: 김정원(金鼎元)
　　　　　연령: 현 18세
- 사범의 개요: 지나는 배후에 영국·미국·프랑스·소련이 있어서 일본은 결국 패전하고 조선은 일본의 굴레에서 벗어날 수 있는 절호의 기회가 왔다면서 조선인 동창들의 규합에 노력했다.
- 처치전말: 1937.11.6. 검거 / 1937.12.8.「육군형법」제99조 위반으로 송국 / 1937.12.20. 기소유예 처분

- 청·부·현: 경시청
- 피의자의 본적: 평남 진남포부(鎭南浦府), 억량기리(億兩機里) 83
　　　　　주소: 도쿄시 혼코구(本鄕區) 혼코(本鄕) 2-5, 미케라(水柿) 집
　　　　　직업: 니혼대학 전문부 정경과(政經科) 1년, 우유배달
　　　　　성명: 이창렬(李昌烈)
　　　　　연령: 현 22세
- 사범의 개요: 일본은 결국 제2의 독일처럼 패전국이 되며, 조선은 일본의 굴레에서 벗어나 독립할 수 있다고 추단(推斷)하고, 조선에 있는 친구에게 일본을 비난하는 통신을 하거나 혹은 재주 조선인에게 위와 같은 조언을 유포했다.
- 처치전말: 1937.12.11.「육군형법」99조 위반으로 송국 / 1937.12.28. 기소 처분

- 청·부·현: 경시청
- 피의자의 본적: 경남 산청군(山淸郡) 산청면 한동(寒洞) 108
　　　　　주소: 도쿄시 쇼토구(城東區) 가메이도마치(龜戶町) 6-78
　　　　　직업: 라디오 부품 직공
　　　　　성명: 조인제(趙仁濟)
　　　　　연령: 현 25세
- 사범의 개요: "이번 사변은 일본의 지나에 대한 제국주의적 침략이므로, 결국에는 일본

이 패전한다. 일본의 전승 보도는 엉터리이다"라는 조언을 유포했다.
- 처치전말: 1937.12.10. 「육군형법」 99조 위반으로 검거

- 청·부·현: 교토(京都)
- 피의자의 본적: 경북 영덕군 병곡면(柄谷面) 휘리동(揮里洞)
    주소: 교토시 시모교구(下京區) 구시게도리(櫛笥通) 고조아가루(五條上ル)
    직업: 직공
    성명: 황태암(黃泰岩)
    연령: 현 24세
- 사범의 개요: 동료 직공과 지나사변에 대해 잡담하던 중 "일본도 천황폐하를 폐하여 독일처럼 되면 좋겠다"라고 함부로 지껄였다.
- 처치전말: 1937.9.24. 엄중 설유

- 청·부·현: 교토
- 피의자의 본적: 경북 성주군 용암면(龍岩面) 중거동(中巨洞)
    주소: 교토시 시모교구 히가시구조(東九條) 마쓰다마치(松田町) 17
    직업: 직공
    성명: 김정규(金丁奎)
    연령: 현 31세
- 사범의 개요: 내지인 직공으로부터 비상시이므로 내선일체가 될 것이라는 말을 듣고 이에 대해 "어째서 우리 조선인이 일본을 위해 일할 필요가 있고, 어째서 일본의 천황폐하를 위해 전쟁에 갈 필요가 있는 것인가"라고 반박했다.
- 처치전말: 1937.10.3. 엄중 설유

- 청·부·현: 교토
- 피의자의 본적: 경남 고성군(固城郡) 고성면 서외동(西外洞)
    주소: 교토시 사쿄구(左京區) 다나카(田中) 다데하라초(蓼原町) 37

　　　　　성명: 오소금(吳小今, 여)
　　　　　연령: 현 33세
- 사범의 개요: 국방부인회(國防婦人會)에 입회 권유를 받은 데 대해, "우리가 국방부인회에 입회하여 군대(兵隊)를 배웅해서 뭐할 거냐. 그럴 겨를이 있으면 자갈이라도 채취하는 편이 낫다. 저런 놈들이 전쟁에서 죽어도 우리에게는 아무런 관계도 없지 않은가"라고 반박함.
- 처치전말: 1937.9.30. 엄중 설유

- 청·부·현: 오사카(大阪)
- 피의자의 본적: 경북 영일군(迎日郡) 포항면(浦項面) 포항동
　　　　　주소: 오사카시 스미요시구(住吉區) 산노초(山王町) 2-46
　　　　　직업: 식료품 판매업
　　　　　성명: 김익수(金益壽)
　　　　　연령: 현 30세
- 사범의 개요: "지금의 지나는 백성을 전선(前線)에 내놓고 있으니까 약하지만, 중앙군이 나오면 강하다. 장기전(長期戰)을 해도 일본은 경제적으로 진다. 신문에서 보도하는 전사자 수는 엉터리로 실제는 더 많다"라고 조언함.
- 처치전말: 1937.9.17. 검거 / 1937.9.30.「육군형법」제99조 위반으로 송국 / 1937.11.17. 금고 3개월

- 청·부·현: 오사카
- 피의자의 본적: 전남 제주도 애월면(涯月面) 광령리(光令里)
　　　　　주소: 오사카시 히가시나리구(東成區) 히가시모모타초(東桃太町) 1-5825
　　　　　직업: 무력지물공(鉐力指物工)[213]
　　　　　성명: 고석주(高錫柱)

---

[213] 무력(鉐力): 블리키(blik), 즉 주석이나 양철을 가리킨다.

　　　　연령: 현 42세
- 사범의 개요: 일지사변(日支事變)의 호외(號外)를 보면서 일본과 지나 어디가 이겼는지 잡담하던 중 조선인에게, "일본이 이기든 지나가 이기든 우리와 무슨 관계가 있어. 내버려 둬"라고 함부로 늘어놓고 논쟁 끝에 폭행했다.
- 처치전말: 1937.9.3. 엄중 설유

- 청·부·현: 가나가와(神奈川)
- 피의자의 본적: 경남 하동군(河東郡) 적량면(赤良面)
　　　　주소: 가와사키시(川崎市) 오시마(大島) 2315
　　　　직업: 고물상
　　　　성명: 고석주(高錫柱)
　　　　연령: 현 42세
- 사범의 개요: 거주지 조선인이 국방헌금을 모집하는 것에 대해, "일본과 지나가 전쟁하기 때문이라 하니 우리 노동자가 돈을 낼 필요는 없다. 우리를 위해 싸우는 것은 러시아와 스페인뿐이다. 노동자가 일지사변에서 돈을 내는 것은 자살하는 것과 같은 짓이니 그만둬라"라고 반박했다.
- 처치전말: 1937.8.7. 엄중 설유

- 청·부·현: 지바(千葉)
- 피의자의 본적: 전남 순천군(順川郡) 순천면 조곡(稠谷)
　　　　주소: 지바현 아와군(安房郡) 나고마치(那古町) 나고(那古) 1080
　　　　직업: 고물상(古物商)
　　　　성명: 황박후(黃博厚)
　　　　연령: 현 31세
- 사범의 개요: 거주지 조선인 친목 단체인 아와상조회(安房相助會)에서 사무소 신축 축하 연회를 멈추고 국방헌금을 하자고 한 것에 대해, "일본인이 맘대로 전쟁하고 있는 게 우리와 무슨 관계가 있나. 예정대로 연회를 하고 국방헌금 등은 멈춰라"라고 반박함.

- 처치전말: 엄중 설유

- 청·부·현: 도치기(栃木)
- 피의자의 본적: 강원도 고성군 신북면(新北面) 장전항(長前港)
  주소: 미야기현(宮城縣) 나토리군(名取郡) 이와누마마치(岩沼町) 48
  직업: 조선 인삼 행상
  성명: 배삼순(裵三淳)
  연령: 현 29세
- 사범의 개요: 인삼 행상 중 "센다이(仙臺)에서 동원령이 내려졌는데 숨어 응하지 않았기 때문에 헌병에게 연행되어 총살된 사람이 있다"라고 유언함.
- 처치전말: 1937.9.3. 내무성령 「경찰범처벌령」 위반으로 과료(科料) 2원

- 청·부·현: 아이치(愛知)
- 피의자의 본적: 경남 고성군 회화면(會華面) 봉동리(鳳東里)
  주소: 나고야시(名古屋市) 나카구(中區) 호리에초(堀江町) 5-7
  직업: 토공(土工)
  성명: 김범술(金範述)
  연령: 현 42세
- 사범의 개요: "조선의 신문에 의하면 경상남도에서 조선 독립 사건이 발생하여 내지의 군대가 파견되었다"라는 조언을 함
- 처치전말: 1937.9.25. 내무성령 「경찰범처벌령」에 따라 구류 29일

- 청·부·현: 후쿠시마(福島)
- 피의자의 본적: 충남 논산군 성동면(城東面) 삼산리(三山里)
  주소: 후쿠시마현 미나미아이즈군(南會津郡) 다지마초(田島町) 아자고초(字後町)
  직업: 고물상
  성명: 안창갑(安昌甲)

　　　　연령: 현 36세
- 사범의 개요: 역 앞에서 출정군인을 환영하는 사람에 대해서 "쓸데없는 소란(전쟁)[214]을 떠니까 우리 장사는 아무것도 할 수 없었다. 무엇 때문에 소란을 떠는 것인가. 이야기하면 해결될 텐데. 운운."이라고 함부로 늘어놓았다.
- 처치전말: 엄중 설유

- 청·부·현: 아오모리(青森)
- 피의자의 본적: 충북 청주군(清州郡) 강서면(江西面) 서촌리(西村里)
　　　　주소: 아오모리현 기타쓰가루군(北津輕郡) 고쇼가와라마치(五所川原町) 아자히라이초(字下平井町)
　　　　직업: 고물상
　　　　성명: 신재순(申在淳)
　　　　연령: 현 27세
- 사범의 개요: "머지않아 일본 군대가 만주로 가게 될 듯한데, 그렇게 되면 러시아와 전쟁이 난다. 러시아는 강하기 때문에 일본은 진다"라고 유언함.
- 처치전말: 엄중 설유

- 청·부·현: 오카야마(岡山)
- 피의자의 주소: 오카야마시 우치산게초(内山下町) 25
　　　　직업: 권투구락부(拳鬪俱樂部) 지도자
　　　　성명: 박장호(朴章鎬)
　　　　연령: 현 28세
- 사범의 개요: 출정병 환송을 위해 자택에 국기를 게양했는데, 내지인 요시무라(吉村) 모(某) 외 2명이 이것을 보고 "조선인 집에도 국기가 걸려 있네"라고 모여 말하고 있는 것을 듣고서 모멸감을 느껴 요시무라 모를 구타하여 전치 5일의 상해를 입혔다.

---

[214] 원문에 '전쟁'이 부기되어 있다.

- 처치전말: 1937.8.19. 상해죄로 검거 송국/ 요시무라 외 2명은 엄중 설유

- 청·부·현: 오카야마
- 피의자의 주소: 오카야마현 고니치군(後日郡) 고야초(高野町)
    - 직업: 소고물(小古物) 행상
    - 성명: 김진간(金振干)
- 사범의 개요: "일본군은 전패(全敗)했다. 조선에 있는 일본인 대부분은 출동했다. 지금 일본은 부인까지 출동해야 한다"라고 유언함.
- 처치전말: 1937.8.1. 엄중 설유

- 청·부·현: 야마구치(山口)
- 피의자의 본적: 전남 광양군(光陽面) 광양면 칠성리(七星里)
    - 주소: 모지시(門司市) 히로이시마치(廣石町) 2초메(丁目)
    - 직업: 마포상(麻布商)
    - 성명: 장영목(張泳穆)
    - 연령: 현 36세
- 피의자의 본적: 경북 청도군(淸道郡) 대성면(大城面) 고수동(高樹洞)[215] 185
    - 주소: 시모노세키시(下關市) 니시오쓰보초(西大坪町) 33
    - 직업: 날품팔이
    - 성명: 이방구(李方具)
    - 연령: 현 46세
- 사범의 개요: "모지(門司) 쪽에서는 이번 일·지(日支) 전쟁 때문에 우편국(郵便局)에서 오늘(8월 2일)까지는 저금의 전액을 지불했으나 내일부터는 반절밖에 지불할 수 없다고 하므로 내지인도 조선인도 저금을 많이 인출하고 있다"라고 유언했다.
- 처치전말: 1937.8.13. 두 명 모두 내무성령 「경찰범처벌령」 위반으로 구류 7일

---

[215] 원문은 '高瀨洞'으로 오기되어 있어 수정함.

- 청·부·현: 야마구치
- 피의자의 본적: 전남 고흥군(高興郡) 두원면(豆原面) 대금리(大錦里)
    주소: 야마구치시 오아자요시카즈(大字吉數)[216] 아자나카무라(字中村)
    직업: 농업
    성명: 원용규(元龍圭)
    연령: 현 28세
- 사범의 개요: "지나는 한 나라만이 아니라 적어도 여러 나라의 뒷받침이 있고, 게다가 공산주의국가이므로 일본은 도저히 승산이 없다. 나는 종군한다면 일본군을 해치우겠다. 그렇게 하면 조선은 독립할 수 있는 것이다"라고 유언했다.
- 처치전말: 1937.9.30. 내무성령 「경찰범처벌령」 위반으로 구류 20일

- 청·부·현: 야마구치
- 피의자의 본적: 전남 장흥군(長興郡) 안량면(安良面) 운흥리(雲興里)
    주소: 야마구치현 구가군(玖珂郡) 이와쿠니마치(岩國町) 오아자니시미(大字錦見) 2026
    직업: 점원
    성명: 백학연[白鶴連, 백석정웅(白石正雄)]
    연령: 현 21세
- 사범의 개요: 친구에게 의뢰하여 "소집이 왔다. 곧 돌아와라"라는 거짓 전보를 치게 하고 전보를 받은 주인집 등에 자신이 소집된 것처럼 속여 7월분 월급 13원을 받았다. 그 밖에도 25원을 가불하여 전별(餞別)로 탕감하고, 다수의 전송을 받으며 출발한 외에도 절도죄를 감행해왔다.
- 처치전말: 1937.8.25. 사기(詐欺) 및 절도죄(竊盜罪)로 송국
- 청·부·현: 야마구치
- 피의자의 본적: 경북 경산군(慶山郡) 영신면(濚新面) 율하동(栗下洞)

---

[216] 오아자(大字)란 시·정·촌(市町村) 아래에 존재하는 일본의 말단 행정 구획의 하나이다. 이보다 작은 고아자(小字)라는 구획들을 포함하고 있다.

주소: 야마구치현 아부군(阿武郡) 다카마타손(高俣村)[217] 아자오쿠니(字小國)

직업: 탄소부(炭燒夫)

성명: 박철수(朴喆守)

연령: 현 43세

- 사범의 개요: 같은 마을에 거주하는 중화민국인(中華民國人)인 목탄상(木炭商) 임향왕(林香旺, 현 41세)에게, "네놈은 아직 일본 국적에 들어 있지 않다. 우리 동포가 지나인에게 학살당해서 대단히 격앙된 조선인 33인이 네놈을 이지메한다고 하니까 빨리 돈을 내고 술을 5승(升)[218] 정도 마시도록 하라. 운운."이라고 공갈(恐喝)했다.
- 처치전말: 1937.8.11. 공갈미수(恐喝未遂)로 검거

- 청·부·현: 에히메(愛媛)
- 피의자의 본적: 전남 여수군(麗水郡) 삼차면(三且面) 상송리(上松里)

주소: 에히메현 우와지마시(宇和島市) 후쿠로초(袋町) 하바도리(濱通り)

직업: 완구상(玩具商)

성명: 김동식(金東植)

연령: 현 30세

- 사범의 개요: "지나가 일본에 질 것은 분명하다. 하지만 러시아가 일본과 싸우는 것은 옛날의 원수니까 훨씬 더 승산이 확실하지는 않다. 일본이 아무리 전쟁을 도발해도 응하지 않으므로 그만큼 일본은 러시아를 두려워하는 것이다"라고 유언했다.
- 처치전말: 1937.9.22. 엄중 설유

- 청·부·현: 후쿠오카(福岡)
- 피의자의 본적: 경남 하동군 북천면(北川面) 사평리(沙坪里)

주소: 후쿠오카시 하루요시(春吉) 861, 이시이 사쿠히라(石井作平) 집

---

217 원문은 '高保村'으로 오기되어 있어 수정하였다.
218 5승(升)은 반말 정도 된다. 1승은 한 말의 1/10 정도로 약 1.8리터이다.

        직업: 자동차 운전자

        성명: 정경식(鄭景湜)[219]

        연령: 현 29세

- 사범의 개요: 자동차 운전자로 군속(軍屬)이었는데, 현지에서 귀국한 후 현지 이야기를 하면서 "상해전(上海戰)에서 일본군의 승리는 거짓이다. 일본의 신문 보도는 잘못된 것이다. 상해의 강 속에는 지나 병사(支那兵)만이 아니라 일본 병사의 사체(死體)도 다수 있어서 불결했다." 등으로 조언했다.

- 처치전말: 1937.9.28. 「육군형법」 99조 위반으로 송국 / 1937.11.6. 금고 6개월에 집행유예 5년에 처해짐

- 청·부·현: 오이타(大分)
- 피의자의 본적: 경남 동래군(東萊郡) 정관면(鼎冠面) 해학리(海鶴里)

        주소: 오이타현 시모게군(下毛郡) 신쇼무라(新昭村) 오아자이마즈(大字今津)

        직업: 날품팔이

        성명: 김차근(金次根)

        연령: 현 42세

- 사범의 개요: "이번 사변에서 일본이 지고 지나가 이기는 편이 좋다. 지나가 이기면 몇 곳의 강국(强國)이 지원하여 조선은 독립한다. 가령 일본이 지고 우리 조선인이 죽임을 당해도 그것은 일시의 희생이고, 조선이 독립한다면 자손을 위해서 좋다. 조선인은 조선인의 정신을 잊지 마라"라고 조언했다.

- 처치전말: 1937.12.17. 「육군형법」 99조 위반으로 송국 / 1937.12.28. 금고 3개월

- 청·부·현: 사가(佐賀)

- 피의자의 주소: 사가시 다후세초(多布施町)

---

[219] 정경식(鄭景湜, 1910~1979): 경남 하동 출신. 1937년 중일전쟁 당시 군속(軍屬)으로 모집되어 운전병으로 전쟁터에 갔다가 보고들은 이야기를 유포하여 위와 같이 일제 경찰에 검거되었다. 2019년 대한민국 정부로부터 대통령표창이 추서되었다.

　　　　　　직업: 조선요리 삼소관(三笑館)
　　　　　　성명: 장남학(張南學)
- 사범의 개요: 북지사변으로 우편국의 저금은 100원에 대해 겨우 7원 이상은 지불받지 못하는 듯하다.
- 처치전말: 1937.8.28. 엄중 설유

- 청·부·현: 구마모토(雄本)
- 피의자의 본적: 경남 통영군 광도면(光道面) 안정리(安井里) 1325
　　　　　　주소: 구마모토현 마시키군(益城郡) 하마마치(濱町) 오아자게바오(大字下馬尾)
　　　　　　직업: 고물상
　　　　　　성명: 백만이(白萬伊)
　　　　　　연령: 현 29세
- 사범의 개요: "이번은 일본은 패전한다. 우리 조선인은 지나의 지배를 받게 된다. 어제도 일본 군대는 70명이 쓸데없이 죽었다"라고 조언했다.
- 처치전말: 1937.10.28. 「육군형법」 99조 위반으로 송국

지나사변에 대한 조선인·지나인 간의 분쟁

- 청·부·현: 교토
- 분쟁 개요: 교토시 사쿄구(左京區) 로쿠탄지(鹿谷寺) 제면직인(製綿職人) 김태환(金泰煥, 현 38세)은 시국상 지나인에게 다소 억지를 부려도 들어줄 것으로 생각하고, 11월 4일 동(同) 구내(區內) 소재 지나인 이발점 오송조(吳松釣)에게 이르러 일면식도 없으면서 그 가게 고용인(雇人) 고세관(高世官)을 밖으로 불러내어, "오사카까지 가려는데 돈이 없으니 전차운임을 빌려줘"라고 했다가 거절당하자, "뒤가 괴로울걸."이라고 협박했다.

- 청·부·현: 교토
- 분쟁 개요: 교토부(京都府) 가메오카초(龜岡町) 거주 폐품상(屑買)²²⁰ 조성국(趙性國, 현 32세), 동 배상고(裵相告, 현 49세)는 자신의 친척과 친구가 북지(北支)에서 지나인 때문에 학살된 것을 알고 극도로 분개하고 있었다. 그런데 7월 31일 우연히 같은 마을 내에서 교토부 야기초(八木町) 거주 오복잡화(吳服雜貨) 행상인인 지나인 임진업(林振業)을 만나자 그에게 "지나와 일본은 지금 전쟁 중인데 물건을 팔러 다니는 것은 뻔뻔스럽다. 운운" 이라고 매도했다.

- 청·부·현: 오사카
- 분쟁 개요: 오사카시 니시요도가와구(西淀川區) 다카미마치(高見町), 직공 최영묵(崔永黙, 현 32세)은 8월 23일 같은 마을 이발점 앞에서 지나사변에 관한 호외를 입수하여 읽고 "이것은 찬코로²²¹가 나쁘기 때문이다"라고 말한 것을, 우연히 그 이발점에서 작업 중이던 지나인 이발점 직원 장명계(張明桂, 현 48세)가 듣고 꾸짖으며 "찬코로라고 말했는데, 너는 뭐냐"라고 묻자 "나는 조선인이다. 너는 뭐냐. 찬코로, 찬코로가 어때서"라고 격앙하였다. 함께 있던 사람의 중개로 무사할 수 있었다.

- 청·부·현: 가나가와
- 분쟁 개요: 요코하마시(橫濱市) 가나가와구(神奈川區) 미나미센겐초(南淺間町), 청소업(淸掃業) 신대우(申大雨, 현 37세) 외 3명은 8월 20일 지나사변에 관해 잡담하던 중에 우연히 만주 사건을 논하며 통분한 결과, "일본에 있는 지나인은 아무런 걱정 없이 있는데 지나에서는 죄 없는 부녀자까지 죽이고 있다, 우리는 이처럼 지나인을 애지중지할 필요가 없다. 앞으로 지나인의 이발소, 요리점 등에는 가지 않도록 하자. 만약 가면 벌금을 받는다. 지나인은 내쫓도록 한다." 등으로 협의했다.

---

220 폐품상(屑買, 구즈카이): 폐지(廢紙)나 고철(古鐵) 등 불용품을 사러 다니는 직업 또는 직업인.
221 찬코로: 중일전쟁 이후 일본에서 중국인을 낮추어 부르던 비속어. 청국노(淸國奴)의 일본식 발음으로, 이 말이 한국에 전해져서 '짱꼴라'가 되었다.

- 청·부·현: 효고(兵庫)
- 분쟁 개요: 효고현 가호군(嘉穗郡) 호나미무라(穗波村), 우육상(牛肉商) 김원춘(金元春, 현 50세)은 북지에 거주하는 친척 모 씨가 처자 4명과 함께 참살당했다는 통지를 접하고 극도로 분개하고 있던 차에 때마침 지나인 오복 행상이 집에 들렀는데, 그에게 지나 군대의 포악한 행동을 규탄하는 폭언을 내뱉으며 그를 협박했다.

- 청·부·현: 효고
- 분쟁 개요: 8월 8일 고베시(神戶市) 하야시다구(林田區) 내에서 지나인 오복 행상인 모씨가 한 조선인 집에 이르러 주부에게 오복 구입을 권유했는데, 조선인이 "너희 나라와 일본은 지금 전쟁 중인데 자기 나라의 물품을 자랑하는 바보가 있을까. 누가 너희 나라의 물건 등을 살 것인가"라고 매도한 것을 발단으로 입씨름했다. 그러자 부근에 거주하는 조선인 부녀자 십수 명이 모여 위의 지나인에게 "때려죽이자"라고 외치면서 쫓아다니다가 마침내 내쫓았다.

- 청·부·현: 아이치
- 분쟁 개요: 이치노미야시(一宮市) 히요시초(日吉町) 거주 폐품상(屑物商) 고운이(高雲伊, 41세)는 사변으로 지나인을 증오하고 있었다. 우연히 같은 시에 거주하는 지나인 3명이 지나어로 잡담하면서 지나가는 중이었는데, 이에 대해 "일본에 살면 일본어로 말해"라고 화를 내며 고함쳤다. 이에 지나인이 "지나인이 지나어로 말하는데, 뭐가 나빠"라고 반박하자 격노하여 동인(同人) 등을 구타하려 했는데, 다른 조선인이 설득해서 중단되었다.

- 청·부·현: 야마구치
- 분쟁 개요: 야마구치현 도요우라군(豊浦郡) 사이치초(西市町) 거주 고물상 이성천(李聖天, 현 28세)은 8월 18일 같은 마을의 기친야도(木賃宿)[222]에서 지나인 방물장수(小間物商) 박

---

[222] 기친야도(木賃宿): 싸구려 여인숙. 본래는 숙박객이 자취하면서 땔나무 값만 내는 여인숙.

경빈(朴慶彬, 현 49세)의 물품을 보기만 하던 중, 박(朴)이 "최근 물품의 팔림새가 나쁘다. 일본인으로부터 찬코로라고 모욕을 당해 곤란하다"라고 말한 것에 분개하여, "지나는 우리 일본인에 대해 참혹한 살상을 하고 있지 않은가. 그러니 일본에서 너희는 무엇 하나 해를 끼쳐서는 안 되는 것이다. 건방진 소리 하지 마라"라며 폭행하려 했는데, 때마침 임검(臨檢) 경찰관이 와서 제지하였다.

- 청·부·현: 에히메
- 분쟁 개요: 히로시마현 도요타군(豊田郡) 다마나가(玉長), 조선인 옛날 돈(古金銀買)을 사는 김판전(金判全, 현 38세)은 11월 2일 에히메현 오치군(越智郡) 쓰쿠라무라(津倉村) 고후쿠야(幸福屋) 여관에서 지나인 오복 행상인 양현원(楊賢源)에게, "이번 사변에서 다수의 조선인이 지나인 때문에 살해당했다. 너는 지나인이므로 죽일 수 있다면 죽여 주겠지만, 일본에서는 그런 일은 불가능하니까 용서해 준다. 운운"이라고 협박했다.

- 청·부·현: 시마네(島根)
- 분쟁 개요: 마쓰에시(松江市) 기타호리초(北堀町) 번화가의 폐품상(屑物商) 오영수(吳令守, 현 38세) 외 2명은 8월 14일 시내에서 지나인 오복 행상인을 만나자, 시국상 지나인에게 다소 무리를 해도 지나인은 울며 겨자 먹기라고 생각하여 그의 상품을 보기만 하고, 인견 옷감 5필(反)²²³을 5원에 주라며 돈은 집에 가지러 갔다 온다고 칭하면서 가져가 버렸다.
- 조치: 엄중히 설유했음.

- 청·부·현: 오이타
- 분쟁 개요: 오이타현 미나미아마베군(南海郡) 사에키초(佐伯町), 고물상 이종선(李鐘先, 현 49세) 외 조선인 2명은 8월 5일 통주사건(通州事件)에 통분하여 거주하고 있는 마을 순사파출소에 출두해 "근교에 788명의 지나인이 거주하고 있는데 살려둘 수는 없으므로 우

---

²²³ 단(反, 段): 필. 피륙을 세는 단위.

리가 원수를 갚을 테니 용서해 주게"라고 말했다.
- 조치: 간유(懇諭)²²⁴했음.

- 청·부·현: 후쿠시마
- 분쟁 개요: 후쿠시마시 고노몬(戶の門) 소재 후쿠시마내선친선회(福島內鮮親善會) 사무소에서 조선인 약 10명이 집합하여 지나사변에 관해 잡담하던 중 우연히 이야기가 통주사건에 미치자 모두 지나인의 포악함에 통분하였다. 그러던 중 4~5명은 내지에 있는 지나인을 응징하려고 비밀리에 사무소를 탈출하여 같은 현 시노부군(信夫郡) 와타리무라(渡利村)에 거주하는 지나인 이광경(李光慶)의 집을 습격했는데, 이씨가 다른 곳으로 이전한 후여서 사고는 없었다.

- 청·부·현: 미야기
- 분쟁 개요: 미야기현 구리하라군(栗原郡) 후지사토무라(藤里村)에 거주하는 고물상 김봉수(金鳳守, 현 40세)는 같은 마을에 거주하는 지나인 오복상 주계록(住桂祿)을 방문하여 "지나에서는 아무런 관계도 없는 부녀자까지 죽인다고 하는 규칙이 있는 것인가. 있다면 네 놈들을 모두 죽이고 나서 나 한 사람도 죽으면 된다"라고 협박했다.

- 청·부·현: 미야기
- 분쟁 개요: 미야기현 구리하라군 이와사키마치(岩崎町) 거주 조선인 고물상 김상하(金祥下) 외 6명은 8월 7일 몹시 취한 끝에 같은 마을 거주 지나인 유성계(劉聖桂) 외 3명이 모여있는 곳에 이르러 "지나인을 다 죽이고 불을 지르자"라는 등 폭언을 뱉어내고 집 문을 두드리며 난폭하게 굴었다.

- 청·부·현: 돗토리(鳥取)
- 분쟁 개요: 요나고시(米子市) 소재 조선인 김금술(金今述) 외 수명은 8월 3일 산인일신회

---

224 간유(懇諭): 깨닫도록 간절하게 타이름.

(山陰日新會) 사무소에서 《동아일보(東亞日報)》를 열독(閱讀)하던 중 통주사건 기사가 있자 이것에 통분하였다. 김금술은 전부터 요나고역(米子驛) 부근에 지나인 수명이 숙박하며 오복행상 중이라는 것을 알고 있었으므로 "요나고에 사는 지나인을 괴롭히겠다"라면서 그 방면을 향했는데, 우연히 그 지나인들이 떠나버린 후여서 사고는 없었다.

- 청·부·현: 오카야마
- 분쟁 개요: 오카야먀현 미쓰군(御津郡) 가네가와초(金川町) 소재 폐품상(屑買) 이사경(李四慶) 외 12명은 같은 마을 거주 지나인으로 이발업에 종사하는 송명옥(宋明玉, 현 26세)이 일본에서 오랫동안 영업해서 상당히 저축할 수 있었음에도 불구하고, 국방헌금 등도 다른 사람들의 재촉을 받아 1원을 갹출한 불과하고 출정 장병의 환송에서도 국기를 게양하지 않은 것은 괘씸한 것이라고 분개하여, 그를 응징해야 한다며 실행방법을 협의하였다. 전원이 음주 상태로 그의 집을 기습하여 점포, 기구를 파손할 것을 결의했으나, 관할 관청에서 사전에 탐지하여 유시(諭示)했다.

- 청·부·현: 오카야마
- 분쟁 개요: 오카야먀현 고지마군(兒島郡) 하치하마초(八濱町)의 고물상 신영선(辛永先, 현 50세)은 이전부터 조선인이라고 칭하는 만주국인(滿洲國人) 적병무(翟炳武)에 대해 의심을 품고 있었는데, 마침 8월 30일 노상에서 그를 만나자 그에게 "너는 조선인이라고 하는데, 조선 어디냐. 경성(京城)이라면 조선어로 말해라"라고 꾸짖었다. 적병무가 말을 못하자 지나인이라 생각하고, "네 놈은 지나인 주제에 조선인이라고 거짓말을 하며 무엇을 하고 다니냐. 지나인은 지나에서 일본인에게 어떤 일을 저지르고 있다"라고 격노하며 그를 붙잡아 덤벼들어 노상에서 격투하였다. 때마침 지나가던 조선인 황귀조(黃貴祚, 현 30세)와 함께 그를 물속에 빠트려서 치료 10일을 필요로 하는 상해를 입혔다. 또한 그의 자전거 및 상품(견적 200원)을 모두 물속에 던져서 상당한 손해를 입혔다.
- 조치: 신영선, 황귀조 두 사람 모두 상해죄로 검거 송국했다.

- 청·부·현: 야마구치
- 분쟁 개요: 야마구치현 아부군(阿武郡) 다카마타손(高俣村) 아자오쿠니(字小國)에 거주하는 탄소부(炭燒夫) 박철수(朴喆守, 현 43세)는 8월 30일 밤 같은 마을의 지나인 탄상(炭商) 임향왕(林香旺, 현 40세[225])에게 "너희 나라 사람은 조선인을 괴롭히고 있는데 무슨 소리냐. 우리 조선인 32명이 너를 괴롭혀 주겠다고 한다. 50원을 빌려줘라. 없으면 빨리 술을 5승(升) 정도 사서 모두 먹게 하라"라고 공갈했다.
- 조치: 공갈죄로 검거 송국했다.

---

[225] 앞에서는 41세로 기재되어 있음.

특수사건[226]
(내무성 경보국, 1938)

1) 지나사변에 대한 재주(在住) 조선인의 동정

지나사변 발생 초기 조선인의 동향에 관해서는 각 방면에서 상당히 주시된 바이다. 동정은 대개 양호하여 현재까지 어떠한 우려할만한 사태의 발생은 보이지 않는다. 종래 민족적 편견을 내던지고 점차 시국의 중대성과 이번 성전(聖戰)의 의의와 목적에 대한 이해와 인식을 깊이 하여, 내지인과 마찬가지로 황국신민으로서 총후 수호의 완벽함에 진력하여 성전 목적의 관철에 매진할 것을 결의하기에 이르렀다. 1월 15일 장고봉(張鼓峰) 사건[227]의 발발을 보고, 그리고 본 사변의 획기적인 작전인 광동(廣東) 공략에 이어 한구(漢口)가 함락되기에 이르러서는 충심(衷心)[228]에서부터 어능위(御稜威)[229]가 한층 더 끝없이 넓음을 우러르며 황군(皇軍) 장사(將士)[230]의 무용(武勇)에 감사하였다. 이 전승을 축복함과 동시에 앞으로 장기간에 걸친 성전의 수행과 신동아 건설의 대업을 향해 어떠한 간난(艱難)도 배제하여 매진할 것이라는 기백을 견지하기에 이르렀다. 각자 그 언동에 자숙(自肅)과 자계(自戒)를 더하여 가난함 속에서 나아가 국방 및 휼병비(恤兵費), 기타 사변 발생 이후 지금까지 누계 10만 2,795원(올해 중 헌금 합계 2만 4,704원 1전)에 달하였다. 혹은 출정 장병의 위문, 그 유가족에 대한 위문 또는 노력 봉사에 힘쓰거나, 혹은 황군의 무운장구(武運長久)를 기원하고, 나아가 몸으로 국

---

226 金正明 編, 1966, 『朝鮮獨立運動』 IV, 原書房, 691~697쪽.
227 장고봉(張鼓峰) 사건: 1938년 7월 29일부터 8월 11일 사이 소련과 만주국 및 조선의 국경인 두만강 근처 장고봉에서 일어난 소-일 양군 간의 충돌사건으로서 국경분쟁이다. 하산호 전투(Хасанские бои, Battle of Lake Khasan)라고도 한다.
228 충심(衷心): 마음속에서부터 우러나온 참된 마음.
229 어능위(御稜威): 신이나 천황의 강력한 위세, 위광(威光). 천자의 위광(稜威)의 존경어.
230 장사(將士): 장수와 병졸.

가를 받들고 출정을 지원하는 등 모든 방면에 걸쳐 적성을 피력 중에 있다. 이러한 독행(篤行)은 낱낱이 들어서 말할 수 없는 상황이다. 이와 같이 내지 재주 조선인의 동향이 호전된 것은 지금까지 일찍이 보지 못한 바로서, 내지인 측에 대해 많은 감명을 주어 조선인에 대한 이해를 심화시키는 중이다. 내선융화(內鮮融和) 내지 협화(協和)를 외치는 것은 오래되었어도 그 실상은 지지부진했는데, 이번 사변을 계기로 일대 진전을 보고 있다. 이는 황국을 위해 진실로 경축해야 하는 바이다. 그렇지만 일부 불량한 분자, 특히 학생 인텔리층 및 조선 기독교도 중에는 오늘날에 이르러서도 시국의 중대성과 성전의 진의(眞義)를 이해하지 않고 종종 불온한 책동을 하고 있는 것은 참으로 유감이라고 할 것이다. 올해 중 검거 취체를 가한 것은 20건(각 청·부·현의 보고 가운데 중요한 것을 합계한 것으로, 실제 수는 이보다 많을 것임)에 이르렀다.

지나사변에 대한 재주 조선인의 유언, 기타 시국범죄 조사

종별 \ 연차 및 조치	1937년(昭和 12)			1938년(昭和 13)		
	검거 송국 및 위경죄[231]처분 인원	설유 인원	계	검거 송국 및 위경죄 처분 인원	설유 인원	계
조언(陸刑 99조) 위반	13	4	17	13 *1	1	15
불온언동	5	9	14	-	3	3
기타	4	1	5	2	-	2
계	22	14	36	15 *1	4	20

비고: * 표시는 취조 중인 것을 나타냄

본 표는 각 청·부·현에서 보고한 것을 게재한 것으로, 실제 수는 이보다 많을 것으로 판단된다.

---

[231] 위경죄(違警罪): 일본의 구 형법에서 구류·벌금에 해당하는 가벼운 죄의 총칭. 1885년(明治 18)의 「위경죄즉결례(違警罪即決例)」에 의해 정식재판에 의하지 않고 경찰서장이 즉결처분으로 벌하는 것이 인정되었다.

2) 지원병제도 실시 및 발표에 관한 반향(反響)

(1) 개황

조선의 민도(民度), 민정(民情)의 진전에 따라 조선 동포의 「병역법(兵役法)」 시행, 의무교육제 실시, 참정권의 부여 등에 관한 요망은 해마다 고조되어 각자의 입장에서 신속한 실시를 열망하고 있었다.

특히 「병역법」 실시에 관해서는 만주사변 이후 긴박한 국제정세에 자극받아 제국의회(帝國議會), 기타 요로(要路)에서 「병역법」의 시행 또는 그 전제로서 지원병제도 시행을 청원한 일이 여러 번이었는데, 이번 지나사변의 발발은 한층 더 국방 제일선의 참가 열의를 고양시키기에 이르렀다. 그런 가운데 1월 15일 육군성(陸軍省)에서 "조선의 민도, 민정의 진정에 따라 조선인에 대해서도 지원병제를 허가하고, 이에 의해 황국신민으로서의 단련을 더하여 내선일체의 국방에 기여함이 마땅하다고 판단하였다. 지원병은 조선총독부에서 특별교육을 실시한 자를 선발 채용하고, 채용 후 신분의 취급 및 제복은 내지인의 징집병과 동일하게 해야 하며, 현재 육군·척무(拓務) 두 성(省)에서 입안하여 신중하게 심의 중이다"라는 취지를 발표하자, 오랫동안 기다리고 바라던 것이었기에 일반 조선인은 매우 기뻐하며 이를 맞이하여 "일시동인(一視同仁)의 성지(聖旨)의 현현(顯現)", "내선일체의 결실을 이것에서 거둔다"라고 말하고 있다. 지금 위 발표에 대한 재주 조선인의 반향, 기타에 대한 발표의 경위를 적기(摘記)하면 다음과 같다.

(2) 반향

① 조선인의 의향

"조선인 동포의 병역의무 부담은 상당히 오래전부터 문제였는데, 이번 지원병제도가 실시되기에 이른 것은 진실로 기쁘기 그지없다. 이번 지원병제도도 어떤 의미에서는 시험이라고 생각하기 때문에 채용된 청년은 우리의 심중을 이해하여 좋은 성적을 거두어 주기 바란다." 등 일반적으로 큰 감격과 만족을 통해 이를 맞이하고, "우리도 공부하면 병사(兵隊)가 될 수 있다"라고 조선인 아동의 취학률이 갑자기 향상된 지방도 있다. 그런데 일부에서는 현재의 민도, 민정을 고려하지 않고 "우리가 바라는 바는 지원병제도가 아니라 의무제도였다"라고 하는 자가 상당히 있고, "지원병제도가 자장 타당하다"라고 하는 것은 근소하여 대부분은 본 제도를 「병역법」 시행의 전제로 보고 있다. 그중에는

(가) "3대 의무 중 납세의 의무와 병역의 의무를 부과하게 된 것에 대해, 의무교육제를 조속히 실시해서 조선 동포가 주장하는 일본 신민으로서의 권리, 즉 전적(轉籍)의 자유, 언론·결사의 자유, 도항(渡航)의 자유 등과 일상생활 상 통절(痛切)하게 느끼는 많은 권리가 인정되어야 할 것이다."

(나) "지원병제도 실시 이전에 참정권 부여를 소망하고 있다."

등의 편견을 누설하거나, 혹은 득롱망촉(得隴望蜀)[232]하는 조선인의 나쁜 성격을 드러내는 것 또한 상당히 있다. 또한

(다) "현재의 정세로는 상당수의 지원자가 있다고 생각되지만, 사변이 끝나면 열기가 식어서 자연히 감소를 보이지 않을까."

(라) "오늘날 지원하는 청년 여러분은 애국심의 발로에서 출발한 것이 아니라 단순히 호기심에 사로잡혀 지원하는 자가 대부분으로 생각된다. 전 조선 13도에서 정원(定員)의 지원자가 있을지 의심스럽다."

라는 비관적인 언사를 늘어놓았다.

(마) "조선인을 병사로 채용하는 것은 아직 시기가 빠르다. 그것은 대부분의 조선인이 일본인에게는 변변치 않으며, 제국을 위해 조선인이 어떻게든 일해야 한다는 마음이 들지 않는다는 것이다."

라고 하여, 지원병제도 실시를 시기상조(時期尙早)라고 하는 자 등이 있다. 유학생 방면에서는 "우리 학생은 현재 지원병제도가 실시되어도 간부후보생이 될 자격이 없으니까 당장은 어떤 영향도 없다"라고 하여 무관심한 태도를 보이고 있는 점은 눈여겨볼 만하다.

---

232 득롱망촉(得隴望蜀): 후한(後漢)의 광무제(光武帝)가 농(隴) 지방을 평정한 후에 다시 촉(蜀) 지방까지 원하였다는 데에서 유래한 말로서, 만족할 줄을 모르고 계속 욕심을 부리는 경우를 비유적으로 이르는 말이다. 원문은 "隴を得て蜀を望む"이다.

② 내지인의 의향

내지인 또한 본 제도의 실시를 시의적절한 정부의 영단(英斷)이라고 찬성의 뜻을 표하고 있지만, 일부에서는

(가) "국민성을 달리 하는 조선인이 과연 내지인과 같이 멸사봉공(滅私奉公)으로 나서지 않을 것이 분명하다. 또 인선(人選)을 잘못하거나 재외 불령분자(不逞分子)와 연락할 우려도 있다."

(나) "만약 내지인 병사가 차별적인 행동거지 같은 것을 하게 되면 모처럼의 본 제도도 역효과를 초래할 것이므로 이에 대해 충분한 준비와 주의를 필요로 한다."

등으로 약간의 의구심을 갖는 사람도 있다.

③ 대만인(臺灣人)의 의향

통치의 역사가 얕은 조선에 대해 대만에 앞서 지원병제도를 실시하는 것은 불공평하다고 불만의 뜻을 내비치고 있지만, 대다수는 조만간 대만에서도 실시되기를 바라는 기대를 갖고 있다.

(3) 실시 발표의 경위

원래 「병역법」은 「호적법(戶籍法)」의 적용을 받는다. 내지에 본적을 가지고 있는 사람에게만 적용되어온 관계상, 전적(轉籍)을 인정받지 못한 조선인에 대해서는 원칙적으로 이를 적용하지 않는다. (「병역법」 제23조) 예외로서, ① 중등학교 졸업 후 사관학교 등의 학업을 마친 자, ② 내지인과 입부(入夫)[233] 또는 양자연조(養子緣組)[234]를 한 징병적령자(徵兵適齡者)에 대해서만 이를 적용한 것에 불과하다. 이에 「병역법」 시행", "그 전제로서 지원병제를 시행하

---

[233] 입부(入夫): 구(舊) 민법에서 처가(妻家)에 입적하는 일 또는 입적한 남자. 일종의 데릴사위.
[234] 연조(緣組, えんぐみ)는 양자나 양녀 따위를 맺는 일. 특히 양자 결연을 말한다.

라"라는 것은 제66회, 제71회 제국의회 등에서 박춘금(朴春琴)[235] 대의사(代議士)[236]로부터 제창되었다. 그 밖의 조선인 유식자 등은 개별적으로 또는 단체적으로 그 실시를 신속히 할 것을 강조하며 요로(要路)에 청원하는 사례가 적지 않았는데, 기운이 아직 무르익지 않아서 실현을 보기에 이르지는 못했다. 그리고 이것의 실현이 곤란시된 원인은 하나에 그치지 않는다고 하더라도, 그 주요한 것은 사실 조선의 민도, 민정이 아직 그 경지에 이르지 못한 데에 원인이 있다고 판단된다. 일찍이 군 당국은 일반 조선인의 치열한 요망에 비추어 이 점을 분명히 하였다. 즉, "현 조선의 실정으로 보건대, 적령(適齡) 청년이 2년 혹은 3년 징집될 경우 남겨진 가족은 어떻게 생활을 유지할 것인가. 이미 일찍이 이 제도를 시행한 내지에서조차 한 집안의 경제 상태로 인해 징집되는 것을 고통으로 여겨 자칫 징병 기피의 오욕(汚辱)을 감행하는 자가 없지 않았다. 하물며 일반 민도가 낮은 조선에서랴. 조선에 징병제도를 실시하지 못한 원인은 그 민정에 대한 군 당국자의 깊은 배려에 기초한 것이다. 언어가 다른 것은 군대교육을 실시하는 데 있어서 대단한 지장을 야기하기 쉽다는 것은 부정할 수 없는 사실로, 조선 장정 때문에 특별한 언어를 사용하고 특별한 교육을 실시하는 것은 도저히 불가능한 일이다."[1934년(昭和 9) 8월 1일 자 조선의용단(朝鮮義勇團) 팸플릿 제1호 「조선 동포에게 자각을 촉구함」, 조선헌병대사령부 육군소장 이와사 로쿠로(岩佐祿郎)[237]]

또 지난 제67회 제국의회 때 박춘금 대의사가 제출에 관계한 「조선통치정책(治鮮政策)에 관한 질문주의서(質問主意書)」 중 "조선인에 대한 징병의 의무를 부과할 의사가 없는가, 육군

---

235 박춘금(朴春琴, 1891~1973): 일제강점기의 정치깡패이자 친일 인사. 1907년 8월경 일본으로 건너가 도쿄와 고베(神戶) 등지에서 노무자 등으로 전전하다가 폭력배로 성장하였다. 나고야(名古屋)에서 조선 인삼 판매업에 종사하다가 1917년 나고야조선인회 회장에 취임하였다. 1921년 도쿄에서 이기동(李起東) 등과 상애회(相愛會)를 설립하고 도쿄총본부 부회장이 되었다. 1922년 5월 이기동이 설립한 일선기업주식회사 상무취체역에 선임되었고, 1924년 3월 친일단체 각파유지연맹에 노동상애회 대표로 참여하였다. 1924년 7월 전남 하의도 소작쟁의 당시 청년회 습격, 1927년 하마마쓰(浜松) 노동쟁의 파업단 습격, 1928년 사상단체인 흑우회(黑友會) 및 흑우연맹 습격 등을 자행하였다. 1932년 3월 제18대 중의원 선거에서 도쿄 제4구에서 입후보하여 대의사로 당선되어, 일제강점기에 조선인으로는 유일하게 중의원 의원에 선출되었다. 이러한 그의 친일 활동은 『친일인명사전』(민족문제연구소, 2009)에 등재되었으며, 「일제강점하 반민족행위 진상규명에 관한 특별법」에 의거한 친일반민족행위로 결정되어 2009년 『친일반민족행위진상규명 보고서』에 상세히 등재되었다(『친일반민족행위진상규명보고서』 IV-7, 304~332쪽).
236 대의사(代議士): 일본 중의원(衆議院) 의원의 속칭.
237 이와사 로쿠로(岩佐祿郎, 1879~1938): 일본의 육군 군인으로서 최종계급은 육군 중장(1935). 1904년 러일전쟁에 종군했으며, 도쿄헌병대장(1929), 조선헌병대사령관(1931), 관동헌병대사령관(1934) 등을 역임하고 1936년 7월 예편했다.

대신의 소견은 어떠한가."에 대해 정부는 「1936년(昭和 11) 2월 29일 자 답변서」에서 "제국의 국방에 내선인의 구별 없이 일치하여 담당하려는 주요 취지는 크게 환영하는 바로, 우리 조선 통치의 방침 또는 일시동인으로 차별을 두지 않는 바이지만, 제반 상황에서 내지와 같지 않은 점이 있는 조선에 대해 내지와 같은 병역제도를 실시하는 것은 아직 시기상조라고 생각한다"라고 하였다. 이번의 육군성 발표도 역시 조선의 민도와 민정이 「병역법」 시행에는 너무 이르다는 점을 분명히 했다.

그러나 민도와 민정 발전의 기준이라고 판단되는 보통교육은 해마다 기간을 완비하고 또 보급하기에 이르러 청소년의 다수는 점차 병역 복무 능력을 구비하기에 이르렀다. 게다가 조국 방위의 사조는 지나사변이 발전함에 따라 점점 더 만연해지고 총후의 적성 또한 눈여겨볼 만한 점이 있다. 이에 관계 당국은 조선 동포에게 국민으로서의 의무의 길을 다함과 함께 이에 희망을 주기 위해 마침내 이번 지원병제도를 실시하기에 이르렀다. 2월 18일 각의에서 이에 관한 「육군특별지원병령」을 결정하여 같은 달 23일 칙령 제95호로 공포하였다. 이번 사변 후 대단히 순조롭게 발전하고 있는 내선융화 상에 실로 박차를 가한 느낌이 있다. 그래서 일반 조선인은 그 실시기간을 학수고대하고 있는 바이다. 그리고 〈별기(別記) (1)〉과 같이 관계 법규가 공포되어 4월 3일 진무천황제(神武天皇祭)[238]의 가절(佳節)을 맞아 시행되기에 이르렀다. 내지 재주 조선인은 특별지원을 하게 하며, 그 절차와 알선 방안 등의 신청이 있을 때는 대체로 〈별기 (2)〉에 의해 처리 중이다.

〈별기 (1)〉

1938년(昭和 13) 4월 2일 조선총독부령 제70호

「조선총독부 특별지원병훈련소 규정」

1938년(昭和 13) 4월 2일 조선총독부령 제71호

「조선총독부 육군특별지원병훈련소 생도 채용규칙」

1938년(昭和 13) 4월 2일 조선총독부훈령 제15호

---

238 진무천황제(神武天皇祭): 일본의 제1대 천황이자 전설의 인물인 진무천황을 모시는 황실의 제사로서, 대제(大祭)이다. 진무천황이 사망한 4월 3일에 실시된다.

「조선총독부 육군특별지원병훈련소 생도 채용 수속(手續)」

〈별기 (2)〉

1. 조선인으로 육군에 특별지원하려는 자는 조선총독부 육군특별지원병훈련소의 과정(課程)을 종료했다는 것을 필요로 하며,「동(同) 생도 채용규칙」제3조에서 정한 바의 서류를 매년 2월 10일까지(1938년 채용에 관해서는 이를 제한하지 않음) 본적지 경찰서에 직접 제출하도록 한다.
2. 위의 내용 가운데 지원병훈련소 입소원서 및 공의(公醫) 또는 관·공립 병원의 의사가 작성한「체격 검사표」는 소정의 용지에 작성해야 하므로 직접 본적지 경찰서에 청구할 것.
3. 위의 관계 서류 가운데 주소지 또는 본적의 부윤(府尹) 또는 읍·면장(邑面長)이 작성해야 하는 보증서에 대해서는 본인 거주지 시·정·촌장(市町村長)이 담당하도록 할 것. (재산 조산만은 본적지의 부윤 또는 읍·면장에게 작성을 요하는 경우가 많을 것)
4. 훈련소 입소 지원자는 본적지 관할(所轄) 도지사가 행하는 전형시험을 치를 것을 요하며, 수험 또는 입소를 위해 필요한 여비(旅費)와 기타 경비는 각자 부담하는 것에 대해 그 내용을 지시할 것.
5. 기타 상세한 시험 수속에 관해서는 본적지 경찰서에 직접 조회하도록 할 것.
6. 결격자(缺格者)임이 명확한 경우 외에는 그 지원 수속을 저지하지 말 것.

3) 장고봉 사변에 대한 내지 재주 조선인의 동정

7월 30일 장고봉에서 일·소 양군(兩軍)의 충돌 사건이 보도되자 내지 거주 조선인은 상당한 충격을 받았다. 특히 소련 공군의 조선 내 폭격에 대해서는 불안과 분개에 사로잡힌 것 같았는데, 황군의 위무(威武)를 신뢰하고 또 그 후 보도에 의해 공중 폭격의 피해가 근소하다는 것을 알게 되었으며, 어떠한 불온한 언동 없이 극히 평정을 유지하였다. 그리하여 본 사건에 대한 내지 재주 조선인의 의향을 종합해보면, 장래의 화흔(禍痕)을 일소하고 동아의 영원한 평화를 확립하기 위한 이때 소련을 철저히 때려눕힐 것이라는 강경한 말을 하는 경향도 있지만, 일반적으로는 평화적 해결을 희망하였다. 본건은 소련의 일반 민중의 반정부(反政府) 열기로의 전환과 황군의 한구(漢口) 공략의 견제 수단으로서 도전해 온 것이다. 소련으로서도 현재의 국내정세로 보아 본격적으로 일본과 전쟁할 의사는 없으며, 또 제국 정부도 불확대 방침을 견지하고 있어서 본 사건도 이 이상의 진전은 없이 국지적 사건으로 해결되게 될 것이라는 의향을 내비치는 자가 많다. 오히려 본 사건은 지나사변 이후 호조를 보이는 조선인의 사상 동향에 한층 박차를 가하여, 이번 북선(北鮮) 지방 비무장지대의 공중 폭격에 의한 소련군의 악학비도(惡虐非道)에 대해서는 지금까지 비교적 소련에 호의를 가지고 있던 조선인도 소련을 재검토함으로써 이데올로기를 초월하여 반소적(反蘇的) 분위기를 증대하기에 이르렀다. 이에 더하여 황군의 정정당당한 태도와 과감한 행동에 의해 일본에 대한 신뢰의 마음을 한층 강화하고, 조선이 일본에 합병된 것을 충심으로 축복하기에 이르러 내선일체 실현에 대단히 좋은 결과를 초래하였다는 의향을 내비치는 경향도 상당히 다수가 있는 상황이다. 이상과 같이 내지 재주 조선인의 본 사건에 대한 동향은 대단히 양호함에도 불구하고, 극소 부분 중에는 자기의 이해관계에 따라 사건의 불확대와 급속한 해결을 요망하였다. 또는 도쿄지방의 조선인 하급 노동자 일부는 연일에 걸친 소련 비행기의 조선 내 폭격은 더욱더 사태를 악화시켜 일·소 개전(日蘇開戰)은 필연적인데, 개전 초에는 제일 먼저 도쿄를 공습할 것이니, 야마나시현(山梨縣) 등의 산악 혹은 농촌지방으로 이주해야 한다는 등을 넌지시 말하는 자도 있다.

4) 고베(神戶) 중심의 수해(水害)에 따른 내지 재주 조선인의 동정

7월 5일 고베시를 중심으로 한 한신(阪神)[239] 간의 수해는 심대하다. 본 수해에 대한 내지 각 지역에 거주하는 조선인의 동정은 다음과 같다.

(1) 효고현(兵庫縣)

수해가 일어난 효고현 하 재주 조선인은 내지인 측에 비해서 피해가 비교적 경미할 뿐만

---

[239] 한신(阪神): 오사카시(大阪市)와 고베시(神戶市)를 아울러 일컫는 말.

아니라, 부흥작업을 위한 노동력 수요 격증으로 임금이 폭등하여 수입의 증가를 가져와 정신적 및 물질적으로 다른 것을 돌아볼 여유를 갖기에 이르렀다. 이에 따라 일부 불량분자를 제외하고는 재해의 처참한 상황에 대해 몹시 동정했다. 단체 또는 개인 이름으로 의연금을 갹출하여 구제 자금으로 충당하거나, 혹은 근로봉사로 부흥작업에 협력하는 등의 미거(美擧)를 일일이 들 수 없는 상황이었다. 그리고 이는 단지 융화주의계 단체뿐만 아니라 지금까지 민족주의적 색채가 농후했던 단체 또는 개인에게서조차 이러한 행위로 나아가는 자가 적지 않다. 그렇지만 현지의 원 거주자의 일부 및 지방에서 모여들어 날품팔이하는 다수의 조선인 노동자 가운데 혹자는 자칫 도덕관념이 결핍되고 또 아주 작은 타산적인 관념에 사로잡혀 헛되이 취로(就勞) 장소를 전전하면서 변경하거나, 혹은 이해관계가 걸린 사항을 특히 과대하게 유포하여 다른 사람을 선동하려는 자 등이 있어서 선량한 일반 조선인의 신용을 현저히 실추시키고 있다. 따라서 사용자가 조선인 노동자의 고용을 기피하게 하는 경향조차 있었다.

(2) 오사카부(大阪府)

오사카부 경찰 당국은 관할 거주 넝마주이, 기타 불량선인(不良鮮人)이 수해 지방에서 떠내려가는 나무나 기타 산재한 각종 재물의 절취(竊取)를 계획하여 수해 지방에 잠입을 기도하고 있다고 듣고 있다. 1934년(昭和 9) 간사이(關西) 지방의 풍수해(風水害) 경험에 기초하여 수해 발생 이래 이런 종류의 불량한 조선인의 수해 지방 잠입 방지를 위해 극력 경계를 엄격히 했다.

또한 수해 지방에서 노동임금이 폭등을 듣고 각지에서 조선인 노동자 다수가 이동하여 이미 착공한 공사 등에도 부득이하게 지장을 초래하게 된 사례도 있다.

(3) 도쿄부(東京府)

본적은 경북 의성군(義城郡) 정곡면(貞谷面 서변동(西邊洞), 주소는 후카가와구(深川區) 도키와초(常盤町) 1-18, 잡업(雜業), 권갑경(權甲慶) 및 마치다내선친목회(町田內鮮親睦會)에서는 수해 구제금으로 각각 10원씩을 갹출했다.

(4) 홋카이도(北海島)

하코다테시(函館市) 소재 신흥공제회(新興共濟會)에서는 수해 위문금으로 금 10원을 갹출하고, 또 같은 시 소재 상우저축계(商右貯蓄契)에서도 20원을 갹출했다.

특수사건[240]
(내무성 경보국, 1939)

1) 지나사변에 대한 재주 조선인의 동정

지나사변 발생 초기에는 내지 재주 조선인은 대개 시국에 대한 견해가 부족했기 때문에 쓸데없이 신변의 위험만 두려워하여 간단한 유언도 과대하게 맹신하는 등 상당히 동요하는 자가 있었다. 그러나 거국일치, 성전(聖戰) 목적 완수로 국론(國論)이 통일되어 착착 전과(戰果)를 확대하며 오로지 동아 신질서의 건설에 매진하고 있는 객관적 상황에 이끌려 점차 시국의 중대성과 이번 성전의 의의와 목적에 대한 인식을 깊게 한 모양이어서, 내지인과 마찬가지로 황국신민으로서 총후의 수호에 진력하여 성전 목적의 관철에 협력하려는 기운이 조장되기에 이르렀다. 사변 발생 이후 국방 및 휼병비 등은 누계 14만 6,472원 30전(올해 중 헌금 합계 3만 5,574원 5전)에 달하였다. 또한 출정 장병의 위문, 그 유가족에 대한 위문문 또는 노력 봉사에 힘쓰고, 황군의 무운장구를 기원하는 등 총후 활동을 전개하여 표면적으로는 현저하게 호전된 감이 있다.

그렇지만 학생, 인텔리층 및 조선기독교도 중에는 오늘에 이르러서도 시국의 중대성과 성전의 의의를 이해하지 못하여 종종 불온한 책동을 하고, 또 불량분자는 내지 출정군인 유가족이나 부녀와 종종 바람직하지 않은 관계를 야기하여 총후 활동에 지장을 더하고 있는 점은 진정으로 유감인 바이다. 올해 중 검거 취체한 것은 34건(각 청·부·현의 보고 가운데 주요한 것을 합계한 것으로 실제 수는 이보다 많을 것임)에 이르렀다.

---

240 金正明 編, 『朝鮮獨立運動』 IV, 原書房, 1966, 718~723쪽.

지나사변에 대한 재주 조선인의 조언(造言), 기타 시국범죄 조사

종별 \ 조치	송국 인원	위경죄 처분 인원	엄유(嚴諭) 인원	송환인원	수사 중	취조 중	계
조언(陸刑 99조 위반)	11	-	3	-	-	-	14
불온 언동	-	1	1	1	-	-	3
기타	4	-	4	7	1	1	17
계	15	1	8	8	1	1	34

지나사변에 대한 재주 조선인의 주된 조언, 기타 시국범죄 내용

- 청·부·현: 경시청
- 피의자 본적: 전남 장흥군(長興郡) 부산면(夫山面) 지삼리(枝三里)
  - 주소: 도쿄시 고이시카와구(小石川區) 히사카타초(久堅町) 77
  - 직업: 다쿠쇼쿠대생(拓大生)
  - 성명: 장민수(張珉秀)
  - 연령: 현 24세
- 사범(事犯)의 개요: "○○부대, ○○방면이라고 분명하지 않은 것을 말하는 것은 국민에게 거짓말을 하고 있다는 증거이다." / "일본군 전사자는 신문 발표 이상이다." / "황하(黃河)가 무너진 것은 일본군이 전략적으로 한 것이다." 등의 조언을 했다.
- 처치전말: 1938.12.28.「육군형법」 제99조 위반으로 송국

- 청·부·현: 경시청
- 피의자 본적: 경북 대구부(大邱府) 봉산정(鳳山町) 49
  - 주소: 도쿄시 나카노구(中野區) 규엔도리(宮園通)
  - 직업: 무직
  - 성명: 하진우(河鎭宇)
  - 연령: 현 21세
- 사범의 개요: "장개석의 배후에는 머리 좋은 조선인이 많이 있어서 끝까지 잘 버티는데,

신정부는 바보 같은 놈뿐이어서 일본에게 좋은 것 같다." / "신문에서 보는 일본군의 승리는 모두 신문의 선동이다." / "일본 군인은 용감하다고 하지만 말뿐이고 전쟁터에서 도주한 자도 있다." 등의 반전적 불온 언사를 지껄였다.
- 처치전말: 1939.2.9.「육군형법」 제99조 위반으로 송국

- 청·부·현: 경시청
- 피의자 본적: 전남 덕원군(德源郡) 부내면(府內面) 상동리(上洞里)
    주소: 도쿄시 오지구(王子區) 주조나카하라마치(十條仲原町)
    직업: 통신서기보(通信書記補)
    성명: 이성쇄(李城璯)
    연령: 현 32세
- 사범의 개요: "일본군 희생자는 신문 보도보다 많다. 우리 근로계급의 희생도 아주 크다. 크게게 생각해야 한다. 총동원 제1조 발동 문제에 대한 금융자본가의 방식은 제국주의전쟁의 공식대로이다." 등의 반전(反戰) 언동을 했다.
- 처치전말: 1939.2.17.「육군형법」 위반으로 송국

- 청·부·현: 경시청
- 피의자 본적: 경남 창녕군(昌寧郡) 창녕면 송현동(松峴洞)
    주소: 도쿄 혼고구(本鄕區) 다이마치(臺町) 39
    직업: 학생
    성명: 오태일(吳泰一)
    연령: 현 14세
- 사범의 개요: 도쿄시 이타바시구(板橋區) 소재 셀룰로이드공장 폭발 현상을 시찰하는 비행기를 보고 지나 비행기가 폭탄을 투하한 것으로 오인하여, 본적지의 형에게 "도쿄의 셀룰로이드공장이 폭발했는데, 혹시 창녕에도 비행기가 갈지 모르니까 주의하세요"라고 엽서로 통신을 했다.
- 처치전말: 설유 석방

- 청·부·현: 경시청
- 피의자 본적: 평북 의주군(義州郡) 의주면 의주읍
    - 주소: 나카노구 가미타카다(上高田) 1-215
    - 직업: 무직
    - 성명: 최윤경(崔潤璟)
    - 연령: 현 17세
- 사범의 개요: "지나군은 일본군보다 강력하다." / "일본의 신문은 사실을 보도하지 않는다." / "현지에서 일본군은 꽤 참학(慘虐)한 짓을 한다." 등의 조언비어를 했다.
- 처치전말: 1939.7.19. 「육군형법」 제99조 위반으로 송국

- 청·부·현: 경시청
- 피의자 본적: 평북 의주군(義州郡) 의주면 의주읍
    - 주소: 나카노구 가미타카다 2-392
    - 직업: 학생
    - 성명: 한근풍(韓根豊)
    - 연령: 현 29세
- 사범의 개요: "일본은 궁극에서 경제적으로 진다. 조선의 지식계급 다수는 일본에 반대한다." / "일본에서는 사진으로 지나의 어린아이를 귀여워하고 있다는 것을 내보내고 있지만, 실제로는 국내에서 먹을 수 없으니까 지나를 취하는 것이다." 등의 조언비어를 했다.
- 처치전말: 1939.7.29. 「육군형법」 제9조 위반으로 송국

- 청·부·현: 경시청
- 피의자 본적: 경북 대구부(大邱府) 시장정(市場町) 124
    - 주소: 도쿄시 나카노구 쇼와도리(昭和通) 1-21
    - 직업: 물리학교(物理學校) 생도
    - 성명: 김상두(金相斗)

연령: 현 21세
- 사범의 개요: 지원병제도는 지나사변으로 병력이 부족하니까 우리 조선인을 이용하려고 만든 것이다. / 완전한 군사교육을 하면 폭동을 야기하니까 교육하지 않고 전선(戰線)에 내보낼 것이다.
- 처치전말: 1939.8.16.「육군형법」제99조 위반으로 송국

- 청·부·현: 경시청
- 피의자 본적: 전남 진도군(珍島郡) 고군면(古郡面) 석현리(石峴里)
  주소: 도쿄시 혼고구 기쿠자카초(菊坂町) 73
  직업: 메이지대생(明大生)
  성명: 김택(金澤)
  연령: 현 24세
- 사범의 개요: "소련 비행기가 와서 폭탄으로 도쿄시민을 전멸하면 좋겠다"라는 비국민적(非國民的) 언사를 늘어놓았다.
- 처치전말: 1939.6.23. 검거 / 엄유(嚴諭) 후 송환

- 청·부·현: 경시청
- 피의자 본적: 충북 청주군(淸州郡) 서주면(西州面) 용암리(龍岩里)
  주소: 도쿄시 간다구(神田區) 사루가쿠초(猿樂町) 1-9
  성명: 이종구(李鐘九)
  연령: 현 23세
- 사범의 개요: "이번은 만주사변처럼은 하지 않는다. 일본 비행기의 무사 귀환 운운은 모두 거짓이다." / "자폭하고 행방불명되었다는 것은 지나군이 사격하여 떨어뜨린 것이다"라는 조언비어를 했다.
- 처치전말: 1939.9.11.「육군형법」제99조 위반으로 송국

- 청·부·현: 경시청
- 피의자 본적: 황해도 신천군(信川郡) 신천읍 무정리(武井里) 43
  주소: 도쿄시 나카노구 규엔도리(宮園通) 5-55
  직업: 호세이대생(法大生)
  성명: 김만복(金萬福)
  연령: 현 23세
- 사범의 개요: "일본은 성전(聖戰)이라고 하지만 궁극적으로는 지나를 속령화(屬領化)하려는 의도로서, 지나 민중이야말로 비참하다."
- 처치전말: 1939.4.10.「육군형법」제9조 위반으로 송국

- 청·부·현: 경시청
- 피의자 본적: 경남 창원군(昌原郡) 진해읍(鎭海邑) 히노데도리(日ノ出通)
  주소: 도쿄시 나카노구 가미타카다(上高田) 1-15
  직업: 니혼대생(日大生)
  성명: 김무량(金武良)
  연령: 현 26세
- 사범의 개요: "일본군은 다수가 부상하여 입원하고 있는데, 그것은 전상(戰傷)이 아니라 자상(自傷)으로 입원한 것이다." 등 군사(軍事)에 관해 조언을 유포했다.
- 처치전말: 1939.10.31.「육군형법」제99조 위반으로 송국

- 청·부·현: 경시청
- 피의자 본적: 평북 신의주부(新義州府) 진사정(眞砂町)
  주소: 도쿄시 나카노구 우에노하라초(上ノ原町) 11, 나카무라 슈이치(中村秀一) 집
  직업: 제2와세다고등학원(第二早高學院)
  성명: 박봉진(朴鳳珍)
  연령: 현 21세
- 사범의 개요: "지원병제도는 조선인이 증가하는 것에 위협을 느껴 이들을 전쟁의 제일

선에 내보내 총알받이로 삼아 모두 죽여버리려는 것이다." / "조선어 사용을 금지하고 있다. 조선어의 멸망은 조선의 멸망이다." / "지나사변이 장기로 흘러가거나, 또는 일본이 구주대전으로 끌려들어 가게 되면 결국은 경제적으로 파탄한다. 그때야말로 우리 조선 민족은 독립할 것이다." 등으로 반군적(反軍的) 조언비어를 했다.
- 처치전말: 1939.11.16.「육군형법」위반으로 송국

- 청·부·현: 경시청
- 피의자 본적[241]
- 사범의 개요: 10월 31일 도쿄시 아사쿠사구(淺草區) 소재 마치아이 긴류(待合金龍) 집 울타리(板塀)에 백묵(白墨)으로 "일본도 경제적으로 드디어 막다른 골목에 다다라 지나가 무서워진 것으로 보인다. 날마다 일은 하지 않고 방공연습(防空演習)인가. 이러한 때에 우리 동포여. 조선을 독립시키자"라고 조선인의 소행으로 판단될 수밖에 없는 낙서가 있다.
- 처치전말: 행위자 수사 중

- 청·부·현: 오사카
- 피의자 본적: 평북 용천군(龍川郡) 내중면(內中面)
    주소: 부정(不定)
    성명: 이유채(李裕采)
    연령: 현 18세
- 사범의 개요: "조선이 독립하면 우리는 행복해지는 것이다." / "러시아는 5분 안에 도쿄를 전멸시킬 준비가 되어 있다." / "우리나라의 전상자(戰傷者)는 5만 6,600이고, 지나군의 전상은 100만이라고 하지만, 일본군에도 지나군 절반 정도의 전상자가 있다." 등으로 군사(軍事)에 관한 조언비어를 했다.

---

[241] 낙서라서 이때까지는 인적 사항이 전혀 파악되지 않은 것으로 보인다. 이하 주소, 직업, 성명, 연령 등 모두 공란임.

- 처치전말: 엄유 석방

- 청·부·현: 가나가와(神奈川)
- 피의자 본적: 평남 평원군(平原郡) 양화면(兩花面) 중흥리(中興里)
    주소: 가나가와현 요코하마시(橫濱市) 가나가와구 로쿠가쿠바시초(六角橋町)
    직업: 무직
    성명: 박병순(朴秉順)
    연령: 현 24세
- 사범의 개요: "이번 전쟁은 일본이 지나를 잡아먹고 있는 것이다. 일본이 지나를 만주국처럼 하려면 20년 이상 걸릴 것이다. 그 안에는 외국이 나서면 어떻게 될까. 일본의 힘으로 가능한 것이 아니다"라는 반전적 언사를 지껄였다.
- 처치전말: 1939.2.27. 「육군형법」 제99조 위반으로 송국

- 청·부·현: 효고(兵庫)
- 피의자 본적: 경북 영덕군(盈德郡) 영해면(寧海面) 원구동(元邱洞)
    주소: 아마가사키시(尼崎市) 히가시마쓰시마초(東松島町) 38
    직업: 음식점 영업
    성명: 권두칠(權斗七)
    연령: 현 29세
- 사범의 개요: 9월 10일 자 《경성일보(京城日報)》에 게재된 〈중선지구(中鮮地區) 방공훈련(防空訓練) 규정〉 기사를 보고 실제로 공습을 받을 것이라고 오인하여, "조선은 큰일 났다. 가뭄으로 농작물은 하나도 여물지 못하고 있다. 경성에서는 방공연습으로 산산이 파괴되고, 경성역(京城驛)이나 용산역(龍山驛)에도 적의 폭탄이 투하되었다"라고 떠벌렸다. 이 때문에 점차 조선인 사이에서 전파되어 "적기(敵機)의 공습으로 경성부(京城府)가 폭파되었다." 등 단정적인 유언비어로 되게 되었다.
- 처치전말: 본인 엄중 훈계, 관계자 유지(諭旨)

- 청·부·현: 아이치(愛知)
- 피의자 본적: 경남 창원군(昌原郡) 구산면(龜山面)

    주소: 나고야시 나카무라구(中村區) 히가시데마치(東出町) 2-6

    직업: 고물상

    성명: 이수찬(李守贊)

    연령: 현 28세

- 사범의 개요: 조선에 있는 동생 부부의 도항에 관해 편의를 공여해줄 목적으로, 애국자를 가장하여 당국의 신용을 얻으면 그 목적을 달성할 수 있을 것이라고 잘못 판단하고, 본적지 관할 마산경찰서에 금 5원을 국방헌금으로 송금했다.
- 처치전말: 본인에게 해당 헌금을 반려함과 함께 장래를 간유(懇諭)했다.

- 청·부·현: 야마구치(山口)
- 피의자 본적: 전남 화순군(和順郡) 이서면(二西面) 영평리(永平里) 235

    주소: 지바현(千葉縣) 시스이마치(印旛郡) 시라이초(白井町)

    직업: 메이린중학생(明倫中學生)

    성명: 양회총(梁會鏦)[242]

    연령: 현 21세

- 사범의 개요: 소지한 일기장에 「영원한 평화」라고 제목을 달고, "재물을 훔친 자는 죽임을 당하고, 나라를 훔친 자는 왕이 된다. 보라, 사람이 사람을 죽일 경우 살인죄를 면하지 못하지 않는가. 나라와 나라의 다툼에서는 살인은 애국자라는 미명으로 칭송되고,

---

[242] 양회총(梁會鏦, 1919~1993): 전남 화순군 이서공립보통학교 재학 중인 1936년 동맹휴학을 주도하였다. 도쿄로 건너가 세이소쿠중학교(正則中學校)에 입학하였으나, 1937년 항일적 내용이 담긴 일기장이 발각되어 40일간 구금되고 학교에서 퇴학을 당했다. 이후 지바현(千葉縣) 소재 메이린중학교(明倫中學校)에 입학했으나, 항일비밀결사인 라비트구락부의 간행물인 『전쟁과 평화』에 기고한 반일적 내용이 문제시되어 1938년 8월 체포되었고, 9개월간 구금되었다가 1940년 5월 집행유예로 석방되었으나 다시 퇴학을 당했다. 메이지대학(明治大學)에서 수학하여 1943년 9월 졸업한 후 학도병 지원 강요를 피해 만주 두도구(頭道溝)로 이주했다가 일제 경찰에 피체되어 국내로 송환되었다. 이후 신분증을 위조하여 다시 일본으로 건너가 1944년 5월 항일비밀결사인 성도회(醒道會)를 조직하고 회장으로 활동하다가 1944년 9월 일경에 체포되었다. 시부야헌병대(澁谷憲兵隊)에서 취조와 고문을 받고 11월 스가모(巣鴨刑務所)에 수감되었다가 1945년 8·15 이후 출옥하였다. 대한민국 정부로부터 1980년 건국포장, 1990년 건국훈장 애국장을 받았다.

보다 많이 죽인 자는 보다 많은 훈공을 자랑하지 않는가. …" 등으로 기입하였다.
- 처치전말: 엄중 설유

- 청·부·현: 가가와(香川)
- 피의자 본적: 충남 대전군(大田郡) 색면(索面) 마산리(馬山里) 68
  주소: 가가와현 이다군(伊多郡) 다도쓰초(多度津町) 미나미사쿠라(南櫻)
  직업: 매약행상(賣藥行商)
  성명: 송병구(宋秉求)
  연령: 현 44세
- 사범의 개요: 전사자와 응소병(應召兵)[243] 유가족을 두루 방문하여 독경(讀經)한 후 위문을 핑계로 건위산(健胃散) 클린이라는 약을 판매했다. 겉으로는 특별히 4할 할인하는 것처럼 말하고 팔아치워서 폭리(暴利)를 탐하였다.
- 처치전말[244]

- 청·부·현: 오키나와(沖繩)
- 피의자 출생지: 경남 부산부(釜山府) 대신정(大新町)
  주소: 오키나와현(沖繩縣) 나하시(那覇市) 가키노하나초(垣花町)
  직업: 고물상
  성명: 김임덕(金任德)
  연령: 현 28세
- 피의자 출생지: 경남 울산군(蔚山郡) 상북면(上北面) 거리(巨里)
  주소: 나하시 가키노하나초
  직업: 고물상
  성명: 박귀춘(朴貴春)

---

243 응소병(應召兵): 소집에 응한 병사.
244 원문에 내용이 기재되어 있지 않음. 사건이 처리 중인 경우 공란으로 되어 있는 경우가 많다.

연령: 현 31세
- 사범의 개요: 1938년(昭和 13) 11월 16일 발행 《오사카마이니치신문(大阪每日新聞)》에 〈금을 가지고 있지 않습니까. 내놓지 않으면 벌금입니다〉라는 제목으로 기사가 게재되자, 위 신문 기사를 소지하고 집집마다 방문하여 금의 매각을 종용했다. 뿐만 아니라 "우리는 금을 사더라도 사적인 용도로 쓰지 않는다. 현 총동원의 취지에 따라 처분한다"라고 칭하면서, 관하(管下) 재주 사키하라 사카리가와(崎原盛川)로부터 시가 200원 정도의 금시계를 85원에 매입하는 등 각지에서 이러한 수단으로 부정한 이익을 꾀하였다.
- 처치전말: 1936.1.2. 사기죄로 송국

특수사건[245]
(내무성 경보국, 1940)

1) 지나사변에 대한 재주 조선인의 동정

내지 재주 조선인 대부분은 지나사변 발발 초기에는 일본의 국력을 걱정하고 두려워하여 상당한 동요의 기색이 있었으나, 빛나는 황군의 전과에 따라 점차 믿고 의지하는 생각이 깊어지고 당국의 지도로 일단 시국을 인식하고 있다. 이번 사변 이후 국방헌금 18만 666원 34전, 근로봉사 참가 연일수(延日數) 882일, 참가 연인원 48,984명, 황군전승무운장구기원제(皇軍戰勝武運長久祈願祭) 집행에 참가단체 수 932, 참가 연인원 63,893명을 헤아린다. 그 동향은 현저하게 호전되었다 하더라도 그 이면을 통찰해보면 저들은 어디까지나 수동적 또는 반사적인 행동으로 시종일관하였다고 해도 과언이 아니다. 심하게는 총후 활동을 함으로써 생활상의 이익을 취하려 하거나, 또는 어쩔 수 없이 일반적인 총후 활동에 따르고 있는 자도 적지 않은 것으로 확인되는 상황이다.

특히 학생, 지식계급 등의 사상 동향은 매우 악화되어 오늘날에 이르러서도 오히려 시국의 중대성과 성전의 의의를 이해하지 못하고 농후한 민족의식에서 시국을 왜곡하여, "지나사변은 제국주의적 침략전쟁이다." 혹은 "일본은 사변 수행 과정에서 경제적 파탄을 가져와서 결국 패전할 것이다." 등 피상적인 관찰을 통해 사사로이 일본의 패전과 조선 독립을 몽상하여 여러 가지의 불온책동을 감행하거나, 또 불량분자는 내지 출정군인 유가족 부녀에게 좋지 않은 관계를 야기하여 총후 활동에 장애를 더하고 있는 것은 진실로 유감인 바이다.

---

245 金正明 編, 『朝鮮獨立運動』 IV, 原書房, 1966, 766~772쪽.

2) 조선기독 (구)교도의 다이마(大麻) 봉재(封齋) 거부사건

효고현협화회(兵庫縣協和會) 다카사고지회(高砂支會)에서는 올해 6월 26일 지회 지도원(指導員) 회의에서 재주 조선인에 대한 지도교습의 한 방책으로 이른바 소속 회원 각호(各戶)에 대해 일제히 가미다나(神棚)[246]를 설치하고 다이마(大麻)[247]를 봉재(封齋)[248]하게 하는 것을 협의하여 결정하였다. 이후 지도원은 각각 담당구(擔當區)의 각호에 대해 그 실행을 종용함으로써 일본정신의 함양에 전진할 뜻을 독려한 결과, 상당한 성과를 거두었다.

그러나 일부 회원 가운데 조선기독교 (구)교도는 그 교의(敎義)를 고집하여 가미다나의 설치를 거부하고 협화사업에서 지도교액(指導敎掖)[249]에게 비타협적인 태도를 표시하였다. 뿐만 아니라 위 지도원의 독려를 참무(讒誣)[250]하며, 마침내는 일본기독교대회에 이 처치 방법을 품청(稟請)하기에 이르렀다. 올해 7월 24일 일본기독교(日基) 오사카미나미교회(大阪南敎會) 목사 모리타 덴마루(森田殿丸)는 이 대회의 지령으로 효고현 당국에 출두하여, "앞서 기록한 바와 같은 협화사업의 지도방책은 기독교 신자에 대한 종교상 불가능한 사항을 강요하여 부당하다"라고 항의해오는 등 미친 짓을 보였다.

그리고 그들은 당국에서 협화사업의 취지 및 조선인의 국체관념 함양 상 각호에 가미다나를 설치하고 다이마를 봉재하는 것이 필요한 이유와 어떤 종교의 신자인지를 불문하고 일본 국민인 전 협화회원은 이를 실행해야 한다는 취지를 간유(懇諭)했는데도 진정으로 양해할 수 없었다. 그 후에도 위에서 기술한 취지에 의한 지도원의 지도에 대해 완미(頑迷)하게 이를 배격하는 태도를 고집하고 있는 실정으로서, 지도교액 상 상당한 고려를 요하는 점이 있었다.

---

246 신사(神社, 진자)는 일본 고유의 종교인 신도(神道) 신앙에 기초한 제사 시설이며, 신령을 모신 사당을 뜻하는 신사(神祠, 가미고토)는 그보다 훨씬 작은 규모의 시설이고, 가미다나(神棚)는 집안에 신을 모셔 놓은 감실(龕室)을 뜻한다. 일제 패망 직전 조선 내에 진자 82개, 가미고토 1,062개를 합쳐서 1,144개의 신도 관련 종교시설이 있었는데, 조선총독부의 당초 계획보다는 훨씬 적은 숫자이다.
247 다이마(大麻): 이세신궁이나 그 밖의 신사에서 주는 부적.
248 봉재(封齋): '몸과 마음을 깨끗이 함(齋)을 북돋는다(封)'의 의미인데, 사순절(四旬節)의 옛 명칭이기도 하다. 가톨릭이나 개신교, 이슬람 등에서 종교적으로 사용되는 말이다.
249 지도교액(指導敎掖)이 정확히 어떤 직책인지는 알 수 없다. 교액(敎掖)이라는 용어는 근대에는 쓰이지 않는 표기이다. 원래 협화회의 간부로 '지도원, 보도원' 등이 있었으므로 이들을 의미하는 것으로 보인다.
250 참무(讒誣): 사실이 아닌 말을 하며 다른 사람을 비난하는 것.

3) 조선인의 불온 언사에서 기인한 전촌(全村)의 조선인 배척사건

후쿠오카현 미이군(三井郡) 오고오리무라(小郡村) 오아자오고리(大字小郡), 인삼행상(人蔘行商), 이기출(李起出, 현 35세)의 장남인 그 마을 소학교 심상(尋常) 3년생 이강만(李康萬, 현 11세)은 지난달 중순경 동교(同校) 5년생 우케모쓰 하라구치(受持原口) 훈도가 체조 시간 중에 상의(上衣)를 자기 교실 안에 벗어놓은 사이를 틈타 교실 내에 침입하여 상의 포켓 안에서 현금 70여 원이 들어있는 지갑을 절취하여 당시 동교 교장으로부터 일단 훈계를 받았다. 그런데 훗날 부친 이기출은 이 사실을 알고 도리어 교장의 처치가 부당하다며 분개하고 항의하였다. 그는 "어린아이가 도둑질할 정도가 무엇인가. 당연하다. 되돌려 놓으면 그것으로 일은 끝난다. 일본은 조선을 취하고 있지 않은가. 이에 비교하면 아무것도 아니다. 운운."이라는 폭언을 내뱉고 불손한 태도로 나왔다. 도리어 위 교장의 처치를 곡해하고 부정하며 동료 조선인 사이에서 역선전을 하면서 분쟁화하려고 획책하는 등의 행동을 감행하였다.

그리고 이러한 사정이 점차 표면화되기에 이르렀기 때문에 마을(村) 당국과 유지 등은 본건은 단순한 소학교 아동의 절도사건 내지 실언(失言) 문제로 방임할 수만은 없다, 조선인의 민족적 편견에 기초한 중대 사회문제라면서 뭔가 방법을 써서 본인은 물론 이에 부화뇌동(附和雷同)한 조선인의 각성을 촉구해야 한다는 의견이 대두하였다. 마침내 전촌(全村) 거주 조선인을 그 마을에서 퇴거시켜야 한다는 강경한 의견으로 진전되어 전체 조선인 배척운동이 대두하게 되었다.

관할 경찰서에서는 이처럼 점차 내선인(內鮮人) 사이의 감정이 첨예화되어 그대로 방임하기는 곤란한 상황에 이르렀기 때문에, 내지인 측에 대해서는 내선일체(內鮮一體)와 조선인을 포용하고 동화해야 할 대국민(大國民)으로서의 도량을 유시(諭示)하며 자중을 촉구하였다. 한편 이기출과 관계 조선인에 대해서는 그 잘못된 관념을 계칙(戒飭)하여 양자 간의 분쟁 방지를 알선하는 데 힘쓴 결과, 일단 양자가 양해하여 해빙되기에 이르렀다.

또한 이기출에 대해서는 향후의 동향을 주시하며 태도 여하에 따라 본적지로 송환하는 처치를 강구할 것이라고 주의를 주었다.

4) 언문 신문의 폐간에 따른 재주 조선인의 동정

조선 내에서 유력한 언문(諺文) 신문인《조선일보(朝鮮日報)》,《동아일보(東亞日報)》두 회사는 조선총독부의 신문지 통제 실시에 의해 8월 10일까지 폐간함에 따라, 내지의 지국(支局, 도쿄, 오사카, 나고야 등)도 역시 자연 해소의 운명에 처하였다. 관계자들도 국책 수행상 어쩔 수 없다고 체념하여 관망하고 있어서 조금도 특이한 언동을 하는 자는 없었다. 또한 이를 하나의 전기로 삼아 부차적으로는 종래 이런 종류의 언문 신문을 구독하고 있던 다수의 재주 조선인에게 국어관용(國語慣用)의 긴요성을 요청함으로써 각 방면에서 호감으로 맞이하고 있다. 또 일반 재주 조선인 사이에서도 전혀 특별한 반대가 없는 것 같다. 하지만 학생, 인텔리층에서는 총독부의 강압 정책에 의한 조선 문화 말살 의도를 드러낸 것이라며 상당히 치열한 분노와 불만을 품고 있는 모양인데, 현재 전혀 표면적인 행동으로 표출하는 것은 없는 상황이다.

5) 「조선민사령」 개정에 대한 재주 조선인의 동향

조선총독부에서는 지난해 11월 「조선민사령(朝鮮民事令)」의 일부를 개정하고, 올해 2월 11일부터 시행했다. 이 개정의 요점은 조선에는 이전에는 동성동본(同姓同本)이 아니면 양자(養子)를 삼지 않고 또 동성(同姓)끼리는 서로 혼인하지 않는 관습이 있었는데, 이를 타파하여 이성(異姓)인 자라 하더라도 양자를 삼을 수 있게 했다. 또 새롭게 '씨(氏)'를 창정(創定)하여 내지식으로 칭할 수 있는 길을 연 점이다. 그리고 이 「민사령」 개정에 의해 조선인 호주(戶主)는 본령 시행 월일부터 6개월 이내에 새롭게 '씨'를 정하여 이를 부윤 또는 읍·면장에게 계출(屆出)하도록[계출하지 않으면 시행할 때 호주의 성으로 씨를 삼는다. 또 일가(一家)를 창립하지 않은 여성 호주인 경우, 또는 호주 상속인이 분명하지 않을 때는 전(前) 호주의 성으로 씨를 삼는다] 했기 때문에, 재주 조선인은 각기 본적지 친족과 함께 씨창정(氏創定)에 관해 협의해 조복(照復)[251] 등을 하고 있는 모양이다. 이미 내지식 성명(氏名)으로 고친 사람도 있다. 이에 대한 재주 조선인의

---

251 조복(照復): 물어온 조회(照會)에 대하여 회답함 또는 그 회답. 조복(照覆)이라고도 함.

동향은 대개 당국의 내선협화(內鮮協和) 정책의 구현이라면서 일단 감격의 뜻을 표하고 있다. 하지만 개중에는 비뚤어진 민족적 편견을 고집하여 불만의 언사를 말하는 자도 있으며, 이들 분자의 언동은 방치해둘 수만은 없는 바이다. 이런 언동의 개요를 적기하면 다음과 같다.

(1) 찬성 의견

- 청·부·현: 경시청
- 직업 및 성명(氏名): 인삼·서화(書畫) 행상, 모(某)
- 언동의 개요: 씨제도의 시행은 내선협화 상 가장 긴요하다. 특히 장차 우리나라가 대륙 발전상 조선인의 성명을 현재 그대로 할 때는 조선인과 지나인의 구별이 불분명하여 일본인이라는 명료함을 결여하게 된다. 이와 같은 것은 대륙발전상 최대의 장애라고 생각한다. 하루빨리 본 제도의 실현을 희망한다. 소기의 효과를 거두기 위해서는 조선에 있는 관리가 솔선하여 성을 바꾸는 것이 필요하다.

- 청·부·현: 교토(京都)
- 직업 및 성명: 협화회(協和會) 보도원(補導員), 모
- 언동의 개요: 조선에는 동성불취(同姓不娶)라는 나쁜 관습이 있다. 이러한 미신적인 누습(陋習)은 문명화된 오늘날에는 타파해야 한다. 또 내선협화의 입장에서도 내지인과 같은 성명(氏名)을 사용한다는 것은 훌륭한 일이다.

- 청·부·현: 교토
- 직업 및 성명: 사무원, 모
- 언동의 개요: 이번 씨제도의 시행은 대단히 훌륭하다고 생각한다. 현재의 「민사령」은 '동성불취(同姓不娶) 이성서양자(異姓婿養子)'의 원칙과 결혼 후에도 성불변(姓不變)의 법칙이 엄연히 지켜지고 있기 때문에 이번 개정에는 일부에서 맹렬하게 반대가 있는 것이라고 생각한다. 그러나 정부는 단호하게 매진하여 내지는 물론 조선과 지나에 이르기까지 완전한 민족의 결합을 이루고 싶다.

- 청·부·현: 교토
- 직업 및 성명: 리쓰메이칸대학(立命館) 학생
- 언동의 개요: 씨제도의 개정은 일반적으로 대단히 관심을 가지고 있다고 생각한다. 대부분은 호감을 가지고 있는 것으로 보인다. / 이 제도의 개정은 뒤떨어진 것으로서 일한병합(日韓併合)의 일시동인의 조칙 선포(渙發)와 동시에 당연히 개정되었어야 한다고 생각한다. 현재까지 30여 년 이상 방치해 온 것은 내지 정치가의 태만과 조선인의 시대적 각성 지연의 결과이다. 이제 와서 개정 반대 등을 할 문제는 아니다.

- 청·부·현: 군마(群馬)
- 직업 및 성명: 동인회(同仁會), 모
- 언동의 개요: 「민사령」의 개정은 병합 당시 이미 주었어야 할 자유였다고 생각한다. 이것으로 우리도 연래(年來)의 희망이 달성되게 되었다. 우리는 한 걸음 나아가 반도인(半島人)의 내지로의 이적(移籍)을 인정해주기 바란다.

- 청·부·현: 군마
- 직업 및 성명: 동인회, 모
- 언동의 개요: 이번 「민사령」의 개정은 실로 고맙다. 내지 재주 조선인은 대부분 일본명을 통칭하고 있다. 이것은 반도인이 차별시되는 것이 고통스럽기 때문이다. 앞으로는 공공연하게 일본식 성명을 쓰게 되니까 모두 기쁜 일이라고 생각한다.

- 청·부·현: 아이치(愛知)
- 직업 및 성명: 철공(鐵工), 모
- 언동의 개요: 「민사령」의 개정으로 내지와 같은 성명의 사용이 가능해져 감격스럽기 짝이 없다. 그런데 가령 내지 이름으로 고쳐도 취직할 때 이력서를 내면 곧바로 조선인이라고 폭로되어버리기 때문에 곤란하다. 결국 형식상의 본적지를 내지로 이적할 수 있도록 하지 않으면 진정으로 기대하는 것은 불가능하다.

- 청·부·현: 후쿠이(福井)
- 직업 및 성명: 목사(牧師), 모
- 언동의 개요: 이번의 씨제도는 미나미(南) 총독의 시정방침인 내선일체의 구현으로서 반도인은 감격하고 있다. 그러나 본 제도로 상류자(上流者)는 좋지만, 하급자(下級者)는 성을 바꾸고 이름을 바꾸어도 내지의 언어도 통하지 않고 복장 등도 달라서 조선인이라는 구별은 분명한 것이다. 당국자는 이 점에 주목하여 무엇인가 좋은 방법을 생각해 주기 바란다.

- 청·부·현: 후쿠이
- 직업 및 성명: 동화회원(同和會員), 모 씨
- 언동의 개요: 조선인도 내지식으로 칭할 수 있게 되었다. 대체로 연래에 바라는 바가 통해서 기뻐하는 자가 많다. 그러나 조급하게 '씨'를 제정하는 것에 대해서는 조금 곤란해 할 지도 모르겠다. 이전부터 조선에서는 선조에게 제사를 지내는 관습이 내지보다도 농후했기 때문에, 선조로부터 내려온 성명을 지금 곧바로 개칭하는 것은 곤란할 것이므로 서서히 해결할 문제이다.

- 청·부·현: 히로시마(廣島)
- 직업 및 성명: 제과업(製菓業), 모
- 언동의 개요: 나는 내지에 와서 십수 년간 실업 방면에 종사해 왔는데, 조선 이름 때문에 거래나 기타 일반 교제상에 대단히 불편을 겪고 있었다. 그런데 이번에 내지인과 같은 성명을 칭하게 되어 감격스럽기 짝이 없다.

- 청·부·현: 야마구치
- 직업 및 성명: 협화회 보도원, 모
- 언동의 개요: 이번 씨제도의 개정으로 내지인과 같은 씨를 사용할 수가 있게 되어 참으로 제국 신민이 분명하다는 기분을 가질 수 있게 되었다. 이것으로 내선인의 차별도 점차 없어져서 내선일체의 구현이 고조되어 가게 되었다.

- 청·부·현: 야마구치
- 직업 및 성명: 의사(醫師), 모
- 언동의 개요: 「민사령」의 개정은 내선일체의 정책상 기쁜 일임은 틀림없지만, 수천 년 이래 조선의 관습에 일대 변혁을 가하는 일로서, 이런 중대한 법령 개정은 이제 조금 신중하게 실시해주었으면 한다. 반도는 아직 이런 내용과 취지에 철저하지 않아서 자신의 성명이 어떻게 될까 봐 조바심하고 있다. 따라서 반도인을 내지식 이름으로 변경하는 점에 대해 결과적으로 내선일체의 통치 실적과 정비례하는지는 확실치 않다.

- 청·부·현: 도쿠시마(德島)
- 직업 및 성명: 고물상, 모
- 언동의 개요: 이전부터 조선에서는 남계(男系) 혈통을 잇는 성뿐이어서 결혼 상대 여성은 남편의 성으로 바꾸지 않고 집안에 여러 성이 있을 수도 있었기 때문에, 내지 사람에게는 이상하다는 느낌을 갖게 하였다. 또 부부 사이에서 자식이 여자뿐일 때는 여자는 모두 시집을 보내고, 가까운 친척으로부터 양자를 맞이한다. 그 양자에게는 다른 성의 여자를 맞이한다는 것이 되어 여자의 경우는 사실상 혈통을 지키는 것도 불가능해서, 노후의 부양을 자식에게 받을 수 없는 일도 있다. 이제 내지 가족제도의 미풍(美風)에 따라 지금까지와 같이 불합리한 일이 없어지고, 내지와 조선이 모두 하나가 되어 내선(內鮮) 사이가 굳건해지면 그만이다.

(2) 반대 의견

- 청·부·현: 경시청
- 직업 및 성명: 도쿄농대생(東京農大生), 선을(鮮乙), 모
- 언동의 개요: 조선에서 성명(姓名)의 기원은 매우 오래되고, 실제로 예로부터의 혈통(血統) 관계를 보여주는 것이다. 내지에서 메이지유신(明治維新) 이후 처음으로 조닌(町人) 백성에게 성명이 허용된 것과는 그 의의를 달리하는 것이므로, 개성(改姓)은 경솔하게 생각할 수 없다. 이번 개성 문제의 주요 취지는 내선일체화에 도움이 되는 일로 생각하

겠지만, 단순히 개성에 의한 형식적인 일치만으로 내선일체의 결실을 거두는 것은 무의미한 일이다.

내지의 일반인이 참으로 조선을 이해하게 되면 개성 같은 것은 필요하지 않게 된다. 요컨대 본질적으로 내선일체화를 도모하는 것이 중요하다.

- 청·부·현: 교토
- 직업 및 성명: 사무원, 모
- 언동의 개요: 선조로부터 오래도록 계승해 온 종래의 성을 자진해서 고치는 것은 정말로 염치가 없는 것이다. 내선협화(內鮮協和)라든가 내선일체라고 하는 것은 개성(改姓)과 같은 외면적인 것으로 달성되는 것이 아니다. 성명의 형태가 내지식일 것이라고, 조선식일 것이라고 하는 그런 것에 구애되는 것이 아니라, 상호 차별 관념이 완전히 없어지면 진정으로 일체가 되는 것이다. 다만 시집가는 사람이 호주의 성으로 변경되는 것은 괜찮다고 생각한다.

- 청·부·현: 교토
- 직업 및 성명: 리쓰메이칸대학 학생, 모
- 언동의 개요: 조선에서는 입간판을 세우고 씨제도 실시를 크게 선전하고 있지만, 이것은 역사를 알고 있는 사람이 바라는 바는 아니다. 오랜 관습을 법의 힘으로 개정하는 것은 불합리하다. 조선에서는 근친결혼(近親結婚)은 물론 혈족결혼(血族結婚)도 굳이 피하고 있는 아름다운 관습이 있다. 나아가 이것은 조상숭배의 미풍이며, 이것을 그만두는 것은 인간의 본능을 왜곡하는 것이다. 어쨌든 권력의 밑에 굴복해야만 하는 사회정세가 되어가고 있다.

- 청·부·현: 니가타(新潟)
- 직업 및 성명: 협화회 회원
- 언동의 개요: 이번 씨제도는 성명이 내지식으로 되는 것뿐이며, 본적을 내지로 전적(轉籍)할 수는 없다. 그러므로 본적지가 조선이니까 조선인이다는 것을 폭로하는 꼴이 된

다. 진심으로 기대할 바는 아니다.

- 청·부·현: 군마(群馬)
- 직업 및 성명: 고물상, 모
- 언동의 개요: 우리가 아무리 내지인과 같은 성명을 칭하고 복장이나 언어를 주의해도 반드시 내지인으로부터 조선인이라고 간파되기 때문에 소용없다. 씨가 내지식으로 되어도 그것은 표면적인 것이며 조선인은 어디까지나 조선인이다. 몇 년이 지나도 내선융화는 없었기 때문에 우리는 어디까지나 독자의 민족으로 존재하는 편이 좋다.

- 청·부·현: 군마
- 직업 및 성명: 운전수, 모
- 언동의 개요: 「민사령」의 개정이 있었지만, 일부러 씨를 일본식으로 할 필요는 없다고 생각한다. 결혼 같은 것도 조선은 일본처럼 근친결혼을 하고 아무렇게나 하지 않는다. 근친 간에 결혼하는 것은 개나 고양이 같은 짐승과 같게 되는 것이므로 인간으로서의 교제는 불가능하니까 배척한다. 관습으로 몇천 년간 이것을 지켜 내려오고 있어서, 일본 내지의 상태를 보면 뭔가 저속한 듯한 느낌이 든다. 조선 쪽이 좋다.

- 청·부·현: 후쿠이(福井)
- 직업 및 성명: 문구상(文具商), 모
- 언동의 개요: 조선인이 내지인 식으로 성을 바꾼다고 해서 과연 진정으로 황국신민화할 것인지는 의문이다. 수평사(水平社)[252] 문제도 몇백 년이나 경과했어도 아직 완전히 해결되지 않고 있다. 그런데 일한병합 후 겨우 30년도 되지 않아 반도인을 야마토(大和)민족에게 동화시킨다는 것은 정말로 이상하다. 새 꼬리에 공작 깃털을 다는 식의 개성(改姓)으로 정말 황민화했다고 생각하고, 개명(改名)했으니까 라면서 하루아침 하룻저

---

[252] 수평사(水平社): 1922년 3월 일본에서 결성된 부락해방운동 단체. 제2차 세계대전 이후 발족한 부락해방전국위원회 및 부락해방동맹의 전신.

녁에 황민화가 될 것이라고 반도인에게 기대하는 것은 큰 잘못이다.

- 청·부·현: 오카야마(岡山)
- 직업 및 성명: 약초업(藥草業), 모
- 언동의 개요: 이번에 씨제도가 생겨서 올해 4월 1일부터 6월 말까지 호적(戶籍)의 편성을 바꾸게 되었다. 이 제도가 만들어진 것은 정부가 조선 민족의 단결과 발전으로 인해 일어날 각종 운동이나 사건을 없애고 민족의식을 억제하기 위해 제정된 것이라고들 하여, 반도인은 모두 싫어하는 심정을 품고 있다. 나의 김(金)이라는 성은 1,500여 년 전 신라(新羅)의 왕께서 내려주신 성으로서, 나로서 31대가 된다. 조선에서는 이름 앞에 '항렬자(行烈字)'를 반드시 사용한다. 이것에 의해 그 하나의 발전을 알 수 있는 '족보(族譜)'라는 서책[종가(宗家)에 있음]과 '항렬자'을 끌어다 맞추어보면 하나의 조상이라는 것을 알고 친족으로 교제하며 일족(一族)의 발전을 도모한다. 그런데 앞으로 개정에 의해서 우리의 자랑스러운 관습이 없어지게 되므로 곤란한 일이다.

- 청·부·현: 야마구치
- 직업 및 성명: 재경성전남(在京城全南), 특요(特要), 모
- 언동의 개요: 「민사령」 개정이란 내선일체 강화라는 정신에서 비롯된 것이지만, 이는 큰 실패이다. 이것이 전 반도인이 기대해 온 것이라면 창씨개정(創氏改正) 신청이 속출해야 할 것인데, 그 신청 수가 매우 적은 것은 무엇을 이야기하고 있는 것일까. 즉 반도인이 기대하고 있지 않다는 것을 입증하는 것이다. 어째서 반도인이 조상으로부터 전해진 씨를 개정해야 하는 것인가. 이유도 없다. 단지 반도인에 대해 그 길을 열어둔 정도의 것이라면 운운할 필요가 없겠지만, 이를 장려하고 선전하는 데에 일종의 강제를 가하며, 강제를 가하니 반도인은 그저 불안하고 두려운 마음을 품을 뿐이다.

- 청·부·현: 야마구치
- 직업 및 성명: 《조선일일신문(朝鮮日日新聞)》
- 언동의 개요: 씨 설정은 내선융화 상 중대한 의의를 갖고 있지만, 그 실시가 조급하게

반강제적(半强制的)으로 지도되는 경향이 있어서 도리어 조선인의 감정을 해치고 있다. / 조선인을 지도하려면 예로부터의 풍속과 관습도 고려해야 한다.

특수사건(1941)[253]
(내무성 경보국, 1941)

1) 전시하 재주 조선인의 동정

지나사변 발발 초기에 재주 조선인의 대다수는 일본의 국력을 두려워하여 상당히 동요하는 기색이 있었다. 그러나 황군의 전과와 당국의 지도로 점차 믿고 의지하는 마음을 깊이 하여 국방헌금, 근로봉사, 전승 무운장구 기원, 공채소화(公債消化),[254] 저축보국(貯蓄報國), 기타 모든 방면에서 적극적이고 협력적 태도를 표현하고, "우리는 총후 국민으로서 국책에 협력하는 것이야말로 우리에게 부과된 중대 사명이다"라면서 마침내 차차 황국민적(皇國民的) 열정을 피력해 오고 있다.

이에 지나사변 발발부터 대동아전쟁에 이르기까지의 국방헌금, 근로봉사, 전승 무운장구 기원의 상황을 보면,

기간별 구별 종별	1938년 1월~1940년 12월 총액	1938년 1월~1940년 12월 1개월 평균액	올해 1월~12월 총액	올해 1월~12월 1개월 평균액	올해 12월 중 (대동아전쟁 발발 후) 총액	각 1개월의 비교 중국사변 발발부터 작년 말까지	각 1개월의 비교 올해 11월까지
국방헌금	180,666.34엔	5,018.51엔	39,955.73엔	3,632.34엔	35,781.16엔	7배	9.8배
근로봉사	48,984인	1,361인	32,057인	2,914인	18,701인	13.8	6.4
전승무운장구 기원	932단체 63,893인	23단체 1,830인	650단체 38,490인	59단체 3,499인	75단체 4,813인	3.2 2.6	1.3 1.4

---

253 金正明 編, 『朝鮮獨立運動』 IV, 原書房, 1966, 789~806쪽.
254 공채소화(公債消化): 금융기관이나 투자가 등의 시장이 국가나 지방이 발행한 공채를 인수, 즉 구입하는 것.

국방헌금은 지나사변 발발부터 작년 말까지 총금액 180,666원 34전, 1개월 평균 5,018원 51전, 또 올해 1월부터 11월까지는 총금액 39,955원 73전, 1개월 평균 3,632원 34전이다. 점점 체감(遞減)하여 전쟁에 대한 열의가 저조해지는 감이 있었지만, 대동아전쟁이 발발하자 황군의 빛나는 전과에 감격하여 일약 35,782원 16전으로 약 10배의 증가를 보기에 이르렀다. 그밖에 근로봉사 혹은 전승 무운장구 기원에서도 대동아전쟁 발발 전에 비해 몇 배의 증가를 보이는 등 재주 조선인 각층은 현저하게 황국신민의 의식을 앙양해가고 있음을 볼 수 있다.

그래도 학생층, 유식층(有識層) 방면의 여러 동향은 점차 호전되는 것으로 확인된다. 하지만 일부에서는 성전(聖戰)의 참된 의미를 곡해하거나, 또 여전히 농후한 민족의식을 품어 "지나사변은 제국적 침략전쟁이고, 독점적인 시장을 획득하기 위한 전쟁이며, 약소 민족을 압박하는 전쟁이다", "전쟁 수행 과정에서 경제적으로 파탄을 초래하여 결국은 패전에 이를 것이다", "우리는 소련과 연락하여 이 시기에 독립을 꾀해야 한다" 등으로 전쟁을 왜곡 비방하거나 몰래 패전을 희구(希求)하고 조선 독립을 몽상하여 여러 가지 획책을 감행하다가 검거된 자가 많이 있다. 특히 이번 대동아전쟁의 발발을 맞아 "일본은 서전(緖戰)에서는 큰 전과를 거두었지만 결국은 영·미의 승리로 돌아갈 것이다.", "일본은 영·미에 항거할 수 없다. 반드시 패전할 것이니 지금이야말로 우리가 봉기해야 할 절호의 기회이다"라고 망단(妄斷)하여 봉기를 일으키려고 한 자가 있었다. 이 외에도 군대, 기타에 관해 조언(造言)을 유포하거나 출정 유가족 부녀와의 사이에서 추악한 관계를 야기하는 등 총후 치안을 교란하는 것과 같은 수많은 것은 참으로 유감스러운 바이다. 앞으로 한층 더 지도와 취체를 필요로 한다.

2) 「미곡소비규정(米穀消費規正)」 실시에 따른 재주 조선인의 동정

지나사변의 전선이 확대됨에 따라 점차 미곡, 기타 소비 규정이 강화되어 많은 불평불만이 전해져왔다. 게다가 올해 4월 1일부터 6대 도시(전국 재주 조선인 가운데 절반 이상은 6대 도시에 거주함)에 미곡(米穀)의 통장제(通帳制)가 실시되고, 그 배급량은 1인 1일 2홉(合) 3작(勺) 정도(11세 이상 60세까지, 그밖에는 2홉, 근육노동자는 최고 3홉 8작 정도)가 되었다. 이에 각 부·현에서도 순차적으로 본 표준에 기초하여 할당 배급량을 개정하기에 이르렀다. 따라서 각지에 상당한 충격을 주었다. 특히 재주 조선인 대부분은 노동자로서 시국 인식을 결여한 자가 많고, 또 내지인에 비해 정말로 대식(大食)이라서 1인 1일의 소비량이 대개 1승(升) 내지 7~8홉 정도가 되기 때문에, 규정 초기에는 눈에 띄게 고통을 느껴 헛되이 불평불만을 외치면서 반미(飯米)[255] 부족을 이유로,

(1) 규정이 비교적 느슨한 지방으로 전출(轉出) 또는 귀선(歸鮮)하려고 하는 자
(2) 날품팔이를 하면서 소작농을 일삼는 자
(3) 배급에 차별대우가 있다고 하여 반항적 태도를 보이는 자
(4) 여러 사람이 모여서 먼 지역으로 사재기하러 나가는 자
(5) 태업(怠業) 혹은 파업(罷業)하여 작업능률을 저하시키는 자

등 치안상 우려할 만한 현상이 다수 생겼다. 정말로 한심하기 짝이 없는 자가 있었지만, 점차 규정의 취지를 이해하고 또 이에 순화됨에 따라 이러한 불안도 안개처럼 흔적도 없이 사라졌다. 그래도 앞으로 저들의 동정에 대해서는 더욱더 주의가 필요하다.

또한 규정 당시의 특이한 동향은 다음과 같다.

• 청·부·현: 홋카이도
• 종별(種別): 노동 파업 결행
• 언동 개요: 후루우군(古宇郡) 도마리무라(泊村) 소재 가야누마(茅沼) 탄광에서는 절미(節米)를 실시한 결과 쌀 3홉 1작에 콩류 5할을 늘려서 섞어 급식하였는데, 이에 대해 4월 3일 이주 조선인 노동자 125명은 배가 고파서 노동을 견딜 수 없다는 불만을 호소하며 마침내 "쌀밥을 줄 때까지 일하지 않겠다"라면서 일제히 파업을 결행했다.
• 비고: 관할(所轄) 경찰서의 설득으로 다음 날부터 취로(就勞)하였다.

---

255 반미(飯米): 밥을 지을 쌀.

- 청·부·현: 홋카이도
- 종별: 노동 파업, 폭행을 하려 함
- 언동 개요: 후루우군 후루우마치(古宇町) 소재 가시와쿠라(柏倉) 석탄업소에서는 절미의 결과 3홉 6작의 비율로 급식하고 있었는데, 최근 대용식(代用食) 지급이 불충분해져서 이주 조선인 노동자 179명은 배가 고파 일을 할 수 없다는 불만을 심하게 드러냈다. 마침내 4월 1일 아침 식사 후 점심 도시락을 곧바로 먹어 치우고 노무계(勞務係)에 대하여, "우리를 거짓말로 모집해 놓고 음식도 충분히 주지 않는다"라고 폭언한 후에 폭행을 가하려고 했으며, 곧바로 파업을 결행할 것이라는 불온한 언동을 보였다.
- 비고: 관할 경찰서의 설득으로 다음 날 해결

- 청·부·현: 홋카이도
- 종별: 노동 파업 결행
- 언동 개요: 유바리군(夕張郡) 유바리초(夕張町) 소재 홋카이도탄광기선주식회사(北海道炭礦汽船株式會社) 유바리광업소에서는 절미를 실시했는데, 특별히 조선인에게는 쌀 3홉 7작, 콩류 4홉, 합계 7홉 7작을 배급했는데, 최근 쌀 3홉 7작, 콩류 3홉 3작, 합계 7홉으로 줄여서 지급하자, 이에 대해 4월 3일 조선인 노동자는 배고파서 참을 수 없다면서 입갱(入坑)을 거부하고 대용식의 배급을 요구했다. 그래서 료초(寮長)가 절미의 취지와 실상을 설득하자 약 반 정도는 이해하고 갱에 들어갔으나, 23명은 파업을 결행했다.
- 비고: 부족분을 대용하여 보급하는 것 없이 해결

- 청·부·현: 오사카
- 종별: 조선인 노동자는 절미에 대해 이해가 없어서 위험함
- 언동 개요: 배급소(配給所)에 울며 뛰어 들어오는 조선인 부인이 있어서 사정을 물어보니, 통장제의 실시에 의해 2년생을 필두로 노인 2명까지 4인을 감량하고 나니 일반 할당을 받는 자는 2명에 지나지 않아서 하루에 쌀 배급이 되어도 며칠 안에 없어지고 말았다는 것이다. 절미는 왜 필요한지, 통장제는 무엇인지를 설득해도 내지어를 절반도 이해하지 못하는 조선인 여성의 우는 소리는 제일 곤란하다. 앞으로도 통장제 할당을

엄수하게 된다면 특히 조상배급(繰上配給)²⁵⁶ 도 불가능하게 되어 조선인 노동자는 위험해질 것이라며 걱정하고 있다.

- 청·부·현: 오사카
- 종별: 사재기²⁵⁷
- 언동 개요: "조선인 밀집 지역의 각 시장은 이른 아침부터 다수의 조선인이 모여들어 대용식을 사재기하는 등으로 혼잡을 보였다."

- 청·부·현: 오사카
- 종별: 전이주(轉移住)
- 언동 개요: "최근 조선인은 임금 문제보다도 식량문제를 중요시한다. 식량이 풍부한 군의 일부지역이나 다른 부·현으로 전출하는 경향을 보인다."

- 청·부·현: 오사카
- 종별: 노동능률 저하
- 언동 개요: "조선인 노동자는 식량부족을 이유로 휴업, 태업, 조기 퇴근 등을 하는 자가 상당히 다수 있다. 각 직장에서 능률의 감퇴는 상당히 현저하다."

- 청·부·현: 교토
- 종별: 전이주(轉移住)
- 언동 개요: 교토시 히가시야마구(東山區) 쇼후도기공장(松風陶器工場, 조선인 875명), 교토제지공장(京都製紙工場, 조선인 55명)에서는 최근 쇼후공장은 20명, 교토제지공장은 6명의 조선인 직공이 갑자기 퇴직했다. 실제 사정은 그들이 미곡규정량(米穀規正量)만으로는

---

256 조상배급(繰上配給, くりあげはいきゅう): 앞당긴 배급. 전시체제기에 공식적으로 자주 쓰이던 용어로서, 배급제를 실시하면서 5일 내외의 분량을 앞당겨 주기도 했던 것을 가리키는 듯하다. 통장제로 인해 이것도 할 수 없게 된다는 의미로 해석된다.
257 원문은 '買漁り(かいあさり)'이다.

노동을 견딜 수 없다고 하여 시외 혹은 갑종(甲種) 노동으로 전출한 것이다.

- 청·부·현: 교토
- 종별: 노동능률 저하
- 언동 개요: 교토시 내 후시미구(伏見區) 후카쿠사니시가와라초(深草西河原町) 구로카와염색공장(黑川染工場)의 조선인 직공 30명은 최근 절미 때문에 배고픔을 참을 수 없다면서 작업을 방기하고 중간에 퇴근해버린 자 혹은 태업하는 자가 속출하여 작업능률의 격감을 가져왔다.

- 청·부·현: 교토
- 종별: 국민학교 아동의 결식
- 언동 개요: 교토시 내 가미가모(上賀茂) 방면의 자유노동자는 절미로 인해 상당한 고통을 호소 중이다. 이것이 아동에 미치는 영향에 대해, 가미가모국민학교(上賀茂國民學校)의 결식아동 상황을 보면, 전교의 아동 328명 가운데 조선인 아동이 185명, 결식아동 221명 가운데 조선인 아동은 43명, 휴학한 아동이 18명으로 합계 61명이다. 다시 말해서 조선인 185명에 대해 그 3분의 1인 61명의 사고자가 있었다. 이외에 점심 식사비로 10전 내외를 소지하고 등교하여 군고구마, 과자 등을 사 먹는 아동 등도 있어서, 「미곡규정」에 따른 괴로운 사정을 엿볼 수 있다.

- 청·부·현: 교토
- 종별: 조선인을 차별한다고 논쟁함
- 언동 개요: 교토시 가미교구(上京區) 가마가모초(上賀茂町) 야오야니시다(八百屋西田) 모처 가게 앞에 고구마를 다량으로 진열하자 조선인 여러 명이 가게로 몰려와 구입하려 해서 이를 거부했더니, 그들은 "일본인에게는 물건을 팔고 조선인에게는 팔지 않는 것인가. 조선인은 모두 죽고 말 것이다"라고 논쟁하며 떠들썩했다.
- 비고: 관할 경찰이 차별적인 판매를 하지 않도록 경고함

• 청·부·현: 효고(兵庫)
• 종별: 작업능률 저하
• 언동 개요: 가와나베군(川邊郡) 가와니시마치(川西町) 소재 호쿠세쓰피혁공업조합(北攝皮革工業組合)에서 일하는 조선인 직공 31명은 통장제의 실시로 반미(飯米) 배급이 고정되어서 도시락을 가져올 수 없게 되었다면서, 오사카부 시모이케다시(下池田市) 방면으로 외출하여 식사하거나 혹은 작업 시작 2~3시간 만에 배고픔을 호소하며 태업하는 등 능률이 현저히 저하함을 보였다.

• 청·부·현: 효고
• 종별: 정액량을 소비하고 나서 조상배급(繰上配給)을 요청
• 언동 개요: 고베시(神戶市) 나다구(灘區) 이와오초(岩尾町) 7초메(丁目) 조선인 밀집지대(호수 40호, 187명)에서는 일반적으로 5일분의 반미를 배급했다. 그런데 3일 사이에 이 할당량을 소비한 조선인 여러 명이 이 마을에 있는 제1미곡배급소에 들이닥쳐서 조상배급을 요청하였다.
• 비고: 조사 결과, 사실 식량이 떨어졌기 때문에 응급조치로 조상배급을 했다.

• 청·부·현: 효고
• 종별: 작업능률 저하
• 언동 개요: 통장제의 실시로 인해 조선인 직공은 타격이 컸다. 그들은 "일을 해서 돈을 모으기보다 배를 곯지 않고 공부하는 편이 낫다.", "토공(土工)으로 전직하여 쌀 배급을 많이 받는 편이 좋다.", "잔업(殘業)하여 50전 정도 받아도 대용식으로 1원이나 쓰게 되어 도리어 손해이므로 잔업할 기분이 나지 않는다." 등으로 운운한다. 작업능률을 저하시키고 있지만 악의에서 나온 태업은 아니므로 감독도 강하게 말하지 않는다.

3) 특별지원병제도 실시 후 재주 조선인의 동정

육군에서는 1938년(昭和 13) 4월 3일 진무천황제(神武天皇祭)라는 가절(佳節)을 택하여 조

선인에 대해 육군특별지원병제도를 실시하게 하여 큰 감명을 주었다. 지원병은 매년 증가하여 실시 초기인 1938년도(昭和 13)는 3천 명, 1939년도(昭和 14)는 1만 2천 명, 1940년도(昭和 15)는 4만 5천 명, 1941년도(昭和 16)는 8만 4천 명으로 격증했다. 내지 재주 조선인 역시 다수 지원했다. 오로지 그들이 황국민(皇國民)으로서 방인(邦人)[258]이 되어 내선일체의 결실을 구현하려고 하는 국민적 열정의 표징(表徵)으로 인정된다.

그리고 재주 조선인 사이에는 채용전형장(採用銓衡場)의 불편을 호소하여 내지에 이를 설치하는 방안을 요망하는 자가 다수 있었다. 내지 재주 조선인 여러 명이 발기인이 되어 진정을 한 결과, 1941년도(昭和 16)부터 오사카부(大阪府)에 그 설치를 보기에 이르러 지원 열기를 한층 부추겼다. 특히 올해 12월 8일 발발한 대동아전쟁 서전(緖戰)에서의 빛나는 대전과(大戰果)는 저들에게 한층 황국에 대한 신뢰심을 더함과 함께 황군 위력의 강대함에 몹시 놀라고 감격하게 하여, 더욱더 신명(身命)을 군국(君國)에 바치려는 황국신민에 대한 자각을 견지해가고 있어서 참으로 바람직한 경향에 있다.

그렇기는 하지만 이와는 별도로 이런 현상을 이면에서 통찰해보면, 지원병의 가슴속에는 자발적인 지원 등은 드물고 강제로 권유하기 때문에 마지못해 응모했다는 의향이 그 대부분을 차지하고 있다. 특히 유식층(有識層)에서는 오히려 이를 기피하는 듯한 상황마저 보이는 것은 정말로 한심하기 짝이 없다. 앞으로 저들의 행동에 관해서는 한층 더 주의를 요함과 동시에 일단의 지도계몽을 하는 것이야말로 긴요하다.

본 제도 시행 후 각 방면의 반향과 그 밖의 것을 보면,

(1) 채용전형장 설치 진정운동

본 제도 실시 후 재주 조선인 청년층에서 대단히 진지하게 국방 제일선 참가를 열망하였는데, 채용전형장이 조선 내에 한정되어 내지에서의 응모는 비용 등에서 많은 불편을 감지하여 내지 설치를 요망하는 자가 다수 있었다. 요컨대 오사카시 거주 조선인 평산정웅(平山政雄) 외 여러 명이 발기인이 되어 내지에 채용전형장 설치 방안에 대한 진정을 관계 방면에 할 것을 거듭 협의한 결과, 진정서를 작성하여 재주 조선인 중에서(1만 2천여 명) 서명날인을

---

[258] 원문은 '防人'으로 되어 있는데, 자기 나라 사람, 즉 일본인을 뜻하는 '邦人'의 오기로 보인다.

얻어, 중부군사령부(中部軍司令部), 오사카연대구사령부(大阪聯隊區司令部), 오사카헌병대본부(大阪憲兵隊本部)에 제출했다. 그 밖에도 조선총독부, 육군성, 내무성 등을 차례로 방문하여 진정하여 마침내 오사카부에 이의 설치를 보기에 이르렀다.

(2) 혈서지원(血書志願)

재주 조선인 청년층에서는 현재 제일선에서 활약하고 있거나 진충보국(盡忠報國)의 정성을 다하여 호국신(護國神)이 된 선배 동포의 혁혁한 무훈(武勳)에 뼈저리게 자극받아, 진정으로 적성(赤誠)을 토로한 혈서로 지원을 신청한 자도 다수 있었다.

(3) 지원병 기피 경향

앞서 기술한 바와 같이 좋은 영향을 가져온 반면, 일부 반대 분자들 사이에서는 조선 내에서의 모집은 거의 반강제적으로 이루어지고 있는 것이어서 정말로 추악한 방패막이로서 일어난 듯하여 기백이 대단히 박약한 자가 있는 것이 확인된다. 특히 그 응모자의 대다수는 순박한 농촌 청년뿐이고, 지식계급 내지 유산계급의 자제는 거의 응하지 않고 오히려 기피하고 있다. 그 방법으로는 굳이 자제를 상급학교에 입학시키려는 것 같은 경향이 다분한 언사를 하는 자가 허다하다. 현재 조선에서는 청년이 놀고먹고 있어서 지원을 권유하면 공부할 것이라면서 내지의 학생을 지망하여 도항하는 자가 점점 증가하는 경향을 보이고 있다. 한편 또한 내지 재주 조선인 학생 등에게 도착한 통신 등을 뒤에서 입수해보면, "중학교를 졸업하고도 소학교 졸업자와 같이 일등병의 대우를 받는 것으로는 도저히 지원할 기분이 나지 않는다. 운운."이라며 기피하는 통신을 하는 상태여서, 그들의 진의는 여전히 결코 황국신민화되어 있다고는 할 수 없는 점이 있음을 확인할 수 있다.

(4) 특이 언동

재주 조선인 다수는 표면적으로는 지원병제도에 많은 찬성의 뜻을 표하고 있는 것처럼 보이지만, 여전히 밑바닥에는 석연치 않은 점이 허다하다고 생각된다. 지금 그들의 언동에서 특이한 것을 들어보면, 다음과 같다.

① 찬성의 뜻을 표한 자

- 언동자: 미야기현(宮崎縣), 양봉 고용인(養蜂顧人), 이상은(李相殷)
- 언동 개요: 내가 내지에 온 지 얼마 되지 않아 지나사변이 일어났다. 주인집 여자들이 나에게 "너는 군대(兵隊)에 가지 않아도 되고, 전쟁이 나도 생명이 위험할 일은 없을 테니까"라고 자주 말해서 마음속에서부터 차별대우를 받는 듯한 역겨운 기분이 들었다. 나도 반도인이지만 일본인이다. 멋있게 군인이 되어 일본국을 위해 일할 수 있다고 생각한다. / 나는 지원병제도가 발표되자 곧바로 군인이 될 희망을 가지고 있었는데, 지금의 대동아전쟁이 시작되고 나서는 점점 그런 기분을 억누를 수 없게 되어 왔다. 나는 군인이 되어 출세한다기보다도 내지의 군인과 마찬가지로 생명을 바쳐서 싸우고 싶다고 생각하는 것이다.

- 언동자: 오이타현(大分縣), 산본달웅(山本達雄)
- 언동 개요: 반도인은 내지인과 같이 징병검사로는 군대에 갈 수가 없으므로 지원했다. 다행히 합격해서 훈련을 받는데, 훈련 중에 기생충이 있다고 해서 돌아왔다. 건강해지면 다시 지원해보고 싶다고 생각한다. / 내가 지원한 곳에서는 지원자 4만 5천여 명에 대해 채용자는 겨우 3천 명이었는데, 탈락자 가운데에는 내지 군인 이상으로 훌륭한 체격을 가진 자가 많이 있었다. 군대 인원의 증강을 외치고 있는 오늘날 이와 같은 점도 조금 고려하여 우리의 희망을 채워 주기 바란다. 빨리 건강을 회복하여 군인이 될 수 있도록 신에게 기도하고 있다.

- 언동자: 기후현(岐阜縣), 시회의원(市會議員), 이상운(李相雲)
- 언동 개요: 우리 동포의 애국심에 답하여 지원병제도가 채용되었다. 이번에 오사카에서 수험할 수 있게 되어 내지 재주 반도 동포로서는 대단히 감사한 일이다. 우리 반도 청년에게 이런 취지를 말하여 한 사람이라도 많이 응모할 수 있도록 하고 싶다고 생각한다. 오로지 이곳에서 생각해야 할 것은 수험지(受驗地)가 편리하게 되었다고 해서 지원자가 수만 많아지고 그 질이 나쁘면 내지인에게 미안한 일이므로, '이 사람이라면'하고 자신할 수 있는 사람만 수험을 볼 수 있도록 하고자 한다.

- 언동자: 야마나시현(山梨縣), 김일랑(金一郎)
- 언동 개요: 이번 대동아전쟁에서 황군의 강함을 통절히 느꼈다. 우리도 일본인인 이상 국가의 비상시에 총을 가지고 제일선에 서야 한다는 결의를 충분히 가지고 있다. 이제 당국은 지원병제도를 확충하여 조국 방위의 열의에 불타는 조선인 전부를 채용해 주기 바란다.

- 언동자: 야마구치현(山口縣), 갱부(坑夫), 광산무부(光山武夫)
- 언동 개요: 내가 내지에 와서 본 내지 분들이 많이 제일선에 출정하는 것을 보고 가만히 있지 않고 혈서지원을 했는데, 연령 부족으로 잘려서 전차학교(戰車學校)에 지원하여 합격했다. 그런데 이 학교에서도 반도인은 입학할 수 없다고 했으므로 이곳도 나의 희망은 받아들여지지 않았지만, 시험관으로부터 격려의 말을 듣고 감격하였다. 나는 반도인이지만 일본정신에 있어서는 누구에게도 지지 않는다고 생각한다. 징병의 의무가 없는 우리로서는 무슨 방법으로든 제일선에서 피를 흘리며 싸우고 있는 장병에게 보답해야 한다. 이것이야말로 우리 반도 청년에게 부여된 중대한 임무이다.

② 징병제도 시행을 희망하는 자
- 언동자: 교토시 모 대학 조교수, 이태규(李泰圭)
- 언동 개요: 나는 지원병제도가 아니라 징병제도를 원한다. 그 전제로서의 지원병제도라면 이의는 없다. 아메리카에서는 흑인조차 백인과 동등한 훌륭한 시민권을 가지고 의무교육을 받으며 징병령을 따르고 있는 것을 보더라도 이로운 것이다. 국민의 일부라도 무지(無智)하고 문맹(文盲)인 사람이 있다면 그 나라는 결코 건전하지 않다고 생각한다. 조선에서도 의무교육을 실시하고 징병제를 하게 되면, 어쨌든 일본 전체가 강해지고 행복해지는 것이 아닌가 생각한다.[259] 나는 이러한 의미에서 조선인에게도 징병령을 희망하고 있는 것이다.
- 언동자: 요코하마시(橫浜市), 고등학교생(高等學校生), 김위석(金渭錫)

---

[259] 원문은 다르게 되어 있는데 약간의 오기로 보여 문맥에 맞게 수정하였다.

- 언동 개요: 왜 조선에 징병제도를 실시하지 않을까. 특히 이번처럼 큰 작전에 임해서는 이런 느낌이 깊어진다. 우리 반도인도 신용하여 병사(兵隊)로서의 임무를 완수할 수 있도록 해주는 것도 좋을 것이다. 이렇게 하는 것이야말로 내선일체의 결실도 거두고, 일억일심(一億一心)의 진정한 힘도 발휘할 수 있게 되는 것이 아닐까 하고 생각한다. 우리는 하루빨리 징병제가 시행되기를 희망한다.

- 언동자: 메이지대(明大) 졸업생, 김곡호(金谷浩)
- 언동 개요: 이렇게 중대한 시국에 왜 조선인에게 병역의 의무를 부담시키지 않는 것일까. 지원병제도도 참으로 좋지만 여기서 만족할 수는 없다. 만주국(滿洲國)을 보면 아직 독립한 지 얼마 되지도 않았는데도 일본 군대와 하나가 되어 모든 행동을 하고 있다. 조선은 합병한 지 이미 몇십 년이 되어 지금까지 항상 내지인과 일치 협력하여 활동해 오고 있고 인종도 동일한데 아직 병역의 의무를 부과하지 않는다. 반도의 어린이들에게 "너는 커서 뭐가 될래?"라고 물어보면, 이구동성으로 "군인이요"라고 한마디로 답할 정도까지 나아가 있는 상태이다. 그러므로 소학교 수료자 이상에게는 징병제를 시행해 주기 바란다. / 우리 반도인이 황국의 군인으로서 동등하게 제일선에서 활약할 수 있는 날이 하루라도 빨라지기를 간절히 바라 마지않는다.

- 언동자: 도시샤대(同志社大)[260] 학생, 양인현(梁麟鉉)
- 언동 개요: 이런 시국하에서 조선인만은 징병제도가 없고 징용도 없다. 내지인이 혁혁한 무훈을 빛내고 있는 때에 우리는 우수한 체격을 가지고도 학교 교육을 받고 있지 않아서 직접 아무런 도움도 줄 수 없어 참으로 쓸쓸할 뿐이다. 정부도 민족문제에 신경질적이지 말고 철저히 조사해서 조선인을 징용해 보면 어떨까. 조선인에게 철포(鐵砲)를 쥐어주면 국경(國境)에서 과연 적국(敵國)을 향해 발포할 것인가라는 염려를 버리기 바란다. 조선인 가운데 중등학교 이상의 교육을 받은 자를 징병으로 채용하려면 지금이 가장 좋은 기회이다. 이 기회를 놓치면 우리 조선인은 영구히 뒤처지게 되어 향상심(向

---

260 원문은 '同志者'로 오기되어 있어 수정함.

上心)을 잃을 것이다.

- 언동자: 도쿄시, 건물상(乾物商), 산본흔야(山本欣也)
- 언동 개요: 지원병제도가 조금 빨랐더라면 오늘날에 이르기까지 우수한 일본병(日本兵)이 되어 진정으로 국가에 봉공(奉公)할 수 있었다고 생각한다. / 조선에도 하루빨리 의무교육제를 실시하여 제2국민의 교육 정도를 향상시키고, 현재의 지원병제도를 징병제도로 고쳐서 내지 국민과 함께 동아공영권 확립의 일익(一翼)으로 활약하도록 해주시기 바란다.

③ 입대자(入隊者)의 감격 언동
- 언동자: 육군 오장(伍長), 방야정웅(芳野正雄)
- 언동 개요: 입대 전에는 조선, 내지를 불문하고 내지인에게서 '조선인, 조선인'이라고 바보 취급을 받아 몹시 불쾌하고 생각하고 있었는데, 입대해서 처음으로 일시동인의 감사함과 황국신민으로서의 긍지를 통감했다. / 그 실례(實例)는 군대 내에서는, (1) 내선인의 구별이 더욱 없는 것, (2) 군율(軍律)이 엄한 속에서도 상관(上官) 대 하관(下官) 및 동료 간에 경애(敬愛)의 정이 깊은 것. / 또한 제일선에 출정해서는 황군의 강력하고 용감한 점, 제일선과 총후의 연락이 잘되고 있는 점을 보고 우리는 더욱더 일사보국(一死報國)의 각오를 확인했다. 이번에 제일선으로 가지만 생환(生還)은 기약하지 않고 있다.

④ 입대자의 비난 언동
- 언동자: 제1기 지원병, 모
- 언동 개요: 나는 1939년(昭和 14) 6월 훈련소에 입소하였으며, 1941년(昭和 16)에 만기 제대하였다. 그 후 면(面)의 의뢰로 훈련소 입소자의 모집을 담당하고 있는데, 조선 청년에게는 아직 확고한 국가 관념이 없고, 또 장래에 대한 확고한 희망도 없다. 오직 사회에 끌려서 그날그날을 보내고 있는 데에 지나지 않은 상황으로, 지원 적령기가 되어서도 스스로 희망하는 것 없이 권유하는 말에 좌우되어 도망하는 자가 많다. 지원자라고 하더라도 만기 후 취직이 유리하게 주선되거나 혹은 사회적 지위를 얻는 등의 야심을 가지고 지

원하기 때문에 정말로 애국심에 불타고 있는 것이 아니다. 특히 유산계급의 자제는 나의 고향 등지에서는 아직 한 사람도 지원자가 없는 상황이라 정말로 유감이다.

- 언동자: 제2기 훈련생, 모
- 언동 개요: 훈련소는 생도가 1천 명이다. 이들은 각도(各道)에서 선발된 자이므로 정말로 우수한 반도인일 것임에도 불구하고, 생도들은 교관의 틈을 타 음주(飮酒)하고 매식(買食)하고 담배를 피우는 식이어서, 1938~1939년도(昭和 13, 14)와 비교해 실로 소질(素質)이 나쁘다. 또한 대부분의 생도가 항상 부적절한 언사를 하고 있다. 예를 들면,
  - 성실하게 일하고 있는 자에 대해서는 제재(制裁)를 가한다든지,
  - 조선어의 사용을 금지하고 있음에도 불구하고 굳이 조선어를 사용한다든지,
  - 교관에게 고의로 결례(缺禮)를 한다든지,
  - 현역 2개년 재영(在營)을 싫어하고 단기(短期)를 희망한다든지,

참으로 재미없는 일이 있었다. 그 원인은 일약 1천 명 이상의 다수를 수용한 것에 비해 교관이 부족한 점과 각도에서 반강제적으로 모집한 결과이기 때문이다. 장차 훈련상 상당히 고려할 필요가 있다고 생각한다.

⑤ 지원병제도 반대 언동

- 언동자: 금융조합 서기(書記), 모
- 언동 개요: 우리는 지원병에 응모할 기분이 들 수 없다. 왜냐하면 현재 각층을 보면 다 내선인 간에 차별대우가 있다. 심하게는 내지 부녀자까지 조선인을 경시하고 천시하고 있는 상황이다. 이렇게는 도저히 군인이 되어 국가를 위해 생명을 걸겠다는 기분이 들 수 없다. 최근 지원병 모집을 당하여 각지의 모든 청년에 대해 반강제적으로 응모를 종용하고 있는데, 이 모든 것은 역효과를 가져오는 듯하다.

응모자의 지방 분포 상황을 보더라도 도회지 청년보다도 시골의 순박한 청년이 많다. 또 중등학교 졸업자가 적은 것을 보아도 지식계급은 이를 기꺼워하지 않는 경향이 있음을 엿볼 수 있다.

- 언동자: 시가현(滋賀縣) 고용인(顧人), 임영웅(林英雄)
- 언동 개요: 내가 귀향했을 때 마을에서도 30인 정도의 지원병 응모자 할당을 받았는데, 그 정도의 인원은 어떻게 해도 불가능하다. 이는 마을의 명예와도 관련이 된다. 그래서 너는 35세 이상이라 어차피 불합격할 것이 분명하니, 부디 이름만 빌려달라는 부탁을 받아서 빌려줬다. 이후 거리로 나가보니 정말 모집에 고심하고 있는 듯한 선전 삐라가 많이 붙어 있는 것을 보았다. 아직도 여전히 반도인은 마음에서부터 응모하려는 자는 적은 것 같다.

- 언동자: 이와테현(岩手縣), 고물상, 이사용(李四用)
- 언동 개요: 조선에서는 남자 형제가 2~3명 있으면 반드시 한 명은 군대를 지원하지 않으면 비국민(非國民)인 것처럼 말을 듣기 때문에, 어쩔 수 없이 30세 전후의 사람은 지원해야 한다고 한다. 얼마 전에도 아버지에게서 편지가 와서 "네가 귀국하면 군대를 지원해야 하니까 돌아오지 말도록."이라는 뜻을 전해왔기 때문에 당분간 돌아가지 않을 생각이다.

⑥ 현역 군인, 기타의 언동
- 언동자: 조선인 장교(將校), 모
- 언동 개요: 나는 지원병 채용제도에 커다란 모순이 있어서 항상 반대 의견을 가지고 있다. 현재의 응모 동기는 거의 경찰의 강제적인 모집에 의한 것이다. 재영(在營) 중 내지의 견학 여행, 제대 후 반도에서 혁신적인 중견간부로서 청년 지도자라는 지위를 얻을 수 있는 등 좋은 조건에 이끌려 공리적(功利的)으로 응모한 실정으로서, 지원병으로서의 진정한 정신에 반하는 것뿐이다. 또한 총독부는 필요한 수만큼은 쉽게 얻을 수 있겠지만, 각 도청에 책임 수를 할당한 후에 이것을 강평(講評)하므로 경찰은 자연히 강제적으로 모집하게 된다. 이에 무리함이 생겨 입대해서는 인사도 불가능한 자가 들어가서[261] 내지인 군인에게 바보 취급을 당하고, 나아가 제국 군인의 내용과 소질을 저하시

---

261 인사를 할 정도의 기초 일본어조차 제대로 할 수 없는 조선인이 입대한다는 의미로서, 이에 철저한 의무교육

키게 된다. 한편 지식계급자는 지원을 기피하는 경향으로 흘러 조금 부자인 처지에서는 무리해서라도 자식을 상급학교에 입학시키는 경향이 있어서 사상적으로도 웃을 수 없게 된다. 그래서 나는 그들을 진정으로 황민화하기 위해서는 철저한 의무교육과 징병령 시행을 요망한다.

- 언동자: 내지인 장교, 모
- 언동 개요: 응모채용자는 곤고결핍(困苦缺乏)을 견디면서 한뜻으로 임무에 정진(精勵)하고 있다. 특히 통역 등을 하고 있는 군속은 내지인도 미치지 못할 정도로 헌신적인 봉공(奉公)의 정신에 불타오르고 있다. 자질의 향상은 기쁘기 짝이 없다. 단, 그들의 행동을 살펴보고 있으면 아직 의심스러운 점이 많아서 절대 신뢰할 수 없다. 조선에 징병제도를 실시하려면 아직도 앞길이 요원한 느낌이 든다.

- 언동자: 내지인, 국민학교 교원, 모
- 언동 개요: 이제 지원병제도를 징병제도로 바꿀 필요가 있다. 그 이유는,

첫째, 과거 3개년간 시험을 마쳤고, 또 응모자가 많은 점에서 보더라도 시기가 도래했다고 볼 수 있다.

둘째, 국민이 거국적으로 국방에 임하고 있는 때 반도만 그대로 두는 것은 그들의 국가관념을 희박하게 할 뿐만 아니라 도리어 사상적으로도 나쁜 결과를 초래할 우려가 있다. 한편, 인구적으로 보아도 이러한 방도를 강구할 필요가 있다.

셋째, 지원은 국민학교 졸업 정도의 사람뿐으로 중등학교 이상 졸업생은 거의 없는 점으로 보아 유식자는 지원을 기피하고 있음을 엿볼 수 있으므로, 징병으로 상급학교 지망 경향을 억제하는 것이 필요하다.

을 시행한 후의 징병령 시행을 요청한다는 의미이다.

4) 불경, 불온 및 유언비어, 기타 취체 상황

조선인은 어쨌든 사소한 일에 동요하거나 또는 사물을 침소봉대(針小棒大)하여 선전하며, 곧바로 부화뇌동(附和雷同)하여 추종하는 것과 같은 버릇을 가지고 있다. 이 때문에 이전부터 종종 인심을 동요시켜서 소요 등의 사건을 야기함으로써 세상 사람들을 깜짝 놀라게 한 사안이 적지 않았다. 그러나 적정한 경찰 취체와 협화사업의 진척에 따라 저들의 민도(民度)도 점차 고양되어 차차 감소의 경향을 보이고 있는 중이다.

그렇지만 사변이 장기화되면서 염전적(厭戰的) 내지 반전적(反戰的) 또는 경제교란을 초래할 만한 우려가 있는 언사를 하는 자, 혹은 감히 불경·불온한 언동을 하는 자가 아직도 그 자취가 끊이지 않은 상황이다. 올해 중에 다음과 같이 상당히 악질적인 언사를 유포하여 검거 취체를 받은 자가 적지 않은 상황이어서, 앞으로도 한층 더 지도 취체의 강화를 요하는 것이 있다.

- 청·부·현: 경시청
- 본적: 전남 완도군(莞島郡) 완도면 대신리(大新里)
  주소: 도쿄시 아사쿠사구(淺草區) 가미나리몬(雷門) 2-10
  직업: 단밤 상인(甘栗商)
  성명: 안전창휴(安田昌休)
  연령: 현 40세
- 개요: 지난해 11월 10일 도쿄시 고지마치구(麴町區) 마루노우치(丸ノ內) 소재 유락관(有樂館) 지하실 밀크홀에서 미쓰이생명보험(三井保險) 외교원(外交員) 이건주(李建宙) 외 2명과 대담 중에,
  (가) 보험회사는 금융재단으로서 일본 정부와 연결되어 있어서 우리가 보험계약을 하면 그 돈은 모두 전쟁자금이 되기 때문에 조선인으로서는 보험에 들고 싶지 않다.
  (나) 나는 지금 성냥불과 하나비(花火)[262]를 섞어서 대나무 통 안에 넣어 폭탄 만들기를

---

262 하나비(花火): 꽃불, 연화(煙火), 화포(花砲) 또는 그 불꽃·연기·소리 등을 칭함. 불꽃놀이용 불꽃을 가리킴.

연구하고 있는데, 이것이 완성되면 일본 정부의 요인을 암살하는 것은 간단해진다.

(다) 조선인의 독립을 위해 나는 희생적으로 활동하겠다.

등의 불온 언동을 유포한 외에 군사(軍事)에 대한 조언을 하였다.

- 조치: 1월 7일, 검거 / 2월 15일, 「육군형법」 위반으로 송국 / 2월 28일, 기소유예 처분

- 청·부·현: 경시청
- 본적: 경남 창녕군(昌寧郡) 도천면(都泉面) 예리(禮里) 53

  주소: 도쿄시 나카노구(中野區) 혼마치도리(本町通) 2-20

  직업: 메이지대(明大) 전문부(專) 법과(法) 3년

  성명: 오세중(吳世重)

  연령: 현 23세

- 개요: 1939년(昭和 14) 7월 이후 내지인 제국대학생 지요노부 시게루(千代延茂) 등에게,

  (가) 지나사변이 시작되고 아직 3년도 되지 않았는데 지금처럼 일반 물자가 부족하여 국민 전체가 불만을 가지고 있는 때에 국내 대신이 피스톨로 피격되었다는 것은 돌이킬 수 없는 하나의 혁명이다. 이것은 제1혁명이라고 일컬어야 한다.

  (나) 현재와 같은 상황에서 나아가면 반드시 제2, 제3혁명이 올 것이다. 제2혁명은 국내에서 물자가 부족하여 공장 등이 작동하지 않고, 정부의 방침에 불만을 품은 국민이 소요하여 이것이 폭동화해 혁명으로 전화할 것이다.

  (다) 이대로 4년 정도가 되면 제3혁명은 반드시 올 것이다. 국민 전체가 물자 결핍의 결과 전쟁에 반대하여 결국은 지게 될 것이고, 일본 국가는 멸망하고 군주의 존재도 소멸하여 적화(赤化)할 것이다.등으로 군사와 기타에 관해 조언을 유포했다.

- 조치: 작년 12월 20일, 검거 / 2월 26일, 「육군형법」 위반으로 송국 / 4월 16일, 기소유예 처분

- 청·부·현: 경시청
- 본적: 강원도 정선군(旌善郡) 동면(東面) 호림리(虎林里)

  주소: 도쿄시 요도바시구(淀橋區) 도쓰카마치(戶塚町) 1-557 봉월장(峯月莊) 내

직업: 직공(職工)

성명: 강산영(岡山營)

연령: 현 27세

- 개요: 올해 1월 이후 전쟁터에서 동료에게,

    (가) 전쟁터에서 일본군은 참혹하고 모진 행위를 하고 있어서, 성전(聖戰)이라 할 수 없다. 지나인도 성전이라고는 인정하지 않는다. 일본은 무리하게 새로운 국민정부 주석 왕조명(王兆銘)을 내세워 취임시켰는데, 지나사변이 종료되면 곧바로 신정부의 영토 전부를 점령할 심산이다. 개전 5개년이 경과했으나 장개석(蔣介石) 등은 여전히 전쟁에 열중하고 있다. 지나군은 강하고 장개석은 위인이다.

    (나) 중국의 신문은 일본 비행기 몇천 대를 격추했다고 보도하고 있는데, 일본은 지나 비행기 다수를 격추했다고 '가짜' 보도를 하고 있다.

    (다) 나는 조선에 있을 당시 일·소(日蘇)의 전쟁을 보았다. 소련 비행기가 다수 습격해 와서 소·만(蘇滿) 국경에 폭탄을 떨어트려 공격했는데, 일본 비행기는 한 대도 응전(應戰)하지 못하고 소련의 공격을 고스란히 받은 것은 일본이 약하기 때문이다.

    등으로 군사에 관한 조언을 유포했다.

- 조치: 1월 31일, 검거 / 2월 28일, 군형법 위반으로 송국 / 5월 20일 기소됨

- 청·부·현: 경시청
- 본적: 경기도 평택군(平澤郡) 포승면(浦升面) 만호리(晚湖里)

    주소: 도쿄시 요도바시구 도쓰카마치 2-144, 가네사카 도모요시(金坂智吉) 집

    직업: 인쇄기(印刷機) 제작공

    성명: 구성민상(駒城民相)

    연령: 현 23세

- 개요: 지난 3월 이래 동료 직공 등에게,

    (가) 지나사변은 일본의 대륙에 대한 침략전쟁이다.

    (나) 사변이 장기화함에 따라 일본은 경제적으로 패퇴하는 것은 필연이며, 지나의 승리와 함께 조선은 독립할 수 있다.

(다) 장고봉 사건, 노몬한 사건[263]은 소련이 일본의 세력을 타진하기 위한 전쟁이다. 신문에서는 일본군의 희생이 적은 것처럼 발표되었지만, 소련은 수백 대의 전차로 밀어붙이고 일본군은 육탄(肉彈)으로 저항하여 상당한 손해를 입었다.

(라) 노몬한·장고봉 사건에서는 소련은 구주(歐洲) 사정 때문에 사건을 확대하지 않고 끝냈지만, 일본의 국력이 저하될 때 소련은 도전해올 것이고, 일본이 패배할 것은 필연이다.

(마) 전승(戰勝)에 관한 일본의 신문 보도는 진실이 아니다.등으로 군사와 기타에 관해 조언을 유포했다.

- 조치: 2월 25일, 검거 / 3월 20일, 「육군형법」 위반으로 송국 / 6월 9일, 기소유예 처분

- 청·부·현: 경시청
- 본적: 충북 충주군(忠州郡) 신니면(薪尼面) 용원리(龍院里) 50
  주소: 도쿄시 고도구(向道區) 데라지마마치(寺島町) 7-205,《아사히신문(朝日新聞)》직배소(直配所), 도이 류지(土肥隆二) 집
  직업: 신문배달부
  성명: 청강재근(靑江在根)
  연령: 현 18세
- 개요: 올해 1월 28일 숙박지에서 동료 내지인 스기야먀 마코토(杉山義), 조선인 암촌배근(岩村培根) 외 2명과 잡담하던 중, 자신이 히틀러라는 인물을 칭찬한 것에 대해 스기야마가 "일본에는 천황폐하가 계시기 때문에 히틀러 같은 인물은 필요 없다"라고 반박하자, 이에 대해 "천황폐하는 어릴 때부터 받들어져 있을 뿐으로, 우상(偶像)에 지나지 않는다"라는 불경스러운 언사를 지껄였다. 더욱이 "우리 반도인이 일본을 위해 죽는 것은 정말 바보 같은 일이다.", "반도인은 단결하여 내지인을 당해내지 않으면 안 된다"라는 불경한 언사를 지껄였다.

---

263 노몬한 사건(Nomonhan incident): 1939년 5~8월 만주와 몽골의 국경지대인 노몬한에서 일어난 일본군과 몽골·소련군 간의 대규모 충돌사건.

- 조치: 3월 13일, 검거 / 같은 달 24일, 「불경죄」로 송국 / 6월 6일, 기소유예 처분

- 청·부·현: 경시청
- 본적: 전남 진도군(珍島郡) 임준면(臨淮面) 염장리(念丈里)
  주소: 도쿄시 아라카와구(荒川區) 오구마치(尾久町) 1-821
  직업: 셀룰로이드 가공직(加工職)
  성명: 송상호(宋相浩)
  연령: 현 21세
- 개요: 올해 7월 31일 본적지의 친아버지에게,
  "현재 전쟁으로 도쿄는 출정군인이 매일 수십 명 출정하고 있다. 이것은 국가기밀이므로 신문에도 나오지 않는다. 출정하는 군인은 이웃집도 모르게 밤중에 나간다. 이는 미국과 전쟁을 하기 때문으로, 미국과 전쟁을 하면 미국 비행기가 도쿄로 와서 대포로 쏠 것이다. 그렇게 되면 사람 수가 부족해서 도저히 방비할 수 없게 될 것이므로 도쿄 안에 있는 조선인은 다른 곳으로 가는 것도 방지될 것이다."
  운운하는 통신을 했다.
- 조치: 8월 10일, 검거 / 8월 15일, 석방

- 청·부·현: 경시청
- 본적: 경북 청도군(淸道郡) 풍각면(豐角面) 동산동(東山洞) 214
  주소: 도쿄시 혼조구(本所區) 고마고메센다기초(駒込千駄木町) 72
  직업: 긴조상업학교(錦城商業) 2년생
  성명: 정산동기(鄭山東起)
  연령: 현 17세
- 개요: 올해 8월 초순 본적지의 친어머니에게,
  (가) 지금 대륙에서는 일본 군대가 미국과 큰 전쟁을 개시할 것이다. 일본군과 미국군의 병기력(兵機力)을 비교해 보면, 일본병은 20만이 부족하고 미국 병사는 50만 이상이다.

(나) 일본이 실패하면 큰일이 날 것이므로 도쿄는 인구가 8백만인데 그 2분의 1을 지원병으로 내보내기로 되어 있다.

(다) 기차 승차권은 사더라도 귀향할 수 없으니까, "아버지 위독, · 보자마자 곧 올 것"이라는 전보를 쳐준다면 돌아갈 수 있다.

운운하는 통신을 했다.

- 조치: 8월 15일, 검거 / 10월 8일, 「육군형법」 위반으로 송국 / 12월 6일, 소년심판소(少年審判所)로 송치

- 청·부·현: 경시청
- 본적: 전남 진도군 군내면(群內面) 분토리(粉土里)

  주소: 도쿄시 나카노구(中野區) 에고다초(江古田町) 1-2123

  직업: 도쿄무선전신학교(東京無線電信學校) 3년생

  성명: 고촌성진(高村聖鎭)

  연령: 현 20세
- 개요: 올해 7월 21일 본적지의 친동생 앞으로,

  (가) 이번에 주임 고바야시 주시로(小林重太郎)가 소집해서 시급히 출정했다. 너의 상경은 불가능하다.

  (나) 시국은 급절로 악화되어 언제 일·미 전쟁이 일어날지 모른다.

  (다) 만약 일·미 전쟁이 일어나면 도쿄와 각 도시는 불똥이 비 오듯이 계속 떨어질지도 모른다.

  운운하는 통신을 했다.
- 조치: 8월 15일, 검거 / 8월 30일, 석방

- 청·부·현: 경시청
- 본적: 경북 성주군(星州郡) 성주면 성산동(星山洞)

  주소: 도쿄시 시부야구(渋谷區) 하타야아즈마초(幡谷東町) 1-888

  성명: 청계수웅(淸溪秀雄)

연령: 현 19세
- 개요: 올해 8월 초순 본적지의 친아버지 앞으로,
  (가) 일·미 전쟁이 일어나려고 하니까 도쿄는 폭탄 비가 내릴 것이다. 그때는 천명(天命)을 기다릴 뿐이다. 생사를 스스로 판단하는 것은 곤란하다.
  (나) 형은 철도성(鐵道省) 국철(國鐵)에 근무하고 있어서 조금도 여가가 없을 것이다. 곧 징병을 소집하여 30만을 수송하고 있으므로 끝날 때까지는 10여 일이 걸릴 것이다.
  운운하는 통신을 했다.
- 조치: 8월 12일, 검거 / 10월 25일, 「육군형법」 위반으로 송국 / 11월 28일, 기소유예 처분

- 청·부·현: 경시청
- 본적: 충남 천안군(天安郡) 환성면(歡城面) 두정리(斗井里)
  주소: 도쿄시 가쓰시카구(葛飾區) 가미고마츠가와마치(上小松川町) 202, 오노(大野) 집
  직업: 직공 견습
  성명: 성촌상연(星村相椽)
  연령: 현 18세
- 개요: 올해 7월 20일 본적지의 친형 앞으로,
  전쟁이 확대되어 도쿄가 공습당할 때는 노인과 어린이는 시골로 피난시킨다고 한다. 공습이 있으면 도쿄의 집은 전멸할 것이다. 도쿄는 점차 위험이 닥치고 있다.
  운운하는 통신을 했다.
- 조치: 8월 4일, 검거 / 8월 25일, 석방

- 청·부·현: 경시청
- 본적: 경북 영천군(永川郡) 영천읍 교촌동(校村洞) 147
  주소: 도쿄시 우마타구(浦田區) 하타마치(羽田町) 1179, 오타(太田) 집
  직업: 직공
  성명: 영촌영웅(永村英雄)

연령: 현 24세
- 개요: 8월 초순 본적지의 친아버지에게,
  - (가) 제도(帝都)²⁶⁴는 7월 중순부터 비상이다. 성선역(省線驛) 또는 웬만한 인기 있는 장소 등에는 사복 헌병이 있다는 사실이 놀라울 정도다.
  - (나) 8월이라는 달은 해군과 육군이 함께 싸울 좋은 찬스다. 현재 블라디보스토크 및 캄차카에는 소·영·미 3국 연합군이 시시각각으로 모이고 있다. 일본군의 모든 계략으로 며칠 안에 포고(布告)가 있을 것이다.
  - (다) 특히 급하게 대응하기 위해 통조림 또는 식량품을 각자가 준비하는 모습을 볼 수 있다.
  - (라) 일찌감치 도쿄항(東京港) 또는 일본 각 항구에는 군함이 준비되었다. 제도(帝都)에서는 특히 대단한 광경을 볼 수 있다.
  - (마) 정부는 인심의 교란을 제일 두려워한다. 약 3주간 전에 일본 전국에 대규모의 소집이 있었는데, 이는 전과 달리 절대로 비밀리에 했다.

  운운하는 통신을 했다.
- 조치: 8월 22일, 검거 / 8월 30일, 석방

- 청·부·현: 경시청
- 본적: 경남 부산부(釜山府) 보수정(寶水町) 2-3
  주소: 도쿄시 아라카와구(荒川區) 오구마치(尾久町) 4-153-3
  직업: 《도쿄니치니치신문(東京日日新聞)》 배달부
  성명: 서전상원(西田常垣)
  연령: 현 26세
- 개요: 8월 10일경 도쿄시 아라카와구 오구마치 8-1319, 신정연장(新井年藏)의 동거녀(同妻)에게,
  - (가) 지나사변은 일본이 이기고 있다고 하지만 그것은 선전일뿐이다. 만일 일본이 이기

---

264 제도(帝都): 제국 수도. '일본제국' 하 도쿄(東京)의 통칭.

고 있다면 전쟁은 훨씬 전에 끝났다. 실제로는 일본은 지고 있는 것이다.

(나) 장개석도 왕정위(王精衛)265 도 일본의 학교를 나오고 일본의 교육을 받았지만, 모두 일본에 반감을 가지고 있다.

(다) 왕정위는 영리하니까 이면에서는 친일적인 척하고 있지만 실제로는 반감을 가지고 있다.

운운하며 군사에 관해 조언을 유포했다.

- 조치: 8월 20일, 검거 / 9월 15일,「육군형법」위반으로 송국 / 9월 25일, 기소됨

- 청·부·현: 경시청
- 본적: 황해도 장연군(長淵郡) 대매면(大枚面) 송월전(松月田)

  주소: 도쿄시 아사쿠사구(淺草區) 미스지마치(三筋町) 17, 아오키(青木) 집

  성명: 산주필수(山住弼壽)

  연령: 현 18세
- 개요: 올해 8월 8일 조선 내 친구 이등두표(伊藤斗彪)에게,

  (가) 8월 15일경에는 반드시 네덜란드령 동인도(蘭印)266와 전쟁을 벌이게 될 텐데, 소련과 선전포고를 하느냐에 달려 있을 것이다. 이번에《도쿄니치니치신문》은 공습을 예상하고 본사의 윤전기(輪轉機)를 에도가와(江戶川) 같은 빌딩이 없는 장소로 옮겼다는 말을 들었다. 또 고급 주택가에서는 자산가가 시골로 이전하는 수가 상당히 많이 있는 듯하다.

  (나) 8월 30일경까지는 어느 방면에서든 충돌이 일어날 것이다.

  (다) 자네도 시국이 순조롭지 않은 한 다시 도쿄에 오는 것은 곤란할 것이다. 조선의 상황을 시급히 알려주게.

  운운하는 통신을 했다.

- 조치: 8월 27일, 검거 / 9월 25일, 석방

---

265 왕정위(汪精衛, 왕징웨이, 1883~1944): 중화민국의 문인, 정치가. 중국국민당 부총재. 본명은 왕조명(汪兆銘, 왕자오밍).
266 네덜란드령 동인도는 주로 오늘날의 인도네시아 지역을 가리킨다.

- 청·부·현: 경시청
- 본적: 전북 익산군(益山郡) 북일면(北一面) 신리(新里) 357

  주소: 도쿄시 세다가야구(世田谷區) 미슈쿠마치(三宿町) 185, 《도쿄아사히신문(東京朝日新聞)》직배소, 이마즈 미사오(今津操) 집

  직업: 신문배달부

  성명: 오창규[吳昌圭, 매촌겸이(梅村謙二)]

  연령: 현 22세

- 개요: 올해 7월경부터 동료 조선인 등에게,

  "일본군은 지나사변에서 점령한 후에는 여자를 간음(姦淫)하고 죽인다. 여자가 없으면 금전을 약탈하여 그 돈으로 즐긴다. 식량은 전부 약탈한다. 또한 포로가 된 지나병(支那兵) 가운데 귀순하지 않은 자는 전부 죽인다."

  등으로 군사에 관해 조언을 유포했다.

- 조치: 9월 9일, 검거 / 12월 5일, 「육군형법」 위반으로 송국 / 12월 27일, 기소됨

- 청·부·현: 경시청
- 본적: 함남 안변군(安邊郡) 신모면(新茅面) 두남리(斗南里) 243

  주소: 도쿄시 메구로구(目黑區) 우에메구로(上目黑) 8-550, 《도쿄아사히신문》 직배소, 이노우에 겐세이(井上彦聖) 집

  직업: 신문배달부

  성명: 김원건[金垣健, 도원성보(桃源成輔)]

  연령: 현 21세

- 개요: 올해 3월 입경(入京) 이후 동료 조선인에게,

  (가) 일본군은 지나사변으로 약해져 있어서 남진(南進) 정책 같은 것은 생각할 수 없다.

  (나) 지나사변이 길어져서 일본은 사방에서 적을 맞아 무너질 것이므로 그때 조선은 독립할 수 있다.

  (다) 지원병제도가 실시된 당초에는 지원자가 우대받았지만, 현재는 가혹한 취급을 받아 참을 수 없는 것이다.

(라) 일본군 비행기는 자폭했다고 신문에는 쓰여 있지만, 그것은 적으로부터 공격을 받은 것이다. 자폭했다고 하여 어떻게든 훌륭한 싸움을 한 것처럼 거짓말을 하고 있다.

등으로 군사에 관해 조언을 유포했다.

- 조치: 9월 9일, 검거 / 12월 5일, 「육군형법」 위반으로 송국 / 12월 27일, 기소됨

- 청·부·현: 경시청
- 본적: 경북 예천군(禮泉郡) 풍양면(豊壤面) 우망리(憂亡里)

  주소: 도쿄시 혼조구(本所區) 긴시초(錦絲町) 4-26

  직업: 폐품매출업(屑物買出業)[267]

  성명: 함경득[咸慶得, 환산경득(丸山慶得)]

  연령: 현 28세

- 개요: 올해 9월경부터 폐품 매출에 종사하던 중으로,

  "드디어 큰일이 났다. 블라디보스토크(浦鹽)에 미국 비행기가 몇천 대 와서 홋카이도, 사할린(樺太)에 대폭격을 하고 갔다."

  운운하며 군사에 관해 근거 없는 사실을 날조하여 유포했다.

- 조치: 10월 20일, 검거 / 12월 1일, 「육군형법」 위반으로 송국

- 청·부·현: 사가(佐賀)
- 주소: 히가시마쓰우라군(東松浦郡) 이리노무라(入野村) 소재 오즈루탄갱(大鶴炭坑)

  직업: 채갱부(採坑夫)

  성명: 이인수(李仁洙) / 박순이(朴順伊) / 김한옥(金漢玉) / 박판서(朴判緒)

- 개요: 히가시마쓰우라군 이리노무라 소재 오즈루탄갱에서 이주 조선인 노동자 사이에서, "우편저금을 빨리 찾지 않으면 전쟁 때문에 받을 수 없게 된다"라는 취지의 유언이 유포되었다. 이에 그 출처를 탐색한 결과, 이주 조선인 노무자 이인수가 3월 16일에 이웃집의 임차연(林且蓮)이 일시 귀선(歸鮮)을 위해 우편저금을 찾은 것을 목격하고 어림

---

267 구즈모노(屑物)는 폐품, 즉 폐품상을 뜻한다.

짐작으로 동료 박순이에게 "우편저금은 전쟁 때문에 이번 달 중에 반환되지 않으면 다음 달은 받을 수 없게 된다"라고 말했기 때문에 박순이는 이를 맹신한 것이다. 또한 김한옥, 박판서 등에게도 말했기 때문에 점차 광범위하게 유포되기에 이르렀다는 것이 판명되어, 관계자 일동을 검거했다.

- 조치: 3월 31일, 일동을 검거 / 내무성 「경찰범처벌령」 위반으로 과료(科料) 각 3원에 처함

- 청·부·현: 경시청
- 본적 / 주소 / 직업 / 성명 / 연령: 불명(不明)
- 개요: 올해 6월 19일 도쿄시 고이시카와구(小石川區) 나카마치(仲町) 10번지 근처 공동우편소 내의 흰 벽에 연필로,

  "조선의 적은 일본, 죽여라."
  "반도인이여. 더욱더 노력하자."
  "일본은 언젠가 멸망한다."

  라는 불온 낙서가 있는 것을 발견했다.
- 조치: 수사 중

- 청·부·현: 경시청
- 본적 / 주소 / 직업 / 성명 / 연령: 불명
- 개요: 올해 4월 29일 경시청 관하의 게이힌전철(京濱電鐵) 다치아이가와역(立會川驛) 구내 변소 벽에,

  "내지인은 아주 바보같이 굴었다. / 조선은 4~5년 후 독립"

  이라는 낙서가 있는 것을 발견했다.
- 조치: 수사 중

특수사건[268]
(내무성 경보국, 1942)

1) 전시하 재주 조선인의 동향

지나사변 발발 초기에 재주 조선인 대다수는 일본의 국력을 걱정하고 두려워하여 상당히 동요하는 기색이 있었는데, 황군의 전과(戰果)와 당국의 지도로 점차 제국을 믿고 의지하는 생각이 깊어졌다. 국방헌금, 근로봉사, 전승 무운장구 기원, 공채소화(公債消化), 저축보국, 기타 각 방면에 걸쳐 내지인의 이른바 총후 활동과 서로 대오를 이루어 상당히 적극적으로 협력하는 태도를 표현하기에 이르렀다. 특히 대동아전쟁 발발 후는 한층 더 위에서 기술한 경향에 박차를 가하는 바가 있었다. 올해 중에도 그 동정은 개괄적으로는 한층 좋은 상황에 있다.

그래서 재주 조선인의 국방헌금, 근로봉사, 전승 무운장구 기원제 실시 등의 상황에서 이 동향의 일단을 보면, 올해 중 국방헌금 총액은 379,954원 83전, 근로봉사 연인원 37,744명, 전승 무운장구 기원 실시 658개 단체, 47,952명이다. 이를 작년 대동아전쟁 발발 전의 상황과 비교해 보면,

종별 \ 연차구별	1941년 1월~11월 총액	1개월 평균	1941년 12월 중, 대동아전쟁 관계	올해 1월~12월 총액	1개월 평균	작년 1개월 대비 올해 각 1개월 평균 월평균
국방헌금	39,955.73원	3,632.34원	125,781.16원	379,954.83원	31,654.57원	증 28,022.23원
근로봉사	32,052명	2,914명	18,701명	37,744명	3,145명	증 231명
전승무운장구기원	650단체 38,490명	59단체 3,499명	75단체 4,813명	658단체 47,952명	55단체 3,966명	증 467명

---

268 金正明 編, 『朝鮮獨立運動』 Ⅳ, 原書房, 1966, 847~865쪽.

대동아전쟁 이후 급격한 증가를 보인다. 국방헌금액에서는 약 9배 반을 능가하는 앙양을 보였으며, 근로봉사, 기타에서도 상당한 적극성을 보이고 있음을 엿볼 수 있다.

그렇지만 별항(別項)에 제시했듯이 학생, 지식 계층 방면의 일부에서는 아직도 여전히 시국에 대해 매우 냉담한 태도를 취하고 있을 뿐만 아니라, 성전(聖戰)을 왜곡하고 비방하는 것이 깊어져서는 전쟁을 조선 독립을 위한 혁명으로의 전화를 목표로 책동하는 것이 있다. 또 그들의 행위에는 사리의 변별력이 부족해서 쓸데없이 유언비어를 방치하거나 혹은 이것에 현혹되고, 나아가 시국 하의 긴장감을 잃어 출정병 가족 부녀와의 관계를 야기하여 건전한 가정의 파탄을 초래한 경우도 있는 등, 총후 국민으로서 정말로 삼가야 할 단서들을 조장한다. 따라서 그 지도와 취체에 상당히 유의해야 할 실정이다.

2) 불경·불온과 유언비어, 기타 취체 상황

조선인은 자칫 사소한 일에 동요하거나 또는 사물도 침소봉대하여 선전하며, 곧바로 부화뇌동하여 추종하는 등의 버릇이 있다. 이 때문에 이전부터 거듭 인심을 동요시켜 소요 등의 사건을 야기함으로써 세상 사람을 놀라게 한 사안이 적지 않았다. 하지만 근래에는 적정한 취체와 협화사업의 추진에 따라 그들의 민도도 점차 고양되어 점차 감소하는 경향을 보이고 있다.

그렇지만 여전히 염전적(厭戰的) 내지 반전적(反戰的) 또는 경제교란을 초래할 염려가 있는 언사를 늘어놓는 자, 혹은 감히 불경·불온한 언동을 하는 자 등 그 자취가 끊이지 않는다. 특히 전쟁이 장기화함에 따라 이러한 경향에 대해서는 각별한 유의가 필요한 실정이다.

그리고 올해 중에 취체한 사건은 다음과 같다.

- 청·부·현: 경시청
- 본적: 경북 예천군 풍양면(豊壤面) 우망리(憂忘里), 호주 용(龍)의 장남
  주소: 도쿄시 혼조구(本所區) 긴시초(錦絲町) 4-2, 기요타 다쓰오(淸田龍雄) 집
  직업: 폐품매출업(屑物買出業)
  성명: 함경득[咸慶得, 환산경득(丸山慶得)]

연령: 현 29세
• 개요: 도쿄시 모코지마구(向島區) 아즈마마치(吾嬬町) 니시(西) 5-3, 약종상(藥種商) 미즈코시 요시바(水越義馬) 집에 폐품을 사러 왔을 때 가게 내에서 점주(店主)와 기누가와 게사오(衣川今朝雄) 두 사람에게,

"드디어 큰일 났다. 블라디보스토크에 미국 비행기 몇천 대가 와서 홋카이도와 사할린을 폭격하고 갔다."

라는 사실무근의 것을 인식하고 있으면서 조언비어를 했다. 또한

"이제 이번에는 일본도 독일도 어쩔 수 없다."

운운하며 반전적 언사를 지껄였다.
• 조치: 「육군형법」 위반으로 송국 / 1월 15일, 기소 / 도쿄구치소 수용

• 청·부·현: 경시청
• 본적, 주소, 직업, 성명, 연령: 피의자 불명
• 개요: 2월 13일 오후 1시경 도쿄시 우시고메구(牛込區) 벤텐초(辨天町) 벤텐공원(辨天公園) 내 매점 덧문(戶板)에 연필 글씨로,

"조국을 사랑하는 조선 동포여. / 우리가 일어서야 할 때가 왔다. / 오라, 동지여. 모여라. 동지여"

라고 기재되어 있는 것을 발견했다.
• 조치: 수사 중

• 청·부·현: 경시청
• 본적: 경북 대구부 남산정(南山町) 81, 호주 석진(石鎭)의 2남

주소: 도쿄시 도시마구(豊島區) 니시스가모(西巢鴨) 2-238, 이수장(二壽莊) 아파트 내

직업: 센슈대학(專修大學) 예과생(豫科生)

성명: 김연우(金演雨)

연령: 현 23세
• 개요: 1941년(昭和 16) 12월 17일 오후 1시경 도쿄시 도시마구 니시스가모 2-2092, 도

월장(都月莊) 아파트에서 그곳에 거주하는 다카자와 스즈코(高澤スズ子) 등에게,

"북선(北鮮) 사람들은 매우 불온한 형세가 있다. 현재의 대동아전쟁은 일본이 유리한 입장에 있어서 괜찮지만 만약 불리한 입장이 될 경우 북선 사람들은 일제히 일어나가 독립할 것이다. / 이왕(李王) 전하도 일본인을 아내로 두고 있으니까 귀국하면 북선 사람들은 무엇을 할지 모른다. 죽일 계획이 있을지도 모른다. / 현재 내지인 관리에게 지급하고 있는 6할의 가봉(加俸) 제도는 폐지된다. 이것으로 차별 대우가 없어진다."

운운하며 인심을 혹란(惑亂)하는 허구의 사실을 날조 유포하였다.

- 조치: 2월 4일, 검거 / 3월 7일, 「형법」 제105조-3 위반으로 송국

- 청·부·현: 경시청
- 본적: 경북 안동군 풍산면(豊山面) 상리동(上里洞) 303, 호주 진영(縉榮)의 2남

  전 주소: 도쿄시 혼조구 다테카와초(竪川町) 3-22, 노부타 세나가(信田世永) 집

  직업: 잡업

  성명: 이완규[李圭完, 평강완규(平岡完圭)]

  연령: 현 28세
- 개요: 1942년(昭和 17) 1월 14일 오후 9시 반경 도쿄시 혼조구 나리히라바시(業平橋) 5-6, 특수음식점 동양관(東洋館), 즉 기노시타 스가와(木下壽川) 집에서 술을 달라했다가 거절당하자 영업주와 종업부(從業婦) 하루야마 후미코(春山文子) 두 사람에게,

  "너희 같은 것들이 있어서 조선인은 언제나 일본인에게 학대당하는 것이다. 그리고 조선을 빼앗겨 버린 것이다. / 지금은 일본인들을 상대로 장사하고 있을 때가 아니다. 일본은 전쟁에 이겼다, 이겼다고 말하고 있지만 실제로는 이기고 있지 않다. 비밀스러운 일은 조금도 발표하지 않으니까 모르는 것이다. / 미국, 영국은 강한 나라니까 마지막에는 일본은 질 것이다. 진다면 우리 조선 사람은 갈 곳이 없게 된다. 그때에는 일본에 있는 조선인은 모두 살해되고 말 것이다. 이때 조선은 조선 사람으로 세워야 한다. 나와 같은 사람이 도쿄에 천 명 이상 있으면 반드시 조선은 독립할 수가 있다"

  라고 군사(軍事)에 관한 조언비어를 했다.
- 조치: 2월 4일, 검거 / 2월 28일, 「육군형법」 제99조 위반으로 송국

- 청·부·현: 경시청
- 본적: 함남 영흥군(永興軍) 인흥면(仁興面) 상평리(上坪里) 117, 명수(明洙)의 5남

  주거: 도쿄시 스기나미구(杉竝區) 오기쿠보(荻窪) 3-178, 하기(荻) 아파트

  직업: 메이지대(明大) 법과 3년(法三)

  성명: 강성길[姜成吉, 신농진광(神農進光)]

  연령: 현 27세
- 개요: 1941년(昭和 16) 12월 17~18일경 도쿄시 우시고메구 와세다쓰루마키초(早稻田鶴卷町) 38, 하숙집 대평관(大平館)에 머물던 동향(同鄕) 출신자 조영진(趙英珍)을 방문하여 요담(要談)하던 끝에,

  "대만(臺灣)의 대지진은 상당히 큰 피해를 입은 것처럼 신문에 보도되고 있지만, 그것은 지진이 아니라 미국 폭격기가 습격해와서 폭격한 것 같다. 그러나 일본에서는 대만이 폭격당한 사실을 그대로 신문에 발표하면 일본 국내의 인심이 동요할 것이므로 대지진 때문에 피해를 입은 것처럼 신문에 발표했다고 생각한다. 또 대만이 공격당할 것 같으면 우리도 안심하고 도쿄에서 공부할 수는 없다. 운운"

  이라고 군사에 관한 허구의 사실을 날조 유포했다.
- 조치: 2월 28일, 검거 / 3월 10일, 「육군형법」 제99조 위반으로 송국

- 청·부·현: 경시청
- 본적: 평남 평원군(平原郡) 용호면(龍湖面) 운동리(雲鳳里) 120, 호주 정겸(貞謙)의 3남

  주소: 도쿄시 조토구(城東區) 가메이도마치(龜戸町) 6-161, 다나카 쓰토무(田中務) 집

  직업: 인부

  성명: 한필신[韓必信, 청수필신(淸水必信)]

  연령: 현 20세
- 개요: 4월 17일 도쿄시 조토구 오시마마치(大島町) 6-430, 전당포 점원 나카무라 쇼지(中村正二), 현 26세에게,

  "두고 보자. 조선을 독립시켜 보여줄 테니까. 천황도 우리도 같은 인간이다. 일본은 반드시 경제전(經濟戰)에서 진다."또한 4월 20일 오시마마치 7-380 미쓰비시동재주식회

사(三菱銅材株式會社) 공장 내에서 하야시 세사쿠(林淸作), 현 48세 외 여러 명에게, "일본이 이겼다, 이겼다고 말하지만 그렇게 간단하게 이길 리가 없다. 하와이의 전과(戰果)도 양쪽 신문을 봐야 알 수 있다. 시골에 대공습이 있었고, 피해가 심하다."
라고 군사, 기타에 관해 인심을 혹란할 만한 조언을 유포했다.
• 조치: 4월 22일, 검거 / 「육군형법」 위반으로 5월 8일 도쿄형사지방재판소 검사국으로 송국

• 청·부·현: 경시청
• 본적: 함남 이원군(利原郡) 차호읍(遮湖邑) 포항리(浦項里) 452, 호주 종해(宗海)의 2남
 주소: 도쿄시 고이시카와구(小石川區) 가스가초(春日町) 3초메 4번지 2호, 대화관(大和館) 내
 직업: 도쿄주계상업학교(東京主計商業學校) 5년생
 성명: 신진웅[辛眞雄, 신도진웅(辛島眞雄)]
 연령: 현 22세
• 개요: 피의자는 4월 20일 평북 신의주부(新義州府) 미륵정(彌勒町) 소재 신의주 제1산업조합(新義州第壹產業組合) 서기인 친형 신시웅[辛時雄, 신도시웅(辛島時雄)]에게 제도(帝都)의 공습 상황을 침소봉대하여 통신하고, 또 도쿄시 내에 있는 고사포(高射砲) 진지(陣地)와 공습 장소를 표시한 약도(略圖)를 첨부하여 우송하는 등 군 비밀을 수집하여 이를 타인에게 누설했다.
• 조치: 5월 7일, 검거 / 같은 달 10일, 평북 신의주지방법원 검사국으로 압송함

• 청·부·현: 경시청
• 본적: 전남 화순군(和順郡) 이양면(梨陽面) 쌍봉(雙峯) 364, 호주 홍채(鴻采)의 장남
 주소: 도쿄시 교바시구(京橋區) 에치젠보리(越前堀) 3-9
 직업: 야시마운수주식회사(八洲運輸株式會社) 사무원 / 주오상업학교(中央商業學校) 4년생
 성명: 정기주[鄭基周, 하본무남(下本武男)]
 연령: 22세
• 개요: 본적지의 사촌누이(從妹) 서강영자(西岡英子)에게 6월 11일경,

"현재는 우리에게 취업난이 상당하다. 이력서를 내면 잠깐 보는 척하다가 카운터(帳場)로 가져가 잠시 상담이라도 하듯이 하고 와서는 결원(缺員)이 없다고 거절한다. 하지만 밖의 게시판에는 어느 부서에 몇 명 채용이라고 쓰여 있다. 아침 신문을 보고 곧바로 이력서를 가지고 가서 낼 때까지는 좋았다가 이력서를 보여주면 곧바로 거절당한다. 이것은 조선인이기 때문이다. 셋방을 얻을 때도 마찬가지이다. 어디 사람이냐고 물어서 조선이라고 하면, 조금 전에 결정되었다든가, 오기로 약속이 되었다든가, 심하게는 조선인은 안 된다고 하는 실정이다. 우리는 이민족(異民族)이니까 각오는 하고 있지만, 너무나 확실하게 듣게 되면 비위가 상한다. 또 학교 입학시험도 불합격자의 대부분은 어떤 이유가 있는지 전혀 납득되지 않는다. / 조선인은 어디를 가도 좋은 대우는 받지 못하는 모양이다. 사회는 책상 위에서 상상하고 있는 것과 같지 않다."

운운하며 불온 통신을 했다.

- 조치: 조만간 학교를 마치고 직업을 구하려고 하는 사촌누이에게 반도인은 취직과 취학이 어렵다는 입장을 과장하여 통신하였음이 판명되어서, 이번 기회에 엄중히 타이르고 석방함

- 청·부·현: 경시청
- 본적: 황해도 신계군(新溪郡) 다율면(多栗面) 죽루리(竹樓里) 32, 호주 면규(面奎)의 장남
  주소: 도쿄시 요쓰야구(四谷區) 하나소마치(花園町) 19, 야마우치 요시에(山內芳惠) 집
  직업: 전염병연구소(傳研) 고용인(雇)
  성명: 이원기[李源基, 평송원기(平松源基)]
  연령: 22세
- 개요: 본적지에 거주하는 친아버지 이면규[李面奎, 평송면규(平松面奎)]에게 6월 28일경, "일러전쟁(日露戰爭)이 또 시작되었으니까 도쿄는 물론 고향은 매일같이 타국 비행기가 공중을 날아다닐 것이다. 그러므로 올해는 농사도 좀 어려워질 테니 빨리 거둬들여야 한다."

운운하며 군사에 관해 불온 통신을 했다.
- 조치: 7월 9일, 검거 / 취조 결과 사범이 경비하여 개전(改悛)의 정이 현저하니 엄중히

타이른 후 석방함

- 청·부·현: 경시청
- 본적: 함북 청진부 신암정(新岩町) 8-28
  주소: 도쿄시 스기나미구(杉並區) 오미마에(大宮前) 6초메 394, 쓰치야(土屋) 집
  직업: 내각(內閣) 은급국(恩給局) 심사과 고원(雇員)[269]
  성명: 김곡유평(金谷唯平)
  연령: 26세
- 개요: 조선에 거주하는 친구 식전유경(植田遺慶)에게,
  "제도(帝都)의 공습은 경보발령과 함께 적기(미국) 약 50기가 출현하여 크게 놀랐습니다. 이는 일본 영토 내에서는 드문 현상으로서, 폭격으로 누구를 막론하고 심장이 찢어지는 것 같았을 것입니다. / 적기가 떨어뜨린 폭탄에 의한 피해는 이곳저곳에 상당히 많아서 손해가 막대한 것 같습니다. 대개는 군사시설을 목표로 폭탄을 떨어뜨린 것 같지만, 잘못하여 학교 혹은 병원 등 시내를 포격하여 사상자가 수백 명에 달했다고 해도 과언이 아닙니다. 소이탄(燒夷彈)에 의해 연소된 가옥도 적지 않은 숫자에 달하는데, 또다시 야간을 이용하여 공습하였다. 지난밤에는 시민 대부분이 편안히 잠을 잘 수가 없었습니다. 내가 근무하는 곳은 궁성(宮城)과 가까워서 매일 서류정리와 피난 준비로 분주합니다. / 실로 세상이 이렇게나 동란이 계속되어서는 인생의 앞길은 절벽과도 같다."
  운운하는 통신을 했다.
- 조치: 검거해 취조한 결과, 부주의하게 공습 상황을 과대하게 통신한 것이 판명되어 시말서(始末書)를 요구하고 엄중히 타이른 후 석방함

- 청·부·현: 경시청
- 본적: 충남 공주군(公州郡) 공주읍 본정(本町) 222, 호주 명수(明洙)의 장남
  주소: 도쿄시 시부야구(渋谷區) 가미토리(上通) 2-8, 신문판매점 아다치 시로(足立四郎) 집

---

[269] 고원(雇員): 관청에서 사무를 돕기 위하여 두는 임시직원.

직업: 신문배달원

성명: 채강병[蔡康秉, 평야실(平野實)]

연령: 21세

- 개요: 피의자는 7월 7일 이후 도쿄시 시부야구 가미토리 2초메 8, 신문판매점 아다치 시로 집 2층에서 동료 쓰지 이사무(辻勇), 김해창기(金海昌基), 김산모(金山某), 요시다 다쓰오(吉田辰雄)와 잡담할 때,

"지나사변 종합 전과(戰果) 발표는 사실은 지나치게 크지 않은가. 적이 230만 명 이상이나 당했는데, 일본병이 겨우 11만 정도밖에 당하지 않은 것처럼 발표했는데, 그럴 리가 없을 것이다. 사실은 일본군이 더 많은 전사상자(戰死傷者)가 있음에 틀림이 없다. 장개석은 사실대로 발표하지 않기 때문에 일본 정보국에서도 어차피 사실대로 발표하지 않을 것이다. 따라서 이것은 사실대로의 발표가 아닐 것이다. 정보국에서는 새빨간 거짓말을 발표하고 있다."

"폭탄 3용사(爆彈三勇士)[270]도 죽었을 때는 상당히 떠들었지만, 지금은 참배하는 사람도 없는 상황이다. 어떻게 국가를 위해 진력하겠는가. 하와이 공습의 3대위(大尉)처럼 2계급을 올려 주어도, 죽어 버리면 아무것도 아닌 쓸데없는 일이 된다." "조선에 징병제가 실시되는데, 그렇게 되면 조선의 병사는 제일선에 서게 되고 내지 병사는 후방에 서게 되지 않을까."

"가토(加藤) 소장(少將)의 최후는 어이없는 일이 아닌가. 적을 1기(機) 떨어뜨렸을 뿐 아군은 3기 이상 당하여 전혀 공적이 없는데도 2계급이나 올려 주어, 군신(軍神)이라는 등 눈에 띄게 써놓는 것은 당국의 발표가 너무 지나치다."

등 군사에 관한 조언을 유포했다.

---

270 폭탄 3용사(爆彈三勇士): 제1차 상해사변 당시 육군 독립공병 제18대대의 일등병 3인, 즉 에시타 타케지(江下武二), 기타가와 스스무(北川丞), 사쿠에 이노스케(作江伊之助)를 말한다. 이들은 1932년 2월 22일 폭탄을 들고 중국군 진지를 향해 돌격을 감행하다 폭사했다고 알려졌다. 이 이야기는 미담으로서 일본 전역에 반향을 불러일으켰으며, 각 신문의 보도를 통해 용사로 묘사되고 2계급을 특진하여 육군 오장이 되었다. 하지만 이에 대해서는 이견도 있는데, 충분히 살아 돌아올 수 있었을 텐데 폭탄 기술 문제로 인해 일찍 폭발하여 폭사해버렸다는 의견도 있다. 당시에는 언론 통제로 인해 정확한 실상이 알려질 수 없었다. 이후 이들의 동상도 세워지고 영화도 만들어졌으며, 육군 최초로 조의금도 모였다.

- 조치: 8월 22일, 「육군형법」 제99조 위반으로 송국

- 청·부·현: 경시청
- 본적, 주소, 직업, 성명, 연령: 불명(不明)
- 개요: 8월 24일 도쿄중앙우편국 소인 있음 / 혼조구(本所區) 유미초(弓町) 선만자치연구회(鮮滿自治硏究會) 목촌금일(木村金一) 명의로, 제국대학 및 와세다대학 학생대기실 학생제군 앞의 다음과 같은 행운의 편지 식의 반전·반군적 불온 내용이 개재된 통신을 발견했다.
  - 전쟁은 인생에서 가장 비참한 일로서 인류의 멸망을 의미한다.
  - 전쟁은 군인의 영예를 위해 수만의 인생을 희생으로 삼는, 이른바 한 명의 장군의 공을 세우기 위해 많은 병졸을 말리는 죄악이다. 공(功) 1급은 만 명의 생령(生靈)으로 얻어질 수 있는 것이라고 생각하면, 오늘날까지 개죽음당한 하사병(下士兵)은 불쌍하다.
  - 대동아전은 영토의 야심이 없고 경제적으로 희구하는 바가 없다고 한다. 단지 민족해방을 위해서라면 너무 많다. 무엇을 위한 전쟁인지 알 수 없다. 결국 직업군인을 위해 국민이 생명과 재산을 빼앗긴다. 도조(東條)[271] 는 검으로 사상을 정복하려 하고 있지만, 나무에서 물고기를 구하기보다 어렵다. 전과(戰果)로 사상은 격변하고 있다.
  - 세계평화를 위해 히틀러, 무솔리니, 루스벨트, 장개석, 도조, 스탈린, 처칠을 사형시키고 즉시 암살해야 한다. 이것이 세계 인류를 구하는 유일한 길이다.
  - 조선과 만주를 즉시 독립시키지 않고서 민족자결이 되겠는가.
  - 이 엽서를 본 사람이 10매씩 똑같은 글을 써서 배포한다면 존중받을 것이다.
- 조치: 수사 중

---

[271] 도조 히데키(東條英機, 1884~1948): 일본제국의 제40대 내각총리대신을 지낸 독재자, 전쟁범죄자. 권력 강화를 위해 현역 군인의 신분으로 복수의 대신 직위를 스스로 겸임하며 일본을 태평양전쟁으로 이끌었다. 개전 이후에는 이른바 '익찬선거'와 '헌병정치'에 의해 군부독재 체제를 구축하여 전쟁 수행에 전력을 기울였다. 원활한 전쟁 지도를 위해 관례를 깨고 육군대신과 참모총장을 겸임하기까지 했다. 패전 후 자살을 시도했으나 미수에 그쳤다. 극동국제군사재판(도쿄재판)에서 A급 전범으로 기소되어 사형 판결을 받고 교수형에 처해졌다.

- 청·부·현: 경시청
- 본적, 주소, 직업, 성명, 연령: 불명
- 개요: 6월 3일 광화문우편국 소인 있음 / 경성 삼판통(三坂通) 26-2, 추도풍인(秋島豊仁) 명의로, 도쿄 히비야구(日比谷區) 니주바시(二重橋) 궁내(宮內) 금상천황폐하전(今上天皇陛下殿)이라고 기재한 다음과 같이 조선의 징병제 실시에 반대하는 것 같은 불온한 내용의 통신이 있음을 발견했다.

도조(東條) 수상

전략(前略) … 이번에 발포한 징병제의 건에 대해 한마디 하고자 합니다. 조선에 발포한 것은 이르다고 생각합니다. 1944년(昭和 19)으로 정했는데, 지금 18~19세의 조선 청년인 자들이 검사받도록 되어 있습니다. 현대의 청년은 바라지 않는다고 생각합니다. 월사금(月謝)을 매달 1원, 후원회비도 내면서 배우고 있는데, 어째서 징병을 바라겠습니까. 의무교육도 안 되고 있습니다. 일한합병은 30여 년이고 대만합병은 가장 빨리 됐는데, 조선만 발포되었습니까. 하면 조선인을 바보로 본 것이군요. 애초에 틀렸습니다. 현대의 조선인은 청년들도 징병이 발포되어도 기뻐하지 않습니다. 아직 단련도 되어 있지 않고, 내선인을 구별하는 의무교육도 안 되고 있어서, 이번 청년들은 징병제가 발포되어 고심하고 있습니다. … 중략(中略) … 지원병이라고 해도 강제병(强制兵)이 아닙니까. 지금의 15세 이상은 전부 조선을 독립시키려는 사상을 가지고 있어요. … 중략 … 편지를 쓴 사람은 어느 200~300명 단체의 사람입니다. 이 200~300명은 전부 사상가에요. 조선에서 군대를 희망하는 사람 수는 100만분의 1이라고 생각합니다. 이것은 강제적이라고 생각합니다. 만약 1944년도(昭和 19)에 징병제를 시행한다면, 200~300명의 단원은 가만히 있지 않을 겁니다. 내란이라도 일으켜 미나미(南)[272] 총독을 비롯해 군사령관을 죽일 것입니다. 깊이 생각해서 징병령을 발포해 주세요. 지금 무엇이든 내선일체라고 합니다만, 같은 고등관(高等官) 월급이라도 내지인이 300원이면 조선인은 100원밖에 되지 않아 3분의 1 정도입니다. 이것으로 내선일체라고 말할 수 있습니까. 의무교육을 해서 의무교육으로 배운 사람부터 징병령을 발포하는 것이

---

[272] 미나미 지로(南次郎, 1874~1955): 제7대 조선 총독, 일본의 군인. 1936년 조선 총독으로 부임한 이래 '내선일체(內鮮一體)'를 표방하며 일본어 상용, 창씨개명, 지원병제도 실시 등 강력한 민족말살정책과 총동원 정책을 펼쳤다.

당연하지요. … 중략 …

징병령을 폐지해 주세요. 폐지하지 않으면 당신이 곤란해집니다. … 중략 … 내지인은 자신의 나라를 위해서 전사합니다만, 조선인은 무엇을 위해 전쟁터에서 죽어야 합니까.

인간은 죽는 것을 가장 싫어한다고 생각합니다. 조선인은 절대로 전쟁터에서 나갈 리가 없습니다. 조선인도 머리가 있습니다. 인도(印度)가 독립한 것을 부럽게 생각하고 있어요.

사요나라(左樣奈良)
1942년(昭和 17) 7월 5일
경성일소(京城一所)

- 조치: 수사 중

- 청·부·현: 경시청
- 본적, 주소, 직업, 성명, 연령: 불명
- 개요: 조선 경북 경주군(慶州郡) 서면(西面) 아화리(阿火里), 방정능(方正能) 명의로, 궁내성(宮內省) 앞의 「엎드려 바라건대, 황제 폐하께서는 도탄 속에 빠져 있는 만민을 잘 살펴주옵소서(伏願皇帝陛下明察萬民之陷於塗炭中)」라는 제목의 한문으로 된 상소문(上訴文)으로서 농작물(農作物) 공출(供出)에 대한 불평불만을 기술한 다음과 같은 불온 투서를 발견했다.

역문(譯文)

황제 폐하, 만민이 도탄의 괴로움에 빠져있으니 잘 살펴주십시오. 현재 공출 또는 배급 운운이라 칭하며 전부 강제로 걷어갑니다. 백성과 농우(農牛)가 함께 굶주림과 추위를 견딜 수 없는데, 어찌 농사를 지어 공출을 바칠 수 있겠습니까. 무릇 백성은 오직 나라의 근본입니다. 근본이 굳건해야 나라가 안녕합니다. 먹을 수 없고 입을 수 없는데, 어찌 오래가겠습니까.

폐하, 부유하다 하더라도 널리 천하의 백성이 안정되지 않으면, 비유컨대 큰 집에 높은 누각의 구중궁궐이라도 사람이 살지 않고, 가지런히 하는 사람(齊人)이 없으면 준비가 되지 않은 것처럼 오랫동안 편안할 수 없으니 뒤집히지 않겠습니까. 그러한즉 폐하는 백성으로 하늘을 삼으시고 백성은 음식으로 하늘을 삼을 것이니, 옛날의 독부(獨夫)[273] 고주(高紂)[274]를 듣지 않으랴. 사람을 따르게 함은 덕으로써 합니다. 수많은 백성은 대개 물과 불 속에 있음을 잘 살펴보십시오.

근자에 탐관오리(貪官汚吏)가 공출이라는 이름을 빙자하여 면 또는 삼베의 거래를 개인 용도로 사용하는 자가 적지 않으며, 수량의 배당을 부적절하게 처리하여 공출하고 있습니다. 구장(區長)이나 반장(班長) 무리는 공출에서 빠져서 벼를 쌓은 것이 언덕과 같으며, 빈약한 자는 모두 다 공출해버려서 한 알의 곡물도 배당되지 않아 곤란하기 짝이 없습니다. 이러하니 이른바 음식이 내란(內亂)을 만들 것인가.

불비(不備)

상백(上白)

조선 경북 경주군 서면 아화리

방정능 상소(上訴)

- 조치: 수사 중

- 청·부·현: 경시청
- 본적, 주소, 직업, 성명, 연령: 불명
- 개요: 10월 27일 오전 11시 55분경 도쿄시 요도바시구(淀橋區) 시모오치아이(下落合) 1-6번지 근처 도로를 통행 중이었다. / 도쿄시 요도바시구 시모오치아이 1-68, 제련주식회사(製鍊株式會社) 여공(女工), 나카야마 유키에(中山雪枝), 현 16세는 그 도로에서 레온 세안크림 빈 상자 위에 1전짜리 알루미늄 돈을 올려놓고 셀로판으로 감싼 것을 발견하고 습득하였다. 그 1전짜리 알루미늄 돈의 표면에 "천황폐하 바보", 뒷면에 "조선 만세"라는 불경스럽고 불온한 문자가 새겨있는 것을 발견하고 관할서(所轄署)에 제출했다. / 그리고 습득 당시의 모습으로 미루어 보아 범인은 용의주도하게 통행인이 발견할 수 있도록 고의로 빈 상자를 사용한 것으로 보인다. / 또한 인각(印刻)은 상당히 예리하고 뾰족한 것으로 새긴 것으로 보인다.

---

[273] 독부(獨夫): 악정(惡政)을 행하여 국민으로부터 따돌림을 받은 군주, 또는 인심을 잃어서 원조를 받을 수 없는 남자를 말함.
[274] 고주(高紂)는 주왕(紂王)을 가리키는 것으로 보인다.

- 조치: 현재 수사 중

- 청·부·현: 경시청
- 본적: 경북 합천군(陜川郡) 묘산면(妙山面) 화양리(華陽里) 548

  주소: 도쿄시 시부야구(渋谷區) 센다가야초(千駄ヶ谷町) 4초메 812

  직업: 성선(省線)[275] 차장견습(車掌見習)

  성명: 윤동식[(尹東植), 이동식(伊東植), 이동영문(伊東英文)]

  연령: 현 26세
- 개요: 피의자는 대동아전쟁이 발발하자 자택과 그 밖에서 친구와 여타의 사람에게,

  "남양(南洋)[276]의 원주민(土人)은 영·미인(英米人)을 숭배하고 일본인에게는 복종하지 않는다. 이번 대동아전쟁은 무한한 경제력과 광대한 식민지를 가진 미국과 영국이 전쟁에서 승리할 것이고, 장기전이 됨에 따라 물자가 소모되어 최후에 가서는 일본이 패전할 것이다. 그것은 독일의 예를 보면 명확하다."

  라고 일본의 패전을 예언하거나, 혹은 응소가족(應召家族)[277]에 대하여,

  "어디서나 가난한 사람이나 보통 사람이 있는 곳에는 소집이 오지만,[278] 높은 신분의 고노에(近衛) 상이나 대단한 사람이나 부자들이 있는 곳에는 소집이 오지 않는다. 만약 오더라도 가지 않을 것이다. 빨리 대단한 사람이 돼라."

  라며 명예로운 응소를 기피하거나 혹은 원한을 품는 듯한 언사를 늘어놓았다. 또는 올해 2월부터 차장견습 근무 중 지도차장 다나카 아사키치(田中朝吉)와 그 밖의 사람에게,

  "근대의 전쟁은 물자와 경제와 사람이 없으면 이길 수 없다. 이 세 가지의 조건이 우리나라에는 부족하기 때문에 전쟁에서 이길 수 없다. 제1차 구주대전(歐洲大戰) 때 독일이

---

[275] 성선(省線): 일본 정부가 운영하는 철도노선을 가리키는 호칭. 운영하는 기관의 정식 명칭은 시대마다 달라서, 1920~1943년은 철도성(鐵道省), 1943~1945년은 운수통신성(運輸通信省), 1945~1949년은 운수성(運輸省)이었다.

[276] 남양(南洋): 태평양의 적도를 경계로 하여 그 남북에 걸쳐 있는 지역을 통틀어 이르는 말로서, 마리아나, 마셜, 캐롤라인 등의 군도와 필리핀 제도, 보르네오섬, 수마트라섬 등을 모두 포함한다.

[277] 응소가족(應召家族): 소집에 응한 병사를 둔 가족.

[278] 소집명령을 받는다는 의미이다.

처음에는 실력으로 이겼지만, 뒤에는 물자와 경제와 내란 때문에 지고 말았다. 일본도 그렇게 될 것이다."

라고 총후 국민의 전쟁 필승에 대한 신념을 저해할 것 같은 언사를 늘어놓았다.

- 조치: 8월 26일, 검거 / 10월 9일, 「언론·출판·집회·결사 등 임시취체법」 위반으로 송국

- 청·부·현: 경시청
- 본적: 함북 회령군(會寧郡) 벽성면(碧城面) 대덕동(大德洞) 275, 호주 원택(元澤)의 장남

  주소: 도쿄시 간다구(神田區) 미사키초(三崎町) 2초메 1번지, 유타카장(莊) 2호실

  직업: 인부 겸 간토상업학교(關東商業學校) 생도, 3년생

  성명: 강병환[姜秉煥, 팔왕사공관(八王寺公寬)]

  연령: 현 25세

- 개요: 올해 8월 초순경부터 9월 하순경 사이에 유숙하던 장소에서 동거 중인 김성충부(金城忠夫), 하본원일랑(河本源一郞)에게 수차례에 걸쳐서,

  1. 요즈음 신문 기사는 데마[279]뿐이다. 일본이 큰 전과를 거뒀다는 것도 엉터리이다.
  2. 일본군은 알류샨에 상륙했다고 발표한 후 신문에 뉴스가 나오지 않은 것은 일본군이 당해서 끝장났기 때문이다.
  3. 적의 비행기가 또다시 도쿄로 날아올 것이다. 도쿄는 해상에서도 지나의 육상기지에서도 충분히 적기가 날아올 수 있다고 생각한다.

  운운하며 인심을 혹란시킬 만한 사항을 유포했다.

- 조치: 10월 29일, 검거 / 11월 24일, 「언론·출판·집회·결사 등 임시취체법」 위반으로 송국

- 청·부·현: 경시청
- 본적: 함북 경성군(鏡城郡) 경성면(鏡城面) 금산동(錦山洞) 234, 호주 정치(正治)의 장남

  주소: 도쿄시 간다구 사루가쿠초(猿樂町) 204, 조선기독교청년회관 내

---

[279] 데마: 데마고기(demagogy)의 줄임말. 선동적인 악선전이나 헛소문.

성명: 채수청[蔡洙淸, 풍천차랑(豊川次郞)]

연령: 현 24세

- 개요: 올해 8월 말, 도쿄시 간다구 사루가쿠초 2-4, 조선기독교청년회관 내 신문잡지 열람소에서 비치된 조선춘추사(朝鮮春秋社) 발행 잡지 《춘추(春秋)》 6월호 100쪽에서 실린 〈징병제와 가정 동원, 군국의 어머니 좌담회〉의 사진 위에서

  "이 바보천치, 똥이나 먹어라."

  라는 조선 민족의 황국신민화에 울분의 뜻을 드러낸 불온 낙서를 발견하고 범인을 수사한 결과, 위에 기록한 풍천차랑을 피의자로 검거했다.

- 조치: 11월 2일, 검거 / 취조 결과, 민족적 편견에서 나쁜 희롱을 한 것이며 다른 뜻은 없었고, 사범(事犯)이 경미하여 엄중히 타이른 후 11월 21일 석방하고 귀선(歸鮮)시킴

- 청·부·현: 경시청
- 본적: 함남 문천군(文川郡) 내면(內面) 교월리(橋越里)

  주소: 도쿄시 요쓰야구(四谷區) 나이토마치(內藤町) 1, 미야카와 도미(宮川登美) 집

  직업: 출판업

  성명: 김동림[金東林, 도원동림(桃原東林)]

  연령: 현 25세

- 개요: 1942년(昭和 17) 8월 중순경 요쓰야구 나이토마치 1, 양재(洋裁) 교수인 미야카와 도미 집에서 그 집의 직인(職人) 등과 대담 중에,

  (1) "방공(防空)연습은 일·소 전쟁 준비 때문에 하고 있는 것이에요.", "독일이 머지않아 모스크바를 침입하겠지만 일·소전이 시작되면 소련은 도쿄와 오사카 등의 대도시를 공습해 오겠지요. 소련에서 도쿄까지는 2~3시간으로 올 수 있으니까, 당신들도 지금 도망가는 편이 좋겠지요."

  (2) "국채(國債)는 국민이 의무적으로 사는 것이 아니니까, 돈이 있으면 많이 사고 없으면 적게 사는 것입니다. 그런데 현재 상태에서는 남방의 자원만으로는 현재 발행하고 있는 만큼의 국채 금액은 돌려받을 수 없다는 등을 말하는 사람도 있으니까, 국방헌금의 심산으로 살 생각이 아니라면 지금 팔고 끝내는 것이 좋다.

(3) "지치부노미야(秩父宮)²⁸⁰가 나오지 않는 것은 질병 때문이지요. 영국에 있을 무렵 성병(性病)에 걸려 뇌매독이 되었어요. 다카마쓰노미야(高松宮)²⁸¹ 씨는 제대(帝大)에 못 들어갔으니까 머리는 좋지 않겠지요."

등으로 유언(流言)과 불경한 언사를 늘어놓았다.

- 조치: 경시청에서 9월 26일 검거 / 취조 후 이번 달 19일 「언론·출판·집회·결사 등 임시취체법」 및 「형법」 제76조 위반으로 도쿄형사지방재판소 검사국에 송국됨

- 청·부·현: 홋카이도(北海道)
- 본적: 경북 경산군(慶山郡) 하양면(河陽面) 금동(琴洞) 116
  주소: 홋카이도 덴시오군(天鹽郡) 닛소천염광업소(日曹天鹽鑛業所)
  성명: 성산태약(星山泰若)
  연령: 현 34세
- 개요: 7월 31일 같은 직장에서 일하던 응소군인(應召軍人) 모 씨의 처를 감언(甘言)으로 농락하고 불륜관계를 맺기에 이르렀다.
- 조치: 검거 취조 후 전시주거침입죄(戰時住居侵入罪)로 송국 중 징역 6개월의 언도(확정)가 있었음

- 청·부·현: 홋카이도
- 본적: 경남 울산군(蔚山郡) 농소면(農所面) 중산리(中山里) 892
  주소: 홋카이도 기타미선(北見線) 고이시조림사업장(小石造林事業場) 에가와 후미호(江川富美雄) 집

---

280 지치부노미야 야스히토(秩父宮雍仁, 1902~1953): 일본의 황족. 아버지 다이쇼 천황과 어머니 데이메이(貞明) 황후 사이의 차남으로 태어났다. 본명은 야스히토, 아명은 아쓰노미야(淳宮)이다. 쇼와 천황의 아우이며, 계급은 육군 소장이다.
281 다카마쓰노미야 노부히토(高松宮宣仁, 1905~1987): 일본의 황족, 다이쇼 천황과 데이메이(貞明) 황후 사이의 셋째 아들로, 쇼와 천황과 지치부노미야 야스히토의 동생이다. 아명은 데루노미야(光宮)이며, 해군 대령으로 복무했다. 태평양전쟁 때는 평화론을 주장했으며 요나이 미쓰마사(米内光政), 요시다 시게루(吉田茂) 등 뜻이 같은 사람들과 화평파를 만들었다. 다카기 소키치(高木惣吉) 등과 함께 도조 히데키(東條英機)의 암살을 추진하기도 했다.

성명: 영산용만(永山龍萬)

연령: 현 25세

- 개요: 제도(帝都)의 공습 상황을 본적지의 친형 영산진백(永山鎭百)에게, "외국 비행기 10여 대가 오후 1시경 와서 가장 요지(要地)에 해당하는 7~8개소에 폭탄을 떨어뜨려서 다수의 사상자를 냈는데, 신문에도 비밀로 했기 때문에 나오지 않아서 알 수 없다. 지금 내지는 상당히 혼란한 상태를 보이고 있는 것 같다."

 라는 통신을 했다.

- 조치: 시말서를 요구하고 엄중히 타이름

- 청·부·현: 오사카부(大阪府)
- 본적: 전남 보성군(寶城郡) 겸백면(兼白面) 평호리(平湖里) 343

 주소: 오사카시 아사히구(旭區) 이쿠에초(生江町)

 직업: 보험외교원(保險外交員)

 성명: 박학주[朴學柱, 천순(泉淳)]

 연령: 현 23세

- 개요: 피의자는 보험을 권유하면서 정부 파견 저축보국선전부(貯蓄報國宣傳部) 실행위원 또는 귀환 용사처럼 꾸미고 오사카시 덴노지구(天王寺區) 다마마에마치(玉前町) 47, 신자부로(信三郎)의 장녀 마쓰모토 기쿠에(松本菊枝) 외 5명에게,

 "지나의 여자는 정말로 참혹한 상태이다. 배가 잔뜩 부른 사람도 일본의 군대는 밉다고 말하며 찔러 죽이기 때문에 무서워서 지붕 밑에 숨어 밥을 먹고 있는 여자가 있다. 나도 죽이고 왔다. / 지금은 비행기도 날아오지 않지만, 3월경이 되면 알류샨 방면에서 척척 날아와서 반드시 공습할 것이다. 그때는 남자란 남자는 모두 전쟁에 나가고 후방은 가정주부와 어린아이로만 지켜야 한다. 그러한 때 이 보험에 들어 있으면 다치더라도 무료로 치료받을 수 있다. 또 이 보험료가 병원 설립 자금도 될 수 있다."

 라며 시국에 관해 조언비어를 하고, 또 인심을 혹란하는 듯한 언사를 늘어놓았다.

- 조치: 2월 24일, 검거 / 3월 20일, 「언론·출판·집회·결사 등 임시취체법」 제17·18조 위반으로 송국

- 청·부·현: 오사카부
- 본적: 경남 부산부(釜山府) 영선정(瀛仙町) 1655

  주소: 오사카부 스이타시(吹田市) 가타야마((片山) 히가시야마초東山町) 27, 천리장(千里莊) 아파트 내

  직업: 무직

  성명: 김무석[金武石, 김정무석(金井武石)]

  연령: 현 21세

- 개요: 피의자는 8월 하순 이타미시(伊丹市) 스즈마쓰(鈴松) 207번지의 8, 정부(情婦)인 다카시마 이와코(高島岩子, 현 21세)와 동숙인(同宿人) 가미야 쇼세이(加宮章聖) 외 1명에게, 부산항(釜山港)은 요새지대(要塞地帶)라는 것을 다 알면서 반전적인 의사로,

  "부산항은 파괴와 피를 부르는 대포 고사포가 놓이고,"

  운운하며 군사(軍事)에 관한 조언을 한 것 외에 조선 사정에 관해

  "민중의 생활은 이루 다 말할 수 없다. 물건은 있어도 배급기구가 나빠서 민중에게는 물건이 하나도 들어가지 않는다. 시장에서도 도로에서도 공공연히 암거래(闇)가 행해지고 있다. 월급은 오르지 않고, 쌀은 없다. 어째서인가. 관리가 나쁘기 때문이다. 내지로 보내기 때문만은 아니다. 관리의 공명심 때문에 순진무구한 인민에게 비극을 안겨주고 있다. 쌀을 만드는 백성에게는 한 알의 쌀도 없는, 약탈이라고 해도 좋을 만한 압수진(押收振)을 펼치고 있다. 민중은 아사(餓死)에 빠져있다."

  라며 민심을 혹란하는 언어를 유포하였다.

- 조치: 9월 15일, 검거 / 10월 3일, 「육군형법」과 「언론·출판·집회·결사 등 임시취체법」 위반으로 송국

- 청·부·현: 교토부(京都府)
- 본적: 경기 경성부 아현정(阿峴町) 495

  주소: 교토시 나카교구 니시노쿄(西ノ京) 나카아이초(中合町) 8, 이천육백년장(二千六百年莊) 내

  직업: 사립교토고등상과학교(私立京都高等商科學校) 1년생

성명: 김택주원(金澤周元)

연령: 현 17세

• 개요: 3월 12일 교토시 나카교구(中京區) 니시노쿄 남부 내 하타마치(畑町) 20, 오니시 헤이시치(大西平七) 집 울타리(板塀)[282] 에,

"천황폐하를 죽이겠다. / 일본인을 모두 죽여라. / 조선대정의(朝鮮大正義)"

라고 백묵으로 기재한 것을 발견하여 범인을 수사한 결과, 김택(金澤)을 피의자로 검거해 취조한 결과, 위의 장소에서 친구 고문훈위(高本訓位), 김택일평(金澤一平)과 조선 독립에 관해서 서로 이야기한 후 김택일평이 "일본인을 모두 죽여라"라고 낙서를 했는데, 피의자는 "천황폐하를 죽이지 않으면 안 된다"라며 앞서 기록한 것처럼 "천황폐하를 죽이겠다"라고 기재한 것으로 판명되었다.

• 조치: 3월 17일, 검거 / 취조 결과 4월 13일, 「형법」 제74조 불경죄(不敬罪)로 관할 교토지방재판소 검사국으로 송국

• 청·부·현: 교토부
• 본적: 전북 전주부(全州府) 청수정(淸水町) 41

주소: 교토시 나카교구 이와가미도리(岩上通) 마쓰바라아가루(松原上ル) 호리바 가네자부로(堀場兼三郞) 집

직업: 도지중학교(東寺中學校) 3년생

성명: 중산무치(中山茂治)

연령: 현 19세

• 개요: 4월 22일 본적지의 친형 중산헌일랑(中山憲一郞)에게,

"게이힌(京濱) 지방[283]에 적기(敵機)가 내습(來襲), 나고야와 고베도 습격하여 소이탄을 다수 떨어뜨렸습니다. 포격을 당하면 집을 떠나야 합니다. 그때는 이미 늦습니다. 그 이전에 가면 학업이 쓸모없게 됩니다. 운명의 시기는 알 수 없으므로 어쩔 수 없습니다. 침착

---

282 원문의 이타베(板塀)는 판장(板墻), 즉 '널빤지로 친 울타리'를 의미한다.
283 게이힌(京濱) 지방: 도쿄와 요코하마(橫濱)에서 한 자씩 따서 합성된 명칭. 도쿄·가와사키(川崎)·요코하마 등 3개의 대도시를 가리키지만, 넓게는 가나가와현(神奈川縣) 남동부의 쇼난(湘南) 지방을 포함하기도 한다.

하고 냉정하게 공부해야 합니다. 교토도 위험합니다. 체험상 교토는 인심이 그다지 좋지 않습니다. 호리바(堀場)도 어제 상태로는 일본 민족과 조선 민족을 차별하였습니다. 저의 심리로는 이 일본을 무너뜨리면 유쾌할 것입니다. / 도리상으로 보아도 일본 민족과 조선 민족으로 한눈에 구별됩니다. 우리 조선인은 언제까지나 속국입니다. 나라 없는 조선인은 실로 슬픕니다. 우리는 언제가 되어야 행복해질까요. 저는 개인주의로만 치우쳐 있지 않습니다. 단체주의였다면 내지인이 되기 때문에 저는 싫어서 견딜 수가 없습니다." 라는 통신을 했다.

- 조치: 검거해 취조한 결과 7월 28일, 「언론·출판·집회·결사 등 임시취체법」 위반으로 교토지방재판소 검사국으로 송국

- 청·부·현: 교토부
- 본적 / 주소 / 직업 / 성명 / 연령: 불명
- 개요: 10월 10일 교토시 가미교구(上京區) 다카라초도리(寶町通) 가미고료마에아가루(上御靈前上ル) 니시이루 다케조노초(西入竹園町), 겐부아동공원(玄武兒童公園) 동남(東南) 귀퉁이 소재 공중변소 내 시멘트벽에,

민족과 핏줄기(血潮)

살아있는 역사가 쌓여와 / 원망은 여기에, 몇 성상(星霜) / 우리 망국을 살아와 / 뜨거운 눈물을 알게 되다 / 나라가 없으면 민족의 / 우리의 빛이다, 피야말로 / 어찌할 바를 모르겠다, 조선의 / 독립의 나라, 영광의 나라 (한 명의 반도 조선인)

이라고 하여 조선 독립을 희구하는 듯한 시가(詩歌)가 기재되어 있는 것을 발견했다.

- 조치: 목하 수사 중

- 청·부·현: 교토부
- 본적 / 주소 / 직업 / 성명 / 연령: 불명
- 개요: 이미 해군 군인을 지원했다.

교토시 가미교구구(上京區) 닌나지(仁和寺) 가도(街道) 가미야가와(紙屋川) 히가시이리 시모요코초(東入下橫町) / 국본탁신(國本卓信, 현 16세)

에게, 9월 21일 시내 우쿄구(右京區) 사가아라시야마(嵯峨嵐山) 혼초(本町) 18, 김동남(金東南) 명의로 다음과 같이, 해군지원을 방기하고 조선 독립을 위해 궐기하자, 만약 따르지 않으면 살해할 것이라는 내용의 불온 협박장을 우편으로 보냈다.

국본(國本) 군(적은 것은 가짜 주소와 가짜 이름임)

신문을 보았다. 귀하는 해군지원을 어째서 지원했는가. 우리 대한제국(大韓帝國)은 진주황제폐하(晉洲皇帝陛下)가 계신 곳에 한군예령관(韓軍詣令官) 이대왕(李大王) 여러분이 계셨다.

이대왕도 당시 일본을 원망하고 눈물을 흘리며 어쩔 수 없이 일한합국(日韓合國)에 조인한 것이다. 그 위 구절의 일본 정치는 어떤가. 한국에는 일본의 사족(士族)에 해당하는 양반이라는 말이 있는 지금으로서는, 평민과 마찬가지로 황공하옵게도 진주황제폐하는 가지지 못했어도, 신민(臣民)과 마찬가지로 원통해야 할 일본, 귀하는 어째서 일본을 위해 목숨을 던지는 것인가. 어차피 죽어야 한다면 한국독립을 위해 한국독립열혈지사(韓國獨立熱血之士)가 되어 우리 고향 한국의 사(士)가 되어라.

일본은 만주와 한국의 평화를 깨뜨렸다. 지금 경성에는 몇만이나 되는 한국 독립운동을 부르짖는 열혈 지사가 있다. 귀하도 그것에 참가하라. 그렇지 않으면 귀하의 목숨은 이번 달에 끝난다고 생각하라. 귀하의 행동에는 매일 12명의 동지가 붙어 있다. 귀하는 속히 대명(代名)을 명기(明記)한 후 허락하는 글을 가지고, 30일 밤 8시 우쿄구 사가아라시야마의 도게쓰교(渡月橋)의 서쪽 난간까지 와라. 오지 않으면 12명의 동지가 귀하를 어떻게 하는지 보라. 언젠가 귀하의 목숨은 없어질 것이다.

(귀하에게 말함)　　　　　　　　　　　　　　　　　　　　　　　　　국기(國旗)

"한국 독립운동을 외쳐라."

(적은 것은 모두 가짜 주소와 가짜 이름임)

- 조치: 현재 수사 중

- 청·부·현: 나가사키(長崎)
- 본적: 경남 밀양군(密陽郡) 단양면(丹陽面) 범도리(泛棹里) 18, 어느 호주(戶主)

  주소: 나가사키현(長崎縣) 기타마쓰우라군(北松浦郡), 이마즈루탄갱(今鶴炭坑)

  성명: 박도원[朴道元, 향천이삼랑(香川利三郞)], 선을(鮮乙)

연령: 현 50세
- 개요: 올해 6월 5일 갱부 자식의 명절 축하에 초대받아 축하 연회를 하던 중 계희일랑(界喜一郞) 외 5명에게,

  "조선에 징병제를 실시한 것은 요사이 일본이라는 나라가 약해졌기 때문에 실시한 것이다."

  게다가 8월 20일 가까운 이웃인 갱부인 대강말남(大江末男) 외 3명에게,

  "조선 총독도 이전에는 대단히 좋았으나 지금의 총독은 정치를 하는 것이 나쁘다. 요사이 조선에 징병제를 펼친 것은 일본의 군대가 줄어 병력이 약해지고 국력이 약해졌기 때문이다." 운운하며 군사에 관한 조언과 인심을 혹란하는 듯한 언사를 유포했다.
- 조치: 11월 10일, 「육군형법」과 「언론·출판·집회·결사 등 임시취체법」 위반으로 송국

- 청·부·현: 효고현(兵庫縣)
- 본적: 경북 의성군(義城郡) 봉양면(鳳陽面) 구미동(龜尾洞) 291

  주소: 고베시(神戸市) 하야시다구(林田區) 미사키초(御崎町) 2-270

  직업: 닛빠츠정기공장(日發精機工場) 직공

  성명: 평산영룡(平山永龍)

  연령: 현 26세
- 개요: 올해 9월 16일 자신이 취로하고 있는 공장의 직공 해원무(海原茂) 등에게,

  일본의 장교 무리가 지나병(支那兵) 포로를 신도(新刀)로 시참(試斬)한다던데, 대개는 꺼리는 느낌이 들어서 그 사체(死體)의 처분을 부하의 군대(兵隊)에 맡기고 있다."

  등으로 유언을 유포했다.
- 조치: 10월 30일 「육군형법」 위반으로 검거하여 고베지방재판소 검사국에 송국함

- 청·부·현: 효고현
- 본적: 함북 회령군(會寧郡) 회령읍(會寧邑) 본정(本町) 15

  주소: 고베시 고베구(神戸區) 야마모토도리(山本通) 1초메 26-1

  직업: 동일기계공구점주(東一機械工具店主)

성명: 이남청[李南淸, 길전겸광(吉田兼光)]

연령: 현 32세

- 개요: 피의자는 작년 12월 8일 이래 오래 3월까지 아키야마 스스무(秋山進), 와타나베 산페이(渡邊三平) 외 여러 명에게,

"미국 군대가 가지고 있는 병기 등은 대단히 우수하므로 일본 본토를 공습한다면 목조 건물은 큰일 난다. 지나와 미국을 동일하게 생각하는 것은 잘못된 것으로서 머지않아 미국의 공습이 있을 것이다."

"많은 라디오 뉴스를 듣고 있는데, 이는 일본인이 미·영을 두려워하고 있다는 증거다."

"프린스 오브 웨일스(Prince of Wales)호[284]는 불침함(不沈艦)[285]으로 유명한 전투함이기 때문에 이것이 격침되었다는 것은 믿을 수 없다."

"이번 일·미전쟁(日米戰爭)에서 일본이 지기를 희망하고 있는 내 생각으로는, 조선은 일본에 빼앗겼기 때문에 일본이 전쟁에 진다면 그것을 복수할 수 있다. 게다가 미국은 조선가정부(朝鮮假政府)를 인정하며[286] 국제적 회합에서는 일본 외교관의 상석(上席)에서 보고 있으므로 조선인은 안전을 보장받고 있다."

운운하며 인심을 혹란하는 언사를 내뱉었다.

- 조치: 3월 31일, 검거 / 「언론·출판·집회·결사 등 임시취체법」 위반으로 5월 14일 고베지방재판소 검사국으로 송국

- 청·부·현: 효고현
- 본적: 경남 밀양군(密陽郡) 청도면(淸道面) 인산리(仁山里)[287] 442

   주소: 무코군(武庫郡) 혼조무라(本庄村) 오기(靑木) 411

---

[284] 프린스 오브 웨일스(Prince of Wales): 제2차 세계대전 당시의 영국 군함으로서, 1941년 12월 10일 말레이 해전에서 침몰하였다.

[285] 불침함(不沈艦): 침몰하여 가라앉지 않는 군함.

[286] 미국이 조선의 임시정부를 '인정'하고 있다는 것은 잘못된 정보이다. 미국 등 연합국은 종전 때까지 한 번도 대한민국임시정부를 승인하지 않았다.

[287] 원문은 백산리[(王+伯)山里]로 되어 있는데, 밀양군 청도면에 백산리라는 지명은 확인되지 않는다. 비슷한 지명으로 인산리(仁山里)가 확인되며 인산리로 기재된 자료도 있어서(明石博隆·松浦總三 編, 『昭和特高彈壓史』 7, 太平出版社, 284쪽) 수정하였다.

직업: 심부름꾼(手傳職)

성명: 이강백[李康珀, 평택강백(平澤康珀)][288]

연령: 현 19세

- 본적: 경남 밀양군 초동면(初同面) 봉황리(鳳凰里) 931

  주소: 무코군(武庫郡) 혼조무라(本庄村) 오기(靑木) 42, 기노시타(木下) 집

  직업: 심부름꾼(手傳職)

  성명: 이득한[李得漢, 철성득한(鐵城得漢)]

  연령: 현 18세

- 개요: 평택강백은 5월 1일경 철성득한 및 김본춘재(金本春在)에게,

  (1) 교토공습(京都空襲) 때 가와사키동관회사(川崎銅管會社)에 폭탄이 떨어져 직공이 많이 죽었다. 또 국민학교에도 폭탄이 떨어져 생도가 800여 명이나 죽었다.

  (2) 지금 일본은 전쟁하고 있지만 병사가 적어서 소년을 많이 잡아가기 때문에 나라를 다스릴 힘이 없다. 적의 비행기가 와도 이를 방어할 힘이 없다. 일본은 전쟁에 패할지도 모른다.

  (3) 신문에서는 일본이 전쟁에 져도 이겼다고 허위 사항을 보도하고 있다.

  운운하며 군사에 관한 조언을 유포했다.

  철성득한은 이것을 듣자마자 더욱 과대하게 억측하여 문서에 적어 향리로 통신했다.

- 조치: 검거해 취조한 결과, 위에 기술한 범죄사실이 판명되어 7월 16일 관할 검사국으로 송국함.

3) 유언비어 및 불경낙서(不敬落書) 등 취체 상황

- 청·부·현: 아이치현(愛知縣)

- 본적: 전남 고흥군(高興郡) 금산면(錦山面) 석정리(石井里) 932

---

[288] 원문에는 이강백과 평택강백의 한자 珀이 (王+伯)으로 기재되어 있다. 위 각주의 『昭和特高彈壓史』 7에도 동일하다. 그런데 『독립운동사자료집』 별집3(독립운동사편찬위원회, 1977, 698쪽)에서 '李康珀'으로 기재하였기에, 이를 따라 수정하였다.

주소: 아이치현 히가시카스가이군(東春日井郡) 다이센지초(高藏寺町) 아자다마노(字玉野)

직업: 토공(土工)

성명: 진용문(陳用文)

연령: 현 44세

- 개요: 피의자는 3월 16일 오후 2시경 지인인 아이치현 니시카스가이군(西春日井郡) 니시비와지마초(西枇杷島町) 아자히후타쓰(字比二ツ) 엔부리고물상(朳古物商)[289] 최광보(崔光保) 집에 가서 그 집에 함께 사는 반도인(半島人) 김택경정(金澤景政) 외 2명에게,

  "이것은 예전에 들은 이야기인데, 세토(瀬戸)의 경관(警官) 딸이 쌀이 떨어져서 쌀가게에 갔는데, 쌀가게에서는 기일이 되지 않았으므로 아무리 경찰 쪽 사람이라도 어쩔 수 없다고 하여, 그 사람은 하는 수 없이 집으로 돌아가 아이를 죽이고 자신도 죽어서, 한 집에 다섯 사람 모두가 죽어버렸다고 한다."

  운운하며 인심을 혹란할 우려가 있는 허위 사실을 유포했다.

- 조치: 6월 17일, 검거 / 「형법」 105조 위반으로 3월 31일 나고야지방재판소 검사국으로 송국

- 청·부·현: 기후현(岐阜縣)
- 본적: 경남 고성군(固城郡) 개천면(介川面) 용안리(龍安里) 번지불상(番地不詳)

  주소: 기후현 이나바군(稲葉郡) 가가시마무라(鏡島村) 가가시마(鏡島), 김성갑(金成甲) 집

  직업: 무직

  성명: 김산맹천(金山孟千)

  연령: 현 17세

- 개요: 피의자는 올해 4월 18일 오후 7시경부터 기후현 하시마군(羽島郡) 가사마쓰초(笠松町) 무라이직물공장(村井織物工場) 내 기숙사에서 직공 죽산행출(竹山行出) 외 수명에게,

  "현재 나고야는 공습을 받아 많은 사람이 죽었다고 한다. 이렇게 고통스러운 일은 없다. 일찍 항복하는 편이 좋다. 지금이라도 늦지 않았으니 빨리 미국에 항복해야 한다. / 매

---

289 엔부리(朳)는 고무래 또는 삼태기를 뜻함.

일 밤 이렇게 어둡게 있으니 자유롭지 않아서 곤란하다. 미국도 살아 있으므로 앞으로 또 언제 공습이 있을지도 모른다. / 일본인은 야스쿠니신사에 모셔져 기쁘겠지만, 맞은편에서는 돈을 빌리러 오는 오늘 밤은 천황폐하도 발 뻗고 잘 수는 없을 것이다."
운운하며 인심을 혹란하는 언사를 지껄였다.
- 조치: 5월 15일, 검거 / 「언론·출판·집회·결사 등 임시취체법」 위반으로 5월 25일 기후지방재판소 검사국으로 송국

- 청·부·현: 도치기현(栃木縣)
- 본적: 전남 영광군(靈光郡) 서면(西面) 포라리(浦羅里) 613, 호주 종하(鐘河)의 동생
  전 주거: 도쿄시 후카가와구(深川區) 사루에초(猿江町) 2-9
  현 주소: 도치기현 아시카가군(足利郡) 게노무라(毛野村) 오아자칸노(大字勸農) 368
  직업: 유람루(油檻褸)[290] 재제업(再製業)[291]
  성명: 덕원종영(德原鐘榮)
  연령: 현 33세
- 개요: 도쿄시 재주 중 도쿄시 시부야구(渋谷區) 하타가야육군저수공사장(幡ヶ谷陸軍貯水工事場)에서 토공 인부로 취로 중이던 작년 12월 10일, 이 공사장에서 토공으로 일하던 도쿄시 후카가와구 사로에초 2-7 최선장[崔善璋, 산본선장(山本善璋), 현 37세]에게,
"일본은 지나와 미·영과 싸워서 이기고 있다고 하지만 나중에는 패전한다. 그것은 일본에는 물자가 부족하기 때문이다. 일본 군인은 모두 죽어서 져도 좋다."
운운하며 반전적인 조언비어를 했다.
- 조치: 1월 29일, 검거 / 「육군형법」 위반으로 2월 21일 아시카가구재판소(足利區裁判所) 검사국으로 송국

- 청·부·현: 도치기현

---

290 '유람루(油檻褸)'는 '찌꺼기 기름'을 의미하는 것으로 보인다.
291 재제업(再製業): 한 번 만든 것이나 낡은 것을 다시 가공하여 제품으로 만드는 업.

- 본적: 경남 울산군(蔚山郡) 대현면(大峴面) 선암리(仙岩里) 252

  주소: 도치기현 가쓰미가군(上都賀郡) 아시오마치(足尾町), 스나하타동산(砂畑銅山) 사택(社宅) 아시오동산(足尾銅山)

  직업: 갱부

  성명: 송본봉근(松本奉根)

  연령: 현 29세

- 개요: 피의자는 작년 7월 하순경 아시오동산 반도인 노동자 합숙소 스나하타협화료(砂畑協和寮)에서 함께 머물던 같은 료(寮) 취사계(炊事系)의 내지인 에비사와 후지요시(蛯澤藤吉) 외 2명과 잡담 중에,

  "군대(兵隊)가 전쟁하러 출정했는데 한 사람도 전송하는 사람이 없을 정도로 쓸쓸하니, 또 그 정도로 바보 같은 일은 없다. 차라리 기차에 깔려 죽는 편이, 오히려 체념하는 것이 좋다."

  운운하며 군사에 관한 조언을 했다.

  또한 같은 해 11월 25일 아시오마치 스나하타동산 사택에 사는 반도인 미택양길(米澤亮吉) 방에서 미택 외 3명에게,

  "저금은 무리해서 할 것이 아니다. 전쟁하는 것과 저금은 하나가 아니다. 일본이 전쟁하고 있는 것은 정부에 여유가 있기 때문이어서 자기들 맘대로 하는 것이다. 우리 조선인의 돈 등은 맘대로 할 수 있는 것이 아니다. 저금은 우리 맘대로 하는 것이다. 군대는 군대대로 맘대로 전쟁하는 것이 좋다."

  운운하며 군사, 기타에 관해서 조언을 유포했다.

- 조치: 1월 22일, 아시오경찰서에서 검거 / 「육군형법」 위반으로 아시카가구재판소 검사국으로 송국 / 4월 10일, 기소유예 처분

- 청·부·현: 시즈오카(靜岡)
- 본적: 경남 창원군(昌原郡) 진북면(鎭北面) 지산리(智山里)

  주소: 군마현(群馬縣) 기류시(桐生市) 하마마쓰초(濱松町) 1-850

직업: 파라슈트[292] 부품공장(部分品工場) 직공

성명: 원성신웅(遠城信雄)

- 개요: 7월 31일 열차 안에서 동승객에게,

 "조선은 올해는 비가 내리지 않아 모내기할 수 없는 곳이 많아, 올해는 대흉작으로 곤란해질 것이다."

 "지금 내가 있는 곳에서는 파라슈트 부품의 하청 제조를 하고 있다. 처음에는 군수품 등이 벌이가 될까 생각하여 시작했는데, 이 3개월 정도는 벌이가 되는 것인지, 능률은 오르지 않아 큰일이다. 게다가 제품을 납부해도 대금을 곧바로 주지 않아서 200원뿐이라 생계가 막혀 버렸다."

 운운하며 불온한 언사를 지껄였다.

- 조치: 이동경찰관이 검거 / 취조 결과, 엄유(嚴諭)한 후 시말서를 받고 풀어줌

- 청·부·현: 오카야마현(岡山縣)
- 본적: 경남 거창군(居昌郡) 고제면(高梯面) 개명리(開明里) 1317

 주소: 오카야마현 미쓰군(御津郡) 에요미손(江與味村) 오아자에요미(大字江與味) 924

 직업: 제재직공(製材職工)

 성명: 김점술[金點述, 김본이랑(金本二郎)]

 연령: 38세

- 개요: 7월 16일 오후 6시 30분경, 오카야마현 미쓰군 에요미손 오아자에요미 마루야여관, 즉 히시카와 신야(菱川津彌) 집에서 음주한 후 그곳에 함께 머물던 동료 조선인 고산일랑(高山一郎) 외 3명에게,

 "천황 천황이라고 하지만, 요즈음에는 충분히 밥이라도 먹여주는가. 배가 고파서 일할 수도 없어. 천황도 일하고 있겠지만, 우리도 일하는 만큼은 먹여주어야만 일할 수 있다."

 라며 천황에 대하여 불경한 언사를 지껄였다.

- 조치: 8월 1일 검거해 취조한 결과, 불경죄로 오카야마지방재판소 검사국으로 송국

---

[292] 파라슈트(parachute): 낙하산.

- 청·부·현: 후쿠오카현(福岡縣)
- 본적: 경남 함안군(咸安郡) 함안면(咸安面) 파수리(巴水里) 166

  주소: 구라데군(鞍手郡) 니시가와손(西川村) 구소니시가와광업소(九曹西川鑛業所)

  직업: 수선기(水選機)[293] 운전계(運轉系)

  성명: 임대종[林臺鐘, 임정차(林貞次)]

  연령: 26세

- 개요: 피의자는 직장에서 비누 부족으로 불편함을 느끼고 있는 즈음에 노무계(勞務系)의 하타모리 메구미(畠盛惠)로부터 조선 내 지방에 상당량의 비누가 있어서 구입 알선을 의뢰받았다. 그런데 자신의 의형(義兄)인 경남 함안군 가야산업조합(伽椰産業組合) 서기 평산성일(平山聲一)에게,

  "내지는 비누가 전부 배급되어버려서 1개에 5원을 주어도 구할 수가 없다. 그러니까 50개라도 좋고 100개라도 좋으니, 하루빨리 구입하여 잘 포장해 철도편으로 보내주세요." 운운하는 통신을 했다.

- 조치: 취조 결과, 위에 기술한 바와 같이 죄상(罪狀)이 경미하므로 엄유(嚴諭) 후 석방함

---

[293] 원문에는 '水撰機'로 오기되어 바로잡음. 수선기(水選機, water concentrator)는 산탄의 탄질을 향상시키기 위한 기계이며, 일제는 1942년 조선 내 탄광에도 처음으로 수선기를 설치했다.

V

유언비어 관련 기타 참고자료

해제

　제5장은 지금까지 『전시체제기 여론통제』 관련 자료집 1~3권을 통해 '유언비어' 등 조선인 '불온 언동'에 대한 일제의 통제정책, 조선 사회 내의 '불온'한 민심과 여론 동향을 파악할 수 있는 여러 자료를 소개했음에도 불구하고, 미처 수록하지 못한 다음 네 종류의 자료를 소개하고자 한다.

　　1. 사법경찰관 교양자료-조언비어죄에 대하여(연도 불명)
　　2. 정감록(1940년 6월)
　　3. 『전시하 집회와 단체 등에 대하여 : 「조선임시보안령」 속성 이해』 중 유언비어 해설(1942년)
　　4. 「육·해군형법」·「조선임시보안령」 위반 사건(1945년 3월)

　1항의 「사법경찰관 교양자료-조언비어죄에 대하여(연도 불명)」는 경성지방법원 검사국 사상부에서 작성한 문서자료로서, 원본은 현재 숭실대학교 기독교박물관에 소장되어 있다. 정확한 발행 연월일은 확인되지 않는다. 중일전쟁 이후 유언비어 관련 범죄에 대해 「육·해군형법」(「육군형법」 제99조 및 「해군형법」 제100조)을 적용하여 3년 이내의 중형을 부과하고 심지어 사형(死刑)까지 가능하도록 법을 개정하면서, 사법경찰관들에게 그 내용을 교양하기 위해 만든 자료이다. 유언비어 관련 '범죄'에 대한 법 적용 등과 관련된 문제를 이해하는 데 큰 도움이 된다.

　이 자료에 따르면, 중일전쟁 초기에는 증가해가는 조언비어 범죄를 「경찰범처벌규칙」 위반으로 즉결처분에 처하는 데 대해, 때로는 이 처분의 타당성 문제가 제기되는 예도 많았다. 그래서 경성지방법원 검사국 사상부에서는 1937년 9월 29일 부로 "조언비어 등 시국에 관한 범죄를 수리할 때는 수리 관서의 장은 처분 전에 검사국과 처리를 협의하여 처분의 적정을 기하라"라는 통첩을 보낸 바 있었다. 그리고 「육·해군형법에서 이른바 조언비어를 하는 죄」와 「경찰범처벌규칙」에서 이른바 유언비어를 하는 죄'의 차이도 애매하여 사법경찰관 등에게 그 취지를 교육하는 교양 자료로 배포한다고 밝히고 있다.

2항의 「정감록(鄭鑑錄)」(1940년 6월)은 고등법원 검사국 사상부에서 나온 『사상휘보』 제23호에 수록된 자료로서, 조선총독부 경무국 도서과의 통역관인 니시무라 신타로(西村眞太郎)가 『경무휘보(警務彙報)』에 연재했던 글을 재수록한 것이다. 니시무라는 경무국에서 오랫동안 통역관이자 검열관(檢閱官)으로 활동한 인물로서, 조선 민속학 등에도 조예가 깊어 여러 종류의 글을 남겼다. 지금까지 본 자료집 시리즈에서 소개한 유언비어 등의 내용을 보면 쉽게 알 수 있겠지만, 당면한 침략전쟁과 식민통치를 벗어나고 싶어 했던 조선 민중들 사이에서는 특히 전쟁이나 가뭄 등 여러 상황과 관련해 「정감록」의 내용을 거론하는 유언비어가 다수 퍼져갔다. 따라서 일제 경찰과 검찰도 모두 『정감록』을 제대로 이해할 필요가 있다고 판단했고, 그 반영으로서 검·경 모두, 즉 『경무휘보』와 『사상휘보』 모두가 니시무라의 이 글을 수록했다고 볼 수 있다. 이에 본서에서도 유언비어 등을 중심으로 한 조선인 여론 동향을 이해하기 위한 참고자료로서 「정감록」을 분석한 일제 측의 글을 수록하였다.

3항의 『전시하 집회와 단체 등에 대하여: 「조선임시보안령」 속성 이해』 중 유언비어 관련 해설(1942년)[1]은 총 29쪽의 소책자 속에서 해당 부분만 번역하여 수록한 것이다. 「조선임시보안령」은 태평양전쟁이 일어난 1941년 12월에 식민지 조선의 언론·출판·집회·결사 등에 대한 단속을 한층 강화하기 위해 제정한 법인데, 이 법의 시행 후 이른바 조언비어 관련자들이 가장 많이 저촉되는 법령이 되었다. 그 이유는 유언비어의 처벌 대상을 확대했기 때

---

1 佐野吾作 編, 1942. 『戰時下に於ける集會や團體等に就て: 朝鮮臨時保安令の早わかり』, 발행처 불명 (京城), 18~24쪽.

문이다.[2] 이 책은 22항과 23항을 통해 조언비어(造言飛語)와 유언비어(流言蜚語)의 차이, 이 행위들과「조선임시보안령」의 관계, 위반자에 대한 처벌 등에 대해 일반인이 쉽게 알 수 있도록 설명하고 있다.

4항의「육·해군형법」·「조선임시보안령」위반 사건(1945년 3월)은 고등법원 검사국에서 나온『조선검찰요보』제13호에 수록된 짧은 글이다. 1945년 2월 8일 경성복심법원(京城覆審法院)에서 있었던「昭和十九刑上 135호」판례(判例)를 통해 군사(軍事)에 관한 조언비어의 의의, 군사상 유해(有害)한 의의, 사실의 범위, 사실 보도의 방법 등에 대해 해설한 것이다. 이 판례는 강천룡(姜千龍, 岡山道雄, 42세)의 항소심 판결로 추측된다.[3] 이 자료에서「판결문」의 내용을 소개하고 있는 것은 아니지만, 국가기록원에 소장된「판결문」내용을 보면 항소심 당시 법 조항을 둘러싸고 사법부 내에서 상당한 논란이 있었던 것으로 보인다. 그래서 법 해석을 둘러싸고 쟁점이 된 문제들에 대해 간략히 정리하여 수록한 것 같은데, '유언비어 사건'과 관련한 법 적용을 이해하는 데 도움이 된다.

---

2 「조선임시보안령」은 일본의「언론·출판·집회·결사 등 임시취체법」제17조와 제18조를 조선에 적용한 것인데, 중요한 점은 "시국에 관한 유언비어"라는 조항은 얼마든지 확대 해석과 남용이 가능하여 조선 민중의 모든 언사가 처벌 대상이 될 수 있도록 만들었다는 점이다. 이 법에 따르면, "시국에 관한 유언비어를 한 자는 2년 이하의 징역 혹은 금고 또는 2,000원 이하의 벌금에 처한다."(제20조), "시국에 관해 인심을 혹란할 만한 사항을 유포시킨 자는 1년 이하의 징역, 금고 혹은 구류 또는 1,000원 이하의 벌금 또는 과료에 처한다."(제21조)라고 규정하였다(鈴木敬夫, 1989.『朝鮮植民地統治法の研究』, 北海島大學圖書刊行會, 206~207쪽).

3 경성에 거주하며 콩나물 생산업에 종사하던 강천룡은 지인인 복정욱(福井旭) 등과 함께 일제 패망 및 조선 독립 등에 대한 조언비어를 했다는 이유로 일제 경찰에 검거되었다. 1944년 11월 1일 경성지방법원에서「육군형법」위반,「해군형법」위반,「조선임시보안령」위반 혐의로 징역 1년 6월을 언도받았는데, 이에 불복하여 항소를 진행했으나 기각되어 형이 확정된 것으로 확인된다.

<자료 31>

사법경찰관(司法警察官) 교양자료
-조언비어죄(造言飛語罪)에 대하여[4]
(경성지방법원 검사국 사상부, 연도 불명)

1. 서론

지나사변(支那事變) 발발 후 조언비어의 범죄로 검사국에서 처분을 받거나 혹은 「경찰범처벌규칙(警察犯處罰規則)」 위반으로 즉결처분(卽決處分)에 부쳐진 것도 상당히 있다. 후자 중에는 때로는 처분의 타당성이 없는 것처럼 보이는 것도 있었다. 따라서 당원(當院) 검사정(檢事正)은 1937년 9월 29일 자로 관하(管下)의 경찰부장 앞으로 조언비어 등 시국(時局)에 관한 범죄를 수리(受理)할 때는 수리관서의 장(長)은 처분 전에 검사국과 처리에 대한 협의를 통해 처분의 적정을 기하라는 취지의 통첩을 발송하였다.

또 고등법원 검사국에서는 1932년(昭和 12) 10월 4일 자로 고등법원 검사장 대리로부터 각 복심법원(覆審法院) 검사장, 지방법원 검사정(檢事正)에 대해서 지나사변 발생 후 최근에 이르기까지 유언비어(流言飛語)를 행하는 자가 많아졌기 때문에 중대한 결과를 야기할 우려가 있으며, 그 취체(取締)[5]에 대해서는 유감이 없도록 기하고 있다고 짐작된다. 그런데 경찰관서의 보고에 의하면 처분의 타당성이 결여되어 있어서, 「육군형법(陸軍刑法)」(제99조) 위반으로 엄중 처벌해야 할 안건을 「경찰범처벌규칙」 위반의 경미한 과형(科刑)으로 처리하였다는 의심이 드는 것이 있다고 한다. 이러한 종류의 사안 처리에는 사안의 대소경중(大小輕重)

---

4 「司法警察官敎養資料: 造言飛語ノ罪ニ付テ」, 京城地方法院 檢事局 思想部(숭실대학교 기독교박물관 소장). 정확한 발행 연월일은 확인되지 않는다.
5 취체(取締): 법령, 규칙, 명령 등을 지키도록 통제하고 단속함.

및 시국 관계를 깊이 주의한 후에, 「육군형법」 위반으로 처리하거나 「경찰범처벌규칙」 위반으로 즉결처분에 붙이거나, 또는 훈성방면(訓誡放免) 처분을 하게 하는 등 범죄와 시국의 관계를 특히 고려하여 이에 대응하는 조치를 강구하도록 하라는 요점으로 경찰관서와 충분한 연락 협조를 취하도록 했다는 통첩을 내렸다.

그렇다면 「육·해군형법」에서 이른바 조언비어를 한 죄와 「경찰범처벌규칙」에서 이른바 유언비어(流言蜚語)를 한 죄의 차이는 어디에 있는 것일까. 여기서 이것을 한마디로 서술한 뒤에 범죄 처리에 대해 적정(適正)을 기하고 싶다고 생각한다.

2. 「육·해군형법」의 조언비어[위령죄(違令罪)]

1) 「육군형법」 제99조(「해군형법」 제100조)에는 다음과 같이 되어 있다.

전시 또는 사변 시에 군사(軍事)에 관한 조언비어를 하는 자는 3년 이하의 금고(禁錮)에 처한다.

또한 「육군형법」 제28조 제7호(「해군형법」 제23호 제7호)에는 다음과 같이 되어 있다.

적국(敵國)을 이롭게 하려고 조언비어를 하거나, 또는 적 앞에서 소리 지르거나 떠드는 자는 사형(死刑)에 처한다.

전자는 「육군형법」 제2조(「해군형법」 제2조)에 의해 군인 이외의 자에게도 적용할 수 있을까. 후자는 일반인에게는 적용하지 않는다. 조언비어에 관해 「육군형법」 제99조(「해군형법」 100조)를 설치하여 군인 이외의 자에게도 적용하는 이유는, 조언비어에 의해 함부로 군대에 불필요한 경계를 하고 또 군인의 사기를 떨어뜨리는 결과를 낳을 수 있다는 우려가 있으므로 이를 예방하기 위함이다. 그래서

① 본 죄는 전시(戰時) 또는 사변(事變) 시 조언비어가 있을 때 성립한다. 따라서 전시 또는 사변이 아닐 때는 군사에 관한 조언비어를 하더라도 본 죄는 성립하지 않는다.

'전시'란 국가 간 또는 국가와 교전(交戰) 단체 사이에 전쟁을 할 때 국제법규에 준거하여 전쟁 시작을 결정할 때부터 평화로 다시 돌아올 때까지를 말한다.

'사변'이란 전쟁을 제외한 외에 경찰권으로 진정시키기 어렵다고 인정되는 국가 긴급의 경우로서 한 지역의 소요가 아닌 것을 말한다. 그 시작과 끝은 구체적으로 결정해야 하겠지만, 미리 추상적으로 결정할 수는 없다. 올해도 7월 7일 루거우차오(蘆溝橋) 사건[6] 때 7월 11일 각의(閣議)에서 "이번에 북지(北支) 루거우차오 부근에서 일본군과 지나군(支那軍)이 충돌한 사건을 사변으로 간주한다"고 결정하였다. 9월 2일 "이번 사변은 지나사변(支那事變)이라고 칭한다"라고 결정하였기 때문에 이번 일본과 지나 간의 분쟁은 '사변'임이 분명하다.

② 본 죄는 군사에 관한 조언비어를 함으로써 성립한다.

'조언비어'란 유언을 하여 사람들을 유혹하거나 군의 사기를 저하시키거나 잃게 하는 것을 말한다. 유언은 허구의 사실을 날조하는 경우가 많다고 하지만 반드시 그런 것은 아니다. 가령 진정한 사실이라도 경우에 따라서 유언이라고 부를 수 있는 경우가 있다. 요컨대 사람을 유혹하여 군기(軍氣)를 저하시키거나 잃게 하는 데 충분한 경우를 말하는데, 저촉될 때는 본 죄를 구성한다. 만약 적국을 이롭게 하려고 군인이 조언비어를 했을 때는 앞에서 언급한 「육군형법」제28조 반란의 죄가 되며, 일반인이 행했을 때는 「형법」제86조에 의해 처벌되게 된다.

「육군형법」제99조와 「해군형법」제100조는 모두 단지 군사에 관한 동일한 어구를 사용하고 있어서, 군사에 관한 조언비어를 했을 때 무엇을 적용해야 할까라는 의문이 생길 수 있다. 하지만 조언비어로 육군이 보호하고 있는 이익을 침해당한 경우, 육군의 군기에 관련된 것 같은 경우는 「육군형법」을 적용하고, 해군의 이익을 침해당한 경우는 「해군형법」을 적용한다. 육·해군 양쪽의 이익을 침해한 경우는 양 형법을 모두 적용해야 한다고 생각한다.

군사(軍事)와 관계없이 단순히 허위의 풍설을 유포하여 타인의 신용을 훼손하거나 또는 업무를 방해한 데 그칠 때는 「형법」제233조에 의해 신용훼손 또는 업무방해죄로 3년 이하

---

6 노구교(蘆溝橋) 사건: 1937년 7월 7일 루거우차오에서의 중·일군 간의 충돌 사건으로서, 중일전쟁의 발단이 되었다. '7·7 사변'이라고도 한다. 루거우차오는 북경의 서남쪽 15km에 위치한 다리이다.

의 징역 또는 1천 엔 이하의 벌금에 처한다. [주(註) 1]

유언비어는 「육·해군형법」 또는 「형법」에 저촉되지 않는 경우라 해도 사람들을 속여서 사회에 불안을 일으키는 것이 적지 않다. 보안경찰상 이를 취체할 필요가 있어서 「경찰범처벌규칙」 제1조 제21호에서 '사람들을 유혹할 만한 유언과 음설(淫說)로 허위 보고를 하는 자'는 구류(拘留) 또는 과료(科料)에 처한다는 취지로 규정하고 있다.

* 주(註) 1
「형법」 제233조에 이른바 허위의 풍설을 유포한다는 것은 허위 사실을 불특정 다수의 사람에게 전파하는 것을 말하는데, 반드시 범인이 직접 불특정 다수의 사람에게 허위 사실을 알리는 것이 요구되지는 않는다. 그래서 특정 소수의 사람에 대해 허위 사실을 알린 경우라 할지라도, 적어도 타인의 입을 빌려 순차적으로 위 사실이 불특정 다수의 사람에게 전파시킨다는 것을 인식하고 이를 행하여 그러한 결과를 발생시키는 경우에는 이른바 허위의 풍설을 유포하는 것이라고 해도 지장이 없다. [1929년(大正 15) 12월 18일 대심원(大審院) 판결]

* 주 2
신문·잡지 등에 의해 조언비어를 행하는 것도 역시 「육·해군형법」 위령죄(違令罪)에 적용받는 경우가 있을 것이다.[7]

2) 군사(軍事)에 관한 조언비어를 행하는 죄의 방지에 관하여 1937년(昭和 12) 8월 2일 조선군(朝鮮軍)에서는 다음과 같은 통첩을 내렸다.

현하(現下)의 시국에 즈음하여 각지에서 조언비어가 행해져 그 건수 및 악질의 정도가 점차 증가하는 경향이 있음은 참으로 유감스러운 일이다. 애초 조언비어가 군대에 미치는 영향은 심대하여 함부로 적의 전의(戰意)를 앙양시킴과 동시에 우리의 사기를 떨어뜨리며, 그 결과 단지 불필요한 경계를 하도록 하고 나아가 국가의 안정과 견고함을 저해하여 단결을 깨뜨리게 할 우려가 크다. 「육군형법」에 이른바 조언(造言)이란 일정한 사실을 허구로 하는 것을 말하며, 비어(飛語)란 피차(彼此)가 서

---

7 주2는 본문 내 특정 부분에서는 확인되지 않는데, 주로 달려 있다.

로 전파하는 것을 말한다. 그 방법은 구두로 하거나 문서로 하는 것을 불문하고 모두 가공(架空)에 속하는 사항이 많지만, 반드시 여기에 그치는 것은 아니다. 진실이라 하더라도 앞에서 언급한 바와 같이 불필요한 경계(警戒)를 하게 하거나 사기를 저하시키고 잃게 하는 사실을 유포하면 조언비어라고 인정해야 하는 경우가 있을 것이다. 그 동기가 적국을 이롭게 하는 경우는 「육군형법」 제28조 제7호에, 단지 전시 또는 사변 시에 조언비어를 행하는 경우는 제99조에 규정되어 있는데, 그 형벌 또한 엄하다. 게다가 동법(同法) 제2조 제6호와 동법 제99조의 죄는 군인 이외의 자에게도 적용한다는 취지의 규정이 있으므로, 이 조항의 적용 범위는 군인뿐만 아니라 일반인에게도 미친다. 이렇게 유언비어는 군인 이외의 자들도 범하기 쉬운데, 군의 이익은 일반인이라 하더라도 보호해야 한다. 따라서 군사(軍事)에 관한 사항은 허위의 사실을 입 밖으로 내어서는 안 됨은 물론, 가령 진실이라 할지라도 함부로 입 밖으로 내지 않도록 엄하게 주의해야 한다. 여러 관계 방면에 시달했으면 한다.

[1937년(昭和 12) 8월 2일, 조법발(朝法發) 제42호, 조선군 참모장 구노 세이치(久納誠一)[8]]

또한 「육군형법」 제27조 이하에서 이른바 적국에 관한 건에 대해서 1937년 10월 5일 육군성(陸軍省)에서는 다음과 같이 통첩을 내렸다.

이번 사변의 현 상태에서 중화민국(中華民國)은 「육군형법」 제27조 이하의 이른바 적국이라고 해석함이 마땅하다고 생각하여 통첩한다.
마찬가지로 사법성 및 해군성에서 형법, 「해군형법」의 해석에서도 같은 의견임을 덧붙여 말씀드린다.

[1937년(昭和 12) 10월 5일, 법■(法■) 제139호, 육군성 법무국장 오야마 아야오(大山文雄)[9]]

조선에서도 물론 동일한 해석을 취하고 있어서, 올해 8월 5일 정부에서 난폭한 지나(暴支)를 응징하는 성명(聲明)을 내린 이후 중화민국을 적국으로 해석하고 있다.

[1937년(昭和 12) 10월 5일, 법무국장 통첩]

---

8   구노 세이치(久納誠一, 1887~1962): 일본육군(1905~1941), 최종계급은 육군 중장. 육군 소장(1935), '조선군' 참모장, 육군 중장(1938), 제18사단장, 제22군 사령관 등을 역임했다.
9   오야마 아야오(大山文雄, 1883~1972): 육군 법무관, 정치인. 최종계급은 육군 법무 중장(中將). 관동군 법무부장, 육군성 법무국장, 초대 오카야마현(岡山縣) 이바라시(井原市) 시장 등을 지냈다.

3. 「경찰범처벌규칙」에서 이른바 유언비어(流言蜚語)를 행한 죄

「경찰범처벌규칙」 제1조 제211호의 유언비어를 행한 죄는 '사람들을 광혹(誆惑)[10]하게 하는 유언부설(流言浮說) 또는 허보(虛報)를 행하는 것'에 의해 성립된다. 다시 말해서 대죄(大罪)는 ① 사람들을 광혹시키는 유언부설을 행하거나 ② 사람들을 광혹하게 하는 허보를 행하는 것에 의해 성립된다.

'사람들을 속인다.'는 것은 사람을 미혹시키는 데 족하는 것이다. 반드시 광혹시키는 행위를 요하는 것은 아니다. 사람들을 미혹시키는지 아닌지는 범인의 주관에 의해 정해지는 게 아니라, 객관적으로 일반 세간(世間)에서 관찰하여 결정해야 하는 것이다. 본인은 농담(戲言)에 지나지 않는다고 하더라도 객관적으로 보아 광혹시키려는 성질이 있다면 범행은 성립된다. 예를 들어 무당이나 박수(巫覡) 등이 어느 날 어느 곳에서 하늘에 불이 있다고 말하는 것과 같은 종류이다.

'유언부설'이란 근거도 없는 이야기이다. 즉 근거 없는 풍설(風屑)이다.
'허보'란 진실이 아닌 것을 보고하여 알리는 것이다.

유언부설 또는 허보의 방법은 구두로 하든지 문서로 하든지 또는 신문·잡지 등 출판물에 의하든지 상관없다. 그 주창자는 물론이거니와 이것을 전달하는 자도 벌을 받는다. 반드시 상대방이 있어야 하지만, 그 상대편은 불특정 다수의 사람일 필요는 없다. 특정한 소수의 사람들에 대해 하더라도 벌을 받는다.(주) 그래서 유언부설 또는 허보를 하더라도 이것인 단순한 웃음거리인 희언에 지나지 않는 것은 죄가 되지 않는다. 본 범행의 성립에는 반드시 사람들을 광혹시키는 성질이 있어야만 한다. [시오노 스에히코(鹽野季彦) 저, 『개정 증보 경찰범처벌령석의(訂改增補警察犯處罰令釋義)』, 84쪽]

---

10 광혹(誆惑): 남을 속이고 얼을 빼놓음.

> *주
> 「경찰범처벌령」 제2조 제16호의 죄는 사람들을 광혹시키는 허위의 사실을 사람들에게 알리는 행위를 총칭한다. 그 피통지자(被通知者)가 불특정한 다중(多衆)인 경우와 아니면 특정의 한 사람 또는 여러 사람인 경우를 불문하고 모두 이를 처벌한다는 취지이다. [1914년(大正 3) 12월 18일, 대심원 판결]

4. 사례

조언비어의 죄로 당국에서 공판을 청구한 한두 가지의 사례를 제시하면, 다음과 같은 것이 있다.

1) 피고인 금○(錦○)은 올해 54세로 직업상 만주의 각지를 순유(巡遊)하고 9월 10일 대련(大連)에서 인천(仁川)으로 들어와 숙박하던 중에 인천경찰서 궁정파출소(宮町派出所) 외 시내의 여러 곳에서 이번 지나사변에 즈음하여,

① 만주사변 이래 지나 군대도 강해져서 우리 군은 악전고투(惡戰苦鬪)하고 있어서 전사자와 부상자는 수만 명 이상일 것이다. 또한 북지 지방은 비가 많아서 흙탕물이 무릎 혹은 가슴까지 차올라 부상자는 흙탕물을 마시고 죽었다. 흙탕물 속에서는 상처를 알 수가 없어서 흙탕물을 씻어내고 치료하는 등 악전고투하고 있다. 실력도 5 대 5 정도로서 우리 군이 어렵게 이기고 있는 상태인데, 군부는 진상 발표를 금지하고 있기 때문에 민간에는 전승을 기뻐하고 있다고 하였다. 또 대련(大連) 부두에 체류 중인 선박 안의 병사는 하선(下船)이 허락되지 않기 때문에 담배가 부족하여 배에서 손을 내밀어 담배를 조르는 모습은 실로 불쌍해 보인다. 제일선 병사에게 이러한 부자유를 주고 있는 군부의 조치는 참으로 적합하지 않다. 이런 사변이 3년간이나 계속되면 전비(戰費)의 결핍으로 일본은 재정의 파탄을 초래하여 다시 일어설 수 없게 될 것이다. 일·러, 일·독 또는 상해사변(上海事變) 때는 제일선 병사에 대한 일용품이나 잡화 등은 군부에서 풍부하게 지급하여 부자유스럽지 않았지만, 이번 사변에는 통조림(罐詰)은 물론 담배 한 개비도 부자유스러워 마치 아귀(餓鬼)와 같은 상태에 있다고 하였다.

이와 같이 각각 이번 지나사변의 군사(軍事)에 관하여 자기가 보고 들은 것에 상상을 더해 이야기함으로써 조언비언을 행하였다. (금고 6월 확정)

2) 피고인 강○○(姜○○)은 말이 많은 성격이다. 이번에 일지사변(日支事變)이 발발하자 부락민에게 자기의 박식함을 자랑하기 위해, 1937년(昭和 12) 8월 16일 오후 2시경 자기의 친누나와 강원도 원주군(原州郡) 흥업면(興業面) 흥업리(興業里) 강○○(姜○○) 집에 우연히 한집에 모였을 때, 같은 마을의 정○○(鄭○○)의 아내 이○○(李○○, 29세)에게 이번 일지사변에는 조선인도 차남 이하는 모두 소집되어 출정할 것이다, 자기를 비롯해 그녀의 남편인 정○○ 역시 출정하기로 정해졌다, 그런데 지나의 병사는 상당히 강하기 때문에 일본은 패전해도 알리지 않는다, 그러면 지나 병사는 조선인 남자를 다 죽이고 부녀자들은 모두 그들의 첩이 될 것이라는 취지의 근거도 없는 사실을 날조해 이야기함으로써 현하의 사변에 즈음하여 군사에 관한 조언비어를 행한 자이다. (공판 계속 중)

<자료 32>

정감록(鄭鑑錄)[11]
(고등법원 검사국 사상부, 1940.6)

본고는 경무국(警務局) 도서과(圖書課) 통역관 니시무라 신타로(西村眞太郎)[12] 씨가 일찍이 『경무휘보(警務彙報)』에 연재한 것이다. 그의 허락을 얻어 참고로 게재한다.

〈상(上)〉

1. 『정감록』의 종류

조선의 비서(秘書) 『정감록(鄭鑑錄)』은 책 명칭에 있어서도 혼동하기 쉬운 다른 이름이 있다.[13] 즉 정담록(鄭湛錄), 정감록(鄭堪錄), 감론초(堪論抄), 석서(石書), 조선보감(朝鮮寶鑑), 역세요람(歷歲要覽), 징비록(徵秘錄, 懲毖錄[14]이 아님) 등이 이것이다. 이름에 따라 다소 그 내용이 특수하게 다르기도 하지만, 대강(大綱) 설명하는 바는 동일하다. 또 내각판(內閣版), 안동판(安東版), 사판(私版), 사사(私寫) 등 이본(異本)이 있지만, 이 또한 그 내용은 대동소이(大同小異)하다.

---

11 「鄭鑑錄」, 『思想彙報』 제23호, 高等法院 檢事局 思想部, 1940년 6월, 211~217쪽.
12 니시무라 신타로(西村眞太郎, 1888~?): 조선총독부 경무국에서 오랫동안 통역관이자 검열관(檢閱官)으로 활동한 인물이다. 1930년 총독부가 제정한 한국어 맞춤법인 「언문철자법(諺文綴字法)」을 심의하는 한편, 조선의 민속학 분야에도 조예가 깊었으며, 여러 종류의 글을 남겼다.
13 이 글에서는 주로 鄭鑑錄과 鄭堪錄 두 가지를 사용하고 있다. 이하에서 특별히 한자를 병행하지 않은 것은 원문이 정감록(鄭鑑錄)이다. 鄭堪錄의 경우, 한자를 병기하였다.
14 징비록(懲毖錄): 조선시대에 유성룡(柳成龍)이 1592년부터 1598년까지 7년 동안의 임진왜란(壬辰倭亂)을 경험한 사실을 기록한 책. 임진왜란 당시 도체찰사 겸 임진(臨陣) 지휘자였던 작자가 전쟁이 끝난 뒤 벼슬에서 물러나 고향으로 돌아와서 지었다. 임진왜란의 원인, 전황 등의 수난상을 수기(手記)로 기록한 중요한 사료이다. 16권 7책의 목판본. 국보 제132호.

2. 『정감록』의 저자

이 책은 오로지 비밀을 취지로 하고 있어서 그 실물조차 타인에게 보여지지 않고 단지 구두로 『정감록』에 이렇게 말하고 있다고 하여, 정면으로라기보다는 이를 덮어씌워서 무조건 신뢰하도록 사용해왔기 때문에, 저자가 누구인지 아직 알 수 없다. 또 조선시대에 유일한 금서(禁書)였기 때문에 이를 비서(秘書)라고 하는 것조차 금지되어 있었던 관계로, 그 저작의 발행자가 이름을 밝히는 일 없이 오늘날에 이르고 있다.

3. 본서의 발행 시기

저자 불명의 『정감록』은 언제부터 조선에 유포되었는가. 이 역시 불명으로, 요컨대 이조(李朝)의 정권이 문란하고 당파싸움이 심할 무렵에 작성된 것이 아닌가 한다. 분로쿠에키(文錄役)[15]의 서명(書名)인 『징비록(懲毖錄)』에 빗대어 『징비록(徵秘錄)』이라는 이름이 있는 것을 보더라도 이를 증명할 만하다. 최초의 한 사람이 이유가 있어 이를 저작하고 계속해서 사후에 추가하는 교활한 수단으로, 얼핏 보면 사전의 예언이 적중하고 있는 것처럼 보이게 하고, 일한병합(日韓倂合) 전후에 이르러서는 붓을 꺾고 있어 실로 괴문서(怪文書)다운 성질을 충분히 발휘하고 있는 것이다.

4. 본서의 발행 부수

금서인 『정감록』은 이조시대에는 절대로 입수할 없어서 서책(書冊)다운 것이라 논할 수는 없지만, 일찍이 경북 안동(安東)에서 발행된 흔적이 있으며, 또 몰래 비밀 출판하여 ■■■ ■■■■■[16] 신비롭고 기괴한 금서라서 진면목(眞面目)은 아니다. 유림(儒林) 양반은 이에 관여하지 않고 오직 겨우 미신과 풍설을 믿는, 한학(漢學)을 하지 않는 자들만 이를 악용하고 있는 정도로서, 수적으로는 대개 소수라고 얘기하지 않을 수 없다.

최근에 와서 조선총독부 경무국에서는, 이 책을 악용하는 것은 그 비밀성(秘密性)을 통용하는 데 있다고 하여, 그 출판을 허가함에 매우 소수의 서적 브로커가 발행하였다고도 한다.

---

15 분로쿠에키(文錄役): 1592년 '임진왜란(壬辰倭亂)'을 가리키는 말. 일반적으로는 '분로쿠·게이초노 에키(文禄·慶長の役)'라 한다.
16 원문 훼손으로 인해 이하 2행 정도의 판독이 불가능하다.

아무튼 1천 부 이내로 인쇄한 데 대해서 그 가운데 얼마 안 되는 수십 내지 수백 정도만이 판매된 것에 지나지 않는다. 더군다나 종전부터 본서를 악용해 온 무리들이 암암리에 유언(流言)을 하는 듯하다. 현재 시중에 발매되고 있는 『정감록(鄭堪錄)』은 진정한 『정감록(鄭堪錄)』이 아니다. 신비롭고 묘하고 불가사의함이 없는 『정감록(鄭堪錄)』은 거의 없다. 우리가 신봉하는 것은 그것이라고. 실로 웃지 않을 수 없다.

5. 본서의 목적

정감록은 황당무계(荒唐無稽)한 괴문서로서 도저히 읽을 수 없는 광인(狂人)의 말과 같은데도 예로부터 조선인의 가슴 깊이 침투하는 것이다.

민중의 심금을 울려 이를 공명하는 바가 있는 이유를 탐구하지 않으면 안 된다.

본서의 목적은 어디에 있는가.

1) 이조(李朝)의 정치를 5백 년이라고 한다.
2) 도읍을 정할 곳의 득실과 장단점을 설명한다.
3) 산천 지리를 해부하여 풍수를 가르친다.
4) 난세(亂世)에 처하여 은둔의 땅을 논한다.
5) 성한 자는 반드시 멸한다(盛者必滅)는 것을 논한다.
6) 윤회(輪回)의 설이 있다.
7) 현실의 영화(榮華)를 꿈꾼다.

무릇 이상과 같은 우론(愚論) 혹은 문답 형식으로, 혹은 자문자답(自問自答) 형식으로 서술하고 있는 것이다. 주인공 정감(鄭堪)이라는 자를 중심으로 배열하고 옥룡자(玉龍子) 이하 20여 명의 권모술수가에 대해서 언급하고, 이를 승인하고 반박하고 인용하고 부연하여 광서(狂書)를 제작한 것이다. 그 목적하는 바는 단지 풍수에 대한 지사(地師)[17]들의 미신에 지나지 않는다.

---

17 지사(地師): 풍수에 의해 땅의 길흉을 점지하는 자를 높여 부르는 말. 풍수사(風水師), 지관(地觀).

6. 『정감록』의 악용

조선의 불교는 이조(李朝)에 들어와 기운이 쇠퇴하였지만, 불교도는 그 만회책으로 무격(巫覡)과 불교의 혼합교(混合教)를 만들어 냈는데, 이것이 오늘날 조선 사회에서 횡행하고 있는 무녀새신교(巫女賽神教)라는 것이다. 따라서 무녀 등은 단지 악귀병마(惡鬼病魔)의 추나구화(追儺驅火)를 기도하는 데에 그치지 않고, 사자(死者)의 명복을 빌고 내세(來世)의 안심과 입명(立命)도 설교한다. 또 불교도들도 무격(巫覡)에서 전하는 북두칠성과 그 외의 여러 별(星)을 모시며 현세지상(現世至上)의 행복을 기도하고 옥장(玉章)을 받아 현세의 원만함을 기도한다. 세상에서는 이를 불교의 타락이라고 한다. 말엽에 들어와 모든 정치가 혼란스럽고 부패해졌다시피, 탐관오리(貪官汚吏)인 양반 유생은 당쟁(黨爭)·매작(賣爵)·수뢰(收賂)를 일삼고 백성을 하잘것없이 여기고 가렴주구(苛斂誅求)에 이르지 않는 바가 없었다. 인심은 흉흉하여 안정되지 못하여 백성들은 마침내 다른 마음(異心)을 품게 되었다. 이러한 기회를 놓치지 않고 봉기한 것이 전봉준(全琫準) 일파의 동학당(東學黨)이다.

전북의 한 곳에서 봉화(蜂火)를 든 동학당은 평정된 후에는 결국 잠행(潛行) 운동으로 들어가, 이른바 동학당 일당이 여러 종교로 대두되었다. 동쪽에서 하나를 탄압하면 서쪽에서 그 흐름을 이어받는 자가 깃발을 들고, 아침에 경천교(敬天教)가 쇠하면 저녁에는 인천교(人天教)가 탄생하는 상태로 오늘에 이르고 있다. 이러한 유사종교(類似宗教)[18] 단체의 교의(教義)는 일차적으로 『정감록(鄭堪錄)』에 그 근거를 두고 여기에다 이른바 유도(儒道)·불교·선도(仙道)의 세 가지를 섞어 만든 것이다.

본서의 어떠한 부분이 그들에게 악용되었는가. 그 급소를 알아야 한다.

『정감록』 제2장에는,

살아있는 백성이 도탄의 고통에 빠져있어도 나중에 구가세족(舊家世族)은 천한 자가 되며 평민은 오히려 영귀(榮貴)하게 된다.

연(淵)이 말하길, 후세의 인간은 우미(愚昧)하여 용문산(龍門山)으로 몸을 숨기고자 한다. 그렇지

---

[18] 유사종교(類似宗教): 종교와 비슷하나 사회 일반의 상식으로는 종교로서 인정하기 어려운 것. 일제강점기에 총독부가 종교단체를 감독·통제하기 위하여 만든 용어로서, 공인되지 않은 종교이기 때문에 흔히 사교(邪教)라 부른다. 최근까지도 종교는 아니나 종교와 비슷한 특징을 지닌 단체를 이르는 데 사용되었다.

만 생기(生氣)는 이미 경성(京城)에 모여 있어, 그 나머지는 모두 죽음의 구덩이(死穴)가 될 것이다.

(중략)

정(鄭) 씨가 말하기를,

대개 인간의 몸을 숨기는 산에는 이익이 없으며 물에도 이익이 없다. 이(利)는 양궁(兩弓) 사이에 있다.

위의 문장을 보면 무슨 의미인지 도대체 추측도 할 수 없다. 그래서 유사종교가들은 이를 강의하는 데 무수한 말들을 거침없이 쏟아낸다. 흡사 사슴 가죽에 목(目)이란 글자를 쓰고 세로로 당겨 늘려서 목(目)이라고 대답하고, 그렇지 않으면 옆으로 당겨 늘려서 눈(目)이란 글자라고 말하는 식의 필법으로 결국 태을교(太乙敎)를 만들고 태극교(太極敎)를 만들었다. 여기에 어리석은 백성을 빠지게 하여 그 피를 빨아먹는다. 시험 삼아 그 설명을 자세히 기술해 보면,

귀족과 양반은 없어지고 세상은 바뀌어 평민의 세상이 된다.

경기도 가평(加平)의 용문산은 피난처이지만 그것보다도 좋은 곳이 경성이다. 요컨대 난세에는 산으로 피난하더라도 효능이 없으며 물로 피난하더라도 효능이 없다. 이제 궁궁을을(弓弓乙乙) 사이에 살아가는 길이 있다. 궁궁을을이란 부드러움(柔)을 극복하고 굳센 것(剛)을 제압하는 진리를 나타낸 것이다. 태극(太極) 즉 천지음양(天地陰陽)의 양극(兩極) 사이에서 을을(乙乙)의 형태를 지킨다. 일본이 아무리 강하더라도 을을(乙乙)의 글자 형태처럼 어디가 머리이고 어디가 꼬리인지 알 수 없다. 처세술로 바라보면, 이(利)는 마침내 조선에 있게 된다. 대략 이와 같은 설법으로 어리석은 백성에게 접근하여 이들을 빠뜨리고 있는 것이다.

7. 결론

이상으로 『정감록(鄭堪錄)』의 외곽을 설명하였는데, 덧붙이자면 그 내용의 원문을 훈독하고 여기에 그들 일류의 설명과 설명한 자를 부기하여 참고함으로써 본서가 어떠한 성질의 것인지를 알아보고자 한다.

〈하(下)〉

제1장. 산수론(山水論)

1. 한강(漢江)은 난의(亂衣)의 형태를 취하고 있고, 대동강(大同江)은 구곡(九曲)의 흐름으로 되어 있다.

대길(大吉)의 지상(地相)이다. 산맥(山脉)에 용이 오는 상(相)이 없는 것도 모두 ■■의 일맥(一脉)이다. 즉 백두산심(白頭山心)을 만들어 일본과 조선에 이른다.

(이용자의 대략적인 부연 설명)

한강과 대동강은 훌륭한 강으로서 백성은 반드시 조공(朝貢)을 한다. 원래 조선은 지나(支那)의 부수국(附隨國)이다. 산맥의 종기(鍾氣)[19]로는 일본도 조선도 지나 대륙의 부수국의 상(相)이다. 그 안에 좋은 보필산(輔弼山)을 상(相)으로 하고 있어, 도읍을 정한다면 이른바 밝은 정치를 할 수 있을 것이다.

2. 주(周) 왕실의 현신(賢臣)인 이충국(李忠國)이 말하기를, 나라를 망하게 하는 것은 철(鐵)이다. 마지막에 분명하게 깨닫지 못하여 그 아들 철(鐵)을 죽인다.

(이용자의 대략적인 부연 설명) (이하 같음)

나라를 망하게 하는 것은 철(鐵)이다. 대포도 총검도 철(鐵)이 아닌가. 군함(軍艦)도 탄환(彈丸)도 모두 철(鐵)이다.

철(鐵)이 나라를 망하게 하는 현실을 보여주고 있다. 그래서 주(呪)로써 한다면, 대포도 변하여 물이 되고 군함도 진퇴를 잃어버리고 암초에 교착하게 된다.

3. 도선(道詵, 승려 이름)[20]이 말하기를, 우리 모든 생(生)은 태백산(太白山)으로 돌아가리라고 하였다. 그 뜻은 심원하여 침잠(沈潛)하게 된다. 이(理)를 궁구하면 단군(檀君)의 영(靈)은 반

---

19 종기(鍾氣): 정기(精氣)가 한데 뭉침.
20 도선(道詵): 통일신라시대의 승려. 호는 연기(烟起), 자는 옥룡자(玉龍子)·옥룡(玉龍), 성은 김씨(金氏). 영암 출신으로 왕가의 후예라는 설도 있다. 15세에 출가하여 화엄사(華嚴寺)에서 승려가 된 뒤 유명한 사찰들을 다니며 수행하였다. 『도선비기(道詵秘記)』, 『송악명당기(松岳明堂記)』, 『도선답산가(道詵踏山歌)』, 『삼각산명당기(三角山明堂記)』 등을 저술하였다.

드시 세상에 나온다. 그때는 호지■삭(胡地■索)의 기(氣)를 면하여 인물은 돈후해지고 속인 또한 글재주(文才)를 익히게 된다. 그 가운데서 장차 영(靈)이 세상에 나올 것이다.

도선은 천지의 이치를 능히 꿰뚫은 자이다. 산을 옮기고 물을 옮길 정도로 묘하더라도 일국의 산천은 오히려 이 안의 물건과 같다. 이 때문에 중국(中國)에서 나올 때 눈을 들어 백두산을 바라보고 말하기를, 조선의 국왕은 왕(王), 이(李), 정(鄭)이 된다. 첫 번째는 개성(開城)에 있고, 두 번째는 전주(全州)에 있고, 세 번째는 해도(海島)에 있으며, 마땅히 천년의 제위(祚)를 받을 것이다.

백두산, 태백산의 종기(鍾氣)와 대동강, 낙동강의 영기(靈氣)가 가득 차 있는 조선에는 배달민족(倍達民族)의 조상이 있다.

단군의 영(靈)이 있다. 조선 민족은 꼭 단군에게 제사를 지내야 한다.

왕씨는 개성에 도읍했으나 곧 망하였으며, 이조(李朝)는 완주(完州)에서 출발하여 한양에 도읍을 정하였으나 한강은 난의(亂衣)의 상(相)이 있어 국운이 평안하지 못하여 결국 망한다. 그다음에 정씨가 국왕이 된다.

정씨는 해도(海島, 뒤에 계룡산)에 도읍을 정하고 천년의 제위를 받는다. (정씨는 본서의 히로인, 이조시대에 금서가 된 이유가 여기에 있다)

4. 필(泌, 가공의 도사)이 말하기를, 능히 삼한(三韓)의 왕이 될 자를 역사적으로 손가락질해서는 안 된다.

정(鄭, 가공의 도사, 본서의 주인공)이 말하기를, 내가 생각컨대 송악산(松岳山)은 즉 왕씨 400년의 땅, 한양은 즉 이씨 3백 년의 땅. 계룡산은 즉 정씨 8백 년의 땅, 팔공산(八公山, 대구)은 즉 왕씨 7백 년의 땅, 완산(完山, 전주)은 즉 범씨(范氏)가 왕이 되는데 연수(年數)가 모자란다. 마지막에는 모두 천지(天地)의 회수(會數), 신회(申會)에 이르게 되면, 사람의 형상이 각기 달라진다.

경성의 도읍은 3백 년으로 끝나고, 다음에 정씨가 계룡산에 도읍한다.

계룡산에 도읍을 정하면, 국운(國運)이 성하게 되고 창생(蒼生)이 평안해진다.

계룡산에 도읍이 출현할 것이므로 지금의 곳에서 새로운 도읍 내로 이주해 두는 것이 좋다.

5. 이러는 사이에 수양산(首陽山, 해주)은 모습을 바꾸어 요승(妖僧)이 되어 천리(千里)에 이

른다.

천도(天道)는 흘러가며(流行), 지세(地勢)는 순환한다. 즉 왕씨 뒤에 일어난다. 한양은 이씨 4백 년의 땅이다. 경(庚)에 앉아 갑(甲)으로 향하면 변하여 계축(癸丑)이 된다. 맥(脉)은 장차 멸망하여 요희(妖姬)가 되며, 결국에는 패망에 이른다.

계룡산의 땅은 즉 정씨 5백 년의 땅이다.

이조 말기에 요희(妖姬)가 나와서 이를 망하기에 이른다. (사실에 부합하는지 아닌지) 천도지세(天道地勢)는 잠시도 멈추지 않는다. 천도교(天道敎)는 그 세(勢)에 올라탄 것이다.

제2장. 이 · 정(李 · 鄭) 문답록(問答錄)

1. 송나라 때 중국에서 가장 뛰어난 풍수사(風水師)인 정감(鄭堪)은 이심(李沁)과 함께 산수가 뛰어난 곳에 함께 놀면서 팔도(八道)의 산수를 논평한다.

필(泌)이 말하기를, 오는 맥(來脉)의 운(運)은 금강(金剛)에서 태백(太伯)과 소백(小白)에 이르며, 산천의 정기가 아름답고 고와서(鍾氣佳麗) 계룡산(鷄龍山)으로 든다.

정씨 8백 년 뒤에 가야산(珈琊山) 천년의 땅에 든다.

김씨(金氏), 범씨가 각각 6백 년이며, 그 나머지는 상세하게 생각할 필요가 없다.

중국 풍수사의 예언도 대체로 본서의 산수편(山水篇)과 일치하고 있다. 두루두루 신비스럽게도 적중하여 무서울 정도이다. 그러므로 본서를 의심해서는 안 된다.

2. 폄론(貶論)[21] 하여 말하기를, 사(士) · 관(冠)을 횡(橫)으로 하여 [임(壬)의 글자], 신인(神人)이 옷(衣)을 벗는 [신(申)의 글자], 소구(小丘)에 족(足)을 더하여 병(岳), 달리는 뱀의 머리(走蛇頭)를 잘라 기(起). 계룡산의 석백(石白)으로 초원에 배를 가게 한다.

누런 안개가 어둡게 움직이고 검은 구름이 해를 가린다. 적탕(赤湯)이 3일째 되는 날에 혜성(彗星)이 건(乾) 방향으로 나타난다. 자미궁(紫微宮)[22]을 범하여 북두성(北斗星)으로 옮겨가고 한 바퀴 돌아 남극(南極)으로 들어간다. 대소중화(大小中華)는 함께 망한다.

---

21 폄론(貶論): 남을 깎아내려 헐뜯음.
22 자미궁(紫微宮): 큰곰자리 부근에 있는 자미성(紫微星)의 별자리를 천자(天子)의 자리로 삼아 일컫는 말.

사(士), 관(冠)을 횡으로 한다는 것은 '파자법(破字法)'[23]에 따라 해석하면 '임(壬)'의 글자가 된다. '신(神)' 글자의 편(扁)을 제거하면 '신(申)'이 된다. 다음의 글자는 병(兵) 및 기(起)가 된다. 임신(壬申)해에 병란(丙亂)이 일어난다. 그런데 계룡산 바위에 흰색 글자가 나타난다. 이것에 의해 난(亂)이 평정된다.

아니나 다를까 충남 계룡산 정상의 바위에는 흰 글자로 방백마각(方百馬角), 국혹화생(國或禾生), 신미칠월(辛未七月), 석정수(釋定叟)라고 쓰여 있다. 이것이 어떤 의미인지를 말해보건대, 파자법에 따라 판단해 보면 '481년에 나라를 옮긴다(移國)'의 숫자를 얻는다. 대란(大亂)이 일어나 이조가 망하고 정씨가 일어나 국가의 도읍을 새로운 도읍 안으로 옮긴다는 것이다. 그러므로 새로운 도읍 안은 신성한 땅이니 또한 그곳에 거처를 두어야 하지 않을까. 결코 의심하지 말라. 하물며 초원에 배를 가게 한다는 것은 초원에 오카조키(陸蒸氣)[24]나 자동차가 지나다니고 있지 않은가.

그 대병란(大兵亂)은 천변지이(天變地異)의 대소동으로, 별이 운행을 멈추거나 또 궤도 밖을 운행하기도 한다. 대진재(大震災)나 대홍수가 나서 이 세상이 뒤집힌다. 크고 작은 여러 나라가 모두 망할 것이다. 이러한 큰 변화에 처하게 된다. 우리 교도(敎徒)는 말하기를, 이러한 것들을, 미리 가 있으면 생명과 재산은 안전할 뿐만 아니라 고위고관(高位高官)이 될 수 있다. 고관이 되는 데에는 ….

3. 한양의 3월은 풀밭(草褥)과 같다. 철마(鐵馬)가 와서 한강 변에서 울부짖는다. 하나의 복주(福州)로서 평안하고 조용한 땅이다. 잘 모르겠는데, 이것은 누구의 것인가. 복숭아를 심는 사람.

한양은 봄이 되어 기후가 좋다. 풀이 이불과 같다. 거기에 철마가 와서 한강 변에서 울부짖는다. 현재 한강에는 철교(鐵橋)가 놓여 있다. 그 위로 철마(기차)가 지나고 울부짖고(기적) 있는 것이 아닌가. 그곳에서 넋 나간 듯이 있는 인간은 생활의 안정을 잃고 빈곤하게 되지만, 복숭아나 사과 과수원을 경영하는 자는 도움을 받는다.

---

23 파자법(破字法): 한 개의 글자를 부숴서 여럿으로 나누거나 역으로 여러 글자를 조합해서 하나로 만들어 비밀스러운 뜻을 알아내는 것. 한자문화권 전반에 널리 퍼져있는 일종의 암호 생산 기술이다.
24 오카조키(陸蒸氣): 메이지 시대에 '증기기관차'를 부르던 속칭.

제3장. 성항장(性恒章)

경성의 대운(大運)은 59에 이르러 서얼국(庶蘗國)을 장악하여 60년이 된다. 즉 5백 년의 수를 늘려야 하더라도 무염자(無髥者)가 그것을 빼앗는다. 이조(李朝)는 서자(庶子)가 왕이 된다. 대략 5백 년인데, 수염이 없는 자가 이를 찬탈한다(맞든 안 맞든).

제4장. 도선비결(道詵祕決)

한양의 말기에 장씨(張氏)가 난을 일으키고, 삼장(三將)이 남쪽에서 나와서 조선을 어지럽힌다.

3년 뒤에 정씨가 그 나라를 찬탈하여 계룡산에 성(城)을 쌓는다.

새로운 도읍은 산천이 풍요롭고 두터워 조야(朝野)에 널리 다스린다. 인민은 모두 겸손하고 순하다. 이것이 8백 년 도읍의 땅이다.

장비(張妃)의 난이 일어난다. 조선 28대로 정씨가 이를 대신한다. 새로운 도읍에 성을 쌓는다. 새로운 도읍은 생활이 안정되고 편안한 이상향(理想鄕)이다.

이상.

<자료 33>

『전시하 집회와 단체 등에 대하여: 「조선임시보안령」속성 이해』 중 유언비어 해설(1942)[25]

(상략)

22. 조언비어(造言飛語)란 무엇을 말하는 것입니까.

조언비어라고 하는 것은 사실무근(事實無根)의 일 또는 사실인지 어떤지 근거가 박약한 사항을 날조하는 경우를 말하는 것입니다.[26] 그런데 이와 같은 일을 언어로 말하여 나타내는 경우는 물론이고, 문서나 신호(信號), 통신, 회화(繪畫), 애드벌룬, 그 밖의 방법으로 표현해도 역시 조언비어가 됩니다.

근거도 없는 것, 그와 같은 것이 있든지 없든지, 사실인지 거짓인지가 명확하지 않은 일을 말로 꺼낸 자가 조언비어자(造言飛語者)로서, 이것이 가장 서로를 불안에 빠트리는 것입니다. 이와 같은 것을 신이 나서 아는 체하고 말을 퍼뜨리면 엄중히 처벌되기 때문에 주의해야만 합니다.

23. 유언비어(流言蜚語)란 어떤 것을 말하는 것입니까.

조언비어와 같은 것으로서, 그것을 다른 사람에게서 듣고 다른 사람들에게 또 말해서 이

---

25 佐野吾作 編, 『戰時下に於ける集會や團體等に就て: 朝鮮臨時保安令の早わかり』, 발행처 불명(京城), 1942, 18~24쪽.
26 표시된 부분은 강조를 위해 원문에서 표시한 대로임. 이하 동일.

것이 꼬리에 꼬리를 물고 다수의 사람에게 유포되는 경우, 이것을 유언비어라고 합니다.

다른 사람에게서 들었기 때문에 진실인지 거짓인지 분명하지 않은 사소한 쓸모없는 일을 쉽게 말하는 것도 앞에서 언급한 조언(造言)과 마찬가지로 서로에게 불안을 끼치는 것이므로, 이것도 마찬가지로 엄중한 취체의 대상이 됩니다. 이와 같은 것은 평소에도 물론 삼가야 하겠지만, 지금과 같은 전시하에서는 한층 더 주의해야 할 것입니다. 외국의 스파이로 활동하는 것이 바로 이런 것입니다. 국내의 사람들이 불안해하며 동요하는 듯하여 특히 더욱 주지하고 있는 것입니다. 이 스파이에 편승하지 않도록 주의해야만 합니다.

24. 이 법률과 조언비어나 유언비어는 어떤 관계가 있습니까.

조언(造言)과 유언(流言)에 대해서는 현재 개정 「형법」, 「육·해군형법」, 「국방보안법(國防保安法)」, 「조선취인소령(朝鮮取引所令)」, 「경찰범처벌규칙」 등에 따라 취체를 받고 있었습니다. 이 「조선임시보안령」에 의하면 이 외에도 다음과 같은 경우의 유언·조언·기타에 대해 취체를 받습니다. 우리나라가 직면하고 있는 현재와 같은 사태를 맞이하여 전쟁에 관해서는 말할 것도 없고, 이에 따른 여러 가지 중요한 제반 문제, 국내에서는 서로 간 일상생활의 여러 문제, 사회의 사상(事象)27 등 모든 정세에 대해, 다시 말해서 시국에 관한 조언·유언을 유포한 경우는 엄중한 취체를 받습니다. 나아가 그 밖에 진실된 사항 혹은 사상이나 신앙상의 것, 억설(臆說),28 의견의 개진, 판단의 연술(演述)29 등에서도 그 말한 것을 표현한 사항이 사회의 인심을 어지럽히는 듯한 경우 어떤 방법으로 다른 사람에게 전해지더라도 그것은 앞에서 기술한 것과 마찬가지로 처벌됩니다.

전시하에 이와 같은 조언이나 유언이 유포되는 일은 치안 유지상 가장 큰 장애가 되기 때문에 엄중히 취체하게 되었습니다.

27　사상(事象): 관찰할 수 있는 형체로 나타나는 사물이나 현상.
28　억설(臆說): 근거도 없이 억지로 고집을 세워 우겨대는 말.
29　연술(演述): 자신의 사상이나 의견 등을 말이나 글로 나타냄.

25. 그러면 애국반(愛國班)[30]의 상회(常會) 등에서는 시국에 대해 아무것도 말할 수 없습니까.

안 된다고 하는 것은 아닙니다. 시국에 대해서 인심을 어지럽히는 듯한 사항이나 사람들로부터 들은 근거 없는 일 또는 애매한 일, 예컨대 조언이나 유언의 원인이 되는 것 같은 일을 말하면 처벌을 받습니다. 총후(銃後)[31] 국민의 시국 인식을 높이고, 당국의 방침에 따라 상호 간에 일치 결속하여 총력을 다해 국난(國難)을 타개하는 일은 전혀 상관이 없습니다. 많이 이야기하여 시국에 상응하는 활동을 해주셨으면 합니다.

애국반, 기타의 상회(常會)는 근처의 이웃 사람들이 지역마다 모입니다. 그 사람들의 지식 정도, 생활, 환경, 직업의 차이 등으로 인해 시국에 관해 같은 것을 이야기하더라도, 갑(甲)의 경우는 올바르게 이를 인식해도 을(乙)이나 병(丙)은 오해하여 터무니없는 꼬리가 붙어서 쓸모없는 유언이나 조언비어가 되는 경우가 있으므로, 그 점에 더욱 주의해 주세요.

26. 「조선임시보안령」을 위반한 자는 어떤 처벌을 받습니까.

각기 그 사안에 따라 다릅니다. 결사(結社)[단체(團體)]에 관한 경우가 가장 무거워서 3년 이하의 징역, 금고(禁錮) 또는 3천 원 이하의 벌금형에 처해집니다. 그 밖에는 모두 2년 이하의 징역, 금고 또는 구류(拘留), 2천 원 이하의 벌금 혹은 과료(科料) 등의 처벌을 받게 되어 있습니다. 지금까지의 형보다는 모두 무겁게 처벌받도록 되어 있습니다.

신문이나 출판물을 취체하는, 이미 정해진 법률과 규칙을 위반한 경우에도 이 법률로 처벌되는 경우가 있습니다. 신문·잡지의 차압(差押) 집행을 방해한 경우는 6월 이하의 징역, 금고, 5백 원 이하의 벌금에 처해집니다.

---

30 애국반(愛國班): 전시체제기에 조선인의 생활을 감시·통제하기 위해 만들어진 최하부 단위의 주민조직. 1938년 7월 7일 국민정신총동원조선연맹이 조직되면서 각 정·동·리 부락연맹과 관공서·학교·은행·기타 단체들로 결성된 각종 연맹 산하에 10호 단위로 만들어졌다. 1940년 10월 국민정신총동원조선연맹이 국민총력조선연맹으로 개편된 뒤 더욱 확대되어, 그해 12월에는 전국적으로 약 38만여 개에 달하였다. 애국반은 신사참배, 창씨개명, 일본어 보급 등 황민화 정책에서부터 근로봉사, 저금, 각종 공출과 인적 동원 등을 위한 말단 조직으로 기능하였다.
31 총후(銃後): 전쟁터에서 후방 또는 후방의 국민.

또한 이 법률로는 시국에 대해 진실한 것을 이야기하더라도 그것이 사회의 인심을 어지럽히고 불안을 조성하는 듯한 경우는 1년 이하의 징역, 금고 혹은 구류, 1천 원 이하의 벌금 또는 과료에 처해지게 됩니다.

27. 이상의 말씀 외에 주의해야 할 사항을 가르쳐주십시오.

「조선임시보안령」의 개요는 이상과 같습니다. 결사의 조직 및 집회, 공중(公衆)의 옥외(屋外) 회동(會同), 다중운동(多衆運動)의 경우는 반드시 허가나 신고가 필요하다는 것, 또 신문이나 기타 출판물 등에 관해서도 종래 취체를 받던 것 외에도 특별한 법률로 취체를 받는다는 것을 잘 숙지하여 실수가 없도록 해주시기 바랍니다.

다음으로 이 법률은 전시 비상시를 맞이하여 인심을 혼미한 상태에 빠트려 사회의 불안을 조성하고, 나아가 거국일치(擧國一致)의 체제를 붕괴하는 듯한 조언비어나 유언비어 등의 철저한 취체를 기하기 위해 설치된 것이라는 점을 숙지하여 주시기 바랍니다.

전시하에서는 일반민심의 이상한 심리로 인해 자연스럽게 유언이 발생하기 쉽고, 게다가 그것이 생각지도 않은 사안을 야기하는 경우가 왕왕 있습니다.

이와 같은 간극을 틈타 스파이가 횡행하는 일이 있으므로, 이것을 방지하려면 상호 간에 한 사람 한 사람이, 애국반원 여러분이 다음과 같은 각오를 해주시기 바랍니다.

(가) 국민이 유언에 현혹되지 않도록 냉정하고 침착한 마음가짐을 확고하게 가질 것.
(나) 서로 간에 언동을 신중하게 하고 자중하고 경솔함을 경계하여 유언이나 조언의 씨앗을 뿌리지 말 것.
(다) 괴이한 것을 들었을 때, 보았을 때, 스스로 그렇게 생각했을 때는 신속히 가장 가까운 경찰서 또는 파출소(交番所), 근처에 거주하는 경찰 등에게 연락해 주실 것.

당국에서는 가능한 한 빨리 정세를 분명히 밝혀서 여러분의 불안을 덜어드리려 하고 있습니다. 악질적인 조언이나 유언비어를 철저하게 취체하고, 이를 근절하기 위해 주력(主力)을 다할 것이므로, 애국반원 여러분도 이에 협력해 주실 것을 간절히 희망합니다.

(하략)

<자료 34>

「육·해군형법」·「조선임시보안령」 위반 사건[32]
(고등법원 검사국, 1945.3)

「육·해군형법」, 「조선임시보안령」 위반 사건

[경성복심법원(京城覆審法院) 소화19형상(昭和十九刑上) 135호
1945년(昭和 20) 2월 8일 판결][33]

군사(軍事)에 관한 조언비어의 의의 – 군사상 유해(有害)한 의의 – 사실의 범위 – 사실 보도의 방법

(1) 「육군형법」 제99조, 「해군형법」 제100조에서 이른바 "조언비어를 함"이란, 군령(軍令)이나 군정(軍政)을 막론하고 널리 군사(軍事)에 관해 허위 사실을 날조하고 근거 없는 풍설(風說)을 전파하거나 실재(實在)하는 사실을 과장하는 등 진실하지 않은 사실을 보도함으로써 군사상 유해한 결과를 초래할 만한 일체의 경우를 지칭하는 것으로 한다.

(2) 위의 이른바 "군사상 유해"란, 군대의 정신적 단결을 저해하고 사기 저하를 야기하거나 또는 행동의 적정(適正)을 그르치는 등 직접 군의 이익을 해치는 경우는 물론, 인심

---

32 「陸海軍刑法朝鮮臨時保安令違反事件: 軍事に關するの意義-軍事上有害の意義-事實の範圍-事實報道の方法」, 『朝鮮檢察要報』 제13호, 高等法院 檢事局, 1945년 3월, 52쪽.
33 이는 강천룡(姜千龍, 岡山道雄, 42세)의 항소심 판결이다. 경성에 거주하며 콩나물 생산업에 종사하던 강천룡은 지인인 복정욱(福井旭) 등과 함께 일제 패망 및 조선 독립 등에 대한 조언비어를 했다는 이유로 검거되었다. 1944년 11월 1일 경성지방법원에서 「육군형법」 위반, 「해군형법」 위반, 「조선임시보안령」 위반 혐의로 징역 1년 6월형을 받았는데, 이에 불복해 항소를 제기했으나 기각되어 형이 확정된 것으로 확인된다. 현재 국가기록원에 소장된 판결문을 볼 때 항소심 당시 법 조항을 둘러싸고 사법부 내에서 상당한 논란이 있었던 것으로 보인다(京城地方法院, 「昭和十九刑公 제2811호 판결문(姜千龍)」, 1944.11.1.; 京城覆審法院, 「昭和十九刑上 제135호 판결문(姜千龍)」, 1945.2.8.).

의 불안을 유발하여 전의(戰意)를 상실케 하거나 황군(皇軍)에 대한 국민의 신뢰를 실추시키는 등 간접적으로 군의 이익을 해치는 것과 같은 경우도 포함하는 것으로 한다.

(3) 또 "진실하지 않은 사실"이란, 과거와 현재의 사실만이 아니라 장래의 사실도 지칭하는 것으로 한다.

(4) 그리고 "사실의 보도"란, 반드시 직접적인 사실만을 고지(告知)하는 것을 요하는 것이 아니라, 사실에 의견을 덧붙일 경우는 물론 의견 판단, 희망 또는 결의 등의 형식으로 은밀히 그 사실을 고시(告示)하는 경우도 포함하는 것으로 한다.

자료목록

	편저자	문건명(호수, 일자 등)	자료(책)명	발행처	발행일
01 ~ 04	朝鮮日報社	流言蜚語에 대하여(1937.7.16) 외 다수	朝鮮日報	朝鮮日報社	1937.7~ 1940.8
	東亞日報社	流言蜚語의 사회적 영향(1937.7.27) 외 다수	東亞日報	東亞日報社	1937.7~ 1940.8
	京城日報社	流言蜚語(1937.7.15) 외 다수	每日申報/ 每日新報	京城日報社	1937.7~ 1940.8
05	高等法院 檢事局 思想部	造言飛語의 罪에 關한 調査	思想彙報 14	高等法院 檢事局 思想部	1938.3
06	高等法院 檢事局 思想部	造言飛語罪에 關한 調査	思想彙報 21	高等法院 檢事局 思想部	1939.12
07	高等法院 檢事局 思想部	旱害에 對する流言蜚語의 狀況	思想彙報 24	高等法院 檢事局 思想部	1940.9
08	高等法院 檢事局	時局關係不穩言論事犯	朝鮮檢察要報 1	高等法院 檢事局	1944.3
09	高等法院 檢事局	徵兵檢査場に於ける半島人壯丁の造言飛語(全州檢事正報告)	朝鮮檢察要報 6	高等法院 檢事局	1944.8
10	高等法院 檢事局	敵側謀略放送に基く造言飛語(咸興檢事正報告)	朝鮮檢察要報 6	高等法院 檢事局	1944.8
11	朝鮮軍參謀長 北野憲造	北敵九州地區空襲に關する造言飛語(福咸岡檢事正通報)	朝鮮檢察要報 6	高等法院 檢事局	1944.8
12	高等法院 檢事局	敵機來襲に伴ふ民情一片	朝鮮檢察要報 7	高等法院 檢事局	1944.9
13	高等法院 檢事局 思想部	落書とビラに關する調査	思想彙報 15	高等法院 檢事局 思想部	1938.7
14	高等法院 檢事局 思想部	支那事變に從軍したる鮮人の不穩言動竝通信等に關する調査	思想彙報 16	高等法院 檢事局 思想部	1938.9
15	高等法院 檢事局 思想部	不穩落書及ビラに關する調査	思想彙報 24	高等法院 檢事局 思想部	1940.9
16	朝鮮軍 參謀部	昭和15年 前半期 朝鮮思想運動槪況 중	日帝下 戰時體制期 政策史料叢書 66	한국학술정보	1940.8 (2005)
17	朝鮮總督府 警務局	支那事變に伴ふ治安狀況	最近に於ける朝鮮治安狀況	朝鮮總督府 警務局	1938

18	高等法院 檢事局 思想部	現在の時局下に於ける一般犯罪狀況	思想彙報 15	高等法院 檢事局 思想部	1938.7
19	高等法院 檢事局 思想部	支那事變後に於ける基督教徒の動靜と其の犯罪に關する調査	思想彙報 16	高等法院 檢事局 思想部	1938.9
20	朝鮮總督府 警務局 保安課	旱害に伴ふ民心の狀況竝に對策	高等外事月報 2	朝鮮總督府 警務局 保安課	1939.8
21	朝鮮總督府 警務局 保安課	時局に對する外國人の言動	高等外事月報 3	朝鮮總督府 警務局 保安課	1939.9
22	朝鮮總督府 警務局 保安課	地方議會に於ける議員の要注意乃至特殊言動調	高等外事月報 8, 9	朝鮮總督府 警務局 保安課	1940.3~4
23	朝鮮總督府 警務局 保安課	歐洲戰局に對する民心の動向	高等外事月報 12	朝鮮總督府 警務局 保安課	1940.7
24	朝鮮總督府 警務局 保安課	夏季休暇歸省學生の言動	高等外事月報 13	朝鮮總督府 警務局 保安課	1940.8
25	高等法院 檢事局	臨時陸軍特別支援兵の動向一斑	朝鮮檢察要報 1	高等法院 檢事局	1944.3
26	高等法院 檢事局	國民徵用令臨違反事件	朝鮮檢察要報 1	高等法院 檢事局	1944.3
27	高等法院 檢事局	「半島同胞に告ぐ」と題する檄文郵送	朝鮮檢察要報 3	高等法院 檢事局	1944.5
28	高等法院 檢事局	敵機來襲に伴ふ民情一片	朝鮮檢察要報 7	高等法院 檢事局	1944.9
29	高等法院 檢事局	戰局と民心の脆弱面	朝鮮檢察要報 8	高等法院 檢事局	1944.10
30	金正明 編	特殊事件と各種記念日運動 중 특수사건	朝鮮獨立運動 IV	原書房	1966
31	京城地方法院 檢事局 思想部	[유언비어 해설 부분]	司法警察官敎養資料: 造言飛語ノ罪ニ付テ	京城地方法院 檢事局 思想部	불명
32	高等法院 檢事局 思想部	鄭鑑錄	思想彙報 23	高等法院 檢事局 思想部	1940.6
33	佐野吾作 編	戰時下に於ける集會や團體等に就て: 朝鮮臨時保安令の早わかり	戰時下に於ける集會や團體等に就て: 朝鮮臨時保安令の早わかり	內務省 警報局 保安課	1942
34	高等法院 檢事局	陸海軍刑法朝鮮臨時保安令違反事件: 軍事に關するの意義-軍事上有害の意義-事實の範圍-事實報道の方法	朝鮮檢察要報 13	高等法院 檢事局	1945.3

참고문헌

1. 수록 자료
   - 위 〈자료목록〉 참조

2. 그 외 참고자료

한국학자료통합플랫폼, 공훈전자사료관 원문사료실, 대한민국 신문아카이브 등의 온라인 자료.
네이버, 야후재팬, 바이두 등의 각종 온라인 사전류.
《京城日報》,《三千里》,『職員錄』 등 당대 신문·잡지자료.
『治安狀況(昭和12年) 第26報~第43報』, 경성지방법원 검사국 문서.
高等法院 檢事局 思想部, 「時局關係の犯罪に關する調査」, 『思想彙報』 18, 1939.3.
京城地方法院, 「昭和十九刑公 제2811호 판결문(姜千龍)」, 1944.11.1.
京城覆審法院, 「昭和十九刑上 제135호 판결문(姜千龍)」, 1945.2.8.
外務省 調査局, 『朝鮮統治の性格と實績 – 反省と反批判』, 1946.

강만길 외, 『일본과 서구의 식민통치 비교』, 선인, 2004.
국가보훈처, 『독립유공자 공훈록』 18, 2010.
국사편찬위원회, 「일제감시대상 인물카드」, 한국사데이터베이스.
대통령소속 친일반민족행위진상규명위원회, 『친일반민족행위진상규명보고서』 Ⅳ, 2009.
민족문제연구소, 『친일인명사전』, 2009.
변은진, 『파시즘적 근대체험과 조선민중의 현실인식』, 선인, 2013.
_____, 『일제말 항일비밀결사운동 연구』, 선인, 2018.
변은진·장순순 편역, 『전시체제기 여론통제(1) – 기본 구상과 방향』, 동북아역사재단, 2021.
_____, 『전시체제기 여론통제(2) – 관련기구와 조사』, 동북아역사재단, 2022.
윤일수, 「박영호의 국민연극 연구」, 『韓民族語文學』 52, 2008.
한기형, 「불온문서의 창출과 식민지 출판경찰」, 『大東文化研究』 72, 성균관대 대동문화연구원, 2010

찾아보기

2·26 사건 107
4대절(四大節) 327
8·1 기념일 259
A. C. 비츠돌 361
F. 요한젠 362
J.O.D.K 139

ㄱ

가남소학교(加南小學校, 여주) 356
가미가모국민학교(上賀茂國民學校) 503
가미야 쇼세이(加宮章聖) 544
가시와쿠라(柏倉) 석탄업소 501
가야누마(茅沼) 탄광 500
가와에 마사토시(川江正敏) 59
가정방호조합(家庭防護組合) 380
가정부(假政府) / 한국가정부(韓國假政府) / 조선가정
 부(朝鮮假政府) 229, 238, 239, 549
가창교회(假倉敎會, 맹산) 329
가타오카 마고구로(片岡孫九郎) 48
가토 유타카(加藤豊) 91
감리파(監理派) 320
강기찬(康基瓚) 324
강달원(姜達遠) 68
강대창(姜大昌) 446
강목영준(姜木永俊) 235
강병환(姜秉煥, 八王寺公寬) 540
강산영(岡山營) 516
강성길(姜成吉, 神農進光) 530
강승태(姜昇泰) 88, 89
강원용삼(江原溶三) 247

강인주(姜仁柱) 399
강재규(姜在圭) 195
강천룡(姜千龍, 岡山道雄) 560, 583
강촌궁작(岡村宮作) 247
강태동교회(姜太洞敎會, 해주) 329
강학룡(姜學龍) 386
강학엽(姜學燁) 339, 340
강현상(姜顯相) 170
경기도 도회 368
경무휘보(警務彙報) 559, 569
경방단(警防團) 142, 248, 380, 431, 435
경복중학(景福中學) 369
경상남도 도회 382
경상남도 부산부회(釜山府會) 384
경상북도 대구부회(大邱府會) 385
경상북도 도회 384
경성격려대(京城激勵隊) 406
경성요지방호사령부(京城要地防護司令部) 124
경성요지상시관제(京城要地常時管制) 125
경성일보(京城日報) 65, 482
경성제국대학(京城帝國大學) 56, 60, 310, 414
경성중앙방송국 59
경성중학(京中) 237, 369, 426
경찰범처벌령(警察犯處罰令) 315, 441, 451, 453, 454,
 525, 566, 567
경천교(敬天敎) 572
경천중(慶川重) 296, 107
계희일랑(界喜一郎) 548
고 야스히코(高安彦) 68, 122, 130
고계현(高癸賢) 197, 198
고광건(高光建) 89

고마쓰 히로미(小松博美) 83
고목양호(高木良湖) 234
고목영록(高木永錄) 415
고문훈위(高本訓位) 545
고물상취체규칙 210
고산우숙(高山又淑) 416
고산일랑(高山一郎) 554
고석주(高錫柱, 제주) 449
고석주(高錫柱, 하동) 450
고성윤덕(高城潤悳) 412
고세관(高世官) 457
고운이(高雲伊) 459
고자키 간이치(小崎勘一) 234
고재윤(高在潤) 381
고즈츠미 간이치(小堤勘一) 86
고촌성진(高村聖鎭) 519
곤론마루(崑崙丸) 233
관부연락선(關釜連絡船) 230, 233
광산무부(光山武夫) 508
광주학생운동 282
교육령 369, 370, 373, 386
교육칙어근해(教育勅語謹解) 405
교토공습(京都空襲) 550
교토제지공장(京都製紙工場) 502
구노 세이치(久納誠一) 565
구라시마 이타루(倉島至) 138, 139
구로세 쇼자부로(黒瀨正三郎) 47
구로카와 염색공장(黒川染工場) 503
구성민상(駒城民相) 516
구양천(具襄天) 325
국명현(鞠溟鉉) 381
국민정부 147, 364, 516
국민정신총동원연맹 / 정동연맹(精動聯盟) 402
국민총력조선연맹 / 총력연맹 / 총력조선연맹 / 조선총력연맹 / 국민총력연맹 43, 47, 48, 135, 233, 322, 371, 376, 382, 424, 427, 581

국방보안법(國防保安法) 18, 43, 45, 580
국방부인회(國防婦人會) 191, 326, 449
국방헌금 217, 310~312, 326, 341, 443, 450, 462, 483, 486, 498, 499, 526, 527, 541
국방혈맹당(國防血盟黨) 304, 420, 422
국본삼탁(國本參鐸) 247
국본탁신(國本卓信) 546
국제연맹(國際聯盟) 313
국채욱(鞠採郁) 445
군기보호법(軍機保護法) 210, 315, 316
군사(軍事)에 관한 조언비어 33, 244, 481, 529, 560, 562, 564, 583
군사종치(郡司宗治) 79
군수공업동원법(軍需工業動員法)의 적용에 관한 법률 316
군인칙유(軍人勅諭) 405
권갑경(權甲慶) 473
권두칠(權斗七) 482
권재호(權在鎬) 97
권태숙(權泰淑) 99, 100
권택하(權澤河) 279
귀족원(貴族院) 322, 397, 402
금강산 대화재 219
금속회수령 50
기노시타 스가와(木下壽川) 529
기누가와 게사오(衣川今朝雄) 528
기무라 도메요시(木村留吉) 431
기호 간타로(儀寶寬太郎) 431
김가종선(金可鍾善) 249
김강두향(金江斗鄉) 228
김강종준(金岡鍾準) 233, 234
김경엽(金璟燁) 383
김경진(金慶鏐) 382
김경해(金璟海) 284
김곡유평(金谷唯平) 533
김곡호(金谷浩) 509

김광문택(金光文澤) 231
김광민(金光敏) 369
김광영선(金光永善) 234
김근호(金根鎬) 369, 370
김금술(金今述) 461, 462
김기동(金寄童) 274
김길룡(金吉龍) 399
김길성(金吉聲) 400
김길호(金吉浩) 287
김낙도(金洛道) 101
김덕준(金德俊) 372
김동남(金東南) 547
김동림(金東林, 桃原東林) 541
김동식(金東植) 455
김동신(金東信) 98
김동옥(金東玉) 98
김동준(金東準) 383
김두연(金斗演) 87
김두염(金斗琰) 100
김만복(金萬福) 480
김만식(金萬植) 333
김명달(金明達) 300
김명업(金明業) 185
김명진(金明鎭) 279
김무량(金武良) 480
김무석(金武石, 金井武石) 544
김범술(金範述) 451
김병도(金秉道) 90
김병모(金炳模) 89
김병웅(金秉雄) 400
김병찬(金炳贊) 273
김본암윤(金本岩允) 227
김본춘재(金本春在) 550
김봉수(金鳳守) 461
김사연(金思演) 370
김산매채(金山賣釆) 234

김산맹천(金山孟千) 554
김산소목(金山詔穆) 414
김산행남(金山行男) 233
김삼건(金三健) 397
김상두(金相斗) 478
김상하(金祥下) 461
김상환(金相煥) 414
김생차(金生次) 88
김석근(金潟根) 68
김선홍(金善洪) 381
김성준(金成俊) 181
김성진(金成辰) 91
김성진식(金城鎭植) 228
김성충부(金城忠夫) 540
김세완(金世玩) 91
김수(金守) 395, 401
김연우(金演雨) 528
김영도(金永道) 281
김영순(金永淳) 91
김영환(金英煥) 324
김예근(金禮根) 342
김오순(金五順) 82, 83, 197
김옥성(金玉成) 86
김옥자(金玉子) 94
김용권(金容權) 401
김용근(金容根) 344
김용석(金用錫) 271
김용주(金龍周) 384
김용훈(金容勳) 377
김원갑(金元甲) 374
김원건(金垣健, 桃源成輔) 523
김원봉도(金原鳳道) 230
김원성(金元成) 282
김원춘(金元春) 459
김위석(金渭錫) 508
김유벽(金柳壁) 443

김응록(金應錄) 70
김응순(金應珣) 327
김이석(金利錫) 338~340
김익(金益) 388
김익수(金益壽) 449
김인배(金仁培) 344
김일랑(金一郎) 508
김일룡(金日龍) 380
김임덕(金任德) 484
김임상(金壬祥) 156
김장수(金長壽) 100
김장태(金璋泰) 384
김재섭(金在涉) 323
김점술(金點述, 金本二郎) 554
김정규(金丁奎) 448
김정옥(金鉦玉) 399
김정원(金鼎元) 447
김종용(金宗用) 101
김종철(金宗喆) 201
김종훈(金鍾勳) 357
김진간(金振干) 453
김진식(金鎭植) 338~341
김차근(金次根) 456
김창수(金昌洙) 101
김창호(金昌浩) 401
김천연(金千淵) 99
김철진(金哲鎭) 381, 382
김촌광천(金村光川) 230
김촌선규(金村善圭) 416
김태락(金泰樂) 369
김태선(金兌善) 181
김태환(金泰煥) 457
김택(金澤) 479
김택경정(金澤景政) 551
김택술(金宅述) 397
김택일평(金澤一平) 545

김택종희(金澤鍾熙) 235
김택주원(金澤周元) 545
김판전(金判全) 460
김학수(金學壽) 273
김한옥(金漢玉) 524, 525
김해룡(金海龍) 185
김해상렬(金海相烈) 233
김해재기(金海在基) 414
김해창기(金海昌基) 534
김해해룡(金海海龍) 415
김현수(金賢洙) 68
김형철(金亨喆) 386
김홍(金洪) 295
김홍식(金弘植) 290
김활란(金活蘭) 40
김흥수(金興守) 78, 191

ㄴ

나성채(羅性彩) 101
나우곤(羅又坤) 291
나카노 세이고(中野正剛) 229
나카무라 쇼지(中村正二) 530
나카미치 다케츠구(中道武次) 244
나카야마 유키에(中山雪枝) 538
남감리파(南監理派) 328
남상철(南相喆) 375
남숙수(藍淑樹) 184
네빌 체임벌린(Neville Chamberlain) 364
노구교(蘆溝橋, 루거우차오) 사건 109, 233, 563
노구치 시즈에(野口靜江) 93, 94
노몬한 사건 208, 360, 362, 517
노무라 모리노스케(野村盛之助) 151
노영선(盧永善) 324
노준영(盧俊泳) 383
니시무라 신타로(西村眞太郎) 559, 569

니시야마 지카라(西山力) 47
니시키 쥰세이(錦純正) 76
니시키 하지메(錦一) 174
니시하라 간이치(西原寬一) 47

ㄷ

다나베 사스케(田邊佐助) 92
다나카 아사키치(田中朝吉) 539
다니아이 지사쿠(谷合次作) 243
다카마쓰노미야 노부히토(高松宮宣仁) 542
다카미 오노사부로(高見斧三郞) 93, 94
다카미 지요코(高見千代子) 93, 94
다카시마 이와코(高島岩子) 544
다카자와 스즈코(高澤スズ子) 529
다카하시 요타로(高橋良太郞) 431
단파방송 238, 239
대강말남(大江末男) 548
대본영(大本營) 119, 239, 240, 361
대봉부정(大峯富井) 239
대일본방적(大日本紡績) 159
대일본정신도장(大日本精神道場, 보성) 330
대전도수(大田道守) 249
대정수리조합(大正水利組合) 121
대창종목(大倉鍾穆) 434
대촌도웅(大村道雄) 232
덕원종영(德原鐘榮) 552
데라우치 마사타케(寺內正毅) 321
데라우치(寺內) 총독 암살사건 321
도고 시게노리(東鄕茂德) 360, 361
도라지 413
도미모리 다사기치(富森太佐吉) 191
도선(道詵) 574, 575
도자와 데쓰히코(戶澤鐵彦) 60
도조 히데키(東條英機) 535, 542
동덕고녀(同德高女) 152

동순동(同順東) 61
동아공조회(東亞共助會) 98
동아기독대(東亞基督隊, 경흥) 326
동아일보(東亞日報) 13, 22, 23, 30, 32, 47, 48,
  63~66, 69, 73, 75, 80~82, 84, 85, 88, 91~93,
  98, 103~105, 110, 112, 114, 115, 117, 121,
  125~127, 131, 132, 144~149, 155, 158, 377,
  380, 401, 462, 489
동양선교회(東洋宣敎會) 329
동양인은 모두 공동의 신성한 사명에 눈을 떠라 329
동학당(東學黨) 527

ㄹ

러시아 입헌민주당(立憲民主黨) 363
러시아의용함대(露國義勇艦隊) 366
레옹 블룸(Léon Blum) 366
루스벨트 535
루씨여자보통학교(樓氏女子普通學校) 328
리펄스(Repulse) 138

ㅁ

마스나가 쇼이치(增永正一) 41
마쓰모토 기쿠에(松本菊枝) 543
마쓰오 노보루(松尾昇) 244
마쓰오카 다키오(松岡多喜夫) 171
마에노 시게나리(前野重成) 71
마치다 아사타로(町田淺太郞) 381
마치다내선친목회(町田內鮮親睦會) 473
마치아이 긴류(待合金龍) 481
만국우권구락부(萬國郵券俱樂部) 103
만보산(萬寶山) 사건 436
명신학교(明新學校, 강계) 328
명신학교(明新學校, 재령) 328
모리모토 기쿠오(森本喜久男) 386

모리타 덴마루(森田殿丸) 487
목촌금일(木村金一) 535
목촌기덕(木村基德) 245
목촌실(木村實) 232
목촌제화(木村濟華) 249
목포고등여학교(木浦高女校) 381
묘지·화장장·매장·화장 취체규칙 / 묘지 규칙 100, 378
무극대도교(無極大道敎) 88
무라드로스파 366
무솔리니 229, 365, 392, 408, 535
무운장구기원제(武運長久祈願祭) 441, 486
문천여(文天奧) 101
문천영희(文川永禧) 234
미곡소비규정(米穀消費規正) 499
미나미 지로(南次郞) 116, 131, 133, 134, 160, 281, 300, 396, 492 536
미륵교(彌勒敎) 99
미쓰이 사키치(滿井佐吉) 106
미쓰하시 고이치로(三橋孝一郞) 146
미야이 신조(宮井親造) 82
미야카와 도미(宮川登美) 541
미즈겐카(水喧嘩) 346
미즈코시 요시바(水越義馬) 528
미택양길(米澤亮吉) 553
민창식(閔昌植) 96
밀류코프(Milyukov) 366

ㅂ

박경빈(朴慶彬) 460
박귀춘(朴貴春) 484
박근배(朴根培) 77, 190
박기환(朴箕煥) 370, 371
박도원(朴道元, 香川利三郞) 547
박병교(朴炳敎) 47

박병순(朴秉順) 482
박봉주(朴奉周) 77
박봉진(朴鳳珍) 480
박상준(朴相駿) 231
박석순(朴錫淳) 200
박성근(朴成根) 328
박성호(朴成浩) 145
박성홍(朴成弘) 326
박소아(朴小兒) 194
박수남(朴壽男) 284
박수복(朴壽福) 386
박순이(朴順伊) 524, 525
박영림(朴榮林) 341
박영섭(朴寧燮) 338~340
박영식(朴瑛植) 153
박영추(朴永樞) 442
박용근(朴容根) 329
박용섭(朴龍燮) 182
박인서(朴鱗緖) 376
박장렬(朴璋烈) 152
박장호(朴章鎬) 452
박재룡(朴載龍) 266
박정식(朴政植) 378
박진창(朴鎭昌) 290
박철수(朴喆守) 455, 463
박춘금(朴春琴) 469
박태섭(朴泰燮) 338~340
박태식(朴泰湜) 181
박택영견자(朴澤榮見子) 231
박판서(朴判緖) 524, 525
박필병(朴弼秉) 357
박학주(朴學柱, 泉淳) 543
박한선(朴漢瑄) 369
박행래(朴行來) 101
박형결(朴炯結) 396
박형기(朴亨基) 371~373

반공위원회(反共委員會) 366
반도인독립단(半島人獨立團) 296
반제동맹(反帝同盟) 310
방공감시대(防空監視隊) 427
방공협정(防共協定) 391
방두환(方斗煥) 377
방야정웅(芳野正雄) 510
방정능(方正能) 537, 538
방태안(方泰安) 78, 184
배봉도(裵奉道) 91
배삼순(裵三淳) 451
배상고(裵相告) 458
배영덕(裵永悳) 385
배은희(裵恩希) 328
배헌(裵憲) 380
백기조(白基肇) 386
백남주(白南柱) 320
백동건(白東健) 270
백만이(白萬伊) 457
백백교(白白敎) 25, 38
백성균(白聖均) 270
백영걸(白榮杰) 291
백영순(白永順) 273
백학연(白鶴連, 白石正雄) 454
뱌체슬라프 몰로토프(Вячеслáв Мóлотов) 360
범평리성결교회(帆平里聖潔敎會, 밀양) 329
변명제(邊明濟) 386
병역법(兵役法) 466~468, 470
보병조전(步兵操典) 408
보성전문(普成專門) 377, 398, 410
보안법(保安法) 77, 85, 100, 101, 173, 176, 189, 193, 210, 211, 228, 232, 252, 332~336, 340, 343, 344
보즈로즈데니야 366
보천교(普天敎) 38, 100
복본우헌(福本又憲) 247
복음교회(福音敎會) 335, 336
복전성학(福田聖鶴) 229
부락금융조합(部落金融組合) 381
북미기독교청년회동맹 331
북장로파 312, 324, 339, 340, 343
분로쿠에키(文錄役) 570
불경죄(不敬罪) 210, 211 332~334, 340, 344, 518, 545, 554

ㅅ

사기죄 79, 211, 485
사에키 아키라(佐伯顯) 111
사카모토 햐쿠마쓰(坂本百松) 95
사카요리 모리노스케(坂寄守之助) 47
사토 로쿠사부로(佐藤錄三郎) 108
산강정부(山岡正夫) 66
산금법(産金法) 316
산본달웅(山本達雄) 507
산본종구(山本鍾九) 247
산본창업(山本昌業) 227
산본흔야(山本欣也) 510
산인일신회(山陰日新會) 461
산주필수(山住弼壽) 522
삼본기범(三本基範) 240
상우저축계(商右貯蓄契, 하코다테) 474
상회(常會) 55, 135, 581
샌프란시스코 방송 238
서강영자(西岡英子) 131
서동(薯童) 36
서명환(徐明煥) 398, 399
서상섭(徐相燮) 100, 101
서원남복(西原南卜) 249
서익만(徐益萬) 101
서재선(徐在善) 325
서전상원(西田常垣) 521

서촌충조(西村充祚) 245
서현근(徐玄根) 106
서홍선(徐鴻善) 380
석원재봉(石原在奉) 246
선도교(仙道敎) 88, 100
선만자치연구회(鮮滿自治硏究會) 535
선성주(宣成周) 299
선화공주(善花公主) 37
성동중학(城東中學) 369, 370
성산금석(星山金錫) 400
성산태약(星山泰若) 542
성전순문(成田順文) 235
성촌상연(星村相椽) 520
세계기독교청년회 중국지부 321
세계기독교청년회동맹 322, 331
세계기독교학생연맹 322, 331
세이쥬 나라데(星出壽雄) 56
센닌바리(千人針) 312, 323
소년단(少年團) 84, 174
소방조(消防組) 174, 325
손경삼(孫景三) 362
손수향(孫壽鄕) 372, 373
송구용(宋龜用) 104, 105
송국도(宋國道) 82, 179
송명옥(宋明玉) 462
송목광삼(宋木光三) 304, 418
송병구(宋秉求) 484
송본무길(松本茂吉) 304, 418
송본봉근(松本奉根) 553
송사언(宋士彦) 173
송산성(松山誠) 414
송산형린(松山亨麟) 160
송상호(宋相浩) 518
송승엽(宋承燁) 386
송영갑(宋榮甲) 228
송원순(松原淳) 411

송일수(宋一守) 337
송정화(宋鼎和) 387
송춘원(宋春元) 155
송희경(宋喜京) 193
쇼후도기공장(松風陶器工場) 502
수출입품 등에 관한 임시 조치에 관한 법률 316
수평사(水平社) 495
숙명고녀(淑明高女) 151
숭덕학교(崇德學校, 전주) 328
스기야마 하지메(杉山元) 258
스기야먀 마코토(杉山義) 517
스나하타협화료(砂畑協和寮) 553
스탈린 360, 535
시국좌담회(時局座談會) 311, 312, 323, 324, 340, 343, 344
시라이시 무네기(白石宗城) 265
시마다 센쥬(島田千壽) 243
시마즈 이사미(島津勇) 97
시오노 스에히코(鹽野季彦) 566
시오바라 도키사부로(鹽原時三郞) 110
식전유경(植田遣慶) 533
식전재우(植田載祐) 417
신대우(申大雨) 458
신동중하(新東仲夏) 414
신문휴(申文休) 378
신병대(申炳臺) 446
신봉조(辛鳳祚) 151
신시웅(辛時雄, 辛島時雄) 531
신영선(辛永先) 462
신재순(申在淳) 452
신정연장(新井年藏) 521
신진웅(辛眞雄, 辛島眞雄) 531
신현정(申鉉鼎) 396
신흥공제회(新興共濟會, 하코다테) 474
신흥우(申興雨) 322
심지택(沈之澤) 101

심창제(沈昌濟) 387
쓰지 이사무(辻勇) 534

ㅇ

아리가 도요미쓰(有賀豊光) 402
아리랑 409, 410, 413
아리마쓰 가쿠지(有松角治) 379
아베 노부유키(阿部信行) 362
아사히신문(朝日新聞) 517, 523
아시오동산(足尾銅山) 553
아와상조회(安房相助會) 450
아키야마 스스무(秋山進) 549
안녕질서에 대한 죄 232, 233, 235, 245
안동재춘(安東在春) 235
안동정(安東正) 375
안동혁(安東赫) 35
안릉성구(安陵聖求) 398, 399
안산응의(安山應宜) 234
안순근(安順根) 189
안용석(安庸錫) 371
안용준(安龍俊) 338~340
안원홍웅(安原弘雄) 238, 240
안전실(安田實) 248
안전창휴(安田昌休) 514
안창갑(安昌甲) 451
안형백(安馨栢) 82, 83
암촌배근(岩村培根) 517
암촌천길(岩村天吉) 248
애국가(愛國歌) 341
애국반 회보(回報) 46, 51, 52, 55, 56, 135, 424, 429, 581
애국반(愛國班) 46, 51, 52, 55, 56, 135, 424, 429, 581
애국부인회(愛國婦人會) 191, 326
애국일(愛國日) 137
야마모토 이소로쿠(山本五十六) 228

야마자키 고마타로(山崎駒太郎) 244
양기석(梁氣石) 106
양원의웅(梁原義雄) 398
양원준(梁元俊) 329
양인현(梁麟鉉) 509
양재억(楊載億) 377
양포현옥(陽浦鉉玉) 248, 249
양현원(楊賢源) 460
양형식(梁瀅植) 68
양회총(梁會鏦) 483
어업 문제에 관한 일·소(日蘇) 협정 234
언론·출판·집회·결사 등 임시취체법 540, 542~544, 546, 548, 549, 552, 560
엄봉현(嚴鳳玄) 411
엄영섭(嚴英爕) 106
엄운봉(嚴雲峰) 89
업무횡령죄 333, 334
에가시라 고마키(江頭駒喜) 57
에비사와 후지요시(蛯澤藤吉) 553
에토 이츠오(江藤逸夫) 71
연안내순(延安來淳) 130
연안야조(延安也照) 130
연희전문학교(延禧專門學校) 322, 410
염원성구(廉原聖龜) 240
영불유태재단(英佛猶太財團) 366
영산용만(永山龍萬) 543
영산진백(永山鎭百) 543
영실학교(英實學校, 강계) 325
영야성국(永野誠國) 238, 240
영정소학교(榮町小學校, 대전) 377
영촌영웅(永村英雄) 520
오노데라 요시오(小野寺芳雄) 47
오니시 헤이시치(大西平七) 545
오문환(吳文煥) 68
오사카마이니치신문(大阪每日新聞) 485
오산인본(吳山仁本) 236

오석근(吳錫根) 105
오세중(吳世重) 515
오소금(吳小今) 449
오송조(吳松釣) 457
오수현(吳壽晛) 80, 176
오순형(吳舜炯) 342
오야마 아야오(大山文雄) 565
오영수(吳令守) 460
오인덕(吳仁德) 383
오즈루탄갱(大鶴炭坑) 524
오창규(吳昌圭, 梅村謙二) 523
오창헌(吳昌憲) 377
오촌정술(吳村定述) 415
오태일(吳泰一) 477
오하영(吳河泳) 106
오히라 유타카(大平豊) 274
옥룡자(玉龍子) 571, 574
와타나베 간이치(渡邊寬一) 274
와타나베 산페이(渡邊三平) 549
완본인행(完本仁幸) 279
왕자근(王子芹) 76
왕정위(汪精衛) / 왕조명(汪兆銘) 380, 516, 522
요나이 미쓰마사(米內光政) 258, 542
요시다 다쓰오(吉田辰雄) 534
용산중학(龍中) 369
우마지마 도메마(馬島止馬) 431
우영상(于永祥) 83
우영진(于永津) 76, 83, 186
우일모(禹一模) 98, 104~106
우차부 살인강도 사건(개성) 155
우케모쓰 하라구치(受持原口) 488
원대성(元大成) 336, 337
원병희(元炳喜) 378, 379
원산권번(元山券番) 75
원상섭(元尙燮) 396
원성신웅(遠城信雄) 554
원용규(元龍圭) 454
원용규(元容圭) 101
원장(援蔣) 루트 393
유성계(劉聖桂) 461
유성연(柳性淵) 376
유성진(柳成津) 106
유인호(柳仁鎬) 279
유점암(劉占岩) 196
유정식(兪廷植) 377
유종하(柳鐘夏) 389
유진엽(柳鎭燁) 378, 379
유진호(柳晉浩) 82, 179, 180
유진환(兪鎭桓) 101
유창만(柳昌万) 386
유창석(兪昌錫) 286
육·해군형법 23, 43, 45, 82, 90, 98, 209~211, 228~233, 248, 249, 252, 558~560, 562, 564, 580, 583
육군특별지원병령 470
육군특별지원병훈련소 470, 471
육군형법 18, 23, 33, 35, 67, 68, 70~73, 76, 77, 79, 81, 90, 92, 93, 95, 101~104, 120, 122, 209~2111, 228, 234, 332~334, 336, 337, 341, 343, 344, 441, 444~449, 456, 457, 476~482, 515, 517, 519, 520, 522~524, 528~531, 535, 544, 548, 552, 553, 558, 560~565, 583
육항상(陸項相) 370
윤경의(尹敬誼) 173, 79, 80, 84, 85
윤덕진(尹德眞) 101
윤동식(尹東植, 伊東植, 伊東英文) 539
윤봉조(尹奉祚) 71, 72, 188
윤부길(尹富吉) 95
윤상만(尹相萬) 101
윤승현(尹承鉉) 388
윤옥경(尹玉璟) 339, 340
윤용섭(尹容燮) 378

윤용섭(尹用燮) 105
윤창수(尹昌守) 67
윤청운(尹靑雲) 95
윤치호(尹致昊) 322
윤해운(尹海雲) 95
이강만(李康萬) 488
이강백(李康珀, 平澤康珀) 550
이건주(李建宙) 514
이경상(李璟祥) 382, 383
이계무(李啓武) 445
이계한(李啓漢) 85
이광경(李光慶) 461
이광수(李光洙) 406
이규선(李奎瑄) 384
이극모(李極模) 82, 179, 180
이기찬(李基贊) 287
이기출(李起出) 480
이길순(李吉順) 69
이남청(李南淸, 吉田兼光) 549
이대일(李大一) 384, 385
이동신(李東信) 399
이득한(李得漢, 鐵城得漢) 550
이등두표(伊藤斗彪) 522
이면규(李面奎, 平松面奎) 532
이몬 요시후미(井門義文) 79, 183
이민(李民) 287
이방구(李方具) 453
이방흡(李芳洽) 341
이병식(李丙植) 69
이봉선(李鳳仙) 94
이사경(李四慶) 462
이사용(李四用) 512
이산공립보통학교(里山公立普通學校, 고령) 325
이상운(李相雲) 507
이상은(李相殷) 507
이성근(李聖根) 48

이성문(李星文) 65
이성쇄(李城瑣) 477
이성천(李聖天) 459
이수찬(李守贊) 483
이승룡(李昇龍) 379
이심(李沁) 576
이영구(李榮九) 78, 81, 82, 179
이영찬(李永鑽) 293
이옥출(李玉出) 94
이와사 로쿠로(岩佐祿郞) 469
이완규(李圭完, 平岡完圭) 529
이완용(李完用) 17, 262, 263, 280~284, 287, 299
이왕(李王) / 이대왕(李大王) 529, 547
이용도(李龍道) 320
이원기(李源基, 平松源基) 532
이원용(李元用) 262
이유채(李裕采) 481
이윤기(李允琪) 101
이은영(李殷永) 339, 340
이인수(李仁洙) 524
이인제(李仁濟) 298
이장우(李章雨) 400
이재도(李載都) 68
이정기(李井基) 384
이제익(李濟益) 444
이종구(李鐘九) 479
이종선(李鐘先) 460
이종섭(李鐘燮) 388
이지선(李枝先) 178
이지화(李枝華) 339, 340
이창렬(李昌烈) 447
이창인(李昌仁) 388
이춘봉(李春奉) 103
이충국(李忠國) 574
이칠봉(李七奉) 329
이태규(李泰圭) 208

이태형(李泰亨) 74
이토 기요시(伊藤清) 47
이토 만세이(伊藤萬清) 145
이판경치(伊坂庚治) 246
이판길(李判吉) 89, 90
이학구(李學九) 81, 182
이형목(李亨穆) 272
이형원(李亨垣) 387
이홍기(李鴻基) 387
이화여고보(梨花女高普) / 이화고녀(梨花高女) 148, 151
이흥엽(李興燁) 385
인천교(人天敎) 572
인터내셔널 뉴스 서비스 / 인터내셔널서비스 102, 103, 104
일·소 정전협정 303, 362
일본기독교청년회 조선연합회 331
일본기독교청년회동맹(日本基督敎靑年會同盟) 321, 322, 334, 332
일본여자기독교청년회연맹 332
일본진흥협회(日本振興協會) 329
임교재(任敎宰) 106
임대종(林臺鐘, 林貞次) 555
임선식(林善植) 155
임숙재(任淑宰) 48
임시마(臨時馬)의 이동 제한에 관한 법률 316, 317
임시비료배급통제법(臨時肥料配給統制法) 316
임시선박관리법(臨時船舶管理法) 316
임시자금조정법(臨時資金調停法) 316
임영웅(林英雄) 512
임우식(林禹植) 339, 340
임전우홍(林田宇弘) 236
임정무(林正武) 228
임진업(林振業) 458
임차연(林且蓮) 524
임창수(林昌洙) 376

임택권(林澤權) 343
임택룡(林澤龍) 379
임향왕(林香旺) 455, 463

ㅈ

장개석(蔣介石) 43, 92, 108, 111, 362, 363, 392, 393, 438, 445, 476, 516, 522, 534, 535
장고봉(張鼓峰) 사건 208, 363, 404
장기섭(張基燮) 272
장남학(張南學) 457
장로파(長老派) 312, 320, 321, 323, 324, 328~330, 341~343
장로회 신파(新派) 337
장명계(張明桂) 458
장문유(張文有) 91
장문통(張文通) 198
장민수(張珉秀) 476
장봉규(張鳳奎) 68, 335
장성각(張成珏) 338~340
장영목(張泳穆) 453
장찬익(張贊翼) 396
장한규(張漢奎) 106
재경성기독교조선감리회(在京城基督敎朝鮮監理會) 330
저축보국선전부(貯蓄報國宣傳部) 543
적병무(翟炳武) 462
전라남도 도회 380
전라남도 목포부회(木浦府會) 381
전라북도 군산부회(群山府會) 379
전라북도 도회 378
전라북도 이리읍회(裡里邑會) 380
전라북도 전주부회(全州府會) 379
전봉준(全琫準) 572
전시주거침입죄(戰時住居侵入罪) 542
전영신(田永信) 323
전주소학교(全州小學校) 379

찾아보기 **599**

절도죄 272, 273, 454
정감(鄭堪) / 정도령(鄭道令) 38, 571, 576
정감록(鄭鑑錄) 220, 223, 358, 558, 559, 569~573
정갑주(鄭甲柱) 402
정경식(鄭景湜) 456
정기주(鄭基周, 下本武男) 531
정덕로(鄭德老) 69
정병덕(鄭炳德) 398
정병선(鄭秉善) 101
정병운(鄭炳雲) 101
정봉화(鄭鳳和) 97
정붕해(鄭鵬海) 84, 85
정산동기(鄭山東起)
정석희(鄭奭熙) 518
정여립(鄭汝立) 37
정영진(鄭永軫) 369
정옥분(鄭玉粉) 87
정은교(鄭殷敎) 92
정의재서당(正義齋書堂) 340
정인익(鄭寅翼) 47, 48
정일봉(丁一峰) 87
정종채(鄭鍾彩) 90
정종희(鄭鍾熙) 101
정찬진(丁贊鎭) 443
정천심조(淀川甚助) 74
정홍섭(鄭弘燮) 64
정희근(丁熙根) 100
제5열(第五列) 39, 140
제국의회(帝國議會) 322, 466, 469
제임스 영 / 제임스. 알. 영 102~104
조구승(曹昫承) 71, 72, 187
조노제(趙櫓齊) 383
조병팔(趙炳八) 81
조선 동포에게 자각을 촉구함 469
조선가(朝鮮歌) 240
조선기독교연합회 대회 331

조선기독교청년회연합회 321, 331
조선민사령 / 민사령 489~491, 493, 495, 496
조선에서의 전시범죄 처벌에 관한 특례의 건 42
조선여자기독교청년회연합회 332
조선의용단(朝鮮義勇團) 469
조선일보(朝鮮日報) 13, 22, 23, 26, 28, 34, 35, 48, 63, 65~67, 70~72, 74, 75, 78~84, 87, 88, 92~96, 98~100, 106, 109, 111~113, 116, 119, 120, 122, 125, 126, 128~130, 132, 133, 145, 147, 149, 150, 152~160, 401, 489
조선일일신문(朝鮮日日新聞) 496
조선임시보안령 18, 42, 43, 45, 142, 227~235, 245~249, 558~560, 579~582, 583
조선중앙정보위원회 121
조선총독부 육군특별지원병훈련소 생도 채용 수속 471
조선총독부 육군특별지원병훈련소 생도 채용규칙 470
조선총독부 특별지원병훈련소 규정 470
조선춘추사(朝鮮春秋社) 541
조선취인소령(朝鮮取引所令) 580
조선헌병대사령부 35, 59, 469
조성국(趙性國) 458
조성룡(曺成龍) 47
조언비어죄(造言飛語罪) 23, 79, 84, 100, 108, 122, 164, 165, 202, 206, 207, 209, 211, 212, 215, 315, 316, 558, 561
조영진(趙英珍) 530
조원의부(朝原義夫) 412
조원표(趙元杓) 198
조인제(趙仁濟) 447
주계록(住桂祿) 461
주병환(朱秉煥) 385
주순덕(朱淳德) 75, 177
주역(周易) 사건 104
주오대학 동창회 402

주일학교(主日學校) 333, 334, 336, 337
주정식(朱廷植) 89, 90
주화실(朱花實) 97
죽산행출(竹山行出) 551
중경정부(重慶政府) 364, 393
중도성오(中島成五) 247
중산광일(中山光一) 232, 233
중산무치(中山茂治) 545
중산헌일랑(中山憲一郎) 545
중선지구(中鮮地區) 방공훈련(防空訓練) 규정 482
중촌선위(中村善衛) 93, 94
중추원(中樞院) 231, 322, 357, 370, 371, 377, 378, 381~383
중화군연합제직총대회(中和郡聯合諸職總代會) 340
증산교 88, 96
지그프리트 라인(Siegfried Line) 364
지요노부 시게루(千代延茂) 515
지창의(池昌宜) 349
지치부노미야 야스히토(秩父宮雍仁) 542
진남포상공학교(鎭南浦商工學校) 373, 374
진덕찬(陳德贊) 90
진무천황제(神武天皇祭) 220
진용문(陳用文) 551
진효관(陳孝寬) 68
징비록(懲毖錄) 569, 570
징비록(徵秘錄) 569, 570

ㅊ

차경석(車京錫) 100
차남진(車南珍) 336, 337
차성업(車成業) 86
차월훈(車月勳) 336
찬코로 175, 274, 458, 460
채강병(蔡康秉, 平野實) 534
채수청(蔡洙淸, 豊川次郞) 541
채필우(蔡弼禹) 338~340
처칠 535
천도교(天道敎) 116, 307, 321, 382, 432, 576
천독근(千篤根) 382
천야숭섭(天野崇燮) 229
청강재근(靑江在根) 517
청계수웅(淸溪秀雄) 519
청년단(靑年團) 84, 174, 192, 381, 436
청년연성령 50
청림교(靑林敎) 38
청산약지(靑山若枝) 304, 418
청수난웅(淸水蘭雄) 410
청천인청(淸川仁晴) 227
체트코프 360
총리원(總理院) 330, 331
최광보(崔光保) 551
최금자(崔錦子) 94
최기만(崔機萬) 335
최달순(崔達淳) 339, 340
최대식(崔大植) 65, 66, 171
최동선(崔東善) 376
최등귀춘(崔藤貴春) 246
최명근(崔命根, 山本命根) 108, 296
최봉안(崔奉安) 195
최봉준(崔鳳俊) 329
최선장(崔善璋, 山本善璋) 552
최영묵(崔永黙) 458
최영순(崔榮淳, 山田榮淳) 108, 286
최완석(崔完錫) 444
최윤경(崔潤璟) 478
최인식(崔仁植) 88
최정수(崔正洙) 372, 373
최종유(崔鍾有, 山田鍾有) 108
최중경(崔中敬) 278
최창모(崔昌模) 380
최창호(崔昌鎬) 373, 374

최창홍(崔昌弘) 121
최해암(崔海岩) 87
최형호(崔螢澔) 381
추도풍인(秋島豊仁) 536
춘추(春秋) 541
출판법 332~334, 336
충청남도 대전부회(大田府會) 377
충청북도 도회 375
치안유지법 108, 172, 209~211, 446
칠원공립보통학교(漆原公立普通學校, 함안) 325

ㅋ

콜호스(kolkhoz) 365
콤파니온 363
킹 퓨처 신디케이트 / 킹스 퓨처 신디케이트 102, 103

ㅌ

탁동조(卓同朝) 383
태극교(太極敎) 573
태을교(太乙敎) 573
통장제(通帳制) 499, 501, 504
통주사건(通州事件) 433, 460~462

ㅍ

파산민웅(坡山敏雄) 248
평북노회(平北老會) 326
평산성일(平山聲一) 555
평산영룡(平山永龍) 548
평산용작(平山勇作) 245
평소암철(平沼岩鐵) 230
평소용일(平沼龍一) 227
평안남도 도회 371

평안북도 도회 386
폭탄 3용사(爆彈三勇士) 534
폴 레노(Paul Reynaud) 392
풍남소학교(豊南小學校, 전주) 379
풍산달순(豊山達順) 248, 249
프린스 오브 웨일스(Prince of Wales) 138, 549
피에트로 바돌리오(Pietro Badoglio) 408

ㅎ

하라구치 미쓰기(原口貢) 47
하루야마 후미코(春山文子) 529
하본원일랑(河本源一郎) 540
하시모토 규타로(橋本久太郎) 192
하야시 세사쿠(林淸作) 531
하준석(河駿錫) 382
하진우(河鎭宇) 476
하타 규베(畑久兵衛) 47
하타나카 에이지로(畠中永次郎) 108
하타모리 메구미(畠盛惠) 555
한구방송국(漢口放送局) 91
한국윤(韓國潤) 81, 187
한근풍(韓根豊) 478
한봉식(韓鳳植) 172
한상룡(韓相龍) 371
한상룡(韓祥龍) 286
한스 리츠크 362
한영봉(韓永逢) 181
한탁봉(韓鐸鳳) 396
한탁하(韓鐸夏) 397
한필신(韓必信, 淸水必信) 530
한해 구제계획 수립에 관한 건 346
한해구제회(旱害救濟會) 357
한해에 관한 기사 취체에 관한 건 345
한해에 따른 민심 사찰(査察) 취체에 관한 건 345
한해의 개황 및 그 대책 346

한해지에서 소작료의 경감 면제에 관한 건 346
함경남도 도회 387
함경득(咸慶得, 丸山慶得) 524, 527
함경북도 도회 387
해군형법 18, 91, 209~211, 229, 232, 562, 563, 565, 583
해룡환 조난 사건 86
해원무(海原茂) 548
해주장로회(海州長老會) 327
향도순(香島純) 248
허간(許侃) 324
혈서지원(血書志願) 506, 508
협화회(協和會) 490, 492, 494
혜화전문(惠化專門) 410
호적법(戶籍法) 381, 468
호쿠세쓰피혁공업조합(北攝皮革工業組合) 504
홋카이도탄광기선주식회사(北海道炭礦汽船株式會社) 501
홍경래(洪景來) 37
홍교(虹橋) 사건 66
홍규빈(洪奎彬) 388
홍긍식(洪兢植) 105
홍원식(洪元植) 375
홍종인(洪鍾仁) 48
홍태민(洪台珉) 181
홍필구(洪必求) 369, 370
화천범수(和泉範洙) 233
황국신민서사(皇國臣民誓詞) 294, 397
황귀조(黃貴祚) 462
황박후(黃博厚) 450
황성기독교청년회(皇城基督敎靑年會) 321
황쇠불이(黃釗佛伊) / 황검불이(黃劍佛伊) / 황금불이(黃金佛伊) 13, 23, 72, 73, 176
황신덕(黃信德) 47
황실에 대한 죄 408
황윤(黃潤) 371, 373
황찬영(黃贊永) 374
황태암(黃泰岩) 448
황해도 도회 385
효고현협화회 다카사고지회(高砂支會) 487
후지키 다쓰로(藤木龍郎) 43
후카보리 유키(深堀游亀) 119
후쿠시마내선친선회(福島內鮮親善會) 461
후쿠오카 히로쿠라(福岡博藏) 178
흥남질소회사(興南窒素會社) 172
히로타니 도시로(廣谷駿郎) 97
히틀러 45, 229, 362, 364, 391~393, 517, 535

동북아역사재단 일제침탈사 자료총서
사회·문화편

전시체제기 여론 통제(3)
― 결과와 사회현상

초판 1쇄 인쇄 2024년 12월 15일
초판 1쇄 발행 2024년 12월 30일

기획 | 동북아역사재단 일제침탈사 편찬위원회
편역 | 변은진·장순순
펴낸이 | 박지향
펴낸곳 | 동북아역사재단

등록 | 제312-2004-050호(2004년 10월 18일)
주소 | 서울시 서대문구 통일로 81 NH농협생명빌딩
전화 | 02-2012-6065
홈페이지 | www.nahf.or.kr
제작·인쇄 | 청아출판사

ISBN 979-11-7161-161-4 94910
      978-89-6187-702-2 (세트)

- 이 책은 저작권법으로 보호를 받는 저작물이므로 어떤 형태나 어떤 방법으로도 무단전재와 무단복제를 금합니다.
- 책값은 뒤표지에 있습니다. 잘못된 책은 바꾸어 드립니다.